Steine aus einem Mosaik

*Das Leben ist wie ein Mosaik.
Stück für Stück fügen die Jahre zusammen,
bis am Ende der ganze Mensch zu erkennen ist.*

Rudolf von Falkenhausen

Steine aus einem Mosaik
Erinnerungen

*Für Frau Sibille Wüter
Rauris 1. Sept. 1996*

Rudolf von Falkenhausen

BARTON'SCHE VERLAGSBUCHHANDLUNG GÖTTINGEN

Diese Erinnerungen widme ich meiner Familie. Ich schrieb sie aus dem Gedächtnis nieder. Sie beginnen bruchstückhaft in meiner frühesten Kindheit und enden zu dem Zeitpunkt, als ich nach dem Krieg wieder festen Boden unter den Füßen hatte. Drei Jahrzehnte, in denen mein Leben großen äußeren und inneren Wandlungen unterworfen war, habe ich aufgezeichnet, um sie vor dem Vergessenwerden zu bewahren und damit etwas erhalten bleibt von meinem Leben und meiner Zeit.

© Barton'sche Verlagsbuchhandlung, Göttingen 1992
2. Auflage, 1993
Druck: Hubert & Co., Göttingen
ISBN 3-9803288-0-5

MEINE KINDHEIT

DAS HAUS

Bevor ich einschlafe, denke ich oft an unser Haus in Giesmannsdorf, an das Schloß, wie es von jedermann genannt wurde. Ich versuche, mir alle Zimmer vorzustellen, sie zu zählen, und wenn ich dann bei 50 angekommen bin, wird mir bewußt: Für meine Kinder ist diese Anzahl an Räumen, dieser Überfluß einfach unvorstellbar. Für mich war jedoch eine Selbstverständlichkeit, was heute als ungeheuerer Luxus erscheint. Ich will meine Erinnerungen mit der Beschreibung der Umgebung, in der ich als Kind lebte, beginnen und zunächst den Leser durch dieses Gebäude führen, das mein Zuhause war.

Wenn man durch die große Eingangstür eintrat, befand man sich in dem mit grau-weißem Marmor ausgelegten Entrée; links stand eine Bank, auf der mein Vater stets die Schuhe wechselte, wenn er von draußen kam, rechts eine große Truhe aus dunklem Holz, die für uns Kinder etwas Geheimnisvolles hatte. In ihr wurde nämlich die Jagdmunition – immer einige Tausend Schuß – aufbewahrt. Über dieser Truhe war der Hausspruch mit Goldbuchstaben in Marmor eingelassen. Mich erinnerte diese Tafel stets an die Inschrift eines Grabsteins. Sie lautete:

> Mit Gott gebaut –
> Gott anvertraut –
> zur Eltern Ehre Friedenthal genannt –
> steht dieses Haus in Gottes Hand.

Dazu muß man wissen, daß sowohl der Ort Friedenthal-Giesmannsdorf als auch der Besitz die *Herrschaft Friedenthal* und das Schloß den Namen meines Urgroßvaters, des Staatsministers Rudolf Friedenthal, trugen. Er war getaufter Jude. Elsbeth, eine seiner beiden Töchter, hatte meinen Großvater, den Freiherrn Ernst von Falkenhausen, dem die Herrschaft Bielau gehörte, geheiratet. Mein Vater war der älteste Sohn aus dieser Ehe. Damit der Name Friedenthal erhalten blieb, durfte er laut kaiserlichem Dekret den Namen Freiherr von Friedenthal-Falkenhausen führen. Diesen Namen trug jeweils nur der älteste Sohn, und er war an den Besitz der Fidei-Kommissherrschaft Friedenthal gebunden.

An einer geräumigen Garderobe vorbei, hinter der ein fast nie benutztes Badezimmer lag, gelangte man durch eine große Glastür in die Halle, die aus zwei rechtwinklig zueinander liegenden großen Räumen bestand und von der Familie in den Weihnachtswochen genutzt wurde. Auch wenn Gäste kamen, saß man um den großen, ebenerdigen Kamin in tiefen Fauteuils bei Kaffee und Cognac. Dann spendierte mein Vater für Kenner manchmal eine *Importe*. Über dem Kamin hing ein großes Portrait meines Großvaters Falkenhausen, auf dem er eine Art grünen Uniformrock trug, was einmal einen Gast zu der nicht ganz passenden Frage veranlaßte: „Wer ist denn der Oberförster?". Beiderseits des Kamins befand sich in bis zur Decke reichenden Regalen die kostbare Humboldt-Bibliothek, von der ich nicht weiß, wie sie in den Besitz unserer Familie gekommen ist.

In dem sich anschließenden kleinen Eßzimmer wurde täglich das Mittagessen und das Souper eingenommen. Das große Eßzimmer am Ende der im Parterre gelegenen Zimmerflucht erreichte man durch zwei Salons, die wegen der Farbe und des Musters der Tapete blauer Salon und Windenzimmer genannt wurden; beide zusammen wohl so groß wie eine mittlere Wohnung, mit wundervollen Kachelöfen, Barock- und Biedermeiermöbeln eingerichtet, wurden nie benutzt. So erinnerten sie an eine Art Museum, das die *Herrschaften* bei festlichen Anlässen in großer Toilette auf dem Weg zum Diner durchschritten. Auch das große Eßzimmer führte ein ähnliches Dornröschendasein, denn es wurde dort nur wenige Male im Jahr bei Jagden oder bei Familienfesten gespeist. Neben den Eßzimmern befand sich eine Anrichte, in der Geschirr, Besteck, Gläser usw. aufbewahrt wurden. Dort stellten die Diener zunächst die diversen Gänge ab, bevor das Glockenzeichen der Hausfrau sie zum Servieren hereinrief.

Im Erdgeschoß lagen auch die große Küche, das *Leute*-Eßzimmer, eine große Speisekammer, eine Nähstube und die Dienerwohnung; außerdem das Dienerzimmer, das einer meiner Lieblings-Aufenthaltsorte war, zwei Gastzimmer und das Schreibzimmer meines Vaters, in dem ich ihn nie eine Zeile schreiben sah. Aber in diesem Raum wurden seine Gewehre aufbewahrt. Deshalb war er für uns Buben absolut tabu.

Schloß Friedenthal

Das erste Obergeschoß konnte man über drei Treppen erreichen: die Haupttreppe, die zu den Zimmern meiner Eltern und dem Flur, an dem die Gastzimmer lagen, führte, oder über die Kindertreppe, die, wie der Name schon sagt, zu den drei Kinderzimmern für uns Buben und dem Raum, in dem der jeweilige Erzieher wohnte, führte. Über die Hintertreppe gelangten die Hausmädchen in die Gastzimmer oder in ihre eigenen Kammern, die sich im zweiten Obergeschoß befanden.

Im Mitteltrakt des ersten Stocks lagen die Räume, in denen sich das Leben meiner Eltern und von uns Kindern mit ihren Erziehern abspielte: da waren die Schlafzimmer, das Toilettezimmer meiner Mutter, Papis großer Salon, das Frühstückszimmer, drei Badezimmer und unsere Kinderzimmer. Eines davon wurde wegen der Rosentapete der Rosenkäfig genannt und war so groß, daß wir den Raum in einen Tischtennisplatz umfunktionierten.

Im zweiten Obergeschoß waren unter anderem unsere zwei Schulzimmer, in denen ich als mäßiger Schüler viele bittere Stunden verbracht habe. Aus dem einen konnte man auf den Platz vor dem Haus und auf den Pferdestall schauen. Dort war wenigstens ab und zu etwas Abwechslungsreiches zu sehen. Das andere Schulzimmer hatte jedoch nur ein Dachfenster, durch das man nichts als die Kronen der Parkbäume sehen konnte. Dort langweilte ich mich immer entsetzlich, etwa wie ein Gefangener in seiner Zelle. In der auch dort oben unter dem Dach liegenden sogenannten Möpselkammer standen eine Unmenge von unbenutzten Gegenständen wie Vasen, bemalte Teller, Leuchter, Lampen, Möbel, eben Dinge, die irgendwann einmal ausrangiert worden waren, oder auch Geschenke, die als scheußlich befunden und liebloserweise direkt vom Weihnachtstisch in jene Kammer verbannt worden waren. Wir Buben fanden diesen Raum außerordentlich interessant und begleiteten meine Mutter gern, wenn sie dort gelegentlich Geschenke für Jubiläen, Preise für den Wettkampf eines dörflichen Sportvereins oder auch eine Gabe für den Geburtstag eines Angestellten aussuchte.

Im Wäschezimmer standen entlang der Wände riesige Schränke, in denen die gesamte Tisch- und Bettwäsche sowie Tücher aller Art aufbewahrt wurden. Die Schlüssel hatte Hedwig Bonk, die Haushälterin.

In der Kofferkammer stand vom Schrankkoffer bis zur kleinen Tasche Reisegepäck aller Größen, fast jedes Stück mit einer *Bauchbinde* in rotweiß oder blauweiß, den schaffgotschen bzw. den falkenhausenschen Farben versehen.

Angebaut an das Haus war ein großer Saal, der nur einmal im Jahr, nämlich zu Weihnachten, anläßlich der Bescherung des Personals benutzt wurde. An der Stirnwand hingen in dicken Goldrahmen überlebensgroße Portraits des Ministers, wie mein Urgroßvater Friedenthal in der Familie nur genannt wurde, und seiner Frau.

Ein weiterer Anbau war eine große überdachte Terrasse, auf der im Sommer bei schönem Wetter die Mahlzeiten eingenommen wurden.

In die Keller kam ich nur selten, und deren genaue Aufteilung habe ich niemals vollständig erforscht. Ich weiß nur noch genau, daß sich dort das große Bügelzimmer befand mit seinem Spezialofen, auf dem mehrere Eisen gleichzeitig heißgemacht werden konnten. Dort bügelten nachmittags die Stubenmädchen unter Aufsicht von Frau Bonk, deren Privileg es war, die Frackhemden meines Vaters zu stärken. Besonders im Herbst hatte sie reichlich zu tun, wenn er von einer Jagd zur anderen fuhr und stets einen Spezialkoffer voller Frackhemden mitnahm.

Ich erinnere mich, daß noch eine zweite Küche im Keller lag, die nur an den Tagen des Schweineschlachtens benutzt wurde. Dort wurden die sogenannten Schloßschweine, fast 4 Zentner schwer, die extra mit Kraftfutter und Kartoffeln gemästet worden waren, von einem Metzger mit seinen Gesellen verarbeitet. Sie brauchten zwei Tage, bis von dem schönen Schwein nichts mehr zu sehen war und es als Wellfleisch, als weiße und schwarze Wellwürstl, Salami und andere Wurstsorten sowie in großen Fettöpfen seiner Bestimmung zugeführt war. Zwar trieb uns Kinder die Neugier an diesen Schlachttagen stets in den nach Blut und Fleisch riechenden Raum, in dem der aus den Kesseln aufsteigende Dampf die Gestalten der Fleischer wie Schemen in einer Nebellandschaft erscheinen ließ; jedoch erinnere ich mich deutlich, daß ich meist Ekel empfand, wenn ich die Metzger bei ihrem blutigen Handwerk beobachtete.

Im Keller war auch der Eingang zum großen Weinkeller, den ich nie betreten habe. Den Schlüssel zu diesem *Heiligtum* verwahrte der erste Diener Bonk, der auch das Weinbuch über die Bestände führte, das heißt, jeden Ein- und Abgang genauestens vermerkte. Es glich einer rituellen Handlung, wenn dieses ominöse Buch von meinem Vater zu Rate gezogen wurde und er mit dessen Hilfe die Getränkefolge für ein Diner zusammenstellte. Ich entsinne mich, daß die sogenannten Einser-Jahrgänge, wie zum Beispiel die von 1911 und 1921, eine besondere Kostbarkeit darstellten. Sie sollen an Qualität bis heute nicht übertroffen worden sein. Da wurde oft nur eine Flasche für eine ganzen Tafelrunde eingeschenkt, und jeder Tropfen wurde mit vielen Ahs und Ohs bedacht.

DIE NÄHERE UMGEBUNG DES SCHLOSSES

Gegenüber dem Haupteingang, getrennt vom Schloß durch ein großes Rasenrondell, das wiederum von einem ca. 3 Meter breiten Kiesweg umschlossen war, lag der Pferdestall. In ihm standen ständig zirka ein Dutzend Reit- und Kutschpferde, fast ausschließlich Vollblüter. Jedes Pferd hatte seine eigene Box, über der eine Tafel mit Namen und Geburtsdatum hing. Ich erinnere mich noch genau an Namen und Charakter einiger dieser Pferde.

Da war die old Lady unter ihnen, das Lieblingspferd meines Vaters, Tuberöse, eine dunkelbraune Vollblutstute mit schmaler, langer Blesse, die er 1918 aus dem Krieg aus Belgien mitgebracht hatte. Dann die Kutschpferde Eidolon, der Braune, und Rosatsch, der Schimmel, der immer bockte; das Fuchspaar Flori und Rosi, die gescheckten Ponys Veronika und Susanne, die Onkel Rudi Ernst-Herbert und mir aus Rußland mitgebracht hatte und auf denen wir unsere ersten Reitstunden absolvierten. Der große Rappe Trotzki war das enfant terrible dieser edlen Gesellschaft. Er warf entweder seinen Reiter ab oder ging mit ihm durch. Hannibal, der Sohn von Tuberöse, wohl das schönste Pferd im Stall, fand ein tragisches Ende: Eines Tages entwischte er seinem Pfleger, durchquerte in gestrecktem Galopp fast den ganzen Park, raste dann gegen eine allein mitten auf einer Wiese stehende Birke und brach sich das Genick.

Drei Kutscher betreuten die Pferde, Wilhelm, Jupp und August. Es war ihr persönlicher Stolz, daß die Giesmannsdorfer Pferde in der ganzen Gegend als die gepflegtesten Gespanne bekannt waren. Auch Wagen und Geschirre glänzten stets, als seien sie frisch lakkiert.

Pferde spielten auch in meinen Jugendjahren, wie damals auf einem landwirtschaftlichen Besitz üblich, eine große Rolle. Oft hielt ich mich bei den Kutschern auf und beobachtete sie, wenn Geschirre und Zaumzeuge poliert, die Wagen nach jeder Ausfahrt gewaschen wurden. Kein Pferd verließ den Stall, ohne daß seine Hufe eingefettet waren und dann wie geputzte Stiefel aussahen. Unter den Kutschern herrschte eine strenge Rangordnung: Wilhelm war der Erste und fuhr die Gespanne stets in der blauen Livree mit Silberknöpfen, in die das Falkenwappen eingraviert war. Dazu trug er einen Zylinder mit Kokarde. Jupp, der Zweite, war bereits in den 4 Kriegsjahren 1914 – 1918 Pferdebursche meines Vaters und blieb bis zur Vertreibung 1945 auf den allmorgendlichen Ausritten über die Felder sein ständiger Begleiter. Die beiden haben viel miteinander erlebt, und ich genoß es, wenn Jupp Geschichten von durchgehenden Pferden, von Stürzen und von Hindernis-Ritten erzählte, bei denen unerfahrene Gäste kopfüber vom Pferd gefallen waren und danach zu Fuß zu Hause ankamen, und man sich dann noch über sie lustig machte.

Hinter dem Stall war die Garage, auch ein Lieblingsaufenthalt in meinen Kinderjahren. Mein Vater war schon damals ein Autofan. Grundsätzlich fuhr er nur Kabrios, obwohl in meiner Kindheit das Auf- und Zumachen eines Verdecks eine langwierige Aktion war. Unter diesen Autos waren oft solche, die zwar selten, schön und teuer, dafür aber auch um so unzuverlässiger waren.

Unser Chauffeur hieß Paul Müller. Er war mein besonderer Freund, und ich hatte großes Vertrauen zu ihm. Natürlich versuchte jeder von uns Jungen, sich mit ihm gut zu stellen, kam es doch auf seine Entscheidung an, wer von uns bei den allmorgendlichen Schulfahrten auch mal den Wagen steuern durfte. Dabei bestand stets die Gefahr, in eine Polizeikontrolle zu geraten. Um das Risiko, erwischt zu werden, zu verringern, trainierten wir emsig Fahrerwechsel im fahrenden Auto. Bald klappte das so perfekt, daß, wurden wir einer Polizeikontrolle vor uns ansichtig, der Plätzetausch in Sekundenschnelle vonstatten ging.

Unsere Automarken waren Mercedes, Steier, Kissel (davon gab's in ganz Deutschland, glaube ich, nur drei Exemplare) und Buik. Kurz vor dem Krieg bekamen wir noch einen der beiden letzten 8-Zylinder Fords, die aus USA auf dem Seeweg nach Europa kamen. Dieser Wagen lief 140 km/h, was 1938 für PKW ein enormes Tempo war. Mein Vater war ein so passionierter Autofahrer, daß er jedes vor ihm fahrende Auto unbedingt überholen wollte. Das nannten wir Jungen *Fangen*, und ich erinnere mich, daß wir diese Verfolgungsjagden mit dem Geschrei „Fang ihn! Fang ihn!" begleiteten.

An den Pferdestall war die Waschküche angebaut. Ich ging nur ganz selten hinein, weil sie für mich etwas Unheimliches hatte und in etwa der Vorstellung einer Hexenküche im Märchen entsprach. Zunächst blickte man beim Betreten des Raumes in weißen Dampf, der aus großen Blechbottichen aufstieg. Erst beim genauen Hinschauen tauchten die Umrisse der Waschfrauen auf, die auf in Lauge stehenden gerillten Waschbrettern die Wäschestücke rieben. Dann spülten sie diese in klarem Wasser so lange, bis der letzte Rest der Lauge ausgewaschen war. Jedes Stück wurde unter großem Kraftaufwand ausgewrungen, danach alles in Körben auf den Wäscheplatz nebenan getragen und zum Trocknen und Bleichen auf Leinen aufgehängt.

Oft war die Gärtnerei auf meinen kleinen Ausflügen rings um's Schloß das Ziel, weil es in den Frühbeeten fast zu jeder Jahreszeit bestimmte Leckerbissen, wie Radieschen, Zuckermelonen oder Erdbeeren gab, von denen wir kosteten, wenn die Gärtner zu Mittag aßen. Auf dem großen Gartengelände standen ein Warmhaus, ein Kalthaus und das Obsthaus und zirka 100 Frühbeetkästen. Auf dem übrigen ausgedehnten Areal, das zur Gärtnerei gehörte, wurden viele Gemüsesorten, Beerensträucher, Schnittblumen usw. angebaut. Herr Gähl war der Obergärtner. Ihm unterstanden zwei bis drei Gehilfen, mehrere Lehrlinge und etwa 10 Frauen. Dieses Gartenpersonal war auch für die Instandhaltung der in unmittelbarer Umgebung des Schlosses liegenden Anlagen verantwortlich. Jeden Morgen wurden die Kieswege gerecht; das Geräusch der durch den Kies gezogenen Rechen, das ich vor dem Aufstehen im Halbschlaf vor meinem Fenster hörte, ist eine meiner frühesten Kindheitserinnerungen.

Die Gärtnerei versorgte die Schloßküche nicht nur mit allen Sorten von Gemüsen und Früchten, sondern Herr Gähl war dafür verantwortlich, daß in allen Räumen des Schlosses schöne Topf- und Schnittblumen standen. Im Warm- und Kalthaus wurden nämlich Hunderte von Topfblumen gezogen, deren Erblühen zeitlich so abgestimmt war, daß zu jeder Jahreszeit eine der zahlreichen Sorten blühte. Ich erinnere mich an Prachtexemplare von Begonien, Zyklamen und Zinnerarien; ja sogar die Zucht von Ponisetien (Weihnachtssternen) und weißen Orchideen gelang. Gähl war ein Meister seines Fachs und war besonders stolz, als der *Gartenpapst* Camillo Schneider extra nach Friedenthal anreiste, um die schönsten Exemplare von Ponisetien und Begonien zu fotografieren. Seine Bilder wurden später in dem Fachblatt ‚Die Gartenschönheit' veröffentlicht.

Eine Sehenswürdigkeit war der 300 Morgen große Park. Er war mit einem 2 Meter hohen Maschendraht umzäunt. Die Anlage wurde von meinem Urgroßvater Friedenthal nach englischem Muster in der Mitte des vorigen Jahrhunderts geschaffen. Die Leute nannten damals die mit Tausenden junger Bäume bepflanzte Fläche den ‚Beemlagarten'. Die Hauptwege waren mit Kastanien, Ahorn und Linden eingefaßt, die in meiner Kindheit bereits zu herrlichen Alleen herangewachsen waren. In die großen Wiesenflächen waren freistehende Gruppen von Koniferen und Laubbäumen eingesprengt, die sich wundervoll entfalteten und als Solitäre voll zur Geltung kamen. Entlang des gesamten Zaunes zog sich ein 30 Meter breiter Mischwaldgürtel. Dieser diente dem Wild als Deckung; denn der Park war ja nicht nur für Spaziergänger und Reiter gedacht, sondern sollte sich im Laufe der Zeit zu einem Niederwildreservoir für Hasen, Fasanen und Kaninchen entwickeln. Im hinteren Teil des Parks lag ein großes Gatter, von 50 – 60 Stück Damwild bevölkert, die zur Bereicherung der Schloßküche beitrugen.

DER BESITZ

Der Besitz meines Vaters bestand aus zwei großen Komplexen, der Landwirtschaft, die unter dem Namen Herrschaft Friedenthal firmierte, und den Giesmannsdorfer Fabriken. Der landwirtschaftliche Besitz hat zur Zeit seiner größten Ausdehnung ca. 5.000 preußische Morgen betragen. Später wurden einige Außengüter verkauft. Das Kernstück, rund um den Ort Giesmannsdorf gelegen, wurde jedoch nie angetastet.

Unmittelbar hinter dem Schloß lag der große Gutshof, begrenzt durch die Stallungen und zwei mehrstöckige Wohnhäuser, für die Verwaltungsbeamten und diejenigen Arbeiter bestimmt, die ständig auf dem Hof beschäftigt waren. Etwas abseits lag die große Schweinemästerei, in der bis zu 600 Schweine gehalten wurden. Im langen Kuhstall standen 120 Kühe, deren Milch in der gutseigenen Molkerei verarbeitet wurde. Jeden Morgen lieferten auch die Bauern aus den im näheren Umkreis gelegenen Dörfern ihre Milch in dieser Molkerei ab, in der außer Butter auch verschiedene Käsesorten, von denen ich mich besonders an einen wohlschmeckenden Camembert erinnere, erzeugt wurden.

An den großen Kuhstall schlossen sich die Stallungen für Pferde und Ochsen an. In meiner Jugend gab es ja noch keine Traktoren, und die ganze Feldarbeit mußte von 20 Pferde- und 10 Ochsengespannen bewältigt werden. Der Gutshof und das unmittelbar benachbarte große Fabrikgelände waren von einer Mauer umgeben und konnten nur durch ein Tor betreten werden, das Tag und Nacht bewacht wurde. Alle Personen und Fahrzeuge, die dieses Tor passierten, wurden von einem Pförtner kontrolliert, vor dem wir immer einen Mordsrespekt hatten, zumal im Hof das Radfahren verboten war, und wir als die *Baronjungen* natürlich versuchten, dieses Verbot zu übertreten.

Da die Stallungen in einem ziemlich primitiven Zustand waren, hausten auf den darüberliegenden sogenannten Schüttböden, auf denen das Futtergetreide aufgeschichtet lag, unzählige Ratten und Mäuse. Man rückte diesen Nagern zwar mehrmals im Jahr mit sogenannten Vergasungsaktionen zu Leibe, ohne daß man jedoch dieser Schädlinge Herr wurde. Nur wenn es nach längerer Trockenheit regnete, bekam man die Ratten am Tag zu Gesicht; da wollten sie

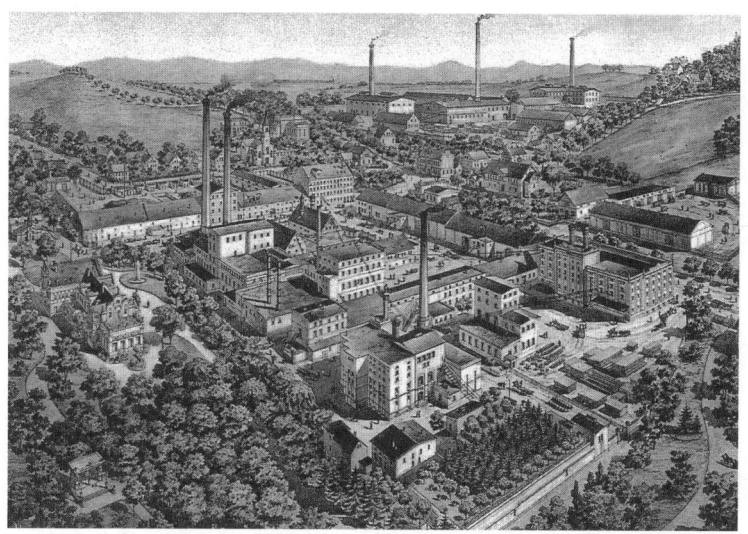

Der Gesamtkomplex Friedenthal-Giesmannsdorf

ihren Durst in den Dachrinnen stillen. Dann erwachte sofort meine Jagdpassion, ich holte mein Tesching und erledigte einige Exemplare dieses so scheuen Wildes.

Jenseits der Durchgangsstraße lag ein zweiter Hof, umgeben von Scheunen und den Gutswerkstätten Schmiede und Stellmacherei. Dieser Hof war Parkplatz für die Wagen und Maschinen, die dort nach der Arbeit in Reih und Glied abgestellt wurden.

Gleich nebenan lag das Verwaltungsgebäude der Herrschaft Friedenthal, das Rentamt. Darin war neben den Verwaltungsräumen des Gutsbetriebes auch das Büro des Amtsvorstehers und des Standesbeamten untergebracht. Mein Vater war nämlich Zeit seines Lebens Amtsvorsteher des Bezirks Friedenthal-Giesmannsdorf.

Das Büropersonal unterstand einem Rentmeister. Ich entsinne mich an die meisten von ihnen, zum Beispiel an den alten Großschuchner mit seinem weißen Vollbart, der unter anderem die Obliegenheiten eines Standesbeamten wahrnahm; an den Herrn Treutler, der in erster Linie für das gesamte Personalwesen zuständig war und an dessen Tochter Margot, die hübsche Sekretärin, die schon früh eine gewisse Anziehung auf mich ausübte. Ein Fräulein Thieme war die *Finanzministerin*, unnahbar, humorlos und überkorrekt wie die meisten Menschen, die mit Geld zu tun haben.

Neben dem Rentamt stand ein kleines Häuschen mit nur einer Tür und einem winzigen, vergitterten Fenster. Darin befand sich die Arrestzelle, deren Existenz am Sitz des Amtsvorstehers Vorschrift war. Ihr Anblick erweckte bei uns Jungen gleichzeitig Gruseln und Neugier, weil das vergitterte Fenster keinen Zweifel ließ: Aus diesem Verließ gab es kein Entrinnen. Immer, wenn ich an diesem Häuschen vorbeikam, dachte ich: Sitzt einer drin oder nicht? Unvergeßlich bleibt mir in diesem Zusammenhang jener Tag, an dem ich Zeuge wurde, wie dieser Ort zum Einsatz kam. Einer unserer Schweizer hatte nämlich in den frühen Morgenstunden mit seinem Holzpantoffel einen heimkehrenden Zecher, der sich abfällig über seinen Berufsstand geäußert hatte, erschlagen. Ich stand unter den gaffenden Leuten, als der Totschläger, ein kleines, völlig harmlos wirkendes schwarzhaariges Kerlchen, von dem wohl 1,90 m großen Wachtmeister Szepan in Handschellen in eben jenes Arresthäuschen gesperrt wurde.

Zum Gut gehörten noch die zwei weiter abgelegenen Vorwerke Jensch und Zaupitz, in denen das Jungvieh in den Sommermonaten untergebracht war. In einem dieser Vorwerke wohnte der Feldhüter Nowotny, ein Kriegsversehrter mit nur einem Arm, zu dem ich mich von Kind an besonders hingezogen fühlte. Er hatte 13 Kinder und war fast nie ganz nüchtern. Sein zigeunerhaftes Aussehen – er war nie rasiert – die über seine Schulter baumelnde verrostete Flinte, mit der er Haushühner und Gänse von den Saaten vertreiben sollte, machte ihn für mich zu einer abenteuerlichen, etwas unheimlichen Gestalt, nicht zuletzt, weil er stets von einem großen schwarzen Schäferhund begleitet wurde. Er radebrechte in einem fast unverständlichen Polnisch-Oberschlesisch. Ich freute mich immer, ihn zu treffen, weil er stets aufregende Geschichten von seinen nächtlichen Rundgängen auf Lager hatte. Er durfte nämlich auch Raubwild erlegen und hatte in mir einen begeisterten Zuhörer, wenn er von Mardern und Iltissen berichtete, die er aus ihrem Versteck in hohlen Bäumen aufstöberte und sie dann schoß oder von seinem Hund greifen ließ.

Fast in einem gleichmäßigen Kreis um Dorf, Fabrikgelände und Park verteilt lagen die zum Gut gehörenden Felder. Die Gegend um

Giesmannsdorf ist an sich schon hügelig, wird aber von zwei *Bergen*, dem Kirchberg und dem Kreuzberg beherrscht. Auf dem Kirchberg stand die von meinem Urgroßvater erbaute evangelische Kirche. Man hatte von dort einen wunderschönen Blick und konnte bei guter Sicht bis zu den Bergen der Sudeten schauen. Die beiden Berge nutzten wir im Winter zu nächtlichen Rodelpartien. In dem harten Winter 1928 machten wir dort sogar die ersten Abfahrtsversuche auf Skiern.

Der teils lehmhaltige, teils humose Boden unserer Felder war erstklassig und brachte hohe Rüben- und Weizenerträge. Zahlreiche kleine Gehölze, sogenannte Remisen, die für das Wild angelegt waren, nahmen der Landschaft die Eintönigkeit. Auch gaben sie mir als Jungen genügend Gelegenheit, herumzustromern. Ich war bald mit jedem Winkel so vertraut, daß ich heute noch jeden Baum, jeden Steig und jeden Fuchsbau finden würde. Auch die seltsamen Namen der einzelnen Wildremisen, wie Wischken, Grabenremise, Töpferlöcher oder Wachtberg habe ich nicht vergessen. Sie wecken in mir viele Jugenderinnerungen, die meist im Zusammenhang mit kleinen Jagdabenteuern stehen.

So sehr ich in allen Teilen des landwirtschaftlichen Betriebes zu Hause war, so fremd blieben mir die Fabriken mit ihren Arbeitern, und das, obwohl Stallungen und Wohngebäude des Gutes und die Produktionsstätten der Brauerei und der Hefefabrik fast aneinander grenzten. Das lag wohl in erster Linie daran, daß die Giesmannsdorfer Fabriken an die *Nordhefe AG* verpachtet waren und die Verwaltung in der Hand von zwei Direktoren lag, mein Vater also keinerlei unmittelbaren Einfluß auf den Betriebsablauf oder die Produktion hatte. Während ich fast mit allen Arbeitern der Landwirtschaft von frühester Jugend an Kontakt hatte und ich mir noch heute beinahe jeden einzelnen von ihnen vorstellen kann, mich an seinen Namen und seine Familienverhältnisse erinnere, spielten die *Fabriker* in meiner Jugend überhaupt keine Rolle, wohl weil ihre Welt etwas von jenem Unpersönlichen an sich hatte, das schon damals für Industriebetriebe typisch war. Mein Desinteresse hat bewirkt, daß ich heute gerade noch weiß, welche Produkte überhaupt hergestellt wurden. Bekannt geworden sind die Giesmannsdorfer Fabriken durch ihre Hefe, ihr Bier, das Sudetenbräu hieß, sowie durch den ‚Alten Giesmannsdorfer', einen vorzüglichen

Kornbranntwein. Später wurde die Kornbrennerei um eine Likörfabrik erweitert. – Die gleichfalls zum Konzern gehörenden zwei Ziegeleien mit ihren Ringöfen und ausgedehnten Trockenhallen lagen am Rand des Dorfes.

Landwirtschaft und Fabriken beschäftigten zusammen einige hundert Menschen, die alle in betriebseigenen, damals oft noch recht primitiven Häusern wohnten. Es waren meist Zweifamilienhäuser, die rechts und links der Straße zum Kirchberg, an der Bahnhofsstraße und der wegen ihres Kopfsteinpflasters Klappergasse genannten Straße standen. Fast alle Gebäude des Ortes Giesmannsdorf, wie die Schule und die Spielschule, das kleine Krankenhaus, die Schwesternstation sowie die evangelische und katholische Kirche waren vom Minister Friedenthal erbaut und eingerichtet worden. So trug der Ort mit vollem Recht den Namen Friedenthal-Giesmannsdorf. – Nie habe ich mir als junger Mensch Gedanken darüber gemacht, welchen großen Wert die Giesmannsdorfer Fabriken und die Herrschaft Friedenthal darstellten und mit welchen enormen Schwierigkeiten so ein Besitz besonders in den 30er Jahren zu kämpfen hatte; welche Sorgen und welch' große Verantwortung in dieser Zeit auf meinem Vater lastete, habe ich nur bruchstückweise erfahren. Mein Vater wollte nie seine Familie mit solchen Problemen belasten.

DIE DIENERSCHAFT

Nach diesem Überblick über die Lebensverhältnisse, in denen ich aufwuchs, kehren meine Gedanken zu unserem Haus zurück, vor allem zu den Menschen, die in meinen frühesten Erinnerungen auftauchen. Das sind meine Eltern, die Gouvernanten und natürlich das zahlreiche Personal, zu dem ich schon als Kind eine besondere Beziehung hatte. Jeden von ihnen stufte ich ganz instinktiv in eine Art Sympathieskala ein. Die zwei Diener Paul Bonk und Hans Schöning waren völlig verschiedene Naturen: *Der Erste,* Bonk, griesgrämig, undurchschaubar und Respektsperson; dagegen *der Zweite,* Hans, immer zu einem Witz aufgelegt, für mich wie ein Freund. Um die Köchin Paula Lebitsch, eine Österreicherin mit damenhafter Erscheinung, die immer schlechter Laune war, machte ich einen weiten Bogen. Die zwei Küchenmädchen hatten bei ihr nichts zu lachen. Die Haushälterin Hedwig heiratete später den Diener Bonk. Weil sie einen launischen Charakter hatte, wußte ich nie, woran ich mit ihr war. Vor allem die Extravaganzen meiner Mutter gingen ihr gegen den Strich. Sie beaufsichtigte die Hausarbeiten der zwei Stuben- und des Kindermädchens. Die ständige Kammerjungfer meiner Mutter war stets eine Österreicherin und hatte den entsprechenden Charme. Wie sollte es da mit uns drei Buben Probleme geben?

Dieser Aufwand an Personal war damals auf den großen Besitzen eine Selbstverständlichkeit. Im ganzen genommen waren auch alle recht zufrieden, denn die Arbeit war nicht allzu schwer. So gehörte Schloßpersonal, das die verantwortungsvollen Posten inne hatte, und das meist für Jahrzehnte, sozusagen zum Inventar. Für die Mädchen galt es als eine Art gesellschaftlicher Aufstieg, wenn sie von der Hofarbeit weg zum Dienst im Schloß ausgesucht wurden. Alle Bediensteten trugen eine Art Uniform: die Diener dunkle Anzüge, bei Festlichkeiten Livree oder Frack, die Stuben- bzw. Kindermädchen blaugestreifte Kleider mit weißen Schürzen. Die Küchenmädchen mußten mit grauen Kleidern vorlieb nehmen.

MEINE ELTERN

Natürlich hatte ich zu meinen Eltern im Vergleich zu anderen Menschen, mit denen ich zusammenkam, das größte Vertrauen und vor ihnen den meisten Respekt. Eigenartigerweise macht man sich erst mit zunehmenden Alter Gedanken über Vater und Mutter und registriert ihre Eigenschaften und Besonderheiten. Zunächst sind sie für ein Kind einfach da, sind eine keinerlei Kritik unterworfene Selbstverständlichkeit. Erst später wurden mir einzelne besondere Charakterzüge meiner Eltern bewußt, entdeckte ich sie als die *Menschen* Papi und Mimi und das, was sie von anderen unterschied.

Mein Vater war der älteste von 7 Geschwistern. Er verlor beide Eltern fast gleichzeitig im Jahr 1896, den Vater an Krebs, die Mutter an Kindbettfieber. Damals war er erst 13 Jahre alt. Zunächst wurde er von Hauslehrern in Bielau, nach Wallisfurth das Stammgut der Falkenhausens, erzogen, kam dann auf die Ritterakademie nach Liegnitz. Dort machte er das Abitur. Er studierte in Bonn und in Cambridge Nationalökonomie. Dann übernahm er als noch ganz junger Mann die Fidei-Kommißherrschaft Friedenthal. Dieser Besitz gehörte bereits seit 3 Generationen den Friedenthals, zuletzt Carl-Rudolf Friedenthal, Landwirtschaftsminister unter Bismarck. Die Friedenthals waren getaufte Juden, ausnahmslos kluge, tüchtige Menschen, die mit großem Geschick und Weitblick die Herrschaft Friedenthal mit ihrem großen landwirtschaftlichen Besitz verwalteten und vor allem Zug um Zug die verschiedenen Produktionszweige der Giesmannsdorfer Fabriken aufgebaut hatten, die einmal der große finanzielle Rückhalt in wirtschaftlichen Krisenjahren werden sollten. Mein Vater war der erste Besitzer der Herrschaft Friedenthal, der den Namen Freiherr von Friedenthal-Falkenhausen trug.

Mein Vater war für mich das, was ich mir unter einem Gentleman vorstellte: nie aufbrausend oder rechthaberisch, stets klug argumentierend, jedoch nie überheblich. Ich entsinne mich nicht, je ein lautes Wort von ihm gegenüber einem seiner Arbeiter oder Angestellten gehört zu haben. Er verschloß alle seine Gemütsbewegungen in seinem Inneren. Nur ein einziges Mal habe ich erlebt, wie er fast die Fassung verlor. Das war, als sein Bruder Rudi sich erschossen hatte. Da hörte ich, als er an seinen Sarg trat, ein tiefes Aufstöhnen.

Seine Beherrschtheit und sein ausgeprägter Humor bildeten einen seltsamen Kontrast. Er konnte aus vollem Halse lachen und Menschen, die ihm sympathisch waren, mit feinem Spott necken. Aber besonders hervorheben muß ich seine allumfassende Bildung, die ihn von vielen Standesgenossen unterschied. Wir Kinder sagten oft: „Papi ist wie ein wandelndes Lexikon", denn es gab kaum ein Gebiet, auf dem er nicht Bescheid wußte. Er sprach fließend Englisch und Französisch und korrigierte oft zu unserem größten Vergnügen „Selli" und „Missi", die uns Französisch bzw. Englisch beibringen sollten. Nur mein älterer Bruder Ernst-Herbert hat Begabung und Gedächtnis meines Vaters geerbt. Trotzdem war Bobby, wie er von meiner Mutter und Freunden genannt wurde, alles andere als der Typ eines Gelehrten oder Denkers. Seine Geistesgaben und sein vielseitiges Wissen blitzten nur gelegentlich bei einer Konversation auf, an der auch andere kluge Gesprächspartner beteiligt waren.

Von Jugend an war er ein guter und vielseitiger Sportler. Obwohl nicht groß und von der Natur mit den krümmsten Beinen ausgestattet, die ich je bei einem Mann sah, erstaunte er oft alle Welt als hervorragender Reiter und Tennisspieler, und an einem Wintertag überraschte er uns sogar als fabelhafter Schlittschuhläufer. Ich entsinne mich, daß er immer wieder Gäste, die viel jünger und größer waren als er, zu einem 100-Meter-Lauf herausforderte, und sehe noch die betretenen Gesichter der Besiegten, wenn Bobby mit seinen wieselflinken, krummen Beinen als erster ins Ziel kam.

Mein Sohn Alexander hat nach sieben Jahrzehnten in Heidelberg im Corpshaus der Saxoborussen noch seine Spur gefunden und erfahren, welch exzellenter Fechter er während seiner Zeit bei den Bonner Preußen war. – Nach dem Grafen Heini Dankelmann war Papi der beste Schütze Schlesiens, doch davon später mehr. Ich empfand meinen Vater als den ruhenden Punkt in der Familie, der durch seine Ausgeglichenheit und seine Güte für mich Vorbild und wie ein Garant unseres anscheinend so problemlosen Lebens war.

Meine Mutter Maria, eine geborene Gräfin Schaffgotsch, ist auf Schloß Purgstall in Niederösterreich geboren und aufgewachsen. Ihr Großvater Hermann Schaffgotsch hatte eine Comtesse Auersperg geheiratet, deren Eltern bis dahin Schloß und Besitz Purgstall gehört hatte, die mit dieser Heirat in den Besitz der Schaffgotsch

Spaziergang im Park mit meiner Mutter

übergingen. Da die beiden Brüder meines Großvaters, Rigobert und Emmo, unverheiratet waren und der einzige Bruder meiner Mutter, Hubert, als Kind starb, war meine Mutter der einzige Nachkomme des Purgstaller Schaffgotschzweiges. Ihre Mutter Eugénie, die schon 1906 starb, war eine ungarische Gräfin aus dem Geschlecht der Csáky. So fließt in meinen Adern ein nicht alltägliches Blutgemisch: nämlich jüdisches, deutsches, österreichisches und ungarisches.

Als junges Mädchen wurde meine Mutter im Sacré Coeur in Pressbaum bei Wien von Nonnen erzogen. Ich glaube, daß sie eine typisch österreichische Gräfin war, sehr hübsch, charmant, mit dunkelbraunen Augen, schlank, beinahe etwas zerbrechlich, elegant und mit einem erlesenen, sicheren Geschmack.

Die erste Erinnerung an sie, an ihr Verhältnis zu uns Kindern, ist von der Tatsache geprägt, daß sie stets von einer fast panisch zu nennenden Sorge um unser Wohlergehen erfüllt war. In ständiger Angst, uns könnte etwas zustoßen, wurden wir weder im Haus noch im Park, das heißt, wo immer wir uns befanden, jemals allein gelassen. Sogar die Fenster unserer Schulzimmer im zweiten Stock wurden mit Gitterstäben versehen, damit wir nicht hinausfallen konnten. Hatte einer von uns auch nur ein wenig Fieber oder den Anflug eines Unwohlseins, wurde sofort der Arzt gerufen. Zeitigten seine Verordnungen keinen Erfolg, mußte er sich oft recht unfreundliche und meist unlogische Vorwürfe gefallen lassen. Von dem Schlafzimmer meiner Mutter war eine Telefonleitung in die Kinderzimmer gelegt, und fast jeder Morgen begann damit, daß sich Mimi zunächst einmal über diesen Draht nach unserem Befinden erkundigte.

Außer von meinem Vater, der meine Mutter stets mit Maria anredete, wurde sie von uns allen nur Mimi genannt. Den gleichen exquisiten Geschmack, mit dem sie ihre Garderobe aussuchte, verwandte sie auch auf die Auswahl unserer Bekleidung. Sie hatte stets im voraus eine absolut feste Vorstellung davon, was sie suchte. Dann durchstreifte sie stundenlang Geschäfte und Warenhäuser, bis sie das Richtige gefunden hatte. Ich haßte diesen Aufwand und besonders, daß wir uns oft mehrmals am Tag umziehen mußten. Wenn Gäste kamen, wurden wir regelrecht vorgeführt, mußten den Damen die Hand küssen und vor den Onkeln einen Diener machen.

Meine Mutter hatte ein untrügliches Gespür für besondere Menschen und war kompromißlos in Zu- und Abneigung. Da kannte sie keine Standesunterschiede, und die Palette ihrer Freunde reichte vom Prinzen Hohenlohe bis zum Maler Domke, den sie buchstäblich bettelarm in einem Künstlerheim aufgelesen hatte.

Der Schwerpunkt ihrer Interessen war das weite Feld der Kunst, insbesondere die moderne Malerei. Sie malte selbst in harmonischen dezenten Farben Blumen- und Landschaftsaquarelle. Im Künstler-Milieu, in das sie durch Prof. Muche Eingang gefunden hatte, suchte und fand sie viele Freunde.

Im Gegensatz zu meinem Vater brachte Mimi, während ich heranwuchs, oft Unruhe in mein Leben, die teils fruchtbar, teils belastend für mich war. Ihr unbelehrbarer Eigensinn, ein ausgeprägtes Unvermögen, sich anzupassen und ihre oft haarsträubende Unlogik paßten so gar nicht in das sonst wohltemperierte Leben in Friedenthal.

ERSTE ERINNERUNGEN

Was sind nun meine frühesten Kindheitserinnerungen? Mit fast 75 Jahren ist es außerordentlich schwer, das in den ersten Lebensjahren Erlebte zeitlich richtig zu ordnen. Auch sehe ich das Folgende in unterschiedlicher Deutlichkeit; also manche Erlebnisse ganz klar, manche nur bruchstückhaft, und öfter weiß ich nicht, ist es eigene Erinnerung oder die Erzählung anderer.

Da ist das Kinderzimmer mit seinen weißen Möbeln und Fräulein Bock, *Süßing* genannt, die ständig um uns ist. Ich entsinne mich an Schaukelpferde und sehe ganz deutlich eine Großtante, Großtanting genannt, die für diese Pferde rote Decken mit goldenen Sternen darauf stickt.

Dann taucht ganz klar, jedoch zeitlich nicht genau einzuordnen, ein großes Ereignis aus der Erinnerung auf: Der Bruder meines Vaters, Onkel Rudi, schenkt uns zu einem Geburtstag – ich glaube 1920 – weißbraune Ponys mit Namen Susanne und Veronika. Wir nannten sie die kleine und die große Schecke.

Eine der unangenehmen frühen Kindheitserinnerungen war die von meiner Mutter übernommene englische Sitte, jeden Morgen Porridge, auf Deutsch Haferflockenbrei, essen zu müssen. Man hat mir später erzählt, daß ich oft zum Zeichen meiner Aversion gegen diesen Brei einen Veitstanz aufführte und brüllend mir den Bauch haltend um den Tisch lief. Die arme *Süßing* hat bei so einem Auftritt ratlos meinen Vater zu Hilfe gerufen. Und da bekam ich – ich glaube, es war das einzige Mal in meinem Leben – eine richtige Tracht Prügel. Dieser Vorgang ist mir in seinem von mir als Erniedrigung empfundenen Ablauf noch fast physisch gegenwärtig: Ich wurde nämlich über das Knie gelegt und mit der flachen Hand regelrecht verdroschen. Für mich, den sonst Verwöhnten, war es wohl das erste Mal, daß ich an eine Grenze stieß und erfuhr, daß im Leben für jeden einmal der Augenblick der Unter- bzw. Einordnung kommt. Diese Erfahrung scheint Allgemeingültigkeit zu haben, denn meine Söhne, jetzt zwischen 32 und 45, können mir heute noch haargenau erzählen, weshalb und wann sie von mir die erste *Watsche* bekommen haben!

Aus meinen ersten Kinderjahren tauchen noch weitere bruchstückhafte Erinnerungen auf; dazu gehört die Geburt meines jüngeren Bruders Gotthard. Damals war ich ja noch nicht 4 Jahre alt. Aber ich sehe noch vor mir, wie uns die Säuglingsschwester Lilli am Morgen des 22. Jan. 1920 durch den Salon meines Vaters entgegenkam und sagte: „Ihr habt ein Brüderchen bekommen". Genau an diesen einen Satz erinnere ich mich in aller Deutlichkeit und an das Bild dieser Schwester, die groß und voluminös war, rote Backen und strahlend blaue Augen hatte, und die in ihrer weißen Tracht mit der gestärkten Haube auf dem Kopf für mich als kleinen Jungen nichts von dem Geheimnisvollen ausstrahlte, was man sicherlich Kindern vermitteln kann, wenn ein Kind zur Welt kommt.

Erzählung und Erinnerung mischen sich, wenn ich an unsere ersten Sommerreisen denke. Mal fuhren wir ins Ostseebad Bansin, mal nach Kampen auf der Nordseeinsel Sylt oder auch nach Pörtschach am Wörthersee. Meist wurde eine Villa gemietet, denn für den kleinen Gotthard mußte die Säuglingsschwester und für uns, die Großen, eine Erzieherin dabei sein. Während Mimi uns stets begleitete, war Papi das Leben in einem Seebad zu langweilig, und er kam nur ein paar Tage zu einer Stippvisite. Die übrige Zeit unserer Abwesenheit von Friedenthal reiste er meist ins Ausland, um Tauben zu schießen, eine Sportart, die die jagdlose Jahreszeit überbrückte.

DIE ERZIEHERINNEN

Da ich mit meinen Erzieherinnen fast ständig zusammen war, kann ich mich an sie besonders gut erinnern. Nach der kleinen, dicklichen Fräulein Walig, die nur eine kurze Gastrolle gab, kam Fräulein Bock. Sie war eine zierliche Erscheinung und trug das Haar straff nach hinten gebürstet, wo es in einem winzigen Knoten endete. Bei ihr erhielten wir eine Art Vorschul-Unterricht, der dann, als wir 6 waren, das vorgeschriebene Pensum der ersten Volksschulklasse umfaßte. Ihr zur Seite stand die Schweizerin Mademoiselle Grossenbacher. Dieses von uns nur *Selli* genannte Fräulein sollte uns Französisch beibringen. Sie war leidenschaftliche Briefmarkensammlerin, und wir versuchten stets, den Beginn der Unterrichtsstunde mit langwierigen Tauschgeschäften hinauszuzögern. Während der Zeit ihrer Anwesenheit durfte bei den Mahlzeiten nur Französisch gesprochen werden, was dazu führte, daß wir meistens stumm blieben! Trotzdem hat Sellis Unterricht bewirkt, daß ich neben einer guten Aussprache eine Menge Vokabeln sowie die so wichtige richtige Satzstellung erlernte und später in der Gymnasialzeit in Französisch gegenüber den Mitschülern einen beträchtlichen Vorsprung hatte. An diese Zeit mit Süßing und Selli erinnere ich mich als einen Kindheitsabschnitt voller Harmonie. Die Tatsache, daß die Verbindung zu diesen beiden Lehrerinnen bis zu deren Tod nicht abriß, beweist, daß die Bindung an unsere Familie viel enger war, als das allgemein üblich ist.

    Danach kam ich in die erste Konfliktsituation meines Lebens. Als Süßing-Nachfolgerin kam nämlich ein Fräulein Hildegard Kottke, zunächst von uns zärtlich *Hilli* genannt, die sich im Laufe der Zeit zu einem wahren Teufel entwickelte. Mein Bruder Ernst-Herbert und ich, im Alter ja nur durch ein Jahr voneinander getrennt, waren noch nie einem richtig bösen Menschen, wie Hilli es war, begegnet und so ihren Schikanen und psychischen Quälereien hilflos ausgeliefert. Noch heute spüre ich Haß in mir aufsteigen, wenn ich an diese vierschrötige, virile, zynische Person denke, die uns nicht nur unentwegt mit Schlägen peinigte, sondern es sogar fertigbrachte, uns so gegen meine Mutter aufzuhetzen, daß wir Mimi ins Gesicht logen. Durch ständige Drohungen, oft unterstützt durch Prügel, beherrschte sie bald unseren Willen so vollkommen, daß wir es nicht wagten, unseren Eltern etwas von diesen skandalösen Zuständen zu sagen.

Das Sadistische an ihrer Methode war folgendes: Einem von uns schenkte sie jeweils ihre Gunst, während der andere für seine angeblichen Missetaten büßen mußte. Ich sehe mich noch, war ich gerade der Sündenbock, bei Nacht stundenlang im Dunkeln in der Ecke stehen, während Hilli in ihrem Bett schlief. Meistens gab es vorher noch Schläge mit einer umgedrehten Haarbürste auf die Handrücken. Aber viel schlimmer als die diversen körperlichen Züchtigungen empfand ich die Art psychischer Tortur, der sie unsere noch unschuldige Kinderseele aussetzte; denn fast alles, was wir liebten, zog sie in den Schmutz, alles, was wir gern taten, wurde verboten. Und all das spielte sich hinter dem Rücken meiner Eltern ab, denen wir aus reiner Angst immer wieder beteuerten, wie sehr wir diese Hilli liebten. Am meisten haßte dieses Biest meine Mutter und versuchte uns sogar einzureden, daß sie eine Hexe sei. Sie gebrauchte tatsächlich dieses Wort ‚Hexe‘, obwohl sie genau wußte, was das für uns, die wir Märchen lasen, bedeutete.

Das Maß unserer Abhängigkeit von ihr zeigt sich am besten an folgender Episode: Meine Mutter hatte wohl doch gemerkt, daß etwas nicht stimmte, und sie zur Rede gestellt. Weil Hilli sich unserer *Liebe* aber ganz sicher war, reagierte sie auf diese Fragen mit frechen Antworten. Da wollte Mimi sie fristlos entlassen. Daraufhin fingen wir an, wie die Schloßhunde zu heulen – und Hilli blieb!

Wenn auch das Negative bei der Erinnerung an dieses Fräulein Kottke stark überwiegt, so habe ich auch einiges Positive aus dieser Zeit nicht vergessen. Wie schön war es, als sie mit uns ein Krippenspiel inszenierte, das vor Weihnachten im Vorraum der großen Halle aufgeführt wurde. Sie machte das so genial, daß alle Zuschauer – auch das ganze Personal war dabei zugegen – ganz begeistert waren. Ich spielte den Erzengel Gabriel mit einem echten Palmzweig in der Hand, der die frohe Botschaft den Hirten hoch oben von der Brüstung der Freitreppe verkündete. Der kleine Gotthard in weißem Hemdchen gehörte zu den himmlischen Heerscharen. In einem späteren Auftritt waren wir Brüder und ein Freund die drei Könige aus dem Morgenland. Alle Szenen sehe ich noch heute vor mir: Die Krippe in der Nische zwischen Treppe und Glastür mit der Säuglingsschwester Elisabeth als Maria und Hilli als Josef, dann wie vor Beginn der Aufführung der Sohn des Kutschers, Willi, in morgenländischer Tracht auftrat und den Prolog sprach. Besonders aufregend fanden wir das Hirtenfeuer, imitiert durch eine Glühbirne, die mit rotem Seidenpapier und Holzscheiten bedeckt war. Alle Texte hatte Fräulein Kottke in Versform verfaßt.

Eltern finden ihre Kinder in diesem Alter besonders hübsch und reizvoll. Meine Mutter war sich wohl auch bewußt, daß ihre drei Knaben bald dieser Kinderzeit entwachsen sein würden. So erschien eines Tages der Portraitmaler Hofer und nahm für Wochen bei uns Quartier. Er sollte von uns dreien ein überlebensgroßes Ölgemälde schaffen, das unser damaliges Erscheinungsbild für alle Zeiten festhalten sollte. Dieser Herr mit Spitzbart und Halbglatze war uns denkbar unsympathisch. Er lachte nie, gab sich stets unnahbar und kannte keinerlei Mitleid, wenn wir ihm oft stundenlang sitzen mußten. Es fing damit an, daß er sich uns erst einmal einzeln vornahm, weil er die Gesichtszüge von jedem studieren wollte. Mimi war hauptsächlich damit beschäftigt, die richtige Kostümierung zusammenzustellen. Natürlich glichen wir uns wie ein Ei dem anderen, und es war ebenso klar, daß alles bei Harrods in London gekauft wurde. Das Endresultat sah dann so aus: Die Oberkörper bedeckten blütenweiße Hemden, deren Besonderheit darin bestand, daß sie nicht mit einem normalen Kragen, sondern mit einer leicht gewellten Halskrause abschlossen. Die dunkelblauen Shorts wurden von überaus schicken blauweißen Gürteln gehalten, deren Metallverschluß die Form einer Schlange hatte. Weiße Kniestrümpfe in schwarzen Lackschuhen beschlossen dieses Kunstwerk. Während die Einzelportraits, die in Pastell ausgeführt wurden, recht gut gelangen, hatte der Meister, als es ums Eigentliche ging, uns in Öl zu konterfeien, große Schwierigkeiten. Jetzt fanden die Sitzungen im Freien an einem besonders malerischen Platz unter einer Birke im Park statt. Fast täglich marschierten wir unter Aufsicht von Hilli und Mitnahme sämtlicher Malerutensilien dorthin. Meine Mutter kontrollierte ständig den Fortgang der Arbeit, war aber nie zufriedenzustellen. Mal waren die Farben zu giftig grün, dann war die Haltung eines von uns zu unnatürlich und vieles mehr. Ständig gab es dann Streit zwischen meiner Mutter und der Erzieherin, die offenbar in Hofer verliebt war und ihn in ihrer aggressiven Art vehement verteidigte. Das Ende dieses Experiments war eher tragi-

Ernst-Herbert, Gotthard, Rudi 1920

komisch. Nach seiner Vollendung stand das Werk in Gold gerahmt meist unbeachtet in der Halle. Ich sehe es noch vor mir und erinnere mich, daß mein älterer Bruder darauf mit trauriger Miene dem Betrachter einen giftiggrünen Apfel entgegenstreckt. Eines Tages wurde das Bild auf den Dachboden verbannt, wo es sicherlich noch stand und mit allem anderen verbrannte, als die Russen 25 Jahre später das Schloß anzündeten.

Ein weiterer Versuch, unser damaliges Erscheinungsbild zu konservieren, endete dagegen erfolgreich und war für uns weit weniger anstrengend. Aus Breslau kam die Starfotografin Frau Reichel. Sie blieb nur zwei bis drei Tage und machte großformatige Fotos erster Qualität, die erhalten sind und an denen ich mich noch heute freue. Da blieb es natürlich nicht bei den Harrods-Anzügen, sondern Mimi dachte sich immer neue Maskeraden aus: Alle drei Buben in Fellmänteln und Autokappen. Ich allein mit der Husarentschapka, eine Art Ulanka über der Schulter. Ernst-Herbert und ich in Kürassieruniform mit blitzenden Helmen. Dann wieder alle drei in

Trachtenanzügen mit Steirerhüten. Als mein Vater die Rechnung bekam, soll er erbleicht sein.

Wie der Alptraum mit dieser Hilli endete, darüber versagt mein Gedächtnis. Geblieben ist aber allzu deutlich die Erinnerung an meine erste Begegnung mit einem Menschen, den ich als böse empfand. Dazu kam für mich eine neue Gewißheit: Es gibt Lüge, und es gibt Schmerzen.

STREIFLICHTER
AUS KINDHEIT UND JUGENDJAHREN

Schon sehr früh – ich glaube, ich war erst 6 – bekamen wir den ersten Reitunterricht, an den ich mit einem lachenden und einem weinenden Auge zurückdenke. Wir besaßen ja die beiden Schecken Veronika und Susanne. Der Reitunterricht wurde durch Jupp, Papis Pferdeburschen aus dem Krieg 14 – 18, erteilt. Dieser genoß unser vollstes Vertrauen, weil er genau den Ton traf, den Kinder mögen, und die doch recht anstrengenden Reitstunden ab und zu unterbrach, um eine seiner für Jungen ungemein interessanten Geschichten aus dem Krieg zu erzählen. Auch nahm er es bei den Unterweisungen nicht so genau wie mein Vater. In der ersten Zeit ritten wir ja nur *auf Decke,* also ohne Steigbügel und Sattel, und hatten mit unseren kurzen Beinen große Schwierigkeiten, uns am Bauch der Schecke festzuklammern. Zwar hatte Jupp das Pferd an der Longe und bestimmte die Gangarten Schritt, Trab und Galopp mit einer langen Peitsche.

Trotz dieser Sicherheitsvorkehrungen lag damals das Glück der Erde, wie ein alter Kavalleristenspruch behauptet, für mich nicht unbedingt auf dem Rücken der Pferde, sondern ich sah den Reitstunden immer mit etwas gemischten Gefühlen entgegen. Es war nicht gerade Angst, die ich empfand, aber ich hatte stets das Gefühl des Ausgeliefertseins an dieses für mich so große Tier. Ich konnte es ja noch nicht dirigieren, sondern befand mich in einem ständigen Kampf gegen das Herunterfallen. Heute noch habe ich das Geräusch der stampfenden Hufe und das Quietschen der Deckengurte im Ohr, rieche noch den etwas beißenden Geruch des Pferdeschweißes. Ich höre noch Jupps knarrende Stimme, wenn er das Kommando zum „Te-rab" oder zum gefürchteten Galopp gab. Allseitiges Aufatmen, wenn dann das eine Ruhepause verheißende „Sche-Ritt" kam.

Richtig ernst wurde es meistens erst, wenn mein Vater auftauchte. Der sonst so gutmütige Papi hatte einen Heidenspaß, uns runterpurzeln zu sehen, nahm dann meist selbst Longe und Peitsche in die Hand und jagte das Pferd so lange um den Zirkel, bis wir im Gras lagen. Bei solch einem Parforce-Ritt brach sich mein Bruder eines Tages den Arm. Wenn wir normalerweise nach so einem

Purzelbaum erlöst lachend sofort wieder aufsprangen, blieb dieses eine Mal Ernst-Herbert auf der Seite im Gras liegen. Ich sehe dieses Bild, das mir einen richtigen Schock versetzte, noch genau vor mir: diese ganz still auf dem Boden liegende, etwas zusammengekrümmte Gestalt. Es war an einem Dienstag, dem Tag, an dem der Sanitätsrat Simon im Giesmannsdorfer Krankenhaus Praxis machte. Ich raste sofort dort hin, bekam unterwegs vor Aufregung die Tür zum Hof nicht auf, kletterte darüber und überbrachte vollkommen außer Atem dem Sanitätsrat die Hiobsbotschaft. Meine Mutter war auch bald am Unglücksort und außer sich. Sie beschimpfte natürlich ihren Bobby wahnsinnig. Mit Recht, denn der arme *Häsi* behielt trotz monatelanger ärztlicher Bemühungen einen fast steifen linken Arm.

In den Volksschuljahren (6 – 10) sah ich meine Eltern am Vormittag kaum. Während meine Mutter im Bett auf einem sogenannten Bettischl frühstückte und mein Vater noch im Schlafrock daneben saß und die Morgenzeitung las, schwitzten wir längst schon in den Schulzimmern unter der Fuchtel von Selli oder Fräulein Kottke. Mein Vater ließ es, wie man heute sagen würde, morgens langsam angehen. Vom Frühstück ging er ins Toilettezimmer, wo Hans, sein Kammerdiener, täglich ein frisches Hemd mit passender Krawatte, dem Anzug, Unterwäsche und allen übrigen Anziehsachen fein säuberlich ausgebreitet hatte. Jeden Abend wiederholte sich nach einem Bad dieses Ritual: Wieder ein frisches Hemd und der sogenannten Teeanzug, eine Art Smoking mit seidenem Schalkragen.

Der Diener Hans war ein Phänomen: Er beherrschte außer Deutsch noch zwei Sprachen. Italienisch hatte er als ständiger Begleiter von Onkel Oskar von der Lancken, dem Mann von Tante Rena, gelernt, als dieser Botschafter in Rom war; Französisch, als er im Weltkrieg in französische Gefangenschaft geriet. Trotz dieser Fähigkeiten hatte Onkel Oskar ihn, wie man damals sagte, rausgeschmissen, als er ihm in Berlin auf dem Kurfürstendamm mit Anzug und Krawatte seines Herrn bekleidet begegnete. Mein Vater erfuhr davon und engagierte den pfiffigen Hans sofort. Er sollte Jahrzehnte von dessen Intelligenz und seinem phantastischen Organisationstalent profitieren. Das entwickelte er besonders, wenn eine größere Reise meiner Eltern ins Ausland bevorstand.

Hans und die jeweilige Kammerjungfer meiner Mutter fuhren nämlich mit der Bahn voraus und nahmen das große Gepäck, bestehend aus zwei Schrank- und mehreren Handkoffern, mit. Zunächst mußte natürlich beim Kofferpacken an unendlich viel gedacht werden, denn für jeden gesellschaftlichen Anlaß, ja für jede Tageszeit wurde ein anderes Kleid für meine Mutter, ein anderer Anzug für meinen Vater gebraucht. Auch für die übrigen Reisevorbereitungen, wie Hotelbestellungen, Fahrkarten usw., war Hans verantwortlich und hat meines Wissens nie etwas vergessen.

Wenn dann die Eltern mit dem Auto, stets von Chauffeur Müller begleitet, zum Beispiel in Monte Carlo ankamen, war für sie bereits alles im jeweiligen Hotel vorbereitet, die Koffer ausgepackt und das Appartement mit allem Drum und Dran bezugsfertig hergerichtet.

Wir Kinder mochten diesen Hans besonders gern, weil er im Gegensatz zu dem meist griesgrämigen ersten Diener Bonk ein lustiger, immer zu Scherzen aufgelegter Kerl war, der mit den Stubenmädchen schäkerte und eigentlich nie etwas ernst nahm. Zudem verkehrte seine ganze Familie im Schloß. Seine Frau war eine geschickte Schneiderin und arbeitete oft für uns Kindersachen, und seine zwei Söhne Hatti (Erhard) und Rudi gehörten zu unserem Freundeskreis.

Alle die bisher geschilderten Menschen und kleinen Begebenheiten gehörten zu meinem Kinderleben, aus dem wir kaum einen selbständigen Schritt in die Welt taten, denn unser Tageslauf verlief nach einem festen Plan, und unser Reich war wie ein kleiner Staat im Staate des Schloßlebens. Erst beim Mittagessen kamen wir mit den Eltern in Berührung.

Mit dem täglichen Menu, stets aus 4 – 5 Gängen bestehend, hatte es seine besondere Bewandtnis: Jeden Morgen erschien die Köchin am Bett meiner Mutter, in der Hand das Menubuch. Dann wurde der Speisezettel zusammengestellt, Suppe, Vorspeise, der Hauptgang und die Mehlspeise notiert. Alles wurde bei uns österreichisch zubereitet, denn meine Mutter war ausgesprochen heikel. Sie selbst hatte vom Kochen keine Ahnung, wußte aber von jeder Speise genau, wie sie schmecken mußte. Während man von meinem Vater nie Bemerkungen über die Zubereitung des Essens hörte, hatte Mimi oft etwas auszusetzen und murmelte dann: „Was ist denn das für ein Fraß?"

In meiner Jugend ging es noch recht förmlich zwischen Dienerschaft und der Herrschaft zu: So wurden meine Eltern morgens mit „Täs guten Morgen" begrüßt. Erst nach Jahren lüftete sich für mich der Schleier, was dieses geheimnisvolle „Täs" bedeutete: Es war die Abkürzung für „untertänigst!" Das Mittagessen wurde meinem Vater, der zu dieser Tageszeit meistens lesend in seinem Salon saß, vom Diener Paul mit „Es ist angerichtet, Herr Baron" gemeldet.

Da wir Buben uns nach dem Unterricht meist irgendwo im Haus oder im Park herumtrieben und deshalb fast immer zu spät zum Essen kamen, kaufte meine Mutter einen großen chinesischen Gong, der uns zu den Mahlzeiten herbeirufen sollte. Mit an- und abschwellendem Ton dröhnte dieses Instrument eine Viertelstunde vor Essensbeginn dreimal durch den Park. Höchste Zeit wurde es für uns, wenn er nur einmal erklang. Das bedeutete nämlich: Es ist angerichtet. Dann versammelten sich die Eltern, wir drei Jungen und die Erzieher im kleinen Eßzimmer.

In den ersten Jahren war der Tisch noch mit einem weißen Tischtuch gedeckt, auf dem zu meinem großen Kummer jeder Fleck zu sehen war. Da hieß es dann: „Du ißt ja wie ein Schwein!" oder „Du bist eben noch zu klein, mit den Erwachsenen zu essen!". Meine Mutter hat dann später Gott sei Dank einen Tisch mit polierter Platte angeschafft, was das Fleckenproblem ein für alle Mal zu unseren Gunsten löste.

Beim Mittagessen servierten die Diener Paul und Hans, die dabei eine strenge Rangfolge einhielten. Paul als erster Diener servierte das Fleisch und goß die Getränke ein, Hans reichte nur die Beilagen und wechselte die Teller. Die strengen Tischsitten waren manchmal recht unangenehm, besonders die Anordnung, daß wir von jeder Speise, die serviert wurde, etwas nehmen mußten. Wenn uns die Diener ärgern wollten, hielten sie uns Gerichte, wie zum Beispiel Sauerkraut, das ich verabscheute, so lange vor die Nase, bis meine Mutter aufmerksam wurde und ihr stereotypes „von allem wird genommen" hören ließ.

Die Unterhaltung bei Tisch bestritten meist die Erwachsenen. Uns interessierte daran eigentlich nur das Thema Jagd oder Pferde, das aber wiederum meine Mutter langweilte, die sich lieber über Kunstausstellungen, Bücher oder andere intellektuelle Themen unterhielt. Wir durften in den Jahren, da Selli oder Missy, die Engländerin, mit am Tisch saßen, nur Französisch oder Englisch sprechen. So bekamen wir – zwar recht widerwillig – einen Begriff von englischer bzw. französischer Konversation.

Jeden zweiten Sonntag und an größeren Festtagen gingen wir mit meinem Vater in den evangelischen Gottesdienst. Die Kirche lag etwas außerhalb des Ortes auf dem Kirchberg, immerhin ein Fußmarsch von ca. 20 Minuten. Mein Vater trug dann zu einem dunklen Anzug einen Bowlerhat und einen schwarzen Stock aus Ebenholz mit silberner Krücke.

Die Kirche, ein neogotischer Ziegelbau mit einem Hauptkirchenschiff für die Gemeinde und einem kleinen Seitenschiff, für unsere Familie reserviert, war ganz einfach eingerichtet. Auf dem Platz meines Vaters lag ein dickes, mit dem falkenhausenschen Wappen verziertes, in braunes Leder gebundenes Gesangbuch, das er zu seiner Konfirmation von seiner Mutter geschenkt bekommen hatte. Auf der ersten Seite stand sein Konfirmationsspruch: 1. Korinther 13, der mit den Worten „aber die Liebe ist die größte unter ihnen" endet.

Als Ältester der Familie Falkenhausen war Papi traditionsgemäß auch der Patron der Kirche. Mir hat es immer Eindruck gemacht, und natürlich war ich auch ein wenig stolz, wenn am Ende des Gottesdienstes bei der Fürbitte gebetet wurde: „Schütze den Patron dieser Kirche und sein Haus". Ich habe nie erfahren, welche Pflichten mit diesem Patronat verbunden waren.

Genau erinnere ich mich an die Farben und Gestalten auf den drei Glasfenstern hinter dem Altar. Die dort dargestellten Personen waren meine Vorfahren der Familien Friedenthal und Falkenhausen, die auch in der Gruft unter der Kirche beigesetzt waren. Das Mittelfenster zeigte den Minister Friedenthal mit seiner Frau Fanny, das Fenster daneben meine Großeltern Falkenhausen. In die Gruft hinabzusteigen, „war nichts für Kinder", wie Eltern und Erzieher auf mein diesbezügliches Verlangen einmütig erklärten. Später bin ich dann doch einmal hinuntergegangen; ich fand, daß diese einsamen Zinksärge etwas ungemein Abweisendes hatten.

Viel vertrauter wirkte da der kleine Familienfriedhof neben der Kirche. Von alten Linden beschützt war dort der Platz mit der schönsten Aussicht über das weite Land. Die bedrückenden Gedanken an den Tod, die mich in der Gruft gleichsam überfallen hatten, kamen hier nicht auf.

Da neunzig Prozent der Bevölkerung von Giesmannsdorf katholisch waren, residierte ihr Pfarrer in einer recht ansehnlichen Villa. Für die wenigen Protestanten am Ort war der evangelische Geistliche aus der Kreisstadt Neisse zuständig. Er wurde zu dem alle vierzehn Tage stattfindenden Gottesdienst mit dem Zweispänner abgeholt. Ich entsinne mich, daß wir beim Kirchgang oft spät dran waren und dann eine Art Wettrennen zwischen uns und der Pfarrerskutsche stattfand. Wenn wir dieses Rennen verloren, mußten wir die Liturgie am Haupteingang stehend im Angesicht der Gemeinde als *Zuspätkömmlinge* verbringen. Später, als Offizier in Extra-Uniform, waren die Kirchgänge nicht frei von Eitelkeit, besonders wenn zwischen den Gemeindemitgliedern im Kirchenschiff eine Angebetete saß.

Mit der Kirche auf dem Berge ist natürlich auch die Erinnerung an meine Konfirmation verbunden. Normalerweise wurden die wenigen Giesmannsdorfer Konfirmanden in Neisse eingesegnet; aber im Jahr 1930 waren es sechs, und weil Ernst-Herbert und ich als die Urenkel des Kirchenerbauers darunter waren, fand die Feier selbstverständlich in unserer Kirche statt. Den Konfirmationsunterricht erhielten wir von Pfarrer Knobel und saßen dabei mit den anderen Konfirmanden der evangelischen Gemeinde recht brav, weil meist unvorbereitet, in den ersten Bänken der Garnisonskirche in Neisse. Ich erinnere mich, daß wir unzählige Lieder, die 10 Gebote und das Glaubensbekenntnis mit den schwierig zu behaltenden Erklärungen von Luther auswendig lernen mußten und sicher auch die Bücher des alten und neuen Testaments. Einmal in der Woche, damals gingen wir schon ins Gymnasium, aßen wir bei Superintendent Gericke zu Mittag. Das Essen wurde in einem Zimmer mit düsterem Eichenmobiliar aufgetragen. Es gab meist Speisen, die ich nicht mochte, wie Nudeln, rote Grütze oder Nachtisch mit Zimt. Die Gattin vom Super, wie er in unserer Familie stets genannt wurde, war groß und hager und eine vertrocknet wirkende Erscheinung, er klein, mit Bäuchel, stets jovial, auch mal zu einem Scherz aufgelegt. Zum Abschluß der Vorbereitungszeit war in der Kirche eine kleine Prüfung. Durchfallen konnte man, glaube ich, nicht. Wer weiß, wie es mir sonst ergangen wäre.

Natürlich war meiner Mutter als Katholikin die in ganz schlichtem Rahmen stattfindende Konfirmation ziemlich gleichgültig. Größten Wert legte sie aber darauf, daß die äußere Erscheinung ihrer Söhne stimmte. So sollten wir Anzüge nach dem englischen Vorbild der Etonboys tragen. Gestreifte Hose wie beim *Stresemann,* schwarze Jacke. Über den Tuchkragen wurde ein weiterer weißer gestärkter Kragen gestülpt. Da traten wir das erste Mal im Leben in Streik. Mit Erfolg, denn diese affigen Krägen wurden gestrichen. Trotzdem sah ich wie ein Kellnerlehrling aus.

Der Geistliche bestand darauf, daß der Zug der sechs Konfirmanden unter seiner Führung den Weg vom Schloß bis zur Kirche zu Fuß zurücklegte. Dieser Marsch wurde dann zu einem ziemlichen Fiasko, denn ausgerechnet bei der Ersteigung des Kirchberges erhob sich ein Schneesturm. Pfarrer Knobel mit wehendem Talar und schwarzem Käppchen vorneweg, wir ohne Mäntel vor Kälte zitternd hinterher, standen dann ziemlich naß und durchfroren vor dem Altar. So ist es nicht verwunderlich, daß ich die Konfirmationsfeier in nicht allzu guter Erinnerung habe. Jedoch sollte mich mein schöner Konfirmationsspruch mein ganzes Leben begleiten: „Das Reich Gottes kommt nicht in äußerlichen Gebärden, man wird auch nicht sagen: Siehe, hier oder da ist es; denn das Reich Gottes ist inwendig in Euch". Erst viel später begriff ich, daß diese Erkenntnis für ein wahres Christsein notwendig ist.

Bis Quarta wurde ich zu Hause unterrichtet, und diese Jahre standen im Zeichen eines ständigen Kleinkriegs zwischen mir und meinen Erziehern. Meine Eltern waren ja viel auf Reisen, und in der Zeit ihrer Abwesenheit hatten die jeweiligen Hauslehrer oder -lehrerinnen die volle Verantwortung für unser Wohlergehen. Sie ließen uns fast nie aus den Augen. Wir aber kannten nichts Schöneres, als uns davonzustehlen und die sogenannten Hofejungen zu treffen. Natürlich sprachen wir mit ihnen nur tiefsten oberschlesischen Dialekt. Heute noch erkenne ich bei jedem Schlesier sofort am Tonfall seines Schlesisch, ob er aus meiner unmittelbaren Heimat stammt.

Die Jungen, die uns besuchen durften, wurden extra ausgesucht; aber diese Braven interessierten uns nicht sonderlich. Uns zog es zu den besten Schleuderschützen oder zu denen, die meisterhaft mit Lehm- oder Glaskugeln *schippelten* und jederzeit bereit waren, etwas auszufressen. Es gelang uns auch immer wieder, den Kontakt zur *Außenwelt* aufrechtzuerhalten und geheime Treffen mit Hatti, Rudi, Walter, Heinz oder wie sie alle hießen, im Park zu arrangieren. Hier hatten wir unseren eigenen Fußballplatz, konnten auf den Alleewegen Radrennen veranstalten oder auf einem eigens angelegten Rasenplatz Krocket spielen. All das wurde von uns mit so extremer Leidenschaft betrieben, daß es sogar ab und an zu Handgreiflichkeiten kam. Die Versöhnung folgte meist sehr schnell in einem selbst den Lehrern unbekannten Versteck, im sogenannten Schnepfenwald.

Eigentlich habe ich mich im Jungenalter nie gelangweilt, zumal bei mir schon mit 8 Jahren die Jagdpassion ausbrach. Ganz im Gegensatz zu meinen beiden Brüdern Ernst-Herbert und Gotthard war ich der jenige von uns dreien, bei dem sich voll die Erbanlage der gleichermaßen mit der Jagdleidenschaft belasteten Familien Falkenhausen und Schaffgotsch durchgesetzt hat. Mein Jägerleben begann damit, daß wir Jungen zu Weihnachten von meinem Patenonkel Luftbüchsen geschenkt bekamen. Ich entsinne mich noch genau des Augenblicks, könnte sogar den Ast der großen Kastanie vor dem Haus noch zeigen, von dem ich den ersten Spatz meines Lebens herunterschoß. Natürlich war nicht daran zu denken, daß ich allein mit dieser Luftbüchse, die bald durch ein Tesching ersetzt wurde, das Haus verließ. Zunächst wurde ich stets von Diener Bonk begleitet, der verantwortlich war, daß nichts passierte. Ich sehe ihn noch neben mir stehen in seiner dicken, schwarzen Überjacke mit Schiebermütze und im Winter mit Ohrenklappen, die von einem über dem Kopf liegenden Federbügel gehalten wurden. Später hielt es mein Hauslehrer Hermann für erforderlich, mein soziales Gewissen zu wecken. Er machte mir klar, daß Bonk vermutlich auf der Spatzenpirsch kalte Füße bekäme und brachte mich tatsächlich dazu, daß ich mehr nolens als volens meine Ersparnisse zusammenraffte und meinem treuen Begleiter zu Weihnachten feste hohe Schuhe kaufte. Sie kosteten 20,– RM, für mich damals ein Vermögen!

Die von mir schon erwähnten Spielkameraden wurden immer zahlreicher. Oft holten wir sie schon mittags mit unseren Rädern an ihrer Schule ab und fuhren dann mit einem Freund auf der Stange in rasendem Tempo den Schulberg hinunter. Das war natürlich verboten, und ich fürchtete nichts mehr, als dem Dorfgendarmen zu begegnen. Allein schon seine hünenhafte Gestalt, sein großer Schäferhund, der lange Säbel vorn am Rad und sein Bart à la Kaiser Wilhelm hatten etwas Respektgebietendes. Aber er war ein gutmütiger Mann und als Sohn des Amtsvorstehers, seines Vorgesetzten, hatte ich ernstlich nichts zu befürchten. Er beschimpfte mich zwar mit seiner dröhnenden Stimme, sah aber stets von einer Bestrafung ab. Einmal fragte ich ihn, ob sein Säbel denn scharf sei. Da zog er die Waffe wortlos aus der Scheide; die blanke Klinge blitzte, als er mit mächtigem Schwung einem Strauch die Äste abschlug.

Diese Fahrten zu zweit führten meistens direkt in die Gärtnerei, denn die Mittagsstunde war besonders geeignet, sich über die Köstlichkeiten, wie Beeren, Äpfel, Eierpflaumen und Radieschen herzumachen. Einmal übertrieben wir wohl diese Art von Selbstversorgung und lachten uns ins Fäustchen, als Gärtner Gähl, der an nächtliche Diebe glaubte, meinen Vater um ein Gewehr bat, um sich nachts auf die Übeltäter anzusetzen!

In diesen Zeitraum, in dem sich um uns eine Art kleiner Bande bildete, fiel auch die Idee, einen Radfahrverein zu gründen. Als Mitglieder warben wir nur Jungen unseres Alters an. Wir kamen uns dabei vor wie Erwachsene, denn wir hatten bei den Dorfvereinen Organisation und Vereinssitten abgeguckt. So wurden Beiträge erhoben und Versammlungen abgehalten. Es gab einen Vorsitzenden und einen Kassierer. Natürlich wollten wir auch an den Umzügen durch's Dorf bei festlichen Veranstaltungen teilnehmen. Dazu brauchten wir selbstverständlich eine Fahne, wie sie auch bei den anderen Vereinen vorneweg getragen wurde. Das Emblem, auf dem Wimpel gestickt, war ein silbernes Rad auf schwarzem Grund. Wir fanden den Wimpel herrlich und führten ihn bei jeder sich bietenden Gelegenheit hoch zu Rad mit.

Da in der Kasse unseres Vereins ständig Ebbe herrschte, beschlossen wir, ein Preisschießen im Park zu veranstalten, zu dem Eintritt erhoben wurde. Geschossen wurde mit unseren Kleinkalibergewehren. Schon die Vorbereitungen machten viel Spaß. Am Hoftor und an anderen Brennpunkten des Ortes hatten wir Plakate ausgehängt, auf denen die Bevölkerung herzlich eingeladen wurde. Um möglichst viele Interessenten anzulocken, wurden die zu gewinnenden Preise aufgezählt.

Der erste Preis war ein Fasan. Die anderen Preise waren Gegenstände, die Mimi in der Möpselkammer ausgesucht hatte.

Wir bauten zwei richtige kleine Schießstände auf, und am Tag des Preisschießens ging alles ganz fachmännisch zu: Neben jeder Scheibe ein Junge in Deckung, der den Sitz der Schüsse anzeigte und dem Schreiber zurief, der sie dann an einem kleinen Tischchen sitzend in eine Liste eintrug.

Die Veranstaltung fand natürlich an einem Sonntagnachmittag statt, und der Andrang war groß. Die Einnahmen überstiegen bei weitem unsere Erwartungen. Davon wanderte aber nur ein Teil in die Vereinskasse. Wir Vereinsmitglieder versammelten uns nämlich nach dem offiziellen Teil an geheimem Ort zu einer kleinen Nachfeier. Jemand hatte ein paar Flaschen eines undefinierbaren Obstweines mitgebracht, die wir in ausgelassener Stimmung leerten. Bald hatten alle einen Schwips. Es war mein erster, und es ist mir unvergeßlich, wie übel mir am nächsten Tag war.

So vergingen die ersten Schuljahre für mich recht unbeschwert. Sie hatten nichts mit dem zu tun, was einen Jungen normalerweise an Unannehmlichem beim Schulanfang erwartet. Kein früheres Aufstehen, keine Klasse, in der man sich gegenüber den Mitschülern behaupten muß, keine Lehrer, die nach den Berichten meiner Freunde damals noch fleißig vom Rohrstock Gebrauch machten. Dagegen ging es bei Fräulein Bock vergleichsweise gemütlich zu. Das Volksschulpensum wurde leicht geschafft, und in den ersten vier Jahren wurde am Ende des Schuljahres nicht einmal eine Prüfung von uns verlangt.

FESTE

Feste bleiben in der Erinnerung eines jungen Menschen wohl deshalb besonders lebendig, weil sie das Einerlei des Alltags unterbrechen und schon vor dem eigentlichen Ereignis eine Stimmung von Neugier und Vorfreude hervorrufen.

Da mein Vater bei jedem Fest der Dorf- oder Gutsgemeinschaft zu den sogenannten Honoratioren gehörte, erlebten wir in seinem Gefolge alles ganz unmittelbar.

Alljährlich wurde nach Beendigung der Ernte das Erntefest gefeiert. Aus diesem Anlaß versammelten sich alle Gutsangehörigen im Sonntagsstaat an einem Samstagnachmittag Anfang September am Inspektorhaus und zogen anschließend, eine kleine Blaskapelle vorneweg, zum Schloß. An der Spitze des Zuges trugen je zwei Frauen die Erntekronen. Das waren wahre Kunstwerke, gebunden aus Weizenähren und besteckt mit Feldblumen.

Unsere ganze Familie war auf der Schloßterrasse versammelt und erwartete dort den Festzug. Wir Buben waren voller Spannung, bis endlich das Bum-Bum der großen Trommel zu hören war und einer das erlösende „Sie kommen!" rief. Dann dauerte es auch nicht mehr lange, bis der Zug durch die Schloßallee heranmarschierte und sich alle Leute in einem großen Halbkreis vor uns aufstellten, die Frauen mit den Kronen in der Mitte. Die folgende Zeremonie war immer die gleiche: Erst trat der alte Schaffer Volkmann vor und hielt seine Rede, in der er in einfachen, irgendwie rührenden Worten die Ereignisse des Jahres würdigte und sich bei der Herrschaft für die Ausrichtung des Festes bedankte. Dann spielte die Musik einen Tusch, alle ließen meine Eltern hochleben und dann überreichte Mutter Axmann, die Vorarbeiterin, meinen Eltern die prächtigste der Erntekronen. Wir Söhne bekamen eine kleinere und wurden gleichfalls mit Tusch und dreimaligem Hoch bedacht. Natürlich waren wir sehr stolz, für Augenblicke Mittelpunkt zu sein. Die Erntekronen wurden dann auf der Terrasse aufgehängt und bereicherten besonders im Winter den Speisezettel der Spatzen.

Vom Schloß zogen dann alle zum Inspektorhaus und als letztes zur Wohnung des Rentmeisters, wo sich fast das gleiche Zeremoniell wiederholte. Bei Größe und Gestaltung der Erntekronen beachteten die Leute stets eine bestimmte Rangfolge. So war die größte und schönste Krone für meine Eltern, die für uns Kinder in gleicher Ausführung aber ein Drittel kleiner, Rentmeister und Inspektor bekamen gar nur eine, die aus Spargelkraut geflochten war. Am Abend fand dann im einzigen Gasthaus des Ortes ‚Wahner' der große Erntetanz statt. Das Essen, Würstchen mit Kartoffelsalat, sowie Bier und Schnaps waren frei. Danach spielte die Musik auf, und es begannen die Ehrentänze, deren Reihenfolge genau festgelegt war. Zuerst tanzte mein Vater mit der Mutter Axmann und der Inspektorsfrau; meine Mutter mit dem Inspektor und Schaffer Volkmann. Damit endete auch schon der offizielle Teil des Festes, das dann bis in die frühen Morgenstunden dauerte. Kaum einer der Männer ging ohne Rausch nach Hause. Als ich mit etwa 14 Jahren den Kinderschuhen allmählich entwuchs, benutzte ich das Erntefest zu meinen ersten schüchternen Annäherungsversuchen an das weibliche Geschlecht. Zunächst aber fühlten wir uns auf der Tanzfläche noch denkbar unwohl und forderten meistens nur unsere Stubenmädchen zum Tanz auf, die sich mit rührender Geduld bemühten, uns die Anfänge der Tanzkunst beizubringen.

Wenn die Stimmung auf dem Höhepunkt war, kam es fast immer zu Störungen durch einige Fabrikarbeiter, die wohl ihren Kollegen aus der Landwirtschaft das Fest neideten, weil es ein Zeichen für das gute Einvernehmen zwischen den Landarbeitern und der Herrschaft war. Als wohlbehüteter Knabe hatte ich noch nie Gewalttätigkeiten erlebt und war entsetzt, mit welcher Rohheit die Kontrahenten aufeinander losgingen, als ich das erste Mal Zeuge einer Prügelei am Rande des Erntefestes wurde.

Ein schöner Brauch war das *Binden* am Anfang jeder Ernte, an dem Tag, an dem die erste Frucht, bei uns war das der Raps, von Frauen mit der Sichel geschnitten wurde. Wir gingen mit meinem Vater aufs Feld zu diesen Frauen, mit denen er zunächst ein paar belanglose Worte wechselte. Diesen Augenblick benutzte die Vorarbeiterin und holte aus einem Versteck ein paar Sträußchen aus Rapsähren und Feldblumen, mit einem bunten Band zusammengehalten, und band sie meinem Vater und uns Söhnen an den linken Oberarm. Dabei sagte sie einen Spruch auf, in dem sie Gott um eine gute Ernte und gutes Wetter bat. Mein Vater bedankte sich und überreichte dann der Frau einen Geldbetrag. Ich sehe das zerfurchte Gesicht dieser Mutter Axmann unter dem großen Strohhut und ihre guten, von tausend kleinen Fältchen umrahmten Augen noch vor mir.

Gesangs- und Kriegerverein, manchmal auch die Turner des Ortes, veranstalteten anläßlich von Jubiläen, Fahnenweihen oder dergleichen ihre Feste.

Ein besonders großes Ereignis, das alle Dorfbewohner anging, war die Einweihung des Kriegerdenkmals. Nach dem Weltkrieg wurde fast in jedem größeren Ort ein Denkmal zur Erinnerung an die 1914-18 Gefallenen aufgestellt. Im Gegensatz zu anderen Kriegerdenkmälern, die meist eine allegorische Figur oder ein kriegerisches Symbol darstellten, sollte vornehmlich auf Betreiben meiner Eltern in Giesmannsdorf ein Mahnmal mit einem schlichten Kreuz in der Mitte entstehen, das beiderseits von einer sich im Halbrund anschließenden niedrigen Granitmauer flankiert wurde, auf der die Namen der Gefallenen eingelassen waren. Meine Mutter hatte bei dem Entwurf Pate gestanden.

Wenn ich an diese Zeit zurückdenke, wird mir klar, daß es heute allen jüngeren Menschen unverständlich sein muß, welch große Rolle in diesen 20er Jahren noch all das spielte, was mit Militär, Soldatsein, Uniformen und Kriegserinnerungen zusammen hing. Der Krieg war ja erst 10 Jahre vorbei, und gerade für die Menschen vom Land, die fast nie aus ihrem Heimatort herausgekommen waren, bedeuteten ihre Zeit beim Militär und die Kriegsjahre das Erlebnis ihres Lebens. Der Fronteinsatz in einem fremden Land und die mit der Dienstzeit in Verbindung stehenden menschlichen Begegnungen mit Kameraden und Vorgesetzten waren für sie ein noch immer aktueller Gesprächsstoff. Auch nach so langer Zeit blieben die Pauschalurteile der Erzähler unverändert. Sie schieden in simpler Schwarzweiß-Malerei ihre Mitstreiter in tapfer und feige, anständig und Leuteschinder und in Hilfsbereite oder Egoisten. Diese Kriterien zogen sich wie ein roter Faden durch ihre Kriegsgeschichten, denen ich natürlich mit großer Spannung lauschte.

Es war ja nach dem ersten Weltkrieg keineswegs so, daß alles Militärische, wie es heute der Fall ist, *out* war. Im Gegenteil: der Revanche-Gedanke war noch lebendig, und besonders die Kriegsteilnehmer hielten ihn wach. Es hatte den Anschein, als ob diese Menschen sich etwas erhalten wollten, von dem sie wußten, daß es einmalig in ihrem Leben war. Allmählich verblaßten zwar die

Schrecken des Krieges, aber die Geschichten vom *Franzmann* oder *Iwan* und vom *Tommy* blieben wach. Wenn in meiner Kindheit von diesen Erzfeinden die Rede war, klang das für mich oft nach Indianerspiel mit scharfer Munition. Nie versuchte jemand, mir klarzumachen, daß dieser Weltkrieg etwas Furchtbares gewesen war, das über alle Völker Europas, über Millionen Familien Not und Trauer gebracht hatte.

Auch bei der Giesmannsdorfer *Kriegerdenkmalsweihe* war es unverkennbar: Jeder der Kriegsveteranen war stolz, 1914-18 dabeigewesen zu sein. In vielen erwachte noch einmal der anscheinend unausrottbare preußische Militarismus, sie fühlten sich an diesem einen Tag plötzlich wieder als Soldaten. Man trug die alten Orden an der Brust, und viele Offiziere hatten sogar die alte Uniform aus dem Schrank geholt. In allen Reden wurden Heldentum und Tapferkeit gepriesen. Kaum einer beachtete inmitten des Gedränges der Uniformen und Fahnen die kleine Gruppe schwarz gekleideter Menschen, die eigentlich die Hauptpersonen dieser Feier hätten sein müssen: die Witwen und Hinterbliebenen jener Männer, deren Namen auf dem Granitsockel standen.

Als alle Kriegervereine, die aus den Nachbardörfern gekommen waren, um das noch mit einem weißen Tuch verhüllte Denkmal aufmarschiert waren, kamen die Ehrengäste, darunter auch mein Vater, der im einfachen schwarzen Anzug unter all den Uniformierten etwas verloren wirkte. Zunächst spielte eine Militärkapelle aus der benachbarten Garnison Neisse einige alte preußische Märsche, dann traten die Fahnenträger vor, und auf das Kommando „Fahnen senkt" fiel das weiße Tuch. Die Musik spielte das Lied vom „guten Kameraden". So manchem Mann und wohl allen Frauen liefen Tränen über die Wangen. Später hat auch mich diese so melancholische Melodie immer wieder ergriffen.

Ostern und Weihnachten waren reine Familienfeste. Daß ich sie mit allen Einzelheiten in Erinnerung behalten habe, verdanke ich meiner Mutter, die diese Tage mit ihrer Phantasie wie ein Kunstwerk gestaltete.

Für uns Jungen war zu Ostern natürlich die Hauptattraktion das Eiersuchen. Doch wir suchten nicht, wie sonst üblich, nach Hühner- oder Schokoladeneiern, sondern nach Pappeiern verschiedener Größe, die hohl waren und aus zwei Hälften bestanden, damit ein kleines Geschenk darin Platz fand. Vielen Eiern hatten wir in Anlehnung an das auf der Schale dargestellte Motiv Namen gegeben und feierten alljährlich Wiedersehen mit dem Vergißmeinnicht-Ei, dem Hasen-Ei, dem Schmetterlings-Ei und dem Margeriten-Ei. In dem großen Park gab es natürlich unzählige Versteckmöglichkeiten, deren Entdeckung uns im Laufe der Jahre kaum noch Schwierigkeiten bereitete. Sie wurden sofort nach dem Startschuß zielsicher von uns angesteuert. Manchmal waren einige Eier jedoch so gut versteckt, daß wir sie erst nach Tagen wiederfanden.

Ich entsinne mich an ein Osterfest, an dem jeder von uns einen richtigen Osterhasen in Gestalt eines Angorakaninchens bekam. Wir begannen damit eine Zucht, und die Tiere vermehrten sich in der für Kaninchen sprichwörtlichen Schnelligkeit. Bei der Ernte der Angorawolle passierte dann unserer Hauslehrerin eine etwas makabere Panne: Sie schnitt nämlich beim Scheren dem einen Kaninchen zwei *Knopflöcher* in die Haut!

Im Haus war während der Feiertage alles österlich hergerichtet. Fast in jedem Zimmer stand ein Silbertablett mit auf Moos gebetteten hartgekochten buntgefärbten Hühnereiern, in deren Mitte ein großer Papphase thronte. Beim auch bei uns sehr beliebten *Picken* gab es stets Grund zum Streit um das vermeintlich härteste Ei.

Nikolaus, der 6. Dezember, war für uns der Tag, an den ich teils mit Freude, teils mit großem Unbehagen zurückdenke, weil die Angst vor dem maskierten Mann im Pelz mit Sack, Kette und Rute in den Kinderjahren so groß war, daß sie sich für alle Zeiten als eine das kindliche Gemüt belastende Erinnerung festgesetzt hat.

Stets begann der Tag jedoch mit einer freudigen Überraschung. Am 5. abends stellten wir einen Schuh in das große Schlafzimmerfenster meiner Mutter, das nachts von innen mit Holzläden gesichert war. Am nächsten Morgen – der Raum lag noch ganz im Dunkeln – näherten wir uns voller Spannung auf leisen Sohlen dem geheimnisvollen Fenster, und da leuchtete es uns stets schon durch die Ritzen rot entgegen. Wenn wir dann die Fensterläden zurückschlugen, war der Anblick der roten Pracht der in Seidenpapier eingepackten Päckchen für mich immer wieder überwältigend. In einer Ecke des Fensters stand das Symbol dieses Tages, ein weißer Nikolo, gekleidet in eine Art Bischofsgewand, eine Bischofsmütze auf dem Kopf; als Kontrast in der anderen Ecke ein kohl-schwarz behaarter Krampus mit langer leuchtend roter Zunge, in der Hand seine Insignien, Rute und Ketten. Diese Art, den 6. Dezember zu feiern, ist ein alter österreichischer Brauch, den meine Mutter nach Schlesien importiert hatte. Nach dem Auspacken der Päckchen war der frohe Teil des Tages beendet.

Bis es dunkelte, wurde unsere Stimmung immer gedrückter. Meist saßen wir still und brav wie sonst nie in unserem Zimmer. Endlich kam dann gegen 6 Uhr abends aus dem Dorf der richtige Nikolaus. Wenn er bei meinem Vater auch von Diener Bonk mit den Worten: „Herr Baron, der Nikolaus ist unten, darf er raufkommen?", angemeldet wurde, nahm ihm diese offizielle Ankündigung nichts von seinem Schrecken. Diese Nikoläuse waren nämlich wilde Gestalten, in einen alten Pelz gehüllt, dicke Ketten um den Hals geschlungen, eine furchterregende Maske vor dem Gesicht, die lange Rute aus Birkenreisern einsatzbereit in der Hand und mit einem großen Sack auf dem Buckel. Nikolaus war natürlich über alle unsere Rüpeleien des vergangenen Jahres von den Dienern gut informiert und las uns diese aus einem sogenannten heiligen Buch Punkt für Punkt vor. Das kleinste Grinsen löste eine Anzahl sehr unangenehmer Rutenschläge aus. Wir mußten über diese Rute springen, beten und, was ich besonders unangenehm empfand, ein Lied singen. Statt der erhofften Töne kam mir stets nur ein klägliches Wimmern über die Lippen, was wiederum die Rute in Aktion brachte. Wir waren wie erlöst, wenn der Nikolaus endlich seinen Sack von der Schulter nahm und den Inhalt, bestehend aus Nüssen, Gebäck und Äpfeln, auf den Boden leerte. Am Ende seines Auftritts bekam er von meinem Vater eine Flasche Schnaps und entschwand dann in die Küche, von wo noch eine Zeitlang das Kreischen der Stubenmädchen zu uns heraufschallte, die er die Rute schwingend durch die Räume im Untergeschoß jagte. In den Tagen danach versuchten wir fieberhaft herauszubekommen, wer aus unserem Bekanntenkreis sich hinter der Nikolausmaske verborgen hatte.

Nach dem 6. Dezember begann dann die Vorweihnachtszeit mit Adventskranz und Liedersingen. Dabei bastelten wir an Weihnachtsgeschenken für Eltern, Brüder und Verwandte, und es entstand all das viele, teils unnütze Zeug, das wohl Kinder von jeher für die Erwachsenen mit ihren oft noch ungeschickten Händen gefertigt haben. Denn die gleichen Kalender, Brieföffner, Briefbeschwerer, Zettelkästchen usw., wie wir sie machten, kehrten am Heiligabend nur in anderer Form und Farbe in den Paketen der Nichten und Neffen zahlreich als Geschenke für meine Eltern zu uns zurück. Meist wurden diese so mühsam gebastelten Dinge nach einem wohl eher geheuchelten freudigen Ah und Oh beim Auspacken achtlos beiseite gelegt. Wir vermuteten wohl richtig, daß es unseren Gaben ähnlich erging.

Aber auch anderweitig griff in den Vorweihnachtswochen eine unübersehbare Unruhe um sich. Sie ging vornehmlich von meiner Mutter aus, die sich mit den Weihnachtsvorbereitungen im wahrsten Sinne aufrieb; denn es war ja nicht nur die große Familie und ihr Anhang zu bedenken, sondern auch die Bescherung des Hauspersonals, aller Leute aus der Landwirtschaft und der Kinder der Spielschule mußte vorbereitet werden. Da lagen dann in ihrem Zimmer lange Listen mit Namenskolonnen, und sie ruhte nicht eher, bis hinter jedem Namen das passende Geschenk vermerkt war. Mein Vater beteiligte sich an diesen Vorbereitungen nicht. Er war ja im Dezember ohnedies fast täglich auf Jagden, und es hätte seinem ganzen Wesen widersprochen, sich an dieser bis ins Detail gehenden Tätigkeit zu beteiligen, zumal seine manuelle Ungeschicklichkeit ihresgleichen suchte. Ich höre noch meine Mutter sagen: „Bobby, Du bist zu ungeschickt, einen Bleistift anzuspitzen!" Allerdings ließ mein Vater in seiner großzügigen Art meiner Mutter hinsichtlich der beträchtlichen Kosten völlig freie Hand, und ich habe ihn niemals ein Wort zum Thema Geld verlieren hören.

Ein paar Tage vor Heiligabend traf dann mein Großvater aus Österreich ein, für uns Kinder stets das Zeichen, daß Weihnachten nicht mehr fern war. Als wir noch klein und gläubig waren, verlor das Christkind ab und zu ein Engelshaar im Haus oder auf einem Parkweg, was eventuelle Zweifel an dessen Existenz zerstreute. Großpapa hing sehr an meiner Mutter, seinem einzigen Kind, und liebte laut seiner Tagebuchaufzeichnungen auch seine Enkel von ganzem Herzen. Für mich war er aber eher ein stets etwas grantiger alter Herr, der sich über Kleinigkeiten ungeheuer erregen konnte und für unsere Lausbübereien, wie er es nannte, gar kein Verständnis hatte. Unübersehbar war jedoch: er war ein großer Charmeur, und wenn ein weibliches Wesen zugegen war, das seinem Geschmack entsprach, wie umgewandelt. Dann versprühte er seinen österreichischen Charme, erzählte originelle, witzige Geschichten und war mit einem Mal ganz der ehemalige fesche K.u.K-Offizier. Heute weiß ich, daß sich diese Eigenschaft des *Anspringens* in Gegenwart von Menschen mit einer bestimmten Ausstrahlung in gerader Linie von Großpapa über Mimi auf mich vererbt hat. Immer wieder kommt es auch bei mir vor, daß ich einer Frau begegne, die ich für eine Stunde, einen Abend für mich einnehmen will, und dann beschieße ich das Opfer mit einer Art buntem Wort-Feuerwerk, bestehend aus einem Gemisch von ernsten Gedanken, Humor und natürlich Komplimenten.

Die Ankunft von Großpapa war stets geheimnisumwittert. Beim Auspacken der großen braunen Koffer mit *Bauchbinde* in den Schaffgottsch-Farben rot-weiß durften wir helfen. Immer wieder unterbrach er unseren Eifer, nahm selbst das eine oder andere Pakkel heraus und versteckte es, da offensichtlich für den Heiligen Abend bestimmt. Großpapa hatte seinen ganz eigenen Stil. Er war ja nicht reich, aber alle Kleidungsstücke, wie der Hut mit riesigem Gamsbart, der maßgeschneiderte Lampaßanzug und die Maßschuhe mit den Lochbändern auf dem Oberleder mußten genau seiner Vorstellung entsprechen. Er war von einer auffallenden saloppen Eleganz, die ich als erwachsener Mann zu kopieren suchte. Oft habe ich mich beim Aussuchen von Jagd- und Trachtenkleidung gefragt: Wie hätte Großpapa das gefallen?

Zwei Tage vor Weihnachten traf der große Christbaum ein, stets eine Tanne, die vom Fußboden bis zur Decke der großen Halle reichte. Ein alter Freund von Mimi, Tony Magnis, mit großem Waldbesitz im Glatzer Bergland vergaß den Termin nie. Die Spannung wuchs, und zwei Tage vor dem 24. sagte meine Mutter: „Ihr dürft nicht mehr in die Halle". Dann wurden dort alle Vorhänge zugezogen, und wenn wir an der Tür lauschten, hörten wir nur ein undefinierbares Hin- und Herlaufen, hinter dem sich, wie wir später etwas enttäuscht erfahren mußten, der Gärtner Gähl verbarg!

Die letzten Stunden vor dem Heiligen Abend vergingen quälend langsam. Aber dann war es so weit: Wir zogen uns um und gingen mit Papi zum Weihnachtsgottesdienst. Meist lag Schnee, und dann war schon beim Weg auf den Kirchberg die richtige Weihnachtsstimmung da, die sich noch steigerte, wenn während des Gottesdienstes die alten Weihnachtslieder gesungen wurden. Als besonders feierlich empfand ich, - in der Kirche gab es noch kein elektrisches Licht - wenn jeder eine Kerze neben das Gesangbuch stellte. Waren wir aus der Kirche zurück, versammelte sich bald die Familie im kleinen Eßzimmer neben der Halle. Dann trug zunächst jeder der drei Söhne ein Musikstück vor, das wir mühsam in den Wochen vor Weihnachten eingeübt hatten: Ernst-Herbert auf dem Klavier, Gotthard mit der Geige und ich mit der Querflöte. Meinen musikalischen Vortrag habe ich in schlechtester Erinnerung. Die Ahnen an den Wänden schienen mit besonders strengem Blick aus ihren Goldrahmen auf den so unmusikalischen Nachfahren herabzublicken. Bei der Flöte, diesem Teufelsinstrument, genügte ja die geringste Veränderung der Lippenstellung, um einen falschen Ton zu erzeugen. Natürlich trug auch die Erregung, in der ich mich meist vor der Bescherung befand, dazu bei, daß das Instrument statt eines reinen Tones nur ein elendes Quietschen von sich gab!. Die Eltern enthielten sich netterweise jeder Kritik; nur von den Erziehern erfuhr ich hinterher, wie miserabel ich gespielt hatte, obwohl ich doch das „Ave-Maria", mein Standardstück für diesen Anlaß gewählt hatte.

Nach dem musikalischen Auftritt der Söhne öffnete mein Vater die große braune Lederbibel und las die Weihnachtsgeschichte. Als Kinder waren wir eigentlich fern jeder Andacht und sehnten nur den letzten Satz: „Maria aber behielt alle diese Worte und bewegte sie in ihrem Herzen", herbei. Dann folgte eine Art Anstandspause, in der alle schwiegen. Aber lange brauchten wir meist nicht zu warten, und das ersehnte helle Klingeln der Christkindglocke erklang hinter der noch geschlossenen Tür zur Halle, die sich dann wie von Geisterhand lautlos öffnete. Mit zögerndem Schritt betraten wir das Weihnachtszimmer. Geflissentlich übersahen wir Bonk hinter dem Türflügel, jedoch trug seine Anwesenheit wesentlich zur Desillusionierung des von den Erwachsenen mühsam aufgebauten Glaubens an das Christkind bei. Zuerst warfen wir sozusagen mit einem Auge einen kurzen Blick auf den Christbaum, mit dem anderen aber suchte und fand jeder seinen Gabentisch, auf den er dann zustürzte.

Das Weihnachtszimmer bot ein prächtiges Bild: An beiden Längsseiten der Halle standen die mit schneeweißen Tüchern bedeckten Geschenktische. Alles war überstrahlt von den sicherlich hundert Lichtern des als Kind mir riesig erscheinenden Christbaums. Die Einzelheiten der Bescherung verwirren sich in meiner Erinnerung. Nur soviel weiß ich noch, daß zunächst auch die Erwachsenen zu ihren Tischen gingen und die Geschenke betrachteten und mir auffiel, daß alle an diesem Abend besonders nett zu einander waren. Auch Mimi zu ihrem Vater, den sie immer wieder umarmte und wie entschuldigend zu ihm sagte: „Für Dich hab' ich rein gar nichts, Papa!". Großpapas Geschmack zu treffen, war auch schier unmöglich. Ich höre heute noch, wie er die Klassifizierung seiner Geschenke vornahm: „Das kann ich nicht brauchen", „Das tausche ich um" oder gar „Das ist ja scheußlich". Aber niemand nahm es ihm übel.

Der Christbaum verdient es, genau beschrieben zu werden. Der Schmuck war so vielfältig und phantasievoll, daß er sich für mich deutlich von den üblichen Weihnachtsbäumen unterschied. So war er nicht lamettabehangen, sondern dicke Stränge von Engelshaar schwangen zwischen den Ästen, die sich unter der Last verschiedenartigster Süßigkeiten bogen. Wir wußten natürlich, welche davon am besten schmeckten und fischten als erstes die Marzipankringel heraus. Dann kamen die Lebkuchen dran und zuletzt die in Glanzpapier eingepackten Herzen. Was ich aber an keinem anderen Christbaum wiedergesehen habe: Es hingen an unserem vielerlei Tiere und kleine Gegenstände, die eigentlich gar nichts mit Weihnachten zu tun hatten. Mimi aber wollte einen richtigen österreichischen Kinderbaum haben und ließ ihrer Phantasie freien Lauf. So feierten wir jedes Jahr eine Art Wiedersehen mit dem Stofflöwen, dem gläsernen Vogelhäuschen, dem Kanarienvogel und dem Goldfisch aus Pappmaché, dem kleinen Uhu und noch vielem anderen. Die untersten Äste des Baumes waren mit billigen Schokoladekringeln behangen, die für unsere Hunde bestimmt waren und die diese schon am ersten Abend Stück für Stück verspeisten. Um den *Bauch* hatte der Christbaum eine dicke rote Schleife. Diese Sitte habe ich als Erinnerung an das Weihnachten in Giesmannsdorf bis heute beibehalten.

Im Gegensatz zum Baum mit seiner Pracht war die Krippe ganz einfach gestaltet. Im strohgedeckte Stall war nur die heilige Familie zu sehen: Maria und Joseph dazwischen das Kind in der Krippe. Maria ganz in dunkelblau, Joseph in braun. Diese Figuren hatte meine Mutter selbst angezogen.

Nach der Bescherung hub ein allgemeines sich Bedanken an; man küßte sich auf die Backen, wobei ich noch das Kratzen von Großpapas Schnurrbart zu spüren meine. Kinder können ja nie genug bekommen, und so machten wir uns bald über die vielen Päckchen her, die von Verwandten, Paten und Freunden gekommen waren. Besonders der liebe Onkel Bobby und die von der Verwandtschaft weniger geliebte Tante Maria wurden mit den bereits erwähnten, leider oft recht unnützen Gegenständen und Basteleien bedacht.

Am Weihnachtsessen durften wir schon als Kinder teilnehmen. Als Hauptgericht gab es nach österreichischer Sitte stets Karpfen blau. Ich glaube, nur Mimi aß diesen Fisch gern. Papi bekam nämlich als Einziger Hecht. Wir führten mit Unterstützung der Erzieher stets einen aussichtslosen Kampf gegen die vielen Gräten. „Paß' auf, daß Du nicht erstickst", bekam ich da immer wieder zu hören.

Die Bescherung für die Leute, das heißt für das Schloßpersonal, die Kutscher, den Gärtner, Förster und den Chauffeur mit ihren Familien sowie die Arbeiter der Landwirtschaft fand im großen Saal statt, der nur zu Weihnachten benutzt wurde. Auf langen Tischen waren die Geschenke aufgebaut, an der Stirnseite des Raumes stand ein großer Christbaum. Natürlich begleiteten wir unsere Eltern, und wenn wir den Saal betraten, verstummte jedes Gespräch. Alle Anwesenden waren festlich gekleidet. Erst sprach mein Vater ein paar Worte, und dann sangen alle gemeinsam „Stille Nacht". Danach ging meine Mutter zum ersten Tisch. An jedem Geschenk steckte ein Zettel mit dem Namen des zu Beschenkenden. Name auf Name wurde aufgerufen, und der Betreffende trat mit seiner Familie vor und nahm die Gaben in Empfang. Jeder bedankte sich auf seine Weise; die Mädchen machten einen Knicks und viele, besonders die älteren Frauen und Männer, küßten meiner Mutter die Hand. Danach ging jeder zu meinem Vater, der einen Packen Couverts in der Hand hielt, wünschte „Frohe Weihnachten, Herr Baron" und bekam dann sein Geldgeschenk. Wenn ich nach dem Krieg mit ehemaligen Giesmannsdorfern in ihrer neuen Heimat gesprochen habe, so kamen sie immer wieder auf die Weihnachtsfeier im Schloß zu sprechen, die für viele der schönste Tag im Jahr war.

Nach der Leutebescherung durften wir so lange aufbleiben, wie wir wollten. Das nutzten wir natürlich weidlich aus.

PURGSTALL

Wenn wir auch in unseren Kinderjahren ab und zu an die Ostsee nach Bansin fuhren oder später im Sommer ein paar Wochen in Kampen auf Sylt oder in Pörtschach am Wörthersee eine Villa gemietet hatten, so ist mit dem Begriff Ferien für mich die Erinnerung an unseren alljährlichen Aufenthalt in Purgstall bei Großpapa verbunden. Schon die lange Fahrt im Auto dorthin meist allein mit den Eltern war ein besonderes Erlebnis. Aufregend ging es immer schon an den diversen Grenzen zu, denn wir mußten ja die Tschechoslowakei passieren, und dort waren die Grenzkontrollen besonders streng. Wenn wir uns dem Schlagbaum näherten, hatten wir angesichts der recht martialisch aussehenden Zöllner ein komisches Gefühl in der Magengegend, denn wir wußten, daß Mimi unbedingt immer etwas *paschen* mußte. Schließlich waren ja damals bei der Einreise in die Tschechei viele Dinge auf dem Index; so die Zigaretten für Großpapa, Fotoapparate, Gewehre und alle Gegenstände, die neu waren, die aber zwangsläufig für einen längeren Aufenthalt in Purgstall mitgenommen wurden. Um die Zöllner abzulenken, mußte die hübsche Kammerjungfer meiner Mutter, Betty, ihnen schöne Augen machen. Meist wurden die zollpflichtigen Sachen in den Falten des aufgeklappten Cabrioverdecks oder unter den Sitzen versteckt. Meinem Vater, der immer korrekt war, machten diese Aktionen gar keinen Spaß. Meist ging ja auch alles gut; aber ich entsinne mich, daß es einmal saftige Strafen gab und hoher Zoll bezahlt werden mußte, als ein Zöllner Hunderte von Zigaretten aus einem dieser Verstecke zutage förderte. Für uns Kinder war das alles riesig aufregend, und letzten Endes betrachteten wir das Ganze als eine Art Sport.

In den 20er Jahren war Autofahren ja immer noch ein kleines Abenteuer, und Pannen waren an der Tagesordnung. Bei den Schotterstraßen handelte es sich meist um Reifenpannen. Selbst zwei Reservereifen reichten oft nicht. Dann mußte Chauffeur Müller den defekten Schlauch flicken, eine langweilige Prozedur, weil der Ersatzreifen noch mit der Handpumpe aufgepumpt werden mußte.

Wenn auch die Entfernung Giesmannsdorf-Purgstall nur ca. 350 km betrug, nahm die Reise wegen der schlechten tschechischen Straßen immer einen ganzen Tag in Anspruch, zumal Mimi darauf

Schloß Purgstall, Schloßhof

bestand, daß auf halbem Weg in Brünn eine Mittagspause eingelegt wurde und die Kleinen in einem eigens vorbestellten Hotelzimmer eine Stunde ruhen mußten. Beim vorhergehenden Mittagessen wiederholte sich immer wieder das gleiche Ritual. Papi, auf solchen Touren besonders gut gelaunt, fragte: „Was wollt ihr essen?" Und wie im Chor kam die Antwort „Wiener Schnitzel!" Das war und blieb lange Jahre unser Lieblingsgericht.

Die Fahrt führte durch das Glatzer Bergland nach Böhmen über Olmütz und Brünn nach Znaim. Dort befand sich die Grenze nach Österreich, wo es wesentlich gemütlicher zuging als an der Grenze von Schlesien in die Tschechei. Mimi ließ gegenüber den österreichischen Landsleuten ihren ganzen Charme spielen, so daß uns die Zöllner meist unkontrolliert passieren ließen. Dann erreichten wir die große Straße Wien-St. Pölten – „Stink-Pölten", wie es Großpapa wegen der vielen Fabriken nannte. Am Kloster Melk vorbei bis Pöchlarn war es dann nicht mehr weit, und dort bogen wir auch schon nach Süden ab und erreichten kurz hinter Wieselburg unser Reiseziel Purgstall. Großpapa machte für uns das sonst stets geschlossene hintere Parktor auf und erwartete uns dort.

Das Schloß meiner Großeltern Schaffgotsch ist eine alte, wehrhafte Burg, deren Geschichte bis 950 n. Chr. zurückverfolgt werden kann. Ihr Standort auf felsigem Grund, wie auf einer Halbinsel am Zusammenfluß der reißenden Gebirgsflüsse Erlauf und Feixen gelegen, machte diese Ritterburg im Mittelalter so gut wie uneinnehmbar, denn der tiefe, früher mit Wasser gefüllte Burggraben verband die beiden Flüsse. Dadurch war die Burg rings von Wasser umgeben. Drei etwa gleich große Trakte umschlossen den großen Burghof, der einst nur über zwei Zugbrücken, im Süden über die Feixen, im Norden über den Burggraben erreicht werden konnte. Noch heute erinnern Rollen beiderseits der Tore an diese Zugbrücken, die einmal an Seilen hochgezogen oder herabgelassen wurden. Zwischen den von den Brüdern Herbert und Rigobert bewohnten Trakten liegt die Schloßkapelle, die aufgrund ihrer zierlichen gotischen Bauweise zwischen den wuchtigen Mauern des übrigen Schlosses recht eingezwängt wirkt. Zu unserer Zeit wurde die Kapelle nur selten benutzt. Meine Mutter erinnerte sich jedoch noch, daß in ihrer Jugend dort der Schloßkaplan jeden Morgen die Messe las. Um den Schloßbesitzern die Teilnahme bequem zu machen, führte ein Gang von deren Schlafgemächern direkt in eine Art in die Wand des Kirchenschiffes eingelassenen Glaskasten. Man schlüpfte also direkt aus dem Bett in seinen Schlafrock, erreichte über den sogenannten Annagang diese Privatloge, nahm an der Messe teil, und nach dem letzten Amen ging's auf dem gleichen Weg zurück – wieder ins Bett.

Dieses Schloß war also alljährlich für viele Wochen unser zweites Zuhause. Wir liebten schon die Atmosphäre dort, denn sie hatte für uns Jungen etwas Geheimnisvolles, alles war so ganz anders als in Friedenthal. Besonders reizvoll fanden wir, daß man kaum eine Außentür normal durch Druck auf die Klinke öffnen konnte, sondern daß die alten schmiedeeisernen Schlösser an geheimen Stellen Federsicherungen hatten, die Uneingeweihten den Eintritt verwehrten. Durch eine so gesicherte Tür gelangte man auch ins Treppenhaus des sogenannten *Graf-Herbert-Trakts*. Die drei etwa gleich großen Teile des Schlosses wurden nämlich von den drei Schaffgotsch-Brüdern Herbert, Rigi und Emmo bewohnt, und nach deren Vornamen waren die Trakte benannt. Besonders über Onkel Rigi, dem die Verwaltung der Land- und Forstwirtschaft oblag, gibt es noch viel zu berichten. Onkel Emmo war Dragoner-Offizier a. D. und lebte ohne eine feste Beschäftigung mit seiner böhmischen Hausdame aus gehobener Familie, Herma Udwarosch, recht und schlecht von seiner Offizierspension. Erst später erfuhren wir, daß er sein Vermögen verjeut hatte.

Großpapas Wohnräume erreichte man über eine breite, knarrende Holztreppe, die einen unverkennbaren, anheimelnden Holzgeruch verströmte. Rechts und links an den Wänden dieses Treppenhauses hingen wie in einem Museum alte Ritterwaffen, Schwerter, Lanzen und Teile von Rüstungen, die sicherlich einmal von den Auersperg-Vorfahren getragen worden waren. Oben auf dem Treppenabsatz stand wie zur Begrüßung eine alte komplette Ritterrüstung, von den Beinschienen bis zum Helm mit Visier aus schwarzblau glänzendem Metall. Anfänglich passierten wir diesen *Herren* mit leichtem Schauder, denn es war ja durchaus möglich, daß sich ein Skelett in dem Panzer verbarg.

In Purgstall war überhaupt alles etwas unheimlich: Die kleinen vergitterten Fenster, die bei schlechtem Wetter düsteren Räume, die schmalen Treppen und winkligen Gänge. Besonders abends, wenn bei niedrigem Wasserstand (der Strom für das Schloß wurde mit der Wasserkraft der Feixen erzeugt) das Licht oft flackerte und man kaum lesen konnte, war dann die Stimmung recht gedrückt.

Ich entsinne mich noch genau, daß Großpapa auch an solchen düsteren Abenden an seinem Schreibtisch saß und Tagebuch schrieb. Ungeachtet des dürftigen Lichtes, das von einer schwachen Funzel unter einem grünen Schirm hervorkam, hörte man das gleichmäßige Kratzen seiner Feder. Dabei sah man den gebeugten Oberkörper nur schemenhaft. Sein schöner, schlanker Kopf hob sich jedoch als Silhouette gegen die Lichtquelle ab. So hat er seit 1880 Jahrzehnte bis zu seinem Tod 1943 Abend für Abend das zunächst als Jagdtagebuch begonnene, später als reich illustriertes, ausführliches Tagebuch fortgesetzt und uns als Werk hinterlassen. Viele, viele selbst aufgenommene Fotografien, zahlreiche Aquarelle meist von Jagd- und Pflanzenmotiven sowie Karikaturen seiner Jagdfreunde beleben immer wieder die mit seiner ausgeprägten schönen Handschrift bedeckten Seiten. – „Wer wird das einmal lesen?" murmelte er des öfteren, wenn er nach getaner Arbeit die Feder aus der Hand legte.

Nun stehen 18 in braunes dickes Leder gebundene Bände zur Freude von Enkeln, Urenkeln, man kann sagen der ganzen Familie in einem Regal aus Zirbenholz in meinem Haus in Rauris. Beim Pfarrer von Purgstall versteckt wurden sie 1945 vor denRussen gerettet. Großpapas Frage: „Wer wird sie einmal lesen?" kann man eindeutig positiv beantworten. Denn immer wieder werden seine Berichte und Aufzeichnungen zu Rate gezogen, wenn die tempi passati, wie er zu sagen pflegte, in der Gegenwart lebendig werden sollen.

Vielleicht waren sogar Großpapas Tagebücher in meinem Unterbewußtsein der Anstoß, meine Lebenserinnerungen niederzuschreiben.

Mein Großvater war ein großer Jäger. Die Wände in fast allen Zimmern waren mit Hunderten von Rehgehörnen, Gamskrucken und Hirschgeweihen gepflastert. Zwischen diesen Trophäen hingen Aquarelle und gerahmte Fotografien, die an bestimmte Jagdereignisse erinnerten. Ausgestopfte, vom Schloßherrn selbst erlegte seltene Vogelarten bevölkerten Flure, Zimmerecken und Treppenhäuser. So füllte beispielsweise ein wilder Schwan mit ausgebreiteten Schwingen fast die ganze Decke des Arbeitszimmers. Über einer Tür hing eine Großtrappe, über einer anderen das Geweih eines kapitalen Wapitihirsches. Natürlich durften besonders schöne Exemplare von Auer- und Birkhähnen, Schnee- und Haselhühnern sowie des seltenen Schneehasens nicht fehlen. Meine Mutter nannte diese Präparate verächtlich ‚Mottenfänger'.

Die Einrichtung bestand aus sehr schönen alten Möbeln, die oft mit Intarsien verziert waren, die Großpapa an den langen Winterabenden selbst geschaffen hatte. Ich fand, daß er hier in seinem Zuhause ein ganz anderer Mensch war, als wenn er nach Friedenthal zu Besuch kam. In Purgstall war er stets aktiv und lebte ganz seinen Passionen: der Jagd, seinem Garten, nur Alpinum genannt, und im Winter arbeitete er die meiste Zeit an seinen Intarsien. Dabei bevorzugte er Jagd- und Blumenmotive, die dann in von mir nie wieder gesehener Schönheit die Felder in Türen und Schränken zierten. Bei den Intarsien verwendete er nur seltene Edelholzfurniere aller Farbschattierungen.

Bis zum fertigen Kunstwerk ist es ein langer Weg über Zeichnen, Aussägen und Verleimen, bis dieses endlich in dem Feld einer Tür, in der Vorderseite eines Schrankes oder als Platte eines Tisches seinen Platz erhält. In Purgstall sind noch heute zahlreiche dieser Intarsien zu bewundern.

Das Alpinum war eine Art Hochgebirge en miniature mit einer Anzahl aus Tuffsteinen bestehender Hügel, deren Rinnen, Plateaus und Hänge mit Alpenpflanzen aus aller Herren Länder bepflanzt waren. Bei jeder Pflanze steckte ein kleines Taferl, auf dem deren lateinischer botanischer Name und der Herkunftsort in schwarzer Schrift vermerkt war. Die meisten Pflanzen waren in den österreichischen Bergen, z. B. auf dem auch von mir bestiegenen Dürnstein und dem höchsten Berg der Gegend, dem Ötscher, von Großpapa selbst mit seinem Gartenburschen in oft beschwerlichen Klettertouren ausgegraben worden. Aber viele Pflanzen waren auf dem Tauschweg aus in- und außereuropäischen Gebirgen gekommen, und es imponierte mir sehr, wenn ich zum Beispiel auf dem Taferl las: Himalaja, China oder Kaukasus.

Zwischen den Minibergen vervollständigten seltene Koniferen und Zwerggehölze die Landschaft, die dann auch noch von kleinen Teichen und Bachläufen belebt wurde. Auf einer freien Fläche stand ein Gartenhäuschen, das Lusthaus genannt, daneben eine riesige Silberlinde, die als einziger Zeuge dieser vergangenen Pracht heute noch steht. Das Schloß bildete zu der ganzen Gartenanlage eine romantische Kulisse, das Rauschen von Erlauf und Feixen war dazu die ständige Begleitmusik.

Dieser Alpengarten meines Großvaters hat in botanischen Fachkreisen Berühmtheit erlangt, und namhafte Botaniker statteten Purgstall wegen der vielen Raritäten, die es beherbergte, einen Besuch ab. Ich war sehr stolz, wenn ich Großpapas Namen in Fachzeitschriften und Staudenbüchern fand. Wenn einer dieser Fachleute, meist Professoren, in Purgstall eintraf, wurde er freundlich und mit vollendeter Höflichkeit empfangen. Ganz anders erging es Normalverbrauchern, die sich öfters in den Schloßhof verirrt hatten. Die bekamen sofort den sprichwörtlichen Grant des Schloßherrn zu spüren.

Jahrzehnte später erwachte auch in mir die Freude an einem eigenen Garten. Bei der Gliederung meiner Anlage und beim Aussuchen von Stauden und Gehölzen habe ich oft das Staudenbuch von Silva Tarucka zu Rate gezogen, in dem zahlreiche Abbildungen mit der Unterschrift „Alpinum Purgstall" zu finden waren. Mein

Garten sollte nämlich eine Mischung aus Giesmannsdorfer Park und Purgstaller Alpengarten werden.

Mein Großvater hatte zwar einen großen Besitz, war aber nicht reich. Es wurde wohl nicht gut gewirtschaftet. So war es ihm ganz recht, daß viele Freunde den Wunsch äußerten, daß er auf ihrem Besitz einen Garten wie in Purgstall anlegte. So hat er bei Baron Meyer-Mellnhoff im Schloß Glanegg, bei der Baronin Tinti in Pöchlarn und auch bei der Gräfin Sidi Nadherny in Janowitz ähnlich schöne Alpengärten wie in Purgstall verwirklicht. Wenn ein solches Vorhaben gestartet wurde, siedelte Großpapa mit seiner ganzen Purgstaller Gartenbelegschaft für längere Zeit um. Die Gartenburschen machten die schweren Erdarbeiten, und er nahm die Bepflanzung persönlich vor. Ich hoffe, daß er dabei seine Kasse etwas aufbessern konnte.

Großpapa erwartete von seinen Enkeln, daß sie genau so fleißig waren wie er selbst. Wir aber fürchteten nichts mehr, als zum Putzen (Unkrautjäten) herangezogen zu werden, denn nie machten wir es ihm gut genug, und das war auch der Grund, weshalb wir ihm oft aus dem Wege gingen.

Während der Ferien waren Kinder und Erzieher im obersten Stockwerk des Schlosses untergebracht. Von dort oben fielen Mauer und Felsen bis zum Flußbett der Feixen wohl 40 m senkrecht ab, und es war nötig, daß die Fenster der Kinderzimmer mit mehreren Stangen gesichert wurden. Bei unserem Temperament bestand sonst natürlich die Gefahr, einer von uns könnte sich herausbeugen und in den Tod stürzen. Das Rauschen der Feixen, das bis zu uns heraufdrang und besonders stark vor dem Einschlafen, wenn alles ruhig war, zu hören war, gehört zu den unvergessenen Geräuschen meiner Purgstaller Kindheitserinnerungen. Einige Zimmer hatten besondere Namen, die sich meinem Gedächtnis für immer eingeprägt haben. Da war zum Beispiel das Herzogszimmer mit besonders prächtig bemalten Bauernmöbeln und Holzfußboden, über den munter harmlose Holzflöhe hüpften. In dem Holzzimmer waren Fußboden, Wände und Decke sowie sämtliche Möbel aus schön gemasertem Lärchenholz, das dem ganzen Raum einen besonderen Duft verlieh. Das Aurelienzimmer, unserem Kinderzimmer benachbart, war nach der Haushälterin Aurelie benannt, die diesen Raum seit Jahrzehnten bewohnte.

Diese Aurelie war ein Original und vertrat jenen bigotten Menschenschlag, wie man ihn in den rein katholischen Gegenden Österreichs öfter findet. Sie ließ nie einen Kirchgang aus, und wer in ihrer Gegenwart fluchte, den traf ein stummer, strafender Blick. Ihre meist abweisende, kühle Art gegenüber allen Schloßbewohnern sollte unmißverständlich ausdrücken: Außer mir seid ihr alle Sünder! Wenn wir abends im Bett lagen, drang durch die Wand zu ihrem Zimmer ihr Zitherspiel, zu dem sie immer wieder das gleiche Lied sang: „Wenn die Blümlein draußen zittern und die kalten Lüfte weh'n, und du willst mir's Herz verbittern, und du willst schon wieder geh'n ...". Ihre dünne Fistelstimme hatte einen rührenden, wie man sagt Gott erweichenden Klang.

Aureliens großer Auftritt kam alljährlich am Fronleichnamstag. Da führte sie nämlich Regie, wenn der Altar für die Prozession im Schloßhof aufgebaut wurde. Sie war für niemanden zu sprechen und legte bei den letzten Feinheiten selbst Hand an. Der Altar war dann auch von einer leuchtenden Pracht. Seine Wände waren ganz mit rotem Tuch bespannt. In der Mitte stand ein großes Muttergottesbild, rechts und links davon die schönsten vierarmigen Silberleuchter aus dem Schloß. – Zwei davon wurden gerettet und sind noch heute in meinem Besitz. Zahlreiche Vasen mit roten und weißen Pfingstrosen, mit Jasmin und Flieder schmückten die Stufen zum Altar.

Bei der Prozession gingen mein Großvater und seine Brüder direkt hinter dem Baldachin, unter dem der Pfarrer mit der Monstranz einherschritt. Der *Herr Graf,* bei dieser Gelegenheit im Gehrock, trug ganz unkonventionell als Kopfbedeckung einen ‚Ausseer' mit seinem schönsten Gamsbart.

Großpapa ließ sonntags fast nie ein Hochamt aus und freute sich, wenn wir ihn ab und zu begleiteten. Er war in Nachfolge der Auerspergs der Patron der großen herrlichen Barockkirche der Marktgemeinde und zeigte wohl gern seine Nachkommenschaft. Ich fand den katholischen Gottesdienst unterhaltsamer als die puritanischen Andachten der Protestanten. Da war immer etwas los und ständig Bewegung um den Altar, wenn die Ministranten ihren rituellen Pflichten nachgingen. Nach Ende der Messe wurde der Pfarrer in der Sakristei begrüßt, und wir machten artig unseren Diener.

Anschließend beim obligaten Rundgang durch den Markt wurden einige Besuche erledigt. Direkt gegenüber der Kirche wohnte die über 90jährige Frau Siegel, die wir mit ihrem runzligen Gesicht und den schlaffen, schneeweißen Händen nicht eben anziehend fanden, der Großpapa aber unbedingt seine feschen Enkel zeigen mußte. Beim Schneidermeister Zehetgruber, der auch Bürgermeister war, wurden gleichzeitig mit dem Besuch Bekleidungsfragen erledigt, die Zehetgruber mit vielen: „natürlich, Herr Graf, wird gemacht, Herr Graf" in einem Buch mit schwarzem Wachstuchdeckel notierte. Zuletzt, schon auf dem Heimweg, suchten wir meist noch die Hutmacherin Milli Fahrah auf, die wir wegen ihrer *Zutatigkeit* nicht ausstehen konnten. Sowohl bei der Begrüßung als auch beim Abschied prasselten überschwengliche Wortkaskaden auf uns nieder, wie: „So ein liebes Buberl" oder „So ein fescher Bua!" und gleichzeitig tätschelte sie mit ihren fleischigen Händen unser Gesicht. – Als ich sie Jahre später mit Mimi wiedersah und wir ihr erzählten, daß ich bald heiratete, sagte sie in flehendem Ton mit wie zum Gebet erhobenen Händen: „Bitt' schön, Herr Baron, nur ka Deitsche!"

Das Schloßpersonal war viel origineller als in Giesmannsdorf. Im Küchengewölbe des Souterrain herrschte die Köchin, Frau Klimmser, ein kleines, verhutzeltes Weiblein, das stets so grantig wie der Schloßherr war. Sie kochte ausgezeichnet, und nach einiger Zeit kamen wir darauf, daß sich hinter dem Aussehen dieser kleinen Hexe ein goldenes Herz verbarg. So ertrug sie geduldig alle Kritiken meines Großvaters, war einmal eine Speise mißraten, und schmunzelte sogar wohlwollend, wenn sie uns mit ein paar Leckerbissen verwöhnen konnte.

Mädchen für alles war Rosa, die fast ausschließlich zu Großpapas persönlicher Bedienung da war. Sie war eine große, starke Person mit roten Backen und hatte es wahrlich nicht leicht, dem Herrn Grafen alles recht zu machen. Ich sah sie öfter in Tränen aufgelöst, wenn sie wieder einmal einen *Putzer* gekriegt hatte. Ihre Arbeit war schon deshalb besonders mühsam, weil in Purgstall vieles noch ziemlich primitiv war. Irgendwelche Neuinstallationen mußten meist unterbleiben, weil sie in so einem jahrhundertalten Bau enorme Kosten verursachten. Es gab zum Beispiel kein fließendes heißes Wasser. Deshalb wurden morgens und abends extra dafür vorgesehene isolierte Kannen von der Küche die steilen Treppen hinauf in die Zimmer getragen. Gebadet hat Großpapa jedoch jeden Abend in einem sogenannten Tub, einer aus England importierten flachen zusammenlegbaren Gummibadewanne. Da mußte Rosa natürlich eine ganze Anzahl solcher Kannen bis ins Schlafzimmer hinaufschleppen.

Das Speisezimmer war ein besonders düsterer Raum, weil die Decke mit dunklem Holz getäfelt war und an den Wänden Hunderte von schwarzen Gamskrucken dicht an dicht hingen. Aus Respekt vor meinem Großvater sprachen wir bei den Mahlzeiten wenig und nutzten allenfalls seine Schwerhörigkeit zu geflüsterter Konversation. Die Handglocke auf seinem Platz trat dann in Aktion, wenn etwas fehlte oder ein neuer Gang serviert werden sollte. Erschien Rosa nicht sofort, schrie Großpapa mit Stentorstimme: „Rosa!" was man dann bis in die Küche hinunter hörte. Bei den Mahlzeiten gab es stets ein in Schlesien unbekanntes typisch niederösterreichisches Getränk, den Apfelmost. Da man schon nach wenigen Schlucken einen Rausch bekam, war dieses Getränk natürlich für uns Kinder tabu, aber für die Erwachsenen stand stets eine Karaffe mit Apfelmost und eine zweite mit Birnenmost auf dem Tisch.

Großpapa liebte seine Enkel zwar sehr, vergrämte sie aber oft durch seine unwirsche Art. So versuchten wir, uns ihm so oft als möglich zu entziehen, vor allem, weil ihm völlig das Verständnis dafür abging, daß halbwüchsige Jungen wie wir an Gartenarbeiten kein Interesse hatten. Vielmehr galt unsere große Passion dem Forellenfischen. Aber dafür war immer eine ausdrückliche Genehmigung nötig. Die Gartenburschen Rössl, Franzl und Kilian waren gleichfalls leidenschaftliche Angler, und so verabredeten wir mit ihnen in der Mittagsstunde und nach Feierabend heimliche Treffpunkte. Dann verschwanden wir in einem unbewachten Augenblick in den felsenzerklüfteten Ufern der Erlauf und waren für Großvater, Mutter und Erzieher zunächst einmal unauffindbar. Dann waren wir in unserem Element, und da wir ganz unsportlich mit Regenwürmern als Köder fischten, hatten wir auch gute Erfolge. Natürlich kam es immer wieder vor, daß Großpapa wutschnaubend am Rand des Steilufers über uns erschien und mit lauter Stimme das Rauschen des Flusses zu übertönen versuchte.

Wir aber stellten uns taub und verschwanden fluchtartig in den Felsen.

Tags darauf gab es dann Forelle blau, von Frau Klimmser köstlich zubereitet. Wir amüsierten uns königlich, wenn Großpapa, der immer behauptete „ich iß' sie ja eh nicht", sich stets die dickste Forelle von der Platte fischte.

Mindestens einmal war während der Ferien Fototermin im Alpinum, eine Prozedur, die von uns Buben gefürchtet wurde. Zunächst schleppte Großpapa seine Utensilien, daß heißt Stativ, zwei Apparate, die ja damals noch in Größe und Gewicht einem mittelgroßen gefüllten Karton glichen, sowie eine gleichfalls gewichtige Ledertasche mit den Platten an den Tatort.

Inzwischen wurden wir solange hergerichtet, bis wir uns wie ein Ei dem anderen glichen. Die Ausseer Hüte, die grünen Westen mit Silberknöpfen sowie die Lederhosen von ‚Lederhosenerzeuger' Alois Kreppin und die immer drückenden Haferlschuhe waren wahrscheinlich in Serie gefertigt bzw. gekauft worden. Natürlich wurden auch Krawatten stets dreifach gekauft.

In dieser Trachtenparadeuniform marschierten wir also ins Alpinum, wo uns Großpapa bereits erwartete, um jeden zunächst einmal vorsichtig an seinen Platz einzuweisen. Denn es bestand ja die Gefahr, daß eine seltene Saxifraga, ein Sedum oder eine Campanula von uns Wildlingen zertreten wurde. Dann begann die Feinarbeit: Zunächst wurde der ganze Körper, dann jede Hand, jeder Fuß in die richtige Stellung gebracht. Unzählige Male kraxelte Großpapa vom Objekt zurück hinter die Kamera, zog ein großes, schwarzes Tuch über den Kopf und erteilte dann für uns kaum verständlich seine Befehle. Für ihn war das Ganze eine todernste Handlung, und wagte einer von uns zu grinsen, wurde er mit einem „lach' Er nicht so blöd" bedacht.

Eine Hauptrolle spielte dann letztlich auch noch die Sonne, die meist dann hinter einer Wolke verschwand, wenn der erlösende Schuß fallen sollte. Da der Verschluß per Luftdruck ausgelöst wurde, mußte Großpapa dann oft minutenlang den an einem meterlangen Schlauch befestigten Gummiball unbewegt in der Hand halten, leise Flüche in Richtung Sonne murmelnd, bis das von uns mit Sehnsucht erwartete „jetzt mach' ich's!" ertönte. Wehe, wer sich nach diesen Worten rührte oder die Miene verzog. Wenn wir nach

Vor dem Fototermin mit Onkel Rigi und meinem Großvater

der entscheidenden Belichtungssekunde von Großpapa mit einem „sehr brav" bedacht wurden, stürzten wir wie von Fesseln befreit davon.

Da Großpapa die Fotografien selbst entwickelte und kopierte, konnten wir meist schon am nächsten Tag seine Meisterwerke besichtigen. In seinen Tagebüchern kann man sie heute noch bewundern.

Es war Großpapas größter Wunsch, daß ich mit ihm meinen ersten Rehbock schieße. Mir war vom ersten Augenblick an völlig schleierhaft, wie dieses Unternehmen verwirklicht werden sollte, da Rehböcke in Giesmannsdorf nur selten vorkamen und meine jagdliche Erfahrung sich zu jener Zeit noch ganz auf Spatzen, Eichhörnchen und Krähen beschränkte. Ich war damals erst 12 Jahre, zwar überdurchschnittlich jagdpassioniert, aber wie gesagt schimmerlos, was die Pirsch auf den roten Bock betraf. Zudem sollte ich dieses *Großwild* in der Blattzeit strecken, wo bekanntlich die Böcke den Rehdamen nachstellen und beim Ansitz ganz plötzlich aufzutauchen pflegen, so daß ein schneller Schuß erforderlich ist.

Doch zunächst mußte ich unter Anleitung des gestrengen Großvaters ein paar Probeschüsse mit einem Kipplaufstutzen abgeben. Diese recht vorsintflutliche Waffe hatte meine Mutter schon als junges Mädchen geführt. Das Biest knallte im Gegensatz zu meinem harmlosen Tesching ganz fürchterlich, hatte zudem einen gewaltigen Rückstoß, so daß mir schon vor jedem Schuß das Herz in die Hosen fiel. Mein Lehrmeister stand mit finsterer Miene daneben und konnte nicht fassen, daß ich, sonst für mein Alter als guter Schütze bekannt, hoffnungslos patzte und mit Müh' und Not die ca. 40 x 80 cm große Scheibe traf. „Wo schießt Er denn hin!?" (Großpapa titulierte auch Mimi stets mit „Sie") raunzte er mich in vorwurfsvollem Ton an.

Trotz des recht unbefriedigenden Probeschießens ging's dann eines Tages ins Revier auf die Lohnitz, einen Berg mit herrlichen Buchenwäldern, in denen wie auf einem Gemälde in Jagdbüchern idyllische Wiesen eingebettet lagen. Im von zwei Vollblütern gezogenen Jagdwagen mit dem Ungarn Woiteck auf dem Bock machten wir uns auf den Weg. Ich hatte von vornherein ein ungutes Gefühl, und meine Jagdpassion war total verflogen. Nach kurzem Aufstieg setzten wir uns auf einem vielversprechenden Platz an. Nach einigem Warten ließ Großpapa, ein Meister des *Blattens,* das Liebeslied der Rehgeiß erklingen. Da wir auf einer winzigen, von dichtem Jungwald umgebenen Blöße saßen, kam es, wie es kommen mußte: Ein Bock hatte sich für uns unsichtbar von hinten genähert und stand völlig überraschend wie ein Denkmal auf 10 Schritt vor uns. Ich war natürlich von dem unverhofften Anblick wie gelähmt, dachte an alles andere, nur nicht ans Schießen. Dann machte ich wohl den größten Fehler: eine Bewegung! Und weg war er. Noch lange hörten wir sein höhnisches Schrecken: Bööh, bööh! Großpapa war außer sich und ereiferte sich noch tagelang über dieses Pech.

Bei einem zweiten Versuch erging es uns nicht viel besser: Ein alter Sechser näherte sich zwar, als wir im lichten Buchenaltholz blatteten, aber bevor an Schießen zu denken war, bekam er Wind und empfahl sich. Der dritte Delinquent war ein elender Spießer, der gleichfalls auf die Schalmeienklänge reagierte, flüchtig wie der Teufel daherkam und sich auf 50 Schritt brettelbreit vor uns hinstellte; aber wieder saß ich wie versteinert, traute mich nicht, auch

Heimkehr von der Jagd

nur mit den Augen zu zwinkern, denn mir war nach dem ersten Desaster eingetrichtert worden: „Keine Bewegung, wenn er dich anäugt!". Diese Situation hatten wir jetzt. Großpapa zischte ein ums andere Mal „Schiaß!, Schiaß!", aber ich hatte ja keine Auflage, und so brachte ich zwar das Gewehr in Anschlag, aber Kimme und Korn nicht auf dem Bock zusammen. Jedenfalls fummelte ich so lange, bis selbst diesem Jüngling der Anblick der zwei grünen Figuren unheimlich wurde, und er sich empfahl.

Da gab Großpapa auf. Noch jahrelang habe ich mir seine Vorwürfe anhören müssen, und immer wieder hieß es mit ironischem Unterton: „Er schießt ja nicht!" Aber es machte mir nichts aus, und ich war froh und erleichtert, als alles vorbei war. Ich lernte aus diesem Erlebnis, wie wahr die Worte Salomos sind: „Alles hat seine Zeit und jedes Vornehmen unter dem Himmel seine Stunde!" Ich erfuhr diese Wahrheit halt durch den mißglückten Versuch, meinen ersten Rehbock zu erlegen.

Viel Spaß machten mir dagegen die Ausflüge auf den Spatenhof, eine kleine zum Gut Purgstall gehörende Meierei, gleichfalls auf der Lohnitz gelegen. Die Anfahrt von etwa einer halben Stunde im Feixental stromauf erfolgte wieder mit den Pferden. Dann kam ein unbeschwerlicher Aufstieg von ca. 1 Stunde. Der Moar (Meier) und seine Frau Zilli waren reizende Leute. Sie erwarteten die kleinen Graferln, wie sie uns nannten, stets mit freundlicher Devotion, hatten immer eine herrliche Jause gerichtet mit selbstgebackenem Brot, Milchkaffee, Butter und Käse.

Diese Zilli spielte im Leben meines Urgroßvaters Herrmann Schaffgotsch wohl jene Rolle, wie oft nicht *standesgemäße* Mädchen, die durch ihren natürlichen Liebreiz bei den an die Etikette gebundenen Männern eine Sehnsucht nach etwas weckten, das in ihren Kreisen nicht zu haben war. Zilli muß eine Schönheit gewesen sein, wie Mimi uns später erzählte, und dieser Urgroßvater hatte sie wohl mehr als gern, so daß seine Aufenthalte auf dem Spatenhof immer häufiger und länger wurden, auch wenn es keine Rehböcke zu jagen gab. Natürlich blieb der Gräfin diese Zuneigung ihres Mannes nicht verborgen. Aber es half nichts, auch wenn *Großmama sich die Augen ausweinte,* wie Mimi versicherte. Doch das lag ja Jahrzehnte zurück.

Als wir Zilli kennenlernten, war sie eine freundliche, rundliche Bäuerin mit liebenswerten Eigenschaften, bei der aber nichts mehr daran erinnerte, was sie einst so begehrenswert gemacht hatte.

Am Spatenhof war für uns immer ein Feuer im Freien aufgeschichtet, in dessen Glut wir dann Kartoffeln brieten, die wir mit Butter und Salz verzehrten. Ein Riesenvergnügen! Neben dem Meierhof waren große Teiche, die von Goldfischen aller Schattierungen wimmelten. In Verbindung mit diesen Goldfischen trat Onkel Emmo, der jüngere Bruder von Großpapa, das einzige Mal in meiner Jugend in Erscheinung, denn er kümmerte sich darum, die auf den Plätzen im Markt Purgstall aufgestellten großen Bassins mit Goldfischen zu bevölkern. Dieser Goldfischfang machte uns natürlich großen Spaß und war verhältnismäßig einfach, weil sich diese gefräßigen Tiere leicht anfüttern ließen und mit an einer Stange befestigten Netzen herausgefangen wurden. Der Transport ins Tal erfolgte dann in kleinen Holzfässern.

Großpapas zweiter Bruder Rigobert, von uns Onkel Rigi, von der Bevölkerung Graf Rigo genannt, war ganz anders geartet als seine beiden Brüder. Er hatte nichts Grandseigneurhaftes und war eine recht urwüchsige, in sich selbst ruhende Erscheinung mit leuchtendblauen Augen, immer zu Späßen und zum Lachen aufgelegt. Er hatte Kontakt zu *Hoch und Niedrig* und war deshalb bei jedermann beliebt. Ich kenne ihn eigentlich nicht anders als in kurzer, abgewetzter Lederhose, Janker und Jagdhut.

Er hatte die Verwaltung des Purgstaller Meierhofes unter sich, und ich hörte am Morgen oft durch's Fenster, wie er mit riesigem Stimmaufwand Befehle an die Landarbeiter Gruba, Schaga, Wessel usw. erteilte. Ich fühlte mich als Bub sehr zu ihm hingezogen, und nichts war für mich schöner, als mit Onkel Rigi auf dem von zwei Vollblütern gezogenen klappernden Wirtschaftswagen sitzend im gestreckten Galopp über die Felder zum Berghof, einem Vorwerk von Purgstall, zu fahren. Er brachte den Arbeitern selbst Most und Jause, wobei es wieder laut und lustig zuging. Immer durfte ich mein Kleinkalibergewehr mitnehmen und schoß auf alles Kleinwild, was auf den Feldern auftauchte, wobei es Onkel Rigi mit eventuellen Schonzeiten nicht so genau nahm und auch schon mal ein junger Fasan im September dran glauben mußte.

Einmal hat er mich wahrhaft im Galopp verloren: Als ich nämlich nach einem Schuß auf Tauben von hinten die Ladefläche des Kastenwagens erklimmen wollte, zogen die Pferde an, und ich stürzte rücklings auf die Straße und schlug mir ein stark blutendes Loch in den Kopf. Onkel Rigi merkte erst nach ein paar hundert Metern meine Abwesenheit. Das war das einzige Mal, daß ich ihn außer Fassung und voller Angst sah, besonders deshalb, weil er das Donnerwetter meiner Mutter fürchtete. Er fuhr also in einem

Höllentempo, als ob es um mein Leben ginge, zum Hausarzt Dr. Kohn. Dieser konnte uns aber beruhigen, denn bei meiner Blessur handelte es sich nur um eine Platzwunde.

In seinem Element war Onkel Rigi, wenn sein Schützenverein – er war natürlich der Präsident – ein Fest gab oder das allmonatliche Übungsschießen stattfand; denn nach dem Schießen wurde getanzt, und Rigi als Junggeselle fand mit seinem derben Charme großen Anklang bei den Damen. Er hatte viele Liaisonen, von denen wir natürlich als Buben nur per Zufall hinter vorgehaltener Hand etwas erfuhren, und die, wie sich später herausstellte, in einigen Fällen nicht ohne Folgen geblieben waren.

Friedenthal und Purgstall, das waren die beiden großen Lebensbereiche, in denen ich meine Knabenjahre, behütet von Eltern und Erziehern, mit wenig Kontakt zur Außenwelt erlebte. Die Diskrepanz zwischen reich und arm, die mir doch im Umgang mit den Spielkameraden hätte auffallen müssen, war für mich damals noch kein Thema, erschien selbstverständlich. Vielmehr war oft das Gegenteil der Fall. Wie beneidete ich die anderen Jungen um ihre Freiheit, um ihre vielen Möglichkeiten, das Leben wirklicher Jungen zu führen, nämlich das zu tun, was für uns verboten war.

Daß es uns materiell so viel besser ging als den Menschen unserer Umwelt, daran verschwendete ich keinen Gedanken, und daß es so etwas wie eine soziale Frage gab, darauf wurden wir eigentlich nur ab und zu von unserem Hauslehrer Herrmann hingewiesen. Ich fand die Welt, wie sie sich mir darstellte, ganz in Ordnung: Meine Eltern waren zu allen Menschen nett, nie hörte man etwas von Unzufriedenheit oder Neid, und wenn irgend jemand in besonderer persönlicher Not war, dann wurde ihm, so gut es ging, geholfen.

GYMNASIALZEIT

Ich war 10, als für mich die Gymnasialzeit begann. Da wir Sexta, Quinta und Quarta weiterhin zu Hause absolvierten, änderte sich für uns nicht viel. Als neues Fach stand aber nun Latein auf dem Stundenplan. Glücklicherweise war die Tochter des Gärtners Gretl Gähl Studienrätin für alte Sprachen und übernahm es, Ernst-Herbert und mir das Grundwissen in der Sprache der alten Römer beizubringen. Um es vorneweg zu sagen: Latein war nie meine Stärke, und je länger ich die Schulbank drückte, desto schlechter wurden meine Noten in diesem Fach. Natürlich war Gretl Gähl keine Dauerlösung, und so engagierten meine Eltern eine Erzieherin aus Ostpreußen und einen Hauslehrer aus Breslau. Mit Fräulein Luttkus, von uns Lulu genannt, kam ich gut aus. Als Lehrerin war sie auch nur für meinen Bruder Gotthard zuständig, den Großen versuchte sie, gute Manieren beizubringen, Pünktlichkeit und was sonst alles zu einem wohlerzogenen Jungen gehört. Gegenüber Hauslehrer Herrn Hermann empfand ich vom ersten Tag an eine instinktive Aversion. Seine Aufgabe war es, uns auf die jedes Jahr Ostern im Gymnasium der Stadt, dem Carolineum, stattfindende Versetzungsprüfung vorzubereiten. Diese Prüfungen waren eine äußerst unangenehme Angelegenheit, wurde uns doch in allen Fächern auf den Zahn gefühlt.

Während Ernst-Herbert stets glänzte, schaffte ich die Versetzung meist nur mit Ach und Krach. Mimi und Papi hielten mich überhaupt für dumm, was mich aber nicht im geringsten beeindruckte. Ich habe schon damals nicht an Minderwertigkeitskomplexen gelitten. Außerdem kam ich mit allen Menschen gut aus. Eine Ausnahme machte da nur der Hauslehrer Herrmann. Er war der erste Mensch in meinem Leben, der zu meinem Wesen in so völligem Gegensatz stand, daß ich in seiner Gegenwart ein physisches Unbehagen empfand. Er war zwar sehr begabt, sonst aber so verklemmt, unnatürlich und egozentrisch, daß er in unserer recht harmonischen Familie wie ein absoluter Fremdkörper wirkte. Vielleicht habe ich instinktiv gespürt, daß sich zwischen ihm und meiner Mutter eine man kann nur sagen dramatische Beziehung entwickeln sollte, auf die ich noch später eingehen werde.

Seine pädagogischen Fähigkeiten und Praktiken waren gleichfalls höchst zweifelhafter Natur: Ich entsinne mich beispielsweise noch, daß Herrmann meist bis 10.00 Uhr im Bett lag, sich hinten und vorn bedienen ließ, dies zudem noch von dem Stubenmädchen Käthe, einem reizenden Wesen, in das ich unterschwellig verliebt war. Wenn er sie mit einem schnarrenden *Katharina* herbeizitierte, litt ich unter einer Art Wehrlosigkeit, die meine Abneigung noch steigerte. War ich mangelhaft vorbereitet oder schlampig, mußte ich Seite um Seite mit Sprüchen, wie „Ohne Fleiß kein Preis" oder „Lerne Ordnung übe sie, sie erspart dir Zeit und Müh' " füllen.

Im Winter 1929/30, also vor meinem Schuleintritt ins Neisser Realgymnasium, stellte unser Hausarzt bei mir eine wohl wachstumsbedingte Herzerweiterung fest. Die Nachricht rief natürlich meine Mutter mit allen nur denkbaren Vorsichtsmaßnahmen auf den Plan: Viel, viel Ruhe, kein übermäßiger Sport, nach Möglichkeit Höhenluft wurden verordnet. So standen zunächst drei Wochen Erholung in Begleitung meiner Mutter im Grand-Hotel in Spindelmühle auf dem Genesungsplan. Wir wohnten piekfein, das Essen war vorzüglich. Neben langen, faden Spaziergängen und ausgedehnter Mittagsruhe hatte ich täglich Privatstunde bei einem Skilehrer.

Nach Giesmannsdorf zurückgekehrt, sollte ich mich weiter schonen und wurde deshalb täglich ein paar Stunden in einen Liegestuhl verbannt. Niemand hält es für möglich, wie ich die Langeweile überbrückte: Ich lernte sticken! Ich sehe noch die große Leinendecke vor mir, übersät mit tausenden kleiner blauer Kreuze, die sich nach und nach in endlosen Kolonnen zu Figuren formierten. Natürlich hatte ich ein Jagdmotiv gewählt: Röhrende Hirsche. Als ich dieses Monstrewerk in 1 x 1,50 m zu Ende gebracht hatte, wartete endlich die Untertertia auf mich. Es war wie ein Sprung in die Freiheit, als ich mit der Versetzung zu Ostern 1930 am Realgymnasium *Eichendorf-Schule* in Neisse aufgenommen wurde. Allerdings hatte ich durch meine Krankheit ein ganzes Jahr verloren.

Ich entsinne mich noch genau, wie ich, ein völlig Fremder im Schulmilieu, zum ersten Mal meine Klasse betrat. An was ich mich am deutlichsten erinnere, ist der ohrenbetäubende Lärm, der mir entgegenschlug. Alle Jungen – also meine zukünftigen Klassenkameraden, so an die 25 – umdrängten mich und schrieen mir irgendwelche Fragen oder Anweisungen in die Ohren, bis ich endlich völlig benommen auf einem Platz landete. Natürlich war das Interesse an meiner Person besonders groß, weil es ja ganz außerhalb der Norm lag, daß jemand bis zur Untertertia zu Hause unterrichtet wurde. Die Jungen fühlten sich mir gegenüber als *alte Hasen,* die bereits mit allen Wassern gewaschen waren und im Gegensatz zu mir wußten, wie man das Leben in einer *Penne* am besten besteht. Nun, in dieser Beziehung sollte ich mich zu einem Meister entwickeln.

Mein erster Klassenlehrer war Studienrat Sigmund, ein Mann mit väterlichem Gehabe, ohne jede Genialität, korrekt bis auf die Knochen, ein Staatsdiener ohne Fehl und Tadel. Er unterrichtete Geschichte, Deutsch und Erdkunde.

Durch meine auf das Wirken von Selli und Missi zurückzuführenden im Vergleich zu den Mitschülern ausgezeichneten Sprachkenntnisse in Englisch und Französich erlangte ich auf diesem Sektor natürlich sofort eine Sonderstellung. Das war ein besonderes Glück für mich, denn diese Fächer gab Studienrat Tischbier, ein Hüne mit dickem Bauch. Er war völlig unberechenbar und besonders gefürchtet, weil er auch vor gelegentlichen Ohrfeigen nicht zurückschreckte, die mit seinen fleischigen Pranken eine sehr unangenehme Wirkung hatten.

Ich will nun nicht alle Lehrer aufzählen und namentlich nur die erwähnen, wenn von persönlichen Kontroversen zu berichten sein wird.

Die Schule selbst war ein viereckiger Kasten mit großem Schulhof. Drinnen roch es wie wohl in allen Schulen aller Zeiten penetrant nach Bohnerwachs. Zunächst war alles neu für mich: Zeichensaal, Physiksaal, die Aula, die Turnhalle, sogar einen Massenlokus hatte ich noch nie in meinem Leben gesehen.

Ich genoß jedenfalls die Freiheit in vollen Zügen. Meine Mutter versuchte zwar weiterhin, mich zu kontrollieren, was für den Schulvormittag ein vergebliches Unterfangen war. So nutzte ich oft die Zeit zwischen Schulende und Abfahrt des Busses von Neisse nach Giesmannsdorf zu meinem Vergnügen. Vor der Einschulung hatte ich ja fast alles mit meinem Bruder Ernst-Herbert gemeinsam gemacht. Nun wurden wir getrennt, da er als der intelligentere das humanistische Gymnasium, das Carolineum, besuchte.

Schon die Fahrt nach Neisse am Morgen war immer ein Mordsspaß, weil wir Chauffeur Müller dazu überredeten, uns die ersten

Fahrstunden zu geben. Das war natürlich top-secret. Nur ein einziges Mal gab's Unannehmlichkeiten mit Papi, als wir von seinem Schwager Walter Scotti gesehen wurden, der uns dann verpetzte. Wenn wir mit den Pferden fuhren, kutschierten wir selbst. Jupp saß ja neben uns und konnte sofort eingreifen, wenn die Vollblüter besonders auf dem Heimweg versuchten, durchzugehen. Dann sagte Jupp: „Paß auf, sie riechen den Stall!".

In den ersten Schuljahren waren meine Leistungen gut. Natürlich besonders in den Sprachen Französisch und Englisch, in denen ich, wie bereits erwähnt, einen großen Vorsprung hatte. Meine Lieblingsfächer aber waren Mathematik und Geschichte. Latein schaffte ich von Anfang an nur mit Ach und Krach. Obwohl nicht unsportlich, war Geräteturnen für mich eine Qual. Ich war wohl einfach zu schlapp, um all die Aufzüge und Wellen von der Theorie in die Praxis umzusetzen. Ganz anders hingegen war mein Engagement bei der Leichtathletik, bei Fuß- und Handball. Besonders bei diesen sogenannten Kampfsportarten, wo es richtig wild zuging, tobte ich mich aus. Da konnte man gewinnen oder verlieren, sah also einen Sinn, wenn man sich bis zur Erschöpfung ausgab. Diese Konstellation drückte sich auch in den Zeugnisnoten aus: Geräteturnen mangelhaft, Sport und Spiele gut.

Ich bin gelinde gesagt nie sehr fleißig gewesen, und deshalb ist wohl in der Rückschau auf die Schulzeit das Gefühl, ewig unter Druck gestanden zu haben, heute noch in mir ganz lebendig. Dieses latente Unwohlsein ist natürlich eindeutig auf die Tatsache zurückzuführen, daß ich die Schulaufgaben oft erst auf dem Schulweg, in der Pause oder auch gar nicht machte.

In dieser Zeit befanden meine Eltern: „Rudi muß auch ein Musikinstrument erlernen." Was sie auf den Teufelsgedanken brachte, ausgerechnet eine Querflöte für mich zu erstehen, weiß ich nicht mehr. Jedenfalls: Einmal in der Woche war Flötenunterricht bei Herrn Hackelberg, einem Mitglied des Neisser Stadtorchesters. Ich glaube, daß ich diesen netten, kleinen Mann aufgrund meiner Unmusikalität und Übungsfaulheit oft an den Rand der Verzweiflung gebracht habe. – Dann nahm er mir mit einem mitleidigen Blick das Instrument aus der Hand, ich durfte mich setzen und für den Rest der Stunde von ihm virtuos auf der Piccoloflöte vorgetragenen preußischen Märschen lauschen.

Es ist im Grunde bedauerlich, daß meine Schulzeit, die doch im Leben eines Jungen Interessen wecken sollte, in dieser Beziehung in meiner Erinnerung mit Ausnahme der Mathematik keinerlei Anhaltspunkte liefert. Vielmehr war der Unterricht so eintönig, daß ich manchmal glaubte: „Schule ist eigentlich eine recht unerfreuliche, unnötige Einrichtung". Jeder Stoff wurde uns so trocken, ohne jedes Engagement oder gar Genialität serviert, daß ich nie das Gefühl los wurde, diese Herren mit ihren vielen Dienstjahren spulen jedes Jahr das gleiche Pensum einfach herunter. Fast alle verlangten nur ein stures Auswendiglernen, und es kam mir vor, daß der ganze Unterricht ein ständiger Kampf nicht um die Sache, sondern um die Zensuren war. Trotzdem muß ich sagen, daß doch einiges, was als Allgemeinbildung bezeichnet wird, hängengeblieben ist. Denn was man in den Entwicklungsjahren, wenn auch widerwillig, auswendig lernt, hält das Gehirn für immer fest. So könnte ich heute noch all die Gedichte, wie „des Sängers Fluch", „die Glocke" oder „die Kraniche des Ibikus" aufsagen, die wir im Deutschunterricht gelernt haben. Auch die vielen, vielen Jahreszahlen aus dem Geschichtsunterricht von den alten Griechen bis zur Neuzeit sind unvergessen.

Obwohl ich schnell in meine Klasse integriert war, schloß ich zunächst kaum Freundschaften. Das lag daran, daß sich bei uns Fahrschülern das Zusammensein mit den anderen Jungen vornehmlich auf den Aufenthalt in der Schule beschränkte. Die Freizeit dagegen verbrachten wir wie bisher mit den Jungen aus dem Dorf, wobei sich eine Niveauverschiebung nach *oben* insofern ergab, als nun die Söhne vom Inspektor oder von leitenden Fabrikbeamten, die gleichfalls das Gymnasium besuchten, meine Freunde wurden. Ganz allgemein gesprochen: Durch meinen Umgang mit Jungen aus der Stadt erwachte ich allmählich aus meinem durch das abgekapselte Leben in Friedenthal bewirkten Dornröschendasein.

Endlich erfuhr ich nun, daß es so etwas wie eine politische und wirtschaftliche Lage gab und diese keineswegs rosig war. Ich erinnere mich, daß in diesen frühen 30er Jahren das ganze Leben in Deutschland von einer bedrohlich großen Wirtschaftskrise geprägt war. Die Zahl der Arbeitslosen stieg in Millionenhöhe, das Leben in den Städten war gezeichnet von dem immer hektischer und brutaler werdenden Kampf zwischen den einzelnen Parteien; vor allem spielte in der politischen Szene der Aufstieg der NSDAP, der Nazis, die Hauptrolle.

Was registrierte ich nun als heranwachsender Junge von diesen Vorgängen? Ich weiß nur noch, daß auch an unserem Besitz Giesmannsdorf die Wirtschaftskrise nicht spurlos vorüberging. Auch bei uns, wie auf fast allen Gütern, stand ein Treuhänder an der Spitze der Verwaltung, der die Umschuldungsmaßnahmen überwachte und gewisse Einschränkungen, sprich Sparmaßnahmen, anordnete. Wie weit dessen Vollmachten gingen, habe ich nie erfahren. Jedoch die Art seines Auftretens, die etwas von einem Statthalter hatte, ließ mich erkennen, daß er alle Entscheidungen traf, die sich auf den landwirtschaftlichen Betrieb bezogen.

Mein Vater hatte sicher in diesen Jahren sehr große Sorgen; aber in seiner beherrschten Art ließ er sich niemals anmerken, wie ihn die Einengung seiner Kompetenzen bedrückte. Eine wesentliche Änderung unseres Lebensstils trat ja auch nicht ein; lediglich eine geringfügige Reduzierung des Hauspersonals wurde vorgenommen, statt 3 hatten wir *nur* noch 2 Privatautos. Die Gärtnerei, die stets ein enormer Zuschußbetrieb war, wurde an einen Gärtner, der auf Rentabilität sehen mußte, verpachtet. Im Pferdestall standen weniger Vollblüter. Aber das war auch schon alles.

Friedenthal, und damit unsere Familie, war in einer viel besseren Situation als die anderen Güter, weil die Fabriken verpachtet waren und meinem Vater dadurch eine große Pachtsumme jährlich zur Verfügung stand. Mimi haßte natürlich diese Treuhänder, einmal weil es Preußentypen par excellence waren, und weil sie sich, was bisher undenkbar gewesen war, sogar in ihre Privatsphäre einmischten.

Eine kleine Episode aus dieser Zeit ist bezeichnend: Der Superintendent, der immer zweispännig zum Gottesdienst aus Neisse abgeholt wurde, beschwerte sich, daß er mit einem Mal nur im Einspänner fahren sollte. Carl Bernd, von uns nur ‚C. B.' wegen dieses auf allen Schreiben prangenden Unterschriftskürzels genannt, ließ ihm sagen: „Der Herr Jesus ist auf einem Esel geritten, da werden Sie wohl mit einem Pferd zufrieden sein!".

Auch in Giesmannsdorf gab's Arbeitslose, die so zahlreich waren, daß sie unter der übrigen Bevölkerung eine eigene Kaste bildeten. Sie rauchten bestimmte billige Zigaretten, die sogenannten Arbeitslosen-Zigaretten, standen in Gruppen auf der Dorfstraße herum und spielten fast den ganz Tag in einem Raum, dem sogenannten Jugendheim, Karten. Ich kannte alle mit Namen, und es hatte einen besonderen Reiz, über die Parkmauer zu klettern und mich in diesem Jugendheim an dem Kartenspiel, das *Lotterie* hieß, zu beteiligen. Die Bänke, auf denen die Spieler saßen, waren treppenförmig angeordnet, so daß alle den unten vor einem kleinen Tisch sitzenden Bankhalter sehen konnten, auf den sie bis zur Ziehung des großen Loses in Höhe von maximal 90 Pfg. starrten. Dieses Jugenderlebnis hat sich mir wohl deshalb so genau eingeprägt, weil ich etwas Verbotenes tat. Schon damals regte sich in ersten Ansätzen ein Erbteil der Falkenhausens, die Spielleidenschaft, in mir.

Die ganze Atmosphäre dieser *Spielhölle* war wohl auch derartig faszinierend für mich, weil sie in so starkem Kontrast zu unserem sonstigen Leben stand. Da saßen die oft zerlumpten Gestalten in diesem düsteren, schmutzigen Raum; ihre gespannten Gesichter achteten auf nichts als auf die da unten umgeschlagenen Karten. Auch die ungehobelte Sprache aller Anwesenden mit Kraftausdrücken im tiefsten schlesischen Dialekt hatte eine gewisse Anziehungskraft. Ich lachte mit, wenn die anderen lachten und schwieg, wenn Stille herrschte. So gehörte ich irgendwie dazu.

Von der in den Städten fortschreitenden radikalen Politisierung war jedoch in unserem Dorf nichts zu merken. *Rote* gab es kaum, und auch die Nazis spielten zunächst noch keine Rolle. Ernst-Herbert und ich waren nach wie vor politisch wenig interessiert. Von unseren Eltern wurde so gut wie nichts getan, uns darüber aufzuklären, um was es in Deutschland damals ging. Eine sträfliche Unterlassung. Überhaupt ist mir das laisser-faire meines Vaters in dieser Zeit noch im nachhinein unverständlich.

Immerhin weiß ich noch genau, wann ich in meinem Leben das erste Mal mit vollem Bewußtsein ein Hakenkreuz sah: Wir besuchten den alten Hauslehrer meines Vaters. Mit dessen Sohn ging ich an einem Bach entlang, Aalreusen kontrollieren, und wir setzten uns am Ufer ins Gras. Da zog Friedhelm verstohlen ein Papier (so eine Art Aufklebemarke) aus der Tasche mit einem schwarzen Hakenkreuz in weißem Kreis auf rotem Grund und sagte: „Das ist das Symbol der kommenden Partei!" Damals bedeuteten mir diese Worte, die ich eigenartigerweise nie vergessen habe, nichts.

Bald darauf kam es in unserer Kreisstadt Neisse zu ersten politischen Unruhen. Für mich war das jedoch nur eine Art Nervenkitzel, besonders, wenn die Überfallkommandos besetzt mit jenen braven, harmlosen Schupos (Schutzpolizisten), die sonst auf den Kreuzungen den Verkehr regelten, mit Ta-tü Ta-ta durch die Straßen rasten, um dort einzugreifen, wo Nazis und Kommunisten aneinandergeraten waren.

Natürlich verfolgten wir aufmerksam die Wahlergebnisse; aber eigentlich sagten uns die Zahlen nichts und wurden ähnlich gewertet wie der Ausgang eines Fußballspiels. Jeder *rechte* Erfolg wurde bejubelt – *links* standen die Gegner.

Aus dieser Zeit eine kleine Geschichte anläßlich einer Wahlversammlung von *Sozis* im Saal des Dorfgasthauses. Der Redner malte mit blumigen Worten ein Bild, wie er sich die Zukunft Deutschlands unter einer roten Regierung vorstellte: Alle Macht den Arbeitern, gleiche Einkommen und natürlich auf die Herrschaft Friedenthal gemünzt: Enteignung der Gutsbesitzer und Aufteilung ihrer Ländereien. Darauf eine Stimme aus dem Hintergrund: „A bis'la Gutt müß' ma schon lassen, sonst wissen wer nicht, wo wer klauen sollen!".

In diesem Zusammenhang ist es doch wichtig, nochmals die sozialen Verhältnisse, in denen ich aufwuchs, in einer Art Resümee zusammenzufassen. Man kann unseren Status nur als splendid Isolation bezeichnen. Die Barone waren damals noch ganz unwidersprochen die uneingeschränkten Respektspersonen im Ort, nicht nur, weil ihnen neun Zehntel aller Gebäude und Ländereien gehörten, sondern weil ihr Lebensstil in meiner Jugend noch der von wirklichen Feudalherren war. So war unser engerer Lebensbereich mit Schloß und Park schon rein äußerlich von einem 2 m hohen Zaun von der Außenwelt getrennt. Zwar waren die Parkanlagen an Sonntagen für Spaziergänger geöffnet, dem Schloß durfte man sich jedoch nur bis zu weißen Verbotstafeln nähern, die an allen Zugangswegen standen. Aber auch menschliche Kontakte nach draußen gab es kaum. Von meinem Vater, der weiß Gott ein guter, ja gutmütiger Mensch war, hatte ich stets den Eindruck, daß er zu seinen Leuten gar keine nähere Verbindung suchen wollte. Für ihn war die Gesellschaftsordnung der Herren und Knechte einfach noch unanfechtbare Realität. Er führte schließlich nur das fort, was er von Kind an als Selbstverständlichkeit kannte.

Nichts ist wohl schwerer, als etwas Eingefahrenes zu ändern. So war und blieb er der Baron, vor dem alle den Hut zogen und die müden Knechte von der Bank vor den Ställen aufstanden, wenn er über den Hof ging. Diese Ordnung wurde von den arbeitenden Menschen damals auch klaglos hingenommen, weil sie keine Möglichkeiten zur Veränderung sahen. Ich glaube, daß dies der Hauptgrund war, weshalb alle ganz zufrieden und ausgeglichen waren.

Meine Mutter versuchte, dieses Ausgegrenztsein zu durchbrechen, denn sie war viel kontaktfreudiger als mein Vater. Sie sprach mit den Leuten, vor allem mit jenen, die persönliche Sorgen hatten, besuchte die Patienten im Krankenhaus, ja sie richtete ein Obdachlosenheim ein, um Menschen zu helfen, die als sogenannte Pennbrüder von allen gemieden wurden. Nur von Mimi erfuhren wir von den oft erschütternden Schicksalen dieser Landstreicher. Als Österreicherin, die den schlesischen Dialekt der einfachen Landarbeiter kaum verstand, ist sie den Giesmannsdorfern immer eine Fremde geblieben.

Den Kontakt, den meine Mutter immer wieder suchte, hatte ich von früher Jugend an. Ich kannte bald alle Arbeiter und Beamten mit Namen, sprach mit ihnen über die Tagesereignisse, und so ist mir die Wesensart fast jedes einzelnen bis heute noch gegenwärtig. Ich kam zwar aus dem lange Jahre für mich fast hermetisch abgeschlossenen Lebensbereich des Schlosses, aber mit zunehmendem Alter streifte ich diese lästigen Fesseln endgültig ab. Ich fing an, andere Menschen wahrzunehmen und sie auf mich wirken zu lassen. Auf einmal wurden jene, die ich bisher unreflektiert einfach hingenommen hatte, zu Persönlichkeiten, deren Verschiedenheit mir bewußt wurde. Im Gegensatz zu meinem Vater, der in seinen Leuten wohl mehr oder weniger tüchtige Arbeiter sah, waren sie für mich Menschen mit der jedem eigenen Ausstrahlung, die ich zunächst erst einmal in sympathische und unsympathische Zeitgenossen einteilte. Wichtig war, daß ich dies unabhängig von ihrer gesellschaftlichen Stellung tat. Natürlich war dadurch das soziale Gefälle Baron – Arbeiter nicht aufgehoben, aber es kam mir wohl zunächst rein instinktiv darauf an, eine Verbindung mit den Menschen meiner Umgebung herzustellen, die ein gegenseitiges Verstehen erleichtern könnte.

Wer wie ich in einem Herrenhaus groß geworden ist, wird ein gewisses Elitedenken niemals verlieren. Er wird jedoch kläglich scheitern, wenn es ihm nicht gelingt, sein doch zunächst nur aus Äußerlichkeiten hergeleitetes Vorrecht mit Eigenschaften, die eine wirkliche Persönlichkeit ausmachen, zu füllen. Darunter verstehe ich, daß Anerkennung nur aufgrund von Leistung und Ausstrahlung Bestand haben kann und niemals in einem in sich selbst wertlosen Standesunterschied ihren Ursprung haben darf.

Zunächst suchte ich natürlich in diesen Entwicklungsjahren meist die Gesellschaft von Leuten, die mir lagen. So saß ich zum Beispiel stundenlang bei unserem Kutscher Pietsch, der immer neue Geschichten aus dem Weltkrieg erzählte, oder ging mit dem alten Jäger Thomas ins Revier, wobei ich versuchte, dem so wortkargen, alten Mann Dinge zu entlocken, die mit seinem Beruf und dem Leben in der Natur zusammenhingen, wofür ich mich von jeher sehr interessierte. Aber allmählich erweiterte sich dieser Kreis meiner Freunde.

Der Eintritt in den Fußballverein DJK des Dorfes, in dem ich in der zweiten Mannschaft den Posten des Torwarts bekleidete, war eine weitere Möglichkeit auszubrechen. Nichts war schöner, als auswärts zu spielen und dann für einen halben Tag jeglicher Aufsicht, insbesondere der nach wie vor großen Ängstlichkeit meiner Mutter entronnen zu sein. Im Kreise dieser Fußballmannschaft wurde ich auch aufgeklärt. Auf mich bezogen kann man mit Fug und Recht behaupten: „Die Aufklärung geschah auf der Straße", denn nie wäre es meinem Vater oder meiner Mutter eingefallen, auch nur mit einem Wort das Thema *Beziehung der Geschlechter* zu erwähnen. Da überließen sie uns wirklich in sträflicher Weise ganz unserer eigenen Phantasie. Vielleicht meinten sie, daß der auf dem Lande von Tieren jeglicher Gattung immer wieder ad oculos demonstrierte Akt der Paarung als Anschauungsunterricht genüge. Sicher trug dieser auch in der Tat dazu bei, daß ich mit ziemlicher Unbekümmertheit diesen Dingen gegenüber stand. Doch unleugbar waren meine Sportsfreunde auf dem in meinem Familienkreis mit dem erwähnten Tabu belegten Gebiet viel weiter als ich. Sie gaben mit ihren Mädchen-Erlebnissen furchtbar an und würzten ihre Erzählungen mit Fachausdrücken. So weitgehend unaufgeklärt ging ich in die Jahre der Pubertät. Meine wenigen natürlich verbotenen Ausflüge zu einer Tanzveranstaltung im Dorfgasthaus brachten keine greifbaren Ergebnisse, wenn ich mich einer Dorfschönen zu nähern versuchte. Schon das Verlassen des Schlosses war ein Wagnis, schlief doch unsere Hauslehrerin unmittelbar meinem Zimmer gegenüber. Das einzige Mittel, ihre stets gespitzten Ohren zu täuschen, bestand darin, daß ich zum Schein das unseren Räumen benachbarte Klo aufsuchte und in den Sekunden, da die Spülung rauschte, die zum Glück mit einem Teppich belegte Kindertreppe mit den Schuhen in der Hand hinabhuschte. – Die Rückkehr meist weit nach Mitternacht war nicht minder gefährlich, weil das Schloß vom alten Axmann, der einen riesigen Schäferhund an der Leine führte, bewacht wurde. Natürlich kannte ich die Zeiten, in denen Axmann von Stechuhr zu Stechuhr ging. Die Zwischenräume waren lang genug, um ungefährdet durch den Kücheneingang heimzukehren.

In diesem Lebensabschnitt entdeckte ich eines Tages in dem dem Berliner Tageblatt beigelegten Magazin *der Uhu* die Fotografie eines nackten Mädchens. Noch nie hatte ich so lebensnah die Abbildung eines weiblichen Wesens vor Augen gehabt. Was heute den Beschauer gleich welchen Alters an jedem Zeitungskiosk an nacktem Fleisch hundertfach entgegenstarrt, war damals höchstens versteckt im Inneren jenes Magazins zu finden. Für Jugendliche wie uns war natürlich dieser Anblick verboten, und das fragliche Heft war auch sofort nach meiner Entdeckung von meiner Mutter schier unauffindbar versteckt, verschwunden. Aber ich fand den Uhu doch. Wie oft bin ich mit verstohlenem Schritt zu jener Ecke des Regals geschlichen, in der das Corpus delicti stand, und habe meine erwachende Männlichkeit an der jungen Nackten ergötzt, obwohl mein Interesse am anderen Geschlecht zu jener Zeit noch nicht voll erwacht war, und ich kaum zuhörte, wenn zum Beispiel ein besonderer Primitivling erzählte, er stelle sich immer unter's Karussell, um den Mädchen unter die Röcke zu gucken.

Zwar gab es bald beim Ringbummel in Neisse, wo die Jungen vom Gymnasium und die Mädchen vom Lyceum streng getrennt nach Geschlechtern in Gruppen ihre Kreise zogen, das eine oder andere Mädchen, dessen Anblick mich erfreute; aber ich ging noch mit keiner, wie der Fachausdruck bei den älteren Jahrgängen meiner

Klasse für eine Mädchen-Freundschaft hieß. Diese jungen Herren waren aber meist schon zweimal sitzengeblieben und dünkten sich entsprechend reifer. Ich entsinne mich, daß es sogar von der Schule bis Obersekunda verboten wurde, sich mit einem Mädchen sehenzulassen. Als ich einmal rein zufällig meine recht attraktive Cousine zum Bus begleitete und von unserem Klassenlehrer beobachtet wurde, nahm mich dieser am nächsten Tag gleich besonders aufs Korn und konnte es sich nicht verkneifen, meine schwachen Leistungen mit diesem harmlosen tête-à-tête in Verbindung zu bringen.

Dabei hatte ich zu dieser Zeit nur eine Leidenschaft: die Jagd! Seit meinem Eintritt ins Gymnasium hatte ich nämlich die lästige Begleitung des Dieners Bonk abgeschüttelt und war in jeder freien Minute auf Spatzenjagd rings ums Schloß. Diese klugen Vögel, anfangs von mir zu Dutzenden erlegt, kannten mich jedoch bald so genau, daß mein Erscheinen in der Haustür genügte – und weit und breit war kein Spatz mehr zu sehen. So verlegte ich bald meine Ausflüge in den Park und die umliegenden Felder und ging auf Großwildjagd. Dieses *Groß* ist in bezug auf die vergleichsweise kleinen Spatzen zu verstehen und meint die Pirsch auf Würger, Eichelhäher, Krähen und Eichhörnchen.

Damit meine frühen Taten auf jagdlichem Gebiet für die Nachwelt schriftlich festgehalten werden konnten, bekam ich bald von Großpapa ein Jagdbuch, das er extra für mich hatte drucken lassen. Darin waren neben den von Erwachsenen bejagten Wildarten, wie Reh, Fasan, Hase und Kaninchen auch Spalten für die vorstehend mit Großwild bezeichneten Arten vorgesehen. Dieses Buch wurde von mir mit großer Sorgfalt geführt, und ich bedaure, daß es durch die Vertreibung verloren ging. Es würde mir jetzt helfen, meine jagdlichen Jugenderlebnisse zeitlich exakter zu ordnen.

Das erste Stück jeder Gattung durfte ich ausstopfen lassen. Diese Mottenfänger, wie Mimi meine stolze Sammlung von Eichhörnchen, Hähern, Würgern usw. lieblos nannte, zierten die Wände meines Zimmers.

Ein besonderes Erlebnis war die Erlegung meines ersten Fasanenhahns, auf den mich der bereits erwähnte Onkel Ziegenbock in sein mit vielen hundert Fasanen besetztes Revier eingeladen hatte. Begleitet von seinem Leibjäger Neumann pirschte ich auf den Schneisen der Remisen, über die die Fasanen in bisher nie gesehener

Zahl hin- und herwechselten. Natürlich verhofften sie nicht, und ich fehlte die flinken Tiere unzählige Male. Endlich baumte dann doch ein Hahn auf, und da war es für mich ein leichtes, ihn herunterzuschießen. Eine riesengroße Freude! Zu Weihnachten kam dann ein überdimensionales Paket, an mich persönlich adressiert. Der Inhalt entpuppte sich als mein Hahn, in voller Größe und Pracht präpariert. So etwas vergißt ein Junge nie.

Eigenartigerweise war ich der einzige von uns drei Söhnen, der die überdurchschnittliche Jagdpassion geerbt hatte. Bei mir hatten sich offensichtlich die Jagdchromosomen so konzentriert, daß man ohne Übertreibung sagen kann: Der Großteil meiner Jugendfreizeit wurde von diesem fast krankhaften Jagdtrieb beherrscht.

Es hat sehr lange gedauert, bevor ich erkannte, daß diese Maßlosigkeit zunächst vieles andere in mir verschüttet hat, und erst Jahrzehnte später habe ich die Beweggründe meiner Mutter verstehen gelernt, warum sie sich allmählich ganz aus dem schlesischen Jagdmilieu zurückgezogen hat.

Damals war ich natürlich noch weit davon entfernt, nach einem Sinn des Lebens zu fragen. Meine Umgebung bot mir ja alles, um meine Passionen sich austoben zu lassen. Der große Besitz mit seinem Wald und seinen ausgedehnten Feldern wartete darauf, von mir entdeckt zu werden mit seinen immer neuen Überraschungen.

Im Sommer gab es noch eine weitere Möglichkeit der Zerstreuung: Den Tennisplatz. Dort wurden wilde Schlachten geschlagen und, wie wohl bei allen normalen Jungen üblich, maßlos bis zur völligen Erschöpfung gekämpft. Wo blieb da noch Zeit für die Dinge, die meine Mutter interessierten: Kunst, Bücher, Menschen aus anderen Lebensbereichen, die nach meiner Ansicht so gar nicht in unsere Welt paßten.

Heute bin ich dem Zeitgeschehen dankbar, das verhindert hat, daß ich in diesem schlesischen Junkermilieu steckengeblieben bin und spät, aber nicht zu spät herausgefunden habe, daß es noch andere Dinge gibt, die das Leben lohnen. Zunächst jedoch fand ich meine Verwirklichung dort, wo ich mich sicher fühlte, wo es keine Probleme gab und wo ich selbst aktiv sein konnte.

Doch bevor ich davon berichte, muß ich das eben als eher negativ beurteilte Junkermilieu zumindest im Hinblick auf meinen Vater korrigieren. Zwar führte auch er dieses von mir beschriebene

Herrenleben, aber im Gegensatz zu den meisten Adligen, die ich kennenlernte, war er ein umfassend gebildeter Mensch und hob sich durch seine herausragende Intelligenz von den meisten ab. Schon wegen seines brillanten Gedächtnisses konnte man ihn nie in Verlegenheit bringen. Aber auch nie verlor er die *contenance,* und niemals habe ich erlebt oder gehört, daß er zuviel getrunken hätte, nie begab er sich in zweifelhafte Gesellschaft oder erzählte schmutzige Witze, nie wurde er laut oder ungeduldig. Natürlich war auch er ein Mensch seiner Zeit, der nicht ahnen konnte, welch' historischer gesellschaftlicher Wandel bevorstand. Seine ausgeglichene, letztlich doch bescheidene Art war für mich immer Vorbild.

Als Junge sah ich natürlich in ihm nur den erstklassigen Schützen, den guten Reiter und den fairen Sportsmann. Seine andere Seite, nämlich die des klugen, belesenen, an vielen wissenschaftlichen Dingen interessierten Menschen blieb mir lange verborgen. Vielleicht wollte ich sie auch nicht sehen, weil ich sicherlich sonst schon früher meine Einseitigkeit erkannt hätte. Ich war einfach lange zu bequem, mich mit geistigen Dingen zu beschäftigen. Ich las wenig, war in kein Museum hineinzubekommen und so das genaue Gegenteil meines älteren Bruders, dem eher unsportlichen Gelehrtentyp. Ich baute halt Raubzeugfallen, die morgens vor der Schule kontrolliert werden mußten, legte Wildfütterungen an, die im Winter fast täglich beschickt werden mußten, und am Abend war ja auch noch das Fußballtraining, von dem ich oft zerschunden und vor Dreck starrend ins Haus zurückkehrte.

Jeder Tag war ausgefüllt, und ich langweilte mich nie, ja es blieb immer viel zu wenig Zeit für die Schularbeiten. So wurden meine Leistungen in fast allen Fächern immer schwächer. Aber ich verstand es, mich stets irgendwie durchzumogeln.

Besonders vor der großen Fasanenjagd war es jedoch um meine Konzentration auf Latein, Mathe usw. geschehen. Da hatte ich nichts anderes im Kopf, als bei der Planung für dieses Ereignis mitzuhelfen, dem ich im wahrsten Sinne des Wortes entgegenfieberte.

DIE GROSSE FASANENJAGD

Schon Tage vorher war ich jeden Abend an einem anderen Platz im Revier, um die Fasanenhähne beim Aufbaumen zu *verhören* und zu zählen. Anschließend berichtete ich meinem Vater das Ergebnis. Alle Vorbereitungen wurden man kann sagen generalstabsmäßig mit dem Jäger getroffen und als erstes Ablauf und Reihenfolge der einzelnen Treiben durchgesprochen. Besonders wichtig: Welche Remisen müssen schon im Morgengrauen *abgestellt* werden, damit die Fasanen nicht vor dem Treiben herauslaufen? Natürlich wurde auch ein möglichst genauer Zeitplan aufgestellt.

Am Abend vor der Jagd trafen bereits diejenigen Gäste ein, die eine längere Anreise hatten. Immer war Onkel Heini Dankelmann dabei, ein väterlicher Freund meines Vaters, der trotz seiner Leibesfülle als der beste Schrotschütze Deutschlands galt und von mir grenzenlos bewundert wurde. Dann kam Luigi Arco, ein Gartenfreund von Mimi und auch sonst ein Ästhet, ganz old-England gekleidet mit weiß-braunen Handschuhen und einer karierten Schiebermütze. Oft kam auch ein Herr von Malinckrot, den meine Eltern aufgrund folgender Geschichte nur Stop nannten. Von ihm erhielt meine Mutter vor einem Besuch ein Telegramm mit dem Wortlaut: „Eintreffe Neisse 16.45 Uhr stop:" Mit diesem „Stop" wurde im alten Preußen im Telegramm das Ende eines Satzes angezeigt. Mimi, als Österreicherin mit diesen Eigenarten der preußischen Telegraphie nicht vertraut, fragte Papi ganz arglos: „Bobby, wer ist denn dieser Stop?" Von dem Tag an blieb Malinckrot dieser Spitzname.

Meine Mutter war diejenige, die etwas Abwechslung in die Schützenliste brachte, weil alle die Pücklers, Sierstorpffs, Praschmas, Strachwitz wie schon erwähnt, nicht ihre *Wellenlänge* hatten. So lud sie ab und zu Gäste ein, die zwar schlechter schossen, mit denen sie dafür gemeinsame Interessen verbanden. Sonst konnte man es ihr bei der Konversation direkt ansehen, wie sie die immer wiederkehrenden Schlagwörter von kapitaler Strecke, himmelhohem Hahn, Doublette, Anflicken usw. langweilten. Andererseits machte es ihr große Freude, im Haus alles für die Jagd vorzubereiten und beim Herrichten der Tafel für das Jagddiner ihren außergewöhnlich guten Geschmack zu demonstrieren. Ich erinnere mich noch, wie mit Hunderten von Köpfen einer einzigen roten Dahliensorte in der Mitte des ovalen Tisches ein richtiger Teppich gelegt wurde, oder ein anderes Mal Früchte aus Muranoglas in vielen Sorten und Farben unsymmetrisch über den Tisch verteilt die Dekoration bildeten. Zu den Hauptvorbereitungen gehörte für meine Mutter natürlich die Zusammenstellung des Menus. Mein Vater wiederum wälzte mit Bonk das Weinbuch, um zu jedem Gang des Diners den passenden Wein auszusuchen.

Also am Vorabend war im Haus schon alles anders als sonst: Die Stubenmädchen hatten ihre *guten* rotweiß-gestreiften Kleider an und trugen Spitzenhäubchen. Bonk ging mit einem erhitzten Eisenschäufelchen durch die Gänge, träufelte eine Essenz darauf, die dann wohlriechende Dämpfe verbreitete. In den an den Gastzimmertüren befindlichen Rähmchen steckten Karten mit Titel und Namen des jeweiligen Gastes.

Am Jagdmorgen fuhren wir wie immer um halb acht in die Schule, denn mein Vater schrieb uns prinzipiell keine Entschuldigung und überließ es unserer Erfindungsgabe, die Freistellung vom Unterricht für diesen Tag zu erschwindeln. Das war stets eine schreckliche Angstpartie, und ich glaube, ich habe vor innerer Aufregung tatsächlich immer ganz bleich ausgesehen; denn meist stellte der Lehrer von sich aus die erlösende Frage: „Was ist denn mit Ihnen los, Falkenhausen?" Die Antwort: „Mir ist schlecht", war in diesem Augenblick nicht 'mal eine Lüge. Was blieb anderes übrig, als mich zunächst einmal auf den Gang zu schicken, worauf ich für diesen Tag auf nimmer Wiedersehen verschwand. Der Rückzug mußte jedoch mit äußerster Vorsicht vonstatten gehen. Erst ging's in etwas gekrümmter Haltung langsam die Treppe hinunter, dann auf die Straße mit einem Blick nach rechts und links. War die Luft rein, ging's im Karacho um die nächste Ecke, wo Chauffeur Müller mit dem Auto wartete, das dann in Rekordtempo die 7 km bis Giesmannsdorf zurücklegte.

Meist waren schon die Pferdewagen für Schützen und Leibjäger vor dem Schloß vorgefahren. Man kam gar nicht ohne diese Leibjäger aus, weil in den schlesischen Revieren so viel Wild vorkam, daß alle Schützen zwei Gewehre, sogenannte Schwesterflinten, besaßen, die sich wie ein Ei dem anderen glichen. Während der Treiben war es nun Aufgabe des Leibjägers, war die eine Flinte leergeschossen, diese gegen die zweite noch geladene auszutauschen. Äußerlich und innerlich noch ganz außer Atem beruhigte mich dann der Anblick der wartenden Gespanne. Die Kutscher trugen ihre beste Livrée, auf der die Silberknöpfe mit dem Falkenwappen blinkten. Der erste Kutscher Wilhelm trug einen Zylinder, die anderen, Jupp und August, eine *Halbbombe*. Die Geschirre der Pferde waren auf Hochglanz gewienert. Gegen 9.00 Uhr waren alle Schützen und Begleiter auf die Wagen verteilt, Gewehre, Munition, Jagdstühle und warme Mäntel verstaut. Die Hunde waren bereits bei den die Treiber führenden Jägern. Irgendwo hatte ich mich auch dazwischengequetscht. Bis zum ersten Treiben fuhr man zirka 10 Minuten. Dort waren die Treiber, bestehend aus Männern und Frauen der Gutsbelegschaft, bereits aufgestellt. Der stets grantige Jäger Thomas erwartete die Wagenkolonne und meldete meinem Vater, daß alles für den Beginn der Jagd bereit sei.

Bobby führte dann die Schützen auf ihre Stände in eine Waldschneise. Wir Buben hatten unsere Lieblingsschützen. So begleitete ich immer Onkel Rudi, den Bruder meines Vaters. Da sein Leibjäger Sperlich beim Führen der Treiber half, trug ich stolz die Patronentasche und durfte stopfen, das heißt neue Patronen sofort in die leergeschossene Flinte nachladen, eine Tätigkeit, bei der ich mich ganz erwachsen fühlte.

Im ersten Treiben, den Wischken, wurde Hahn und Henne geschossen. Diese Remise lag mitten in den Feldern, so daß die Fasanen dort in den Saaten großen Schaden anrichteten. Fast immer lagen nach diesem Trieb über 100 Fasanen, etliche Hasen und Kaninchen und manchmal auch ein Fuchs auf der Strecke. Nach dem Abblasen durfte nicht mehr geschossen werden. Danach ging der Revierjäger Thomas zu den einzelnen Schützen, salutierte und fragte: „Was haben Herr Graf geschossen?" Er notierte die Zahlen, getrennt nach Wildarten. Krankgeschossene Stücke wurden sofort oder am nächsten Tag mit Hunden nachgesucht. Daß außerordentlich vorsichtig geschossen wurde, beweist die Tatsache, daß mir trotz der vielen tausend Schuß, die auf jeder Niederwildjagd fielen, kein einziger Fall bekannt ist, daß ein Treiber auch nur ein einziges Schrotkorn abbekommen hätte.

Auf unserer Fasanenjagd lagen die einzelnen Treiben nicht allzu weit voneinander entfernt. Jedes Treiben hatte seinen Namen, wie zum Beispiel der Volknerberg, die Grabenremise, der Schnepfenwald, der Kirchberg usw. Obwohl meine jagdpassionierten Söhne sicher gerne Details jedes einzelnen Treibens erfahren möchten, will ich mich auf die Schilderung einiger Besonderheiten beschränken: So standen zum Beispiel am Volknerberg die Schützen sozusagen im Tal, wenn von der auf der Kuppe dieses Hügels liegenden Dikkung die Fasanen heruntergetrieben wurden. Die Hähne strichen dann himmelhoch über die Schützen und wurden fast ausnahmslos vorbeigeschossen. Nach diesem Treiben sah man dann viele betretene Gesichter.

An anderer Stelle standen die Schützen unter hohen Eichen, über die die Fasanen turmhoch hinwegflogen. Auch hier war jeder Treffer ein Meisterschuß. In einigen Treiben flitzten so massenhaft Karnickel über die Schneisen, daß die Leibjäger mit dem Laden nicht nachkamen. Da waren junge, wendige Schützen gefragt, denn zum Zielen blieb keine Zeit. Man mußte die Schüsse quasi hinwerfen.

Das Frühstück wurde im Forsthaus eingenommen. Dann erschienen auch die ersten Damen, die am Nachmittag die Schützen auf ihre Stände begleiteten. Manches Stück Wild hatte sein Leben einem sich anbahnenden Flirt und der damit verbundenen Unaufmerksamkeit des Schützen zu verdanken!

In diesem Zusammenhang eine kleine Geschichte: Mein Vater wird auf einem Treiben von einer besonders charmanten Dame begleitet und schießt schlecht. Darauf seine Frage an Leibjäger Thomas: „Ich weiß gar nicht, was mit mir los ist?!" Darauf die Antwort: „Das kommt nur von dem Gequatsche mit den Weibern!"

Während die Herrschaften speisten, bekamen die Treiber eine kräftige Erbsensuppe aus der Gulaschkanone und danach Giesmannsdorfer Korn.

Nachmittags wurde der Park bejagt. Natürlich war die nähere Umgebung des Schlosses tabu, und meine Mutter achtete streng darauf, daß nicht etwa jemand auf die Idee kam, die zahlreichen dicken Hähne, die am Schloß direkt unter ihrem Fenster gefüttert wurden, in den Hauptteil des Parks zu drücken. Näherte die Jagd sich allmählich ihrem Ende, wurde ich immer ein bißchen melancholisch, besonders wenn nach dem letzten Treiben die alten Signale Fuchs tot, Hase tot, Kaninchen tot, Flugwild tot erklangen; zuletzt das getragene ‚Jagd vorbei' und ‚Halali' und alle den Hut zogen. Am nächsten Tag erschien mir der Park mit einem Mal leer und tot, und es dauerte eine Zeit, bis ich dort wieder meinen Rhythmus fand.

Das Jagddiner, an dem wir aber erst mit 17 teilnehmen durften, war dann der abschließende Höhepunkt des Tages. Bis zum Beginn hatten sich die älteren Herren, für die so ein Jagdtag doch eine ziemliche Anstrengung war, in ihren Zimmern ein wenig ausgeruht. Die Jüngeren spielten ein paar Rubber Bridge. Kaum hatte ich mich umgezogen, entwischte ich sofort in die Dienerstube, nach der Jagd mein Lieblings-Aufenthaltsort, weil dort die Leibjäger die Gewehre reinigten. Der unverwechselbare Geruch in diesem Raum bestand aus einem Gemisch von Zigarrenrauch und Ballistolöl. Aus den Gesprächen der Jäger erfuhr ich vieles, was mich brennend interessierte. Jeder hatte irgendeine Geschichte auf Lager, die sich fast ausschließlich um Jagderlebnisse drehte, bei denen es mit der Wahrheit nicht so genau genommen wurde, und die meist dröhnendes Gelächter auslösten. Nach dem Flintenreinigen wurde Skat gespielt. Da drückte ich mich als Kiebitz in die Ecke des Sofas und habe mich so sehr früh mit den Regeln dieses Spiels vertraut gemacht.

Vor 8 Uhr versammelte sich die ganze Jagdgesellschaft in der Halle, die Damen im Abendkleid, die Herren im Frack. Wenn Bonk meldete: „Es ist angerichtet" führten die Herren ihre Tischdamen durch's kleine Speisezimmer, den blauen Salon und das Windenzimmer zu ihrem Platz, der durch Tischkarten gekennzeichnet war. Das Diner fand selbstverständlich im großen Speisezimmer statt. Das Service, weiß mit weinrotem breiten Rand und goldenem Monogramm in der Mitte, war das Hochzeitsgeschenk von Louis Rothschild an meine Mutter. Auf dem Teller jedes Herrn lag der Jagdrapport mit der Strecke jedes Schützen, aufgeschlüsselt nach den einzelnen Wildarten. Um die oft üble Wett-Schießerei zu verhindern, gab es bei uns keinen Jagdkönig; auf dem Jagdrapport erfuhr der Schütze lediglich, was er selbst geschossen und was insgesamt erlegt worden war.

Die Menukarten mit Speisen- und Weinfolge standen vor den Plätzen der Damen. Meist gab es fünf Gänge, die von drei Dienern serviert wurden. Der dritte, er hieß Sonnek, wurde von Onkel Rudi ausgeliehen. Bonk war während des ganzen Diners ausschließlich mit dem Einschenken der Getränke beschäftigt, wobei er bei jedem neuen Wein Lage und Jahrgang dem jeweiligen Gast ins Ohr raunte. Ich entsinne mich, daß wir im Jahr 1936 tatsächlich noch einige Flaschen des berühmten Jahrgangs 1911 hatten, wovon bei jedem Jagddiner nur eine Flasche aufgemacht wurde, die mit vielen „köstlich, unglaublich!" bedacht wurde.

Reden wurden nicht gehalten. Erst als ich alt genug war, am Diner teilzunehmen und dann auch schon für die Ausrichtung der Jagd mitverantwortlich war, durfte ich die Strecke verlesen. In Verbindung damit gelang es mir öfter, humorvoll über Episoden des Jagdtages zu referieren, wobei ich den einen oder anderen Schützen auf den Arm nahm.

Mit 17 hatte ich meinen Jagdschein gemacht und konnte auch schon mal auf dem Rückwechsel oder am Flügel mitschießen. Gleichzeitig bekam ich meinen ersten Smoking, maßgeschneidert von einem tschechischen Schneider in Freiwaldau.

Papi war an Jagdtagen immer äußerst vergnügt. Er flirtete nach links und rechts, und beim Diner erzählte er Witze, über die er selbst dröhnend lachte. Unser Schlafzimmer lag über dem Speisezimmer, und als wir selbst noch nicht mitessen durften, erlebten wir das Diner nur akustisch durch die Decke mit. Wenn dann das unverkennbare Lachen meines Vaters nach oben drang, sagte ich zu meinem Bruder: „Jetzt hat Papi gelacht!" – Am Tag nach der Jagd war große Nachsuche, auf der stets noch zirka 20 Stück Wild gefunden wurden und ich mit dem Tesching das eine oder andere Kanikkel schoß, das die Hunde in ihrem Versteck vorstanden.

Sicherlich ist meine ausführliche Schilderung eines großen Jagdtages in erster Linie für meine Söhne und Jäger interessant. Aber sie soll auch zeigen, daß damals die Jagd auf den schlesischen Gütern eine große Rolle spielte und ein Bestandteil des Landlebens war. Vor allem ist es heute kaum noch vorstellbar, daß die Tagesstrecken fast nie unter 500 Stück lagen, ja es kam vor, daß 6 Schützen an einem Tag, so im Dezember 1936 in Bielau, über 1.000 Hasen erlegten. Es ist nicht verwunderlich, daß bei einem so jagdpassionierten Jungen wie mir ein großer Teil seiner Erinnerungen sich um Jagderlebnisse dreht. „tempi passati" pflegte schon damals mein Großvater zu sagen, wenn er sich an die großen Gamsjagden zur Zeit Kaiser Franz-Josefs erinnerte, und auch ich kann in Gedanken an die schlesischen Niederwildjagden nur wiederholen: tempi passati!

Der Nichtjäger möge also auch noch die nächsten Seiten überschlagen, denn ich möchte ihn nicht mit noch einer Jagdschilderung, nämlich der einer Hasenjagd, langweilen! Aber es muß sein, denn der Ablauf dieser Jagd war so ganz anders als die gerade geschilderte Jagd auf Fasanen.

DIE HASENJAGD IM DEZEMBER

Auch für diese Jagd war der Ablauf generalstabsmäßig vorbereitet: Noch vor Hellwerden hatten sich zirka 120 Treiber, die wegen des meist im Dezember herrschenden Frostwetters dick vermummt waren, am ‚steinernen Kreuz', einem Kruzifix mitten in der Feldmark von Bielau, versammelt. Gejagt wurde nach dem Modell der ‚böhmischen Streife', bei der in der Grundlinie zirka 80 und in jedem Flügel zirka 15 Treiber gingen. Diese Art zu jagen beruht auf der Erkenntnis, daß der Hase maximal 1.500 Meter geradeaus läuft, dann kehrt macht, um in seine angestammte *Heimat* zurückzukehren. Dabei versucht er, die Grundlinie der Streife, die ihn an diesem Vorhaben hindert, zu durchbrechen. Das wird ihm dann oft zum Verhängnis.

Das Auslaufen der Treiber, pro Schütze waren zwei von ihnen mit für den Transport der Hasen bestimmten Körben ausgerüstet, geschieht in einer genau vorher festgelegten Reihenfolge auf einem Feldweg und muß bei Hellwerden beendet sein. Dann kommen nämlich schon die Jagdwagen, die an der Treiberlinie entlangfahren und jeden Schützen mit seinem Troß, Leibjäger und Patronenträger, an seinem Stand absetzen. Dort findet er 3 Stangen mit Strohwischen vor, die hintereinander gesteckt genau die Richtung weisen, die die Streife nehmen wird. Wie genau entsinne ich mich noch an solch einen diesigen Dezembermorgen, wenn die Treiber aus dem Morgendunst wie Schemen auftauchten.

Trotz dieses ausgeklügelten Jagdsystems hatte das Wild eine echte Chance, sein Fell zu retten; denn es galt die eiserne Regel, daß nie mehr als 6 Schützen teilnehmen durften. So ergaben sich zwischen zwei Schützen große Abstände von ca. 100 m. Wenn alle Jäger ihren Stand erreicht hatten, wurde angeblasen, und die Treiberwehr setzte sich gleichmäßig in Bewegung. Das erinnerte mich immer an Bilder von Soldaten, die zum Angriff antraten. Fast gleichzeitig schnellten dann wie von einer Schleuder herauskatapultiert zahlreiche Hasen aus ihrem Lager und suchten das Weite. Bald fielen die ersten Schüsse. Je weiter die Streife vorrückte, desto mehr Hasen versuchten, getrieben von ihrem Heimkehrinstinkt, zwischen Treibern hindurch nach hinten zu entkommen. Bevor sie jedoch diesen oft den Tod bringenden Entschluß faßten, rudelten sich 20-30 Stück zusammen, liefen eine Zeitlang im Kreis herum, bis plötzlich einer von ihnen ausbrach und schnurgerade, gefolgt von allen anderen, auf die Treiberlinie zuraste. Eigenartigerweise konnten solche Durchbruchsversuche nur selten durch anhaltendes Winken der Treiber mit Stöcken und Armen verhindert werden; denn hatte sich so ein Leithase erst einmal der Schützenkette auf 30-40 Schritt genähert, ließ er sich durch nichts mehr aufhalten. Stand nicht gerade an einer solchen Durchbruchstelle ein Schütze, bedeutete das für viele Hasen die Rettung. Meist überlebten ebenso viele Hasen die Jagd, wie geschossen wurden.

Ab und zu gelang es sogar krankgeschossenem Wild, nach hinten zu entkommen. Damit diese Stücke zur Strecke kamen und nicht irgendwo qualvoll verendeten, gingen im Abstand von 200 m mehrere Hundeführer hinter der Treiberlinie, deren Vierbeiner die kranken Hasen griffen und ihrem Herrn apportierten.

Aber an einem solchen Jagdtag waren noch andere Wildinteressenten unterwegs, die Ausschau hielten, ob nicht der eine oder andere angebleite Hase sich unter einer Brücke oder einem anderen Versteck verkroch. Der verschwand dann klammheimlich zunächst in einer Tasche und später im Kochtopf eines Stadtbewohners.

Die Streife war zirka 4 km lang. Nach jeweils einem Kilometer wurde *Halt* geblasen und das Wild auf einem Feldweg abgelegt und wenig später von einem Wagen eingesammelt.

Verpönt waren Schützen, die neben sich *ein Loch machten*. Damit erreichten sie nämlich, daß sie von vielen Hasen angelaufen wurden, die von weitem diese Lücke in der Treiberlinie sahen und hofften, dort leicht durchzubrechen.

Kurz vor dem Ende der Streife schwenkten die Flügel nach innen ein. So bildeten alle Treiber zuletzt einen Kessel. Dann erklang bald das Signal „Treiber rein". Darauf blieben die Schützen stehen, während die Treiber weiter auf den Mittelpunkt des Kessels zugingen. Aus Sicherheitsgründen durfte ab diesem Zeitpunkt nur noch auf Wild geschossen werden, das aus dem Kessel entkam und an einem der Schützen vorbeiflüchtete.

Ich habe vor dem Krieg nur zwei dieser Streifen als Schütze mitgemacht; einmal als Oberprimaner. Da schoß ich als eine Art Lückenbüßer im Flügel mitgehend mit der alten Hahnflinte meines

Großvaters 75 Hasen! An diesem Tag wurden von sechs Schützen 1.066 Hasen erlegt.

Oft erzählte mein Vater am Abend nach solch einer Jagd aus früheren Zeiten, in denen die Strecken noch weit größer waren. So von der legendären Giesmannsdorfer Doppelstreife, die zirka 10 km lang war und den ganzen Tag dauerte. Dabei gingen zwei Streifen mit je nur 4 Schützen aufeinander zu, bis deren Flügel sich trafen. Abends lagen dann über 2.000 Hasen auf der Strecke!! Wie gesagt: tempi passati.

DIE MACHTERGREIFUNG

Politik spielte in meiner Jugend eine recht untergeordnete Rolle. Ich habe schon darauf hingewiesen, wie wenig wir doch damals von den großen politischen Ereignissen, die sich in Deutschland anbahnten, berührt wurden. Es gab ja noch kein Fernsehen und als einzige Informationsquelle nur das selten eingeschaltete Radio und die Zeitungen. Hauptsächlich rührte wohl mein Desinteresse daher, daß meine Eltern nicht daran dachten, eine Diskussion über die politischen Probleme mit ihren Söhnen zu führen. Wenn aber in einem jungen Menschen wie mir das Interesse für eine bestimmte Sache, die ihn nicht unmittelbar betrifft, nicht geweckt wird und er zudem einen ausgefüllten Tagesablauf hat, ist sein Bedürfnis nach Informationen außerhalb seines Lebensbereiches gering.

Ich entsinne mich zwar, daß unter den Klassenkameraden oft hitzige Dispute über die diversen politischen Richtungen entbrannten, aber zu richtigen Konfrontationen zwischen den *Parteien* kam es nicht. Auch hielt es kein Lehrer für nötig, uns über den historischen und politischen Hintergrund der Entwicklung in den 30er Jahren aufzuklären. Trotzdem war es auch für mich unübersehbar, daß etwas von tiefgreifender Bedeutung im Gange war; denn fast kein Tag verging, an dem nicht die Zeitungen von politischen Morden und Straßenschlachten, von Regierungskrisen und Notverordnungen berichteten. Eines war allen klar: die Nationalsozialisten waren die neue Kraft, die lawinenartig von Wahl zu Wahl wuchs.

In Deutschland gab es damals 6 Millionen Arbeitslose. Aus diesem Heer von Unzufriedenen rekrutierten sich NSDAP und KPD. Für mich, den weitgehend Unbeteiligten und Außenstehenden, stellte sich die politische Lage so dar, als ginge es lediglich darum, ob in Deutschland die Rechten, das waren die Nazis und die Deutsch-Nationalen, oder die Linken, d. h. Sozialdemokraten und Kommunisten, in Zukunft regieren würden. Hitler verstand es, in vielen Deutschen den seit 1918 nur schlummernden Nationalismus und Militarismus zu wecken. Zudem versprach er Arbeit und Brot, Ruhe und Ordnung. Und als dann die Regierungen Brüning, Schleicher und von Papen scheiterten und Hitler am 30.01.1933 von Hindenburg zum Reichskanzler ernannt wurde, glaubte die Mehrzahl des Volkes an eine Wende zum Guten. Nur wenige ahnten schon damals, daß Deutschland nun von Verbrechern regiert werden würde.

Was ich selbst von der sogenannten Machtergreifung erlebte, war herzlich wenig, aber an das wenige erinnere ich mich in allen Einzelheiten, weil es wohl typisch für den Stil der Nazis war.

Der Morgen nach dem denkwürdigen 30. Januar 1933 war zunächst ein Schultag wie jeder andere. Gegen 11.00 Uhr ertönte plötzlich vor dem Schulgebäude Marschmusik. Natürlich stürzten wir sofort nach draußen. Dort hatte schon eine Marschkolonne der SA Aufstellung genommen, um am Schulgebäude die Hakenkreuzfahne zu hissen. Unser Direktor, ein Sozialdemokrat, wurde geholt. Zunächst aber weigerte er sich, für uns alle sichtbar, an der Zeremonie teilzunehmen, blieb dann aber gezwungenermaßen wie ein Verhafteter, der abgeführt werden soll, zwischen zwei Braunhemden eingezwängt stehen. Dann wurden die Flaggen hochgezogen. Dabei spielte die Musikkapelle das Deutschland- und erstmalig das Horst-Wessel-Lied, das bald darauf auch offiziell quasi als der Nationalhymne zweiter Teil nach dem Deutschlandlied gespielt wurde. Alle Nazis hoben den rechten Arm zum *deutschen Gruß*. Nur der Direktor stand da, ohne sich zu rühren, mit eisiger Miene. Da trat ein SA-Mann an ihn heran, ergriff seinen Arm und hielt ihn trotz Gegenwehr gewaltsam hoch. – Dieser vielleicht unbedeutend erscheinende Vorfall hat sich mir unauslöschlich eingeprägt. Die Tatsache: Hier wurde einem Menschen Gewalt angetan, hier wurde freier Wille gebrochen, berührte mich tief. Ich war ja bis zu diesem Tag noch nicht mit Gewalt und Zwang in Berührung gekommen, und die Szene vor meinem Gymnasium weckte erstmals in mir ein tiefes Mißtrauen gegen die neuen Machthaber.

Wenn ich heute auf die Zeit nach 1933 bis zum Zusammenbruch Deutschlands im Jahr 1945 zurückblicke und mich frage: war das, was auf 1933 folgte, voraussehbar, so antworte ich mir oft: in der Gewaltanwendung der SA-Leute an einem Andersdenkenden, dem Schuldirektor, hätte mir schon damals klar sein müssen, wes Geistes Kind die Nazis waren. – Niemand ahnte freilich zu jener Zeit schon, daß an diesem 30. Januar eine Geschichtsepoche begann, an deren Ende der Untergang der Deutschen als Nation stehen sollte.

In Friedenthal ging das Leben zunächst unverändert weiter. Die wirtschaftliche Lage besserte sich bald – noch zeigten die Nazis nur ab und zu ihr wahres Gesicht. Niemand ließ sich von kleinen *Schönheitsfehlern,* wie z. B. dem Ermächtigungsgesetz, aus der Ruhe bringen. Man jubelte dem *Führer* zu, der sein Versprechen, Arbeit und Brot zu bringen, wahrmachte. Dann kam die erste Wahl unter der Nazi-Regierung an meinem 18. Geburtstag, dem 5. März 1933.

ERSTE LIEBE

Am Abend dieses Tages saßen mein Bruder Ernst-Herbert, sein Freund und ich vor dem Radio und hörten Wahlergebnisse. Die Eltern waren wohl nicht zu Hause, auch kein Erzieher in der Nähe. So ist es zu erklären, daß sich im Laufe des Abends Käthe zu uns setzte. Sie war jenes Stubenmädchen, zu dem wir den meisten Kontakt hatten, weil sie für die Zimmer der Jungen verantwortlich war und ich für sie schon immer ein ausgesprochenes Faible hatte. Sie war ein reizender Katzentyp, aber ganz ohne Raffinesse und Koketterie. Nicht sehr groß, mit dunkelbraunem Haar und Augen gleicher Farbe, war sie das, was man wohl anschmiegsam oder ausgesprochen weiblich nennt.

Ich wurde wie gesagt an diesem Tag 18 und hatte, für Jungen im gleichen Alter heute wohl schwer verständlich, noch nie ein Mädchen zärtlich berührt oder gar geküßt, mit einem Wort: bis zu diesem Zeitpunkt war ich noch nie verliebt. Ich hatte dazu ja auch kaum Gelegenheit. Dieses Mönchsdasein hing wohl damit zusammen, daß ich anderweitig besonders durch die Jagd reichliche Beschäftigungsmöglichkeiten hatte. Diese Käthl, wie sie von allen genannt wurde, war nun das erste Mädchen, das vom Typ und Wesen her und durch ihr ständiges in-meiner-Nähe-Sein die ersten männlichen Gefühle in mir weckte.

An jenem 5. März waren wir in ausgelassener Stimmung, kinschten herum, wie man in Schlesien sagt – und auf einmal sagte Häsi: „Küß sie doch!" Es war von mir wohl mehr eine Reflexhandlung bzw. der Gedanke „Du darfst dich jetzt nicht blamieren". Jedenfalls beugte ich mich über Käthl und drückte meinen Mund auf ihre Lippen.

Diese Schilderung wird wohl bei unserer aufgeklärten Generation nur ein müdes Lächeln hervorrufen. Was ist schon so ein Kuß!? Bei mir war das damals ganz anders: Dieser Kuß eröffnete in meinem Leben eine für mich ganz neue Dimension, die des Weiblichen; es war, als hätte ich die Tür zu einem Raum aufgestoßen, der mir bisher verschlossen war. Von dieser Minute an war mein Zustand mit einem Mal der eines liebenden jungen Mannes, den wohl niemand so treffend geschildert hat wie Schiller in seiner Glocke:

> Errötend folgt er ihren Spuren
> und ist von ihrem Gruß beglückt,
> das Schönste sucht er auf den Fluren,
> womit er seine Liebe schmückt.
> Oh bange Sehnsucht, süßes Hoffen,
> der ersten Liebe goldene Zeit,
> das Auge sieht den Himmel offen,
> es schwelgt das Herz in Seligkeit!

Genau so war es bei mir, und am nächsten Morgen früh um 6.00 Uhr, als noch alles schlief, erwartete ich Käthe, deren Dienst schon so früh begann, vor meinem Zimmer, und gleich lagen wir uns wieder in den Armen. Daß sie sich nicht wehrte, wohl auch darauf gewartet hatte, war das Schönste dabei. Man darf nicht vergessen, alles zwischen uns mußte ja heimlich geschehen, und wie viele Augen waren da, die nur auf solch eine pikante Neuigkeit warteten. Aber gerade diese Heimlichkeit, dieses ständige Suchen nach einer Möglichkeit, sich zu treffen, irgendwann, irgendwo, erfüllte mein ganzes Wesen in diesen Monaten meines ersten Verliebtseins. Es war ja in unserer Beziehung alles ohne Plan, ohne Ziel, ohne jede sexuelle Ambition. Selbst das Küssen mußten wir ja erst richtig lernen! Wir entdeckten einander ganz allmählich. Beide ganz unerfahren, waren wir eigentlich noch wie Kinder, die miteinander spielen und sich aneinander freuen.

Natürlich blieb *es* doch nicht verborgen. Niemand wußte etwas Genaues, aber daß da zwischen Rudi und Käthl etwas war, das lag wohl für alle Hausbewohner irgendwie in der Luft. Meine Eltern haben nie mit mir darüber gesprochen, aber natürlich waren sie über diese Beziehung, die sich praktisch unter ihren Augen abspielte, nicht begeistert. Sicherlich hatten sie Angst, *daß etwas passiert* – wohl die Angst aller Eltern. Aber richtig allein waren wir nur selten: In der Mittagsstunde oder ab und zu sonntags; da trafen wir uns vor dem Dorf, um auf einem Feldweg ungesehen zu Fuß nach Neisse ins Kino zu gehen. – Heute bin ich über 70 Jahre und weiß, daß man nur ganz wenigen Frauen begegnet, von denen man sagen kann: Ich habe sie wirklich geliebt. Es gehört zu diesem Gefühl eine fast nie erreichte Ausschließlichkeit, es fehlt dann jede Berechnung, ich kann sagen, jede Vernunft. Und das Glücksgefühl, das mich damals so vehement erfaßt hatte, daß es weh tat, hatte für mich etwas mit nichts anderem vergleichbar Berauschendes. Natürlich platzte ich vor Eifersucht und Wut, als ich merkte, daß mein besonderer *Freund* Hauslehrer Hermann es auf Käthe abgesehen hatte. Aber sie war viel zu vorsichtig, um ihm größere Annäherungsmöglichkeiten zu geben.

Dieser Zustand unseres *Zusammenlebens* dauerte ungefähr 1 ½ Jahre. Natürlich wurde unser Verhältnis allmählich intimer, und so entdeckten wir auch, wie schön es ist, den Körper des anderen zu fühlen. So schlüpfte ich bei günstiger Gelegenheit ab uns zu in Käthes Bett. Wir umarmten uns leidenschaftlich – aber das Letzte, wir wollten es wohl beide nicht. Es war zwischen uns wie eine unausgesprochene Abmachung. Wir waren wohl beide dafür noch nicht reif.

Bei allem, was einem geschieht, erinnert man sich stets am deutlichsten an den Anfang und an das Ende. Eines Tages hieß es für mich völlig unerwartet: „Käthe geht weg!" Ich weiß heute noch nicht, was sich damals hinter den Kulissen abgespielt hat. Sicherlich hatte jemand meine nächtlichen Ausflüge in den zweiten Stock beobachtet und dies meinen Eltern hinterbracht, die ja nicht wissen konnten, wie harmlos im Grunde alles war. Meine Eltern wagten nicht, mir die Wahrheit zu sagen, und schoben irgendeinen fadenscheinigen Grund für die Kündigung vor. Besonders mein Vater verhielt sich wie so oft bei Dingen, die ihn nicht unmittelbar betrafen, mir gegenüber vollkommen passiv.

Als sei es gestern gewesen, weiß ich noch, wie mir damals zumute war. Das Gefühl, das mich befiel, war genau so unbeschreiblich wie zuvor das erste Liebes-Glücksgefühl. Nur, es war diesem genau entgegengesetzt: ein Gemisch von Trauer, Niedergeschlagenheit und Verzweiflung. Am treffendsten ausgedrückt: ich war richtig krank. Ich stand diesem Ende so fassungslos, so unvorbereitet gegenüber, daß ich es einfach nicht verkraften konnte. Niemand wußte, wie wund ich war – aber als Käthe weg war, muß ich wohl so verändert gewesen sein, daß man sich ernstlich Sorge um mich machte. Doch gesprochen hat mit mir immer noch niemand und mir zu erklären versucht, daß so eine Jugendliebe nicht von Dauer sein kann. Ich hätte es wohl ohnedies nicht geglaubt. So machten die Eltern das sicherlich Falscheste – man holte Käthe zurück.

Aber dann war alles nicht mehr wie früher. Was vorher für uns beide unbekümmert und problemlos war, das trug jetzt von vornherein den Keim des Abschieds in sich, der sich dann nach wenigen Monaten ganz undramatisch vollzog und von mir beinahe widerstandslos akzeptiert wurde.

ALS JUNGER MANN

LETZTE SCHULJAHRE – ABITUR

Allmählich lockerte sich die häusliche Disziplin und der Versuch der Eltern, wenigstens eine gewisse Kontrolle über mein Treiben zu behalten, schlug wohl deshalb fehl, weil es für mich immer einen Vorwand für eine Fahrt in die Stadt gab, der nicht zu überprüfen war. Ich nutzte diese neu gewonnene Freiheit schamlos aus und bekam in der Schule besonders in Obersekunda und Unterprima große Schwierigkeiten. Ich muß gestehen, meine Pflichtauffassung wurde unglaublich lasch; das drückte sich zum Beispiel darin aus, daß ich es nicht mehr für nötig hielt, Nebenfächer wie Zeichnen, Musik und Religion regelmäßig zu besuchen. Meist schwänzte ich einfach, trieb mich dann entweder in der Stadt herum oder fuhr nach Hause und verschwand mit Flinte und Hund einfach ins Revier. Natürlich wurden meine Leistungen immer schlechter. Aus Rügen im Klassenbuch machte ich mir kaum etwas; da mußten die Lehrer schon zu Arreststrafen greifen. So kam es, daß ich beinahe hinausgeflogen wäre, als meine Schwänzerei und mein stets damit verbundenes skrupelloses Lügen entdeckt wurden. Mein Feind, Studienrat Tischbier, hatte durch mit Akribie betriebener Detektivarbeit mein Lügengebäude zum Einsturz gebracht. Ich kann mich genau an jenen Morgen erinnern, an dem ich total gebrochen in meiner Bank saß, meiner Relegation gewiß. Von einem Weinkrampf geschüttelt wurde mir auf einmal klar, daß ich zu weit gegangen war. Mein jämmerlicher Anblick hat meinen so anständigen Klassenlehrer Teinert wohl bewogen, in der anschließenden Lehrerkonferenz, die über mein Schicksal entscheiden sollte, eine Lanze für mich zu brechen. So kam ich mit einem blauen Auge davon, erhielt 4 Stunden Arrest, die höchstmögliche Strafe, die außer dem Consilium abeundi erteilt werden durfte.

Folgende Taten hatten mich in diese Situation gebracht: Ich hatte einen Freund in Neisse, Hans Eberle, mit dem ich mich nächtelang bis in die frühen Morgenstunden in der einzigen Bar der Stadt, bei Kinemund, herumtrieb. Mein Vater war dort auch bekannt, und der *Herr Baron* konnte beliebig Schulden machen. Am nächsten Morgen, natürlich todmüde, fuhren wir mit dem Auto, das die Brüder in die Stadt gebracht hatte, nach Friedenthal zurück. Dort legten wir uns erst einmal in das Ehebett meines Intimus, Chauffeur Müller, und schliefen aus! Danach gings auf Karnickeljagd. Aber dann brach bei einem solchen Streifzug das Unglück über mich herein. Eines Tages stand Diener Bonk vor besagtem Ehebett und sagte mit zynischem Lächeln: „Rudi, Du sollst zum Papi kommen". Man kann sich denken, daß mir das Herz in die Hosen rutschte. Ich hatte Papi noch nie böse gesehen. Aber dieses Mal brauchte er nicht viel zu sagen; ich merkte, daß er ob meiner Unverschämtheiten vor Zorn kaum Worte fand, und dieses Schweigen beschämte mich tief. In diesem Augenblick dachte ich frei nach Ludwig Thoma: „Wie ich jetzt brav sein werde!"

Aber bevor ich diesen Vorsatz wahrmachen konnte, kam das Fest anläßlich des 200jährigen Bestehens unserer Schule. Natürlich gehörte ich zu der Clique, die besonders wüst feierte. Nach dem Fackelzug versuchte meine Mutter, die nichts Gutes ahnte, mich aus unserem Stammlokal Café Irmler herauszuholen. Ich versteckte mich aber rechtzeitig hinter der Theke – und dann konnte es richtig losgehen.

Früh um vier Uhr wankte ich total betrunken Richtung Giesmannsdorf – immerhin waren 7 Kilometer zu Fuß zurückzulegen. Ich bildete mir in meinem Rausch ein, daß es *querbeet* näher sei und stolperte durch Rüben- und Kartoffelfelder. Ich fiel immer wieder hin, und mein hellgrauer Anzug war von oben bis unten verdreckt, als ich endlich im Schloß ankam. Doch Mimi hatte gewartet. Ihre Schimpfkanonade war völlig wirkungslos, da mir speiübel war und ich ständig mit Gleichgewichtsproblemen kämpfen mußte, um nicht hinzufallen! Die nächsten Tage war mir so hundeelend, daß ich mir schwor, nie wieder ein Glas Bier anzufassen.

Allmählich fing ich mich wieder, und auch die Schulleistungen wurden besser. In ein paar Fächern stand ich sogar *gut*. Das waren Mathematik, wo ich – man höre und staune – ab und zu sogar eine eins schrieb; dann Geschichte, da interessierte mich der Lehrstoff wirklich und auch in Deutsch, wo ich mir in der Klasse einen Namen als Rezitator gemacht hatte. Meine Aufsätze waren nicht schlecht, nur ging mir jedes Gefühl für Rechtschreibung und Zeichensetzung ab. Dieses Unvermögen habe ich wohl von meiner Mutter geerbt, die bis ins hohe Alter hinein zum Beispiel nie wußte, ob man „schwarz" mit oder ohne „t" vor dem „z" schrieb. – In Latein war ich ein hoffnungsloser Fall. Wenn ich an die Stunden in diesem Fach zurückdenke, fühle ich noch heute die Angst vor Konstruktionen, Formen und Vokabeln, die mich vor jeder Stunde befiel. In Englisch und Französisch zehrte ich bis zum Abitur von den von Selli und Missi in Kindertagen mit Engelsgeduld mir vermittelten Grundkenntnissen. Zeichnen hatte ich stets *gut*. Lustig an diesem sogenannten Kunstunterricht war, daß wir immer wieder das gotische Rathaus zeichnen mußten. Unser Zeichenlehrer hatte nämlich ein Techtelmechtel mit einer Drogistin, deren Geschäft diesem Bau gegenüber lag. Wenn also Zeichenlehrer Blaschke in der Hintertür der Drogerie verschwunden war, packte auch ich meine Sachen zusammen und strebte einer nahegelegenen Anwaltskanzlei zu, wo mein neuer Tennisflirt, die Sekretärin Edith, arbeitete.

Eines Tages eröffnete sich plötzlich für mich ein richtiger Aufgabenbereich; das war, als unser Revierförster Thomas starb. Man fand zunächst für ihn keinen passenden Ersatz. Ich war mit meiner Jagdpassion geradezu prädestiniert, dessen Aufgaben teilweise zu übernehmen, was ich dann auch mit Vehemenz tat. Trotz Schule stand ich jeden Tag bei Morgengrauen auf und fuhr mit dem Rad durchs Revier. Ich hatte viele Fallen gegen Raubzeug gestellt, und keine Katze, kein wildernder Hund war vor mir sicher. Ich baute Fütterungen und legte Pirschsteige an. Im Revier gab es immer etwas zu tun, besonders im Herbst, wenn es auf die großen Jagden zuging. Alles, was eigentlich die Aufgabe eines Revierjägers ist, machte mir eine Riesenfreude. Ich hatte in den Randgebieten des Reviers freie Flinte auf Kaninchen, die damals eine richtige Plage waren. Damit verbesserte sich meine finanzielle Lage grundlegend, denn einmal bekam ich für das erlegte Raubzeug Schußgeld: für Katze 1 Mark, Fuchs 5 Mark, Hund 3 Mark, Krähe 25 Pfennig usw. Zudem durfte ich die von mir erlegten Kaninchen behalten und verkaufen. Es waren manchmal so viele, daß ich mit dem *Vertrieb* den Arbeiter Badura beauftragte. Ein Kaninchen kostete damals 60 – 75 Pfennig.

Das Geld sparte ich eisern, und ich sehe noch die Schublade meines Schreibtisches vor mir, in der sich die 5-Mark-Stücke stapelten. Aber das Geld war für mich nicht das Wichtigste an der Sache, sondern das Gefühl, daß ich das erste Mal in meinem Leben allein für etwas verantwortlich war. Es sollte sich später herausstellen, daß ich immer dann am meisten geleistet habe, wenn ich ein Vorhaben selbständig planen und organisieren mußte. Ein großes Maß an Selbstvertrauen ist mir wohl angeboren, und das ist auch sicher die Voraussetzung für das Gelingen einer Aufgabe. Dieses Selbstvertrauen sollte mir später oft helfen, auch Dinge anzupacken und erfolgreich zu lösen, von denen ich eigentlich nicht die geringsten Fachkenntnisse besaß. Jedenfalls war ich in jener *Revierjägerzeit* so voll beschäftigt, daneben war ja auch noch die Schule zu bewältigen, daß alles manchmal meine physischen Kräfte überstieg. Fast täglich war ich vor der Schule schon 2 Stunden im Revier und dann so übermüdet, daß ich in der ersten Stunde in der letzten Bank sitzend fest einschlief und erst durch den schrillen Ton der Pausenklingel aufgeschreckt wurde.

In meinen Fallen fing ich öfter auch Iltisse, deren Felle damals einen guten Preis brachten. Jeden Mittwoch hatte ein Fellhändler auf dem Kirchplatz seinen Stand; so nahm ich einmal einen frisch gefangenen Iltis mit in die Schule, um ihn in der großen Pause zu verkaufen, was immerhin 7 bis 10 Mark einbrachte.

Bekanntlich stinkt kein anderes Pelztier so penetrant wie dieser goldschwarze kleine Räuber. Ich hatte zwar mein besonders großes Exemplar gut verpackt unter der Bank verstaut; trotzdem sickerte sein Odeur allmählich immer stärker in den Klassenraum. Zunächst wußte natürlich niemand, was das für ein Geruch war und woher er kam. Aber schließlich lokalisierte Studienrat Tischbier das Paket unter meiner Bank als die Quelle. Da mußte ich natürlich Farbe bekennen. Die meisten Jungen hatten ja so ein Tier überhaupt noch nie gesehen, und so war das Donnerwetter erträglich, weil der Fund unter meiner Bank bei allen großes Interesse und Gelächter auslöste. So wurde der Englischunterricht auf einmal zur Biologiestunde. Ich mußte genau erzählen, wie ich das Tier gefangen hatte, von seinen Lebensgewohnheiten und von den Schäden, die es anrichtete. Das interessierte alle Jungen natürlich weit mehr als David Copperfield!

In dieser Zeit habe ich mich mehr und mehr meinem Bruder Ernst-Herbert entfremdet, mit dem ich doch bis dahin fast alles gemeinsam unternommen hatte. Da ihm jede Jagdpassion abging und er auf einmal ein ehrgeiziger Langstreckenläufer wurde, der bis zum Umfallen trainierte, und sich in der verbleibenden Freizeit unter anderem viel mit seiner Briefmarkensammlung beschäftigte, trennten sich immer öfter unsere Wege. Im Gegensatz zu mir waren seine schulischen Leistungen hervorragend, und er lag im ständigen Kampf mit einem gewissen Seifert um die Primuswürde. Derartige Sorgen hatte ich weiß Gott nicht. Im Rückblick muß ich sagen, daß er trotz seiner außergewöhnlichen Begabung kein glücklicher Junge war. Daran war auch meine Mutter nicht schuldlos, die besonders den Jüngsten Gotthard und oft auch mich Ernst-Herbert vorzog, weil sie ihm in ihrem Hang zum Äußerlichen übel nahm, daß er sich sehr schlecht hielt und deshalb nicht ihrer Vorstellung von einem hübschen jungen Mann entsprach. Oft strebte er Dinge an, die er nicht erreichen konnte, da sie konträr zu seinem Wesen und seinen Begabungen standen. Ich entsinne mich auch, daß er sich immer wieder in das falsche Mädchen verliebte und dann todunglücklich war, wenn er sich einen Korb holte.

Gesellschaftlich tat sich in Schloß Friedenthal auch jetzt noch nicht viel. Meine Vettern waren alle jünger als ich; der Adel in der näheren und weiteren Umgebung war so stock-katholisch, daß wir wohl als Protestanten für die Töchter als Aspiranten sowieso nicht in Frage kamen. Ab und zu wurden wir zu den Schaffgotsch nach Koppitz eingeladen; aber ich fühlte mich auf den Bällen dort mangels Erfahrung stets *mal placé*. Da traten fast nur diese typischen nonchalanten Salonlöwen auf, die das bei solchen Anlässen übliche Bla-bla in Perfektion beherrschten. Natürlich machte mir der feudale Rahmen Spaß, die vielen Diener, das gute Essen, Herr Baron hinten und vorne; aber ich hätte diese Veranstaltungen nie vermißt.

Heute bin ich froh, daß ich die letzten Jahre, in denen ich Friedenthal ganz als mein Zuhause lieben lernte, so genutzt habe, wie ich es tat. Ich verwuchs wie keiner meiner Brüder mit diesem wundervollen Besitz. Ich kannte jeden Menschen, und alle spürten schon damals mein persönliches Engagement. Es blieb mir nichts verborgen, weil ich nicht über den Leuten stand, sondern mitten unter ihnen lebte, weil ich mit Inspektor, Assistent und Arbeiter über alles sprechen konnte und es auch tat. So kam ich hinter viele Mißstände, die mein Vater nie erfahren hätte. Schon damals träumte ich von der herrlichen Aufgabe, den Besitz Friedenthal einmal zu übernehmen und das Vertrauen dieser meist vortrefflichen und treuen Menschen zu gewinnen, denn das war meiner Ansicht nach die Voraussetzung für jedes erfolgreiche Wirtschaften. – 50 Jahre sind seitdem vergangen, aber heute noch würde ich in Friedenthal jedes Haus, jeden Baum, jeden Weg wiederfinden. Alles, was mit Giesmannsdorf zusammenhängt, hat sich bis zur geringsten Kleinigkeit für immer unverlierbar in mein Inneres eingegraben.

Von meinem Vater wurden wir finanziell immer recht kurz gehalten. Dank meiner *Karnickel-Ernten* war ich jedoch stets gut bei Kasse. Da kam ich als Unterprimaner auf die Idee, in den großen Ferien 1935 eine Radtour an die Ostsee zu machen. Ich war nun mal ein Einzelgänger und hatte damals schon wie in meinem ganzen späteren Leben nur wenige richtige Freunde. Also fuhr ich ganz allein gen Norden. Ich hatte keine festen Reisepläne und machte zuerst einmal in Günthersdorf bei meiner Großtante Rena Station. Dann ging's weiter Richtung Berlin, wo mich Myrre, eine Cousine, erwartete, mit der ich kurz vorher in Giesmannsdorf einen Flirt gehabt hatte. Sie war eine schwarze, herbe Schönheit, und was mich an ihr reizte, waren ihre Großstadterfahrung und Eleganz. Sie hatte ein Appartement in der Fasanenstraße, also piekfein! In Anbetracht, daß das Milieu der ‚Upperten' mein erstes Ziel war, hatte ich einen Koffer mit Smoking usw. vorausgeschickt und konnte so in Berlin standesgemäß aufkreuzen.

Die Fahrt in der Sommerhitze strengte mich wahnsinnig an. Da war ein Laster willkommen, der mich so langsam überholte, daß ich mich an ihn anhängen konnte. Das war zwar verboten und gefährlich, erleichterte aber das Vorwärtskommen enorm. Die Quittung für meinen Leichtsinn erhielt ich nach wenigen Kilometern mühelosen Dahinrollens: Meine auf dem Gepäckträger aufgeschnallte Jacke hatte sich gelockert und geriet urplötzlich in die Speichen. Da ich die linke Hand am Laster und nur die rechte für die Lenkstange frei hatte, führte die unvorhergesehene Totalbremsung zu einem Überschlag per Rad, wie man ihn wohl nicht einmal im Zirkus sehen kann. Ich fiel, wie man auf oberschlesisch zu sagen pflegt, im wahrsten Sinne des Wortes *ganz übel auf die Fresse!* An Stirn, Nase und Kinn hatte ich mir die Haut total abgeschürft, und meine Schönheit war restlos dahin.

So konnte ich natürlich nicht vor Myrre treten und wählte erst einmal als Tagesziel unsere Freunde Dierig in Hoppegarten. Die restlichen zirka 80 Kilometer nach meinem Unfall wurden mir wahrhaft zur Qual. Mein Gesicht brannte wie Feuer, in der Sonnenhitze wurden meine Beine schwer wie Blei, und ich machte fast schlapp. Gott sei Dank entdeckte ich unterwegs einen See, der mir in meinem Zustand lebensrettend erschien. Ich kühlte ausgiebig meine Wunden und schaffte es dann doch noch bis Hoppegarten. Drei Tage wurde ich dort von den Dierigs rührend gepflegt. Dann war ich leidlich wieder hergestellt, und die wenigen Kilometer bis in die *Reichshauptstadt* waren bald geschafft.

Meiner Cousine Myrre, die viele gute Verbindungen hatte, war es gelungen, mich im Union-Club unterzubringen. Dieser Club war damals das Feinste vom Feinen. Er wurde Ende des 19. Jahrhunderts von Turffreunden gegründet und später zu einem ausgesprochenen Nobelclub, in dem alles, was Rang und Namen hatte, Mitglied war. Die Falkenhausens als Mitbegründer der deutschen Vollblutzucht – das Gestüt meines Großvaters in Bielau stellte 3 Derbysieger – zählten zu den ältesten Mitgliedern. Der Club war auch dadurch berühmt bzw. berüchtigt, daß dort um horrend hohe Einsätze gejeut wurde. Mein Vater und Onkel Rudi waren aufgrund ihrer fast nie abreißenden Glückssträhne und ihres besonders im Bridge überdurchschnittlichen Kartenverstandes gefürchtete Kontrahenten. Ich weiß aus zuverlässiger Quelle, daß an den dortigen Spieltischen in einer Nacht ganze Güter verspielt worden sind.

Natürlich konnte ich vor einem Portal, durch das normalerweise Fürsten, Grafen, Barone oder Großindustrielle schritten, nachdem ein Chauffeur den Schlag ihrer Luxuslimousine aufgerissen hatte, nicht mit dem Fahrrad vorfahren. So war mein erster Weg zu Myrre, die mich trotz meiner Blessuren sehr freundschaftlich empfing. Mein Koffer war längst bei ihr eingetroffen, und ich warf mich erst einmal in Schale. Dann begab ich mich in die Schadowstraße, wo die Clubräume lagen. Der Portier, der natürlich Papi gut kannte, zog die Mütze und führte mich in mein Zimmer im Parterre.

Die Gesellschaftsräume waren im ersten Stock, wo ich mich möglichst lässig in einen Fauteuil fallen ließ und mir etwas zu trinken bestellte. Die anwesenden Gäste tuschelten untereinander, denn es war wohl noch nie vorgekommen, daß ein Grünschnabel wie ich, ohne sich vorzustellen, – das blieb jedoch mein einziger Fauxpas – allein in diese geheiligten Räume eingedrungen war. So trat dann einer der Herren mit den Worten auf mich zu: „Darf ich fragen, wer Sie sind?" Wahrscheinlich hatte er vor, diesen Frechling sofort rauszuschmeißen; als ich aber ganz ruhig sagte: „Ich bin der Sohn von Bobby Falkenhausen", war großes Hallo, aus dem ich entnahm, wie beliebt mein Vater unter diesen Herren war, die mich dann auch sofort an ihren Tisch einluden. Ich mußte von Friedenthal erzählen und, nach meiner lädierten Visage befragt, fand man es beachtlich, daß ein Junge aus ihren Kreisen allein eine solche Tour mit dem Rad unternahm. Man war anscheinend auch froh, daß die langweilige 5-o'clock-Stunde eine unterhaltsame Unterbrechung erfuhr.

Am Abend war ich mit Myrre zum Souper verabredet. Wir fuhren im Taxi ins Adlon. Was das Ritz in Paris, das Sacher in Wien oder das Carlton in London, das war damals das Adlon in Berlin. Mit einem Wort fein, gut und teuer. Dort war am Abend zum Diner Smoking so gut wie selbstverständlich, und ich glaube, daß Myrre und ich ein recht hübsches Paar waren. Das erste Mal in so einem *Laden* trat ich, obwohl in dieser Gesellschaft wohl der Jüngste, der eine Dame ausführte, als eine Art Felix Krull möglichst nonchalant auf. Natürlich imponierte mir das ganze Drum und Dran, was ich mir aber nicht anmerken ließ. Einer der vielen herumschwirrenden befrackten Kellner führte uns an einen Tisch, und dann fingen wir an zu tafeln.

Das einzige, was ich präzise von diesem Abend im Adlon im Gedächtnis behalten habe, ist die Rechnung in Höhe von exakt 102 Reichsmark – für mich ein Vermögen! Natürlich verzog ich keine Miene. Nach der Devise: Vornehm geht die Welt zugrunde, gab ich auch noch reichlich Trinkgeld. Dann tranken wir im Salon noch Mokka und Cognac, dazu leistete ich mir eine *Importe*. Anschließend stürzten wir uns ins Berliner Nachtleben, frequentierten einige Bars, bekamen wieder Hunger, und als der Herrgott den Schaden besah, hatte ich nach einem Tag Urlaub in Berlin fast zwei Drittel meines Urlaubsgelds auf den Kopf gehauen. Nach drei Tagen schwang ich mich wieder Richtung Ostsee auf mein Stahlroß. Dem Portier vom Union-Club hatte ich mit gnädigem Kopfnicken noch einen Schein in die Hand gedrückt, damit er meiner Versicherung „die Rechnung bezahlt mein Vater" Glauben schenkte.

Ich hatte für die nächsten Urlaubswochen noch ganze 50 Reichsmark in der Tasche und mußte nun einen strengen Notstandsfinanzierungsplan aufstellen. Das bedeutete, daß ich pro Tag nicht mehr als 3 Mark ausgeben durfte. Das erwies sich jedoch als undurchführbar, denn mein Ziel war Bansin, ein bekannt teures Modebad. Zwar fand ich im Hinterland ein billiges Quartier im Bretterverschlag eines Bauernhofs, zwar versuchte ich meine Speisekarte durch Beerensammeln aufzubessern. Doch auch die schärfste Kalkulation brachte nicht den gewünschten Erfolg. Denn das billigste Essen, jedes Eis, jeder Drink überstieg mein Budget. So schob ich bald richtig Kohldampf. Eines Tages traf ich auf der Promenade schlesische Bekannte, die mich zur Jause einluden, bei der ich zur Verwunderung meiner Gastgeber dann alles, was an Essen auf dem Tisch stand, verzehrte.

Meine Chancen bei der Damenwelt sanken auch auf den Nullpunkt. Es war den Mädchen zu langweilig, daß ich immer nur spazierengehen wollte und in den Restaurants höchstens ein Eis oder ein Glas Wein spendierte. Ich wagte nicht, Papi um Geld zu bitten, und da das endgültige Ende meiner Barschaft abzusehen war, schrieb ich schweren Herzens an unseren Güterdirektor einen Brandbrief, in dem ich etwas von Radreparaturen und mehr der unvorhergesehenen Ausgaben faselte. Herr Gerth fühlte sich wohl geschmeichelt, daß der Sohn seines Chefs ihn anpumpte. Jedenfalls trafen in kürzester Zeit 100 Mark postlagernd in Bansin ein. Die Finanzkrise war überwunden! Myrres Wunsch, sie auf der Rückreise wieder zu besuchen, konnte ich jedoch begreiflicherweise leider nicht erfüllen und machte einen weiten Bogen um Berlin.

Es verwundert sicher, daß ich in diesen für Deutschland politisch so entscheidenden Jahren so wenig über Ereignisse aus der Zeit nach der Machtübernahme berichte. Immerhin waren ja fast 3 Jahre seit Januar 1933 vergangen. Inzwischen war Deutschland aus dem Völkerbund ausgetreten, und dann begann Hitler mit der Aufrüstung. Gleichzeitig wurden Arbeitsdienst und Wehrpflicht eingeführt. 1934 ließ das Nazi-Regime erstmalig die Maske fallen und zeigte seine ganze Brutalität. Was später Röhmputsch genannt wurde, war für Hitler nur ein Vorwand, sich aller Gegner im eigenen Lager zu entledigen. Hunderte von SA-Führern und auch viele hochgestellte Offiziere wurden bei Nacht und Nebel liquidiert oder zum Selbstmord gezwungen.

Ich weiß noch, wie entsetzt besonders meine Mutter war, als sie von den ersten Judenverfolgungen erfuhr. Aber zu meiner Schande muß ich gestehen, daß diese Ereignisse noch nicht an mein Inneres rührten. Lag es daran, daß wir in einer so heilen Welt aufgewachsen waren und lebten und deshalb die Praktiken der Nazis, von denen wir nur ganz beiläufig erfuhren, unser Vorstellungsvermögen einfach überstiegen? Lag es an dem Mangel an Kontakt zu Menschen, die mehr Weitblick hatten oder die bereits aus eigener Anschauung wußten, was uns noch bevor stand? Natürlich wurde auch ich wie so viele von den vordergründigen Erfolgen geblendet, die das Regime ohne Zweifel aufzuweisen hatte: Die Arbeitslosen verschwanden, die Wirtschaft blühte auf, glänzende Paraden machten uns glauben: Deutschland gilt wieder etwas in der Welt. Das kam wohl alles zusammen, und ein junger Mensch ist so leicht für etwas zu begeistern, kennt kaum Mißtrauen, hat keine Erfahrung, wie schmutzig vieles ist, was nach außen glänzt.

Wahrscheinlich wäre mein Weltbild nicht so heil geblieben, hätte ich nur ein einziges Mal gesehen, wie die SA-Lümmel, wie Großpapa sie nannte, jüdische Geschäfte demolierten, wie ganz normale deutsche Bürger, nur weil sie Juden waren, in Lager verfrachtet wurden. Immer wieder habe ich in meinem Leben erfahren, daß nur das unmittelbar Erlebte uns die Augen über wahre Sachverhalte öffnet. So war Krieg für mich ein völlig abstrakter Begriff, eine Art Indianerspiel mit scharfer Munition. Erst als mir die ersten Kugeln um die Ohren pfiffen, als ich die ersten Toten sah, *wußte* ich, was Krieg war. So ist es zu erklären, daß ich auch die letzten Monate meiner Schulzeit fast ganz unbeschwert erlebt habe.

Das Abitur stand für mich nicht unter dem Zeichen von besonderem Streß. Damals gab es ja noch keinen Numerus clausus. Die Hauptsache war, daß man es machte. Von mir jedoch nicht vorauszusehen war die Tatsache, daß sich ausgerechnet wenige Wochen vor dem Abi eine richtige Frau, viel älter als ich, in mich verliebte. Ich war erklärlicherweise um so mehr betroffen, da diese – ich will sie V. nennen – wie ich aus Gesprächen wußte, von fast allen Männern wegen ihres Charmes umschwärmt wurde.

Die Sache fing ganz harmlos an. Anläßlich eines Tischtennis-Matches zwischen uns Brüdern setzte sie als Preis einen Kuß aus. Ich gewann, der Kuß war fällig, und wohl mehr im Unterbewußtsein als mit Absicht küßte ich sie à la Käthe mitten auf den Mund, ein wenig mit der Zunge andeutend, daß ich auf diesem Gebiet kein Neuling mehr war. Ich ahnte natürlich nicht, was ich mit diesem Kuß angerichtet hatte. Jedenfalls verliebte V. sich Hals über Kopf in mich. Von da an tanzten wir jeden Abend in der Halle eng aneinandergeschmiegt vorzugsweise Tango und Slowfox zu den damals bevorzugten *Schmachtfetzen*. Ich merkte zwar, was die Stunde geschlagen hatte, aber war einfach zu jung (ich gerade 20, sie 36), um die Liebe einer solchen Frau erwidern zu können. Ich hatte bisher nur bewundernd zu ihr aufgeschaut. So war ich zunächst total verwirrt. Und in diesem Zustand sollte ich am 5.3.1936, an dem Tag, an dem ich 20 wurde, Abitur machen!

Als ich am Morgen dieses Tages aufstand, fand ich einen 20 Seiten langen Brief von V. vor meiner Tür. Ihr war mit einem Mal klar geworden, was sie angerichtet hatte, und so war sie voller Angst, ich könnte durchs Abi rasseln. Nun, trotz *Verwirrung der Gefühle* – das Buch mit diesem Titel und entsprechendem Inhalt hatte sie mir sinnigerweise als Lektüre gegeben – habe ich alle Fächer glatt geschafft! Zwar machte mir in Französisch, meinem Wahlfach, die Rede Napoleons an seine Soldaten nach der Schlacht bei Abukir einige Schwierigkeiten; auch wußte ich in Physik zunächst über das Prüfungsthema „die Fixpunkte des Wassers" nicht einmal, was Fixpunkte sind, bis sich ein aufsichtsführender Referendar meiner erbarmte und mir auf die Sprünge half. In Biologie, unter den Nazis mit ihrem Erbgutfimmel Pflichtfach, mußte der alte Mendel mit seinen gelbkantigen und grünrunden Erbsen herhalten. Alles lief also wie am Schnürchen, und schon mittags um 2 Uhr erfuhr ich aus dem Munde meines Klassenlehrers Teinert, Teini genannt, daß ich alles mit *gut* geschafft hatte. Damals ging eine Abi-Prüfung noch in schwarzem Anzug vor sich, und eine Befreiung von den mündlichen Prüfungen gab es nicht, außer man stand *sehr gut,* was in unserer Klasse niemand auch nur annähernd erreichte. Nach der Verkündung der Ergebnisse durch den Oberschulrat waren wir entlassen.

Ein eigenartiges, unwirkliches Gefühl beschlich mich bei dem Gedanken: „Du brauchst nie mehr in diese Schule zu gehen". Ich konnte nicht ahnen, daß mit diesem Tag der sorgloseste Abschnitt meines Lebens zu Ende war. In Friedenthal wartete V. auf mich und war über das bestandene Abi ebenso glücklich wie ich. Sie blieb noch einen vollen Monat bis zu dem Tag, an dem ich zum Arbeitsdienst einrücken mußte. Jetzt, da ich von der Schule frei war, beherrschte auch mich ganz das Zusammensein mit dieser außergewöhnlichen Frau, die so viel mehr vom Leben wußte als ich, die in ihrer Liebe wie ein junges Mädchen war und es mir allmählich möglich machte, diese unterschwellige Angst zu verlieren und ihre Liebe zu erwidern. Doch ganz ihr Geliebter zu werden, das schaffte ich einfach nicht; es blieb eine letzte Scheu, wohl getragen von meiner Unerfahrenheit, und das war gut so; anderenfalls hätten wir uns wohl so aneinander verloren, daß einer von uns an diesem nun in meiner Erinnerung so einmalig schönen Erleben Schaden genommen hätte. Am 12. April 1936 mußten wir uns trennen; ich fuhr zur RAD-Abteilung 181 nach Raddusch im Spreewald, V. in ihr Haus bei Berlin.

Während ich durch die neuen Eindrücke und die nicht unerheblichen Anstrengungen der ersten Arbeitsdienstwochen voll beansprucht war, konnte V. sich von dem Erlebten zunächst nicht lösen. Täglich bekam ich einen Brief mit einer Fülle von Gedanken, die sich immer noch fast ausschließlich mit uns beiden beschäftigten. Aber ich konnte ihr auf diesem Weg abstrakter Betrachtungen nicht folgen. Ich spürte bald, daß unsere Trennung für mich das Ende dieser Liebe war. V. hat sich dann in einer Art Verzweiflungssprung – sie fuhr nach Südamerika – befreit. Ihr letzter Brief begann mit den Worten: „Ich fliehe, ich fliehe vor Dir!" Welch melodramatisches Ende.

V. wurde dann später viele Jahrzehnte meine beste Freundin. So habe ich sie als einzigen Menschen um Rat gefragt, als ich mich mit dem Gedanken trug, zu heiraten. Wenn wir uns ansahen, dachten wir beide wohl stets an unseren Frühling 1936 in Friedenthal.

DIE FAMILIE

Wenn ich an meine Familie, an Eltern und Geschwister in jenen Jahren zurückdenke, so werden mir erst jetzt in diesem großen zeitlichen Abstand die charakterlichen Unterschiede zwischen jedem von uns bewußt. Den Zeitpunkt, als ich das erste Mal den mir so vertrauten Kreis verließ, halte ich für den richtigen, um über die Eigenschaften jedes einzelnen und über seinen Platz in der Familie zu berichten.

Den Charakter meines Vaters habe ich ja bereits ausführlich geschildert. Auch habe ich angedeutet, wie viele Probleme es in seinem nach außen hin so heil erscheinenden Leben damals gab. Neu war, daß ich auf einmal spürte, daß sein Verhältnis zu meiner Mutter zu einem ernsten Problem wurde. Als junger Mensch machte ich mir über die Beziehung meiner Eltern zueinander kaum Gedanken. Zwischen ihnen kam es auch fast nie vor uns Kindern zu Auseinandersetzungen. Nun gab es Anzeichen dafür, daß Papi und Mimi sich immer mehr auseinanderlebten. So verreiste meine Mutter auffällig oft zu ihren Künstler-Freunden, die für meinen Vater Fremdkörper waren. Mit ihren Bemerkungen über die Jagdfreunde und ihre Kritik an dem Leben, das man auf den Schlössern führte, vertiefte sich die gegenseitige Entfremdung. Die Veranlagung der beiden war ja so grundverschieden, daß diese Entwicklung wohl vorprogrammiert war. Mein Vater war und blieb der Herr auf Friedenthal, ein guter, gerechter, kluger Mensch ohne Affekthandlungen, aber auch ohne den starken Willen und das Durchsetzungsvermögen, das in seiner Stellung notwendig gewesen wäre. So geschah es immer wieder, daß er von seinen Beamten betrogen und sogar bestohlen wurde. Ich hörte oft als erster von irgendwelchen Unregelmäßigkeiten, und es tat mir weh, daß Papis Anständigkeit von seinen Leuten nur als Schlappheit ausgelegt wurde. Nach der Vertreibung sagte er mir einmal nicht ganz zu Unrecht: „Wäre ich all' diesen Dingen nachgegangen, hätte ich nie verreisen können, hätte nur noch mehr Ärger gehabt – und geblieben wäre mir auch nichts!" Eine späte Rechtfertigung.

Aber diese Laisser-faire-Einstellung meines Vaters war natürlich auch ein Grund, der meine aktive Mutter allmählich immer mehr aus dem Kreis der Familie herausführte in eine Welt, die ihrer inneren Veranlagung mehr entsprach, und in der sie glaubte, wie man heute sagen würde, sich verwirklichen zu können. Viel später erfuhr ich, daß die eigentliche Wende damit begann, daß dieser Hauslehrer Herrmann entscheidend in ihr Leben eingegriffen hatte. Er war Kommunist, ein Zyniker ersten Ranges, intelligent und von starker Suggestionskraft. Ich fürchtete und haßte ihn; aber ich ahnte natürlich nicht, daß er mit seinen Ansichten bei meiner Mutter immer mehr Einfluß gewann. Es muß wohl so gewesen sein, daß er zunächst das Feudalsystem als eine unmenschliche Einrichtung zu demaskieren suchte und an unserer Lebensart kein gutes Haar ließ. Diese *Demontage* gipfelte darin, daß er meiner Mutter klarzumachen versuchte, daß sie eine Drohne der Gesellschaft sei, ihr herrschaftliches Leben völlig unbegründet und asozial, und ein Regierungssystem, das so etwas dulde, verschwinden müsse.

Sicher war Mimi ein Geschöpf ihrer Zeit und ihrer Umgebung, aber sie war weder asozial noch ohne Herz für die Menschen, die von ihr abhängig waren. Jahrzehnte später erkannte ich, daß sie schon deshalb eine große Frau war, weil sie sich wandelte, ohne sich selbst zu verleugnen, das heißt, daß sie sich im Innersten von diesem Herrschaftsleben befreite, das sie mit einem Mal als oberflächlich und weitgehend nutzlos erkannt hatte. Daß sie damit den unbequemen Weg wählte, wo fast alle ihres Standes den leichten gingen, dazu gehörte viel Mut und innere Kraft. Herrmann, der als eine Art Dämon all dies bewirkte, hat sie wohl gleichermaßen geliebt und gehaßt. Aber sie hat es geschafft, sich wieder von ihm zu befreien und allein den von ihr als richtig erkannten Weg weiterzugehen. Doch dazu war nötig, daß sie sich aus unserem Familienkreis löste, daß sie wegging in eine für sie neue Welt, in der es nicht um Besitz und Einfluß ging. So traf sie sich mit Malern, Schauspielern und Musikern, oft den ärmsten unter ihnen, und verfolgte ihr Ziel, Menschen zu helfen, mit der ihr eigenen Energie ohne Rücksicht auf Proteste von der Seite meines Vaters. Dabei half ihr ein angeborenes Gefühl für begabte, meist junge Menschen aus allen Schichten. Sie verkaufte sogar Schmuck, um deren Studium zu finanzieren. Sie selbst, damals schon über 40, wurde Schülerin in einer Malklasse bei Professor Itten.

Wenn sie in Giesmannsdorf war, widmete sie ihre ganze Kraft armen Menschen, Obdachlose wurden untergebracht und einge-

Die Familie

kleidet. Sie kümmerte sich um die Kranken und stritt ständig mit den Gutsbeamten um bessere Lebensbedingungen für die Arbeiter. In dieser Zeit erlosch ihre Beziehung zum schlesischen Adel, der ihr als Österreicherin nie viel bedeutet hatte, fast ganz. Aber auch in diesen Kreisen erkannte sie die besonderen Menschen, wie zum Beispiel den Prinzen Hohenlohe oder den Grafen Luigi Arco, dessen über das normale Maß hinausgehende künstlerische Ambitionen sie bewunderte. Mit beiden blieb sie bis zu deren Tod freundschaftlich fest verbunden. In ihrer ausgeprägten Weiblichkeit war ihr Engagement für diejenigen Männer, zu denen sie eine Zuneigung gefaßt hatte, stets so bedingungslos, wie man das wohl nur bei Frauen wie der Reventlow findet. Trotz der Wandlung ihres äußeren Lebensstils blieb sie bis zu ihrem Lebensende in Haltung und Auftreten die österreichische Gräfin, aber ganz beherrscht von der Erkenntnis, daß Menschsein unabhängig ist von Stand und Vermögen.

Als ich nach und nach von diesen dramatischen Veränderungen in unserem Hause erfuhr, war ich dankbar, daß mich meine Eltern mit diesem Bereich ihres Lebens nie belastet haben und es fertigbrachten, uns jungen Menschen die Entwicklung, die uns natürlich nicht verborgen blieb, als etwas Natürliches erscheinen zu lassen. Später habe ich das Verhalten meiner Mutter verstanden und viel von ihr gelernt.

Mein Verhältnis zu meinem älteren Bruder Ernst-Herbert und unsere so unterschiedlichen Charaktere und Neigungen habe ich schon beschrieben. Wir waren bis zum Schulende äußerlich zusammen, gingen aber ganz verschiedene Wege.

Mein zweiter Bruder Gotthard, Putzi genannt, war 4 Jahre jünger als ich. Er wurde von Erziehern und Mimi als der Jüngste sehr verwöhnt. Deshalb übernahmen wir älteren Brüder oft seine *Erziehung*. Nie durfte er auf der Fahrt zur Schule den begehrten Platz vorn neben dem Chauffeur einnehmen, so daß Mimi schon früh um halb acht Uhr bei der Abfahrt auftauchte, um ihm sein Recht zu sichern! Ich sehe sie noch im Nachthemd, mit einem Schal zum Turban um den Kopf gewickelt, erscheinen und höre sie, wie sie mit schriller Stimme für ihren Liebling Spätzel stritt. – Ein Altersunterschied von 4 Jahren ist in der Jugend viel, und so gab es zwischen Putzi und mir auch im täglichen Lebensablauf kaum Berührungspunkte. Ich erinnere mich nur noch, daß er sehr musikalisch war und staunte, wenn er auf jedem Instrument, das er in die Hand nahm, auf Anhieb zu improvisieren verstand. So hat er es im Geigenspiel zu beachtlicher Fertigkeit gebracht.

In der Schule übertraf er mich noch an Undiszipliniertheit und Faulheit. Zwar bemühte Mimi sich immer wieder, die Lehrer durch persönliche Einflußnahme gnädig zu stimmen. Aber auf die Dauer halfen auch ihre Bestechungsversuche mit Hasen nichts, und es wurde meinen Eltern nahegelegt, Gotthard von der Schule zu nehmen. An einen Tenor seines zahlreichen Strafregisters erinnere ich mich noch genau: „Spuckt ohne Rücksicht auf den Verkehr vom zweiten Stock ins Erdgeschoß!" Die nächsten Stationen seines schulischen Werdegangs waren Marienau und die Odenwaldschule. Über seine dortigen Taten erfuhr ich nur vom Hörensagen. Aber das Abi hat Gotthard dann doch gemacht, getreu dem Postulat meines Vaters: „Und wenn ihr einen Vollbart kriegt, das Abitur wird gemacht!" Inzwischen war ich ja schon ein junger Mann, und die Entwicklung des kleinen Bruders interessierte mich da kaum noch.

Von den noch lebenden Geschwistern meines Vaters spielte eigentlich nur sein Bruder Rudi mit seiner entzückenden italienischen Frau Olga in meinem Leben eine Rolle. Dieser Onkel war sehr männlich und in seiner stillen Art eine Persönlichkeit. Ich weiß, daß Mimi sich bald nach ihrer Hochzeit bis über beide Ohren in ihn verliebte. Er war mein Lieblingsonkel, den ich stets auf den Jagden begleitete und als Rennreiter und brillianten Schützen bewunderte. Auch sein unwahrscheinliches Glück im Kartenspiel imponierte mir. Sein Besitz Bielau, der Stammsitz der Falkenhausens, war viel romantischer als Giesmannsdorf. Das Schloß war so, wie es sich ein Junge aus Märchenerzählungen vorstellt, mit einem Turm und von Teichen umgeben. Ganz in der Nähe floß die Biele, auf der hunderte von Wildenten lebten, und das Revier war von einem unvorstellbaren Wildreichtum. Onkel Rudi war mein Vorbild. So wie er wollte ich einmal werden. Was ich von seinem Leben wußte, faszinierte mich. Im Weltkrieg war er als aktiver Offizier und Regimentsadjutant bei den Ziethenhusaren gewesen. Wenn er von seinen Front-Erlebnissen in Frankreich erzählte, konnte ich stundenlang zuhören. Als Kavallerist ritt er später Rennen und hatte aus jener Zeit viele Schränke voll mit silbernen Ehrenpreisen, die ich bewunderte, Mimi aber despektierlich *die Töppe* nannte. Als Primaner verliebte ich mich spontan in Tante Olga, seine Frau, die ja nur ein paar Jahre älter war als ich, und die mich mit ihrem italienischen Charme bezauberte. Ich entsinne mich noch an eine gemeinsame Fahrt ins Riesengebirge. Onkel Rudi steuerte, und ich saß mit Tante Olga im Fond und hielt ihre Hand, die ich zärtlich streichelte und drückte. Sie ließ es geschehen, verzog aber keine Miene, hat auch mir gegenüber nie die Andeutung von Zu- oder Abneigung gemacht, was mich erklärlicherweise zutiefst verwirrte! Auch bei späteren Annäherungsversuchen ist es mir nie gelungen, ihre Gefühle zu ergründen. Die Tage in Bielau gehören jedenfalls zu meinen schönsten Jugenderinnerungen. Erst viel später merkte ich, daß Onkel Rudi im Grunde ein unglücklicher Mensch war, der im Jahr 1940 auf tragische Weise enden sollte, und dessen Tod den ersten großen Schatten auf mein Leben warf.

Papi hatte außer Onkel Rudi noch 5 Geschwister. Seinen zweiten Bruder Günther (Gockel genannt) und seine Schwester Nesta habe ich nicht gekannt. Beide starben während der Grippeepidemie 1918.

Auch seine älteste Schwester Ilse, von uns Tante Illa genannt, starb, als ich fast noch ein Kind war und noch nichts von der Endgültigkeit des Todes wußte. So konnte es geschehen, daß ich unserer Erzieherin lachend zum Fenster hinaufrief: „Tante Illa ist gestorben!" und sie ganz entsetzt mich zurechtwies: „Da lacht man doch nicht".

So blieben von den Schwestern meines Vaters nur noch Irmgard, wegen ihrer großen Augen Tante Eule genannt, und Papis Lieblingsschwester Tante Karin übrig. Zu den Vettern und Cousinen hatten wir Großen nur wenig Kontakt, weil sie im Alter eher zu meinem jüngeren Bruder Putzi paßten.

ARBEITSDIENST

1935, zwei Jahre nach ihrer Regierungsübernahme, hatten die Nazis für junge Männer und Mädchen die halbjährige Arbeitsdienstpflicht eingeführt. Überall in Deutschland entstanden die Barakkenlager des Reichsarbeitsdienstes (RAD) meist an Orten, wo größere Arbeitsvorhaben durchgeführt werden sollten. In ihrer Gliederung und Organisation glichen die Arbeitsdienstabteilungen militärischen Formationen. Wenn man glaubt, daß dieser RAD nur die Aufgabe hatte, jeden jungen Menschen einmal in seinem Leben zur Handarbeit zu zwingen, so ist dies ein fundamentaler Irrtum, denn ebenso wichtig wie die Arbeit war in diesem *Verein* die vormilitärische Ausbildung. Der Arbeitsmann hatte zwar keine Waffe, dafür aber einen sogenannten Exerzierspaten.

Mich verschlug es nach dem Abitur am 1. April 1936 zur RAD-Abteilung 1-81 nach Raddusch im Spreewald. Das Lager, bestehend aus 5 Baracken (1 Verwaltungsbaracke, 3 Mannschaftsunterkünfte und 1 Latrinenbaracke) lag am Rande des Spreewaldes in einer eintönigen Sandgegend. Der nächste Ort war einige Kilometer vom Lager entfernt. Ich kann nicht sagen, daß ich an die Zeit in Raddusch mit besonders negativem Nachgeschmack zurückdenke. Die Tage dort waren vom Dienst voll ausgefüllt und das halbe Jahr, das mir bevorstand, eine durchaus übersehbare Zeitspanne. Die meisten Zug- und Truppführer stammten aus sehr einfachen Verhältnissen und suchten wohl die Chance, ohne große Vorbildung im RAD Karriere zu machen. Die einzige Voraussetzung war: Die Aspiranten mußten sich auf einige Jahre verpflichten. Glücklicherweise hatte ich als Truppführer keinen jener miesen Typen, die sich aufgrund ihrer Minderwertigkeitskomplexe speziell auf die Abiturienten *einschossen*, sondern den Vormann Najork, einen gutmütigen Hünen aus Norddeutschland, der uns recht kameradschaftlich in die Geheimnisse des RAD-Lebens einweihte. Die Stube war mit 8 Stockbetten und ebenso vielen Spinden und Hockern sowie einem langen Tisch möbliert. An jedem Bett hing ein Exerzierspaten, der das sichtbare Zeichen unserer paramilitärischen Ausbildung war, dessen Blatt täglich mit feinstem Schmirgelpapier spiegelblank geputzt werden mußte und der beim Exerzieren eine Art Gewehrersatz darstellte. Die Namensschilder an den Betten hatte ich um Jagdmotive aus meiner Jagdzeitung bereichert, was unserer Stube sogar einen Preis bei einem Verschönerungswettbewerb einbrachte.

Das Lager inmitten der Heidelandschaft bildete in seiner Primitivität ein recht trostloses Ganzes, und wir waren froh, es hinter uns zu lassen, wenn wir morgens mit Fahrrädern zur Arbeit abrückten. Im Spreewald waren mehrere RAD-Abteilungen eingesetzt, die durch große Entwässerungsvorhaben den viel zu hohen Grundwasserspiegel senken sollten, um ausgedehnte, jetzt versumpfte Flächen für die Landwirtschaft nutzbar zu machen. Dieses Gebiet wurde von einem Netz 2 m breiter Kahnfahrten durchzogen, die als Verbindungswege zwischen den zahlreichen Einzelgehöften dienten. Die dabei von den Bauern benutzten Boote wurden nicht gerudert, sondern in der Art der Gondoliere mit langen Stangen vorwärts gestakt. An Sonntagen versuchten auch wir, uns in solcher Weise auf den Wasserläufen fortzubewegen, jedoch mit wenig Erfolg, und ich gehörte mit zu jenen Unglücksraben, die bei einem Stakversuch kopfüber ins Wasser fielen!

Diese Kahnfahrten mit einem Netz von neu zu schaffenden Stichgräben zu verbinden, war der Zweck unseres Arbeitseinsatzes. Das dem Boden über diese Stichgräben entzogene Wasser lief zunächst in die Kahnfahrten, dann in einen großen Vorfluter genannten Graben und von dort in den nächstliegenden Bach oder Fluß. Damit genügend Gefälle entstand, mußten die alten Wasserläufe noch entschlammt werden. Während die Arbeit an den Stichgräben ganz erträglich und vor allem sauber war, änderte sich das bei der Entschlammungsaktion grundlegend.

Zunächst wurde das Bachbett mit Dämmen in kleine Abschnitte unterteilt. Die so entstandenen Kammern wurden von 4 Arbeitsmännern mittels einer Handpumpe im Morgengrauen beginnend vor Eintreffen der Abteilung leergepumpt. Zu diesem begehrten Pumpkommando gehörte auch ich. Wir mußten zwar jeden Morgen um 3 Uhr aufstehen, waren aber ohne Aufsicht und konnten uns so die Arbeit einteilen, wie wir wollten. Wenn die Abteilung am Arbeitsplatz eintraf, war für uns Feierabend. Wir fuhren ins Lager zurück, genossen ein paar Stunden ungestörten Schlafs und hatten bis zur Rückkehr der Arbeitskommandos dienstfrei. Diese Spezialarbeit hatte den Vorteil, daß wir den guten Fischbestand in den

Kahnfahrten zur Bereicherung unseres Speisezettels nutzen konnten; zudem machten wir uns auch noch bei den Vorgesetzten beliebt, wenn wir sie an unserem Petri-Heil partizipieren ließen.

Der Spreewald war in einigen Teilen noch weitgehend unkultiviert und deshalb landschaftlich außerordentlich reizvoll, eine Art unbeabsichtigter Naturschutzpark, in dem neben zahlreichen mir unbekannten Wasserpflanzen Tausende von Seerosen und Iris blühten. Wild sah ich wenig. Nur Birkhühner saßen im Spätsommer in großen Mengen wie die Rebhühner in Schlesien auf den Stoppelfeldern. Zu meinnem Erstaunen schossen die dortigen Bauern dieses Wild mit Schrot im Fluge, wogegen ich gelernt hatte, daß man den Birkhahn nur bei der Balz am Morgenansitz erlegen darf.

Jeder Tag im RAD verlief nach einem am Vortag beim Abendappell bekannt gegebenen Dienstplan, der etwa so aussah:

        5.30 Uhr   Wecken
        6.00 Uhr   Flaggenparade
        7.00 Uhr   Abfahrt zur Arbeit
 8.00 - 13.00 Uhr   Arbeitsdienst
14.00 - 15.00 Uhr   Mittagspause
15.00 - 16.00 Uhr   Exerzieren oder Sport
17.00 - 18.00 Uhr   Putz- und Flickstunde
      18.15 Uhr   Abendappell

Dieser Dienstplan füllte den ganzen Tag lückenlos aus. Am anstrengendsten war nicht die Arbeit, sondern der mir absolut sinnlos erscheinende Exerzierdienst. Er bot den Truppführern ausreichend Gelegenheit zu Schikanen. Besonders unbeliebt war das Kommando: „Spaten vorhalte – Kniee beugt – Hüpfen!" In dem lockeren, knöcheltiefen Sand war das kein Vergnügen. Sollte es eine gute Vorübung für den bevorstehende Militärdienst sein?

Schon in der Schule war Fußball meine beliebteste Sportart, die auch beim RAD hoch im Kurs stand. Die Abteilungsmannschaft genoß besondere Vorrechte, und ich bemühte mich, auch zu den Auserwählten zu gehören, für die es Sondertraining statt Exerzieren und Bettruhe gab! Es waren nur wenige, die es schafften, in die Mannschaft aufgenommen zu werden, aber ich war dabei! Zwar nur als Ersatztorwart, aber, und das war die Hauptsache, ich genoß die gleichen Privilegien wie die erste Garnitur.

Das Kartoffelschälen geschah in der Dienstzeit und war deshalb auch ein beliebter Druckposten. Jeden Tag wurden nämlich etwa 120 Portionen gebraucht. An die Qualität des Essens kann ich mich nicht erinnern, nur daran, daß der T.v.D. (Truppführer vom Dienst) vor jeder Mahlzeit einen kernigen Spruch aufsagen mußte. Meist fiel ihm nichts anderes ein als: „Du bist nichts, Dein Volk ist alles! Mahlzeit Kameraden!"

An außergewöhnlichen, persönlichen Erlebnissen ist das halbe Jahr im RAD arm. Unvergessen ist jedoch mein Besuch der Olympiade 1936 in Berlin. Wer Karten vorweisen konnte, bekam Urlaub, und ich hatte welche. Mein Bruder Ernst-Herbert hatte auf dem Schwarzmarkt für die Leichtathletikwoche im Olympiastadion diese Kostbarkeit für uns beide ergattert. Allein die Atmosphäre im Berlin dieser Tage war beeindruckend. Die ganze Stadt war ein Fahnenmeer, aber dieses Mal nicht, wie an Nazi-Feiertagen üblich, nur das stereotype schwarz-weiß-rot und die Hakenkreuz-Beflaggung, sondern die Fahnen aller Nationen wehten von den Häusern oder an Masten entlang der Hauptstraßen. Auf den Bürgersteigen drängten sich Menschenmassen aller Hautfarben, und in den Hotels herrschte ein babylonisches Sprachengewirr.

Aber den nachhaltigsten Eindruck machte auf mich das hunderttausend Menschen fassende Olympiastadion mit seinen gigantischen Ausmaßen. Es war stets bis auf den letzten Platz gefüllt, und ich hatte das Gefühl: Hier findet wahrhaft ein Fest der Völker statt. Ganz Deutschland und besonders wir Jungen befanden uns in einer Art Olympiataumel. Natürlich galt unser Hauptinteresse den deutschen Olympioniken. Bei ihrem Auftritt zitterten wir mit ihnen, und bei Laufwettbewerben versuchten wir, sie zum Erfolg anzufeuern.

Einige besonders aufregende Wettkämpfe und überragende sportliche Leistungen, die ich als unmittelbar beteiligter Zuschauer erlebt habe, sind für mich unvergessen. So spürte ich, daß ich Zeuge eines sporthistorischen Augenblicks war, als die amerikanische Staffel mit Owens, Mettkalf, Tolan und Wikow als erste Menschen die 4 x 100 Meter unter 40 Sekunden liefen und mit 39,8 Sekunden einen für unerreichbar gehaltenen Weltrekord aufstellten. Die Begeisterung der Massen war unbeschreiblich und galt besonders dem schwarzen Wunderläufer Jesse Owens (4 Goldmedaillen), der wie eine Gazelle, kaum den Boden berührend, über die Bahn schwebte.

Der Gewinn der Bronzemedaille durch den Deutschen Dompert wurde gleichfalls zu einem einzigartigen Erlebnis. Eigentlich war dieser Dompert beim 3.000 m Hindernislauf chancenlos, und ich wurde das erste Mal Zeuge, wie ein Sportler durch die Massen angetrieben über sein eigentliches Leistungsvermögen hinauswuchs. Ich habe es noch im Ohr, wie die Zuschauer im Takt schrien „Dompert! Dom-pert! Dom-pert!", und je schneller der Takt dieser Anfeuerungsrufe wurde, um so schneller wurde der Läufer. Er wurde förmlich ins Ziel geschrien. Als er es passiert hatte, brach er ohnmächtig zusammen.

Am Schlußtag sah ich noch das Jagdspringen, die letzte Prüfung des Military-Wettbewerbs. Dabei geschah folgendes: Der Oberleutnant Freiherr von Wangenheim hatte sich beim Geländeritt den Arm gebrochen, mußte aber unbedingt am Schlußspringen teilnehmen. Andernfalls wäre die ganze Mannschaft, die aussichtsreich in der Konkurrenz lag, ausgeschieden. Es war dramatisch, mit anzusehen, wie dieser Offizier auf's Pferd gehoben wurde und trotz sichtbar großer Schmerzen mit nur einer Hand das Pferd dirigierte und fehlerlos den Parcours bewältigte. So sicherte er der deutschen Equipe die Goldmedaille.

Die Tage im Olympia-Berlin waren für mich eine wunderbare Abwechslung im so eintönigen RAD-Alltag, denn dort war sogar an den Wochenenden kaum etwas zu unternehmen. Zwar gingen viele Kameraden in die Dorfkneipe, wo auch ab und zu eine Tanzerei war. Natürlich waren die wenigen passablen Mädchen im wahrsten Sinne des Wortes überbelegt. Die diesbezüglichen Erzählungen der Stubengenossen waren nicht dazu angetan, daß in mir der Wunsch aufkam, mich an diesem Treiben zu beteiligen. Trotzdem war es für mich ganz aufschlußreich, den Erzählungen dieser Männer, die ja alle in einem sozusagen kraftstrotzenden Alter waren, zu lauschen. Natürlich waren auch ein paar sogenannte Urviecher dabei, die nach so einem Wochenende in wüsten, meist obszönen Reden in allen Einzelheiten schilderten, wie sie sich ausgetobt hatten. Ich, als immer noch sex-unerfahren, hörte nur zu, staunte, und viele Illusionen zerstoben.

Während der RAD-Dienstzeit gab es nur einmal Urlaub. Ich fuhr natürlich nach Hause und zeigte mich der Familie erstmals in einer

Uniform. Mimi fand diese, insbesondere die *Spessart-Mütze* so scheußlich und lächerlich, daß ich das olivgrüne Kostüm schleunigst auszog und in den Schrank hängte.

Das halbe Jahr verging wie im Fluge; außer der wohl kaum zu übertreffenden Eintönigkeit dieser Zeit hat nichts einen nachhaltigen Eindruck bei mir hinterlassen. Mein Innenleben war ja erklärlicherweise in den ersten Monaten noch ganz von der Korrespondenz mit V. erfüllt. Sie schrieb mir fast täglich, und ich war stolz, bei der Postverteilung vortreten zu können, um die Briefe aus Südamerika entgegenzunehmen, die schon wegen ihrer exotischen Marken die Aufmerksamkeit und Neugier der Kameraden weckten. Diesbezügliche Fragen beantwortete ich in einem Tonfall, als seien diese Briefe für mich die größte Nebensächlichkeit von der Welt. Dabei beschäftigten und beeindruckten sie mich immer wieder zutiefst. Vergeblich versuchte ich, dieses mir immer noch unerklärliche Geliebtwerden in mein Leben einzuordnen. Außerdem sprach in den Briefen ein Mensch voller Erfahrung und Lebensreife zu mir, die mich Jüngling einfach überforderte. Was sollte ich antworten? Ich verfügte noch nicht über eine Ausdrucksmöglichkeit, um das sagen zu können, was V. bei der Lösung des Problems ‚Rudi' hätte helfen können. Aus diesem Unvermögen entstand mit einem Mal in mir eine Art Abwehr und Angst, wohl im Bewußtsein der eigenen Unzulänglichkeit. V. hat das dann nach Monaten gespürt und den Grund auch verstanden. So klang allmählich diese Zeit aus, die mir höchstes Glück aber auch tiefe innere Verwirrung gebracht hatte. Auf jeden Fall war das Erlebte einer der ersten Schritt zum Erwachsenwerden.

Im Herbst 1936 kehrte ich für 14 Tage nach Friedenthal zurück, denn das halbe Jahr RAD war vorbei.

REKRUTENZEIT IN RATHENOW

Nach Beendigung der Arbeitsdienstzeit gab es nur eine kurze Verschnaufpause, denn nun lagen zwei Jahre Wehrdienst vor mir. Ich hatte mich zum Reiterregiment 3 nach Rathenow gemeldet, weil Onkel Rudi dort aktiver Offizier und Regimentsadjutant gewesen war. Mit dem Begriff Tradition können die jungen Menschen heute ja nichts mehr anfangen; aber damals gab es noch die sogenannten *feinen Regimenter,* in denen seit Jahrzehnten hauptsächlich der Adel aus den Ostprovinzen das Offizierskorps stellte. Die Gründung dieser Traditionsregimenter ging ins 18. Jahrhundert zurück. So wurde *mein* Regiment, die Ziethenhusaren, 1737 unter Friedrich dem Großen gegründet und trug noch 1936 den Namen des berühmten Reitergenerals Joachim Hans von Ziethen.

Ich wurde also Ziethenhusar und fuhr am 13. Oktober über Berlin in meine Garnisonsstadt Rathenow. In Berlin machte ich Station und ließ mir bei dem renommierten Uniformschneider Holters eine Extrauniform anmessen. Ich war nämlich ausgesprochen eitel und hatte erlebt, wie dieser Holters aus meinem Bruder Ernst-Herbert, der keine besonders gute Figur hatte, mit Hilfe seiner raffinierten Zuschneidekunst einen sehr schicken Kavalleristen gemacht hatte.

Als ich in Rathenow eintraf, war auf dem Kasernengelände außer ein paar sich langweilenden Unteroffizieren kein Mensch zu sehen. Ich meldete mich auf der Schreibstube und legte meinen Einberufungsbefehl vor. Der U.v.D. (Unteroffizier vom Dienst) warf einen Blick darauf, brach dann in schallendes Gelächter aus und schrie: „Was wollen Sie denn schon hier?" Ich schaute ihn verständnislos an, bis sich auch für mich die Ursache seiner Heiterkeit offenbarte. Ich hatte das Einberufungsdatum verwechselt und war einen Tag zu früh gekommen! Daß ein Rekrut einen Tag zu früh kam, so etwas hatten die Herren vom Reiterregiment 3 in ihrer langen Dienstzeit noch nie erlebt. Ich wurde herumgezeigt wie ein exotisches Tier, man war richtig freundlich zu mir. Selbst der so grimmige Oberwachtmeister Brocke lächelte, was ich in den nächsten 2 Jahren nur noch höchst selten erleben sollte. Man glaubt es kaum, aber dieses *einen Tag zu früh Kommen* war für mich wie ein kleines *großes Los.* Es begann damit, daß ich mir auf der Kammer in aller Ruhe die besten Klamotten aussuchen konnte. Der Wachtmeister Krause, der sonst den Rekruten die Sachen nur mit einem befehlenden „paßt!" an den Kopf zu werfen pflegte, probierte bei mir jedes einzelne Teil persönlich an, suchte Stiefel mit dem schönsten Glanz heraus, und ich dachte: „Sind die aber nett!" Auf der Waffenkammer holte ich meinen Karabiner Nr. 2908 (tatsächlich, ich weiß die Nummer heute noch), bei dem sich später herausstellte, daß er das bestschießende 98er-Gewehr der ganzen Schwadron war. Zur Ausrüstung gehörte dann noch der lange Säbel, den bei der Kavallerie schon die Rekruten voller Stolz tragen durften.

So vollständig ausgerüstet begab ich mich nach Stube 3, für die nächsten Monate mein *Zuhause*. Dort hörte sehr schnell die Gemütlichkeit auf. Die *alten Knochen,* wie die über die Wehrpflicht hinaus dienenden Soldaten, meist recht beschränkte Obergefreite, genannt wurden, waren froh, ihr erstes Opfer gefunden zu haben. Es begann damit, daß ich zunächst die Strohsäcke für die am nächsten Tag zu erwartenden 14 Rekruten der Stube 3 stopfen mußte. Aber das machte mir nichts, und ich fand an diesem Tag noch genügend Zeit, das Kasernengelände zu erkunden.

Den Kasernenkomplex betrat man durch ein Tor, vor dem Tag und Nacht ein Posten *vor Gewehr* stand; wieso es *vor* Gewehr und nicht *mit* Gewehr heißt, ist mir bis heute unerklärlich. Jeder, der den Eingang passieren wollte, mußte sich ausweisen. Neben dem Tor war das Wachlokal, in dem sich 4 Mann und der Wachhabende im Range eines Unteroffiziers aufhielten. Die Kasernen waren 3stöckige große Kästen aus rotem Backstein von seltener Scheußlichkeit. Sie umstanden den Exerzierplatz, hinter dem dann die großen Stallungen und Reitplätze lagen. Das ganze Areal war von einer hohen Mauer umgeben.

Die erste Nacht schlief ich also allein in Stube 3. Am nächsten Morgen warf ich mich das erste Mal in meine Uniform und wirkte sofort, da vom Arbeitsdienst an militärisches Auftreten gewöhnt, wie ein alter Knochen.

Als 20jähriger nahm ich das Soldateinmüssen einfach hin, ohne einen Gedanken daran zu verschwenden, daß all diese Gewehre auch einmal losgehen könnten. Die meisten lächelten auch über die Stimmen derer, die den Austritt Deutschlands aus dem Völkerbund, die Besetzung des Rheinlands unter Bruch des Vertrages von

Versailles und natürlich auch die Einführung der allgemeinen Wehrpflicht durch das Naziregime als Vorboten einer kriegstreibenden Politik werteten; denn in fast allen Reden sprachen die Naziführer damals schon von der *Schande von Versailles,* die getilgt werden müßte. Was darunter zu verstehen war, darüber machten sich offenbar weder die Deutschen noch Franzosen und Engländer, unsere *Erzfeinde* aus dem ersten Weltkrieg, Gedanken. Sie schwiegen zunächst, und Deutschland begann ungestört mit seiner Aufrüstung. Ich glaube, man muß die Frage: „Sind die Deutschen Militaristen?" zumindest für jene Zeit bejahen. Abgesehen von einer Minderheit besonnener Menschen, die warnten und denen das ganze Deutschland-über-alles-Geschrei zuwider war, stimmten die meisten der Politik der Stärke zu. Das Volk jubelte, wenn Hitler und Goebbels sprachen, es jubelte seinen Soldaten bei den Paraden zu und steigerte sich in eine Art nationalistischen Rausch. Wenn man heute auf Tonaufnahmen hört, wie bei Massenkundgebungen Zigtausende wie wilde Tiere ihr „Sieg Heil!!" herausschrien, so ahnt man, welcher Chauvinismus sich damals zusammenbraute.

Hunderttausende zogen bereitwillig die braune und schwarze Uniform an: Die Pimpfe, das Jungvolk und die Hitler-Jungen, die SA, die SS, die Blockwarte und die Amtsleiter, selbst die Mädchen im BDM, sie alle trugen stolz „das Kleid des Führers". Der größte Teil dieser jungen Menschen würde bald die braune Uniform mit dem grauen Rock tauschen, den ich seit dem 15.10.1936 trug. Ich konnte nicht ahnen, daß ich – sieht man von kurzen Unterbrechungen ab – ihn erst im Mai 1945 wieder ausziehen würde.

Im Herbst 1936 lagen mir Gedanken an die Zukunft fern. Ich war viel zu sehr damit beschäftigt, mich in der für mich neuen Maschinerie des Kasernenlebens zurecht zu finden. Am ersten Tag, an dem die Rekruten eintrafen, war es so, als sei die Kaserne samt ihren Unteroffizieren aus tiefem Schlaf erwacht. Es war, als hätte das Ausbildungspersonal sich ausgeruht, um nun mit frischen Kräften über die Rekruten herzufallen. Da hörte man keine Kommandos, sondern meist ein unartikuliertes Gebrüll, mit dem die Einzukleidenden, Waffenempfangenden, Bettenbauenden und Spindeinräumenden von Station zu Station gehetzt wurden. Dabei zogen die Vorgesetzten wohl nur eine alljährlich wiederkehrende große Schau ab. Ich wußte ja vom Vortag, daß diese sich mit einem Mal so wild gebärdenden Unteroffiziere zwar etwas primitive, aber im Grunde friedliche Landsknechtstypen waren. Sie hatten zwei Seelen in ihrer Brust: einmal waren sie die Vorgesetzten, die Macht hatten und sie an den Rekruten ausließen, und zum anderen waren sie Menschen wie Du und ich mit ihren Sorgen und kleinen Freuden; die wie jeder junge Mann ihre Mädchen hatten, sich am Wochenende dann und wann betranken und die genau wie die Rekruten oft an Zuhause dachten und den Urlaub herbeisehnten.

Ich war zunächst von dem Trubel dieses offiziellen ersten Tages nicht betroffen, wurde sogar herangezogen, die Trupps zum Speisesaal und den diversen Kammern zu führen, wußte ich als einziger Rekrut doch, in welchem Gebäude diese lagen. So hieß es immer wieder: „Falkenhausen, führen Sie mal die Gruppe da oder dorthin!" Erst am Abend lüftete ich gegenüber den Kameraden von Stube 3 das Geheimnis, daß auch ich ein Neuer war. Aber so ist's nun mal im Leben: Durch meine kleine Extratour war ich in der Kaserne von Anfang an keine 08/15-Figur, war *jemand* in einer grauen Menge. Bald stellte sich auch als ein entscheidender Vorteil für mich heraus, daß ich von Zuhause aus im Umgang mit Pferden vertraut war und seit meinem 6. Lebensjahr im Sattel saß. So lag für mich von Anfang an „das Glück der Erde auf dem Rücken der Pferde". Wie anders war das für die vielen Rekruten, die bisher ein Pferd nur von weitem gesehen hatten und natürlich schimmerlos waren, wie man mit solch einem Tier umgeht. Da waren die zahlreichen Bauernsöhne noch am besten dran. Für die war der ganze Stallbetrieb eine vertraute Sache. Aber ob vertraut oder nicht, wir alle sollten die lieben Pferde noch hassen lernen; denn was mit ihnen angestellt wurde, wie man sie und alles, was zu ihrer Ausrüstung gehörte, pflegen, putzen, waschen, bürsten usw. usw. mußte, das kann ein normaler Mensch überhaupt nicht ersinnen. Die sich so ergebenden vielfältigen Schikanierungsmöglichkeiten hielten uns ständig in Atem. Das waren eben keine Pferde, die normalerweise dazu bestimmt sind, gefüttert zu werden und ihre Reiter zu tragen, nein, das waren eine Art Primaballerinen, um die sich fortan unser Leben drehte; die wir von früh bis spät zu bedienen hatten, die wir mehrmals täglich fast bis zum Umfallen striegelten und bürsteten, denen wir Schweif und Mähne kämmten, denen wir die Hufe auskratzten und wuschen. Eine Schwadron hatte ca. 160

dieser Tiere, die täglich ein genau festgelegtes Ritual über sich ergehen ließen. Aber noch war es nicht so weit.

Zunächst – so war jedenfalls die einhellige Meinung der Ausbilder – mußten aus uns erst einmal *Menschen* gemacht werden! Denn nach Ansicht dieser Halbgötter in Uniform konnten wir uns weder richtig anziehen, noch wußten wir, wie ein gemachtes Bett, das übrigens *gebaut* wurde, aussah. Auch hatten wir keine Ahnung, daß ein geputzter Stiefel wie Lack glänzen muß, und ich habe nie ergründet, warum man sich in diesen *Lacktöppen,* die doch normalerweise für die unmittelbare Berührung mit der nicht immer sauberen Erde bestimmt sind, unbedingt spiegeln mußte. Wen wundert es da noch, daß wir in den ersten Exerzierstunden wie gerade den Windeln entwachsene Babys behandelt wurden und erst einmal gehen lernen mußten. Denn nichts anderes konnte doch der immer wieder vom Unteroffizier mit Hohn in der Stimme hervorgestoßene Satz bedeuten: „Mensch, Sie können ja nicht einmal richtig gehen!"

Aber paradoxerweise kamen wir zunächst zu diesem Gehen gar nicht, denn jedes Exerzieren, und daraus bestand in den ersten 3 Wochen fast ausschließlich unser Dienst, begann mit einer Art Leibesvisitation, bei der Uniform und Zubehör jedes Rekruten bis ins Kleinste auf Sitz und Sauberkeit geprüft wurden. Bei dieser Prozedur war ein offener Knopf, ein schief sitzendes Koppel, eine nicht geschlossene Patronentasche ein Kapitalverbrechen. Wenn man an der Reihe war, hatte man *stillzustehen,* das sieht laut Heeresdienstvorschrift so aus: „Die Füße bilden nicht ganz einen rechten Winkel, die Knie sind leicht durchgedrückt, die Hände liegen an der Hosennaht, der Blick ist geradeaus gerichtet". Der Wortlaut dieser Dienstvorschrift, der das scheinbar so harmlose Wörtchen „stillgestanden" erläutert, sagt mehr als alle Bücher über Militarismus, Preußentum, Disziplin und Drill aus. Du weißt plötzlich, daß du nicht mehr Herr deines eigenen Körpers, ja nicht einmal deiner Hand bist, deren mittlerer Finger an der Hosennaht zu liegen hat!

Der schöne Traum der angehenden Kavalleristen vom Glück der Erde auf dem Rücken der Pferde verflog allzu schnell. Wie viele Jungen hatte auch ich reich illustrierte Kriegsbücher gelesen, in denen mir besonders die Helden der Reiterschlachten imponiert hatten, in denen Ulanen, Husaren und Küraßiere mit gezogenem Säbel oder eingelegter Lanze die Feinde in Grund und Boden ritten.

Derartige Reminiszenzen waren total verflogen, denn wir befanden uns ja im Stadium der Menschwerdung nach Preußenmanier. Mit den Pferden kamen wir zunächst nur insofern in Berührung, als wir ihretwegen um 4 Uhr aufstehen mußten. Denn Sommer wie Winter wurden die lieben Tiere zu nachtschlafender Zeit geputzt, gefüttert und getränkt; dann wurde ausgemistet und die Streu aufgeschüttelt. Darüber vergingen zwei Stunden. Zu diesem Stalldienst trug der Rekrut eine besondere *Uniform,* d. h. ein weißlich-graues Drillichzeug, in dem auch der imposanteste Jüngling wie ein Häftling nach längerem Knast aussah. Anschließend war kurze Frühstückspause. Während man den letzten Bissen des zu Weltruhm gelangten deutschen Kommißbrots mit bitterem Kaffee herunterspülte, erklang schon die Trillerpfeife und das Kommando des U.v.D. „Fertigmachen zum Exerzieren". Wenige Minuten später standen die Gruppen in Reih' und Glied auf dem berüchtigten Exerzierplatz, und es folgte die oben beschriebene Leibesvisitation.

In den drei Grundausbildungswochen lagen wir mit unterschiedlich langen Unterbrechungen im Dreck des Kasernenhofs. Denn jede, und sei es auch die kleinste Nachlässigkeit in der Haltung oder bei der Ausführung einer Exerzierübung eines Rekruten löste beim Ausbildungsunteroffizier ein Geheul aus, das „Hinlegen – auf Marsch, Marsch" heißen sollte. Die Überwachung dieses Befehls übernahm jedoch die *rechte Hand* des Gruppenführers, der Ausbildungsgefreite, der uns mit besonderem Eifer scheuchte und sich für die Unbill, die er selbst im Vorjahr erlitten hatte, an uns rächte.

Jede Gruppe hatte natürlich ein paar besonders *krumme Hunde,* und ich fand es einfach schäbig, daß diese von der Natur Benachteiligten dafür jetzt auch noch besonders büßen mußten. Aber der weltberühmte und bei den Betroffenen verhaßte preußische Kasernenhofdrill hat ja nur den einen Zweck, den Willen der Rekruten zu brechen, sie in der Hand ihrer Führer gefügig zu machen. Das Ergebnis dieser Art Ausbildung war dann der berüchtigte Kadavergehorsam, der bewirkte, daß jeder Befehl kritiklos befolgt wurde. Die Vokabel Befehlsverweigerung existierte im Wortschatz eines preußischen Soldaten nicht. Sie wurde dann ja auch im Ernstfall wie ein Verbrechen bestraft.

Ich bin mit diesen ersten Wochen ganz gut fertig geworden, wohl weil ich vom RAD her ausreichend Exerziertraining mitgebracht hatte. Zudem nahm ich nichts persönlich und fast alles gelassen hin, wußte ich doch, daß das ganze Spektakel zum Geschäft gehörte.

Unter den Ausbildern gab es alle Typen von gutmütig bis brutal. Unseren Unteroffizier Oderwald konnte man aufgrund seiner oft schwankenden Laune schlecht einschätzen. Er war von mittlerer Intelligenz. Da er ein schlechter Reiter war, hatte er es schwer, sich durchzusetzen. Doch wehe, wenn er mißgelaunt war! Dann konnte er sich wie ein Sadist aufführen. So habe ich bei ihm tatsächlich das einzige Mal in meinem Soldatenleben schlapp gemacht, als er mich im Kleinkaliberstand in einer Röhre von 50 x 80 cm hundert Meter hin und zurück hüpfen ließ. Das wahrhaft Bestialische dieser Prozedur besteht darin, daß man eben nicht hüpfen kann, weil der Kopf ständig gegen die Holzverschalung stößt und man sich so nur mit schlurfenden Füßen vorwärtsbewegen kann. Diese wühlen dann den Sand auf dem Boden der Schießbahn auf, so daß man ständig glaubt, ersticken zu müssen. Als ich wieder am Tageslicht erschien, hätte ich diesem Oderwald an die Kehle springen können.

Unteroffiziere, die selbst gut schossen, gut ritten und vor allem im Rekruten auch den Menschen sahen, wurden mit ihren Leuten viel besser fertig als die Schleifer.

Jeder wird verstehen, daß es in dieser ersten Zeit das einzige Bestreben jedes einzelnen war: Nur nicht auffallen! Denn neben dem normalen Dienst gab es ja noch die unzähligen Appelle: so den Waffen-Appell; Appell mit Stiefeln oder Zaumzeug, Stuben- und Spindappel sogar Gesundheitsappell (genannt Schwanzparade). Am gefürchtetsten war natürlich der Pferdeappell wegen seiner mannigfachen Möglichkeiten, aufzufallen. Aber darüber später. Hatte der beim Appell kontrollierte Gegenstand das Mißfallen des Unteroffiziers erregt, mußte man diesen nach Feierabend beim Unteroffizier auf dessen Stube vorzeigen. Der war natürlich über die Störung seiner abendlichen Skatpartie verärgert und ließ einen erst einmal mindestens eine Viertelstunde in Kniebeuge an der Tür warten. Man war froh, wenn man dann mit einem wütenden „Hau ab!" entlassen wurde.

Bald aber sollten wir endlich erfahren, was es heißt, Kavallerist zu sein. Nach der Grundausbildung begann nämlich der Reitunterricht. Jeder kann sich vorstellen, was dies für diejenigen bedauernswerten Rekruten bedeutete, die noch nie auf einem Pferd gesessen hatten. Wie gut war ich da dran, ich war nämlich der einzige in unserer Gruppe, der nicht nur mit Pferden umgehen konnte, sondern der sozusagen in Friedenthal auf dem Pferderücken groß geworden war. So ergab es sich wie selbstverständlich, daß ich auf Anhieb Têtenreiter (Spitzenreiter) wurde. Es würde zu weit führen, alle Schikanen aufzuzählen, die die erfinderischen Ausbilder während des Reitunterrichts an ihren Schülern ausließen und die der Schleiferei beim Fußdienst in nichts nachstanden. Unzählige Male Auf- und Absitzen, im tiefen Sand des Reitplatzes neben dem Pferd Herlaufen, das zehrte empfindlich an unseren Kräften. Der anschließende Stalldienst war dann regelmäßig eine Putzorgie, bei der nicht nur das Pferd, sondern alles, was dazugehörte, in einen Zustand größtmöglicher Sauberkeit versetzt wurde.

Nach Abschluß der Grundausbildung wurden wir vereidigt. Dazu war das Regiment in einem großen Karrée auf dem Kasernenhof angetreten. Nach der Ansprache des Regiments-Kommandeurs, in der natürlich hauptsächlich von der wiedererstarkten deutschen Armee unter ihrem Führer Adolf Hitler die Rede war, sprachen alle Rekruten des Regiments gleichzeitig mit erhobener Schwurhand den Eid: „Ich schwöre bei Gott diesen heiligen Eid, daß ich dem Führer des Deutschen Reiches und Volkes, dem Oberbefehlshaber der Wehrmacht, Adolf Hitler, unbedingten Gehorsam leisten und als tapferer Soldat bereit sein will, jederzeit für diesen Eid mein Leben einzusetzen". In der Mitte des Karrées stand ein Offizier mit der Regimentsfahne. Von jeder Schwadron war ein Rekrut vorgetreten. Während die Eidesformel gesprochen wurde, legte er eine Hand auf diese Fahne.

Nun hatte ich also unbedingten Gehorsam geschworen. Natürlich machte ich mir damals nicht klar, daß ich ab diesem Tag *jeden* Befehl, selbst wenn er mich in den sicheren Tod schickte, ausführen mußte. Vereidigt zu sein hatte eine grausige Konsequenz: Auf Befehlsverweigerung oder Feigheit vor dem Feinde stand die Strafe Tod durch Erschießen.

Erst Jahre später, in den Kriegsverbrecherprozessen im Jahr 1946, zeigte sich, welche Fessel dieser Eid selbst für Generäle gewesen sein sollte. Auf ihn als Alibifunktion beriefen sich fast alle, als sie von den Richtern des Tribunals gefragt wurden: „Warum haben Sie denn solche Befehle ausgeführt?!"

Diese ersten Wochen waren die schwersten und gingen oft an die Grenzen der physischen Leistungsfähigkeit. Danach änderte sich der Dienstplan. Schließlich sollten aus uns ja Soldaten gemacht werden, die im Ernstfall mehr konnten, als Stiefel und Pferde putzen, als links und rechts ummachen und die Hände an die Hosennaht legen.

Es war wie der Ausbruch aus einem Gefängnis, als wir das erste Mal ins Gelände ausrückten, allerdings zu Fuß, denn die Pferde blieben zunächst noch in den Ställen. Aber wir marschierten durch Straßen, sahen nach so langer Zeit wieder Menschen in Zivilkleidern und konnten nach den Mädchen schielen, die auf dem Bürgersteig stehenblieben. Zwar habe ich der eintönigen märkischen Landschaft nie viel Reiz abgewinnen können, aber in diesem Augenblick kamen mir Kiefern und Birken wie der schönste Park vor, und welch herrliche Luft war dort im Vergleich zu dem wochenlang eingeatmeten Kasernenmief. Von diesem ersten Ausmarsch an war ein Bann gebrochen. Man war zwar weiter Soldat, aber plötzlich wieder Mensch unter Menschen, zumal es bald danach am Wochenende den ersten Ausgang gab.

Abhängig war dieser natürlich von hunderterlei Dingen. Erstens mußte man beim letzten Exerzieren beweisen, daß man vernünftig grüßen konnte. „Durch Handanlegen an die Kopfbedeckung", wie es in der H.D.V. hieß. Wenn das geklappt hatte, mußte sich jeder Rekrut beim Unteroffizier abmelden, und mit klopfendem Herzen schnarrte ich: „Reiter von Falkenhausen meldet sich ab zum Ausgang!" Darauf peinliche Begutachtung meines gesamten Äußeren buchstäblich vom Scheitel bis zur Sohle. Natürlich stand es ganz im Belieben des Vorgesetzten, mich *auffallen* zu lassen. Wenn dieser behauptete, man könne sich in den Stiefeln nicht spiegeln, dann gab es keinen Widerspruch, und man konnte froh sein, wenn der Ausgang nicht gestrichen wurde. Ein reiner Genuß waren die ersten Stunden in der neu gewonnenen Freiheit ohnedies nicht, weil man natürlich in dieser kleinen Provinzstadt auf Schritt und Tritt Vorgesetzten begegnete, die peinlich exakt gegrüßt werden mußten. Das heißt, vier Schritte vor einer solchen Begegnung hatte die Hand an den Mützenrand zu fliegen, drei Schritte nachher durfte sie erst wieder heruntergenommen werden. Ich beschreibe dies alles so detailliert, damit sich auch die Nachwelt ein Bild davon machen kann, daß damals ein Rekrut zunächst zu einer Marionette degradiert wurde. Frei fühlte man sich zunächst auch außerhalb der Kasernen keineswegs.

Bald bekam ich aus Berlin meine maßgeschneiderte Extrauniform. Zunächst hatte es jedoch in dieser Angelegenheit ein für mich recht peinliches Vorspiel gegeben: Der Schneider war nämlich extra mit zwei Uniformen von Berlin nach Rathenow zur Anprobe gefahren. Die eine war für den Schwadronschef Rittmeister E. Hasse, die andere für den Reiter von Falkenhausen bestimmt. Unglücklicherweise wurde ich auch noch vom Schwadronsschreiber mit Stentorstimme „Falkenhausen, zur Anprobe!" vom Exerzierdienst weggerufen. Natürlich hatte es sich schnell bei den Unteroffizieren herumgesprochen, daß der junge Herr bereits vor Ausgangserlaubnis eine Extrauniform bestellt hatte, Grund genug für sie, mir ein paar Tage lang ihre *Sympathie* auf besondere Art zu zeigen. Als ich dann die Uniform anzog, sah ich wirklich sehr fesch aus und ging sofort zum Fotografen, um den Eltern ein Konterfei ihres Reitersohnes zu schicken. Bei der Gelegenheit sah ich im Schaufenster das Bild eines wirklich entzückenden Mädchens in einem weißen Abendkleid, in das ich mich Hals über Kopf verliebte. Mit Hilfe des Fotografen machte ich ihre Bekanntschaft, und bald *gingen* wir zusammen. Da ich mir nicht klar werden konnte, ob sie die Freundschaft meinetwegen oder wegen der bei einem Rekruten ungewöhnlichen Extrauniform geschlossen hatte, wurde ich mit ihr nie richtig warm. Dieses Mädchen war für mich wie eine Trophäe, die man gern herzeigt: „Seht, was ich für eine süße Puppe habe!" Daß sich unser Leutnant bei ihr einen Korb holte, als er sich an sie anläßlich einer Tanzerei heranmachte, tat mir natürlich gut. Aber Hildegard Zietz, so war ihr Name, war zwar mein Typ, aber sonst leider nicht meine Wellenlänge, d. h. unser Zusammensein war meist recht langweilig.

Mein bis dahin so spärliches Privatleben wandelte sich beträchtlich durch den Kauf eines Motorrades. Ich hatte ja noch immer mein Karnickel-Geld in Giesmannsdorf auf der hohen Kante. Darauf griff ich jetzt zurück und schaffte mir eine 250er BMW an. Nicht nur, daß ich nun an den Ausgangstagen mit Hildchen ins

Grüne fuhr, auch im Dienst taten sich mit einem Mal neue angenehme Perspektiven auf. So brauchte ich nicht mehr die 5 Kilometer zum Schießstand auf Schusters Rappen zurückzulegen, sondern fuhr unseren Zugführer, Leutnant Baum, auf dem Sozius dorthin. Auch vor Geländeübungen, und sogar wenn er zum Friseur mußte, rief der Leutnant nach mir. Dieses Motorrad verschaffte mir jedenfalls schnell eine Sonderstellung.

Allmählich wurde der Dienst abwechslungsreicher. Einmal in der Woche war Scharfschießen. Das nahm den ganzen Nachmittag in Anspruch. Mein bereits erwähnter Karabiner Nr. 2908 leistete dabei wahre Wunderdinge. Gleich bei der ersten Übung 100 m sitzend aufgelegt schoß ich die höchstmögliche Ringzahl, nämlich 3 x 12 = 36, und durfte als Auszeichnung sofort zurück in die Kaserne, was ein paar Stunden dienstfrei bedeutete. Gleichzeitig begann die Ausbildung im Gelände, die sogenannte Gefechtsausbildung. Das wurde für mich eine recht anstrengende Sache, denn ausgerechnet mir drückte man als Schützen 1 am Maschinengewehr diese schwere, unhandliche Waffe in die Hand, die ich dann ständig durch den tiefen Sand des Übungsplatzes schleppen mußte. Das oberste Gebot in jeder Gefechtsausbildung ist, dem Feind, der angeblich irgendwo gegenüber lauert, möglichst kein Ziel zu bieten. Deshalb mußte man sich zunächst tarnen, dann eingraben oder sich dem Gegner kriechend oder im Sprung nähern. Wenn man sich dann endlich an diesen imaginären Feind herangearbeitet hatte, kam das Kommando „Sprung auf marsch, marsch!" und alles stürzte „Hurra" schreiend in die feindliche Stellung. Eine wilde Schießerei mit Platzpatronen gab dem Ganzen eine recht realistische akustische Untermalung.

Endlich kam der Tag des ersten Ausmarsches zu Pferde. Lange hatte es gedauert, bis die Rekruten ihre Pferde auch *in freier Wildbahn* dirigieren konnten. Natürlich war dieser erste Ausflug nur ein gemütlicher Spazierritt, der mit einer Überraschung endete. Am Stadtrand erwartete uns nämlich das 40 Mann starke Trompeterkorps des Regiments. Vornweg ritt der Kesselpauker, der sogenannte Tambourmajor, der sein wie ein im Zirkus abgerichtetes Pferd mit den an den Steigbügeln befestigten Zügeln lenkte. Stolz wie die Spanier rückten wir *mit klingendem Spiel* in Rathenow ein. Natürlich standen viele Menschen rechts und links der Straße, denn diese

Soldaten waren ja seit Generationen *ihre Ziethenhusaren*. Diese Tradition setzte sich 28 Jahre nach dem 1. Weltkrieg besonders zur Freude der alten Rathenower nun fort. Auch war die Nazipropaganda darauf angelegt, mit solchen Demonstrationen den Militarismus wieder zu wecken, zumal 1936 niemand daran dachte, daß Hilters Politik Deutschland in den Krieg treiben könnte. Ich kann mich nicht entsinnen, daß jemand Kritik an diesem neuen Militarismus geübt hätte. Die Masse der Soldaten, zu der auch ich gehörte, blieb politisch indifferent. Offenbar hatte keiner von uns aus der Geschichte etwas gelernt. Daß bei unserer Ausbildung ständig von einem Feind die Rede war, bedeutete für uns noch keineswegs, daß es diesen Feind auch eines Tages geben könnte. Alles, was uns für den Ernstfall eingedrillt wurde, kam mir eher wie ein ständiges Indianerspiel vor. Im übrigen schwamm auch ich auf jener Welle von neuem Nationalismus, der damals in Deutschland jeden Zweifel hinwegspülte. Nur zu Haus kam ich ab und zu mit ernstzunehmenden Menschen zusammen, die zwar durchaus Patrioten waren, aber schon damals die Entwicklung mit großen Bedenken verfolgten.

Die ersten Monate in Rathenow vergingen wie im Fluge, denn Tag und Nacht kam man nicht zur Ruhe. Nachts befand sich nämlich stets eine Anzahl von Soldaten in den Ställen, um auf die Pferde aufzupassen. Die Stallwache bestand aus einem Gefreiten und 3 Mann, von denen einer mit geschulterter Schaufel ständig die Stallgasse auf und ab patrouillierte. Denn wenn ein Pferd einige Äppel fallen ließ, mußten diese möglichst sofort mit besagter Schaufel aufgefangen und in die Mistkarre geworfen werden. Die einzige Abwechslung bestand darin, daß fast jeden Abend gegen 10 Uhr unser Schwadronschef Rittmeister Hasse erschien, um noch einmal nach seinen Pferden zu sehen und ihnen ein paar Stück Zucker zu geben. Dann mußte man auf ihn zugehen und melden: „Reiter von Falkenhausen auf Stallwache, keine besonderen Vorkommnisse!" Darauf ging er zu seinem Lieblingspferd *Derby*, über dessen Box zwei große schwarze Tafeln hingen, auf denen alle seine Siege, darunter auch viele *Preise der Nation* verzeichnet waren. Wenn Hasse, einer der besten Turnierreiter Deutschlands, guter Laune war, unterhielt er sich ein paar Minuten mit mir, stellte ein paar Fragen und *entschwebte* wieder, nachdem ich auf sein „Gute Nacht" lauthals mit „Gute Nacht, Herr Rittmeister" geantwortet hatte. Diese *Gute*

Nacht konnte oft recht ungemütlich werden, denn unter den Pferden gab es Spezialisten, die sich immer wieder losrissen und Ausflüge im Stall unternahmen. Im Geist höre ich noch heute das Trab-Trab der Hufe dieser Ausreißer irgendwo auf den Steinfliesen der ein paar hundert Meter langen Stallgasse. Die Stallwachen schliefen im Stroh einer leeren Pferdebox. Im Turnus 2 Stunden Schlaf, 1 Stunde Wache von 8 Uhr abends bis um halb fünf Uhr früh verging die Nacht; dann kam der Futtermeister. Nachdem alle Pferde getränkt und gefüttert waren, durften wir auf unsere Stuben, mußten aber nach kurzer Pause den anschließenden Dienst sofort wieder mitmachen.

Richtig verantwortungsvoll war es, auf Wache am Haupttor zu stehen. Bevor diese Wache aufzog, hatte man einen halben Tag frei, denn die Vorbereitungen nahmen viel Zeit in Anspruch. Nur ausgesuchte Leute wurden zur Wache eingeteilt. Die ganze Montur mußte blitzen und peinlich sauber sein, denn schließlich war ein Wachsoldat das Aushängeschild des Regiments. Der Offizier vom Dienst *vergatterte* die Wache, die aus einem Unteroffizier als Wachhabenden und 6 Mann bestand. Zuletzt wurde das Losungswort bekanntgegeben, das jeden Tag wechselte. Stand man nun am Haupttor auf Posten *vor Gewehr,* mußte man nach Dienstschluß die Papiere jedes Soldaten kontrollieren, der das Tor passieren wollte. Vor jedem Offizier wurde das Gewehr präsentiert, den direkten Vorgesetzten Meldung gemacht, die stets stereotyp aussagte, daß es keine besonderen Vorkommnisse gab. Kam aber der Regimentskommandeur, schrie man als Posten „Wache raus"!. Darauf spritzten alle Wachangehörigen aus dem Wachlokal auf die Straße, richteten sich aus, präsentierten das Gewehr, der Wachhabende trat vor und meldete, daß es auch für den Oberst keine besonderen Vorkommnisse gab! Oft kam es aber gar nicht dazu, denn bevor unser Aufmarsch beendet war, hatte der hohe Herr das Tor längst passiert.

Im Wachgebäude waren auch die Arrestzellen. Für bestimmte Vergehen gab es nämlich Bau, wie die Arreststrafe im Soldatenjargon heißt. Am schärfsten wurden Wachvergehen bestraft: Zum Beispiel Schlafen auf Posten. Auch bei wiederholtem *über den Zapfen Hauen* (zu spät kommen) drohte eine Arreststrafe. Da half keine Ausrede wie „meine Uhr geht nach" oder „ist stehen geblieben". Zapfenstreich war um 10 Uhr, und eine Viertelstunde vorher blies ein Trompeter bis weit in die Stadt vernehmbar das erste Signal nach der Melodie „Soldaten soll'n in's Bette geh'n", Punkt 10 Uhr dann den Zapfenstreich. Schon nach dem ersten Signal hörte man von weitem auf den zur Kaserne führenden Straßen das Klappern zahlreicher genagelter Stiefel, die sich im Geschwindschritt dem Kasernentor näherten.

Nach einem halben Jahr gab es dann endlich den ersten Wochenendurlaub; aber nur die Landser fuhren nach Hause, die in der Nähe von Rathenow wohnten. Giesmannsdorf war natürlich viel zu weit. Meistens fuhr ich nach Berlin zu Viktoria Dierig oder zu meinem Freund Gerd Becker, der einen kleinen Besitz in der Nähe hatte. Da leistete die BMW gute Dienste. Bei dieser Gelegenheit traf ich manchmal Papi beim Pferderennen in Hoppegarten, der mich dann zu den ‚Upperten' des Pferdesports auf der Ehrentribüne des Unionclubs mitnahm. Hierbei passierte es, daß mich jemand völlig unerwartet von hinten am Arm faßte und eine drohende Stimme fragte: „Wo hast Du Deinen Säbel, mein Sohn?!" Neben mir stand unser höchster Vorgesetzter, der Inspekteur der Kavallerie General von Progrell! Mir fiel natürlich buchstäblich das Herz in die Hose, denn noch nie hatte ich einen leibhaftigen General von Angesicht zu Angesicht gesehen. Ich stammelte irgend etwas von „mit dem Motorrad gekommen, Herr General, mit dem man keinen Säbel mitnehmen könne". Aber der General war der Ansicht, daß ich stolz darauf sein müßte, einen Säbel tragen zu dürfen, und wollte mich tatsächlich nach Hause schicken. Gott sei Dank kam gerade rechtzeitig Freundin Viktoria dazu, die General von Progrell verehrte, und renkte die Sache mit ihrem Charme im letzten Moment noch ein.

Diese Ausflüge machten das Kommißdasein erträglicher und abwechslungsreicher. Auch der Dienst wurde interessanter, denn die Spähtruppübungen zu Pferde fanden ja stets im Gelände statt. Dabei war man mit drei Kameraden meist auf sich allein gestellt und konnte endlich auch Eigeninitiative entwickeln. Nun lernten wir Kartenlesen, den Gebrauch des Marschkompaß und das Abfassen einer Meldung, wobei es darauf ankam, in kurzen Worten eine Situation zu schildern. Natürlich hatten die intelligenteren Rekruten bei den Geländeübungen oft Sonderaufgaben, wenn sie z. B. als Melder eingesetzt wurden. Angreifer und Verteidiger versuchten natürlich, einander zu überlisten, um bei der sich jeder Übung anschließenden Kritik möglichst günstig abzuschneiden.

Nach ein paar Monaten bekam ich endlich dann auch den ersten Heimaturlaub, an den ich mich aber kaum erinnere. Natürlich zeigte ich mich stolz in meiner schicken Uniform und konstantierte beim Sonntagskirchgang, daß die Blicke der Mädchen wohlgefällig auf mir ruhten. Allzu schnell waren diese geruhsamen Tage in Friedenthal zu Ende.

Im Spätsommer 1937 ging das ganze Regiment auf den Truppenübungsplatz Döberitz. Dort sollten wir zeigen, was wir im ersten Ausbildungsjahr gelernt hatten. Es war für mich wie die Fortsetzung des Indianerspiels im größeren Rahmen, lediglich mit dem Unterschied, daß die meisten Übungen in einer Schießbahn endeten und dort erstmalig mit scharfer Munition im Gelände geschossen wurde. In einer solchen Schießbahn waren zahlreiche Pappkameraden aufgebaut, die den Feind liegend, kniend oder laufend darstellten. Wir lagen diesen nur wie Schemen sichtbaren Zielen in Schützengräben oder Löchern gegenüber und beschossen eifrig diesen harmlosen Feind. Jeder von uns bekam 30 Schuß Munition. Bald stellte es sich aber heraus, daß diese Art zu schießen viel schwieriger und anstrengender war, als es die Rekruten vom Schießstand her gewöhnt waren. So gaben bald viele meiner Kameraden einen Teil ihrer Munition mit einem „Falke, schieß Du" an mich oder andere alte Hasen weiter. Sie fürchteten den starken Rückstoß der Karabiner, von dem viele nach ein paar Schuß eine blaue Schulter hatten. Mich erinnerte diese Übung an eine Mischung von Jagd und dem Schießen in einer Schießbude. Da die getroffenen Pappkameraden umklappten, war vor mir das Gelände zur Freude der Gruppen- und Zugführer bald vom *Feind* gesäubert und mein Renommée als guter Schütze weiter gefestigt.

Nach einer Woche Döberitz nahm mich unser Zugführer, Leutnant Baum, in seinen Zugtrupp, der aus dem Zugtruppführer und zwei Meldern bestand und sich während der Übungen in seiner Nähe aufzuhalten hatte. Nun brauchte ich den recht anstrengenden Gefechtsdienst nicht mehr mitzumachen. Es war mein erster kleiner Schritt nach oben. In diesen Wochen spürte ich, daß Leutnant Baum, der nur wenig älter war als ich, eine gewisse Zuneigung zu mir gefaßt hatte. Er versuchte, sein weiches Naturell hinter besonders forschem Auftreten zu verbergen. Trotz dieses inneren Zwiespalts fand ich zu ihm ein Vertrauensverhältnis. Er litt anscheinend besonders darunter, daß beim Kommiß so gut wie jede menschliche Regung unterdrückt wurde. Ab und zu ließ er mich wohl deshalb abends zu sich rufen, und bei Gesprächen unter vier Augen vergaßen wir beide immer öfter, daß er Leutnant und ich Rekrut war. Die Unterhaltung wurde dann ganz locker, die Themen bekamen privaten Charakter. Er ließ mich zum Beispiel von zu Hause erzählen und von der Stimmung bei den Leuten. So entstand zwischen uns eine Art Kameradschaft. Eigenartigerweise sprach keiner von uns über das eigentliche Problem des Soldatseins. Dieses Thema war bei ihm als Berufssoldat wohl absolut tabu. Die Unbeschwertheit aufgrund unserer Jugend war wohl auch kein Nährboden für diese Art von Problemen.

Als wir nach 4 anstrengenden Wochen in Döberitz in Rathenow einmarschierten, erwartete uns völlig überraschend die Nachricht, daß das ganze Regiment nach Göttingen in neue Kasernen verlegt werden sollte. Genau 200 Jahre hatten die Ziethenhusaren in Rathenow gelegen, und wir hatten dieses Jubiläum mit einem Riesenfest unter Einbeziehung der Bevölkerung gefeiert. Heute kann sich kein Mensch mehr die echte Empörung und Trauer – jawohl Trauer – der Bürger vorstellen, daß man ihnen *ihre Reiter* wegnahm.

Ich fühlte keinen Abschiedsschmerz und war sogar froh über die Abwechslung. Das einzige, was ich vermissen würde, waren die Wochenendausflüge nach Berlin. Die Beziehung zu Hildegard war auch nur noch sehr locker, zumal ich zwischenzeitlich ein anderes Mädchen hatte, von dem ich nur noch weiß, daß wir unentwegt „Sag beim Abschied leise Servus" miteinander tanzten, und die mir bald den Laufpaß gab, weil ich die Erwartungen nicht erfüllte, die sie offensichtlich in mich gesetzt hatte.

Zwei Tage vor unserer Verladung nach Göttingen fand die Abschiedsparade des Regiments statt. Aber diese Parade hatte nichts Zackiges an sich, sondern war vielmehr ein festlicher Umzug durch die Hauptstraßen der Stadt. Die Begeisterung der Bevölkerung erreichte an diesem Tage ein Ausmaß, wie ich es später nie wieder erlebt habe. Die ganze Stadt war auf den Beinen und stand in dichtem Spalier auf den Bürgersteigen. Meine Schwadron ritt als Traditionsschwadron der Ziethenhusaren direkt hinter dem Trompeterchor.

Wir wurden förmlich mit Blumen überschüttet, so daß viele von uns nicht mehr wußten, wo sie die vielen Sträuße lassen sollten. Wir steckten sie erst an die Uniform, dann den Pferden ins Zaumzeug und zuletzt an die Sättel. Die Menschen klatschten und winkten, und viele von den Älteren weinten.

Zwei Tage später wurden wir verladen, jeweils 8 Pferde und 8 Reiter in einen Güterwaggon. Kurz vor der Abfahrt passierte noch ein Zwischenfall, der mich unmittelbar betraf: Ich sehe – der Bahnsteig ist schon fast dunkel – eine schmale, weiße Gestalt mit suchendem Blick den Zug entlang gehen. Es ist ein auffällig hübsches Mädchen. Hälse recken sich, allgemeines Raunen: „Wo will denn die hin?!" Im Arm hält sie – als effektvollen Kontrast zu ihrem weißen Kostüm – einen Riesenstrauß roter Rosen. Es war fast wie am Ende eines Kitschfilms, nur spielte die Kapelle nicht „Es war einmal ein treuer Husar". Als das Mädchen näher kam, traute ich kaum meinen Augen: Es war meine Hildegard Zietz. Als sie neben mir stand, machte ich in meinem schäbigstes Drillichzeug keine allzu gute Figur. Von unserem Abschied weiß ich nur noch, daß ich die Rosen, auf die ich wahnsinnig stolz war, faute de mieux in einen Tränkeimer steckte. Das ist für mich die letzte Erinnerung an Rathenow.

2. MILITÄRJAHR IN GÖTTINGEN

Der Einzug in die neuen Kasernen erschien mir wie der Umzug eines Höhlenmenschen in eine Traumvilla. Vorbei war mit einem Mal die Zeit der Strohsäcke und Eisenöfen, der Holzfußböden und stinkenden Aborte. In Göttingens Ziethenkasernen auf dem Lohberg erwarteten uns nämlich helle Zimmer mit Matratzen in den Betten, Zentralheizung und gekachelte Waschräume mit Warm- und Kaltwasserduschen. Auch die Stallungen waren in allen Belangen mit den Jahrhundertbauten von Rathenow nicht zu vergleichen. Alles war praktisch und übersichtlich. So machten die automatischen Tränken der ewigen Wassereimer-Schlepperei ein Ende. Göttingen bot gegenüber dem verschlafenen Provinznest Rathenow viel mehr Unterhaltungsmöglichkeiten. Durch die zahlreichen Studenten war das Bild der Bevölkerung von Jugend und Lebenslust geprägt. Im Gegensatz zu uns waren die Pferde mit diesem Umzug ganz und gar nicht einverstanden. Göttingen liegt nämlich in bewaldetes Hügelland eingebettet; der Boden war lehmig, und so warteten auf die Tiere im Vergleich zum märkischen Sandboden große Anstrengungen. Besonders unangenehm war, daß die Hufe in dem klebrigen Untergrund fast steckenblieben und bei jedem Ausritt zahlreiche Hufeisen verloren gingen.

Wir lebten uns in die veränderten Verhältnisse schnell ein. Da die Kaserne außerhalb der Stadt lag, gewann mein Motorrad weiter an Bedeutung. Immer öfter mußte ich den Leutnant in die Stadt fahren. Da die Schwadron über kein eigenes Motorfahrzeug verfügte, hieß es fast täglich: „Reiter von Falkenhausen zur Schreibstube" und dann: „Holen Sie mal dies, holen Sie mal das". Die Zeit des Reiters v. F. ging ohnedies bald zu Ende, denn im Oktober kamen ja schon die neuen Rekruten, der Jahrgang 1937. Am 1. Oktober wurden 9 Angehörige des Jahrgangs 1936 zum Ausbildungsgefreiten befördert, darunter war auch ich.

Niemand kann sich heute vorstellen, was diese Beförderung für mich bedeutete: Nämlich von heute auf morgen so gut wie jedem Drill, jeder Schikane entronnen zu sein. Vorbei waren über Nacht die unzähligen kleinen Pflichten, die den Unteroffizieren täglich Gelegenheit gegeben hatten, uns ihre Macht spüren zu lassen. Zu

Ende war auch das entnervende Pferdeputzen. Wer die erste Stufe auf der Leiter der militärischen Hierarchie erklommen hatte, wurde automatisch selbst zu einem kleinen Gott. Von nun an war ich als Ausbildungsgefreiter für eine Gruppe von 14 Rekruten mitverantwortlich. Diese Neuen mußten jetzt all das über sich ergehen lassen, was ich im vorhergegangenen Jahr durchgemacht hatte. Wenn ich die armen Teufel scheuchte, hoffte ich immer, sie würden merken, daß das alles nicht persönlich gemeint war und einfach zum Metier gehörte.

Am Abend auf der Stube habe ich dann auch immer wieder angedeutet, daß der sogenannte Kasernenhofton einfach Routine war und daß beim Exerzieren das ewige „Hinlegen" und „Auf-Marsch-Marsch" zum kleinen Einmaleins der Ausbildung gehörte. Da wir angehenden Reserveoffiziersanwärter vom Leutnant besonders genau auf Führungseigenschaften beobachtet wurden, befand ich mich stets in einem Zwiespalt zwischen Müssen und Wollen. Wenn ich ehrlich bin, muß ich zugeben, daß mir das Vorgesetzter-sein Spaß machte. Erst viel später begriff ich die damit verbundene Verantwortung, daß Menschenführung eine große Kunst ist und daß Macht leicht zu deren Mißbrauch verführt. Zunächst aber genoß ich einfach die Befreiung von einem Leben, in dem ich nur Objekt oft primitiver Unteroffiziere gewesen war. Vom zweiten Jahr meiner Dienstzeit will ich nur über die für mich wichtigen Ereignisse berichten.

Zunächst ein paar Worte zur damaligen politischen Lage im Herbst 1937. Es war unverkennbar: Hitler rüstete mit aller Macht weiter auf. In keiner seiner Reden fehlte der Hinweis auf das militärische Wiedererstarken des Reiches. Immer unverhohlener wurden seine Drohungen gegen die sogenannten Siegermächte. Ermutigt durch die so glatt verlaufene Befreiung des Rheinlandes im Jahr 1936 stellte er immer maßlosere Forderungen, die wir aus der völlig gleichgeschalteten Presse und dem Radio erfuhren. Die Tendenz war immer die gleiche: Deutschland braucht Lebensraum, die deutschen Minderheiten in den Randstaaten, wie Sudeten- und Memeldeutsche, müssen *heim ins Reich,* denn das Ziel des *Führers* hieß: Vereinigung aller Deutschen in einem Großdeutschen Reich. Irgendwann in dieser Zeit begann ich unterschwellig zu ahnen, daß mein Soldatsein doch mehr war als eine Art Indianerspiel mit scharfer Munition. Die Gedanken an die Zukunft begannen sich allmählich zu verdunkeln.

Nach den ersten Wochen des Aneinandergewöhnens kam ich mit meinen Leuten sehr gut aus, und je länger wir beisammen waren, desto deutlicher spürten sie, daß ich kein Sadist war. Sie begriffen, daß ich von ihnen vieles verlangen mußte, das den Beteiligten oft recht unsinnig erschien. Typisch für das Zusammenleben von Soldaten ist folgende Episode. Was jeder Junge aus der Schule unter dem Begriff Klassenkeile kennt, das nannten wir beim Kommiß: Der heilige Geist kommt. Nun war in meiner Gruppe so ein sogenannter *Blindgänger,* der für alle sichtbar einfach nicht wollte und der durch sein Verhalten, einem Gemisch aus Unvermögen, Sturheit und Renitenz, unsere Gruppe immer wieder unangenehm auffallen ließ. Ständig wurde er von seinen Kameraden bearbeitet, sich doch zusammenzunehmen. Der Gedanke, ihm „den heiligen Geist zu schicken", kam aber nicht von uns, sondern von Leutnant Baum. Mir widerstrebten von jeher Aktionen, bei denen körperliche Gewalt angewendet wurde, aber ich machte mit, weil ein Vorgesetzter dabei sein mußte. In einer Nacht schlichen wir zu viert in das Zimmer des Delinquenten, zogen ihm die Decke über den Kopf und prügelten ihn windelweich. Ich weiß nicht mehr, ob diese Erziehungsmaßnahme geholfen hat.

Wenig später an einem Sportnachmittag war Boxen angesetzt, und ausgerechnet ich stand diesem *bestraften* Mann, der natürlich längst um meine Mittäterschaft wußte, Auge in Auge gegenüber. Mein Gegner war, was man im Volksmund einen Bullentyp nennt; von Beruf war er Hufschmied. In seinem Gesicht mit niedriger Stirn und tiefliegenden Augen glaubte ich zu lesen: Jetzt kommt die Stunde der Rache. Auf seinem Rücken waren noch deutlich die Prügelmale der nächtlichen Strafaktion zu sehen. Er war viel stärker als ich und begann sofort, auf mich einzudreschen. Es gibt Dinge, die man nie vergißt: So weiß ich noch genau, daß ich fast die Besinnung verlor, als mich die ersten Schläge am Kopf trafen. Mit dem Mut des Verzweifelten schlug ich zurück und traf den Burschen völlig absichtslos in der so empfindlichen Nierengegend. Die Wirkung war verblüffend. Vor Schmerz verzog mein Gegner das Gesicht und ließ die Fäuste sinken. Ich war viel zu schwach und viel zu benommen, um ihn k. o. zu schlagen, aber ich überstand, unterstützt von dem Gejohle der Zuschauer, diese kritischen 3 Minuten.

Mit der Zeit entwickelte sich zwischen mir und meinen Rekruten ein Kameradschaftsverhältnis. Ich lernte allmählich, daß man bei jungen Menschen am meisten erreicht, wenn sie Notwendigkeiten einsehen und ihr Ehrgeiz geweckt wird. Vor allem muß man ihnen zeigen, daß die eigene Macht nicht zu unnötigen Schikanen mißbraucht wird.

In den ersten Monaten meines Gefreitendaseins war ich am Abend von der ewigen Herumbrüllerei buchstäblich heiser, und ich mußte erst lernen, mit meiner Stimme hauszuhalten. Es klingt grotesk, aber es war allgemein üblich: Jeder Befehl, jedes Kommando wurde gebrüllt, als ob die ganze Rekrutengruppe nur aus Schwerhörigen bestände. Durch meine Beförderung hatte ich jetzt auch mehr Freizeit; täglich Ausgang bis Mitternacht und am Wochenende bis Montag zum Wecken. Zu Freundschaften, die über die übliche Stubenkameradschaft hinausgingen, kam es kaum. Die Unteroffiziere waren ausnahmslos Berufssoldaten und hielten auch außer Dienst auf Distanz. Nur die Freundschaft mit Gerd Becker hielt. Wir verbrachten die meisten dienstfreien Stunden zusammen. Ein Gang ins Kino, in Tanzlokale oder Restaurants, manchmal auch eine Spritztour mit meinem Motorrad in die nähere Umgebung waren unser eher bescheidenes Unterhaltungsprogramm.

Irgendwann habe ich mich dann auch wieder mit einem Mädchen angefreundet. Sie hieß Paula. Ich nannte sie Paulette. Sie war ein dunkelhaariger, etwas negroider Typ. Wir mochten uns richtig gern. Inzwischen war ich 22 Jahre alt und, so glaubte ich, ein gutaussehender junger Mann, und doch hatte ich noch nie mit einem Mädchen geschlafen. Wie schon bei den Rathenowerinnen spürte ich auch bei Paulette, daß sie mich zunächst für einen erfahrenen Liebhaber hielt und nur darauf wartete, mit mir ins Bett zu gehen. Dabei war ich auf diesem Gebiet zwar nicht theoretisch aber praktisch immer noch ein ahnungsloser Engel. Natürlich wollte ich auch, aber, war es nun die Angst, mich zu blamieren, war es mein Stolz, der nicht zuließ, meine Unerfahrenheit zu enthüllen, mir blieb das Letzte auch bei Paulette versagt. Im entscheidenden Augenblick unserer stürmischen Umarmungen wich ich immer wieder aus und entzog mich ihr im letzten Moment. Ich spürte genau, daß sie mich nicht verstand, mich nicht verstehen konnte, mich wohl am Ende schon für impotent hielt. Deswegen war ich in dieser Zeit oft recht unglücklich, denn ich vermochte die entscheidende Sperre einfach nicht zu durchbrechen.

Die angenehmste Unterbrechung des doch recht eintönigen Dienstalltags waren die Manöver. Sie dauerten gewöhnlich mehrere Wochen und fanden im Frühjahr und Herbst meist im Divisionsverband statt. Außer uns Kavalleristen waren fast alle Truppengattungen, wie Infanteristen, Artilleristen, Pioniere und Panzerabwehr beteiligt. Was also im Kleinen in der Garnison und auf Übungsplätzen geübt worden war, sollte jetzt im Manöver eine Bewährungsprobe im freien Gelände sein. Da waren wir, die Aufklärungsabteilung, ein kleines aber sehr wichtiges Rädchen dieser Maschinerie, die den Ernstfall probte. Wir waren es nämlich, die den *Feind* aufspüren mußten, und erst durch unsere Meldungen konnte sich die Führung ein Bild über dessen Standort, Stärke und Zusammensetzung machen. Meist noch bei Dunkelheit rückten die Spähtrupps mit bestimmten Erkundungsaufträgen ab, ausgerüstet mit Karabiner, Generalstabskarten, Kompaß und Ferngläsern, dazu reichlich Platzpatronen, um bei Feindberührung den Ernstfall möglichst naturgetreu nachzuahmen.

Für berittene Spähtrupps gibt es kein Geländehindernis, denn sogar im Durchqueren von Gewässern waren wir mit unseren Pferden ausgebildet. Der Leitspruch der Späher war: Alles sehen – selbst nicht gesehen werden; denn wurde ein Spähtrupp zu früh erkannt und vom *Feind* unter Feuer genommen, wurde er meist von einem Schiedsrichter, der uns begleitete, außer Gefecht gesetzt und durfte danach keinen Melder mehr losschicken. Die Parteien trugen zur Unterscheidung rote bzw. blaue Bänder um den Stahlhelm. War man *außer Gefecht,* mußten diese Bänder umgedreht und die gelbe Rückseite gezeigt werden. Für uns war es ein Vergnügen, zu viert durch die Landschaft zu reiten, wo einen niemand kontrollierte und der Erfolg von der eigenen Geschicklichkeit abhing. Natürlich war ich als Spähtruppführer sehr ehrgeizig und schlug *dem Feind* manches Schnippchen. Dabei kamen mir meine guten Augen zustatten und die bei der Jagd oft erprobte Fähigkeit, sich einem Ziel unerkannt zu nähern. Wurden wir trotzdem erkannt, jagten wir in gestrecktem Galopp davon, bevor uns die Schiedsrichter für *tot* erklären konnten. Wichtig war vor allem, daß unsere Meldungen möglichst schnell ihr Ziel erreichen und die Melder den auf der Karte eingezeichneten Gefechtsstand fanden. Deshalb wurden für die Spähtrupps nur intelligente Leute ausgesucht, die vor allem einen guten Orientierungssinn und auch sonst mehr Köpfchen als der Durchschnittslandser hatten. Jeden Tag um 5 Uhr nachmittags wurde *der Krieg* unterbrochen, und die Einheiten rückten in die Quartiere ein, die vorher von einem Vorkommando ausgesucht worden waren.

Für die einsamen Bauerndörfer Niedersachsens war eine solche Einquartierung ein Festtag, und besonders die Mädchen freuten sich, auf dem Manöverball einmal mit anderen jungen Männern zusammenzukommen. Oft wurden wir schon am Ortseingang von den Honoratioren des Ortes und der Dorfkapelle begrüßt. Einmal passierte mir bei einer solchen Gelegenheit eine lustige Geschichte: Ich hatte an diesem Tag mit einem Kameraden unseren Spähtrupp verloren. Ahnungslos ritten wir gegen Abend auf den uns als Sammelpunkt angegebenen Ort zu. Wir hatten einen Wald durchquert, und als an dessen Rand das Dorf in Sicht kam, hörten wir plötzlich Kommandostimmen, und dann tönte ein zackiger Marsch uns entgegen! Der Bürgermeister trat auf mich zu und wollte gerade zu einer Begrüßungsansprache ansetzen, als er bemerkte, daß das „Heer" noch gar nicht im Anmarsch war, sondern zunächst nur aus mir und meinem Begleiter bestand. Die Musik verstummte, und die sicherlich tagelang geübte Rede erstarb zu einem Stammeln. Ich klärte schnell das Mißverständnis auf und versicherte dem Empfangskomitee, daß in Kürze die ganze Schwadron folgen würde und dann Musik und Rede zu ihrem Recht kommen würden.

Wir Kavalleristen waren als Einquartierung besonders gern gesehen, weil fast alle Bauern vor dem 1. Weltkrieg bei der Kavallerie gedient hatten und nun darauf brannten, zu erfahren, wie sich gegenüber früher der Dienst geändert hatte. Vor allem wollten sie uns von ihrer eigenen Dienstzeit und ihren Kriegserlebnissen erzählen. Fast jeder Satz begann mit den Worten: „1914 – 18 war das so". Dann folgten ellenlange Geschichten, die meist vom Stellungskrieg, aber auch von Begegnungen mit der französischen Bevölkerung handelten.

Der in den Jahren 1936 – 38 wiedererwachte Nationalismus ist zum Teil dadurch zu erklären, daß sich so viele Deutsche der Weltkriegsgeneration auf die sogenannten Soldatentugenden aus *Kaisers Zeiten* wie Treue, Ehre, Tapferkeit besannen, die nach ihrer Ansicht durch den Nationalsozialismus zu neuem Leben erweckt worden waren. Das wurde mir klar, als ich im Manöverquartier immer wieder diese Männer in unverhohlener Begeisterung vom Soldatsein und Krieg sprechen hörte.

Natürlich wurden wir reichlich verpflegt, und oft kam so viel auf den Tisch, daß mir schon beim Anblick der Wurstberge flau im Magen wurde. An Ruhetagen, die nicht zu unserer sondern zur Erholung der *lieben* Pferde eingelegt wurden, fand dann abends der Manöverball in der Dorfwirtschaft statt. Die Dorfschönen erschienen vollzählig in ihrem Sonntagsstaat. Während sich die Offiziere am Honoratiorentisch langweilten, ließen wir Landser *nichts anbrennen*, und die meisten suchten eifrig auf der Tanzfläche nach Partnerinnen für die kommende Nacht. Nicht selten kam es am nächsten Morgen vor, daß der eine oder andere erst in letzter Sekunde vor dem Abmarsch von den Kameraden in einer Scheune im Heu – oft nicht allein – aufgestöbert wurde. Bei der Suche solcher Vermißter herrschte eiserne Kameradschaft, und sogar der gefürchtete Spieß drückte da ein Auge zu. Diese Gockel konnten sich dann am nächsten Tag kaum im Sattel halten, und ich habe es tatsächlich erlebt, daß alte Obergefreite im Sattel einschliefen und trotzdem nicht vom Pferde fielen!

Im Herbstmanöver 1938 war ich nicht mehr beritten, sondern als Kradmelder mit meiner eigenen BWM beim Schwadronstrupp eingeteilt. Das brachte mir große Vorteile: Vor allem war ich endlich von der Last der ständigen auch im Manöver aufrechterhaltenen Pferdebetreuung befreit. Zwar wurde alles viel großzügiger gehandhabt als in der Kaserne, aber gefüttert, getränkt, geputzt und bewacht mußten die Biester doch werden. Verlor dann ein Tier auch noch ein Hufeisen, mußte es neu beschlagen werden, und wieder war eine Stunde Freizeit verloren. Das Motorrad war mein Eigentum, und niemand kümmerte sich darum. Im Quartier angekommen, stellte ich es in irgendeine Ecke und hatte, was den Dienst betraf, bis zum nächsten Morgen ausgesorgt. Zudem erhielt ich noch Kilometergeld, eine willkommene Nebeneinnahme.

Meine Aufgaben während des Manövers waren denkbar einfach, denn ich hatte nichts mehr mit den unmittelbaren *Kampfhandlun-*

gen zu tun, sondern wurde nur als Melder zwischen Schwadron und Abteilung eingesetzt oder mußte die Offiziere der Schwadron zu irgendwelchen Lagebesprechungen fahren. Wenn der Ruf erscholl „Oberleutnant sowieso nach vorn!" stand ich stets bereit und preschte mit dem jeweiligen Offizier an der Kolonne entlang zu dem befohlenen Treffpunkt. Die Herren auf dem Soziussitz haben dabei sicherlich Todesängste ausgestanden, denn oft war zwischen der Kolonne und dem Straßengraben kaum ½ Meter Platz. Ich machte mir einen Spaß daraus, möglichst waghalsig diese schmale Gasse entlangzuflitzen. Da kam es vor, daß mein Hintermann mir plötzlich ins Ohr schrie: „Mensch, fahr langsam, Du bringst uns ja um!".

Als stiller Zuhörer bekam ich bei den Besprechungen ein Bild davon, wie die Befehlsgebung in einem größeren Verband funktionierte und nach welchen Gesichtspunkten die hohen Herren ihre Entschlüsse faßten, die dann in Befehle an die unterstellten Einheiten umgewandelt wurden.

Beinahe hätte mich dieser Motorradjob das Leben gekostet. An einem Sonntag war Ruhetag für die Truppe, und ich mußte mit einem Auftrag in die Kaserne nach Göttingen zurückfahren. Dort waren nur ein paar Leute zurückgeblieben, die mich mit großem Hallo begrüßten. Natürlich wurde in der Kantine anständig einer gehoben. Soldaten saufen einfach bei jeder sich bietenden Gelegenheit. Danach mußte ich einen Zivilisten in die Stadt fahren. Vom Kasernengelände geht es ziemlich steil bergab, und ich brauste mit voller Pulle den Lohberg hinunter. An einer Kreuzung – es gibt sie noch immer, und ich habe sie kürzlich beim Besuch meines Sohnes besichtigt – hatte ich offenbar keine Vorfahrt. Von links kam ein Auto, das ich mit derartiger Wucht torpedierte, daß es fast in zwei Teile gespalten wurde. Ich flog dabei mit dem Kopf durch eine Seitenscheibe, mein Soziusfahrer in hohem Bogen darüber hinweg gegen eine Mauer. Der an die Unfallstelle gerufene Arzt sagte, nachdem er mich kurz untersucht hatte: „Exitus!" und ließ mich einfach liegen, um sich um meinen Beifahrer zu kümmern.

Zum Glück sahen mich zwei Mädchen liegen, die mit ihrem Wagen an der Unfallstelle anhalten mußten. Kurz entschlossen verfrachteten sie mich in ihr Auto und fuhren mich in die Uni-Klinik. Am Unfallort ohne Besinnung hatte ich dann aber auf der Bahre, auf dem Weg in den OP noch einige lichte Momente, bevor ich für 2 Tage in eine tiefe Ohnmacht fiel. In dieser Zeit lag ich, wie ich später erfuhr, unter ständiger Bewachung durch eine Schwester im Zimmer für die fast hoffnungslosen Fälle. Als ich erwachte, trieb mich meine Eitelkeit sofort vor den Spiegel, aus dem mich ein bis auf etwas Gesicht vollkommen weiß eingewickelter Kopf ansah, den ich nur mühsam als meinen eigenen erkannte. Der hereinkommenden Schwester entrang sich ein spitzer Schrei, denn sie sollte darüber wachen, daß ich nicht aufstand. Nach diesem Wiedererwachen döste ich noch 24 Stunden stark benommen vor mich hin, aber dann hatte mich die Erde wieder. Wie durch ein Wunder hatte ich keine Schädelfraktur, sondern nur eine sehr schwere Gehirnerschütterung. Immerhin war meine Lockenpracht schon im OP dem Rasiermesser zum Opfer gefallen, bevor sich die Ärzte entschlossen, mit einer Operation zu warten.

Nach ein paar Tagen besuchten mich meine Eltern. Mimi hatte Hals über Kopf den Besuch der Weltausstellung in Paris abgebrochen. Ich bedauerte Papi, daß er die weite Reise von Giesmannsdorf nach Göttingen hatte machen müssen. Bei solchen Besuchen hat man sich in der nüchternen Krankenhausatmosphäre meist nicht viel zu sagen, zumal ich mir überhaupt nicht bewußt war, daß ich mich um ein Haar erschlagen hätte. Mit wiederkehrender Lebenskraft genoß ich die Aussicht auf einige Wochen Genesungsurlaub! Mimi nahm sofort meine Pflege selbst in die Hand, blieb 8 Tage und umsorgte mich rührend. Ich glaube, vor allem die Ärzte waren froh, als sie wieder abfuhr, denn Mütter mit ihrer ewigen Fragerei und ihren Vorschlägen zum Wohle des Patienten gingen ihnen bestimmt wahnsinnig auf die Nerven.

Aber auch nach Mimis Abreise ging mir nichts ab, denn regelmäßig erschienen abwechselnd meine Retterinnen am Krankenbett mit Blumen, Früchten und anderen Leckereien. Leider entsprachen beide nicht meinem Typ, so daß der von ihnen allzu offensichtlich erhoffte Flirt nicht zustande kam. Außerdem war ja auch Paulette noch da. Als sie davon erfuhren, versiegte bald die an sich so angenehme Delikatessenquelle.

Die Therapie besteht bei Gehirnerschütterungen nur darin, daß der Patient 3 Wochen möglichst unbeweglich auf dem Rücken liegen muß. Besonders unangenehm empfand ich als notorischer

Langschläfer, daß für die mit Bewegungsverbot belegten Kranken schon morgens um 7 Uhr der Friseur zum Rasieren erschien. Bald aber hatte ich eine Schlaftechnik entwickelt, die mir ein Weiterschlummern während der Verschönerungsprozedur ermöglichte. Auch Leutnant Baum und viele Kameraden kamen nach ihrer Rückkehr aus dem Manöver mich besuchen, und ich brauchte nicht über Langeweile zu klagen. Nach 4 Wochen wurde ich entlassen, erhielt 3 Wochen Genesungsurlaub, den ich natürlich in Giesmannsdorf verbrachte. Erst da merkte ich, wie stark reduziert ich noch war. Besonders unangenehm empfand ich, daß für mich die Rebhuhnjagd ausfallen mußte, weil jeder Schuß sofort große Kopfschmerzen auslöste. Auch nach jedem Schluck Alkohol stellten sich die gleichen Symptome ein.

Die politischen Ereignisse des Jahres 1938 zeigten, daß die internationale Lage voller Brisanz war. Der Anschluß Österreichs an das Reich, die Heimkehr der Ostmark, wie *der Führer* es nannte, wurde natürlich von den Medien als ein einziger Triumph Hitlers dargestellt. Wir ahnten nichts davon, daß dieser in den entscheidenden Tagen die österreichische Regierung brutal erpreßt hatte. Keinen Moment zögerte er nach der ohne jeden Widerstand verlaufenen Rheinlandbesetzung, auch ein zweites Mal die Wehrmacht marschieren zu lassen. Wie zu erwarten, wurden die Soldaten in ganz Österreich mit grenzenlosem Jubel empfangen. Das Bild, das Hitler auf dem Balkon der Hofburg zeigt, und die Worte, die er hervorschreit: „Hiermit melde ich vor der Geschichte die Heimkehr meiner Heimat, der Ostmark, in das deutsche Reich!!" ist wohl in aller Welt für immer unvergessen. Was sich aber hinter den Kulissen dieses Triumphes vor- und nachher in Österreich an Grausamkeiten, Folterungen und Verfolgungen von Antinazis abspielte, ahnte damals kaum jemand. Nachdem dieser Coup so reibungslos und unblutig geglückt war, begann Hitler weitere Forderungen zu stellen. Sein nächstes Ziel war *die Heimkehr* des Sudetenlandes. Ich hörte zwar seine großmauligen Reden im Radio, konnte mir aber überhaupt nicht vorstellen, daß dieser Mann sogar Gewalt anwenden würde, sollten seine Forderungen nicht erfüllt werden. Es ist wohl ein Zeichen dafür, wie jung und unbeschwert ich damals noch war, daß ich nur ganz im Heute lebte, weder Vergleiche mit der Vergangenheit zog, noch Prognosen stellte. Ältere Menschen waren da schon viel besorgter und kritischer, wie ich aus ihren Unterhaltungen heraushörte. Ich schenkte diesen Stimmen als Optimist, der ich nun einmal war, kaum Beachtung, zumal Zeitungen und Radio die Lage so darstellten, als ob alles in bester Ordnung sei. Positives war nach den Notjahren ja in der Tat nicht zu übersehen: Der Bevölkerung ging es gut, alle hatten Arbeit. Neue Festtage wurden pompös mit Massenaufmärschen gefeiert, so zum Beispiel der Tag der Arbeit und der Erntedanktag. Die Nazis waren Meister in der Organisation solcher Spektakel, und der Großteil der Bevölkerung ließ sich blenden, denn sie hatten nun beides: panem et circenses. Für viele – und das waren nicht die schlechtesten Deutschen – hatte die Tatsache Vorrang: Groß-Deutschland, wie es jetzt hieß, war auch nach außen wieder erstarkt und hatte eine Wehrmacht, vor der offenbar alle Nachbarn Respekt hatten.

Nach drei erholsamen Wochen kehrte ich in meine Garnison nach Göttingen zurück. Völlig unerwartet für mich hatte mein Unfall noch ein gerichtliches Nachspiel. Der von mir torpedierte Wagen wurde nämlich von zwei Oberfähnrichen der Luftwaffe gefahren, die das Auto geliehen hatten. Sie erstatteten Anzeige gegen mich und verlangten Schadenersatz. Außerdem hatte ich wohl auch noch ein paar militärische Vorschriften übertreten. So war Fahren ohne Stahlhelm und Mitnahme von Zivilisten bei einer Dienstfahrt verboten. Jedenfalls kam mein Fall vor ein Militärgericht in Kassel. Die ganze Verhandlung war eine ziemliche Farce. Wieso ich freigesprochen wurde, weiß ich nicht mehr. Ich erinnere mich nur noch an einen Satz aus der Urteilsbegründung: „Der Angeklagte ist durch den erlittenen körperlichen Schaden genügend bestraft". Ich dachte jedenfalls: „Ihr könnt mich mal". Anschließend fuhr ich mit meiner inzwischen reparierten Maschine nach Göttingen zurück.

In diesen Wochen machte auch die Presse kein Hehl mehr daraus, wie kritisch sich die europäische Lage entwickelt hatte. Die Tschechenkrise trieb allmählich ihrem Höhepunkt zu. Ich erschrak zutiefst, als deutlich wurde, daß der Einsatz von Truppen nicht mehr auszuschließen war. Zwar durften zunächst nur die Offiziere wissen, daß *etwas im Busch* war, aber natürlich sickerte doch einiges durch. Ich weiß noch, daß sich in diesen Tagen bei mir erstmals ein komisches Gefühl in der Magengegend bemerkbar machte. Es sollte auch später ein untrügliches Zeichen für mich dafür sein, daß eine unmittelbare ernste Gefahr bevorstand. Dieses Gefühl ist wohl der Vorbote der Angst. Ich hatte mich nicht getäuscht. Denn einige Tage später wurden alle Unterführer der Schwadron zusammengerufen und ihnen eröffnet, daß eine Besetzung der Tschechoslowakei nicht mehr zu umgehen sei und diese Aktion voraussichtlich nicht so unblutig verlaufen würde wie der Einmarsch in Österreich. Das war kein leeres Gerede, denn auf einmal standen Übungsvorhaben wie Angriff gegen Bunkeranlagen, Erkundung in bewaldetem Gelände, Kämpfe in Ortschaften auf dem Dienstplan, die bisher in unserem Ausbildungsprogramm fehlten.

Ins letzte Vierteljahr meiner Dienstzeit fiel meine bevorzugte Beförderung zum Unteroffizier. Nie in meinem soldatischen Leben war ich so stolz; denn nur zwei aller Reserveoffiziersanwärter des Regiments wurden vorzeitig zum Unteroffizier ernannt. Nun änderte sich für mich das Kasernenleben abermals entscheidend. Ich bekam mein eigenes Zimmer und einen Burschen, eine Art militärischen Kammerdiener. Außerdem hatte ich nichts mehr mit den subalternen Dingen des Dienstes zu tun, befehligte sogar jetzt auch ab und zu die Wache am Tor, duzte mich mit all denen, die mich noch am Tag vorher rumkommandieren durften. Ich gehörte nun zu den ‚Upperten' der Schwadron. Natürlich hatte ich diese Bevorzugung Leutnant Baum zu verdanken, mit dem mich inzwischen eine Art Freundschaft verband. Immer öfter saßen wir abends auf seiner Stube beisammen. Irgendwie war er ein großer Junge geblieben und hatte wohl an meiner unorthodoxen Dienstauffassung, bei der die menschliche Seite ganz im Vordergrund stand, seine Freude.

Trotz der gespannten politischen Lage wurde im August 1938 unser ganzes Regiment nach Nürnberg verlegt, um am Reichsparteitag teilzunehmen. Es war das erste Mal, daß die Wehrmacht sich an dieser alljährlich stattfindenden Schau beteiligte, in erster Linie wohl deshalb, um vor den ausländischen Gästen militärische Stärke zu demonstrieren. Soldaten und Pferde wurden in großen Zelten untergebracht, und volle 4 Wochen wurden die Vorführungen und die Parade für den Parteitag geübt. Es war ein Monster-Zirkus; denn was wir da auf der Zeppelinwiese, einer riesigen 150.000 Zuschauer fassenden und von Tribünen umgebenen Arena vorführten, hatte mit militärischem Einsatz überhaupt nichts zu tun. Dies war nur eine große Schau, in der allenfalls die exakte Disziplin der Truppe unter Beweis gestellt wurde und der preußische Drill Triumphe feierte. Infanterie und Artillerie allerdings führten mit riesigem Getöse und einem enormen Aufwand an Übungsmunition eine Minischlacht vor, die zwar wie ein einziges Durcheinander wirkte, bei der aber doch jedes kleinste Detail eingeübt war.

Mir wurde die Ausschmückung der Zelte übertragen, eine Sonderaufgabe, die mir viel Spaß machte und die mich fast täglich mit dem Krad in das Stadtzentrum von Nürnberg führte. Dort kaufte ich überlebensgroße Hoheitsadler, Fahnen, Wandbespannungen usw. ein. Die Farben Rot und Gold dominierten und verwandelten bald das Innere unserer Zelte so sehr, daß ein Uneingeweihter annehmen konnte, daß hier ein Faschingsball gefeiert werden sollte! Bei meinen Einkaufsfahrten lernte ich das wunderschöne alte Nürnberg recht gut kennen. Wie konnte ich ahnen, daß auch diese Stadt in Schutt und Asche sinken würde.

Der eigentliche Parteitag dauerte 4 Tage. An den ersten drei Tagen präsentierten sich die einzelnen Parteiformationen wie SA, SS, und auch der Arbeitsdienst. Der Höhepunkt des Spektakels war jedoch der Tag der Wehrmacht. Am Vormittag marschierten alle teilnehmenden Truppenteile auf der Zeppelinwiese zur Paradeaufstellung auf. Ein General führte über Lautsprecher das Kommando. Schon lange vor Beginn der Darbietungen war die riesige Tribüne an der Stirnseite überfüllt. Neben geladenen Gästen aus aller Welt saßen dort die Spitzen der zahlreichen Parteiformationen, der Wehrmacht, der Industrie und was sonst noch Rang und Namen hatte. Der Aufmarsch der Truppen dauerte wohl 1 ½ Stunden, bis als letztes unser Kavallerieregiment einrückte. Man wollte den Pferden eine zu lange Wartezeit ersparen. Um 12 Uhr sollte *der Führer* eintreffen. Als dann endlich das Kommando „Stillgestanden" und „Achtung, präsentiert das Gewehr" ertönte, war es so weit. Die Luft schien, vom Präsentiergriff Tausender von Soldaten, wie von einem Kanonenknall zu erzittern. Die Zuschauer sprangen von ihren Sitzen auf und brachen in frenetischen Beifall aus. Im gleichen Augenblick erschien die Autokolonne Hitlers am Stadioneingang.

In einem offenen schwarzen Mercedes neben dem Fahrer stehend, fuhr er, die Hand zum *deutschen Gruß* erhoben, die Front der

Soldaten ab. Ich stand in der ersten Reihe und sah ganz nah sein Gesicht, das wie versteinert wirkte. Diese Sekunden haben bei mir keinen nachhaltigen Eindruck hinterlassen.

Als unmittelbar Beteiligte für das Gelingen dieser ganzen Theateraufführung mitverantwortlich, dachten wir nur das eine: „Hoffentlich klappt alles". Auf die Zuschauer aber machten natürlich nicht nur die Vorführungen, sondern noch mehr das ganze Drum und Dran einen unauslöschlichen Eindruck wie zum Beispiel die Tausende von Hakenkreuzfahnen, die den Platz säumten, und die ständige Marschmusik zur Untermalung des ganzen Schauspiels. Der Höhepunkt für alle war jedoch: Sie sahen *den Führer*. Als Hitler seinem Wagen entstieg und sich mit erhobener Hand den Zuschauern zuwandte, da brauste aus Tausenden von Kehlen über das Stadion ein Schrei, der an Hysterie grenzte und der nicht enden wollte. Minutenlang skandierte die Menge: „Sieg heil, Sieg heil!" und „Führer befiehl, wir folgen!"

Die dann Stunden dauernden Vorführungen klappten wie am Schnürchen. Das Ende des Tages bildete der Vorbeimarsch am Führer. Unser Regiment kam am Schluß dieser Parade. An der Spitze ritt das Trompeterkorps, angeführt wie immer vom Tambourmajor. Es folgte ganz allein reitend der Regimentskommandeur, dahinter der Regimentsstab. Danach kam schon unsere Schwadron, die Traditionsschwadron der Ziethenhusaren. Ich war rechter Flügelmann der ersten Zwölferreihe und ritt auf zirka 2 m an Hitler vorbei. Ein leichter Schauer überlief mich wie wohl jeden, der in dieses auch jetzt wie versteinert wirkende Antlitz blickte.

Am nächsten Tag waren dem Vorbeimarsch unseres Regiments in der Berliner Illustrierten mehrere Seiten gewidmet und auf der Titelseite ganz groß mein Konterfei.

Zum Abschluß des Parteitages hielt Hitler seine große, vom In- und Ausland mit Spannung erwartete Rede, denn das Tauziehen um das Sudetenland war ja noch keineswegs vorbei. England und Frankreich hatten wohl die Unberechenbarkeit Hitlers inzwischen erkannt und wußten: Es geht um Krieg oder Frieden. Ich weiß von dieser Rede, die wir in unserem Zelt aus den Lautsprechern hörten, nur noch dies eine: Zunächst waren alle erleichtert, daß Hitler es bei Drohungen bewenden ließ und offenbar den Rubikon noch nicht überschreiten wollte. Der Wortlaut eines einzigen Satzes am

Schluß der Rede, an den ich mich noch erinnere, klang wie eine das Verhängnis ankündigende Drohung: „Und hinter mir steht das deutsche Volk in Waffen!!" Gerade dieser Satz, von Hitler herausgeschrien, löste einen Taumel der Begeisterung unter den deutschen Zuhörern aus. War dieses Volk so dumm? Oder wollte es einfach nicht begreifen, daß Hitler schon damals entschlossen war, eines Tages diese Waffen zu gebrauchen?

Auch in den nächsten Wochen ließ die nervenaufreibende Ungewißheit nicht nach, denn die Verhandlungen zwischen Chamberlain und Hitler zogen sich immer wieder hin, bis es schließlich zwischen Daladier, Mussolini, Chamberlain und Hitler zum Münchener Abkommen kam. Die Welt atmete auf! Ich habe diese spannungsgeladene Zeit wohl besonders intensiv erlebt und auf jede Nachricht mit Bangen gewartet; denn mir war allzu klar, daß der Einsatzbefehl über Nacht kommen konnte. Schon die Tatsache, daß sich aufgrund der Krise unsere am 1. Oktober fällige Entlassung verschob, machte den Ernst der Situation deutlich. Aber der Kelch ging noch einmal an mir vorüber.

Endlich konnte ich für immer die Lohberg-Kaserne verlassen. Wie komisch sahen wir alle an diesem Entlassungstage in unseren Zivilanzügen aus! Der Abschied von Leutnant Baum war leider etwas frostig; er hatte mir übelgenommen, daß ich nach meiner Beförderung plötzlich alle Viere von mir streckte und einen betont ruhigen Ball schob. Er war wohl dem fatalen Irrtum erlegen, zu glauben, daß ich wie er ein passionierter Soldat sei.

LANDWIRTSCHAFTSLEHRE IN GÜNTHERSDORF

Wie lebte ich auf, als endlich der ganze Zwang der Wehrpflicht zu Ende war; es war, als erwachte ich aus einem bösen Traum oder besser umgekehrt; als morgens um 4 niemand mehr „Aufstehen" und gleich darauf „Kaffeeholer raustreten" schrie, glaubte ich zu träumen. Als ich heimkehrte, begriff ich erstmalig, wie schön Giesmannsdorf war. Man lernt den Wert der Dinge wohl erst im erlebten Kontrast kennen, so wie der Durstende die Köstlichkeit des Wassers, der Frierende die wohltuende Wärme der Sonne. Ich will damit sagen, alles, was man täglich sieht und hat, wird zur Selbstverständlichkeit; der wahre Genuß kann nur aus vorherigem Mangel erwachsen. So genoß ich damals im Herbst 1938 in vollen Zügen mein Zuhause, *sah* den Reichtum, die Bequemlichkeit, *schmeckte* die vorzügliche österreichische Küche und wurde mir bewußt, was es bedeutet, frei zu sein. Ein großes Gefühl der Erleichterung erfüllte mein ganzes Wesen, denn ich glaubte, daß ich über alles, was nun in meinem Leben folgen würde, selbst bestimmen könnte und Unterwerfung unter Arbeit und Pflicht freiwillig geschähe.

Hinsichtlich eines späteren Berufs war es fast selbstverständlich, daß ich Landwirtschaft studieren wollte, denn meine Anlagen und Interessen waren auf diesen naturnahen Beruf gerichtet. Wenn ich an meine Zukunft dachte, hatte ich eigenartigerweise immer vor Augen, wie ich Giesmannsdorf bewirtschaften könnte. Obwohl mir ja das kleine, recht abseits gelegene Gut Gläsendorf schon gehörte, kam ich nie auf die Idee, einmal dort mein Leben zu verbringen. Es schien mir auch das Vernünftigste von der Welt, wenn mein älterer Bruder, der Chemie studierte, die Fabriken und ich einmal die Landwirtschaft übernehmen würde. Wie mein konservativer Vater letztlich entschieden hätte, stand allerdings in den Sternen. Die Entwicklung hat verhindert, daß mir die wohl größte Enttäuschung erspart blieb und daß ich auf Giesmannsdorf zu Gunsten meines Bruders hätte verzichten müssen. Denn mit Gläsendorf verband mich nichts, mit Giesmannsdorf alles – ich kann sagen, ich liebte es.

Nach ein paar Wochen Nichtstuns in Friedenthal begann ich mein landwirtschaftliches Praktikum – ein Jahr vor Beginn des Studiums vorgeschrieben – auf dem Besitz meiner Großtante Rena, der Herrschaft Deutsch-Warttemberg in Niederschlesien.

Der Minister Rudolf Friedenthal, mein Urgroßvater, hatte zwei Töchter, von denen eine, Elsbeth, meinen Großvater heiratete, den Besitzer des Gutes Bielau. Dort war mein Vater als erstgeborener Falkenhausen aufgewachsen. Bereits damals stand fest, daß der älteste Sohn aus dieser Ehe Giesmannsdorf, den Stammsitz der Friedenthals, erben sollte. Seiner zweiten Tochter Renate vererbte der Minister Friedenthal die Herrschaft Deutsch-Warttemberg. Wir nannten es einfach Günthersdorf, weil in dem Ort mit gleichem Namen das Schloß lag. Dieser traumhafte Besitz in einer Gesamtgröße von 27.000 Morgen, davon ⅔ Wald, war auf recht abenteuerliche Weise in den Besitz der Friedenthals gelangt. 1815 beim Wiener Kongreß verliebte sich Napoleons Außenminister Talleyrand in die Herzogin von Dino und schenkte ihr – das ging damals offenbar so einfach – Günthersdorf (nachzulesen in dem Roman „Venus am Abendhimmel"). Die Dinos wirtschafteten wohl so schlecht, daß sie die Herrschaft nicht halten konnten. Der alte Friedenthal, wie wir meinen Urgroßvater nannten, hat auch da seine gute Nase für solche Gelegenheitskäufe bewiesen und erwarb Deutsch-Warttemberg. Dort sollte ich Jahrzehnte später als landwirtschaftlicher Eleve landen.

Tante Rena war ein Original. Den ersten Teil ihres Lebens verbrachte sie, damals noch eine viel bewunderte Schönheit, in den Hauptstädten Europas. Ihr Mann, der Freiherr von der Lancken-Wakenitz, war nämlich Botschafter im Kaiserreich, und es klang für mich wie Geschichten aus einer anderen Welt, wenn sie erzählte, wie sie in Paris, Madrid und Rom in der deutschen Botschaft, umgeben von Dienern und Zofen, im wahrsten Sinne des Wortes Hof hielt. Nach dem 1. Weltkrieg wurde die Ehe kinderlos geschieden, und natürlich schielten alle potentiellen Erben auf den herrlichen Besitz Günthersdorf. Wohl um mir einen kleinen Vorsprung vor den anderen 15 Großneffen in Richtung dieser Erbschaft zu verschaffen, hatten meine Eltern mir den nicht sehr klangvollen Namen Rudolf gegeben, weil der auch der Vorname des Ministers war.

Tante Rena lebte seit ihrer Scheidung auf Günthersdorf vollkommen zurückgezogen allein in dem Riesenschloß mit zig Zimmern, mit Anbauten wie einer Orangerie und allem Drum und Dran aus besseren Zeiten. Im Laufe der Jahre entwickelte sie eine fast krankhafte Sparsamkeit, um nicht zu sagen: Sie war geizig. Dazu kam ein grenzenloses Mißtrauen gegenüber jedermann, denn natürlich hatte sie von der Verwaltung eines solchen Riesenbesitzes keine Ahnung, hatte sich aber Unterschriftsvollmacht bei allen wichtigen Entscheidungen vorbehalten. Das führte zu endlosen Kämpfen mit ihren Bevollmächtigten. Aber darüber später. Jedenfalls handelte sie stets nach der Maxime, die ihr Vater ihr mit auf den Weg gegeben hatte: „Renchen, halte alles gut zusammen!" und das tat sie, weiß Gott! Diese Sparsamkeit führte so weit, daß sie verbot, im Schloß elektrisches Licht zu legen, und man dort noch 1938 die Abende beim Schein von Petroleumlampen und dem helleren Acetylenlicht verbrachte. Letzteres durfte aber wiederum nur in ihrem Zimmer installiert werden. Während sie mit ihrem Mann auf Reisen war, hatte sie die schönsten Möbel zusammengetragen und diese nach Günthersdorf bringen lassen. Da standen sie nun, Schrank an Schrank mit herrlichen Einlegarbeiten, Tische, Kommoden, Stühle usw. aus allen Kunstepochen, füllten Räume und Gänge und moderten vor sich hin. Nichts, aber auch gar nichts durfte verändert werden. Das ständige Dämmerlicht trug dazu bei, daß das Ganze wie ein Geisterschloß wirkte. Wenn Tante Rena, die immer das gleiche Paar vollkommen ausgelatschter Pantoffeln trug, dahergeschlurft kam, hinter ihr der kahlköpfige Diener Josef mit hocherhobener Petroleumlampe, dann war das wie eine Szene aus Grimms Märchen, in der die Kinder Furcht beschleicht.

Der allmorgendliche Rundgang durch Park und Gärtnerei hatte für mich etwas Einmaliges. Da wurde sie vom Chauffeur Emil, – er erinnerte mich an eine Figur von Edgar Wallace – gleichfalls glatzköpfig, riesig groß und stets grinsend und dem Förster, dem *geliebten Elmenhorst,* wie sie ihn nannte, begleitet. Neben ihr schritt ein schwarzer Schäferhund, *der geliebte Waui,* dem sie ihre Sorgen stets zuerst mitteilte. Zum Beispiel so: Wenn Elmenhorst sagte: „Es gibt jetzt keine Pilze", war ihr Gedankengang aufgrund ihres steten Mißtrauens: Die sind nur zu faul, Pilze zu suchen. Dann sagte sie: „Hörst Du, Waui, sie wollen die arme Frau Baronin verhungern lassen".

Gekleidet war sie wie eine Pariser Clochard und trotzdem immer noch in ihrer ganzen Haltung eine Grande Dame. Um mit ihrem Aufzug unten zu beginnen: an den Füßen die bereits erwähnten Pantoffeln, von denen Onkel Rudi frivol sagte: „Wenn sie mal tot ist, nagele ich mir die Dinger über's Bett!". Dann kamen ein Paar meist zu weite Baumwollstrümpfe, ⅔ bedeckt von einem grauen Kattunrock, die Bluse in einem undefinierbaren gelblich-weiß, darüber ein gehäkeltes schwarzes Tuch. Gekrönt wurde das Ganze von einer karierten Jockeymütze, Relikt von Onkel Oskar aus besseren Tagen, oder einem großen Strohhut. Bei jedem Wetter trug sie einen stets aufgespannten schwarzen Regenschirm, der zahlreiche Schadstellen aufwies. Wie ich schon sagte, hatte ihre Erscheinung trotz der *Maskerade* stets etwas Ehrfurchtgebietendes, denn sie bewegte sich souverän, und ihr Gesicht umrahmt von wunderschönem weißen Haar hatte noch jene ebenmäßige Schönheit, die ich immer wieder auf überlebensgroßen Portraits, die in schweren Goldrahmen im Schloß hingen, bewunderte. Diener und Förster gingen stets *Chapeau bas* in gebührendem Abstand hinter ihr, während sie, wie einst wohl auf den Promenaden in Paris, Konversation machte. Nie wurde sie angesprochen und jede Antwort, jede Frage leiteten ihre Begleiter mit *Frau Baronin* in der dritten Person ein. Das Ganze glich einer Groteske, wie ich sie in solcher Originalität nie wieder erlebt habe.

Der Minister Friedenthal, der Name deutet schon darauf hin, war getaufter Jude. Natürlich brachte das für Tante Rena und auch für die anderen seiner Nachkommen unter den Nazis Schwierigkeiten mit sich. Wir besaßen Gott sei Dank ein Handschreiben Bismarcks, in welchem dieser seinen Landwirtschaftsminister zur Reichsgründungsfeier 1871 nach Versailles einlud. Dieses Schreiben hat Tante Rena und auch die Falkenhausens vor manchen Unannehmlichkeiten bewahrt. Einmal hatte Tante Rena jedoch einen Zusammenstoß mit einer örtlichen Nazigröße, die ihr unflätige Worte über ihre Abstammung an den Kopf warf. Das brachte ihre Selbstsicherheit ins Wanken. Sie verstand diese Welt nicht mehr und zog daraus die Konsequenz. Von dem fraglichen Tag an verließ sie ihre Räume im ersten Stock des Schlosses nicht mehr und war fortan nur noch für ihre engsten Vertrauten zu sprechen. Die Dienerschaft zog daraus ihrerseits rasch Konsequenzen und ließ im Erdgeschoß elektrisches Licht legen!

Ich selbst kann nicht sagen, daß zwischen mir und Tante Rena während meiner Lehrzeit in Günthersdorf ein engeres Vertrauensverhältnis entstand. Das lag wohl daran, daß unsere Leben zwei

Generationen trennten und daß ich dabei war, mit großer Vitalität ins eigentliche Leben zu treten, während sie Fülle und Höhepunkte ihres Lebens schon hinter sich hatte. Für mich war sie wie die wunderliche Alte im Märchen, die aus ihrem Schloß hervorkam, in dessen Ecken Spinnen und Fledermäuse lebten, und über das man sich wunderliche Dinge erzählte. So zum Beispiel, daß es im Keller geheime Kammern gäbe, in denen Berge von Schmuck und Perlen darauf warteten, einmal entdeckt zu werden, oder daß Hunderte Flaschen Weins der besten Jahrgänge in den Gewölben verdarben.

Mit Argusaugen wachte Tante Rena darüber, daß keiner Pflanze ums Schloß und in der näheren Umgebung ein Leid geschah, und ich erinnere mich an ihren strafenden Blick, als ich auf ein winziges Pflänzchen trat, das aus der Spalte zwischen zwei Platten der Schloßtreppe hervorwuchs. Typisch für sie ist auch, daß im Park kein trockener Baum geschlagen werden durfte – er wurde mit Efeu berankt. Als ein Sturm einen großen Teil der zum Schloß führenden Lindenallee entwurzelte, brachte sie es fertig, die Glogauer Pioniere zu alarmieren, die mit Winden und Kränen erschienen und die riesigen Bäume wieder aufrichteten und an Stahltrossen befestigten!

In der Umgebung des Schlosses erstreckten sich große Waldungen mit zum Teil wunderschönen unter Naturschutz stehenden jahrhundertealten Baumbeständen, die große Wiesenflächen umrahmten, auf denen am Abend ungezählte Rehe auszogen. In nahen Sümpfen nistete sogar noch der Trompetenreiher, ein herrlicher Vogel, dem ich in meinem späteren Leben nie wieder begegnet bin und dessen kehliger Schrei in der Dämmerung zu hören war. Große Teile des Besitzes bestanden jedoch nur aus eintönigen Kiefernwäldern. Sie hatten auch ihren Reiz, der in erster Linie in der dort herrschenden großen Ruhe lag. Stundenlang konnte man durch diese Einsamkeit gehen und pirschen, ohne einem Menschen zu begegnen. Die Partien entlang der Oder liebte ich besonders. Dort war eine ganz andere Fauna. Die Fischreiher nisteten noch in großen Kolonien, am Abend strichen im Frühling die Schnepfen und im Herbst die Enten. Weil ich ein Motorrad besaß, hatte ich bald alle Schönheiten in den verschiedenen Teilen des Besitzes erkundet.

Gut Lindau, der landwirtschaftliche Teil des Besitzes, lag etwa 15 km von Günthersdorf entfernt. Im dortigen Gutshaus quartierte ich mich ein, freundlich von der Familie Kutsche aufgenommen.

Kutsche hatte sich vom landwirtschaftlichen Assistenten bis in die Position des Güterdirektors der Herrschaft Deutsch-Warttemberg emporgearbeitet. Er war von der Art jener Preußen, die in der Welt als die Saupreußen bekannt geworden sind: Man kann diesen Typ kaum beschreiben, man muß einen wie ihn erlebt haben. Als ehemaliger aktiver Offizier mit nur einem Arm immer tadellos angezogen, jedoch von der unschicken Eleganz à la Simplicissimus, dessen Karikaturen sich durch die Attribute des Exoffiziers wie Reithose, Poposcheitel und Reitstock auszeichneten. In der gleichen Linie lag auch die Art seines Auftretens mit überlauter, befehlender Stimme, die keinen Widerspruch duldete. Aber ich kam bald darauf, daß hinter dieser forschen Schale, die mich schon bei meiner ersten Begegnung mit ihm nichts Gutes ahnen ließ, doch ein weicher Kern steckte, den es zu treffen galt. Allerdings gab es Momente, wo alle Diplomatie nichts half. Kutsche war nämlich gallenleidender Choleriker. Bei solchen Anfällen verlor er die Selbstbeherrschung und brüllte wie ein angestochener Stier, erst recht wenn er merkte, daß seine Vorwürfe wie nur allzu oft zu Unrecht bestanden.

Dieser Mann sollte nun für das nächste Jahr mein Chef und Lehrherr sein. Seine zweite Frau versuchte als Gegengewicht diesen Vulkan auf ihre Art zu bändigen, was nur unvollkommen gelang, obwohl sie auf ihn unentwegt mit der Anrede *mein Schätzchen* einredete. Gertrud Kutsche, die 5 Kinder und ab und zu auch ich, der neue Lehrling, zitterten vor diesem unbeherrschten *Schätzchen*. Das ganze Leben im Gutshaus richtete sich nach der jeweiligen Laune des hohen Herren. So konnte es nicht ausbleiben, daß sehr bald zwischen mir und *Frau Direktor,* die viel jünger als er war, ein geheimes Bündnis entstand.

Was den Chef und mich über alle Kontroversen hinweg bis zu einer Art Freundschaft verband, war unser beider fast anormale Jagdleidenschaft. In mir hatte er einen Kumpanen gefunden, der ihm die Rehböcke, wo immer sie auch standen, ausmachte, der seinen Hund führte, der früh um 4 Uhr die am Abend zuvor von ihm angeflickten Böcke nachsuchte, bis das Wild zur Strecke war; der im Winter bei eisiger Kälte mit ihm am Bau paßte, bis der Fuchs vor den Terriern sprang, und der, wenn's sonst nichts zu jagen gab, mit ihm vor dem Frettchen Karnickel schoß.

Es ist klar, daß bei diesem Riesenbesitz immer irgendwelche Jagdmöglichkeiten vorhanden waren. Kutsche hatte jedoch fast nie Zeit, und wenn er einmal Zeit hatte, dann war ich es, der ihm sagte, wo er erfolgversprechend auf diesen oder jenen Bock ansitzen sollte, wann und wo Enten einfielen oder in welcher Dickung Füchse steckten. So machte ich mich bald unentbehrlich und war nur noch selten seinen Zornesausbrüchen ausgesetzt.

Natürlich durfte die landwirtschaftliche Ausbildung nicht zu kurz kommen. Kutsche gab da nur die globalen Richtlinien; die eigentlichen Unterweisungen erhielt ich von dem Inspektor Elsner, einem sehr stillen und umgänglichen Mann. Als Neffe der Baronin kam es den Leuten sowieso komisch vor, daß ich mit Knechten und Mägden im Kuhstall, in der Schweinemästerei, auf dem Feld und in allen anderen Betriebsbereichen zusammenarbeiten sollte. Zunächst taten sich alle schwer mit der Anrede. Aber das gab sich bald, denn ich fand dort wie auch in meinem späteren Leben zu allen ein kameradschaftliches Verhältnis. Natürlich mußte ich Auswüchse unterbinden wie die Anrede des Oberschweizers im Kuhstall, der mich mit „Herr Freiherr" glaubte begrüßen zu müssen.

Ich betrachtete die praktische landwirtschaftliche Ausbildung wie ein sportliches Unternehmen, wobei ich entdeckte, wie schwer es doch ist, auch die einfachst erscheinende Arbeit mit der gleichen Akkuratesse auszuführen wie diejenigen, die sie mit der Selbstverständlichkeit des Alltäglichen perfekt verrichten. Das traf selbst bei so einfachen Dingen wie Pferde Anschirren, Mistkarre Schieben, Mähen, Melken zu. Wie dumm stellt man sich doch zunächst an, und welche Genugtuung sah ich in den Gesichtern der Arbeiter, als wollten sie sagen: „Ich kann es besser als das Herrchen". Aber dann auch wieder rührend die meisten in ihrer Hilfsbereitschaft und ihrem Stolz darauf, daß sie mir etwas beibringen konnten.

Um möglichst bald den unangenehmsten Abschnitt hinter mir zu haben, begann meine Lehre im Kuhstall. Da ging's schon früh um 4 Uhr los mit Melken (es gab damals noch keine Melkmaschinen), Ausmisten, Füttern usw. usw.. Wenn ich dann um 8 Uhr zum Frühstück das Gutshaus betrat, bestrafte ich die Langschläfer damit, daß ich im ganzen Haus einen bestialischen Gestank verbreitete. Nichts haftet penetranter in Kleidern und Haaren als der Geruch von Kuhmist. In dieser Zeit mußte ich, wie meine

Söhne sagen würden, *echt* schwer arbeiten. Aber ich war ehrgeizig und wollte mich nicht blamieren und vor allem nicht schlappmachen.

Meine Arbeitszeit wurde nicht allzu streng gehandhabt, und ich konnte mich ab und zu in Friedenthal ein paar Tage erholen. Ich erwähne dies, weil ich noch genau weiß, daß ich am 9. November 1938 zu Hause war. Dieses Datum ist ja als ‚Reichskristallnacht' in die Geschichte eingegangen. Heute ist mir unverständlich, daß dieser Tag, der eigentlich für jeden das erste unübersehbare Zeichen für die beginnende Judenverfolgung hätte sein müssen, so ganz ohne nachhaltige Wirkung an mir vorbeigegangen ist. Das lag wohl daran, daß ich weder einen Betroffenen kannte, noch in irgendeiner Weise mit den erschreckenden Vorfällen dieses Tages direkt konfrontiert wurde. Der einzige, der am nächsten Morgen bei seiner Fahrt in die Kreisstadt Neisse etwas gesehen hatte, war unser Kutscher Jupp. Als er aus Neisse zurückkam, erzählte er voller ehrlicher Empörung von eingeschlagenen Schaufensterscheiben jüdischer Geschäfte und anderen Verwüstungen. Mimi, von jeher scharf *anti*, war außer sich. Aber dabei blieb es auch. Man kann nicht einmal sagen, daß ich das Geschehen verdrängte. Auf die Gefahr hin, mich zu wiederholen, muß ich immer wieder sagen, der Terror der Nazis gegen die Juden war zunächst noch meinem Vorstellungsvermögen entrückt. Ist es wirklich so, daß man in seinem Innern dem keinen Platz einräumt, was man nicht gesehen hat, was aber für Betroffene und Zeugen längst schreckliche Realität ist? Nur so ist doch zu erklären, daß der Röhmputsch am 30. Juni 1934 und eben diese Reichskristallnacht am 9. November 1938, die doch unübersehbare Signale waren, den Geist zu erkennen, in dem die ‚Bewegung' angetreten war, ohne bleibende Wirkung an mir vorübergingen.

Im Winter gibt es für einen landwirtschaftlichen Eleven draußen nicht viel zu tun; so wurde ich von Inspektor Elsner zu Büroarbeiten herangezogen. Ich lernte Lohnlisten schreiben, wurde mit den zu leistenden Abgaben und Steuern vertraut und stellte unter anderem Düngemittelberechnungen fürs nächste Jahr an. Es mutet einen wie ein Bericht aus dem vorigen Jahrhundert an, wenn ich in diesem Zusammenhang von den Verdiensten der 10 Stunden am Tag schwer arbeitenden Landarbeiter berichte. Die Deputatarbeiter hatten damals einen Stundenlohn von 12, in Worten zwölf Pfennig, die Tagelöhner verdienten 37 Pfennig in der Stunde! Das Deputat bestand aus freier Wohnung, der Überlassung von ¼ Morgen Land zur eigenen Bestellung, der Zuteilung von einem Schwein. Pro Tag gabs einen Liter Milch und außerdem eine bestimmte Jahresmenge Brot- und Futtergetreide. Eigentlich bestand in dieser Zeit noch eine Art Leibeigenschaft. Die Deputatarbeiter gehörten zum Kern der Arbeiterschaft des Gutes, und weder sie selbst noch der Gutsherr kamen auf die Idee, daß sich daran etwas ändern könnte. Anders die Tagelöhner, die eine viel lockerere Bindung an den Betrieb hatten; sie wechselten schon mal den Arbeitsplatz, zogen in einen anderen Ort oder waren arbeitslos, wenn im Winter auf dem Gut wenig zu tun war.

Trotz des geringen Einkommens hatte man bei den Leuten, wie sie genannt wurden, nie das Gefühl der Unzufriedenheit. Sie waren es wohl auch nicht, denn solch eine Gutsbelegschaft glich einer großen Familie, in der jeder an allem teilnahm, was das Wohl und Wehe des Besitzes betraf, so als gehe es ihn selber an. Die Arbeit war zwar schwer, wurde jedoch eher gemächlich und ohne Hetze geleistet; niemand wurde angetrieben. War aber zum Beispiel in der Ernte einmal Not am Mann, war es eine Selbstverständlichkeit, daß sich alle voll einsetzten, um ohne Rücksicht auf Feierabend vor einem Gewitter noch möglichst viel Getreide in die Scheunen zu bringen.

Im Akkord wurde nur gearbeitet, wenn Zuckerrüben gehackt, verzogen oder geerntet wurden. Dann hatten die Arbeiter Gelegenheit, ihren Verdienst aufzubessern und durften auch ihre Familienangehörigen zur Unterstützung mitbringen. Da zogen dann am Morgen die Familien mit Kind und Kegel hinaus aufs Feld und blieben dort bis zur Dunkelheit, denn bei der Akkordarbeit gab es keine feste Arbeitszeit. Das Maß, nach dem die Lose zugeteilt und abgerechnet wurde, war ein altes Längenmaß, die Rute. Um diese Lose zu vermessen, nahm der Schaffer genannte Vorarbeiter, der auch die Aufsicht führte, einen hölzernen Zirkel von 1,80 Meter Spannweite. Ich habe auch diese Loszuteilung vorgenommen und mußte bei der Berechnung der Flächen höllisch aufpassen, denn niemand durfte begünstigt oder benachteiligt werden, wollte ich nicht einen kleinen Aufstand riskieren.

Das Gut Lindau grenzte an die kleine Provinzstadt Neustädtel, und es war selbstverständlich, daß ich bald an dem gesellschaftlichen Leben dieses Ortes regen Anteil nahm. In kleinen Städten gehören die Honoratioren immer den gleichen Berufen an, so auch in Neustädtel. Da waren dies unter anderem mehrere Ärzte, darunter Dr. Menzel mit seiner schwarzhaarigen Frau Inge, der Schwester von Frau Kutsche, ein Rechtsanwalt, ein Apotheker und einige Geschäftsleute. Natürlich war ich eine willkommene Abwechslung in dieser Runde, einmal als guter Kartenspieler, zum anderen als passionierter Jäger wie die meisten von ihnen. Auch die Damen begrüßten diese Neuerscheinung in ihrer Mitte. Mittwochs und samstags traf man sich am Stammtisch, wo oft mit vorgehaltener Hand der neueste Kleinstadttratsch durchgehechelt wurde, wobei natürlich das *wer mit wem* eine Hauptrolle spielte. Durch eine wohl gezielte Indiskretion erfuhr ich auch, daß *Schätzchen* ein Verhältnis mit der Sattlermeistersgattin hatte. Er war wohl das, was der Volksmund einen Schwerenöter nennt, der angeblich auch seiner Schwägerin Inge nachstellte.

Ich war zu dieser Zeit, was die Weiblichkeit anbelangt, immer noch ein ziemlich unbeschriebenes Blatt; über heftige Flirts, die bis zum Vorletzten gingen, waren meine Beziehungen nie hinausgegangen. Heute erinnere ich mich noch genau des Gefühls, das einer Art Verzweiflung nahe kam, daß ich die letzte Hingabe einer Frau noch nie erfahren hatte. Schon in der Schule, dann im Arbeitsdienst, natürlich noch viel mehr beim Militär hatten die Kameraden *davon* gesprochen, als wäre *es* das Alltäglichste und Selbstverständlichste von der Welt. Inzwischen war ich fast 23 Jahre alt geworden, strotzte vor Gesundheit und Männlichkeit – und dann dieses Manko!

Der Winter ging mit vielen Jagderlebnissen, Faschingsbällen und 14 Tagen Urlaub in Giesmannsdorf sehr angenehm vorüber. Immer war in den riesigen Revieren von Günthersdorf etwas los. Besonders aufregend war dabei jene Dezemberwoche, in der die Fuchsjagden stattfanden. Da wurden an jedem Tag in einem anderen Revier die Dickungen gedrückt, die am Tag vorher vom zuständigen Revierförster eingelappt worden waren. Von dieser Jagdart stammt das Sprichwort vom *durch die Lappen gehen*. Diese Lappen sind bunte Stoffetzen, die über Hunderte von Metern an langen Schnüren in etwa einer Höhe von 40 cm entlang der Dickungsränder gezogen werden und sich auch im leisesten Luftzug bewegen. Der Fuchs, der zu dem am schärfsten äugenden Wild gehört, nimmt diese Bewegung wahr, weiß nicht, was es ist und *hält* die Lappen. So schnürt er auf die am Ende der Dickung stehenden Schützen zu. Als Treiber benötigt man nur 4 bis 5 Leute, die ohne großen Lärm ab und zu hustend oder einen Ast knackend die Dickung in Richtung auf die Schützen durchdrücken. Allerdings muß man auf seinem Stand auch bei eisiger Kälte unbeweglich wie eine Statue oft länger als eine Stunde ausharren. Kommt tatsächlich ein Fuchs, sieht er aus seiner Perspektive ja zuerst die Beine des Jägers, und so kann ein von einem Fuß auf den anderen Treten oder ein zu frühes Heben der Flinte, kurz gesagt die kleinste Bewegung im falschen Augenblick *Reineke* warnen, und dann *geht er eben durch die Lappen!*

Ich mußte auch eine Menge Lehrgeld zahlen und habe mir zunächst den einen oder anderen Fuchs verpatzt, weil ich eben diese Grundregeln der Fuchsjagd nicht beachtete. Zu diesen gehört auch: „Schieße nie auf einen Fuchs spitz von vorn!" Der Fuchs hat nämlich eine derart harte Schädeldecke, daß auch aus naher Entfernung dieser Panzer von keinem Schrotkorn durchschlagen wird. Ich erlebte, wie so ein von vorn beschossener Fuchs durch den Schock nur 1 Meter in die Höhe sprang und dann in rasender Fahrt direkt unter dem Sitzstock eines Schützen durchging. Solche Torheiten bleiben natürlich nicht unbemerkt, und der Blamierte ist nach dem Treiben auch noch dem Spott der Mitjäger ausgesetzt. In diesem Zusammenhang erinnere ich mich jener lustigen Begebenheit, als in einem der besten Fuchstreiben der Wind umschlug und alle Füchse, 6 an der Zahl, einem über 80jährigen Berufsjäger kamen, der nur aufgrund seines Alters als Lückenbüßer eingeladen war. Es kam dann auch bei diesem massiven *Fuchsangriff* zu einem Desaster: Er fehlte alle 6! Als wir das am Abend Tante Rena erzählten, war sie glücklich, daß die „geliebten Tiere mit ihren roten Mänteln", wie sie sich ausdrückte, noch lebten.

Eine langwierige und sehr kalte Angelegenheit war das Fuchssprengen. Da wurden Dackel oder Terrier in den Fuchsbau gelassen, und es dauerte oft Stunden, manchmal den ganzen Tag, bis der Fuchs sprang; denn immer wieder verstanden es die Rotröcke, sich in den riesigen Bauen zu verschanzen, so daß der Hund vor ihnen fest lag. Da gab es nur ein Mittel: der Hund wurde *abgetragen,* und man blieb anschließend mäuschenstill auf seinem Platz. Durch die plötzliche Stille irritiert kam der Fuchs von Neugier getrieben ans Tageslicht, und war dann verhältnismäßig leicht zu erlegen. *Sprang er aber vor den Hund*, der ihm an den Balg wollte, dann zischte er aus einer der zahlreichen Röhren wie eine Rakete, oft erst vom Schützen bemerkt, wenn zwischen diesem und dem Fuchs schon der schützende Wald lag.

Inzwischen war es Februar geworden. Ab 31.01. war *Hahn in Ruh*, d. h. für alles Wild hatte die Schonzeit begonnen. Aber auf den Faschingsbällen begann für mich eine andere sehr reizvolle Jagd, nämlich auf die Schönen des Städtchens. Nur in der Faschingszeit lockerten sich etwas die Sitten, und ich konnte meine Entdeckungsreisen auf Bereiche ausdehnen, die normalerweise tabu waren. Wie in einer Kleinstadt üblich war an mehreren Abenden in der Woche etwas los: Das Fest eines Vereins, ein Hausball, Stammtisch im Fasching mit Damen usw..

In diesen Wochen trat mein Jungmännerdasein in eine entscheidende Phase. Zwischen *Putzi*, der Frau meines Chefs, und mir knisterte es schon seit geraumer Zeit. Jeder kennt ja diese unausgesprochenen Sympathiebeweise zwischen Mann und Frau. Beide ahnen etwas, sind sich aber noch nicht sicher, ob auch der andere ... Keiner traut sich zunächst. So blieb es zwischen Putzi und mir zunächst bei einem vielsagenden Blick, bei einer verstohlenen Berührung. In meinem Fall handelte es sich immerhin um die Frau meines cholerischen Chefs, und so war doppelte Vorsicht geboten! Verstärkte Aufmerksamkeit für den anderen dokumentierte sich lediglich in Neckereien, oder ich brachte *ihr* mal eine Blume mit, oder sie machte *ihm*, also mir, öfter als üblich seine Lieblingsspeise. Dies war das Stadium unserer Beziehung, als sich im Fasching Putzi und mir die Gelegenheit bot, einander die gegenseitige Sympathie zu offenbaren. Da sie eigentlich nicht mein Typ war und mich zunächst nur ihre begehrende Weiblichkeit anzog, glaubte ich, daß es sich nur um einen der üblichen Faschingsflirts handelte. Aber von Fest zu Fest steigerte sich unser Verlangen, und auf einmal wurde aus dem Flirt Ernst. In einer Stunde à deux erfuhr ich dann in einer Art totaler Offenbarung, daß Putzi mit *Schätzchen* oft todunglücklich war, ständig unter seiner Tyrannis und seinem ungehobelten Wesen litt und daß sie ihn in ihrer jungmädchenhaften Dummheit mit 19 Jahren aus einer Art Mitleid – er war Witwer mit 3 Kindern – geheiratet hatte. Besonders litt sie darunter, daß er zu den Männern gehörte, die in einer Frau nur das Objekt zur Befriedigung ihrer Triebe sehen und es dabei an Zärtlichkeit fehlen lassen.

So wurde aus diesem Faschingsflirt über Nacht ein Komplott gegen Putzis Mann. Sie war allmählich völlig kopflos geworden und sah in mir die erste große Liebe ihres Lebens. Welche Brisanz unsere Beziehung hatte, wußten wir beide, denn was die Treue seiner Frau anbetraf, verstand Kutsche absolut keinen Spaß. Er hatte nämlich beim Annäherungsversuch eines seiner besten Freunde diesen in einem Wutanfall fast umgebracht und ihn dann für immer hinausgeschmissen. Größte Vorsicht war also schon beim Zusammensein mit der Familie geboten: Die älteste Tochter aus erster Ehe war immerhin schon 14, und mit Argusaugen beobachtete die Haushälterin Lucie, eine alte Jungfer, alles, was darauf hindeuten könnte, daß die Beziehung zwischen Chefin und Eleve über das schickliche Maß hinausging.

Da mein und ihr Schlafzimmer fast nebeneinander lagen, wagte ich nach Wochen verkrampften Wartens endlich einen ersten Ausflug in diesen geheiligten Raum. *Schätzchen*, auf einer längeren Dienstreise, ahnte nicht das Geringste, was sich hinter seinem Rücken zusammenbraute. Putzi und ich waren inzwischen zu einem Verschwörerpaar geworden, das keinen Augenblick versäumte, sich heimlich zu treffen. Unsere Zuneigung war auch so echt und elementar, daß ich nicht die leisesten Skrupel oder Gewissensbisse hatte, in diese Ehe einzubrechen. Ich war mein ganzes Leben der Ansicht, daß echte Zuneigung zwischen Mann und Frau das schönste Geschenk ist und ausgelebt werden sollte.

In einer der ersten gemeinsamen Nächte offenbarte ich Putzi, daß ich noch nie eine Frau ganz besessen hatte. Sie war fassungslos – hatte sie mich doch immer für einen mit allen Wassern gewaschenen Don Juan gehalten und sich auch deshalb innerlich lange gegen ihr Gefühl gewehrt. Nun, als sie mein Geständnis hörte, brachen bei ihr die letzten Dämme, und auch ich konnte meine verfluchten Hemmungen endlich abstreifen und wurde endlich, endlich ein ganzer Mann!

Am nächsten Morgen hatte ich das Gefühl, als sei eine jahrelang geschleppte Zentnerlast von mir genommen. Ich entsinne mich, daß ich mir ein Pferd sattelte und über die Felder galoppierte. Das Glücksgefühl, das mich während dieses Rittes überfiel, vermittelte mir eine wohl nur einmalige Leichtigkeit und Helligkeit, es war wie ein Fliegen in einen neuen Lebensabschnitt!

Fast unbemerkt von mir brauten sich erneut dunkle Wolken am politischen Horizont zusammen. Aber da Hitler einfach alles gelang, Engländer und Franzosen auch bei der Besetzung der Tschechei stillgehalten hatten, wurden kritische Stimmen recht selten. Kutsche, ein alter Weltkriegsoffizier, war eifriger Nazi und PG. Trotzdem wurde über Politik kaum gesprochen, denn auf einem Gut ist jeder Alltag randvoll gefüllt mit Pflichten. Ich mußte von morgens bis abends meinen Dienst als Eleve tun und mich in der Abenddämmerung um die Rehböcke kümmern. Natürlich wurde ich nicht müde, Mittel und Wege zu ersinnen, um möglichst oft mit Putzi allein zu sein.

Eine heimliche Liebe hält einen ja ständig in Atem, zumal ich erklärlicherweise nach so langer Abstinenz nun unersättlich war. Putzi war gleichfalls sehr erfinderisch im Ersinnen von Gründen, die mich bei *Schätzchens* Abwesenheiten ins Gutshaus zurückriefen. Ständig zitterten wir bei unseren Rendezvous, entdeckt zu werden. Denn eine unausdenkbare Katastrophe drohte, wenn Kutsche uns auch nur bei einem Kuß erwischt hätte. Da wäre ich wohl in akuter Lebensgefahr gewesen. Deshalb schlief ich stets mit einer geladenen Pistole unter dem Kopfkissen, die ich mal einem Diener von Onkel Rudi abgekauft hatte! Irgendetwas ahnte Kutsche natürlich doch und bekniete seine Frau in Anfällen von Eifersucht mit den peinlichsten Fragen und Drohungen. Aber sie hielt allem stand, obwohl sie oft unter diesem ständigen Zustand des Versteckspiels litt. Ich muß gestehen, daß ich zu diesem Zeitpunkt zwischen Liebe und Begehren nicht mehr recht unterscheiden konnte. Es war in mir eine große Verwirrung. Vorherrschend aber war die Furcht, entdeckt zu werden, und daß dann alles von heute auf morgen vorbei sein könnte. Im Frühjahr wurde mein Arbeitspensum im Außendienst wieder vielfältig und recht anstrengend. Ich übernahm ein Gespann, mit dem ich alle Frühjahrsarbeiten wie Pflügen, Eggen und Fahren mit der Sämaschine absolvierte. Dazu kam noch die ganze Stallarbeit wie Putzen, Füttern, Ausmisten, die ich ja zur Genüge vomKavalleriedienst kannte.

Zusätzlich hatte Kutsche mir die Aufsicht über die Schweinemästerei übertragen. Dieser Teil des Betriebes war ein Lieblingskind von ihm, und eine seiner ersten Frage war immer: „Wieviel haben die Schweine zugenommen?" Für mich bedeutete das, daß ich 200 dieser stinkenden und quietschenden Biester mindestens einmal in der Woche wiegen mußte. Über die Gewichtszunahme wurde genau Buch geführt und danach der Futterplan aufgestellt. Ein kleiner Spaß waren für mich die Verhandlungen mit den Schweinehändlern. Kutsche war nur zufrieden, wenn die Schweine schnell zunahmen und ich einen guten Preis ausgehandelt hatte, was mir als Urenkel vom alten Friedenthal meist gelang.

Nachdem die Rüben verzogen sind, kommt im Mai in der Landwirtschaft wieder eine ruhigere Zeit, es ist die Zeit des Wachsens. Der Dünger ist gestreut, Getreide und Hackfrüchte decken schon die Furche. Da konnte auch Schätzchen einmal ausspannen, zumal seine Galle längst nach einer Kur verlangte. Diese drei Wochen waren für Putzi und mich ein einziger Honeymoon.

Bevor der Chef ins Bad abreiste, hatte er mir eine Aufgabe übertragen, die mir viel Freude machte: Ich durfte zwei junge Pferde zureiten. Dabei kam mir meine Erfahrung von Reiter 3 natürlich zustatten. Das waren täglich zwei anstrengende Stunden, in denen viel Geduld erforderlich war. Aber ich schaffte es, daß die jungen Pferde nach drei Wochen *am Zügel* gingen.

Inzwischen hatten auch die Rehböcke wieder Schußzeit. Nach Kutsches Rückkehr gewann seine Jagdpassion die Oberhand über seine Eifersucht. War er auf der Pirsch, hatten Putzi und ich nichts zu befürchten und ein Schäferstündchen für uns.

In diesen Wochen passierte mir eine sehr unangenehme, aber irgendwie doch recht groteske, für die Zeit aber bezeichnende Geschichte: Auf einer meiner Morgenpirschen beschoß ich einen wildernden Hund, der angeschweißt in den Ort flüchtete und auf der Türschwelle seines Herrn verendete. Er gehörte ausgerechnet dem Ortsgruppenleiter, einem Obernazi. Obwohl ich nach dem Gesetz im Recht war, wurde die Sache zum Tagesgespräch in den Kneipen des Städtchens. Da Tante Rena Halbjüdin und die Judenhetze schon in vollem Gange war, ließ sich dieser Vertreter der neuen Herrenrasse coram publico zu Äußerungen hinreißen, die etwa so lauteten: „Er hat den Hund nur erschossen, weil er ‚braun' ist" oder „der soll doch lieber seine Großmutter erschießen", wobei er natürlich Tante Rena meinte. Dies alles vor mir wohlgesonnenen Zeugen, die mir diese Aussprüche hinterbrachten. Auch Kutsche und sein Schwager Dr. Menzel gehörten dazu.

Diese Diffamierungen konnte ich nicht auf mir sitzenlassen und verklagte das Nazi-Großmaul wegen Beleidigung. Natürlich ging mir die ganze Sache an die Nieren, besonders weil mein Vater derartige Eskapaden überhaupt nicht schätzte und es bei der damaligen Stimmung nicht ratsam war, sich mit den *Braunen* anzulegen. Gott sei Dank war der Richter kein Brauner, sondern führte die Verhandlung mit vorbildlicher Objektivität. Auch meine Zeugen standen wie ein Mann hinter mir, und so gewann ich den Prozeß eindeutig, nachdem ich am ersten Verhandlungstag die Zurücknahme der Klage kategorisch abgelehnt hatte. Der Angeklagte mußte im Ortsblättchen mit voller Namensnennung die Beleidigungen zurücknehmen und 500 Reichsmark an das Rote Kreuz zahlen. Tante Rena sagte nur dazu: „Mein geliebter Junge, was machst Du nur für schreckliche Sachen!" Der ganze Ort feixte, und der Nazi ließ sich monatelang in keiner Kneipe mehr sehen.

Bei meinen vielfältigen Beschäftigungsmöglichkeiten vergingen die Sommermonate wie im Fluge. Ich hatte ein Mammutprogramm zu absolvieren: Oft stand ich schon um 4 Uhr auf, denn meine Jagdpassion ließ mir keine Ruhe. Meist war ich schon im Morgengrauen auf Achse, denn ich hatte mir ein kleines DKW-Motorrad zugelegt, das meinen Aktionsradius bedeutend erweiterte. Es erleichterte, in den riesigen Revieren erst einmal den richtigen Rehbock zu finden. Zwar betrug die jährliche Abschußquote 135 Böcke, aber das Jagdgesetz war streng, und der Forstmeister achtete besonders bei mir auf Korrektheit. Da die guten Böcke ohnehin für die hohen Herren wie Papi und Onkel Rudi reserviert waren und in der Brunft meist auf Pirschfahrten mit dem Jagdwagen erlegt wurden, blieb für mich nur ab und zu ein 1B der abgelegenen Revierteile, der aber erst einmal ausgekundschaftet werden mußte. Natürlich hatte auch Kutsche freie Büchse, und da ich ihm so manchen Bock ansagte, sorgte er dafür, daß ich nicht zu kurz kam. Ich könnte aus dieser Zeit viele aufregende Jagdgeschichten erzählen und sehe die enttäuschten Gesichter meiner Söhne, daß ich es unterlasse, diesbezüglich zu sehr ins Detail zu gehen. Ich erinnere mich zum Beispiel an einen Forstassessor, der sich einbildete, ausgerechnet mir weidmännisches Jagen beibringen zu müssen. Er machte mich so nervös, daß ich mit ihm an einem Abend 3 Knopfspießer vorbei schoß. Darauf trennten sich unsere Wege.

Mein Tageslauf verlief nach der Frühpirsch etwa folgendermaßen: Nach einem hastig eingenommenen Frühstück folgten 6 Stunden Arbeit in der Landwirtschaft. Nachmittags brauchte ich im zweiten Halbjahr nicht mehr aufs Feld, sondern wurde zu internen Arbeiten herangezogen wie Schweinewiegen, Milchkontrolle, Reitpferde bewegen usw.. Abends natürlich wieder ins Revier und nachts, wenn Kutsche, was öfter vorkam, verreist war, spielte Putzi natürlich immer noch die Hauptrolle.

Allerdings gab es auf dem Sektor Liebe bald neue Komplikationen, denn auch Putzis Schwester Inge fand mich wohl ausgesprochen nett, und ihr öfter vorgetragener Wunsch, mich doch einmal auf einer Abendpirsch begleiten zu dürfen, ließ mich Ahnungslosen zunächst keine weitergehenden Absichten vermuten. Aber in der Abenddämmerung auf dem Hochsitz mit der Geräuschkulisse von zirpenden Grillen und zarten letzten Vogelstimmen kommt man sich schnell näher. Ich geriet nun in einen kaum zu beschreibenden inneren Konflikt: Zwei Schwestern, beide verheiratet, beide wie reife Früchte, von denen ich eine schon genossen hatte und von denen ich die zweite nur zu pflücken brauchte. Und ich pflückte sie! Damit war es mit meiner inneren und äußeren Ruhe endgültig vorbei. Bisher war die Situation noch vergleichsweise einfach und auf die eine Frage zugeschnitten: Wann bin ich vor Kutsche sicher? Jetzt mußte ich auch Putzi beschwindeln und häufige Abwesenheiten mit fadenscheinigen Ausreden erklären. Denn Inge wußte zwar alles von Putzi, was sie in keiner Weise störte, aber Putzi nichts von Inge und mir. Manchmal kam ich mir deswegen recht schäbig vor.

Unter dieser Konstellation wurde mir in Lindau bald der Boden zu heiß. Ich nahm meinen verdienten Urlaub und setzte mich nach Friedenthal ab. Doch auch dort gabs keine Ruhe für mich. Chef und Chefin (sie natürlich die treibende Kraft) fühlten auf einmal das Bedürfnis, das Zuhause ihres Lehrlings kennenzulernen. Kutsche kam nur kurz, Putzi blieb einfach eine ganze Woche und fand es herrlich, mich einmal ganz für sich allein zu haben.

Der größte Fehler, den eine Frau machen kann, ist es, sich an den geliebten Mann wie eine Klette zu hängen. Sie erreicht genau das Gegenteil von dem, was sie möchte. Sie fällt ihm nämlich auf die Nerven. Diejenigen aber, die sich rar machen, die *ihn* zappeln lassen, werden dann am meisten begehrt.

Aber Putzi liebte mich wirklich, fühlte wohl damals schon, daß ich ihr allmählich entglitt. Wer will es ihr verübeln, daß sie jede Gelegenheit wahrnahm, in meiner Nähe zu sein. Ich selbst schwamm auf den Wellen meines Erfolgs, wollte wohl unbewußt immer wieder von allem alles haben. Ich war einfach egoistisch und spürte weder eine Verpflichtung noch eine Verantwortung gegenüber dem Partner. War das, was so lange Liebe war, auf einmal nur noch der männliche Befriedigungsdrang?

Damals begann ich, an Putzi Briefe zu schreiben, in denen ich vielmehr ausdrücken konnte als im Gespräch. Ich wußte nur nicht, daß Putzi diese Briefe als Zeichen einer Bindung an sie ansah und fast jede Zeile als Liebesbeweis interpretierte. Ich aber wollte sie auf das Ende unserer Beziehung vorbereiten.

Es ist wohl verständlich, daß das erste alles umfassende Liebeserleben mit einer Frau in meinem Gedächtnis tiefere Spuren hinterlassen hat als die sich in den damaligen Wochen von Tag zu Tag zuspitzende politische Lage. Ich war ja zu dieser Zeit nicht Soldat, und das Wort Krieg war für mich ein abstrakter Begriff, der einfach keinen Wahrheitsgehalt haben durfte. Es konnte doch nicht sein, daß Hitler einen Krieg wollte. Ich realisierte überhaupt nicht, daß Deutschland geradewegs in die größte Katastrophe seiner Geschichte hineintrieb. Die Vorgeschichte mit den nervenaufreibenden Tagen vor dem Überfall auf Polen ist wohl jedem bekannt: Die Westmächte, voran die Engländer, setzten bis zur letzten Minute alles daran, den Krieg zu verhindern. Aber *der Führer* wollte seinen Krieg.

Am 1. September 1939 überschritten die deutschen Armeen nach „unerträglichen Provokationen der Polen", wie die Propaganda uns glauben machte, die polnische Grenze nach Osten.

Die Stunden des Kriegsausbruchs sind in meinem Gedächtnis minuziös haftengeblieben: Ich hielt mich gerade für ein paar Tage auf unserem Nebengut Gläsendorf auf. Am Abend des 31.8. war klar: Morgen marschiert die deutsche Wehrmacht in Polen ein.

Alle wußten: Diesmal wird es kein *Blumenkrieg* wie in Österreich oder der Tschechoslowakei. Ich wollte allein sein und ging beim Morgengrauen hinaus ins Revier. Ich habe den Feldweg noch vor Augen, den ich wie ein Schlafwandler entlang pirschte. In meinem Kopf hämmerte nur der eine Satz: Es ist Krieg! Es ist Krieg! Eine tiefe Depression befiel mich. Wie im Licht eines Blitzes begriff ich plötzlich etwas, was bisher nicht einmal mein Unterbewußtsein gestreift hatte. So etwa der Gedanke: Nun wird nichts so bleiben wie es war. Wie durch einen Schleier sah ich einen Rehbock abspringen. „Herrgott noch mal, das war ja der, auf den du gegangen warst!" Aber wie bedeutungslos war das in diesem Augenblick. Eine innere Unruhe trieb mich nach Hause. Wie wichtig war es, diese Stunden allein zu erleben – sie waren das Ende meiner Jugend.

Auf dem Gutshof war große Aufregung. Der Administrator Hildebrand, Oberstleutnant der Reserve, war schon telefonisch nach Neisse gerufen worden. Ich fuhr sofort nach Friedenthal. Nichts ist mir im Gedächtnis geblieben, was mich an die Reaktionen von Papi und Mimi erinnert. Sicher schimpfte Mimi auf Hitler, den sie als einzige unserer Familie von Anfang an für einen Verbrecher gehalten hatte.

Noch am gleichen Tag mußte ich nach Lindau abreisen, denn das Radio verbreitete die Bekanntmachung, daß sich alle Männer an dem Ort, an dem sie gemeldet waren, einzufinden hätten.

Von diesem Tag an veränderte sich mein ganzes Leben, die Fröhlichkeit und Unbekümmertheit waren aus ihm gewichen.

In Lindau waren einige Männer eingezogen worden, auch Dr. Menzel, der Mann von Inge, der als Arzt jedoch kaum gefährdet war. Kutsche hatte nichts zu befürchten, weil er einen Arm im Weltkrieg verloren hatte. Und wie gerne hätte gerade er die Uniform wieder angezogen! Später gelang es ihm doch, irgendwo als Standortkommandant eingesetzt zu werden.

Ich wußte natürlich, daß auch ich bald dran war, aber bei dem stürmischen Vormarsch in Polen konnte ich mir ausrechnen, daß ich wohl kaum mehr an der Front zum Einsatz kommen würde. Für den Polen-Feldzug waren das einigermaßen beruhigende Perspektiven. Dennoch machten sich nüchtern denkende Menschen über Verlauf und Dauer des Krieges nach den Kriegserklärungen von Frankreich und England sorgenvolle Gedanken.

Auch meine Brüder waren als Reservisten noch zu Hause und in der gleichen Wartestellung wie ich. Jeden Abend saß man vor dem Lautsprecher und hörte mit Erleichterung und natürlich mit einer mir heute unverständlichen Begeisterung die Siegesmeldungen. Trotzdem überdeckte diese Begeisterung wohl nur das latente Unbehagen, das die Tatsache „Es ist Krieg" ständig die noch nicht Betroffenen bedrückte, und vor allem jene Menschen, die den ersten Weltkrieg mit seinem weltweiten unendlichen Leid miterlebt und nicht vergessen hatten. Auch mein Vater gehörte dazu und wurde sehr still. Er sagte nur „Auch 1914 hat es mit Siegen angefangen". Aber man wagte solche Gedanken nur im engsten Freundeskreis zu äußern. Längst mußten Leute, die Kritik am Regime äußerten, als sogenannte Defaitisten damit rechnen, in einem Konzentrationslager zu landen.

Für mich waren die ersten Kriegswochen die letzten Tage in Lindau. Nun waren meine nächtlichen Liebesausflüge jedesmal wie ein endgültiger Abschied, und in einer dieser Nächte *hörte* ich das erste Mal den Krieg. Inge und ich lagen still nebeneinander, und der Gedanke an die baldige Trennung beherrschte unsere Gedanken. Da hörten wir plötzlich ein fernes Grollen, so wie es rumpelt, wenn ein Gewitter abzieht. Blitzartig wurde uns klar, und wir erschraken beide bis ins Mark: Das ist die Front! Die polnische Grenze war ja nur zirka 50 km entfernt, und dort hatte der Angriff wohl gerade erst begonnen. Inge warf sich hemmungslos schluchzend in meine Arme. Sie zitterte am ganzen Körper. Erst in diesem Augenblick hatte sie erfaßt, was es heißt: Es ist Krieg.

Es war das letzte Mal, daß wir zusammen waren.

IM KRIEG

IN POLEN

Mitte September wurde ich zu Reiter 8 nach Oels eingezogen, hatte also nur ein knappes Jahr das freie Leben eines jungen Mannes genießen können. Ich kam ja direkt von der Schulbank zum Arbeitsdienst und von dort für 2 Jahre nach Rathenow bzw. Göttingen zur Wehrmacht. Viele der nächsten Seiten werden nun von meinen Erlebnissen im Krieg berichten, der für mich ohne Unterbrechung 5 Jahre und 5 Monate dauerte. Ich verlor die Jahre meines Lebens, in denen junge Menschen normalerweise studieren und sich auf's Leben vorbereiten.

Außer dem Feldzug in Polen – das Land lernte ich nur mit der Besatzungstruppe kennen – machte ich den Krieg gegen Frankreich in seiner Endphase bei der kämpfenden Truppe mit. In Rußland war ich vom ersten bis zum letzten Tage dabei. Durch unwahrscheinliche Glückszufälle bin ich niemals, wie der Landser zu sagen pflegte, in die *ganz große Scheiße* gekommen. Viele Male war ich nahe dran – entsprechende Versetzungs- oder Einsatzbefehle lagen schon vor – und dann verhinderte – ja wer oder was verhinderte eigentlich, daß ich immer wieder davon kam? Man kann es mit dem Wort Zufall abtun, aber noch heute ist es für mich wie ein Wunder, daß ich lebe. Zu oft hat mein Schutzengel die Hand über mich gehalten.

In der Garnisonsstadt Oels begann im September 1939 mein neuerliches Soldatsein sehr gemütlich. Ich hatte ja bereits beim Ende der Wehrpflicht den Dienstgrad eines Wachtmeisters erreicht, das war immerhin der höchste unterhalb des Offiziersrangs. Auch hatte ich in Oels nichts mit Pferden zu tun. So blieben lediglich ein paar Stunden Reservistenausbildung am Tag zu bewältigen. Bindungen zu den Leuten bestanden nicht, und so war ich nur halbherzig bei der Sache. Schon nach 3 Wochen war Polen besiegt, und ich empfand diese Zeit als recht unbefriedigend, weil für mich keine wirkliche Aufgabe zu erkennen war. Der einzige Lichtblick in dieser Zeit war Putzi, die mich ab und zu besuchen kam. Wie sie es anstellte und was sie *Schätzchen* vorlog, weiß ich natürlich nicht mehr.

Inzwischen kamen die ersten *Helden* aus Polen in die Heimat zurück. Ich sah leicht Verwundete mit Kopfverbänden oder einem

Arm in der Schlinge in den Cafés sitzen, und wenn dann einer frisch dekoriert mit dem eisernen Kreuz hereinkam, ging ein Raunen durch den Raum, und alle Augen folgten ihm voll Bewunderung. Man reckte die Hälse wie in den hinteren Reihen eines Theaters, um den Darsteller besser sehen zu können. Ich kann ganz ehrlich sagen, ich habe nicht zu jenen gehört, die es damals bedauerten, nicht dabei gewesen zu sein, doch von dieser Sorte gab es genug. Hatte ich Angst? Dieses Gefühl lernte ich erst später kennen. Rein instinktiv habe ich während des ganzen Krieges nach der Devise gehandelt: Versuche nie, dem Schicksal in die Speichen zu greifen. Mit einer einzigen Ausnahme habe ich mich nie nach einer Aufgabe gedrängt, andererseits aber auch das angenommen, was für mich bestimmt zu sein schien. Ich glaube, dieser Maxime verdanke ich es, daß ich so oft glimpflich davongekommen bin.

Bei einem meiner Caféhausbesuche lief mir eines Tages ein recht hübsches, großgewachsenes blondes Mädchen über den Weg. Garderobe und Auftreten ließen darauf schließen, sie war etwas *Besseres*. Ich *quatschte sie an*, wie Soldaten die durchaus höflich von mir gestellte Frage nach einem freien Platz an ihrem Tisch nennen. Nach dem Austausch einiger Belanglosigkeiten stellten wir fest, daß Gerda und ich ohne feste Bindung waren. Sie war eine Gutsbesitzerstochter aus der Nähe von Oels, und wir verabredeten uns für bald danach in Breslau im Nord-Hotel.

Ich erwähne diese Episode nur, weil sie ein Zeichen dafür ist, daß ich das Bedürfnis hatte, einmal mit einer Frau zusammenzusein, bei der es im Gegensatz zu den Bindungen an Putzi und Inge kein Versteckspiel und keine sonstigen Probleme gab. So wurde die Zeit mit Gerda eine ganz normale Beziehung zweier junger Menschen, die immer wieder zueinander strebten, sich aufeinander freuten und sich einander hingaben. Von Liebe war eigentlich nie die Rede. Gerda war das, was man einen *prima Kerl* nennt – und ohne Absichten. Wir trafen uns sporadisch immer wieder in unserem Refugium, dem Nord-Hotel. Damals war es für Unverheiratete nur unter Einsatz erheblicher Schmiergelder möglich, beim Portier ein Doppelzimmer zu bekommen! Wir haben dieses finanzielle Opfer wohl beide nicht bereut.

Ende September hatte Polen kapituliert, und das Land wurde zwischen Deutschland und Rußland aufgeteilt. Wohl unter dem

Eindruck des Hitler-Stalin-Paktes war auch am Westwall Ruhe. Niemand wußte, wie es jetzt weitergehen würde.

Aus Lindau hörte ich, daß Dr. K, einer der besten Freunde der Familien Kutsche und Menzel, gefallen war. Ich kannte ihn gut. Dieser Tod war der erste Schatten jener Tage, der mich persönlich berührte.

Völlig unerwartet kam Anfang Oktober meine Abkommandierung zur Aufklärungsabteilung der 221. Infanterie-Division in die Nähe von Lublin. Aus polnischen Beutepferden hatte man einen Reiterzug zusammengestellt und brauchte nun Leute, die mit Pferden umgehen konnten. Die Aufklärungsschwadronen der Reserve-Infanterie-Divisionen waren nämlich auf Fahrrädern nach Polen ein-*marschiert!*

Mit Beginn des Herbstes verwandelten sich die meisten polnischen Straßen und Wege in Schlammpfade, und nur voll geländegängige Fahrzeuge und natürlich Pferde konnten sich unter diesen Umständen fortbewegen.

Ich fand die Schwadron in einem Barackenlager mitten im Wald. Der Schwadronschef, ein Oberleutnant, eröffnete mir, daß ich für das Kommando des Reiterzuges vorgesehen war.

Zunächst erfuhr ich, daß die Schwadron, zu der ich nun gehörte, einige verlustreiche Einsätze mitgemacht hatte. Unter anderem war sie gegen Ende des Polen-Krieges bei Nacht in einen polnischen Hinterhalt geraten. Bei den Gesprächen in den Stuben war der Schrecken jener Stunden immer wieder das Hauptthema. So fühlte ich mich wie ein Milchgesicht zwischen alten Kriegern oder schlicht wie ein Fremdkörper. Ich hatte den Eindruck, daß sich die Leute durch das sich immer wiederholende Erzählen des Erlebten davon zu befreien suchten. Jeder hatte wohl das erste Mal im Leben bewußt den Tod vor Augen gehabt. Erst ganz allmählich normalisierte sich für sie das Leben wieder.

Irgendwelche erkennbaren Aufgaben hatte die Truppe zunächst ohnedies nicht. Sie sollte durch Patrouillen in die umliegenden Orte wohl nur dokumentieren, daß die Deutschen das Land besetzt hielten. Da die Radfahrer zur Unbeweglichkeit verdammt waren, fielen diese kleinen militärischen Demonstrationen ganz allein meinem Reiterzug zu, in dem die Leute zusammengezogen waren, die so wie ich ihre Dienstzeit bei einem berittenen Regiment absolviert hatten und à conto dessen mit Pferden umgehen konnten. Ich teilte den Reiterzug in einzelne Spähtrupps ein, die mehrmals in der Woche nach einem bestimmten Plan die Gegend durchstreiften. Bald fand ich guten Kontakt zu meinen neuen Kameraden. Es waren fast ausnahmslos Oberschlesier, und die meisten von ihnen sprachen fließend polnisch. Alle waren prächtige Kerle mit Sinn für Gerechtigkeit und Kameradschaft, echte Kumpel, mit denen man Pferde stehlen konnte.

Der Landstrich Polens, den wir überwachten, hatte überhaupt nicht unter dem Krieg gelitten; das Leben in den Dörfern nahm seinen gewohnten Gang, die polnischen Adligen saßen in ihren Landhäusern, und – davon konnte ich mich selbst überzeugen – sie verstanden zu leben. Zwar herrschte auch auf den ‚Herrensitzen' die sprichwörtliche *polnische Wirtschaft*. Im Gegensatz dazu war ihre Küche vorzüglich und wie allgemein bekannt verfügten sie über noch bessere Schnäpse.

Als ich das herausgefunden hatte, entwickelte ich ein ganz einfaches System, um öfters einmal die Abwechslung eines 5-Gänge-Diners genießen zu können: Ich suchte auf unserer Generalstabskarte einen Ort heraus, in dem ein schloßähnliches Gutshaus durch ein Fähnchen markiert war, schickte einen meiner Unteroffiziere mit seinem Spähtrupp dorthin und ließ mich durch ihn für einen der nächsten Tage zum Mittagessen anmelden, was bei dessen polnischen Sprachkenntnissen keine Schwierigkeiten machte.

Meine bald darauf folgenden Besuche gingen dann auch in ganz höflicher Form vor sich, obwohl die Polen sicherlich mit gemischten Gefühlen meiner Ankunft entgegengesehen hatten. Ich kramte für die erste Begegnung mit dem Hausherrn mein bestes Französisch hervor – alle Angehörigen des polnischen Landadels sprachen diese Sprache fließend – und nach anfänglicher Reserviertheit und den ersten Schnäpsen wurde die Stimmung stets gelöst. Ich erzählte dann den Polen, daß ich auch vom Land stammte, den Krieg für einen Unsinn hielt usw..

Zwischen jedem Gang gab es einen anderen Schnaps, dessen Alter und Herstellungsverfahren vom Gastgeber erläutert wurde. Nach vielen Nastrowje (Prost) nahm ich von jeder Neuauflage stets ganz, ganz vorsichtig zunächst einen winzigen Schluck. Manche Schnäpse waren derart scharf und hochprozentig, daß man sie einfach nicht herunterbekam oder glaubte, daß dieses Feuerwasser die Kehle verbrenne.

Ich erinnere mich in diesem Zusammenhang, daß ein Landser, der eine Schöne in einem Forsthaus besuchte, auf dem Rückweg beinahe ums Leben gekommen wäre. Er hatte so viel hochprozentigen Wodka getrunken, daß er ohnmächtig vom Pferd mit dem Gesicht in den Schlamm fiel und beinahe erstickt wäre. Nur durch Zufall wurde er gefunden und lag dann wochenlang zwischen Leben und Tod im Lazarett.

Meine Gastmähler bei den polnischen Adligen waren einer der vielen Beweise für die Unsinnigkeit dieses Krieges. Noch gestern hatten dieselben Menschen versucht, sich gegenseitig umzubringen – heute kamen sie zusammen und respektierten einander von gleich zu gleich. Wo bleibt da Raum für Haß und Geringschätzung. Ich vergaß in diesen Stunden ganz, in Feindesland zu sein. Vielleicht haben meine Besuche ein wenig bewirkt, daß meine Gastgeber ihr Urteil über die Germanski etwas revidierten.

Nichts, aber auch gar nichts ahnte ich damals davon, was die Nazis mit den Polen vorhatten, daß sie dieses Volk – welche Anmaßung! – als Untermenschen betrachteten, daß in naher Zukunft Millionen von ihnen planmäßig liquidiert werden würden! Vor allem die polnische Intelligenz, die Offiziere und Geistlichen, fast alle Juden und Zigeuner waren zur Vernichtung bestimmt.

Ich war damals noch zu jung und arglos, und es war meinem Wesen nach einfach unmöglich, mir vorzustellen, daß Landsleute von mir fähig waren, zu Massenmördern zu werden. Vielmehr erlebte ich fast täglich, wie die polnischen Bauern den Landsern Hühner, Eier und Butter verkauften, habe dabei niemals Gewaltanwendung erlebt, wenn auch manche Rauhbeine ab und zu ihre Wünsche ziemlich unmißverständlich und lautstark zum Ausdruck brachten.

Dank seiner Beweglichkeit lebte der Reiterzug also nicht schlecht und erregte bald den Neid und die Mißgunst der anderen Schwadronsangehörigen. Wir hatten uns natürlich kleine Vorräte angelegt, und zwischen den Fenstern hing gut gekühlt das eine oder andere gerupfte Huhn. Das empfand selbst der mir wohlgesonnene Chef als Provokation und verbot eines Tages kurzerhand das *Organisieren* von Lebensmitteln. Natürlich hielten wir uns nicht an diese

Order, weil sie niemandem nutzte und uns nur schadete. Ich sagte meinen Leuten nur: „Kinder, macht es nicht mehr so auffällig".

Eines Tages passierte dann folgende wirklich sehr lustige Geschichte. Als der Reiterzug ins Lager einrückte, stand der Chef am Tor und nahm den Vorbeimarsch ab. Als ich ihn erblickte, gab ich laut Vorschrift das Kommando: „Stillgesessen! Augen rechts!" Da wurde meine Stimme plötzlich von einem markerschütternden „Kikeriki!" übertönt, das aber gleich darauf kläglich erstarb. Was war geschehen? Ein Reiter hatte einen Beutehahn lebend in seiner Packtasche verstaut. Das Tier hatte gerade im kritischsten Augenblick seinen Kopf befreit und jenen Hahnenschrei ausgestoßen! Der Reiter drückte ihm zwar sofort die Kehle zu, doch zu spät: Der Chef hatte alles gehört und auch gesehen, war aber so anständig, die Sache mit einem vielsagenden Schmunzeln auf sich beruhen zu lassen.

In diesen Tagen wurde ich zum Leutnant befördert. An eine Feier aus diesem Anlaß erinnere ich mich nicht mehr, war aber stolz, nun Offizier mit einigen neuen Privilegien zu sein.

Der Winter in Polen hatte seine Längen. Das Land lag wie tot unter einer dicken Schneedecke und bot keinerlei Abwechslung. Ich erinnere mich nur an die Bauerndörfer mit ihren schmutzigen Katen, die verschlammten Straßen und an endlose, undurchdringliche Kiefernwälder, die meine Spähtrupps oft mit etwas Herzklopfen durchstreiften. An den langen Abenden vertrieben wir uns die Zeit, wie es wohl alle Soldaten dieser Welt tun, mit Kartenspielen wie Skat, Siebzehnundvier und Poker. So kam Weihnachten näher.

Aber ich sollte dieses erste Kriegsweihnachten nicht im Kreis meiner Kameraden verbringen. Denn eines Abends fühlte ich mich plötzlich hundeelend, bekam Schüttelfrost und hohes Fieber. Unser Sanitäter, 1,92 m groß, von Beruf Versicherungsvertreter, war ein ausgesprochenes Original. Er hieß Kirchner und versuchte zunächst, wie in ähnlich gelagerten Fällen, meiner Krankheit mit einer kräftigen Gabe von Wodka zu Leibe zu rücken! So entkorkte er sofort eine Flasche dieses in Polen besonders hochprozentigen Getränks. Dabei schlug er mit der flachen Hand gegen den Boden der Flasche, ein Trick, um den ich ihn stets beneidet hatte. Unter ständigem Zuspruch flößte mir Kirchner dann eine Unmenge dieses wasserklaren Teufelzeugs ein. Mein Zustand besserte sich aber keineswegs, vielmehr fing ich an zu phantasieren.

Endlich rief einer den Arzt. Als dieser an mein Bett trat und mich untersuchen wollte, wehte ihm wohl eine solche Alkoholfahne entgegen, daß er nur schrie: „Krank?! Der Kerl ist besoffen!" und mich einfach liegen ließ. Am nächsten Morgen war ich vom hohen Fieber – ich hatte über 40° C! – so geschwächt, daß sofort ein *Sanka* geholt wurde. Auf einer Bahre trug man mich einige hundert Meter zu diesem Krankentransportwagen. Im Gegensatz zu meiner Körpertemperatur waren im Freien minus 30° C! Die 40 km nach Lublin über steinharte, holprige, im Winter kaum passierbare Landstraßen kamen mir vor wie eine Ewigkeit, aber ich kam lebend im Feldlazarett 2 an. Dort wurden die Kranken von Ärzten und Schwestern der Berliner Charité betreut. Ich war also in besten Händen. Es gab keine Zimmer, nur Krankensäle mit je ca. 30 Betten. Zunächst nahm ich das alles jedoch überhaupt nicht wahr, denn ich hatte ja ständig dieses lebensbedrohliche hohe Fieber, und es war mir, als würde mein Körper von innen heraus verbrennen.

Die Ärzte hatten sofort eine doppelseitige Lungenentzündung diagnostiziert. Jede Decke war mir zu viel, denn mein Körper glühte wie ein Vulkan, und ich warf immer wieder das ganze Bettzeug auf den Boden. Mit Engelsgeduld deckten mich die Schwestern immer wieder zu. Wie gut tat es mir, wenn bei dieser Gelegenheit eine weiche Frauenhand über meine heiße Stirn strich. Trotz der primitiven Umstände fühlte ich mich geborgen. Damals gab es ja weder Antibiotika noch Penicillin, und bei Lungenentzündungen mußte man die Krisis, die nach 9 Tagen eintritt, abwarten. Dies ist wohl der Punkt, der über Leben und Tod entscheidet, über Sieg oder Niederlage des Körpers über die Krankheit. Ich gewann diesen Wettlauf, denn ganz plötzlich fiel das Fieber, die Schwestern umarmten mich mit einem: „Wir haben es geschafft!"

Ich habe diese Schwestern bewundern gelernt, die sich Tag und Nacht um die Kranken bis zur völligen Erschöpfung bemühten. Den größten Eindruck machte mir ihre tiefe Freude, wenn sie einen fast hoffnungslosen Fall durchgebracht hatten. Ich erinnere mich, daß in einem Bett neben mir ein älterer Mann lag, der wie ich eine schwere Lungenentzündung hatte und mit dem es anscheinend zu Ende ging. Seine Wangen waren eingefallen, seine Augen glühten im Fieber, die Lippen waren blutig und aufgesprungen. Er röchelte tagelang vor sich hin, und stündlich rechneten wir damit, daß sein

Leben verlöschen würde. Die Schwestern wußten, daß er ein Familienvater war, und ich erinnere mich ihrer Verzweiflung, als einfach keine Besserung eintreten wollte. Aber sie gaben nicht auf. Stets war eine von ihnen bei dem Sterbenden, um ihm die Stirn zu kühlen, Medikamente zu verabreichen oder nur, um an seinem Bett zu sitzen und ihm Mut zuzusprechen. Obwohl dieser Mann trotz seiner Schwäche oft noch aufbegehrte, blieben sie immer geduldig und hilfsbereit. Und dann, zwei Tage vor Weihnachten, kam doch noch die Wende! Da erlebte ich die überschäumende Freude dieser beiden Schwestern. Ich sehe noch, wie sie den ausgemergelten Körper des Kranken in die Arme nahmen und dem Mann immer wieder ihr triumphierendes „Wir haben es geschafft" zuriefen. Für mich war es das erste Mal, einem Sterbenskranken so nahe zu sein und mitzuerleben, wie dieser den Kampf gegen den Tod gewann.

1939 war das erste Weihnachten in meinem Leben, das ich nicht zu Hause feierte. Obwohl außer Gefahr, war ich noch viel zu schwach, um auch nur mit einem Gedanken an eine Heimreise spielen zu können. So kam der Heilige Abend, aber kein Lebenszeichen von zu Hause, kein Brief, kein Päckchen, nichts von Mimi, nichts von Putzi oder Inge, obwohl alle wußten, wo ich war: Feldlazarett 2 Lublin. Ich war natürlich deshalb bei der gemeinsamen Weihnachtsfeier doch recht bedrückt. Als wir danach zurück in unsere Zimmer trotteten, erwartete uns eine Riesenüberraschung: Ausnahmslos lagen auf allen Betten zahlreiche Briefe, Päckchen und sogar Pakete. Die Schwestern hatten alles, was in den letzten Tagen mit der Post gekommen war, zurückgehalten, um den Patienten, *ihren Kindern*, am Heiligen Abend ein richtiges Fest zu bereiten. Ich weiß noch genau, ich hatte 9 Päckchen, natürlich auch von Putzi und Gerda, das meiste aber von zu Hause. Selbstverständlich wurde alles, was an Eßbarem gekommen war, brüderlich geteilt. Gott sei Dank hatten wir nach der wunderbaren Genesung meines Bettnachbarn keinen schweren Fall mehr in unserem Saal. So kann ich an dieses in seiner Art für mich einmalige Weihnachten im Felde nur dankbar zurückdenken.

Mit *meinen* Schwestern bin ich noch lange brieflich in Verbindung geblieben, und als ich im darauffolgenden Juni in Frankreich verwundet wurde und ihnen, die immer noch in Lublin Dienst taten, dies mitteilte, kam bald darauf ein Riesenpaket mit rührend ausgesuchten Leckereien. Sie hatten sich doch tatsächlich gemerkt, was damals im Dezember '39 zu meinen Lieblingsspeisen gehört hatte.

Mitte Januar 1940 wurde ich aus dem Lazarett entlassen. Noch ziemlich klapprig und noch ganz unsicher auf den Beinen meldete ich mich bei unserem Abteilungskommandeur zurück. Major von Poser, Reserveoffizier und Besitzer eines Gutes in der Nähe von Breslau, erinnerte mich in seiner ruhigen Art und seinem Wesen an meinen Vater. Ich merkte ihm sofort an, daß er widerwillig noch einmal die Uniform angezogen hatte. Er dachte immer daran, seine Soldaten möglichst ohne Schaden aus dem Schlamassel herauszuhalten. Wir mochten uns vom ersten Augenblick an. Sympathien kann man nicht erklären. Es ist ein Gefühl, das ohne Worte und auch ohne nähere Kenntnis des anderen oft auf Anhieb da ist. Als ich mich bei Poser *zackig* meldete und er sah, daß mir dabei noch Knie und Hände zitterten, sagte er dem Sinne nach so etwas wie: „Bei mir brauchen Sie nicht!".

Er gehörte zu den wenigen Menschen, denen ich aufgrund ihrer Ausstrahlung vertraute. Ich habe von ihm nie ein lautes Wort gehört. Wenn ihm etwas nicht paßte, genügte schon, daß er nichts sagte, um einen zu beschämen. Als er meinen desolaten Zustand sah – ich hatte etwa 20 Pfund abgenommen – schickte er mich sofort 3 Wochen nach Hause auf Heimaturlaub.

Nachdem ich mich in Friedenthal erst einmal richtig aufgefuttert hatte, machte ich eine kleine Rundreise über Lindau (Putzi), Breslau (Gerda) und wurde natürlich überall wie ein Neugeborener unheimlich verwöhnt. Zu meinem größten Erstaunen – man kann es auch als großes Erschrecken bezeichnen – stellte ich fest: Meine Liebe zu Putzi war erloschen! Es war tatsächlich so wie in dem Kästner-Gedicht, in dem zwei Menschen plötzlich die Liebe abhanden kommt. Es endet mit dem Satz: „Sie rührten in ihren Tassen und konnten es einfach nicht fassen." Genau so war es. Ich spürte untrüglich: Es ist aus! Ich konnte es nicht erklären, und vor allem, ich konnte es ihr nicht sagen. Putzi hatte ja um dieser Liebe willen unendlich viel riskiert und sehnsüchtig auf diesen Tag des Wiedersehens gewartet, denn ich war ein Teil ihres Lebens geworden. So verließ ich sie mit schwerem Herzen in der Hoffnung, daß die Zeit wohltätig alles ordnen würde.

Da war Gerda viel unbeschwerter. Sie liebte die Liebe, hatte dabei wie jedes Mädchen aber auch ihre Hintergedanken: Sie lud mich plötzlich zu sich nach Hause ein. Auf diesem Ohr war ich aber total taub. Ich habe es immer so gehalten, daß ich mir bei sogenannten ernsten Absichten ein unüberhörbares „Vorsicht" zurief. Aber Gerda nahm meine Absage nicht tragisch und mochte mich trotzdem.

Die Stimmung zu Hause war natürlich nicht so fröhlich wie früher. Von uns dreien war nur Gotthard als Medizinstudent bisher vom Eingezogenwerden verschont geblieben. Obwohl es zu dieser Zeit keinen akuten Grund zur Sorge gab, schwebte das Wort Krieg wie ein Damoklesschwert ständig über unserer Familie mit ihren drei Söhnen in Uniform. Alle hatten wir gehofft, daß es nach dem Sieg über Polen und nach dem Arrangement mit Rußland doch noch zu einer Einigung mit den Westmächten kommen würde. Aber Hitlers aggressive Haltung gegenüber Frankreich und England, die in allen seinen Reden zum Ausdruck kam, ließ nur wenig Raum, daß diese Hoffnung in Erfüllung gehen würde. Rein instinktiv fühlte man auch, daß dieser Kuhhandel mit Moskau, dem die unglücklichen Polen zum Opfer gefallen waren, für die Dauer nichts Gutes bringen konnte. Rußland und Deutschland waren sich zwar beide in ihren Herrschaftsstrukturen, nämlich Bolschewismus und Faschismus, viel ähnlicher als die meisten erkannten; auf der anderen Seite hatte Hitler immer wieder von Deutschland als dem Volk ohne Raum gesprochen. Trotz aller Propaganda ahnte man, daß im Osten der Status quo nur eine Zwischenlösung sein konnte.

Während meines Urlaubs stellte ich fest, daß innerhalb der Familie die Gegensätze auf politischem Gebiet zugenommen hatten. Mimi sprach von Hitler nur als von diesem „Verbrecher" und lehnte ganz instinktiv mit dem Feingefühl einer Frau dieses grobschlächtige, militärische wiedererwachte radikale Preußentum ab. Für sie war es wie eine Pest, die sich unaufhaltsam ausbreitete. Papi versuchte stets zu beschwichtigen. Er gehörte zu denjenigen, die lieber wohl zum Teil aus Bequemlichkeit an die Anständigkeit im Menschen glaubten und der sich erklärlicherweise auch mit Blick auf seine Abstammung keinesfalls exponieren wollte. Wir alle waren ja beileibe keine Nazis. In Falkenhausenscher Manier machte man sich über die „Dorf-Mussolinis" und „Goldfasanen" lustig, ohne die Gefahr zu erkennen, in der wir uns alle befanden, oder zu ahnen, was uns noch bevorstand.

Nur Onkel Rudi, der als ehemaliger aktiver Offizier Patriot und im Grunde seines Herzens ein Nazihasser war, wurde immer stiller und bedrückter. Wir sahen mit größter Sorge, wie dieser einst so lebenslustige Mann seit Ausbruch des Krieges wie verwandelt war. Er hatte an nichts mehr Freude. Wenn er meist schweigsam an einer Gesellschaft teilnahm, murmelte er manchmal vor sich hin: „Sie werden uns alles wegnehmen." Er litt wohl auch darunter, daß sein Großvater Friedenthal Jude war und bezog die ganze diskriminierende Judenhetze auch auf sich, obwohl er keinerlei Druck zu spüren bekam. Seine plötzliche Zurückgezogenheit und die so offensichtlichen tiefen Depressionen bedrückten uns sehr. Als er plötzlich anfing, seine aufwendigen Autos und seine Rennpferde zu verkaufen, an denen er so hing, da wußten wir, hier ging in einem Menschen eine tiefgreifende Veränderung vor. Tante Olga, seine Frau, der als katholischer Italienerin die deutsche Mentalität ohnehin ganz fremd sein mußte, stand dem ratlos gegenüber. Mimi mit ihrer Fähigkeit, sich in die innere Situation anderer Menschen zu versetzen, war wohl die einzige, die Onkel Rudi verstand. Sie fuhr oft nach Bielau, führte lange Gespräche mit ihm, konnte nur bremsen aber nichts ändern. Ich erinnere mich noch minutiös – und ihre Worte trafen mich wie ein Schock – wie sie nach einem solchen Besuch sagte: „Wir müssen etwas tun, sonst erschießt sich der Rudi!" Aber da war es wohl schon zu spät.

Mitte Februar kehrte ich nach Polen zurück. Dort war alles beim alten geblieben. Ich übernahm wieder meinen Reiterzug.

Allmählich schmolz der Schnee, die Sonne wurde wärmer, und wir konnten unsere Spähtrupps wieder über größere Distanzen schicken. Ein Aufatmen ging durch Natur und Menschen. Ich lernte sogar in der Nähe des Lagers eine reizende junge Polin kennen. Mein Vertrauter Rudi Ritzka, der fließend Polnisch sprach, selbst ein großer Herzensbrecher, hatte für meinen Wunsch, ein Treffen zu arrangieren, vollstes Verständnis und spielte den *Postillon d'amour.*

Die Begegnung fand in einem lichten Birkenwald statt. Ich sehe die Szene, die aus einem Kitschfilm stammen könnte, noch vor mir:

Ritzka und ich hoch zu Roß, sie stand wie verloren an eine der Birken gelehnt.

Ich kannte das Mädchen ja nur vom Sehen, und als mein Begleiter mit den Pferden verschwand, waren wir beide verlegen und befangen. Aufgrund der Sprachschwierigkeiten hatten wir ja keine Möglichkeit, uns näherzukommen bzw. einander zu sagen, was wir dachten. So saßen wir nebeneinander und schauten uns an, sie mich doch mit einer unbestimmten Angst in den Augen. Aber sie spürte wohl bald, daß sie keinem germanischen Unhold in die Hände gefallen war. Im Gegenteil, als ich ihre Angst erkannte, tat ich nichts, was den Eindruck erwecken konnte, daß ich sie mit Gewalt erobern wollte. Als sie merkte, daß sie nichts zu befürchten hatte, fing sie munter an, auf Polnisch zu plaudern. Sie setzte wohl voraus, daß ich zwar nicht polnisch sprach, aber wenigsten verstand. Ich war erleichtert, als bald darauf Ritzka zurück kam, der mir seine Enttäuschung nicht verhehlte, daß dieses Rendezvous so platonisch verlaufen war.

Irgendwann im März verdichteten sich Gerüchte, daß die Division nach Westen verlegt werden sollte. Für uns kein gutes Zeichen. Wenn wir auch keine Ahnung hatten, was hinter den Kulissen vorging, so konnte man doch den Meldungen der völlig gleichgeschalteten Zeitungen und des Rundfunks entnehmen, daß sich im Westen etwas zusammenbraute. Man hörte immer wieder dieselben Phrasen, und es waren immer die gleichen Leute in den Regierungen der Westmächte, die beschimpft und lächerlich gemacht wurden. Auch die Uneinnehmbarkeit des ‚Westwalls' war ein beliebtes Thema. So wurde es langsam offenkundig: Das Volk sollte propagandistisch darauf vorbereitet werden, daß Hitler im Westen losschlagen wollte.

Wir saßen ja gottlob weitab vom Schuß, und ich muß sagen, wir waren auch dann noch nicht sonderlich beunruhigt, als die Division im April auf den Truppenübungsplatz Döllersheim in Oberösterreich verlegt wurde. Die natürliche Reaktion aller war zunächst nur zu verständlich: Nach einem halben Jahr in Polen konnten wir endlich wieder die Segnungen westlicher Zivilisation genießen. Und Übungsplatz war ja noch lange nicht Fronteinsatz. In Döllersheim bestand der Dienst nach wie vor aus den gewohnten harmlosen Gelände- und Spähtruppübungen. Eine angenehme Abwechslung bedeutete Scharfschießen auf Pappscheiben in einer eigens dafür angelegten Bahn.

In diesen Tagen erfolgte überfallartig die Besetzung Norwegens durch die deutsche Wehrmacht. Nach ein paar Krisentagen war die Operation erfolgreich abgeschlossen, und es kam überhaupt niemandem in den Sinn, daß eine Unternehmung deutscher Truppen scheitern könnte, obwohl man es dieses mal beinahe massiv mit den Engländern zu tun bekommen hätte.

Eins der beliebtesten Worte in den Nachrichten war der Ausdruck *planmäßig*. Es grenzte an Arroganz, daß alles einfach *planmäßig* verlief. Wie viele Gefallene sich hinter diesen *planmäßigen* Siegen am Rande des großen Geschehens verbargen, erfuhr niemand. Wie gesagt, die unaufhörliche Propaganda deckte alle Bedenken, daß es einmal anders kommen könnte, systematisch zu.

DER FRANKREICH-FELDZUG

Am 10. Mai 1940 wurden wir durch die Sondermeldung aufgeschreckt, daß die deutsche Offensive im Westen begonnen hatte. Keiner machte sich Gedanken darüber, daß der Einmarsch in Holland und Belgien eine krasse Neutralitätsverletzung darstellte. In nur wenigen Tagen war der Widerstand dieser beiden Länder durch massierten Fallschirmjäger- und Panzereinsatz gebrochen. Jeder fragte sich: Hatten Franzosen und Engländer eine Chance, die Wucht des deutschen Angriffs zu stoppen, vor allem, konnten sie der erstmals angewandten Strategie, mit geschlossenen Panzerverbänden fast ohne Infanterieschutz zu operieren, Gleichwertiges entgegensetzen? Ich wußte zwar, daß die zweite Panzerdivision der Gruppe Guderian, zu der auch der Panzerverband meines Bruders Ernst-Herbert gehörte, ständig in den Wehrmachtsberichten erwähnt wurde und daher mitten im Brennpunkt der Kämpfe stand; aber eigenartigerweise machte ich mir keine allzu großen Sorgen, weil stets nur von *geringen Verlusten* die Rede war und man bei den ständigen Siegesmeldungen den Gedanken an Tote und Verwundete ganz verdrängte.

Da erhielt ich die Nachricht, daß mein Vetter Manfred Schickfuss, genannt *Männer*, beim Übergang über die Maas, wie es hieß, „an der Spitze seiner Schwadron" gefallen war. Diese Nachricht traf mich deshalb so tief, weil Männer der Falkenhausenschste meiner Vettern war. Er hatte Papis leuchtende blaue Augen, strahlte stets einen bei ihm ganz selbstverständlich wirkenden Optimismus aus und verfügte über einen schier überquellenden Humor. Von ihm ging etwas Strahlendes aus, wie ich es später nie mehr bei einem jungen Menschen erlebt habe. Für uns alle, die wir ihn liebten, war es der erste schwere Verlust.

Von diesem Tag an verfolgte ich mit anderen, nicht mehr vom Siegestaumel getrübten Augen den deutschen Vormarsch. Es hat wohl nichts mit Feigheit zu tun, daß ich mir damals mit vollem Bewußtsein wünschte, möglichst nicht in eine Situation zu geraten, in der man todgeschossen und von einer Sekunde auf die andere ausgelöscht werden konnte.

Aber noch lagen wir ja in Döllersheim, und ich konnte sogar ab und zu nach Purgstall zu Großpapa fahren. Auch Wien war ein beliebtes Wochenendziel. Zu meinen Leuten gehörte auch ein Urwiener mit dem schönen Namen Buchsbaum, eine Jeu-Ratte wie ich, der mir partout das Nachtleben von Wien zeigen wollte. „Herr Leitnant, des missen's unbedingt amoi mitg'macht haben" beteuerte er immer wieder.

Auf der Eisenbahnfahrt nach Wien nahm mir Buchsbaum in dem urösterreichischen Kartenspiel Preference mein gesamtes Bargeld ab, um mir dann in Wien großzügig etwas für den Abend zu leihen! Apropos: Dieser Buchsbaum gewann immer, gleichgültig um welches Glücksspiel es sich auch handelte. Erst zwei Jahre später kamen wir darauf, daß er ein professioneller Falschspieler war!

In Wien führte er mich natürlich von Nachtlokal zu Nachtlokal, bis wir endlich in einem Etablissement landeten, in dem auch für mich, auf dem Gebiet der Prostitution völlig Ahnungslosen, der Beruf der dort anwesenden Damen nicht mehr zu übersehen war. Doch es kam nicht einmal zu einem gegenseitigen Kennenlernen, denn kaum hatten wir das erste Getränk bestellt, betrat eine Streife der Feldgendarmerie, aufgrund ihrer an Ketten um den Hals hängenden Blechschilder ‚Kettenhunde' genannt, das Lokal. Der österreichische Oberleutnant lächelte nur über so viel Einfalt, als ich ihm wahrheitsgetreu mitteilte, daß ich von der Strafwürdigkeit meines Tuns, nämlich ein Lokal mit leichten Mädchen zu betreten, keine Ahnung gehabt hatte. Aber er glaubte mir, zumal ich ihm sofort noch etwas von Monaten in Polen, keine Frauen usw. vorgefaselt hatte. Damit war das *Unternehmen Buchsbaum* gescheitert.

Auf der Rückfahrt stand ich im Gang des D-Zug-Waggons und begann mit einer im Coupé sitzenden sehr hübschen Frau einen Blickflirt. Diese Zwiesprache, die sich nur mit den Augen abspielte, wurde immer intensiver, bis die Dame zu meinem Erstaunen gleichzeitig mit mir ausstieg, als der Zug in Döllersheim hielt. Die Überraschung wurde noch größer, als auf dem Bahnsteig Dr. Dietrich, mit dem ich mich angefreundet hatte, wartete und besagte Dame in die Arme schloß. Es war seine Frau Ilse. Ich erwähne diese Episode nur, weil Ilse in meinem späteren Leben noch eine nicht unbedeutende Rolle spielen sollte.

In den letzten Maitagen wurde es zur Gewißheit, daß unsere Division bald in die Gegend nördlich von Freiburg verlegt werden würde. 3 Wochen nach dem deutschen Überfall auf Belgien und

Holland war die französische Armee auf der Flucht nach Süden. Die große Zangenbewegung in Nordfrankreich war gelungen, Paris gefallen. Die Reste des englischen Expeditionscorps hatten sich bei Dünkirchen unter großen Verlusten und Zurücklassung ihres gesamten Kriegsmaterials fluchtartig auf die Insel retten können.

Zwar war es noch nicht sicher, ob wir noch zum Einsatz kommen würden; aber eines Tages setzte Major von Poser die Offiziere seiner Abteilung davon in Kenntnis, daß unsere 221. Infanteriedivision im Raume Breisach – dort war die Maginotlinie noch intakt – den Übergang über den Rhein erzwingen und Posers Aufklärungsabteilung nach Durchbrechen der feindlichen Linie jenseits des Rheins als Vorausabteilung eingesetzt werden sollte. Seine ernste Miene verriet, daß er dasselbe dachte wie ich: „Nun geht der Kelch doch nicht an uns vorüber!"

Da wir über keinerlei gepanzerte Fahrzeuge verfügten, also bei einem solchen Unternehmen ziemlich schutzlos jedem feindlichen Feuer ausgesetzt sein würden, erkannte Poser sofort, daß seine Abteilung für ein Himmelfahrtskommando ausersehen war! Jedem war klar, daß besonders die Spitze dieser Vorausabteilung kaum eine Chance hatte, ohne Verluste davonzukommen. Deshalb wurden zwei LKWs ringsum mit Panzerplatten behängt, damit die ersten Fahrzeuge wenigstens einigermaßen vor Infanteriekugeln geschützt waren.

Was mich betraf, so rückte ich aus der Sicht der Abteilung plötzlich in den Mittelpunkt der Vorbereitungen, denn ich war der arme Teufel, den der Kommandeur zum Spitzenführer der Vorausabteilung (VA) bestimmt hatte. Das lag einmal daran, daß ich der einzige Offizier war, der eine aktive Ausbildung hinter sich hatte und der zum anderen unverheiratet war! Ich dachte: Das sind ja rosige Aussichten! und bei mir stellte sich dieses Gefühl in der Magengegend ein, das ich eigentlich nur aus der Schulzeit kannte, wenn ich total unvorbereitet eine Lateinarbeit schreiben mußte. Wie schwer Poser der Entschluß fiel, mir dieses Kommando zu übertragen, bei dem die Chancen, heil durchzukommen, 1 : 100 standen, geht daraus hervor, daß er mich zu sich bestellte und mir mit Grabesmiene sagte: „Falkenhausen, es tut mir wahnsinnig leid, daß ich gerade Sie nehmen muß, aber ich habe keinen anderen".

Die Spitze der VA war ein ziemlich zusammengewürfelter Haufen, aber immerhin so zusammengestellt, daß wenigstens schwächerer Feindwiderstand gebrochen werden konnte. In folgender Ordnung sollte die Vorausabteilung vorgehen: An der Spitze fuhren die beiden provisorischen Panzerautos. Direkt dahinter folgte ich mit einem Melder im Beiwagenkrad, um bei Feindberührung sofort die erforderlichen Befehle geben zu können. Unmittelbar hinter mir kam eine Panzerabwehrkanone, die im Direktbeschuß Straßensperren unter Feuer nehmen sollte; es schlossen sich eine SMG-Gruppe und mehrere Infanteriegruppen an. Das Prunkstück am Schluß der Kolonne war eine 8,8 cm Flak, eines jener Geschütze, gegen die im Erdkampf eingesetzt kein Kraut gewachsen war. Wichtig war mir natürlich, zunächst alle Leute kennenzulernen und ihr Vertrauen zu gewinnen.

Während ich dies hier niederschreibe, kommt in mir wieder dieses fast nicht zu beschreibende und einer Depression gleichende Gefühl hoch, das mich damals Tag und Nacht beschlich und das sich nur stundenweise verdrängen ließ. Ein sensibler Mensch kann ihm wohl nicht ausweichen, wenn ihm bewußt wird, daß er möglicherweise auf etwas Endgültiges zugeht.

Das Aufreibendste war natürlich die tagelange Warterei und die immer noch bestehende Hoffnung, daß die Franzosen kapitulieren würden, bevor wir zum Einsatz kamen. Denn darüber waren wir uns alle einig: Der Angriff der Armee Dolmann über den Oberrhein war aus militärischer Sicht völlig unnötig; es war nämlich bereits absehbar, wann die von Norden nach Süden vorstoßenden deutschen Truppen im Rücken der im Raum Colmar noch ausharrenden Franzosen auftauchen würden.

FEUERTAUFE

Ich schlug mich also mit diesen nicht gerade frohen Gedanken herum, bis endlich der Abmarschbefehl kam. Innerhalb weniger Stunden fanden wir uns per Bahntransport in der Gegend nördlich von Freiburg wieder. Ich erinnere mich genau an diese Woche vor unserem ersten Einsatz. Das liegt wohl daran, daß alle meine Leute genau wie ich auch, ohne darüber zu sprechen, wußten oder fühlten: Die nächsten Tage können für jeden über Leben und Tod entscheiden. So saßen wir jeden Abend beisammen, wie es Tierrudel in der Natur tun, die vor etwas Unbekanntem Schutz suchen, und sangen die alten wehmütigen Soldatenlieder, wie: „Im Feldquartier auf hartem Stein streck' ich die müden Glieder ..."

Es war also absolut nichts zu spüren von dieser unbekümmerten Stimmung und jenem Drang, an den Feind zu kommen, wie sie einem in einer bestimmten Sorte von Literatur und von gewissen Gemälden suggeriert werden. Die Vorstellungsgabe des Menschen hat eine große Bandbreite. Erst konfrontiert mit der Wirklichkeit gibt es keinen Platz mehr für Phantasien, und das Erleben verengt sich auf den nackten Tatbestand. Ähnlich ist es mit den Gefühlen, die den Soldaten dann ergreifen, wenn noch Distanz zum eigentlichen *Kampf* besteht.

Das idyllische Schwarzwald-Vorland im Spätfrühlingskleid paßte gar nicht zu meiner Gemütsverfassung. Ein junger Mensch kann wohl nicht dieses für mich damals absolut aktuelle *vielleicht sterben Müssen* in den Soldatenalltag einordnen. Ich erinnere mich noch genau, daß ich einen Abschiedsbrief nach Hause schreiben wollte. Ich unterließ es, um die Eltern nicht zu beunruhigen. Natürlich saßen wir nicht trübselig herum, sondern delektierten uns an Schwarzwälder Forellen und dem berühmten Kirschwasser, das dann wesentlich zum *lever le moral* beitrug.

Unser Dienst war nun erstmalig praxisnah und bestand hauptsächlich im Kartenstudium und im Durchsprechen möglicher Gefechtssituationen, um im Ernstfall richtig reagieren zu können. Ich nahm diese Vorbereitungen zwar ernst, war mir aber klar, daß ich mich bei der zu erwartenden Aufgabe wohl auf meinen Jagdinstinkt verlassen mußte. Ich bin nämlich der Ansicht, daß ein Jäger mit seinem geschulten Auge viele Vorteile auf seiner Seite hat. Bestimmt

Feuertaufe

erspäht er instinktiv im Bruchteil einer Sekunde die Stelle, wo er die beste Deckung hat und erahnt früher als ein anderer, woher die Gefahr droht. Zudem hatte das Sprichwort: „Und erstens kommt es anders und zweitens als man denkt" jetzt volle Gültigkeit.

Eine Woche etwa ließen wir uns von den Schwarzwaldbauern verwöhnen, dann kam ganz plötzlich an einem Abend der Befehl, in die Bereitstellungsräume am Rheinufer einzurücken. Zunächst hatten wir ja nichts zu befürchten, denn den Übergang über den Fluß mußten die Infanterieregimenter erzwingen. Die französische Luftwaffe existierte zu diesem Zeitpunkt nicht mehr. Da alle Truppenbewegungen bei Nacht geschahen, ahnten die Franzosen, die wie Maulwürfe unter der Erde in ihrer Maginotlinie saßen, wohl nichts von den Absichten der Deutschen. Dabei warteten bei unserem Eintreffen am Ostufer des Rheins bereits Hunderte von Geschützen aller Kaliber auf ihren Einsatz, und es wimmelte von Pionieren, Infanteristen und Spezialtruppen im dichten Uferwald der Rheinauen. Dieser Wald war nicht wie ein sauberer preußischer *Stangerlwald*, sondern bestand aus wenigen hohen Eichen, unter denen sich undurchdringliches dichtes Unterholz ausbreitete, ideal, unsere Vorbereitungen für den geplanten Überraschungsangriff zu verbergen.

Ganz dicht am Flußufer lagen Dutzende von Sturmbooten dicht an dicht. Mir fiel auf, wie ruhig und präzise alles vor sich ging, und die Selbstverständlichkeit, mit der alle Befehle ausgeführt wurden, machte mir Mut. Nun war ich eingebunden in diesen Riesenapparat wie das Rädchen einer Maschine. In jener Nacht regnete es in Strömen. Keiner konnte vor innerer Erregung schlafen, und ich war auch voll damit beschäftigt, meine Schäflein zusammenzuhalten, denn auf den wenigen Wegen in Richtung Rhein herrschte ein scheinbar planloses Durcheinander. Und doch hatte jeder eine Aufgabe und wußte genau, zu welchem Haufen er gehörte. Ein letztes Mal erinnerte das Ganze an ein gigantisches Indianerspiel. Doch dann wurde es ernst.

Um die Franzosen in Sicherheit zu wiegen, hatte die Führung den Angriffsbeginn auf 8 Uhr und nicht ins Morgengrauen gelegt. Der erste Feuerschlag der Artillerie war von einer unvorstellbaren Gewalt, uns allen stockte buchstäblich der Atem. Es war, als wenn mehrere Gewitter sich gleichzeitig entlüden. Wie oft hatte ich vom Brüllen der Geschütze, vom Orgeln und Fauchen der Geschosse gelesen. Die Wirklichkeit übertraf jedes Vorstellungsvermögen. Besonders auf die Nerven ging das peitschende Knallen der 8,8 Flakgeschütze, die im direkten Beschuß die Betonbunker der Franzosen auf dem jenseitigen Ufer des Rheins unter Feuer nahmen und deren Stellungen unmittelbar in unserer Nähe waren.

Da ich wußte, daß unser Einsatz erst nach dem Bau einer Pontonbrücke in Frage kam, pirschte ich mich vorsichtig bis ans Ufer vor, um das Übersetzen der Infanterie und Pioniere in Sturmbooten beobachten zu können. Aber noch war es nicht so weit, denn in das Orgeln der Geschütze mischte sich plötzlich ein dumpfes Dröhnen, und da waren auch schon die Stukas (Sturzkampfbomber) über uns. Kaum hatten sie den Rhein überflogen, kippten sie aus ihrer waagerechten Flugbahn plötzlich senkrecht ab und steuerten in rasendem Sturzflug ihr Ziel an. Ein Stuka-Bomber trug nur eine Bombe, die der Pilot erst kurz über dem Ziel ausklinkte. Es war, als beobachtete man das Kunststück eines Artisten, wenn die Piloten ihre eisernen Vögel unmittelbar über dem Erdboden abfingen.

Bei diesem Getöse konnte ich zunächst überhaupt keinen klaren Gedanken fassen und staunte, wie ruhig die kampferfahrenen Offiziere, die den Angriff über den Fluß mit ihren Leuten wenige Augenblicke später genau auf die Minute auszuführen hatten, ihre Befehle gaben. Plötzlich, als würde ein Kommando von Geisterhand gegeben, verstummten die Geschütze genau so schlagartig, wie ihr Feuer eine halbe Stunde zuvor eingesetzt hatte.

Im gleichen Augenblick wurden die Sturmboote aus dem Uferdickicht ins Wasser geschoben, die Außenbordmotoren heulten auf; in rasender Fahrt zerschnitt der Bug der Boote wie ein Messer die Wasser des Flusses und sprang gleichsam ans gegenüberliegende Ufer.

Und wie reagierten die Franzosen? Ich habe diese Minuten der Ungewißheit ja als Zeuge erlebt und war verblüfft, denn am anderen Ufer rührte sich nichts! Es fiel kein Schuß! Wußte die Besatzung der Forts, daß jeder Widerstand zwecklos war, weil der Krieg an den anderen Fronten längst entschieden war oder hatte das infernalische Bombardement jeden Gedanken an Gegenwehr erstickt? Es kam wohl alles zusammen, und so erschienen erst einzelne Poilus, dann ganze Trupps an den Bunkerausgängen mit einer weißen Fahne in der Hand. Bald wurden sie als Gefangene in Booten ans Ostufer gebracht. Sie waren offensichtlich froh, das Inferno überlebt zu haben. Mir fiel auf, daß sie gar keinen bedrückten Eindruck machten und wiederholt uns zuriefen: „La guerre est finie!"

Dann setzten weitere Truppenteile über und bald kamen auch die Pioniere mit ihrem Brückengerät. Es dauerte jedoch noch Stunden, bis sie mit ihrer Pontonbrücke über den Rhein fertig waren.

Die Nachrichten vom jenseitigen Ufer klangen jetzt nicht mehr so beschwingt wie am Morgen, denn die Maginotlinie war ein tief gestaffeltes Verteidigungssystem, und die Hauptbefestigungswerke hatten Ausmaße großer viereckiger Häuser mit 2 m dicken Betonwänden, die praktisch uneinnehmbar waren. So gab es bald auch unter unseren angreifenden Truppen die ersten Toten und viele Verwundete, denn zwischen den Betonbunkern saßen in den Obstbäumen hinter Schutzschilden versteckt französische Scharfschützen, die unsere Infanterie immer wieder in Deckung zwangen und ihr empfindliche Verluste beibrachten.

Diese Verzögerung war wohl unprogrammäßig, denn unsere Abteilung rückte erst am Nachmittag über den Rhein. Da war der letzte Widerstand der Baumschützen niedergekämpft. Am anderen Ufer sah ich zwei deutsche Soldaten liegen, die scheinbar schliefen. Aber auf einmal durchfuhr es mich: Die sind ja tot! Wie friedlich und unbeachtet lagen sie doch da. Unvergeßlich ist mir der Anblick dieser ersten Kriegstoten.

Wieder mußten wir dann stundenlang warten, und die erste Nacht im *Feindesland* unter freiem Himmel brach herein. Der Gefechtslärm ebbte ab und erstarb bald ganz. Obwohl noch nicht zum Einsatz gekommen, war ich todmüde und schlief nur mit einer Zeltplane zugedeckt die ganze Nacht durch. Geweckt wurde ich von der gewaltigen Abschußdetonation eines 30-cm-Mörsers, der in der Nacht direkt hinter meinem Lager in Stellung gegangen war. Ich hatte von diesem *Wecker* einen richtigen Schock und war für kurze Zeit ganz verstört. Endlich war mit Unterstützung von Stukas und Flak im Direktbeschuß unter gewaltigem Munitionseinsatz der letzte Bunker geknackt. Ein Flak-Kanonier sagte dazu ganz ironisch: „Erst klopfen wir ein paarmal an, und wenn dann drinnen der erste Putz von der Wand fällt, kommen sie raus!"

Unser Kommandeur war natürlich in ständiger Verbindung mit dem Divisionsstab. Ich verfolgte die Entwicklung des Angriffs auf einer Generalstabskarte, auf der jedes Haus eingezeichnet war und in die ich nach den eingehenden Funksprüchen die Spitzen der Infanterie einzeichnete. Endlich war das Warten zu Ende, und mit dem lapidaren Befehl: „Vorausabteilung stößt in Richtung Colmar vor" begann für mich der wirkliche Krieg.

Also fuhren wir *in Feindesland hinein* und erfreulicherweise: Zunächst kein Franzose weit und breit. Als wir die Spitzen der Infanterie erreicht hatten und an ihnen vorbeifuhren, winkten sie uns zu, was wohl heißen sollte: „Viel Glück!" Es war schon ein eigenartiges Gefühl, mit einem Mal völlig ungeschützt wie auf dem Präsentierteller durch ein Land zu fahren, dessen Bewohner unsere *Feinde* waren. Dabei machte das Elsaß alles andere als einen feindlichen Eindruck. Es glich vielmehr dem Garten Eden. Rechts und links der Straße wogende Weizenfelder, riesige Obstplantagen, an denen die Kirschen reiften, überall in den Gärten herrliche Erdbeeren. Die Sonne schien vom Himmel. Die wenigen Zivilisten, die wir trafen, fragte ich in meinem besten Französisch, ob und wo die nächsten französischen Truppen lägen. Aber zu meinem größten Erstaunen antworteten alle in fließendem Deutsch, was mich im ersten Augenblick ein wenig verwirrte. Dann lachten wir beide: Der Elsässer und der Schlesier. In diesem Augenblick an den so offenkundigen Irrsinn des Krieges zu denken, dazu kam ich nicht. Alles in mir war voller Spannung, denn irgendwann mußte es doch einmal knallen. Als sich jedoch nichts dergleichen ereignete, wurde mir klar, die nächste Verteidigungslinie der Franzosen würde erst am nächsten natürlichen Hindernis, den Ausläufern der Vogesen liegen. So erreichten wir Colmar, ohne auch nur einen Schuß abgegeben zu haben. Ich war damals noch ein solcher Kunstbanause, daß ich nichts davon wußte, daß diese Stadt den herrlichen Isenheimer Altar von Grünewald beherbergt. Mir war ohnedies nicht nach einem Museumsbesuch zumute! In der Stadt war keine feindliche Stimmung zu spüren; die Leute beachteten uns kaum und verhielten sich so wie heute etwa, wenn ein paar Busse mit Touristen kommen. Ich kaufte schnell eine Kiste französischen Schampus, der aufgrund einer von den Deutschen sofort dekretierten obskuren Währungsrelation nur Pfennige kostete. Nach kurzem Halt, bei dem die Flaschen verteilt und die Vollzähligkeit der Fahrzeuge überprüft wurde, verließen wir Colmar Richtung Col de la Schlucht.

In der nächsten Ortschaft war scheinbar alles wie bisher: Frauen und Kinder schauten neugierig aus den Fenstern, die Auskünfte der Zivilisten über etwaige französische Truppen waren zwar noch negativ, ließen jedoch eine gewisse Zurückhaltung erkennen. Für mich war deutlich eine Veränderung im allgemeinen Verhalten der

Einwohner zu spüren. So verdoppelten wir unsere Aufmerksamkeit. Ich ließ immer wieder halten, und als vor dem Dorf Wyr au Val (Weier im Tal) uns ein Radfahrer entgegenkam, nahmen wir ihn richtig ins Gebet und erfuhren daraufhin, daß die Franzosen *noch drin* waren.

Die Veränderung der Szene war auch eklatant: Das Dorf lag verlassen da, kein Fenster öffnete sich, es herrschte bedrückende Stille; das war für mich Anlaß, nicht blindlings in der Hauptstraße weiterzufahren, sondern alle Fahrzeuge halten und die Mannschaften absitzen zu lassen. Dann ging ich mit einigen Leuten, jede Deckung ausnutzend gegen die Wände der Häuser gedrückt, entlang der Dorfstraße vor. Nichts rührte sich. Plötzlich bekamen wir in der Mitte des Dorfes wie auf ein Kommando von mehreren Seiten gleichzeitig Gewehr- und MG-Feuer. Die Geschosse pfiffen um uns herum, klatschten auf die Straße, summten als Querschläger durch die Gegend, aber eigenartigerweise wurde niemand getroffen. Da an der linken Straßenseite, wo ich ging, keine Häuser standen, ließ ich mich instinktiv hinter einen leider recht dünnen Baum am Straßenrand fallen. Die anderen sprangen rechts der Straße in die Deckung von Hauseingängen und Toreinfahrten. Ich war der einzige, der wie auf dem Präsentierteller lag. Da merkte ich am Zischen einer Kugel, daß ein Franzose gezielt auf mich schoß, ein Gefühl, das man nicht beschreiben kann. Als der zweite Schuß 10 cm über meinem Kopf das Bäumchen durchschlug, ließ ich mich nach links die Straßenböschung hinunterrollen und landete in einem Erdbeerbeet mit herrlichen Früchten. Von da aus erspähte mein Jägerauge etwa 70 m vor mir im Giebel eines Hauses einen etwa 10 cm breiten und 50 cm hohen Schlitz. Alle übrigen Fenster vor mir waren geschlossen. Ich war mir fast sicher, daß ich das Versteck meines Widersachers entdeckt hatte und schoß sofort, das kleine offene Fenster anvisierend, ein ganzes Maschinenpistolenmagazin leer. Die Einschläge, im weißen Putz des Hauses gut sichtbar, bewiesen mir, daß ich mein Ziel getroffen hatte. Von drüben meldete sich dann auch niemand mehr.

Inzwischen hatte ich am Einschlag von Geschoßgarben festgestellt, daß die Franzosen, die anscheinend auf einem nahegelegenen Hügel saßen, die Dorfstraße nicht einsehen konnten, diese aber sporadisch mit einer Art Sperrfeuer beschossen. Sie mußten wohl auch noch in einem hohen Gebäude des Dorfes sitzen, weil ständig über die Dächer hinweg Kugeln die Hauptstraße entlangpfiffen.

Plötzlich kam der mir unterstellte Leutnant Dreissig, ein junger Heißsporn, mit seiner SMG-Gruppe nach vorn. Ich wies ihn genau ein und zeigte ihm die Stelle, die er keinesfalls überqueren durfte, weil ich dort kurz zuvor MG-Einschläge beobachtet hatte. Mir stockte das Herz, als ich sah, daß dieser Leutnant in seinem Übereifer genau in der Schußbahn des Gegners in Stellung gehen wollte. Um die Gefahr noch abzuwenden, schrie ich ihm etwas wie „Weg da" zu. Aber es war zu spät. Die volle Garbe des feindlichen Maschinengewehrs erfaßte die ganze Gruppe. Zwei Mann waren auf der Stelle tot, zwei verwundet, ohne daß ich mit meinen paar Leuten hätte eingreifen können.

Inzwischen hatte die Abteilung aufgeschlossen. Major von Poser tauchte plötzlich mit ein paar Meldern und Leuten von der Artillerie auf. Ich zeigte ihm die Ziele, dann zogen wir uns zurück und überließen den Geschützen die Arbeit. Schnell waren die Widerstandsnester niedergekämpft. Ein paar Franzosen saßen sogar mit MGs im Kirchturm, der nach ein paar Treffern bedenklich zu wackeln anfing, aber nicht umfiel, da er mit Beton verstärkt worden war. Man kann wohl sagen, daß das Zeichen der Christenheit in diesem Fall wahrhaft zweckentfremdet war. Ich erinnere mich noch genau, daß von Poser sich aus Pietät lange weigerte, den Turm zu beschießen.

Als das Feuer auf beiden Seiten verstummt war, gingen wir wieder vor, um die Toten und Verwundeten zu bergen. Ich sehe den Platz am Ende des Dorfes noch vor mir, an dem wir unter zwei riesigen alten Birnbäumen zwei Gräber schaufelten. Wir wickelten die Toten in Zeltbahnen und legten sie zur letzten Ruhe in die Erde. Ich sprach ein paar Worte und ein Gebet. Dann eine letzte Salve. Noch waren wir nicht abgestumpft und alle in diesen Minuten sehr ernst und erschüttert.

Anschließend durchstreiften wir den Ort, und ich ging in eben jenes Haus mit dem Schlitz, um nach *meinem Franzosen* zu sehen. Im Dachgeschoß fand ich bald seinen *Schießstand,* den er sich hinter der betreffenden Luke auf einem mitten im Raum aufgestellten Bett eingerichtet hatte. Er hatte, wie wir es unzählige Male geübt hatten, liegend aufgelegt geschossen. Gott sei Dank hatte er mich und ich ihn nicht getroffen. Wir hatten einander nur Angst gemacht, und ich vermute, daß er es nach meinem Feuerstoß vorgezogen hatte, seine Stellung zu räumen.

Nach dieser Feuertaufe kamen für meine Leute ein paar ruhige Stunden. Der Kommandeur wollte nichts riskieren und ließ eine Schwadron mehrere 100 Meter links und rechts der Straße in Linie ausschwärmen, um die umliegenden Höhen nach eventuell versprengten Franzosen zu durchkämmen. Das Bild, das sich mir dabei bot, erinnerte mich verteufelt an eine schlesische Hasenstreife.

VERWUNDET

Nach diesem ersten Einsatztag wußte ich, daß uns noch mehr bevorsteht. Die erste Kampferfahrung hatte mir gezeigt, daß man doch selbst einiges dazutun konnte, um unnötige Verluste zu vermeiden. Ich habe es mir seitdem zur Maxime gemacht: Vermeide jedes unnötige Risiko, und vergiß nie, daß du für das Leben deiner Leute verantwortlich bist. Vor allem wußte ich nun, daß der Abteilungskommandeur in dieser Beziehung genau so dachte wie ich. Mir gegenüber hatte er nie einen Hehl daraus gemacht, daß er dieses ganze Unternehmen hinsichtlich der Gesamtlage für einen Blödsinn hielt. Er war eben ein älterer, verantwortungsbewußter Mann, der nicht ohne Rücksicht auf Verluste eine Truppe vorwärts trieb, sondern sich besonnen vortastete. Er ließ sich von der Divisionsführung, die immer wieder über Funk zur Eile drängte, nicht aus der Ruhe bringen. Er wußte, wie leicht es war, selbst aus sicherer Entfernung Befehle zu erteilen und andere den Kopf hinhalten zu lassen. Ich denke noch heute an ihn voll Dankbarkeit und Hochachtung. Auch mich kostete es immer wieder große Überwindung, meine Leute durch meinen Befehl bewußt einer Gefahr auszusetzen. Nach diesem Tag in Weier im Tal fühlte ich, daß ich das volle Vertrauen meiner Leute hatte, denn nun wußten sie, daß ich mich nicht drückte und daß ich alles tat, um sie nicht unnötig zu gefährden.

Irgendwo vor Munster verbrachte ich die erste Nacht in Frankreich in einem herrlichen französischen Bett, nachdem wir aus dem Keller des Hauses einen guten Rotwein requiriert hatten.

Das Städtchen Munster liegt am Fuße der Vogesen. Während der Nacht waren schon eine Menge Truppen der Division nachgekommen, aber nach wie vor war unsere Vorausabteilung ausersehen, der erste Truppenteil zu sein, der gegen die feindlichen Stellungen vorfühlte. Man kann sich denken, daß mir beim Anblick der Berge nicht wohl war, denn wenn die Franzosen dort in ihren Stellungen zum Widerstand bereit waren, dann würden sie uns schon Kilometer vorher erkennen und uns praktisch wie der Jäger das Wild vom Hochsitz abknallen, ohne daß wir die geringste Chance hatten, sie auch nur zu Gesicht zu bekommen.

Aber was half's, der Befehl lautete: „Vorausabteilung von Poser erreicht in zügigem Vorgehen die Höhen um den Col de la Schlucht". Die Karte zeigte mir, daß die Straße zunächst noch in der Ebene einige Kilometer geradeaus verlief und dann in Serpentinen zur Paßhöhe hinaufführte. Wir fuhren also los, das Herz ziemlich in der Hose, mit vielen Ermahnungen des Kommandeurs zur Vorsicht versehen.

An diesem Tag sollte sich die Kameradschaft bewähren, die zwischen meinen Leuten und mir in den letzten Monaten entstanden war. Dabei kam mir die Mentalität der Oberschlesier zugute, die ich von zu Hause zur Genüge kannte. Sie waren durchweg offene, treue Charaktere. Sie sagten offen ihre Meinung, setzten sich aber dann auch ohne Rücksicht auf die eigene Person voll für die Erfüllung einer Aufgabe ein. Ich glaube, daß diese meist einfachen Menschen in den entscheidenden Augenblicken weitgehend ihrem Instinkt folgten. Nur so ist ihr oft selbstloser, aufopferungsvoller Einsatz zu erklären.

In unserer Situation war auf einmal kein leeres Wort, was der seit Jahrhunderten oft mißbrauchte Satz „Einer für alle, alle für einen" letztlich bedeutete. Es gibt Augenblicke, in denen der Unterschied der Person keinen Platz hat. Aus der einfachen Erkenntnis „Jeden kann es treffen", wird plötzlich das Kameradsein geboren. Kein Erlebnis verbindet wohl Menschen so stark wie gemeinsam erlebte Todesnähe.

So möchte ich die Namen jener Männer, die ich sorgfältig ausgewählt hatte und die im Einsatz immer in meiner unmittelbaren Nähe waren, besonders festhalten. Daß ich mich ihrer nach 50 Jahren noch erinnere, ist schon Beweis dafür, wie sehr ich damals mit ihnen verbunden war. Mein Zugtruppführer war Unteroffizier Gaul, nur Hänschen genannt, ein aufrechter, über alle Maßen zuverlässiger Typ. Meine Melder Slabon und Spiller, wegen ihres kleinen Körperwuchses die Zwerge genannt, gingen für mich im wahrsten Sinne des Wortes durchs Feuer, weil sie als Melder die Verbindung zwischen vorn und hinten herstellen mußten und dabei besonders gefährdet waren. Dann war mir noch ein Fahnenjunker, der *kleine Konrad,* zugeteilt, um den ich immer Angst hatte. Einmal weil wir uns auf Anhieb besonders mochten und weil seine Einsatzfreudigkeit – immer meldete er sich bei gefährlichen Meldegängen freiwillig – wohl auch mit der Unkenntnis der jeweiligen Gefahr zusammenhing. Der Fahrer meines Beiwagenkrads war Obergefreiter Kiunke, ein ganz trockener Typ, der vor nichts Angst hatte, älter war als ich und mir immer väterlich zuredete, wenn ich einmal zu sehr zögerte, in ein unübersichtliches Gelände hineinzufahren. Ich hatte zu der Zeit stets das gute Gefühl, von Menschen umgeben zu sein, die mir zugetan waren, die mir nicht aus Autoritätszwang gehorchten, sondern weil sie mir vertrauten. Über die Zusammenhänge dieser Art menschlicher Beziehung bin ich mir erst später klargeworden, denn als wir am Morgen des 19. Juni 1940 Munster verließen, hatte ich andere Sorgen.

Alle Leute in den vordersten Fahrzeugen waren in äußerster Spannung und ahnten natürlich, daß ein neuerlicher Zusammenstoß mit den Franzosen nicht lange auf sich warten lassen würde. Wir waren erst ein paar Kilometer durch verhältnismäßig übersichtliches Gelände gefahren – nur ab und zu standen Häuser rechts der Straße, die links von einer steilen Böschung begrenzt wurde – da entdeckte ich zirka 300 bis 400 m vor uns eine Sperre quer über die Straße, die etwa 1,20 m hoch war und anscheinend aus massivem Material bestand. Alle Fahrzeuge stoppten sofort, und ich konnte durch mein Fernglas erkennen, daß sich hinter dieser Sperre etwas bewegte. Wir wurden also erwartet! Schnell war die 3,7 Pak, die wir zur Zerstörung solcher Hindernisse ganz vorn mitführten, in Stellung gebracht. Diese kleinen Kanonen schießen aufgrund ihrer hervorragenden Optik so unglaublich genau, daß man auf mittlere Entfernung einen Spatz treffen kann. Ich sagte also zu dem Geschützführer: „Halt einfach mitten drauf, dann werden wir schon sehen, was passiert." Die ersten beiden Schüsse lagen gleich mitten im Ziel und hüllten die Stelle in eine große Staubwolke ein. Jemand glaubte, Soldaten weglaufen gesehen zu haben. Als die Sicht wieder klar wurde, war von der Sperre nicht mehr viel zu sehen.

Von *drüben* war bisher kein Schuß gefallen. Trotzdem schickte ich sofort eine Meldung nach hinten, die von Poser vom Vorgefallenen in Kenntnis setzte. Außerdem hatte ich zwei Infanteriegruppen nach vorn geholt, mit denen wir rechts und links der Straße vorgingen. Das Panzerauto fuhr in der Mitte vor, die Männer darauf, die Karabiner und MPs schußbereit. Wir waren etwa auf 50 m an die zerstörte Sperre herangekommen, als wie aus heiterem Himmel aus einem Hinterhalt ein Feuerüberfall auf uns herabprasselte. Es ist mir ein Rätsel, daß zunächst niemand getroffen wurde. Es lag wohl daran, daß die Franzosen hauptsächlich auf das Panzerauto feuerten, an dessen Stahlplatten die Infanteriegeschosse abprallten. Die rechte Gruppe sprang sofort hinter zwei am Straßenrand stehende Häuser. Ich mit meinen Leuten mußte mit einem flachen Straßengraben als Deckung vorlieb nehmen, da die hohe, steile Böschung ein weiteres Ausweichen nach links unmöglich machte. Wir preßten uns gegen den Boden. Das wütende Feuer ließ zunächst nicht nach. Die Geschosse pfiffen aber über uns hinweg. Glücklicherweise lagen wir offenbar im toten Winkel. So wie ich es x-mal geübt hatte, schrieb ich erneut eine Meldung: „Liegen in feindlichem Infanteriefeuer bei Kilometer 8,5 fest; erbitte Artillerieunterstützung auf umliegende Häuser".

Nach dem Klang der Abschüsse war mir klar, daß die Franzosen irgendwo in höherem Gelände oder in den oberen Stockwerken der Häuser sitzen mußten. Ich dachte auch nicht im entferntesten daran, mit meinen Leuten einen Häuserkampf zu riskieren, der unausweichlich zu Verlusten führen mußte. Ich hob meinen Oberkörper etwas an, um die Meldung dem hinter mir liegenden Melder Spiller zu übergeben. Da traf mich ein mächtiger Schlag an der linken Schulter eine Handbreit über dem Herzen. Ich fiel auf's Gesicht. Spiller schrie gleich mit oberschlesischem Akzent: „Der Leutnant ist verwundet!".

Im ersten Augenblick war ich erklärlicherweise vollkommen benommen, hatte aber zunächst kaum Schmerzen. Ich sah nur, wie aus einem kleinen Loch in der Schultergegend Blut im Rhythmus des Herzschlags hervorquoll. Die Franzosen hatten mich anscheinend entdeckt, denn auf einmal konzentrierte sich das feindliche Feuer geradezu wütend auf den Straßenabschnitt, in dem ich lag. Wenn ich aus meiner mißlichen Lage nach oben schielte, sah ich, wie die MG-Garben in ganz knappem Abstand über mir in die Böschung klatschten. Es ist ein teuflisches Gefühl, in einem solchen Augenblick nichts anderes tun zu können, als sich mit aller Macht gegen die Erde zu pressen.

In einer kurzen Feuerpause rief ich meinen Leuten zu: „Setzt Euch im Schutz des Panzerwagens ab und fordert Artillerieunterstützung an!" Spiller, der direkt hinter mir lag, erklärte sofort spontan: „Ich bleibe bei Herrn Leutnant!" In meinem Zustand bemerkte ich kaum, was um mich herum vorging. Plötzlich war es ganz still, es fiel kein Schuß mehr. Spiller und ich waren allein.

Inzwischen konnte ich wieder klar denken und stellte beruhigt fest, daß der Schuß wohl keine lebenswichtigen Organe verletzt hatte. Zwar hatte ich jetzt größere Schmerzen, aber die Blutung hatte aufgehört. Durch den Blutverlust war ich jedoch so geschwächt, daß mich eine gewisse Apathie befiel. Plötzlich hörten wir rechts vor uns Stimmen – deutliche Worte auf Französisch! Da war es plötzlich wieder, dieses eigenartige Gefühl in der Magengegend. Angst! Ich hatte nicht die geringste Lust, mich einfach abknallen zu lassen und sagte ganz ruhig zu Spiller: „Wenn sie näherkommen, stehen wir ohne Waffen auf und heben die Hände". Aber sie kamen nicht. Die Stimmen entfernten sich wieder, wir waren für diesen Augenblick gerettet!

Als ich versuchte, mich ein wenig aufzurichten, stellte ich fest, daß ich meinen linken Arm nicht bewegen konnte. So beschlossen wir, ruhig liegenzubleiben und zu warten. Ich war sicher, daß meine Leute bald wieder nach vorn kommen würden, um mich zu holen.

Wie erleichtert waren Spiller und ich, als mit einem Mal unsere Artillerie mit dem Bombardement der feindlichen Stellungen begann. Wohin und worauf sie eigentlich schossen, konnten wir natürlich nicht feststellen. Aber es war ungemein beruhigend, daß ihre Ziele offensichtlich nicht in unserer Nähe lagen; allein schon die Tatsache, daß endlich etwas geschah, gab uns Auftrieb. Immerhin hatten die 1 ½ Stunden, die ich da vorn allein mit dem treuen Spiller lag, doch stark an meinen Nerven gezerrt. Spiller habe ich später zur Erinnerung an diese gemeinsam durchlebten Stunden eine goldene Uhr mit Gravur „zur Erinnerung an den 19.06.40" geschenkt.

Mit einem Mal hörten wir ein immer näherkommendes Motorengeräusch, und gleich darauf brausten die beiden Beiwagen-Kräder meines Zuges heran, fuhren hinter dem auf der anderen Seite der Straße stehenden Haus in Deckung und einer rief: „Herr Leutnant, wir holen Sie!"

Die Franzosen waren offenbar nicht mehr in unserer Nähe, denn nichts rührte sich. Drei Männer sprangen zu mir herüber. Als ich mich aufrichtete, fing die Wunde wieder stark zu bluten an. Zum Glück hatte ich wie immer mein Jagdmesser in der Hosentasche, mit dessen Hilfe einer den Ärmel des Uniformrockes aufschnitt und ein Verbandspäckchen auf die Wunde drückte. Das ging alles ohne Hast vonstatten, denn wir glaubten, außer Gefahr zu sein. Da plötzlich über uns ein Fauchen, und schon schlägt 10 m hinter uns eine Artilleriegranate ein. Kaum hatten wir begriffen, was überhaupt los war, krachte schon das zweite Geschoß zirka 15 m vor uns in die Erde. Sofort war mir klar: ein Artilleriebeobachter hatte unsere Gruppe erspäht und lenkte nun das Feuer seiner Geschütze auf diese Stelle.

Ich wußte, nach welcher Regel Artilleristen zu schießen pflegen. Man nennt es in der Fachsprache: *Sie gabeln sich ein.* Das sieht in der Praxis so aus: ein Schuß hinter das Ziel, ein Schuß davor, der dritte sitzt dann! Das Wissen um diese artilleristische Praxis muß wohl wie ein Blitz durch mein Gehirn geschossen sein, denn ich schrie nur: „Weg hier!!", packte meinen bewegungslosen linken Arm mit der rechten Hand, drückte ihn gegen den Körper und sprang auf. Da hörte ich auch schon die dritte Granate heranheulen. Ich war nicht mehr in der Lage, mich hinzuwerfen und stand aufrecht mitten auf der Straße, als das Geschoß 1 m neben der Stelle detonierte, an der wir noch Sekunden vorher dicht beieinander gehockt hatten!

Noch heute ist es mir unbegreiflich, wieso keinen von uns auch nur ein Granatsplitter traf. Diese Augenblicke vergesse ich in meinem Leben nicht.

Sekunden später waren wir in Deckung der Häuser, hinter denen die Kräder mit laufenden Motoren warteten. Was dann kam, war nur noch Routine. Im Nu saß ich im Beiwagen, alle anderen hingen wie Rennfahrer auf den Fahrzeugen und im Karacho ging's nach hinten. Am Stadtrand von Munster erwartete uns ein großer Pulk von Soldaten und Fahrzeugen. Rechts und links der Straße war die Artillerie in full action. Die anderen Leute standen mehr oder weniger untätig, eifrig diskutierend herum. Als ich aus dem Beiwagen gehoben wurde, kam mir von Poser strahlend entgegen. Man merkte ihm die Erleichterung an, daß ich so glimpflich davongekommen war. Erst in diesem Augenblick brach bei mir die Erkenntnis durch, die wohl allen Soldaten kommt, wenn sie einen *Heimatschuß* abbekommen haben: „Der Krieg ist für dich erst einmal zu Ende". Ich erinnere mich genau, daß ich stolz über die Straße zum Verbandsplatz ging. Ich spürte, daß fast alle Umstehenden zu mir hingafften.

Mein Freund Dr. Dietrich erwartete mich schon in einem zum Verbandsplatz umfunktionierten Haus mit den Worten: „Falke, was machst Du denn für Sachen!". Vorsichtig legte er die Wunde frei und diagnostizierte ziemlich ungerührt: „Der Arm bleibt steif, denn die Kugel hat das Schultergelenk schräg durchschlagen". Während der Einschuß recht harmlos aussah, war der Ausschuß eine ziemlich großflächige Wunde. Die Schmerzen bei der Behandlung mit Jod waren mir recht gleichgültig. Das Hochgefühl, außer Gefahr zu sein, überdeckte alles.

Das Kommando meiner Abteilung hatte inzwischen Leutnant Bachmann übernommen, ein besonders netter Junge, dem ich noch einige gute Ratschläge mit auf den Weg gab.

Ich greife den Ereignissen vor, wenn ich jetzt schon berichte, daß er am nächsten Tag am Col de la Schlucht gefallen ist. Die Straße hinauf zu diesem Paß führte an einer senkrecht aufragenden Felswand vorbei. Die Franzosen hatten Sprengkammern in dieser Wand eingelassen und große Mengen Dynamit ferngezündet, als sich die ersten *meiner* Fahrzeuge genau unter den Felsen befanden. Die herabstürzenden Steinmassen begruben einen Teil der Kolonne und ihrer Mannschaften unter sich. Leutnant Bachmann, nun an meiner Statt Führer der Spitze, soll sofort tot gewesen sein. Wie durch ein Wunder kamen alle anderen davon.

Das Ausmaß und die Gewalt dieser Sprengung ersieht man aus der Tatsache, daß die Offensive der Armee Dollmann so lange abgeblasen werden mußte, bis eine andere Straße durch die Vogesen freigekämpft worden war.

Als man mir im Lazarett ein Photo von Leutnant Bachmanns Grab zeigte, empfand ich das erste Mal deutlich die Hand meines Schutzengels. Meine Verwundung war zugleich meine Lebensrettung!

Vom Verbandsplatz brachte mich ein PKW zurück nach Colmar in das dortige Krankenhaus, das man zum Lazarett gemacht hatte, das zu dieser Zeit aber noch von französischen Ärzten und Nonnen betreut wurde. Ich kam sofort auf den OP-Tisch, wo meine Wunde fachmännisch versorgt wurde. Ohne Betäubung schnitt ein Arzt die Wundränder aus; im Schmerzreflex griff ich nach dem Nächstliegenden und drückte zu. Dabei erwischte ich ausgerechnet den keuschen Oberschenkel der assistierenden Schwester, die die ungewohnte und bei Gott nicht zarte Berührung mit einem spitzen Aufschrei quittierte.

Die Betreuung im Lazarett war erstklassig. Es wurde kein Unterschied zwischen Deutschen und Franzosen gemacht. Ich weiß noch, daß es am ersten Mittag Wiener Schnitzel und danach Erdbeeren mit Schlagsahne gab.

Eigentlich war der Aufenthalt dort für deutsche Verwundete nur als kurze Zwischenstation gedacht. Da ich aber neben dem guten Essen auch noch eine reizende, ganz junge Schwester zu meiner Betreuung hatte, meldete ich mich zunächst einmal als *nicht transportfähig*.

Wie groß war jedoch meine Enttäuschung am dritten Morgen, als statt der süßen Jeanne zwei alte Diakonissinnen zur Tür hereinkamen und uns mit dem Ausruf: „Das Feldlazarett 221 ist da!" weckten. Aber nicht nur das, statt des köstlichen Café au lait der ersten Tage gab's zum Frühstück bitteren schwarzen Muckefuck, statt Croissants das berühmt-berüchtigte preußische Kommißbrot.

Sofort bei der Visite meldete ich mich transportfähig und verließ schon am Nachmittag Colmar in Richtung Freiburg. Da meine Schmerzen besonders bei Erschütterungen noch beträchtlich waren, bekam ich für den Transport eine Morphiumspritze. Sie bewirkte, daß mich bald ein unbeschreibliches Gefühl des Wohlbefindens überkam. Ich sah alles wie durch einen Schleier. Der Körper schien sich in einem Schwebezustand zu befinden, eine Stimme formte immer wieder die gleichen Worte „Alles ist schön, alles ist gut".

In Freiburg wurden wir als die ersten Verwundeten, die in der Stadt eintrafen, von vielen Menschen, die vor dem Eingang des Lazaretts ein richtiges Spalier gebildet hatten, begeistert wie Helden empfangen. Dort blieben wir jedoch nur eine Nacht, dann ging's weiter nach Tuttlingen.

Ich hatte natürlich längst meine Eltern über mein Glück im Unglück verständigen lassen und einem Unteroffizier des Nachschubs einen längeren Bericht diktiert, in dem ich die dramatischen Augenblicke meines Einsatzes schilderte.

In Tuttlingen begannen nun ruhige Wochen für mich. Der Arm wurde in Gips gelegt und schmerzte nicht mehr. In meinem Zimmer lag noch ein Leutnant meiner Schwadron, der eine leichte Granatsplitterverwundung hatte. Durch ihn erfuhr ich aus frischer Quelle, daß nur ein einziger Schwadronsangehöriger von einer verirrten Kugel getroffen worden war. Weiter erzählte er, daß die Franzosen nach dem Durchbruch der Deutschen bis an die Schweizer Grenze und nach dem Fall der Festung Belfort fluchtartig ihre Stellungen in den Vogesen geräumt und alles stehen- und liegengelassen hatten. Dieser Leutnant Kafka brachte Fotos von den verlassenen Schützengräben mit, die aussahen, als hätten Zigeuner dort Wochen kampiert. Ein Sammelsurium von Waffen, Ausrüstungsgegenständen, Nahrungsmitteln, Bekleidung, Munition, Flaschen waren die Zeichen einer kopflosen Flucht.

Am 27.06., acht Tage nach meiner Verwundung, kapitulierte Frankreich. Aus meinem Bekanntenkreis war Gott sei Dank niemand mehr gefallen. Ohne meine Verwundung hätte ich mich mit meinem Bruder Ernst-Herbert auf dem Col de la Schlucht getroffen. Seine 2. Panzerdivision hatte den gesamten Vormarsch durch Belgien an die Kanalküste, dann die Umfassung der noch im Westen haltenden französischen Verbände durch den Vorstoß an Paris vorbei nach Süden mitgemacht. Für ihn endete der Frankreich-Feldzug auf der selben route nationale, nur daß ich von Osten, er von Westen kam! Beim Zusammentreffen mit meiner Abteilung erfuhr er natürlich von meiner Verwundung und besuchte mich direkt von der Front kommend in Tuttlingen. Ein freudiges Wiedersehen, bei dem wir unsere Erlebnisse austauschten. Er hatte viele brenzlige Situationen überstanden und war mit dem EK II dekoriert.

Nach ein paar Tagen traf plötzlich meine Mutter ein. Sie wollte es sich nicht nehmen lassen, mich zu pflegen. Eigentlich war das gar nicht nötig, aber ich war froh, daß ihre Anwesenheit mehr Abwechslung in mein Lazarettdasein brachte. Natürlich stand dieses Wiedersehen nach einer solch kritischen Verwundung unter einem ganz anderen Vorzeichen als nach meiner Rückkehr aus Polen. Ich brachte Mimi im Gasthaus *Anker* unter.

Meine Mutter kümmerte sich auch um andere Verwundete und entdeckte unter ihnen einen französischen Oberleutnant mit einem schweren Lungenschuß. Obwohl zwischen ihm und den deutschen Offizieren in der Betreuung keinerlei Unterschied gemacht wurde, war meine Mutter die einzige, die teils auch wegen ihrer guten Sprachkenntnisse besonderen Zugang zu diesem äußerst sympathischen Mann fand. Sie saß stundenlang an seinem Bett und war ganz verzweifelt, daß es ihm immer schlechter ging. Sie sorgte dafür, daß er alles bekam, was sein Leiden erleichterte. Sie schrieb lange Briefe an Madame Chaumet, seine Mutter. Ich habe Mimi bewundert, wie sie sich für diesen Fremden aufopferte. Das Wichtigste für Chaumet war dabei natürlich, jemanden neben sich zu haben, mit dem er in seiner Muttersprache reden konnte, und zu fühlen: Diese Frau ist mir mit ihrem Herzen zugetan.

Aber Chaumet spürte wohl, daß es mit ihm zu Ende ging. Ich saß auch oft bei ihm und sah ihn weinen. Meine Mutter verschob ihre Abreise. Sie konnte ihn einfach nicht allein lassen. In einer Nacht ist Chaumet dann gestorben. Mimi war untröstlich, verfluchte Hitler und seinen Krieg. Sie hat noch lange mit Madame Chaumet korrespondiert und sie nach dem Krieg dann auch in Paris besucht. Ich habe ein letztes Photo von ihrem Sohn gemacht.

In diesen Tagen brachte mir ein Abgesandter meiner Abteilung das Verwundetenabzeichen und das eiserne Kreuz. Sicherlich war ich damals sehr stolz auf diese Auszeichnungen, die dokumentierten, daß ich auch *dabei* gewesen war.

Der totale Sieg über Frankreich hatte die Stellung Hitlers noch unangreifbarer gemacht. Er hielt sich nun für den größten Feldherrn aller Zeiten (daher der Spottname Gröfaz!), weil er den Angriff auf Frankreich gegen die Bedenken vieler Generäle, der Fachleute, durchgesetzt hatte. Damals fragte kein Mensch, wie der Krieg weitergehen würde. England war zwar noch nicht geschlagen, hatte aber bei Dünkirchen die Masse seines Expeditionscorps nur unter Zurücklassung aller Waffen retten können und war nach dieser Niederlage zunächst nicht als ernst zu nehmender Gegner zu betrachten.

So feierten die Deutschen in diesen Wochen ihren Sieg über *den Erzfeind*. Ich entsinne mich noch an den Durchmarsch einer Panzerdivision durch Tuttlingen, die aus Frankreich in die Heimat zurückkehrte. Die ganze Stadt war auf den Beinen, und die Bevölkerung überschüttete im wahrsten Sinne des Wortes die Soldaten mit Blumen und Geschenken. Da ich mir dieses Schauspiel auch nicht entgehen lassen wollte, stand ich in Uniform, den Arm immer noch im Gips und so als Verwundeter kenntlich, in der dichtgedrängten Menge am Straßenrand. Die Leute machten mir fast ehrfürchtig Platz, und auch ich bekam immer wieder Blumen in die Hand gedrückt. Auf einmal kam ein dicker Mann auf mich zu, wie sich später herausstellte, der Wirt vom *Ochsen,* und lud Mimi und mich zu einem opulenten Mahl in seine Kneipe ein.

Die Zeit im Lazarett Tuttlingen ging nach zirka 5 Wochen zu Ende. Dominiert war sie verständlicherweise von einer großen Leichtigkeit, hervorgerufen von dem immer wiederkehrenden Glücksgefühl, das aus der Erkenntnis kam: „Du bist noch einmal davongekommen!".

Leider war meine Schulter falsch eingegipst worden. Das stellte man fest, als mit Bewegungstherapie begonnen werden sollte. Aber da war es bereits zu spät, und das Schultergelenk blieb steif. Da es sich aber um den linken Arm handelte, war ich kaum gehandicapt.

Die Rückkehr zu meiner Schwadron ist für mich unvergeßlich, denn meine Leute emfingen mich wie einen Vater, der zu seiner Familie zurückkehrt. Ich las in den Augen dieser jungen Soldaten, daß ihre Gefühle echt waren. Die gemeinsamen Erlebnisse im Elsaß lieferten natürlich in den ersten Tagen den größten Gesprächsstoff.

Eine große Überraschung erwartete mich in Rotsürben, einem Dorf in der Nähe von Breslau, in dem die Schwadron Quartier bezogen hatte. Der Abteilungskommandeur hatte mich für die nächste Zeit zum Schwadronsführer ernannt. Ich war natürlich sehr stolz, als *kleiner* Leutnant nun den Befehl über 140 Leute zu haben. Ich stellte mich gern dieser Verantwortung. Ich habe auch später immer wieder festgestellt, daß ich am meisten leistete, wenn ich für eine Aufgabe allein verantwortlich war.

DAS JAHR ZWISCHEN
FRANKREICH- UND RUSSLANDFELDZUG

Ich übernahm im August 1940 in Rotsürben (von den Nazis in Rotbach umgetauft) das Kommando über die 2. Schwadron der Aufklärungsabteilung 221.

Es gibt Lebensabschnitte, in denen das Gedächtnis nichts Besonderes festhält. So verhält es sich auch mit diesen ersten Monaten nach dem Frankreichfeldzug. Nur unterschwellig war der Krieg in dieser Zeit präsent, und so ist es kein Wunder, daß ich mich in Verbindung mit Rotsürben an fast gänzlich unbeschwerte Wochen erinnere.

Es war nicht weit nach Hause, Breslau lag für Vergnügungen aller Art vor der Tür, und der Dienstbetrieb bestand mehr oder weniger aus harmlosen, unanstrengenden Ausmärschen, Spähtruppübungen und aus nur halbherzig erteiltem Unterricht; denn an einen erneuten Ernstfall glaubte eigentlich damals so recht niemand.

Zwar hörte man im Radio fast täglich das *Englandlied* mit dem Refrain „Denn wir fahren, denn wir fahren, denn wir fahren gegen Engelland!" Erklärlicherweise hinterließ das Englandlied keinen Eindruck bei uns, denn erstens waren wir eine Reservedivision, die bestimmt nicht nach England fahren würde, und zweitens waren der Kanal und England so weit, daß man zu einem solchen Unternehmen, sollte es wirklich geplant sein, keinerlei realistische Einstellung fand. Wie gutgläubig, man muß schon sagen wie dumm waren wir doch damals, anzunehmen, daß wir so gut wie am Ende und nicht erst am Anfang dieses Krieges standen. Zu sehr strahlte auch noch der Blitzsieg über Frankreich Optimismus aus und wie gesagt: England war weit, und mit Rußland hatte Deutschland ja einen Nichtangriffspakt.

Hitler stand im Zenit seiner Macht, und die Siegesparaden nach dem siegreichen Feldzug in Paris, in Berlin, in allen Städten, in die die *ruhmbedeckten* Divisionen heimkehrten, hatten etwas so Grandioses, daß kaum einer sich diesem Schauspiel entziehen konnte. War damals die Frage nicht allzu berechtigt: Wer sollte diese nun kampferprobte Armee schlagen?

Leute mit Weitblick erzählten damals folgende Geschichte: Ein Vater steht mit seinem Sohn vor einem Globus. Der Sohn fragt:

„Was ist das große grüne Land?" Der Vater antwortet: „Das ist Rußland." Der Sohn: „Und das große rosa?" „Das ist Amerika." „Und das gelbe?" „Das ist das englische Königreich mit seinen Kolonien." Dann fragt der Sohn weiter: „Und was für ein Land ist das ganz kleine blaue?" „Das ist Deutschland!" antwortet der Vater. Darauf der Sohn: „Ob das der Führer weiß?!"

Dies ist keine komische, es ist eine bittere Geschichte, die in der Einfachheit ihrer Logik heute für mich etwas Erschütterndes hat. Damals hatte der Erzähler wohl die Lacher auf seiner Seite, aber der eine oder andere, der ihm zuhörte, wurde auf einmal sehr nachdenklich.

Natürlich bekam ich nach der Rückkehr zu meiner Schwadron erst einmal einen längeren Genesungsurlaub, den ich zu Hause in Friedenthal verbrachte. Das einzige, was das Leben dort etwas verändert hatte, war die im Ort eiquartierte Bäckereikompanie einer Infanterie-Division, und – Mimi jubelte – es waren Österreicher.

Schnellstens sorgte sie dafür, daß der Kompaniechef, ein Hauptmann Schönmeier, nach seinem Vornamen Robert bald nur Robsi genannt, ins Schloß umzog. Robsi war offensichtlich meiner Mutter sehr sympathisch. Sie hatte mit Mißfallen festgestellt, daß dieser seine Zelte bei Lore T., der attraktiven rothaarigen Gattin eines à conto des Krieges abwesenden Fabrikdirektors aufgeschlagen hatte. Robsi gehörte zu jenen Menschen, die alle gern haben. Er war mit seinen zirka 2 Zentnern ein gemütlicher, etwas melancholischer Bär, der sich mit seinem österreichischen Charme seiner Wirkung auf Frauen durchaus bewußt war.

Meine Mutter war fast den ganzen Tag damit beschäftigt, *ihre* Österreicher in den Quartieren zu besuchen. Abends trafen sich im Schloß die Offiziere, und es war immer etwas los. Für Stimmung war schon deshalb gesorgt, weil Robsi die Beutebestände seiner Division an französischem Schampus – man sprach von 22.000 Flaschen – verwaltete. Man hatte ihm *Bruchprozente*, – wie sollten eigentlich in einem stehenden Eisenbahnwaggon gut verpackte Flaschen zu Bruch gehen?! – zugestanden. Diese Prozente mußten also von uns verkonsumiert werden. Das geschah entweder bei Lore in einer Siebzehnundvier-Runde oder im Schloß bei Tanz und Flirt. Selbst mein solider Vater machte mit, denn auch er mochte Robsi sehr gern, und dieser, Diplomat wie er war, spielte dann auch mal mit Papi die eine oder andere Partie Schach oder wälzte mit ihm Probleme politischer Natur. Aber der *Moet et Chandon* verhinderte, daß die Gespräche allzu ernst wurden.

Ich erinnere mich nicht, in Friedenthal jemals vorher eine so lustige, fast konventionslose Zeit miterlebt zu haben. Wir alle fühlten wohl instinktiv, daß der Zeitabschnitt nach dem Frankreich-Krieg nur eine begrenzte Atempause war. Weil es im Augenblick keine Front gab, an der geschossen wurde, hatte die Angst um Väter, Söhne und Brüder auch quasi Urlaub. Aber die Lebensfreude von damals hatte etwas Anormales, Exaltiertes, war wie der Tanz auf einem Vulkan.

Bei den abendlichen Zusammenkünften war Lore meist der Mittelpunkt, und prompt verliebte ich mich in sie. Wie hätte ich auch ihren fuchsroten wallenden Haaren, dem aufreizenden Busen, den langen Beinen und ihren vollen Lippen widerstehen können?! An einem Abend spielte sie im Nebenzimmer Klavier, als alle anderen im Salon um den Spieltisch saßen. Unbemerkt ging ich zu ihr hinein und küßte sie lange auf den Mund. Ohne das geringste Sträuben spielte sie weiter, vergriff sich nur mal in den Tasten! Dieser Kuß blieb unser Geheimnis und fand bald eine Fortsetzung.

DER TOD VON ONKEL RUDI

Über diesen frohen und unbekümmerten Wochen lag ein Schatten, der allmählich über unserer ganzen Familie wie eine dunkle Wolke lastete: Der depressive Zustand meines Onkels Rudi hatte sich weiter verschlechtert. Da ich ihn in dieser Zeit nie gesehen hatte, konnte ich mir kein genaues Bild über seinen Zustand machen. Aber meine Eltern sprachen oft über ihn. Sie vermuteten, daß die Ursache dieser Depressionen in erster Linie eine ständige Angst vor den Nazis war, die sich allmählich in eine Art Verfolgungswahn steigerte.

Onkel Rudi sah wohl als einziger von uns damals schon die spätere Katastrophe voraus. Unablässig kreisten seine Gedanken um den einen Punkt, und immer öfter sprach er wie in Trance vor sich hin: „Sie werden uns alles wegnehmen", „Wir werden alles verlieren".

Anscheinend konnte seine Frau Olga ihm überhaupt nicht helfen. Sie hatte keinen Zugang zu dem, was in ihm vorging. Jetzt zeigte sich, wie verschieden beide waren, und vielleicht lag überhaupt darin das sich jetzt anbahnende Verhängnis begründet.

An einem Morgen, ich lag noch im Bett, kam meine Mutter weinend in mein Zimmer. Ich wußte sofort, bevor sie es aussprach: Onkel Rudi hat sich erschossen!

Ohne mit jemandem zu sprechen, zog ich mich an und raste nach Bielau. Es war das erste Mal, daß ich den Tod eines mir besonders nahestehenden Menschen so unmittelbar erlebte und ratlos vor dem Unerklärlichen, Endgültigen stand. Erst in diesen Stunden bin ich wohl wirklich erwachsen geworden. Ich fühlte, daß ich jetzt dort sein mußte, wo Onkel Rudi nicht mehr war.

Im Zimmer neben dem Eingang hatten sie ihn hingelegt. Er war im Morgengrauen hinausgegangen in den Park und hatte sich mit seiner alten Reiterpistole in den Kopf geschossen. Er muß sofort tot gewesen sein. Der Briefträger hatte ihn gefunden.

Nun lag er ganz friedlich da, nicht im geringsten entstellt. Für Minuten war ich allein mit ihm, und ich prägte mir sein so männliches Gesicht ein. Es war mir, als sähe ich seine Stirn, die geschlossenen Lippen und Augen, die ausdrucksvolle Nase, das Kinn zum ersten Mal.

Tante Olga war wie versteinert. Ihre Reaktion war ganz anders, als ich erwartet hatte. Sie weinte nicht, sie sprach nicht, für sie war, wie ich später ein paar Wortfetzen entnehmen konnte, einzig und allein die Tatsache unfaßbar, daß er sie allein gelassen hatte. Sie, die Italienerin mit ihren 4 Kindern, ausgeliefert dieser für sie immer fremd gebliebenen Welt, diesem Schlesien, das sie nie geliebt hatte.

Wir haben Onkel Rudi dann im großen Saal des Schlosses – es ist ja der Stammsitz der Falkenhausens – aufgebahrt, dort, wo die großen Ahnenbilder seiner Eltern und Großeltern schweigend auf ihn herabschauten.

Ich habe stundenlang an seinem Sarg gesessen. In dieser Zeit wich der große Schock einer über allem Irdischen stehenden Ruhe. Der endgültige Friede, der von dem Gesicht des Toten ausging, übertrug sich auf mich und ließ mich begreifen, was die Menschen meinen, wenn sie von der Majestät des Todes sprechen.

Gegen Mittag kam mein Vater. Er hat in allen Lebenslagen stets eine fabelhafte Haltung bewiesen. Sein Gesicht war ganz leer und eingefallen. Auch er stand fassungslos vor der Endgültigkeit dieses plötzlichen Sterbens. Aber er weinte nicht. Nur ein tiefes Aufstöhnen war das einzige Zeichen seiner Erschütterung. Fast ungläubig schaute er dann wieder auf seinen geliebten Bruder, als ob er sich Gewißheit verschaffen wollte, daß er sich nicht getäuscht habe.

Die nächsten Tage verbrachten wir alle wie Traumwandler.

Es kam der Fotograf Goldmann aus Neisse, um ein letztes Bild zu machen. Dann wurde die Totenmaske abgenommen. Die üblichen Formalitäten mußten erledigt werden. Wie selbstverständlich blieb ich die Tage und Nächte bis zur Beisetzung in Bielau.

Was sollte ich Tante Olga sagen, was den Kindern? Friedrich, der älteste, war ja erst 14. Tante Olga hat mir nach Jahren einmal gesagt, wie wichtig für sie damals meine Nähe war, vielleicht deshalb – und das weiß ich aus Gesprächen mit meiner Mutter – weil mein Wesen und Charakter dem des Onkel Rudi sehr ähnlich waren. So ist es auch zu erklären, daß mich Tante Olga am Abend dieses dunklen Tages bat, in ihr Bett zu kommen. Sie hatte Furcht vor der Nacht. Ich lag wie ein Stock neben ihr – und dann kam sie wie ein hilfsbedürftiges Kind in meine Arme und schlief ein.

Viel später erst habe ich das verstanden; aber die Stunden der

Schloß Bielau, Stammsitz der Falkenhausen

inneren Not und der Trauer haben uns, ohne daß wir je darüber sprachen, für immer verbunden.

Die 3 Tage bis zur Überführung nach Friedenthal wurden zur Ewigkeit. Wenn man mit einem Toten unter einem Dach lebt, gehören diesem ganz ausschließlich alle Gedanken, und man ist nicht in der Lage, sie auch nur kurzfristig zu verdrängen. Es zog uns immer wieder in den Saal, wo der Tote lag, und erst an seinem Sarg kam man allmählich zur Ruhe.

Der Abschied von Onkel Rudi, des Herrn auf Bielau, gehört zur ersten tiefen Erschütterung in meinem Leben. Die ganze Familie und das gesamte Personal waren versammelt, als der Wagen mit dem Sarg aus der Schloßausfahrt rollte, die Jäger das Signal „Jagd vorbei" bliesen. Wir alle weinten hemmungslos, und erst jetzt löste sich die Erstarrung der letzten Tage, die ganze tiefe Trauer brach sich mit diesen Tränen Bahn. Und auch jetzt erst, als der Tote auch räumlich seinen angestammten Platz verließ, begriffen wir Zurückbleibenden das ganze Ausmaß dieser Tragödie.

Die Beisetzung fand in Friedenthal auf dem Familienfriedhof nahe der evangelischen Kirche statt. Man sieht von dort weit ins Land bis hin zu den Bergen der Sudeten. An diesem wunderschönen Platz, von hohen Linden umgeben, ist die letzte Ruhestätte meiner Familie.

Zur Beisetzung waren alle Verwandten und Freunde gekommen und viele, viele Menschen aus Bielau, aus Neisse. Die Kameraden aus seinem alten Regiment der Ziethenhusaren trugen fast alle die Traditionsuniformen mit der Bärenfellmütze und der über die Schulter gehängten Ulanka.

An mir ging das alles vorbei wie ein unwirklicher Spuk. Dieser ganze Betrieb paßte so gar nicht zu der tiefen inneren und äußeren Stille der letzten Tage des Abschiednehmens! Sicherlich war allen Anwesenden die große Erschütterung gemeinsam, ich las es in vielen Gesichtern. Aber diesem Sterben aus tiefer, innerer Not wäre ein letztes Abschiednehmen in aller Stille adäquat gewesen.

Der Pastor, Superintendent Gerike, erwartete den Sarg an der Kirchenpforte und hatte so einigermaßen taktvoll das Gebot umgangen, daß Selbstmörder ohne den Segen der Kirche beigesetzt werden müssen. Dann verlief alles sehr würdevoll. Eigentlich erinnere ich mich nur noch daran, daß ein Zug der Reichswehr Salut schoß und mit diesem *Lärm* die Stille in mir störte.

Dann kamen viele Menschen, die ja oft von weither angereist waren, zu uns ins Schloß. Dieses Herumstehen, dieses Austauschen von Belanglosigkeiten gehört wohl zu dem Quälendsten, was Konventionen einem in einem Augenblick, an dem man allein, fernab aller Menschen sein möchte, auferlegen.

Die Wochen vor Onkel Rudis Tod zu Hause sollten für mich die letzte fast unbeschwerte Zeit für die nächsten Jahre sein. Bald kehrte ich zu meiner Schwadron nach Rotsürben zurück, froh, durch den alltäglichen Dienstbetrieb Ablenkung zu finden. Im Herbst wurde wie alljährlich der Heldengedenktag gefeiert. Um der gefallenen Soldaten zu gedenken, marschierten am betreffenden Sonntag alle Vereine des Ortes mit ihren Fahnen zum Kriegerdenkmal; im Jahr 1940 gedachten sie zum ersten Mal auch derjenigen Toten, die in Polen und Frankreich gefallen waren. Dadurch war dieser Tag auf einmal zu einer Feierstunde geworden, die auch in Rotbach trauernde Menschen unmittelbar betraf. Meine Schwadron war in Paradeuniform angetreten, und ich als Chef und einziger anwesender Offizier der aktiven Truppe wurde vom Bürgermeister gebeten, die Festrede zu halten. Damals war so etwas ziemlich einfach, denn der Sieg über Polen und Frankreich, die scheinbar unerschütterte militärische Vormachtstellung Deutschlands in der Welt machten einen Optimismus möglich, der auch mich an den Sieg glauben ließ und den ich deshalb mit Überzeugungskraft weitergeben konnte. Im Zeichen dieser Zuversicht stand meine Rede, also nicht im Zeichen der Trauer um die jüngsten Toten, wie es sicherlich angebrachter gewesen wäre.

Natürlich verbrachte ich viele Abende nach Dienstschluß in Breslau. Meist begann so eine Rundreise im einzigen renommierten Schlemmerlokal Hansen, mit dessen dortigem Oberkellner Petermann mich ein besonderes Vertrauensverhältnis verband. Von Hansen ging's meistens in die Charlotte-Bar, wo ich dann bis in die Morgenstunden mehr oder weniger die Zeit totschlug. Zu diesem Zeitpunkt war ich ziemlich unbeweibt, sieht man von der Wirtstochter in Rotsürben ab, die bei dem fast allabendlich stattfindenden Schwof ein Auge auf mich geworfen hatte. Bei ihr machte ich die Erfahrung, daß man sich bei Mädchen, die noch ganz natürlich und unverschroben sind, bei keinen langen Vorreden aufzuhalten braucht. Gefällt ihnen ein Mann und fragt dieser sie: „Kommst Du mit in mein Quartier?", antworten sie, ohne sich zu zieren, einfach mit „ja" oder „nein". Dieses Intermezzo dauerte nur kurze Zeit.

Bald darauf lernte ich eine andere Frau kennen, die mich monatelang stark in Anspruch nahm. Eines Tages entdeckte ich sie in der Charlotte-Bar, wie sie sich mit einem älteren Herrn unterhielt, der, wie sich später herausstellte, ein guter Freund meines Vaters war. Ich saß mit meinem Bruder Gotthard am Nachbartisch, und dieser zeichnete das ungleiche Paar. Das Kunstwerk schickten wir dann mit dem Kellner zu den beiden mit der Unterschrift „kostet eine Flasche Sekt". Bald saßen wir zu viert zusammen, und es wurde ein lustiger Abend. Die Dame verabschiedete sich bald, und da stellte es sich heraus, daß ihr Platz hinter der Bar war. Ihre Erscheinung war so aufregend, daß mein Jagdinstinkt sofort erwachte und ich gleich am nächsten Abend die frische Fährte aufnahm. Sie hieß Ingo, hatte einen pechschwarzen Pagenkopf und erinnerte an die damals berühmte Schauspielerin la Jana. Mit ihrer knabenhaften aber doch sehr weiblichen Figur, ihren katzenhaften Bewegungen, der tiefen Stimme und ihrem leicht gebrochenen Dialekt fand ich sie ungeheuer reizvoll. Es war klar, daß so ein Wesen in einer Bar die Männer anzieht wie das Licht die Motten. Da ich keinerlei Erfahrung im Nachtleben hatte und sich alle, die da so an der Bar herumsaßen, recht weltmännisch und ungeniert gaben, kam ich mir zunächst bei meinen Annäherungsversuchen ziemlich hilflos und blöd vor. Natürlich mußte ich der Meinung sein, daß Ingo trotz ihrer aus dem Rahmen fallenden Erscheinung halt eine *si une* war, die zuerst animiert und dann die Schotterburschen ausnimmt. Geld spielte bei *diesen Motten* anscheinend überhaupt keine Rolle, und deren Zeche überstieg offenkundig die Möglichkeiten meiner Brieftasche.

Wie es dann im einzelnen weiter ging, weiß ich nicht mehr, nur daß ich nach mehrtägigem *Ansitz* endlich mit ihr ins Gespräch kam und sich dabei sehr bald herausstellte, daß sie doch nicht *so eine* war. Vielmehr war sie ihrem Mann, der, wie sie später feststellte, wie meine Mutter in solchen Fällen zu sagen pflegte, auch *andersrum* war, Hals über Kopf durchgebrannt. Dann landete sie hinter der Bar der *Charlotte*.

Nur zu gern hörte ich, daß sie kein Flittchen war und intensivierte darauf meine Nachstellungen. Ingo gehörte zu den Frauen, die man nicht liebt, sondern auf die man einfach verrückt ist, bei denen man nichts unversucht läßt, sie zu besitzen, für die man sich Nächte um den Kopf schlägt, auch nolens volens die Brieftasche plündern muß. Und weiß Gott, die *Charlotte* war nicht billig!

Natürlich wollte ich mich nicht lächerlich machen und mir gar einen Korb holen. Aber dann landete ich eines Nachts, kurz bevor die Bar schloß, in der Küche, wo Ingo für uns beide ein Schnitzel braten ließ. Die vertrauliche Geste in dieser vergleichsweise privaten Sphäre war für mich das erste sehnlichst erhoffte Zeichen, daß ich etwas anderes für sie war als ihre Kunden.

Nur bis hierher ist die Geschichte mit Ingo eigentlich interessant, zumindest war sie für mich bis dahin voller Hochspannung. Dann nämlich, nach diesem Schnitzelabend, änderte sich ihr reserviertes, leicht hochmütiges Wesen mir gegenüber schlagartig. Sie war mit einem Mal so liebeshungrig, wie ich es nie wieder bei einer Frau erlebt habe, und sie belegte mich in den folgenden Wochen total mit Beschlag.

Von Rotbach nach Breslau waren es nur ein paar Kilometer. Natürlich war ich ungeheuer stolz auf meine Beute. Wenn ich mit Ingo die Schweidnitzer Straße entlangschlenderte oder abends bei Hansen mit ihr soupierte, tat es meiner Eitelkeit gut, wenn ich merkte, daß viele Gäste verstohlen zu uns, das heißt natürlich zu ihr, herüberschielten.

In der *Charlotte* wurde es mir bald zu langweilig und zu teuer. Ich ging stets erst hin, kurz bevor sie *Feierabend* hatte. Das war zwischen 2 und 3 Uhr morgens, denn jetzt konnte ich ihrer ja ganz sicher sein. Eigentlich war es jetzt umgekehrt als in der Zeit meines Werbens! Wenn ich zu spät kam, war sie nämlich voller Mißtrauen, daß da irgendwo noch eine andere Frau sein könnte.

In den Nächten – ich scheue mich nicht, es auszusprechen – lernte ich bei ihr die Kunst der körperlichen Liebe kennen. Es ist ein großer Glücksfall, wenn ein junger Mann eine erfahrene Frau kennenlernt, die keine Heiratsabsichten hat, und mit der er sich so ganz ohne Verpflichtungen ausleben, sich wie in meinem Fall bei ihr auslieben kann. Ich bin dieser Ingo dankbar, daß ich durch sie erfuhr, was eine Frau von einem Mann erwartet, und wie wichtig es ist, manchmal den eigenen Egoismus zurückzudrängen. So wurden wir allmählich ein phantastisches Liebespaar, und jedes Zusammensein war ein kleines Fest.

Wenn ich in Giesmannsdorf war, schrieb sie mir täglich, manchmal zweimal am Tag! Bonk brachte die Briefe mit süffisantem Lächeln auf einem kleinen Silberteller stets, wenn ich mit meinen

Eltern beim Frühstück saß. Mein Vater machte dann ein ganz verkniffenes Gesicht, weil er wohl aus Gesprächen wußte, daß Ingo in einer Bar tätig war und diese Beziehung in seinen Augen alles andere als standesgemäß. Und dann wußte er wohl aus Erfahrung, wie schwer man Frauen, die die Männer mit einer solchen Flut von Briefen überschütten, wieder los wird. Aber das war zu diesem Zeitpunkt noch nicht mein Problem.

Im Herbst 1940 war ich nicht so gern zu Hause wie sonst, denn dort lastete auf allen unvermindert der Tod von Onkel Rudi, und ich wurde von dieser scheinbar endlosen Trauer sofort wieder angesteckt. Jedes Lachen, jede Fröhlichkeit wirkte dann deplaciert. Besonders auf Jagden war sein Fehlen fast körperlich spürbar.

Zu Beginn des Jahres 1941 hielten sich hartnäckig Gerüchte, daß unser Truppenteil wieder nach Polen verlegt werden sollte. Der Grund erschien recht fadenscheinig: „Zur Überwachung des besetzten Gebietes" hieß es. Im Februar wurde ich als Schwadronschef abgelöst, und ein Oberleutnant Mattern übernahm mein Kommando, ein weiteres Zeichen, daß etwas im Gange war. Für mich bedeutete dieser Wechsel keine Desavouierung. Im Einsatz durften Schwadronen nämlich nur von Offizieren geführt werden, die mindestens den Rang eines Oberleutnants hatten. Wenn ich ehrlich bin, war es doch bitter für mich, daß auf einmal ein Wildfremder meinen Platz einnahm. Er konnte natürlich nicht ein ebenso gutes Verhältnis wie ich zu den Leuten haben. Ich übernahm wieder meinen alten 3. Zug mit den treuen Oberschlesiern.

In der Folgezeit stellte sich heraus, daß der neue Chef zu jener Sorte von Offizieren gehörte, denen jegliche Ausstrahlung fehlt. Ihm lag auch nichts daran, eine gute Beziehung zu den Mannschaften aufzubauen, und seine Autorität beruhte ausschließlich auf seinem militärischen Rang. Die Stimmung in der Schwadron war entsprechend.

Bei meinen Oberschlesiern fühlte ich mich gleich wieder wie zu Hause, ich war ja mit jedem einzelnen von ihnen seit dem gemeinsamen Einsatz in Frankreich sozusagen befreundet und kann mich heute nach 40 Jahren noch fast an jedes Gesicht, jeden Namen erinnern. Wie wichtig ein gutes Vertrauensverhältnis zwischen Vorgesetzten und Untergebenen ist, sollte ich immer wieder erleben. Nur dann werden Befehlen und Gehorchen zur sinnvollen Einheit, wenn ein Befehl, sollte auch sein Sinn nicht verstanden werden, aufgrund des Vertrauens zu dem Vorgesetzten ohne inneren Widerstand ausgeführt wird. Für einen Offizier im Krieg sah ich in diesem Zusammenhang die größte Verantwortung.

Es kam das Frühjahr 1941. Wie aus heiterem Himmel begann der Balkankrieg. Deutsche Divisionen rückten in Ungarn und Jugoslawien ein. Mir sind Ursache und Sinn dieses Balkanfeldzuges damals überhaupt nicht klar gewesen. Die Unterstützungsaktion für die Italiener kam, wie sich erst am Ende des Krieges zeigte, Hitler höchst ungelegen, weil der Entschluß, Rußland anzugreifen, längst gefaßt war und nun durch die Besetzung der Balkanstaaten wertvolle Zeit verloren ging.

Erst als im Mai unsere Verlegung nach Polen feststand, wußte auch ich ziemlich sicher, daß im Osten eine große Militäraktion in Vorbereitung war; denn nun hieß es auf einmal, daß Verbände zur Sicherung der Gebiete *hinter der Front*, sogenannte Sicherungsregimenter, aufgestellt wurden.

In einer neuen Propagandawelle war fast nur noch davon die Rede: „Der Führer will den Lebensraum des deutschen Volkes im Osten sichern!" oder, was weit aggressiver klang: „Deutschland braucht mehr Lebensraum". Da fragten wir uns: „Hitler will doch nicht etwa Rußland angreifen?!"

Entscheidend für mich war die Maßnahme: Unsere Schwadron wurde dem Sicherungsregiment 4 zugeteilt. Das bedeutete: Zunächst würde ich bei Beginn eines Konflikts auf keinen Fall an der Front eingesetzt werden! Das war wieder eine jener glücklichen Fügungen, die eine große Gefahr für mich unversehens verminderte; der Rest der Abteilung kam nämlich sofort in Bereitstellungsräume an der vordersten Front.

Bald erfuhren wir Näheres über die Aufgaben der Schwadron im Falle eines Einsatzes, die demnach recht harmloser Natur sein würden. Dazu gehörte zum Beispiel die Bewachung von Brücken, Eisenbahnlinien, Munitionsdepots und anderer militärischer Objekte. Außerdem rechnete man nach einem Vormarsch mit dem Auftauchen von Partisanen im Hinterland, gegen die wir dann eingesetzt werden sollten.

Als ich über diese doch recht beruhigenden Zukunftsaussichten genauer informiert war, verständigte ich gleich meine Eltern, um wenigstens die Sorge um einen Sohn zu vermindern. Meine beiden Brüder, eingesetzt bei einer Panzer- bzw. Infanteriedivision, hatten ja das Schlimmste zu erwarten. Natürlich fiel mir der Abschied vom Offizierscorps der Aufklärungsabteilung, insbesondere vom Kommandeur Major von Poser, schwer. Ich war in Breslau am Bahnhof, als der Abteilungsstab verladen wurde. Dort traf ich auch – es sollte das letzte Mal sein – meinen Freund Dr. Dietrich. Dabei sah ich seine Frau Ilse wieder. Sie war total aufgelöst von Trauer und Abschiedsschmerz. Als der Zug abgefahren war, habe ich sie untergehakt und bin mit ihr zum Auto gegangen. Es war wie in einem Kriegsfilm: Dieser trostlose Bahnsteig mit Kopfsteinpflaster, das leere Gleis, das sich in der Ferne verlor wie ein Symbol unwiderruflicher Trennung, und die verzweifelte Frau am Arm eines Freundes. Ich konnte ihr nicht viel sagen. Aber wenige Minuten, in denen wir beide wohl das gleiche dachten, schufen eine außergewöhnliche innere Verbindung zwischen uns.

Ende Mai war es dann auch für uns so weit. Die Schwadron wurde mit Fahrrädern ausgerüstet, die Zugführer erhielten ein Beiwagenkrad. Bei der Organisation der bevorstehenden Verlegung war unser Oberleutnant so hilflos, daß er mir befahl, die Sache in die Hand zu nehmen.

An die diversen Abschiede weder von zu Hause noch von Ingo usw. erinnere ich mich nicht. Mein Gedächtnis setzt erst wieder in dem nichtssagenden ärmlichen polnischen Flecken ein, der uns als Quartier zugewiesen worden war. Eigenartigerweise sehe ich noch den Namen vor mir: Lapanow stand auf dem Ortsschild. Das Dorf bestand fast nur aus Holzhäusern, die einen großen Platz in der Mitte säumten. Dort stand auch wie fast überall in Polen eine viel zu groß wirkende Kirche.

Kaum waren wir in Wapanow (so wurde der Ortsname ausgesprochen) eingetroffen, gab es schon wieder einen Führungswechsel an der Spitze der Schwadron. Ein Hauptmann Meyer übernahm das Kommando. Er war waschechter Sachse und in meinen Augen ein niveauloser Prolet. Er hatte ein riesengroßes Mundwerk, und die Konversation mit ihm drehte sich in erste Linie um Weibergeschichten und Saufgelage.

Bald lernten wir auch den Kommandeur des Regiments, Oberst Coretti, kennen, einen Österreicher jener schlimmen Sorte, die wohl aus Minderwertigkeitskomplexen preußischer als die Preußen sein wollen. Er war ein kleiner Giftzwerg, der nur abgehackte Sätze stoßweise hervorbrachte, wobei er sich bemühte, seine österreichische Mundart zu verbergen. Nie habe ich ihn lächeln sehen, nie eine menschliche Regung bei ihm erlebt. Er wirkte bei allem, was er tat, wie ein Automat, der sein Pensum herunterschnarrte, und das alles in einer unbeholfenen, lächerlich wirkenden Zackigkeit.

Sein Adjutant Oberleutnant Spill war ein ekelhafter A....kriecher, der natürlich sofort die Aversion spürte, die ihm und seinem Chef von uns Aktiven entgegenschlug. Unsere Schwadron war nämlich die einzige Einheit der Sicherungsgruppe, die aus jungen, gut ausgebildeten Leuten bestand. Alle anderen Kompanien des Regiments hatten keinerlei Gefechtsausbildung oder Fronterfahrung, und sowohl Mannschaften wie Offiziere wurden von älteren Jahrgängen, meist Familienvätern, gestellt.

In Wapanow stieß Leutnant Ottawa, ein Ostpreuße, zu uns, der den zweiten Zug übernahm. Wir freundeten uns sofort an; er hatte Zivilcourage, und ich fand in ihm einen Bundesgenossen sowohl in meiner Beurteilung von Hauptmann Meyer, als auch was Oberst Coretti betraf. Wir unterschieden uns nur darin, daß er stets unverblümt aussprach, was er dachte. Während ich hoffte, der Krieg gegen Rußland könnte doch noch abgewendet werden, machte er sich keinerlei Illusionen und sagte schon Anfang Juni: „Wir gehen jetzt in die größte Scheiße!".

Er war zum Si4 auf einen voraussichtlich ungefährdeten Posten versetzt worden, weil bereits drei seiner vier Brüder gefallen waren. Sein sarkastischer Kommentar dazu mit dem ihm eigenen steinernen Gesichtsausdruck: „Viele Ottawas können sie ja nicht mehr totschießen!"

In diesen Wochen vor Beginn des Rußland-Feldzuges hatte ich ein mir unvergeßliches Erlebnis mit einer jungen Polin. Der Leser denkt jetzt *schon wieder!* Sie hieß Nika. Das erste Mal fiel sie mir auf, als sie für mich unübersehbar über den Dorfplatz schritt. Ich sage mit Absicht *schritt,* denn ihr Gang war das erste, was mich an ihrer Erscheinung faszinierte. An diesem tristen Ort, wo alles grau und etwas schmutzig war, wirkte sie wie ein Fremdkörper, wie eine Gestalt auf einem Bild von Chagall. Von da an hielt ich ständig Ausschau nach ihr, und eines Tages begegneten sich zum ersten Mal unsere Blicke. Von diesem Augenblick an wußte ich, daß auch sie mich wahrgenommen hatte. Es war aber ganz unmöglich, daß sich ein deutscher Offizier mit einer Polin, einer *Feindin,* traf. So mußte abermals mein Unteroffizier Ritzka, er hieß auch Rudi, den Postillon d'amour spielen, und Ritzka hatte bald die Wohnung des Mädchens ausfindig gemacht und ein Treffen außerhalb des Ortes arrangiert. Nika kam pünktlich von der einen, ich von der anderen Seite zu diesem Rendezvousplatz, und wir gingen wie unter einem Zwang aufeinander zu. Sie sprach gebrochen deutsch, und so war eine Unterhaltung möglich. Aber wir redeten nur wenig. Wir schauten einander nur an. Ihre Erscheinung, eine Mischung aus Mädchenhaftigkeit und Fraulichkeit, bezauberte mich vom ersten Augenblick an. Und sie, die, wie sie mir später sagte, die Deutschen haßte, lag bald in meinen Armen. Wir küßten uns in verzweifelter Leidenschaft. Ihr ganzes Wesen strahlte dabei gleichermaßen Glück, Trauer und eine innere Zerrissenheit aus, wohl geboren aus dem Wissen um den baldigen Abschied, der von Anfang an wie ein Menetekel der Hoffnungslosigkeit über den Stunden unseres Zusammenseins lag. Jede Begegnung war ja für uns beide gleichermaßen gefährlich. Sie mußte unser Geheimnis gegenüber ihren Landsleuten verbergen, für mich hätte eine Entdeckung fatale Folgen haben können.

Wenn ich zu unserem Wäldchen ging, sah ich sie oft schon in der Ferne durch die Felder eilen. Jahre später wurde ich in dem Film „Hiroshima mon amour" an Nika erinnert. Dort wird die gleiche Situation, nämlich die Liebe zwischen einem Deutschen und einer Französin, dramatisch geschildert. Wie wir damals, so gehen auch dort beide auf versteckten Pfaden zum Rendezvousplatz.

Wir haben nie miteinander geschlafen. Obwohl ich sie so heiß begehrte, war da eine Barriere, es war die Angst, etwas zu zerstören oder unsere Begegnungen auf das Niveau einer banalen Landserliebschaft herabzuwürdigen.

Eines Tages war Nika verschwunden. Niemand wußte eine Erklärung, auch Ritzka war nach intensiven Recherchen ratlos. Als Offizier vom Dienst waren Ottawa und ich berechtigt, durch sämtliche Häuser und Wohnungen, auch in alle Schlafzimmer der Bevölkerung zu gehen unter dem Vorwand, einen Deserteur zu suchen. Vergebens – von Nika keine Spur.

Doch wenige Tage später, ich stand beim Exerzieren auf dem Marktplatz mit dem Rücken zu einem Haus und drehte mich plötzlich um; da sah ich, wie sich eine Gardine bewegte und dahinter ihr Gesicht wie eine Erscheinung.

Am Abend trafen wir uns wieder – zum letzten Mal; und erst da lüftete sie ihr Geheimnis: Sie war Jüdin! Sie versteckte sich, weil sie mich nicht in Gefahr bringen wollte. Aber als sie erfuhr, daß unser Abmarsch bevorstand, hatte sie es in ihrem Versteck nicht mehr ausgehalten. Dann sagte sie mir noch, daß ihr Verlobter 1939 gefallen war und sie geglaubt hatte, nie wieder einen Mann lieben zu können. Und nun war es ausgerechnet ein deutscher Offizier.

Zum Abschied schenkte ich ihr das Foto von mir, auf dem ich mit sehr ernstem Gesicht von meiner Feuertaufe im Elsaß zurückkomme. Als letztes sagte sie mir, sie habe nur einen Wunsch: „Wenn dieser Krieg zu Ende ist, schicke mir eine Postkarte zum Zeichen, daß Du lebst".

Ich kann nicht an sie denken ohne die Vorstellung, daß Menschenbestien ein solches Mädchen später in die Gaskammer geschickt haben. Aber vielleicht hat Gott seine Hand über sie gehalten. – Als wir am Morgen des 20. Juni zum Abmarsch an den San auf dem Marktplatz angetreten waren, habe ich die Fenster der umliegenden Häuser vergeblich nach ihr abgesucht. Ich habe sie nicht entdeckt, aber ich weiß, daß sie da irgendwo gestanden hat.

BEGINN DES RUSSLAND-FELDZUGES
VORMARSCH DURCH DIE UKRAINE

Inzwischen war mir klar geworden, daß unsere Annahme, Si4 würde bei einem Angriff auf Rußland quasi gemütlich hinter der kämpfenden Truppe hermarschieren und als eine Art Besatzungstruppe das eroberte Gebiet sichern, ein Trugschluß war; denn Oberst Coretti wollte sich unbedingt profilieren und sah seine Aufgabe darin, einen Kampfauftrag zu erhalten, was ihm leider immer wieder gelingen sollte. Er, er ganz allein, trug Schuld für den Tod vieler Soldaten in Rußland. Denn jene alten Männer seines Regiments, mangelhaft ausgerüstet und ausgebildet, die noch nie einen Schuß gehört hatten, mußten wegen seiner Profilneurose in die vorderste Linie!

Ottawa und ich haben ihn gehaßt, weil er in keinem Augenblick an die Menschen dachte, für die er die Verantwortung trug. Die erste Kostprobe sollten wir gleich am Morgen des Kriegsbeginns gegen Rußland am 21. Juni erhalten. Erst am 20. erfuhren wir, daß Si4 als erste Welle im Morgengrauen den Grenzfluß San überschreiten sollte. Coretti hatte das *oben* durchgesetzt. In einem Überraschungscoup sollten seine Leute die russischen Stellungen am gegenüberliegenden Ufer nehmen. Am Abend des 20. war endgültig klar: Morgen beginnt der Kriege gegen Rußland! Bei diesem Gedanken hatte ich wieder jenes Übelkeitsgefühl, das mich immer überfiel, wenn mir bewußt wurde: Jetzt geht es um Sein oder Nichtsein. Ich dachte bestimmt an diesem Abend an Napoleons Schicksal in Rußland, und eine nicht dem Verstand sondern dem Instinkt entspringende Stimme seltener Klarheit sagte mir: Das kann nicht gutgehen!!

Bei der Besetzung von Polen, Frankreich, Norwegen, dem Balkan verweigerte die eigene Vorstellungskraft nicht ihren Dienst, sie signalisierte die Grenze des Erreichbaren. Aber beim Gedanken an Rußland da griff sie ins Leere. Wenn ich mich fragte, wo fängt es an, wo hört es auf, bekam ich keine Antwort. Der Führerbefehl zum Angriff erschien mir wie ein unheimliches Stück Papier, wenn es davon sprach, daß wir nun den letzten Feind in die Knie zwingen würden.

So lagen wir mit mehr als gemischten Gefühlen um Mitternacht vom 20. zum 21. Juni am Westufer des San. Mit primitiven Ruderbooten sollten wir übersetzen. Drüben rührte sich nichts. Kein Licht, kein Laut, ab und zu bellte ein Hund. Gott sei Dank war der Fluß nicht breit. Als es im Osten grau wurde, war es so weit. Die Uhren waren gestellt, und wie auf ein unsichtbares Kommando sprangen wir und alle rechts und links von uns in die Boote. Mit wenigen Ruderschlägen waren wir drüben; all das geschah ohne Feuerunterstützung. Mein Boot wurde durch die Strömung abgetrieben, ich sprang ins Wasser, um es ans Ufer zu ziehen; und Wunder über Wunder, kein Schuß fiel! Wir stürmten mit schußbereiten Waffen die Uferböschung hinauf, aber weit und breit zeigte sich kein Russe. Nur verlassene Schützengräben und liegengebliebene Munitionsstapel deuteten darauf hin, daß die Russen erst vor kurzem abgezogen war. Wahrscheinlich hatten uns gegenüber nur schwache Kräfte gelegen, die die Angriffsvorbereitungen bemerkt und daraufhin Reißaus genommen hatten. Nur ein paar riesige Hunde empfingen uns mit wütendem Gebell.

Natürlich atmeten alle auf. Als weitere Erinnerung an diesen San-Übergang hält sich in meinem Gedächtnis die Tatsache, daß ich von den Füßen bis zum Nabel durch und durch naß war, jämmerlich fror und am ganzen Leibe zitterte. Mein Bursche Slabon suchte verzweifelt nach einer Ersatz-Unterhose; erst als diese gefunden war, konnte auch ich mich des *Sieges* freuen!

Nach diesem unblutigen Kriegsbeginn war die Stimmung fast ausgelassen. Bald ging die Sonne auf und wärmte meinen noch immer vor Kälte zitternden Körper. Es dauerte Stunden, bis Fahrzeuge, Räder und der Troß über eine südlich gelegene Behelfsbrücke herbeigeschafft waren und wir uns weiter nach Osten in Bewegung setzten. An diesem Tag passierte nichts mehr; ich fand es eigenartig, in ein Rußland, das kein Russe verteidigte, einzumarschieren.

Erst am nächsten Tag kamen Meldungen, daß eine unserer Kompanien noch am Abend auf russische Nachhuten gestoßen war und sich am Osthang einer Hügelkette eingegraben hatte. Am Morgen schien die aufgehende Sonne diesen Unglücklichen genau ins Gesicht, und da waren sie für die Russen am Hang gegenüber willkommene Zielscheiben. Es hieß, daß es schon Gefallene und Verwundete gegeben habe.

Der Kompaniechef, ein älterer Zivilist in Uniform, war ratlos, denn seine Leute waren in ständiger Gefahr, abgeknallt zu werden, wenn sie auch nur den Kopf hoben. Da bekam ich den Befehl, mit meinem Zug die Kompanie rauszuhauen, wie es so schön heißt. Das Wie blieb mir überlassen. Mir war klar, daß da nur etwas mit einem überraschenden Feuerüberfall in die Flanke der Russen zu machen war. Ich nahm an, daß es sich nur um Nachhuten handelte.

Überall wogende Kornfelder, die gute Deckung boten. Ich wollte keinerlei Risiko eingehen und ließ meine Leute erstmal in einer Mulde zurück, kroch dann mit den Gruppenführern an den Rand eines Getreidefeldes, von wo aus wir die Russenstellung in zirka 400 bis 500 m Entfernung ausmachten. Nun holte ich nur die Maschinengewehre nach. Dazu brauchte ich ganze 6 Mann. Dann robbten wir immer noch im Schutze des Getreidefeldes so weit wie möglich in die Flanke der Russen vor und brachten die MGs in Stellung. Auf mein Kommando eröffneten wir schlagartig das Feuer. Die Überraschung gelang vollkommen. Ich beobachtete, wie die Einschläge der Geschosse genau in der feindlichen Stellung aufstaubten. Erst kamen einzelne Russen aus ihren Löchern, und bald rannten alle wie die Hasen nach hinten! Sie liefen noch immer, als wir sie bereits unseren Blicken entschwinden sahen. Danach große Erleichterung bei den Kameraden, überschwenglicher Dank des bedrängten Kompaniechefs, der in der Klemme gesessen hatte. Ottawa machte seine trockenen Witzchen ob der Ahnungslosigkeit dieser eigentlich bemitleidenswerten Kampfgenossen. In der russischen Stellung fanden wir weder einen Verwundeten noch einen Toten. Mir war mein Jägerinstinkt wieder einmal zugute gekommen und der Grundsatz: „Alles sehen, selbst nicht gesehen werden".

An diesem Tage wurde der berüchtigte Kommissarbefehl verlesen, der besagte, daß jeder politische Kommissar, der ergriffen wird, sofort zu erschießen sei. Also Befehl zum Mord. Ich habe Gott sei Dank niemals einen solchen Kommissar zu Gesicht bekommen.

Das Gelände ostwärts des San ist hügelig und von vielen Schluchten durchzogen. Deshalb kamen wir mit unseren Fahrrädern nur langsam vorwärts. So recht wußte niemand, wie eigentlich der Auftrag für unsere Schwadron lautete und wie die allgemeine Lage war. Zwar hörten wir im Radio Nachrichten über enorme Geländegewinne und fast unglaubliche Gefangenen- und Beutezahlen, Coretti hielt es aber nicht für nötig, die Offiziere detailliert zu informieren.

Nach zwei Tagen änderten wir plötzlich unsere Marschrichtung von Ost nach Süd, und dann gings sogar wieder nach Westen, also in die Richtung, aus der wir gekommen waren. Wie wir dann endlich erfuhren, befanden wir uns im Rücken einer russischen Befestigungslinie, die anscheinend noch besetzt war, obwohl nördlich und südlich davon bereits deutsche Truppen nach Osten vorgestoßen waren. Fast ungläubig hörten wir dann, daß unser Oberst erreicht hatte, daß seinem Regiment die Beseitigung dieser isolierten Feindstellung übertragen wurde. Genauere Befehle gab es noch nicht. Aber wir ahnten nichts Gutes.

Nach längerem Marsch hielt das ganze Regiment in einem Hohlweg. Unsere Schwadron marschierte am Schluß der Kolonne. Die Landser lagerten rechts und links an den Straßenböschungen, ein Bild wie im Frieden an einem Manövertag. Nach geraumer Zeit hörten wir plötzlich Maschinengewehrfeuer und die Abschüsse von irgendwelcher Artillerie. Wir wußten, daß der Regimentsstab vor uns war, warteten also auf weitere Befehle. Als nichts geschah und wieder Stille herrschte, beschlossen Ottawa und ich, nach vorne zu gehen, um die Lage zu sondieren. Je weiter wir kamen, desto unruhiger waren die Leute. Offiziere standen diskutierend herum; aber von niemandem konnten wir Genaueres erfahren. So gelangten wir an die Spitze der Kolonne. Auch jetzt vom Regimentsstab keine Spur!?

In einiger Entfernung sahen Ottawa und ich plötzlich ein paar Rauchsäulen und erkannten dann mit dem Fernglas ausgebrannte deutsche Militärfahrzeuge. Wir krochen, die Deckung des Straßengrabens ausnützend, zu diesen noch brennenden Wracks. Nun sahen wir die Bescherung: Dieser wahnsinnige Oberst war anscheinend ohne jede Aufklärung mit seinem gesamten Stab und den dazugehörigen Fahrzeugen in die russische Bunkerlinie hineingefahren. Er hatte wohl angenommen, daß die Befestigungen, teilweise nur ein paar Meter neben der Straße angelegt, unbesetzt waren. Offenbar hatten die Russen sein Fahrzeug, in dem auch Oberleutnant Spill und ein Ordonanzoffizier saßen, noch durchgelassen und dann das Feuer auf die folgende Kolonne eröffnet. Kaum ein Angehöriger des gesamten Regimentsstabes hatte überlebt. Ich bemühte mich verzweifelt um einen Gefreiten, auf den ich im Straßengraben stieß und dem ein Granatsplitter die Hauptschlagader am Oberschenkel zerrissen hatte; aber ich konnte die Blutung nicht stillen. Er wimmerte in einem fort: „Ich will noch nicht sterben, ich will noch nicht sterben!" Doch bald ging es mit ihm zu Ende, und er starb in meinen Armen. Wenigstens war er in seinen letzten Minuten nicht allein. – Sicher hatte auch er vor dem Abmarsch nach Osten seine Eltern mit den Worten beruhigen wollen: „Ich bin Schreiber beim Stab eines Sicherungsregiments, da kann mir nichts passieren". So ist das im Krieg.

Für Ottawa und mich stellte sich nun die Frage, wo sind die Russen, und was können wir überhaupt gegen sie unternehmen? Die ganze Situation hatte etwas Gespenstisches: Wir lagen immer noch gut gedeckt im Straßengraben, um uns herum standen die ausgebrannten Fahrzeuge und lagen einige der gefallenen Soldaten. Direkt an der Straße, keine 20 m halbrechts vor uns, ein mächtiger Bunker. Vermutlich war von dort das Unheil über die Stabskolonne hereingebrochen. Wenn die Russen dort steckten, konnten sie uns nicht sehen, weil wir im toten Winkel ihrer Geschütze lagen. Dann machten wir noch zwei kleinere Bunker auf zirka 300 m oberhalb unseres Standortes am Waldrand aus. Nur von diesen drei Befestigungen konnte der Feuerüberfall erfolgt sein. So faßten Ottawa und ich den mir heute tollkühn erscheinenden Plan, den großen Bunker außer Gefecht zu setzen.

Inzwischen hatten sich zwei Leute meines Zugtrupps, die sich Sorgen um mich gemacht hatten, auf Rufweite genähert. Zunächst lief Ottawa nach hinten, um ein paar Packgeschütze heranzuholen, die Feuerschutz für das Unternehmen geben sollten. Die Zeit, bis sie endlich gut gedeckt in Stellung waren, erschien mir wie eine Ewigkeit. Sie nahmen dann die Sehschlitze der zwei Bunker am Waldrand unter Feuer.

Ich sprang mit einem meiner Männer über die Straße an die Rückseite des Hauptbunkers, wo wir gute Deckung fanden, weil das Erdreich um die Anlage noch nicht planiert war und so eine tiefe Senke den Betonklotz umgab. Ein Maschinengewehr, das den Hintereingang schützen sollte und an dem wir vorbei mußten, blickte uns wie ein großes stählernes Insekt stumm an. Wir sprangen vorbei und erreichten unbehelligt die Vorderfront, aus der ein großkalibriges Zwillingsgeschütz herausragte. Vor einem Schacht türmten sich leere Kartuschen. Das war der Beweis: Diese Geschütze hatten das Blutbad auf der nur wenige Meter entfernten Straße angerichtet!

Es ist ein eigenartiges Gefühl, dicht bei einem so gefährlichen Ungetüm zu hocken, aber die Gewißheit zu haben: Die da drinnen können dich nicht sehen! Die Russen wiederum hinter ihren meterdicken Betonwänden dachten wohl: „Die da draußen können uns nichts tun".

Da kam mir eine Idee. Ich sah nämlich, daß das Kaliber der Geschützrohre so groß war, daß eine Handgranate hineinpaßte. Unser Entschluß war schnell gefaßt: Wir mußten je eine Handgranate an zwei Stangen binden, sie abziehen und innerhalb 3 Sekunden in das Geschützrohr schieben.

Mit größter Konzentration gingen wir ans Werk, denn wir wußten: Die drei kritischen Sekunden entschieden über Leben und Tod. Einmal war es möglich, daß die Russen in dem alles entscheidenden Augenblick – dann nämlich, wenn wir für Sekundenbruchteile die Köpfe über die Deckung hoben – uns entdeckten. Zum zweiten: Verfehlten wir die Öffnung der Geschützrohre, die ja nur Millimeter größer war als der Kopf der Handgranate, würden wir von dieser zerrissen. Wenn mir auch das Herz bis zum Halse klopfte, unterdrückte ich wie der Jäger vor dem Schuß jede Erregung. Auf ein geflüstertes Kommando zogen wir die Handgranaten ab, zählten 21, 22, 23. In der nächsten Sekunde richteten wir uns blitzartig auf und stießen die Stangen mit den Granaten so tief wie möglich in die Geschützrohre hinein. Kaum wieder in voller Deckung, zerriß eine ohrenbetäubende Explosion fast unsere Trommelfelle. Darauf rührte sich zunächst nichts, dann wenig später tief unten im Bunker weitere Detonationen. Anschließend Totenstille.

Keinen Moment dachte ich an die Menschen im Bunker, daran, ob sie lebten, tot oder verwundet waren. Vielmehr hatte ich schändlicherweise ein Gefühl, wie ich es nach einer aufregenden erfolgreichen Pirsch so oft erlebt habe.

Wir schlichen auf dem gleichen Weg zurück, auf dem wir gekommen waren. Noch immer trauten wir uns nicht, die Vorderfront des Bunkers zu passieren. Dann griff ich ein im Straßengraben liegendes Motorrad und raste damit am Bunker vorbei die Straße entlang, die ja auch die Spitzenfahrzeuge des Stabes mit dem Oberst genommen haben mußten. Nach ein paar Kilometern stieß ich dann auf eine völlig verstörte Gruppe. Coretti kam mir noch kleiner vor als sonst, der üblicherweise so redegewandte Adjutant wollte sich mit einem mal bei mir anbiedern. Als er meinen Aufzug sah und meine Erregung bemerkte, ahnte er wohl, daß etwas Ungewöhnliches vorgefallen war. Ich meldete dann mit eiskalter, verächtlicher Stimme: „Herr Oberst, Ihr Stab existiert nicht mehr!" Darauf zunächst allerseits betretenes Schweigen. Dann berichtete ich detailliert über das Desaster und wählte wohl Formulierungen, die keinen Zweifel daran ließen, wem ich die Schuld an den völlig unnötigen Opfern zuschrieb.

Gemeinsam fuhren wir zurück. Der Bunker lag nach wie vor wie ein schlafendes Ungetüm friedlich da. Die Toten und Verwundeten waren inzwischen fortgebracht worden.

Erst Tage später erfuhr ich, daß Pioniere, nachdem sie den Betonklotz aufgesprengt hatten, im Innenraum auf die tote Besatzung stießen. Da waren wir aber schon viele Kilometer weiter nach Osten marschiert.

Am 12. Juli wurden Ottawa und ich mit dem EK 1 ausgezeichnet. Das ganze Regiment war aus diesem Anlaß auf einer Waldlichtung im Karree angetreten. Der Oberst sprach ein paar Worte zum Gedenken an die Gefallenen. Dann wurden Ottawas und mein Name aufgerufen. Wir traten vor, legten die Hand an die Mütze und bekamen jenes Kreuz an die Brust geheftet, das der Preußenkönig 1813 in den Befreiungskriegen gestiftet hat. Ich empfand kaum Stolz, denn die Sache mit dem Bunker erinnerte mehr an ein gefährliches Indianerspiel als an einen Kampf. Eigentlich hatte ich bei der Aktion niemals das Gefühl, daß mir etwas passieren könnte.

Was Ottawa und mich viel nachdenklicher stimmte, war die Tatsache, daß wir seit diesem Tag wußten: Oberst Coretti würde nichts unversucht lassen, auch in Zukunft sein Regiment für Aufgaben einzusetzen, für die weder Ausrüstung noch Ausbildung der Truppe ausreichten.

Ich habe nie das geringste Verständnis für Leute gehabt, die stets vorn dabei sein wollten. Es war zwar nicht so, daß ich Angst hatte, aber ich wollte einfach am Leben bleiben, und deshalb war meine Maxime: Niemals eine Gefahr provozieren, niemals das eigene Leben oder das meiner Leute leichtfertig aufs Spiel setzen. Bei Oberst Coretti war ich sicher: Er vertrat genau die gegenteilige Ansicht.

Die Russen zogen sich aber so schnell zurück, daß wir zunächst keine Feindberührung mehr hatten und nur noch ab und zu in der Ferne Kanonendonner hörten. So erreichten wir bald die Gegend südlich Lemberg. Ich dachte daran, daß hier irgendwo mein Großvater Schaffgotsch viele Monate im ersten Weltkrieg gekämpft hatte, denn in seinen Tagebüchern tauchten immer wieder Fotos aus Galizien auf, die meist ebenso triste Orte zeigten, wie wir sie *durchradelten*. Auch dieses Borislaw, in dem mein Zug in einer Schule Quartier bezog, war ein solches Nest. Dort gab es einige Geschäfte, in denen wir uns mit Getränken versorgten, unter anderem einem *Volks*-Sekt, von dem alle Durchfall bekamen.

Von den Einwohnern erfuhren wir, daß die Russen erst am Morgen abgerückt waren und angeblich in der Kommandantur eine Menge Ukrainer ermordet hatten. Aber solche Parolen interessierten uns nicht; diese Leute wollten sich meist nur wichtig machen. Doch in Borislaw unterschied sich die Stimmung der Bevölkerung von der Teilnahmslosigkeit und Scheu, die wir sonst gewohnt waren. Die Menschen waren unruhig und standen überall in diskutierenden Gruppen herum. Irgend etwas war im Gange, wir wußten nur nicht was. Ich ging deshalb mit ein paar Leuten in Richtung Ortsmitte, um mir dort ein Bild über die Lage zu machen. Als ich an die Hauptstraße kam, war diese an beiden Seiten dicht von Menschen gesäumt, die alle wahnsinnig aufgebracht waren. An ihren Gesten war zu erkennen, daß sie Verwünschungen schrien, die wir natürlich nicht verstanden. Was ich dann sah, als ich mich in die vorderste Reihe vorgedrängt hatte, ließ mein Herz stocken und schockte mich derart, daß ich die Szene niemals vergessen kann. Jugendliche trieben andere Menschen unter ständigen Stockschlägen vorwärts; die Geprügelten waren Juden! Ich konnte nur bruchstückweise erfahren, was dieses Judenpogrom ausgelöst hatte; doch soviel wurde mir bald klar: Der Racheakt hing damit zusammen, daß man im Keller der Kommandantur nach dem Abzug der Russen Dutzende von Leichen gefunden hatte und dafür die Juden verantwortlich machte. Nie hatte ich für möglich gehalten, was ich sah: Blutüberströmte Männer, Jungen und Greise, die vorwärts wankten, stürzten, sich wieder aufrafften, um schließlich unter den Stockschlägen zusammenbrechend liegenzubleiben und irgendwo in der Gosse zu sterben. Dazu johlte und schrie die Menge. Was sollte ich, was konnte ich tun? Wohl nichts. Ich war wie paralysiert, die Kehle mir zugeschnürt. Dann stand plötzlich ein anderer Offizier neben mir, einer, dem die Sache anscheinend nichts anzuhaben schien, und sagte ganz zynisch: „Falke, Du bist ja so bleich."

Wie ich aus dem Gedränge weggekommen bin, weiß ich nicht mehr, nur daß es mich, als es dunkel wurde, wieder dorthin zog an diesen Ort des Grauens, und daß da immer noch vereinzelt Trupps kamen, die Juden zum Rathaus trieben. Da habe ich dann meine Pistole gezogen und wenigstens einige aus den Händen ihrer Peiniger befreit. Die Reaktion der Mörder zeigte mir, daß ihnen wohl gar nicht bewußt war, was sie taten. Vielmehr versuchten sie, mir wortreich klarzumachen, daß sie hier nur Verbrecher bestraften.

Das Judenpogrom von Borislaw ist das Grausigste, was ich in meinem Leben gesehen und erlebt habe. Erstmals offenbarte sich mir, zu welchen Unmenschlichkeiten ein entfesselter Mob fähig ist.

Zwar stimmte es, daß 40 Polen von den Russen unter gleichen grausigen Umständen umgebracht worden waren. Ich habe die Opfer selbst auf einem Platz vor dem Rathaus liegen gesehen. Was aber die Juden des Ortes damit zu tun hatten, konnte mir keiner sagen.

Als wir am nächsten Tag den Ort verließen und ich vor mir die Weite des Landes sah, versuchte ich, das Erlebte wie einen bösen Traum abzuschütteln. Es ist mir bis heute nicht gelungen.

Aus diesen Tagen, es muß nach dem Massaker von Borislaw gewesen sein, kommt mir wie ein Schlaglicht folgende mir zum damaligen Zeitpunkt ganz nebensächlich erscheinende Episode in den Sinn: Auf dem weiteren Vormarsch hörte ich irgendwo in der Ferne das Geknatter von Gewehrsalven. Gleich darauf fragte ein Landser den anderen: „Weißt Du, was die Schießerei bedeutet?" Lakonisch kam die Antwort: „Da erschießt die SS die Juden!" Obwohl ich nicht an dem Gespräch beteiligt war und diesen Satz nur en passant aufschnappte, ist er über Jahrzehnte nicht aus meinem Gedächtnis zu tilgen. Nach dem Pogrom in Borislaw war es innerhalb ganz kurzer Zeit also das zweite Mal, daß ich von der Tötung polnischer Juden erfuhr. Noch ahnte ich nicht, daß diese beiden Ereignisse der Beginn der planmäßigen Ausrottung dieser Volksgruppe in Polen waren.

Nach dem Krieg wurde von vielen Menschen immer wieder die Frage an mich gestellt, und ich stellte sie mir auch selber: „Was hast

Du gewußt!?" Ich kann sie mit ruhigem Gewissen beantworten: Dieser fatale Satz aus dem Munde eines Landsers, „da erschießt die SS die Juden", erschien mir damals als eine solche Ungeheuerlichkeit, daß sie einfach nicht wahr sein durfte. Die SS, die Elitetruppe des Führers, Judenmörder? Das im Sommer 1941 zu glauben, war mir unmöglich. Daß ich aber diese Episode nach Jahrzehnten nicht vergessen habe und daß sie aus der Tiefe des Gedächtnisses immer wieder auftaucht, zeugt davon, wie betroffen ich damals war. Hielt ich es etwa doch für möglich? Oder unterdrückte ich feige etwas, dem ich mich nicht stellen wollte? Lange, allzu lange dauerte die Verdrängung dieser Dinge, solange, bis vor der ganzen Welt der millionenfache Judenmord offenbar wurde!

Entgegen unseren Befürchtungen kamen wir in den nächsten Wochen und Monaten nicht zum Einsatz. Das lag daran, daß die vorn kämpfenden Panzerverbände so schnell gegen den Dnjepr vorstießen, daß für unseren kriegslüsternen Oberst partout keine *Arbeit* übrig blieb. Es kamen zwar immer wieder wortreiche Regimentsbefehle, in denen uns an den Haaren herbeigezogene Sicherungsaufgaben gegen einen imaginären Feind gestellt wurden; aber kein Mensch nahm diese Befehle ernst. Denn eine Unmenge zurückgelassener Kriegsgeräte rechts und links der *Rollbahn,* wie inzwischen die Vormarschroute im offiziellen Militärdeutsch hieß, zeugte von der planlosen Flucht der Russen. Zudem hörten wir natürlich im Radio jeden Abend die Wehrmachtsberichte und waren dadurch bestens über die Gesamtlage informiert.

Ab und zu kamen uns lange Kolonnen von Gefangenen entgegen. Es waren meist recht abgerissene Gestalten. Trotzdem kam aus ihren Reihen manch munterer Zuruf, der wohl andeuten sollte, wie froh sie waren, lebend dem Inferno der Schlacht entronnen zu sein. Noch ahnten sie nicht, was ihnen in den deutschen Kriegsgefangenenlagern bevorstand.

Es fiel mir auf, daß diese Gefangenen, kaum hatten sie sich am Wegrand zu einer Rast niedergelassen, sofort anfingen, Karten zu spielen, und ich staunte, daß es auch bei ihnen wie bei unseren Landsern das gute alte *Siebzehnundvier* war. Es heißt auf Russisch *Dwazet adin* = einundzwanzig.

Je weiter wir nach Osten kamen, desto endloser erschien mir das Land. Die unabsehbaren Sonnenblumen-, Weizen- und Melonenfelder erstreckten sich von Horizont zu Horizont. An keinem Baum, keinem Strauch, keinem Haus fand das Auge einen Halt, und wenn dann in einer Senke die Lehmhütten eines Ortes auftauchten, erschienen sie tot und bedeutungslos in der Unendlichkeit des rings sich ausbreitenden Landes. Jetzt befanden wir uns in der Ukraine, der Kornkammer Rußlands. Ich hatte ja von Landwirtschaft ein wenig Ahnung und bestaunte die Beschaffenheit des Bodens, der schwarz und locker wie reine Gartenerde war und deshalb von einer Fruchtbarkeit, die ihresgleichen in der Welt sucht. Ich erfuhr, daß die Felder noch nie ein Gramm Kunstdünger gesehen hatten, daß der Acker vor der Bestellung nicht gepflügt sondern nur mit einer Art Egge aufgerissen wurde, bevor die Saat in den so oberflächlich vorbereiteten Boden kam. Trotzdem brachte diese gesegnete Erde Jahr für Jahr reiche Ernte. Stundenlang fuhren wir durch wogende Getreidefelder, Köpfe von Millionen Sonnenblumen blickten uns an, und wie geduckte feiste Tiere reiften die Wassermelonen vor sich hin. In den Pausen saßen die Landser am Straßenrand und schlürften die wässrig schmeckende Flüssigkeit aus rötlichem Fruchtfleisch.

Die Antwort auf die berechtigte Frage, wer bestellte und erntete denn die Früchte in diesen Weiten, erhielten wir, als wir zur nächsten Kolchose kamen. Dort standen Hunderte von Mähdreschern und anderen Landmaschinen und warteten auf ihren Einsatz. Aber kein Mensch war zu sehen, alle Arbeiter waren geflohen. Was würde aus der Ernte werden?!

Auf einer Erkundungsfahrt kam ich in ein Dorf, das von weitem einen ganz normalen Eindruck machte. Die Häuser waren gut erhalten, einige Fenster zwar zerbrochen, offenstehende Türen quietschten in den Angeln. Seltsamerweise weit und breit kein Mensch. Kämpfe hatten hier nicht stattgefunden. Wir trafen niemanden, den wir über das Schicksal dieses völlig tot erscheinenden Ortes befragen konnten. Erst im nächsten Dorf lebten noch ein paar Bauern. Wie bisher halfen uns die Polnisch-Kenntnisse der Oberschlesier bei der Verständigung.

So erfuhren wir, was vor zwei Jahren geschehen war: 1939 herrschte eine Mißernte. Rußland hungerte. Ohnedies mußte auch in normalen Jahren der Großteil der Ernte abgeliefert und in riesigen Silos am Dnjepr eingelagert werden. Den Bauern blieb nur ein kleines vom Staat festgesetztes Quantum. Als aber in den Großstädten Hungerunruhen drohten, requirierten Soldaten auf dem Land auch diese letzten Vorräte. Damit war das Schicksal eines großen Teils der Landbevölkerung besiegelt. Das war also das Geheimnis des ausgestorbenen Ortes: Die Bewohner waren einfach verhungert. Zuletzt sollen sie, wie unser Gewährsmann berichtete, die Blätter und die Rinde der kümmerlichen Akazien gegessen haben. Die ersten Toten seien noch begraben worden, doch bald starben so viele, daß die Leichen auf den Straßen lagen. Die Überlebenden waren zu schwach, um sie zu beerdigen.

Am Dnjepr kam der deutsche Vormarsch zunächst einmal zum Stehen. Nicht, weil der Widerstand der Russen größer geworden wäre. Aber die Truppe brauchte eine Verschnaufpause, vor allem weil zunächst die Nachschubwege ausgebaut werden mußten. Noch immer wurden ja die kämpfenden Verbände über Hunderte von Kilometern fast ausnahmslos aus der Heimat versorgt. Der gesamte Nachschub mußte neu organisiert werden. Dazu gehörte, daß die wenigen Bahnstrecken von der breiten russischen Spur o auf die europäische Spur 1 *umgenagelt* wurden. Zur Durchführung dieser Aufgaben wurden Baubataillone der Organisation TODT herangeführt. Sie bewährten sich hervorragend.

In diesen Tagen hörten wir von den ersten Partisanenüberfällen auf Transporte und Militäreinrichtungen. Auch Sprengungen von Bahnanlagen waren vorgekommen. Das waren zunächst nur Nadelstiche, die niemanden beunruhigten. Immerhin bekam unser Si4 dadurch die Aufgaben, für die es eigentlich vorgesehen war, und die uns vermutlich kaum in Gefahr brachten, denn in erste Linie handelte es sich um die Bewachung von militärisch wichtigen Objekten, die weit verstreut im ganzen Don-Bogen zwischen Krivoy Rog und Nikopol lagen.

Mein Zug wurde als Eingreifreserve auf eine Hühner- und Schweinekolchose verlegt. Nach den doch recht anstrengenden Wochen, die Leute hatten immerhin unter schwierigen Wegeverhältnissen 1.300 km mit dem Rad zurückgelegt, kam dieses Kommando einer Besetzung des Schlaraffenlandes gleich. Wir schwelgten in lange vermißten Fleischrationen. Unser Koch ersann immer neue Gerichte, bei denen Hühner und Schweine den Hauptbestandteil bildeten.

Jetzt erwies sich,' welcher Glücksfall es war, daß unsere Schwadron dem S14 zugeteilt worden war, denn in diesen Wochen lebten wir wie im tiefsten Frieden, hatten den bisherigen Vormarsch ohne nennenswerte Kämpfe und somit auch ohne Verluste überstanden.

Dies kam mir besonders zu Bewußtsein, als mich die Nachricht erreichte, daß mein Freund, der Arzt Dr. Dietrich, vor Kiew gefallen war. Auch sollte die Aufklärungsabteilung 221, mein alter Truppenteil, hohe Verluste gehabt haben.

Der Mensch kann mit seinem Herzen wohl zunächst immer nur das realisieren, zu dem er einen lebendigen Bezug hat, das heißt, wenn er *dabei* ist. So erging es mir jetzt. So gut wie nichts hatte ich ja bisher von den vieltausendfältigen Opfern erfahren, die dieser Feldzug auch auf deutscher Seite bereits gefordert hatte. Wir hörten im Radio nur von Siegen, gewonnenen Kesselschlachten, von Tausenden vernichteter Feindpanzer und Geschütze, von Hunderttausenden gefangener Russen. Nun kam die Nachricht vom Tod meines Freundes und zerstörte wie ein Messerstich ins Herz meine so vordergründig unbeschwerte Stimmung. Ich wußte auf einmal: die Realität dieser Wochen war nicht Unbeschwertheit und Sicherheit, sondern Tod und Trauer. Nur wir waren ein kleiner, vom Glück begünstigter Haufen, der bisher von den Schrecken des Krieges verschont geblieben war.

Dann dachte ich an Ilse, an den Abschied von ihrem Hubert auf dem Bahnsteig in Breslau. Ich überlegte lange Tage: Sollte ich ihr schreiben? Ich wußte, Trost konnte es für sie nicht geben, jedenfalls nicht von mir, der ich sie ja erst zweimal gesehen hatte. Aber im Leben geht es oft nicht um die Ratio, um das Erklärbare, sondern darum, daß wir in bestimmten Augenblicken einer Stimme folgen, die nicht aus dem Verstand sondern aus dem Herzen kommt. Und mein Herz zwang mich einfach, an Ilse zu schreiben. Was in meinem ersten Brief stand, das habe ich vergessen. Aber ich weiß, daß ich mich ganz *ausgegeben* habe. Ich wollte ihr Herz erreichen, weil ich spürte, daß sie am Ende war. Nach Wochen kam eine Antwort. Sie begann mit den Worten: „Ihr Brief ist der erste und der einzige, den ich seit dem Tod von Hubert beantworte ..."

Wenn einem gelingt, einen Menschen aus tiefem Schweigen und Dunkel zum Reden zu bringen, dann ist man in höchstem Maße glücklich. Mit einem Mal hatte ich eine Aufgabe, der ich mich, man kann ohne Übertreibung sagen, mit einer Art fanatischem Eifer widmete: Ich wollte Ilse dem Leben zurückgewinnen.

Es war der Kampf um einen Menschen, der sich über viele Monate erstreckte, in denen viele Briefe hin und her gingen. Bei ihr immer wiederkehrende Verzweiflung und Apathie, dann wieder aufflackernde Hoffnung. Oft wochenlanges Schweigen. Später hat sie mir gesagt, daß sie oft an der Schwelle stand, endgültig ein Ende zu machen.

Ich wußte längst, daß ich, obwohl Tausende von Kilometern von ihr entfernt, eine große Verantwortung übernommen hatte. Nach ein paar Monaten fragte ich mich: „Liebt sie dich?" Es war wohl so, wie der Schiffbrüchige die Planke liebt, die ihm in der tobenden See den einzigen, den letzten Halt gibt. So hatte auch mich der Krieg angerührt, aber auf eine unvorhersehbare Weise.

Die ersten Wochen auf unserer Kolchose verbrachten wir mit Schlafen, Essen und stundenlangen Pokerpartien. Eines Tages kam einer von uns, es war sicher ein Anti-Radfahrer, auf die grandiose Idee: Wie wärs, wenn wir uns motorisierten? Die russische Armee war ja vornehmlich mit Eineinhalbtonner LKWs der Marke Ford ausgerüstet. Auf der Flucht waren Tausende dieser Fahrzeuge mehr oder weniger defekt rechts und links der Rollbahn liegengelassen worden.

In jeder Einheit gibt es Leute, die etwas von Automotoren verstehen. So machte sich ein Trupp solcher Amateurmechaniker unseres Zuges auf die Suche nach Fahrzeugen, die noch einigermaßen intakt waren. Der Jubel war groß, als diese am Abend mit dem ersten sich aus eigener Kraft fortbewegenden Beutewagen zurückkehrten. Zwar hatte dieses Auto noch einige Kinderkrankheiten. Trotzdem gab es kein Halten mehr, und in wenigen Tagen auch keinen Zweifel: Kein Mann meines Zuges würde je wieder seinen Drahtesel besteigen! Denn bald waren 3 LKWs fahrbereit, die Ladeflächen mit Bänken versehen, und Planen wurden aufgetrieben und montiert. Als eines Tages Oberst Coretti zu einem Hähnchenessen erschien, konnte ich ihm stolz melden, daß er jetzt über eine motorisierte Einheit verfüge. Es war das einzige Mal, daß ich bei ihm einen Anflug von Begeisterung gesehen habe. Wahrscheinlich spukte in seinem Kopf schon die Erkenntnis, daß er nun einen Teil seiner

Truppen schnell an die Front werfen konnte. Jedenfalls befahl er sofort den anderen beiden Zügen, es uns gleichzutun.

Das Praktische bei diesen Ford-Lastern war, daß sie aufgrund ihrer geringen Tonnage ohne Schwierigkeiten aus dem oft knietiefen Schlamm der Rollbahn mit Menschenkraft herausgeschoben werden konnten. Außerdem wurde bei einem Motordefekt gar nicht ans Reparieren gedacht sondern sofort der ganze Motor ausgewechselt. Alle notwendigen Ersatzteile lagen ja massenhaft zur Auswahl sozusagen auf der Straße.

Während wir noch in der Farm lagen, besuchte mich eines Tages mein Bruder Ernst-Herbert, der in einem starken Geländewagen erschien. Er war bei einer Panzerdivision und erzählte den ganzen Abend von der Schlacht um Kiew. Was ich da erfuhr, war das wahre Gesicht des Krieges. Mein Bruder meinte damals: Die Russen hätten zwar vernichtende Niederlagen hinnehmen müssen, aber es gäbe Anzeichen, daß sie noch nicht endgültig geschlagen wären. Vor allem brachten sie erstmalig Waffen zum Einsatz, die den deutschen überlegen waren. So tauchte völlig unerwartet ein Panzer mit der Bezeichnung T34 auf, von dem die Militärs später behaupteten, er habe die Wende des Krieges herbeigeführt. Die Panzerplatten dieses stromlinienförmigen Ungetüms waren so stark, daß sie von keinem deutschen Abwehrgeschütz durchschlagen wurden. Erst als findige Truppenführer auf die Idee kamen, die eigentlich zur Fliegerabwehr bestimmte 8,8 Flak im Erdkampf einzusetzen, konnte man diese russische Wunderwaffe stoppen. Dieser T 34 war zudem mit der so gefürchteten 7,5 Kanone bestückt, die bereits den deutschen Panzerdivisionen auf dem Vormarsch schwer zu schaffen gemacht hatte. Aufgrund ihrer hohen Fluggeschwindigkeit fielen Abschuß und Einschlag fast zusammen. Der Landser taufte sie deshalb die *Ratsch-Bumm*.

Mein Bruder hatte auf seinem KFZ ein Radio montiert. Ich erinnere mich noch an jenen Abend, an dem wir zum ersten Mal das Lied von Lili Marlen hörten, das der Soldatensender Belgrad jeden Abend ausstrahlte. Dieses Lied mit seiner einschmeichelnden Melodie, seinem wehmütigen Text, gesungen von Lale Andersen, eroberte in kurzer Zeit an der gesamten Ostfront die Herzen der Soldaten. Es war fast wie eine Manie, daß Abend für Abend um 22.00 Uhr Zigtausende von Landsern sich um die Lautsprecher drängten, um

Im Rußlandfeldzug, Herbst 1941

die rauchige Stimme Lale Andersens zu hören. Dabei war der Text mehr als simpel, aber er weckte wohl das in jedem Soldaten schlummernde Heimweh, die Sehnsucht nach der Frau oder der Geliebten. Ich will wenigstens einige Strophen aufschreiben, damit dieses Lied mit seiner eigenartigen Wirkung unvergessen bleibt:

> Vor der Kaserne – vor dem großen Tor
> steht eine Laterne und steht sie noch davor
> und alle Leute solln es sehn,
> wenn wir bei der Laterne stehn
> mit Dir Lili Marlen – mit Dir Lili Marlen.
> Schon rief der Posten: „sie bliesen Zapfenstreich!"
> es kann drei Tage kosten,
> Kam'rad ich komm ja gleich.
> Und sollten wir uns wiedersehn,
> bei der Laterne woll'n wir stehn
> wie einst Lili Marlen – wie einst Lili Marlen.
> Deine Schritte kennt sie, Deinen schönen Gang
> alle Abend brennt sie – doch mich vergaß sie lang.
> Und sollte mir ein Leid geschehn,
> wer wird bei der Laterne stehn
> mit Dir, Lili Marlen – mit Dir, Lili Marlen.
> Aus dem stillen Raume – aus der Erde Grund
> weckt mich wie im Traume stets Dein verliebter Mund.
> Wenn sich die späten Nebel drehn,
> werd ich bei der Laterne stehn
> mit Dir, Lili Marlen – mit Dir, Lili Marlen.

Da zu dieser Zeit keine Kämpfe waren, blieb mein Bruder 3 Tage und genoß den Überfluß an gebratenen Hähnchen und Schweinebraten. Beim Abschied wußte keiner von uns, ob er den anderen wiedersehen würde. Aber über diese Dinge sprach man nicht.

Zwei Monate lagen wir in dieser Kolchose. Aus der Heimat waren zwei *Neue* als Ersatz gekommen, die so Gelegenheit hatten, sich in unseren Haufen einzugewöhnen. Der eine war ein exzellenter Pokerspieler, war immer fröhlich und fand so schnell Kontakt zu den anderen. Er hieß Petrikowsky, wir nannten ihn Pietschok. Der zweite war das genaue Gegenteil, ein ganz stiller. Er hieß Kohl.

Anfang Oktober hielt Hitler wieder eine seiner zündenden Reden, die vor einem Angriff wohl die Soldaten stimulieren sollten. Sie gipfelte in dem Satz: „Nun sind die Voraussetzungen geschaffen, die auch diesen Gegner endgültig in die Knie zwingen werden!!" Das klang so überzeugend, daß wir nach den großen Erfolgen der ersten Kriegsmonate alle glaubten, daß die Russen nicht mehr in der Lage wären, der bevorstehenden Großoffensive größeren Widerstand entgegenzusetzen. Ernstliche Gedanken über die Gesamtlage machten wir uns ohnedies nicht. In dieser Hinsicht herrschte die fatalistische Einstellung: Ich kann doch nichts ändern. Außerdem hatten die entscheidenden Schlachten ja bisher an der Nordfront und im Mittelabschnitt stattgefunden.

Wichtig ist einem ohnedies immer die eigene Situation, und da sagte ich mir immer wieder: „Was soll uns schon beim Si4 passieren?" Die *ruhige Kugel,* die wir in den Monaten August und September geschoben hatten, schien der Beweis dafür. Meine Landser waren natürlich guter Dinge, brauchten sie doch in Zukunft nicht mehr auf ihren Fahrrädern gen Osten zu strampeln. Stolz auf ihren Erfindergeist saß jede Gruppe auf ihrem eigenen LKW. Es gab natürlich großes Hallo, als sich die Schwadron wieder beim Regiment in dem Städtchen Nikopol 200 km nördlich der Dnjepr-Mündung sammelte.

PARTISANENKÄMPFE AM DNJEPR

Die russischen Flüsse sind nicht reguliert und treten deshalb oft über die Ufer. Auch am Unterlauf des Dnjepr erstreckte sich so ein Überschwemmungsgebiet in einer Länge von zirka 100 km und 10 km Breite nach Süden. Der dschungelartige Bewuchs von Schilf, Weidengebüsch und einzelnen hohen Bäumen, dazwischen größere Wiesenflächen, hatte teilweise urwaldartigen Charakter und machte ein Passieren dieses Gebietes fast unmöglich. Diesen Dnjepr-Abschnitt hatten sich die in dieser Gegend immer dreister auftretenden Partisanengruppen als Schlupfwinkel ausgesucht. Sie rekrutierten sich meistens aus versprengten Soldaten, die ihre Uniform mit Zivilkleidern vertauscht und sich Waffen und Munition aus den von regulären russischen Truppen zurückgelassenen Beständen beschafft hatten. Sie betätigten sich meist nachts im Rücken der deutschen Front, überfielen einzelne Fahrzeuge, sprengten Gleise und jagten Benzinlager in die Luft. Natürlich war es ihnen leicht, diese Objekte auszukundschaften, da sie von der einheimischen Bevölkerung unterstützt und sogar versteckt wurden. Problemlos schlüpften sie dann in Zivil durch die Maschen der nicht eben zahlreichen deutschen Kontrollen.

Bei der Anfang Oktober beginnenden Offensive hatten die deutschen Angriffsverbände bei Cherson nahe der Dnjepr-Mündung den Fluß überschritten. Sie stießen dann an seinem Ostufer nach Norden vor. Unser Regiment lag verteilt am Westufer des Flusses, um eventuell nach Westen ausbrechende russische Einheiten abzufangen.

Da fiel unserem Oberst wieder einmal etwas ganz Besonderes ein: Ein Stoßtrupp in Zugstärke sollte durch das geschilderte unwegsame Stromgebiet nach Osten durchstoßen und mit den am gegenüberliegenden Ufer vorgehenden deutschen Truppen Verbindung aufnehmen. Diesen Auftrag, der aus militärischer Sicht völlig sinnlos war, sollte ich mit meinem Zug ausführen. Ich weiß noch, daß wir alle empört über diesen Einsatzbefehl waren. Was sollten wir 30 Männchen in diesem Dschungel ausrichten, zumal es keinerlei Informationen geschweige denn eine Karte gab, in der wenigstens die einzelnen Wasserläufe verzeichnet waren?!

Ich hatte deshalb in meinem Inneren beschlossen, so wenig wie möglich zu riskieren. Es war mir von vornherein klar, daß wir den Ostrand dieses Flußgebietes nie erreichen würden. Ich hoffte immer noch im Stillen, daß das Unternehmen abgeblasen würde, aber dieses Mal verließ mich mein sprichwörtliches Glück.

So setzten wir – Befehl ist Befehl – an einem Oktobermorgen in ein paar flachen Fischerbooten über einen zirka 50 m breiten Dnjeprarm, und bald hatte uns fast undurchdringliches Dickicht verschluckt. Zur Orientierung mußte mein Kompaß genügen. Er wies mir den Weg nach Osten. Nach kurzem Marsch war das Vorwärtskommen gar nicht mehr so schwierig wie zunächst erwartet, denn wir stießen auf einige Trampelpfade in west-östlicher Richtung. Ihnen folgten wir.

In der Reihenfolge zwei Sicherer 50 Schritt voraus, die Gruppen ziemlich weit auseinandergezogen im Gänsemarsch dahinter, pirschten wir auf möglichst leisen Sohlen vorwärts. Alle Leute hielten ihre Waffen entsichert schußbereit, denn jeden Augenblick mußte ich damit rechnen, in einen Hinterhalt zu geraten. Es war ein teuflisches Gefühl, einem praktisch unsichtbaren Feind, der alle Vorteile bester Deckungsmöglichkeiten für sich hatte, eventuell in die Arme zu laufen. Aber es rührte sich nichts. Nach etwa 3 km fanden wir auf unserem Steig ein paar frisch verlegte Minen, die aber so stümperhaft getarnt waren, daß man sie unmöglich übersehen konnte. Immerhin waren sie die unmißverständliche Warnung für uns: Vorsicht, Feind ist in der Nähe! Von da an bewegten wir uns nur noch schrittweise vorwärts, legten dann eine Pause ein, um zu beraten. Selbstverständlich sicherten einige Männer unseren Rastplatz. Da rief plötzlich einer der Posten: „Herr Leutnant, da rennen zwei!" und: „Da ist ein Holzhaus!" Ich lief sofort zum Rand der Lichtung, woher der Ruf gekommen war; und tatsächlich, inmitten dieser Lichtung stand zirka 150 m entfernt unter uralten Bäumen ein Häuschen! Offenbar hatten wir dessen Insassen überrascht, denn meine Leute hatten ein paar Gestalten eilig im Wald verschwinden sehen. Ich ließ den ganzen Zug in Stellung gehen, damit er mir gegebenenfalls Feuerschutz geben konnte, während ich mit ein paar Mann auf das Haus zusprang. Da unser Inkognito ohnedies schon gelüftet war, warf ich sicherheitshalber erst einmal eine Handgranate durchs Fenster. Aber wie vermutet: Die Vögel waren ausgeflogen. Ein noch leicht rauchendes Feuer war jedoch ein sicheres Zeichen, daß hier vor kurzem noch Menschen gewesen waren. Kisten mit Munition standen herum, Waffen fanden wir nicht. Eßvorräte und Lagerstätten deuteten darauf hin, daß hier mehr als lediglich die zwei Gesichteten in der Nähe sein mußten.

So holte ich erst einmal alle Leute zusammen, ließ sofort zwei Gruppen Gesicht nach Osten in Stellung gehen. Die Gruppe Ritzka blieb als Reserve hinter dem Haus versteckt. Ich ging so übervorsichtig zu Werke, weil die Lichtung, in deren Mitte wir in Stellung lagen, ringsum von Wald mit undurchdringlichem Unterholz umgeben war, das für unsere *Freunde* ein ideales Versteck bot. Ich rechnete ohnedies jeden Augenblick mit einem Feuerüberfall, denn wir wurden bestimmt beobachtet, und die Russen warteten wohl nur darauf, daß wir uns eine Blöße gaben. Wir hatten in diesem Gelände keinerlei Möglichkeit, ihre Stellung zu erkennen. Es war jedenfalls ein verdammt unangenehmes Gefühl, quasi auf dem Präsentierteller zu sitzen und darauf warten zu müssen, daß irgend etwas geschah. Aber wir taten dem Gegner nicht den Gefallen, auch nur den Kopf zu heben, und blieben gegen den Boden gepreßt hinter umgefallenen Bäumen, Wurzeln und Wurzelstöcken liegen.

Da löste sich völlig unerwartet aus dem Unterholz am Waldrand genau uns gegenüber eine Gestalt, die ganz ruhig auf uns zuging. Durchs Glas erkannte ich, daß es ein vollbärtiger Mann in Zivil war. Seine Hosen steckten in langen Schaftstiefeln. Ich sehe ihn heute noch vor mir, wie er ganz gemächlich das Gewehr wie ein Wildhüter über der Schulter auf uns zuschlenderte. Mir war sofort klar: Das ist eine Falle! Der will uns nur aus der Deckung locken! Ich ließ von Mann zu Mann durchsagen „Alles bleibt in Deckung, wir rufen ihn an, und wenn er nicht reagiert, Feuer auf den Waldrand". Dann rief ich, so laut ich konnte, den Partisan, denn um einen solchen handelte es sich ohne Zweifel, an: „Ruki wiärsch!" (Hände hoch! Gewehr wegwerfen!).

Der Mann reagierte auch auf einen zweiten Anruf nicht. Es war eine teuflische Situation, und ich fragte mich: „Was will der Kerl nur? Er läuft ja in sein eigenes Verderben!" Aber ich kam nicht dazu, den Gedanken zu Ende zu denken, denn plötzlich ließ sich unser Gegenüber blitzartig hinter einen Baum fallen. Im selben Augenblick eröffneten die im Wald vor uns versteckten Partisanen aus Karabinern und MPs das Feuer. Jetzt bewährte sich unsere gute

Deckung, und keiner von uns wurde getroffen, obwohl die Kugeln verdammt nah um unsere Köpfe pfiffen. Zunächst blieben wir für Minuten an den Boden gepreßt liegen. In einem solchen Augenblick fühlt ein Stoßtruppführer seine ganze Verantwortung. Sein Entschluß entscheidet oft über Leben und Tod. Vor allem muß er nach dem ersten Schock, den so ein Feuerüberfall auslöst, wieder innerlich ruhig werden und versuchen, klar zu denken.

Da die Leute und auch ich selbst weiterhin vom Feind durch ständigen Beschuß in Deckung gezwungen wurden, konnte nur die auf Rufweite in Reserve liegende Gruppe Entlastung bringen. Unteroffizier Ritzka kroch in meine Nähe, und ich befahl ihm, er solle versuchen, möglichst weit ausholend in die linke Flanke des Gegners zu gelangen. Bald war er mit seiner Gruppe meinen Blicken entschwunden.

Um den Gegner abzulenken, nahmen wir nun mit allen Waffen den Waldrand gegenüber unter Feuer. Schon wenige Minuten danach rechts vor uns Gefechtslärm. Das war das Zeichen: Ritzka hatte sein Ziel erreicht und griff die Flanke der Russen an. Sofort sprangen wir einer nach dem anderen auf und erreichten ohne Verluste die nächste Deckung hinter uns. Bald kam auch Ritzka an diesen verabredeten Treffpunkt, ohne auch nur einen einzigen Mann verloren zu haben. Ich atmete auf. Dann hatten wir es sehr eilig, zurück zu unseren Booten zu kommen.

Die Fahrer unserer Autos waren schon in größter Sorge um uns, als sie den Feuerzauber hörten, und hatten erwogen, vom Regiment Verstärkung anzufordern. Erst da wurde klar, mit welchem Dilettantismus diese Unternehmung befohlen worden war. Denn kein Mensch hätte uns in einer wirklich bedrohlichen Situation rechtzeitig zu Hilfe kommen können. Letztlich hatten wir einfach Massel gehabt.

Was viel bedenklicher war: Nun hatte Oberst Coretti *seinen* Feind in Gestalt der Partisanen auf der Insel; so hatten wir das Gebiet zwischen den Dnjeprarmen getauft. Es ist wohl verständlich, daß der nachstehende Regimentsbefehl einen kleinen Schock bei mir und meinen Leuten auslöste: „Verstärkter III/Zug greift die Partisanen-Stellungen am Dnjepr an und vernichtet sie". Wir sollten uns also erneut in diesem Teufelsgebiet mit den Partisanen herumschlagen.

Der Oberst hatte mich zu sich befohlen, und ich hatte ihm klipp und klar erklärt, daß nach meiner Meinung bei diesem neuerlichen Unternehmen ein Mißerfolg vorprogrammiert und hohe Verluste zu erwarten seien. Ich begründete meine Zweifel damit, daß jetzt ja auch noch der Überraschungseffekt wegfiele und der Gegner sicherlich gut auf weitere Angriffe vorbereitet sei. Meine Bedenken stießen natürlich auf taube Ohren, und ich bin sicher, daß Coretti keine Minute in Erwägung gezogen hat, seinen Plan zu ändern. Ich dachte bei mir: Weit vom Schuß läßt sich's gut befehlen und den Helden spielen!

Immerhin erreichte ich, daß mein Stoßtrupp durch den Zug einer anderen Kompanie verstärkt wurde und mir außerdem die Granatwerfergruppe unserer Schwadron zugeteilt wurde. Als der Verstärkungszug eintraf, hätte ich die Leuten am liebsten wieder nach Hause geschickt. Es handelte sich durchweg um ältere Männer, wohl meist Familienväter, die nicht die geringste Ahnung hatten, was ihnen bevorstand. Ihr Zugführer war jedoch ein Prachtkerl, sehr männlich, wegen seiner Offenheit mir sofort sympathisch. Wir verstanden uns auf Anhieb. Er war sich ganz über den minimalen Kampfwert seines Zuges im klaren, und wir verabredeten, diese gegebenenfalls nur für Sicherungsaufgaben einzusetzen.

Für alle Fälle vereinbarte ich mit dem Regimentsstab – über ein Funkgerät verfügten wir nicht! – daß bei unserem Einsatz das dreimalige Abfeuern einer roten Leuchtpatrone signalisieren sollte: „Wir brauchen Verstärkung".

Vor diesem Unternehmen, es ist wohl keine Schande, es zu sagen, hatte ich das erste Mal im Rußlandfeldzug Angst. Sie wurde dadurch hervorgerufen, daß ich mir leicht ausmalen konnte, was uns bevorstand. Ich sah auch keine Möglichkeit, durch irgendwelche Vorsichtsmaßnahmen zu verhindern, in einen Hinterhalt zu geraten – das fürchtete ich am meisten.

Die Nacht vor dem Einsatz hat wohl keiner von uns geschlafen. Natürlich hatte ich mit meinem Zug alle Möglichkeiten, soweit sie sich voraussehen ließen, durchgesprochen. Wir hatten auch einen ortskundigen Halbwüchsigen gefunden, der uns freiwillig begleitete, um uns durch den Dschungel zu führen. Aber was ich für unmöglich gehalten hatte, am Morgen fehlten vor dem Abmarsch zwei Männer, die sich *krank* gemeldet hatten. Sie haben mir später einmal gesagt, nur weil sie die Sache für völlig unsinnig hielten, hätten sie sich gedrückt!

Wieder setzten wir im Morgengrauen mit denselben primitiven Booten über. Auch diesmal kamen wir die ersten Kilometer gut voran. Weit auseinandergezogen vorgehend sicherten wir nach allen Seiten unsere Marschroute. Besonders gefährdet waren natürlich die Späher, die 30 – 50 m dem Haupttrupp vorausgingen. Diese zu bestimmen, war stets eine große Belastung für mich, denn sie waren ja eine Art Kugelfang. Diesmal nahm ich die Schützen Jesionnek und Kohl. In meinem Inneren wiederholte sich ständig die Frage: Wann und wo würden wir auf die Partisanen treffen? In jedem Gebüsch, an jedem Waldrand, auf den wir zugingen, konnte das Verhängnis lauern. Zunächst blieb weiterhin alles ruhig, bis plötzlich Kohl zurückgelaufen kam und aufgeregt berichtete, eben sei ein Mann mit Gewehr vor ihm über den Weg gesprungen! Wir befanden uns ausgerechnet auf einer fast kreisrunden Lichtung, in deren Mitte nur eine von einem hohen Baum überstandene kleine Mulde notdürftig Deckung bot.

Wir hatten gerade auf schmalem Pfad einen zirka 100 m breiten Schilfgürtel durchquert. Vor uns lag wiederum Schilfgestrüpp, dahinter sah man eine Anzahl hoher Bäume, offenbar eine Allee. Ich befahl dem Unteroffizier Herbrich, bis dorthin vorzugehen und dann in Deckung weitere Befehle abzuwarten. Die Gruppe entschwand unseren Blicken, und als ich schon dachte, alles sei gut gegangen, hörte ich plötzlich vor uns überfallartiges Gewehr- und Maschinenpistolenfeuer sowie Detonationen von Handgranaten.

Genau das, was ich befürchtet hatte, war eingetreten; Herbrich war mit seiner Gruppe nach Durchqueren des Schilfs in einen Hinterhalt, das heißt in das konzentrische Feuer der Partisanen geraten. 4 Mann waren sofort tot, 2 verwundet durch Handgranatensplitter. Der Unteroffizier, der nach Minuten mit dem Rest seiner Gruppe fluchtartig zurückkam, stand unter einem Schock. Er wußte, daß er meinen strikten Befehl, sofort nach Erreichen der Allee in Deckung zu gehen, sträflich mißachtet hatte.

Natürlich habe ich sofort alle Leute auf der Lichtung kreisförmig um die Mulde, in der ich mit dem Zugtrupp saß, zur Sicherung verteilt. Bei mir blieben außerdem eine Reservegruppe und die Granatwerfer. Ein Mann des Zugtrupps, er hieß Baumgart, kletterte freiwillig als Beobachter auf einen der wenigen Bäume in der Nähe. Aber auch die Partisanen hatten Scharfschützen irgendwo in hohen Bäumen postiert. Immer wieder pfiffen uns die Kugeln um die Ohren. In dieser Situation stand für mich sofort fest, weiter vorgehen hieße, weitere Leute für eine sinnlose Sache zu opfern. Dann meldete mein Baumbeobachter, daß ein paar hundert Meter hinter uns 20 – 25 Partisanen in Stellung gingen. Sie wollten uns offensichtlich den Rückzug abschneiden. Nun gab es keine andere Wahl, als sofort den Rückmarsch anzutreten.

Es widerstrebte mir, die Gefallenen einfach so liegenzulassen. Und wir machten mit der Reservegruppe den Versuch, unter dem Schutz eigenen Granatwerferfeuers an sie heranzukommen, trafen dabei aber auf so wütendes Abwehrfeuer, daß wir dieses Unternehmen abbrachen.

Nun wurde die Reihenfolge der einzelnen Gruppen für den Rückmarsch organisiert. Wir wußten ja, daß zumindest ein Sperrgürtel der Partisanen durchbrochen werden mußte; deshalb gingen zwei Maschinengewehrtrupps an der Spitze, die mit unserer stärksten Feuerkraft den Gegner sofort angreifen sollten. Dann folgte ich mit meinem Zugtrupp, rechts und links von mir die restlichen Leute meines Zuges. Am Schluß die Verwundeten, der Reservezug und der Rest der Gruppe Herbrich, der nach hinten sichern sollte.

Als die Spitzen den ersten Schilfgürtel passiert hatten, ging plötzlich eine wüste Schießerei los. Geschosse zischten von vorn, von rechts, von links und es schien um uns herum von Partisanen zu wimmeln. Gott sei Dank schossen sie schlecht. Nun verstanden meine Oberschlesier keinen Spaß mehr. Sie wußten: Jetzt geht es um die Wurst! Und stürzten sich förmlich auf die überall im hohen Gras versteckten Feinde und kannten kein Pardon.

Plötzlich raschelte es neben mir im hohen Schilf, und ich erkannte auf nur wenige Schritte schemenhaft einige Gestalten, die anscheinend aber nur mit Handgranaten bewaffnet waren. Da ich die Maschinenpistole natürlich schußfertig in der Hand hatte, schoß ich ein ganzes Magazin ungezielt in die Richtung, aus der die Gefahr kam. Danach rührte sich dort nichts mehr. Minuten später sah ich, wie aus dem Gras vor uns da und dort abenteuerliche Gestalten aufsprangen und fluchtartig das Weite suchten. Es waren die letzten Überlebenden dieser Partisanengruppe.

Fürs erste hatten wir es geschafft und sammelten uns. Auch bei uns war der Kampf nicht ohne Verluste abgegangen. Wie durch ein Wunder war diesmal keiner meiner Leute getroffen worden, aber zwei der Landsturmleute waren gefallen und zwei schwer verwundet. Auch der junge Waldläufer fehlte. Wir fanden ihn am Schilfrand. Eine Handgranate hatte ihn zerrissen. Auch den prächtigen Reserve-Zugführer, der im Falle eines Falles mein Kommando übernehmen sollte, hatte es erwischt – Lungenschuß. Als er schon auf der Bahre lag, strahlte er immer noch Unverzagtheit und Optimismus aus und half so indirekt mit, daß meine Nerven den kritischen Situationen dieses Tages gewachsen blieben.

Zunächst machten wir eine Pause, in der wir aus Zeltplanen und Stangen provisorische Transportmöglichkeiten für die Verwundeten bastelten. Je vier Mann trugen einen Verwundeten. Da sechs Mann gefallen und vier verwundet waren, blieb für den weiteren Kampf nur noch ein stark zusammengeschmolzener Haufen. Zu diesem Zeitpunkt war ich keineswegs sicher, ob wir unsere Boote nun ungeschoren erreichen würden. Deshalb hatte ich vorsichtshalber 3 rote Leuchtkugeln – das verabredete Signal für: „Wir brauchen Verstärkung" – in die Luft geschossen.

Kaum hatten wir unseren Rückmarsch wieder aufgenommen, hörten wir Gewehrfeuer aus Richtung unseres Landungsplatzes. Wir konnten uns darauf keinen Reim machen. Später stellte sich heraus, daß die Partisanen versucht hatten, unsere Boote zu stehlen, wahrscheinlich um uns noch kurz vor Erreichen des rettenden Ufers den Rest zu geben. Die Fahrer der LKWs hatten aber aufgepaßt und mit gut gezielten Gewehrsalven die Diebe vertrieben. Auf jeden Fall gingen wir mit äußerster Vorsicht weiter, denn durch die Schüsse gewarnt mußten wir nochmals mit Widerstand rechnen.

Zum Glück war in der Nähe des Ufers der Wald nicht mehr so dicht, und das verdammte Unterholz fehlte ganz. So erspähten wir schon von weitem einige Gestalten, die geschäftig hin- und herliefen, so näherten wir uns gut vorbereitet dem letzten Sperrgürtel der Partisanen.

Weit auseinandergezogen gingen wir auf das schon durch die Bäume schimmernde Wasser des Flußarmes zu. Ich kam gar nicht mehr dazu, irgendwelche Befehle zu geben, jeder wußte: Jetzt geht es Mann gegen Mann. Nun kamen uns unsere besseren Waffen, vor allem die MGs und Granatwerfer, zugute und die Schießausbildung meiner Leute. Die Partisanen saßen zum Teil in den Bäumen, was sich als ein großer Nachteil für sie herausstellte, denn so boten sie, fast ungedeckt, ein leichtes Ziel.

In Augenblicken des Kampfes ist man nicht man selber: Jede Faser ist angespannt. Wenn man schießt, denkt man nicht: „Jetzt tötest du einen Menschen", sondern im Gegenteil: „Hoffentlich triffst du ihn, sonst trifft er dich." Ich könnte noch die Bodenwelle malen, hinter der ich lag. Ich sehe noch das filigranartige Astwerk der Bäume vor mir und die dunklen Klumpen in den Ästen, unsere Feinde. Und neben mir den Uroberschlesier Okrind, der mir seinen Karabiner gegeben hatte und der mir die Ziele zeigte. Der Kampf dauerte wohl eine halbe Stunde, dann ergriffen die Partisanen die Flucht. In dieser Zeitspanne gab es noch eine Reihe kritischer Situationen: z. B. als der ganz junge Landser Puta, gerade aus der Heimat zur Truppe gekommen, einen Schuß ins Gesäß bekam und Minuten vor Schmerz schrie, was allen an die Nerven ging. Wenig später wurde Gruppenführer Keil durch einen Lungenschuß schwer verwundet. Da mußte ich meine Deckung verlassen und zirka 100 m quer zum Feind überwinden, um die Leute zusammenzuhalten und seinen Abtransport zu sichern.

In einzelnen Gruppen erreichten wir dann das rettende Ufer. Später habe ich mich innerlich geschämt, daß ich mit dem ersten Boot übersetzte; aber ich war wohl einfach mit meinen Nerven am Ende.

Am Ufer lief Oberst Coretti ratlos hin und her und faselte etwas von: „Die Verstärkung ist unterwegs". Ich sagte ganz kalt: „Jetzt ist es zu spät, Herr Oberst!" und ließ ihn stehen.

Tatsächlich kam dann Ottawa mit seinem Zug. Er verstand wohl als einziger, was es für mich bedeutete, daß sechs meiner Leute gefallen, drei schwer und zwei leicht verwundet waren.

Während ich dies schreibe, sehe ich die Gesichter derjenigen wieder vor mir, die ihr Grab im Dschungel des Dnjepr-Gebietes fanden. Und das alles nur, weil ein Ehrgeizling glaubte, sich unbedingt am Siegeszug der deutschen Truppen beteiligen zu müssen. Es fielen von meinem Zug an diesem 10.10.1941: Jesionnek, Schüttler, Günzel und Niedler. Es wurden schwer verwundet: Obergefreiter Keil,

Puta und Kohl sowie drei Angehörige des Landsturmzuges, der auch zwei Tote zu beklagen hatte.

Ich habe oft an diesen Tag zurückgedacht, der für mich der einzige blieb, an dem ich den Kampf Mann gegen Mann erlebte, und der wohl deshalb einen so bedeutenden Platz in meiner Erinnerung einnimmt. Nur wenige werden verstehen, daß ich in diesen kritischen Stunden froh war, wenn etwas passierte, wenn es rundherum knallte, man selber schoß oder vorwärts sprang, Befehle erteilte, also in Aktion war. Am quälendsten war dagegen die Zeitspanne, in der man wartete, den Feind nicht sah, sondern nur ahnte, daß er irgendwo lauerte, das Gewehr vielleicht schon auf dich gerichtet. Das sind die Augenblicke, in denen man Angst hat.

An diesem Tag habe ich auch erfahren, daß gerade einige der Leute, die ich für besonders forsch hielt, kläglich versagten. Aschfahl verkrochen sie sich wie verängstigte Tiere hinter einer Deckung, kaum imstande, einen klaren Gedanken zu fassen. Andere wieder, die ich nur als ruhige Durchschnittstypen kannte, waren von einer bewunderungswürdigen Ruhe und Kaltblütigkeit. Sie wurden für mich Beispiel und Stütze. Daß besonders in den kritischen Momenten alle auf mich blickten, war mir klar. Ich durfte mir einfach keine Blöße geben und mußte mich immer wieder zur Ruhe zwingen. Vielleicht blieb ich unversehrt, weil ich eine kleine List anwandte: Ich hatte nämlich meine Leutnantsuniform, in der mich die Partisanen sofort als Offizier erkannt hätten, gegen einen Mannschaftsrock vertauscht. So war ich eine graue Maus unter den anderen grauen Mäusen. Auch die Unteroffiziere hatten ihre blitzenden Tressen abgelegt.

Die Trauer um die Gefallenen in unserem Zug war groß. Seit 1939 in Polen kannte jeder jeden wie einen Bruder, und Freundschaften waren gewachsen. Jetzt waren im Quartier mit einem Mal 7 Betten leer. Ich schrieb an die Eltern der Gefallenen, eine Aufgabe, bei der mir die ganze Ohnmacht des Tröstenwollens klar wurde; denn es war mir unmöglich, die Phrasen von Endsieg, Führer und Vaterland zu gebrauchen. So habe ich geschrieben, warum wir diese Männer besonders gern hatten, was sie uns als Menschen bedeuteten und daß wir gegen unser Schicksal machtlos sind. Ich habe versucht, meine eigene tiefe Trauer und die Achtung vor den Gefallenen zum Ausdruck zu bringen.

In den nächsten Tagen wurden eine ganze Anzahl Partisanen gefangen genommen, einige mit der Waffe in der Hand gefaßt und nach dem bestehenden Kriegsrecht durch ein Kriegsgericht zum Tode durch Erschießen verurteilt. Ausgerechnet mein Zug mußte die Exekution vollstrecken. Ich hatte keine Ahnung, wie das Urteil zustande gekommen war, wußte nur, daß auch in allen anderen europäischen Ländern derjenige sein Leben verwirkt hat, der in Zivil hinterhältig gegen die Soldaten des Feindes kämpft. Als die 6 Delinquenten aus einem Keller gebracht wurden, habe ich einen Mann mit seinem Sohn, die herzzerreißend um ihr Leben flehten, in einem günstigen Augenblick entkommen lassen. Warum die anderen nicht wegrannten, ist mir unerklärlich.

Dann ging alles ganz schnell. Die 4 Männer stellten sich vor einen Splittergraben; einer, um wohl Zeit zu gewinnen machte dauernd die Bewegung des Grabschaufelns. Ich wollte die Sache möglichst schnell hinter mich bringen, und meine Leute führten ohne Zögern den Erschießungsbefehl aus. Für sie waren diese Partisanen die Mörder ihrer Kameraden. Auge um Auge.

Die vier Männer waren sofort tot. In die Gewehrsalve hinein erhob sich plötzlich ein vielhundertstimmiger Aufschrei. Ich hatte nicht bemerkt, daß hinter dem Zaun, der den Platz umgab, Hunderte von Dorfbewohnern die Erschießung mit angesehen hatten und nun in diesem Aufschrei ihrer Wut und Machtlosigkeit Ausdruck gaben.

Nach dem Krieg hat sich bei mir wegen dieser Partisanenerschießung ein Schuldgefühl eingestellt. Erst da fragte ich mich: Hatte ich damals eine Entscheidungsmöglichkeit? Es ging ja schließlich um Leben und Tod von vier Menschen, und es blieben mir nur Minuten. Der Ruf: „Lauft weg!" wäre von ihnen nicht verstanden und von den Umstehenden gehört worden. Aber diese Alibis stechen nicht, und die Erkenntnis bleibt: Wer tötet, wird schuldig. Auch mir kann diese Last niemand nehmen.

ERSTER WINTER IN RUSSLAND

Die Front hatte sich inzwischen weiter nach Osten verlagert. Die Krim war erobert, der Donez überschritten und das Industriegebiet im Donezbecken in deutscher Hand. Im Herbst waren die vordersten Divisionen bis Rostow am Don vorgestoßen. Dann kam der Vormarsch erstmalig zum Stehen, die sogenannte Schlammperiode setzte ein. Niemand hatte sich bei Kriegsbeginn vorstellen können, was nach längerem Regen Schlamm in diesem Ausmaß für die deutschen zum größten Teil motorisierten Armeen bedeutete. Im Rußland von 1941 gab es kaum befestigte Straßen. Die Routen, auf denen sich die deutschen Kolonnen nach Osten vorwärtsbewegten, waren in der regenlosen Zeit von den Rädern Abertausender von Fahrzeugen festgewalzt worden, und diese sogenannten Rollbahnen waren so hart wie Beton. Alles ging gut, solange das trockene Wetter anhielt. Doch wehe, es regnete auch nur eine Stunde. Dann verwandelte sich die Oberfläche dieser Rollbahnen in eine Art Brett, auf das man Schmierseife gestrichen hatte, und fast alle Räderfahrzeuge rutschten aufgrund ihres Eigengewichts einfach in die Gräben. Nur Kettenfahrzeuge kamen dann noch vorwärts, verwandelten aber die Oberfläche der Rollbahn in eine tiefe Schlammschicht. Als man genug Lehrgeld bezahlt hatte, wurden bei einsetzendem Regen die Vormarschstraßen kurzerhand gesperrt.

Im November setzte die Regenzeit ein, und aus den geschilderten Gründen kam in wenigen Tagen der Vormarsch zum Erliegen. Unser Regiment schlug sich noch mühsam bis Taganrog am Asowschen Meer durch, und dort bezog dann unsere Schwadron in einer Schule Quartier. Wie gut hatten wir es doch wieder getroffen!

Allmählich drangen Nachrichten auch bis zu uns durch, daß besonders im Nordabschnitt der Front längst nicht mehr alles eitel Sonnenschein war. Im Gegenteil: Wenige Kilometer vor Moskau, Hitler träumte wohl schon von der Eroberung der Hauptstadt, traten völlig unerwartet frische russische Verbände gegen die durch den langen, verlustreichen Vormarsch geschwächten deutschen Truppen an. Während diese Russen vorzüglich für den Winterkrieg ausgerüstet waren, war das deutsche Heer völlig unzulänglich, besser gesagt so gut wie überhaupt nicht auf einen Kampf im Winter vorbereitet. Schwere Verluste und die Räumung großer eroberter Gebiete waren die Folge.

Bei jeder Truppe ist es wohl so: Ist man selbst nicht betroffen, kümmert man sich wenig um Dinge, an denen man doch nichts ändern kann. Man ist in erster Linie auf das eigene Wohlergehen bedacht. Wir lagen Gott sei Dank im äußersten Südabschnitt der Front, an dem die Kampftätigkeit vollkommen zum Erliegen gekommen war. Die Front verlief jetzt östlich Taganrog. Sie war bis hinter den Mius zurückgenommen worden, nachdem Rostow an der Mündung des Don wieder hatte aufgegeben werden müssen. Das war das erste Mal seit Beginn des Rußlandkrieges, daß im Südabschnitt deutsche Truppen eine einmal genommene Stadt wieder hatten räumen müssen. Nun lagen Russen und Deutsche sich zirka 2 km voneinander entfernt beiderseits des Mius einander gegenüber. Ab und zu Artilleriefeuer, das war in den Wochen vor Weihnachten das einzige, was wir vom Krieg hörten! Soweit voraussehbar würde die Schule für Monate unser Quartier bleiben. Als Eingreifreserve wurde unsere Schwadron sogar vom Patrouillendienst am Nordufer des Asowschen Meeres verschont. Unser Regiment sollte nämlich verhindern, daß die Russen vom Südufer Trupps in Zivil über das bei der zu erwartenden strengen Kälte zugefrorene Meer schickten, um militärische Einrichtungen im Hinterland der deutschen Front zu zerstören.

Am Tag wagte sich ab und zu ein russisches Aufklärungsflugzeug vom Typ Rata, von den Landsern wegen ihres Motorgeräusches Nähmaschine genannt, über die Stadt und wurde stets von wütendem meist erfolglosem Flakfeuer empfangen. Diese kleinen Flugzeuge konnten nur eine Bombe tragen, die sie meist ziellos über der Stadt abwarfen. Daß eine dieser Bomben einem unserer am Tor stehenden Posten genau auf den Stahlhelm fiel und ihn tötete, gehört zu den Unwägbarkeiten im Krieg, von denen ich in den nächsten Jahren noch so viele erleben sollte.

Das einzige freudige Ereignis war in dieser Zeit eigentlich nur der Tag, an dem Post kam. Meist war dann auch ein Päckchen für mich dabei, das natürlich stets Köstlichkeiten aus der Giesmannsdorfer Küche enthielt. So erinnere ich mich ganz genau, daß eines Tages mein Lieblingsgebäck, sogenannte Schokoladschnitten eintrafen, von denen ich mir dann für jeden Tag nur ein winziges Quantum zuteilte.

In einem Brief erhielt ich auch eine Nachricht, die mich in große Sorge um meinen Bruder Gotthard versetzte. Er war als einfacher Soldat im Mittelabschnitt im Brennpunkt der Kämpfe eingesetzt, und meine Eltern hatten seit zwei Monaten nichts von ihm gehört. Ich erfuhr davon erst jetzt, weil wir ja auf dem Vormarsch wochenlang ohne Post waren. Ich habe über Tausende von Kilometern gespürt, was meine Mutter in dieser Zeit der Ungewißheit durchgemacht hatte. Damals wurde mir zum ersten Mal klar, in welch permanenter Angst und Sorge die Angehörigen der Soldaten lebten. Sie ahnten ja nicht den Zeitpunkt der wirklichen Gefahr. Wie mußte sie die ständige Ungewißheit zermürben. Genauso erging es mir jetzt in meiner Sorge um meinen Bruder. Ständig mußte ich denken: Ob er noch lebt? Fast glaubte ich schon nicht mehr daran; zu lange lag das letzte Lebenszeichen von ihm zurück. Aber kurz vor Weihnachten kam dann doch die erlösende Nachricht: Er lebt! und war nicht einmal verwundet. Wo seine Post verloren gegangen war, haben wir natürlich nie erfahren.

Mit der russischen Bevölkerung hatten wir kaum Kontakt. Jede Art von Fraternisation war streng verboten. Das Leben in der Stadt hatte sich fast normalisiert, und am Abend gab es sogar einen Bummel auf der Hauptstraße, ein Gemisch von Soldaten und Zivilisten, unter denen sich öfters auch besonders hübsche Mädchen befanden. Mit einer hatte ich beim Vorbeigehen immer öfter Blicke gewechselt, und eines Tages winkte sie mich in einen Hauseingang. So kam es zu meinem ersten kleinen Flirt mit einer Russin. Da wir uns kaum verständigen konnten, waren alle Sympathiebekundungen ganz dem Gefühl füreinander überlassen. Immerhin erfuhr ich, daß das Mädchen und ihre Familie hungerten. Ich brachte ihr darauf Brot (Chlep) und Butter (Maslow) zum Stelldichein mit. Die Sache wurde uns beiden aber dann doch zu gefährlich, und ohne viele Worte gingen wir auseinander.

Weihnachten rückte näher. An Urlaub war nicht zu denken. So versuchten wir, durch Eigeninitiative das Beste aus dem Fest im Felde zu machen. Ich schickte ein paar Leute meines Zuges ohne Wissen des Chefs zum Requirieren ins Hinterland, um an den Feiertagen die Verpflegung durch einige Leckerbissen aufbessern zu können. Es glückte meinen findigen Kerls tatsächlich, zwei Schweine zu organisieren und diese in kürzester Zeit zu Wurst und Schinken zu verarbeiten. Die Sache hatte für mich noch ein recht unangenehmes Nachspiel: Meine Organisatoren waren nämlich beim Requirieren ertappt worden und hatten mich zwangsweise als Auftraggeber genannt. Deshalb wurde ich eines Tages vor den Kommandeur des rückwärtigen Heeresgebietes zitiert. Die ganze Sache war dem alten Herrn sichtlich peinlich. Trotzdem entging ich nur mit knapper Not einer Bestrafung, weil, wie vom Himmel gesandt, ein höherer Offizier des Stabes mit Namen von Alvensleben auftauchte, der mit mir um sieben Ecken verwandt war und sich deshalb bemüßigt fühlte, die Sache in meinem Sinne in Ordnung zu bringen.

An die Weihnachtsfeier kann ich mich nicht mehr genau erinnern, außer daß jeder Mann einen kleinen Schinken und eine Wurst bekam, und daß wir wie durch ein kleines Wunder sogar einen Christbaum hatten, den mir ein Fliegeroffizier für ein paar Stunden am Heiligen Abend lieh! Ich bekam wegen der üppigen Fleischration für meinen Zug eine Riesen-*Zigarre* vom Chef mit einer eindringlichen Belehrung über Kameradschaft. Aber zwei Schweine reichen halt nicht für 160 Leute!

Diese Winterwochen in Taganrog hatten etwas ungemein Bedrückendes, obwohl ich natürlich heilfroh war, im Augenblick außer Gefahr zu sein. Aber nie wurde es richtig hell, dreckiger Schnee lag überall auf den Straßen, die Einwohner schlichen dicht vermummt, mißmutig, wohl frierend und hungernd an einem vorbei. Ein paar Eindrücke aus dieser Zeit: Einmal ein Leichenzug, bei dem ich das erste Mal sah, daß die Russen ihre Toten im offenen Sarg zu Grabe tragen. Dann der *schwarze Markt,* der für Soldaten tabu war. Trotzdem sah ich von weitem Hunderte von Menschen dicht an dicht gedrängt, sich einander zuflüsternd, was gesucht oder angeboten wurde; ein scheinbares Durcheinander, in dem doch jeder ein bestimmtes Ziel hatte. – Eine Eigenart fast aller Russen beobachtete ich bei diesem Treiben: Jeder hatte eine Handvoll gerösteter Sonnenblumenkerne in seiner Tasche. Geschickt warfen sie sich die Kerne einzeln in den Mund, knackten die Schale, spuckten sie aus und verzehrten dann den Kern. All das ohne Zuhilfenahme der Hände. Ebenso geschickt waren sie beim Zigarettendrehen. In einer anderen Tasche hatten sie nämlich den berühmten Machorka, einen hartkrümeligen, scharf riechenden Tabak, den sie flink mit einer Hand in einem Fetzen Zeitungspapier zu einem zigarettenähnlichen Gebilde drehten.

Als ich in dieser Zeit einmal über einen Platz in der Stadt kam, hatte man dort an einem Gerüst vier Männer aufgehängt, die Körper schwangen im Wind hin und her. Niemand konnte mir sagen, warum sie dort hingen, was ihr Verbrechen gewesen war. Der Anblick schreckte mich aus einer in mir sich breitmachenden Lethargie auf, und mit einem Schlag wurde mir die Grausamkeit des Krieges wieder bewußt.

ALS FÜHRER EINER KOSAKENSCHWADRON AM ASOWSCHEN MEER

Dann änderte sich im Februar 1942 mit einem Schlag mein Leben. Bei irgendeiner höheren Kommandostelle war man auf die Idee gekommen, in den Gefangenenlagern die bekannt sowjetfeindlichen Kosaken auszusondern, um sie dann zu kleinen eigenständigen Einheiten unter deutschem Kommando zusammenzufassen. Mit Beutepferden beritten gemacht, sollten die sehr beweglichen Kosakenschwadronen das weite Hinterland überwachen und in erster Linie ihre Aktivitäten gegen russische Spione und Partisanen richten. Da dieser Feind natürlich in Zivil operierte, würde den Kosaken bei ihrer *Arbeit* die Kenntnis der russischen Sprache zugute kommen.

Auch unserem Regiment sollte eine solche Kosakenschwadron zugeteilt werden und – welche Freude – als gelernter Kavallerist wurde ich zu ihrem Chef bestimmt. Obwohl ich mich auf die neue ganz selbständige Aufgabe freute, fiel mir die Trennung von meinen Leuten ungeheuer schwer. Zwei Jahre gemeinsamer Kriegserlebnisse gehen nicht spurlos an einem vorüber. Ein Trost für mich: Ich durfte als Gruppen- und Zugführer für die neue Schwadron einige Leute aus meinem Zug zu den Kosaken mitnehmen, und ich nahm natürlich die besten!

Im Ganzen gesehen war ich jedoch froh, daß das zwar sichere aber doch recht stumpfsinnige Leben in Taganrog für mich so plötzlich zu Ende war.

Bald trafen auch an die hundert Kosaken ein, die meisten in abgerissenen russischen Uniformen. Es waren Männer jeden Alters, vom 19jährigen Jungen bis zu älteren Familienvätern, die etwas rührend Unbeholfenes an sich hatten. Sie waren sichtlich froh, den Gefangenenlagern entronnen zu sein.

Verhältnismäßig einfach war die Einkleidung dieser oft recht verwegen ausschauenden Gestalten. In Taganrog gab es viele Nachschublager, die alles enthielten, was ein Feldsoldat an Bekleidung, Ausrüstung und Bewaffnung braucht. Bald standen also diese hundert Männer in deutschen Uniformen vor mir, von denen keiner ein einziges Wort Deutsch sprach! Trotzdem – vor allem um ein wenig Vertrauen bei diesen eher verschüchtert wirkenden Leuten zu gewinnen – hielt ich erst einmal eine eindringliche Rede auf deutsch, die mein blonder ukrainischer Dolmetscher Alex Wort für Wort übersetzte. Ich streute bei meinen Ausführungen einige humorvolle Sequenzen ein, und langsam löste sich die Spannung in den erwartungsvollen Gesichtern, und einige wagten sogar ein Lächeln. Schließlich kamen meine Zuhörer aus deutschen Gefangenenlagern. Dort hatten sie bestimmt keinen Grund zum Lachen, hatte doch *der Führer* die Devise ausgegeben, „Die Russen sind Untermenschen". Entsprechend waren sie wohl auch behandelt worden. Ich habe die Neuen damals ganz einfach mit den gleichen Worten angesprochen, wie ich etwa einen Zug deutscher Rekruten begrüßt hätte. So haben sie wohl sofort gemerkt, daß ich nicht zu jenem Typ Germanskis gehörte, der ihnen, wie es im Landserjargon hieß, die Hammelbeine geradeziehen würde.

Als bald darauf auch die Pferde kamen, zog ich mit Roß und Mann in einen langgestreckten Ort an der Küste des Asowschen Meeres etwa 20 km westlich von Taganrog um.

Ein neues Leben begann für mich mit Russen unter Russen. Das Rahmenpersonal der Schwadron (ca. 10 Mann) waren die einzigen Deutschen. Bei diesen handelte es sich jedoch um alte, bewährte Kameraden, die ich aus meinem alten Zug ausgesucht hatte.

Die ersten Wochen mit den Kosaken erforderten eine Engelsgeduld. Alle mußten via Dolmetscher erst einmal eine Idee davon bekommen, was deutsche Disziplin und Ausbildung bedeuten. Zum Glück konnten diese Burschen alle mit Pferden umgehen, die meisten ritten wie die Teufel, und schießen konnten sie auch. Was wollte ich noch mehr? Meine Aufgabe war es lediglich, diese Fähigkeiten den Erfordernissen der sie erwartenden Aufgabe anzupassen. Natürlich mußte viel improvisiert werden. So war es sehr schwierig, in Taganrog eine Fabrik zu finden, die Sättel und Zaumzeug herstellen konnte. Aber auch dies gelang, und nach zirka 4 Wochen hatte jeder Kosak eine passende Uniform, ein gesatteltes und gezäumtes Pferd und ein Gewehr mit Munition. Da Russen natürlich keine deutschen Militärabzeichen tragen durften, ließ ich als Erkennungszeichen auf die Spiegel der Uniformröcke zwei gekreuzte Lanzen sticken. Als Kopfbedeckung trug jeder Kosak das Wahrzeichen seiner Heimat, die schwarze Lammfellmütze. Nun, da alle komplett ausgerüstet waren, machte ihnen der Dienst richtig Spaß. Alles wurde recht locker gehandhabt, da ich der Ansicht war, daß diese freiheitsliebenden Leute bei übertriebenem Drill nur mißmutig reagieren würden.

Allmählich hatten die Ausbilder und auch ich die deutschen Kommandos in russischer Sprache erlernt. So kam mit der Zeit eine Verständigung zustande, bestehend aus einem Gemisch von Zeichensprache, russischen und deutschen Wortbrocken.

Bei der ersten Besichtigung konnte ich Oberst Coretti schon eine richtige Gefechtsübung vorführen, wobei er besonders über die improvisierten Verständigungspraktiken staunte.

Als einziges monierte der Oberst mein Aussehen! Ich hatte mir nämlich inzwischen einen *Kosakenlook* zugelegt, an dem ihm insbesondere meine überlangen Koteletten und ein mühsam sprießender Schnurrbart mißfielen. Außerdem trug ich stets wie ein Kosakenhetmann in der Operette eine mir von einem Kosaken gefertigte mit Silbernägeln beschlagene neunschwänzige Nagaika bei mir. Ein schwarzer Persianerkragen und die dazu passende Mütze vervollständigten ein Bild, das kaum noch mit dem des Leutnants von Falkenhausen zu vergleichen war, wie es Oberst Coretti in Erinnerung hatte.

Von den Dorfbewohnern wurden wir freundlich aufgenommen. Sie hatten von den Kosaken nichts zu befürchten. Ich hatte ihnen unmißverständlich klargemacht, daß Stehlen oder Requirieren unweigerlich die Rückkehr ins Gefangenenlager zur Folge haben würde. Inwieweit trotzdem eine Fraternisation zwischen Kosaken und Einheimischen stattfand, entzog sich natürlich meiner Kenntnis. Jeden Abend ging ich noch einmal durch die Quartiere und fand die Leute entweder beim *Siebzehnundvier* oder dem Nationalspiel der Russen, beim Schach. Oft saßen sie aber nur dichtgedrängt beisammen und sangen ihre schwermütigen Lieder: Stets singt bei einer solchen Gruppe ein Vorsänger mit seiner Kehlkopfstimme den Text jeder Strophe vor; danach fallen die anderen mit ihren mehrstimmigen Bässen ein und singen den Refrain.

Natürlich lebte ich als „Chef aller Reussen" nicht schlecht. Mein Bursche Slabon hatte mich davon überzeugt, daß etwas Abwechslung in meinen Speisezettel kommen sollte und daß er dazu einen ortskundigen Helfer brauche. Er hieß Iwan, hatte ein ungemein spitzbübisches Gesicht, war immer guter Laune und voller Ideen, wie man hier ein Hähnchen, dort ein Kaninchen auftreiben konnte. Slabon führte sozusagen nur die Oberaufsicht über unseren kleinen Haushalt.

Für Kavalleristen gibt es immer allerhand zu tun. Es war ein Relikt aus Rathenower Zeiten, daß ich eisern darauf hielt, daß Pferde und Sattelzeug tadellos sauber waren. Auch im Stall herrschte Ordnung. Futterzeiten wurden strikt eingehalten, die Pferde einmal am Tage geputzt.

Eines Tages erfuhr ich, daß eine von den Russen nicht zerstörte Kaviar-Kolchose, die in meinem Bereich lag, noch in Betrieb war. Welcher Glücksfall!

Das Thema frischer Kaviar wurde allerdings erst richtig aktuell, als die Schnee- und Eisschmelze kam und die Störfischer ihrem Handwerk nachgehen konnten. In den Wochen davor sitzen sie vor ihren Hütten und feilen die u-förmigen Haken nadelspitz, mit denen sie den Störweibchen nachstellen wollen. Es ist aber nicht so, wie der Laie annehmen muß, daß der Stör mit irgendeinem Köder am Haken gefangen wird. Mit diesen U-Haken hat es eine andere Bewandtnis: Sie werden zunächst in Abständen von zirka 15 cm mit einem Vorfach an einer Hauptleine befestigt. Diese ist mit Blei beschwert und wird an jenen Stellen, die den Fischern als Laichplätze bekannt sind, auf den Meeresboden herabgelassen. Hier wartet nun die Leine mit ihren Haken auf ein Störweibchen, das seine Eier ablegen will. Bevor dies jedoch geschieht, baut es eine Art Nest und macht dabei schlangenartige Bewegungen mit dem ganzen Körper, als wollte es sich in den Meeressand eingraben. Liegen nun im Bereich dieses Nestbaues die tückischen Haken, verfängt sich das Störweibchen in dem kreuz und quer liegenden Leinengeflecht, wobei sich immer mehr Haken in den Fischkörper bohren.

Jeden Morgen werden die Laichplätze kontrolliert und die gefangenen Weibchen lebend zur Kolchose gebracht. Der Kaviar ist nämlich nur genießbar, wenn der Störlaich einem noch lebenden Weibchen entnommen wird. Ich habe ein paarmal zugeschaut, wie der Russe, der stolz den Titel eines Kaviarmeisters trug, blitzschnell den Leib des Störs aufschnitt, die großen Eierfilets mit Salz überstreute und sie dann sofort durch eine Öffnung im Fußboden in den randvoll mit Eis gefüllten Keller versenkte.

Im Frühjahr 1942 wurden nur wenige Störe gefangen. Aber die großen Regale im Vorratsraum waren mit Büchsen verschiedener Größen gefüllt und zeugten davon, daß vor dem Krieg auch von hier aus die Schlemmerlokale Europas beliefert worden waren.

Man kann sich vorstellen, daß dieser Ort mit seinen lukullischen Schätzen auf die Dauer auch anderen Truppenteilen nicht verborgen blieb. Vor allem bei den höheren Kommandostellen hatte sich die Nachricht vom *schwarzen Gold* herumgesprochen, und kaum ein Tag verging, an dem nicht ein Offizier irgendeines Stabes mit einem fadenscheinigen Vorwand erschien, um etwas Kaviar abzustauben.

Die Soldaten selbst hatten kein Interesse an dieser nur von Kennern geschätzten Delikatesse. Für mich war der Genuß erst richtig perfekt, als es den Kosaken nach vielen Mühen gelang, einen Sack Weizenmehl aufzutreiben; denn Kaviar ohne Toast ist ja nur die halbe Wonne! Hinzu kam noch, daß man den Stör zu köstlichen Fischgerichten zubereiten kann. Sein Fleisch ist schneeweiß und hat überhaupt keinen Fischgeschmack, vielmehr glaubt man, das Fleisch eines ganz zarten Hühnchens zu essen. Der einzige Unterschied: Es ist weder trocken noch faserig.

Die Russen verstehen es, den Stör in vielerlei Arten zuzubereiten. Ein Gericht ist wohlschmeckender als das andere. Auch bei der weltbekannte Borschtsch-Suppe wird Störfleisch verwendet.

Die Schilderung der letzten Seite kann beinahe vergessen machen, daß ich von meinem ersten Rußlandwinter 2.000 km von der Heimat entfernt berichte. Aber es war tatsächlich so: In dem Dorf lebte ich mit den Kosaken wie auf einer Insel. Die Straße dorthin war im Frühjahr natürlich eine einzige Schlammrinne und der Ort nur mit Pferden zu erreichen. Wir hatten unsere treuen Vierbeiner und konnten ohne Schwierigkeiten Verpflegung usw. aus Taganrog herbeischaffen. Ich ritt ein- bis zweimal in der Woche mit zwei Begleitern zum Regimentsstab, um Bericht zu erstatten und mir eventuell neue Befehle zu holen. Inzwischen war der Ausbildungsstand der Leute schon so gut, daß ich Spähtrupps unter Führung eines deutschen Unteroffiziers zu ausgedehnten Patrouillen einsetzen konnte. Sie sollten das Hinterland nach einem bestimmten Plan durchstreifen, das hieß in erster Linie nach Verstecken von Spionen und Partisanen suchen. Immer häufiger kamen nämlich Sabotagetrupps in Booten übers Asowsche Meer. Ich postierte meine Patrouillen im Gebiet westlich Taganrog meist an den belebtesten Straßen, auf denen täglich tausende Bewohner der Stadt nach Westen in die umliegenden Dörfer auf der Suche nach Lebensmitteln pilgerten. Jeder mußte einen Ausweis bei sich haben, sonst riskierte er, von meinen Leuten aufgegriffen und unter Spionageverdacht eingesperrt zu werden.

Wenn abends die Stadtbewohner in Gruppen heimwärts zogen, versuchten immer wieder jene Leute, die wir suchten, sich unter das Volk zu mischen. Natürlich konnten die Kosaken nicht jeden kontrollieren; aber ihr Einsatz hatte den großen Vorteil, daß der Vorwand des „nie ponimaiu" („ich verstehe nicht") deutschen Soldaten gegenüber von vornherein nicht zog. Außerdem hatten meine Russen einen sechsten Sinn für Fremde, die nicht in die Gegend gehörten. So hatten wir schon im Anfang ganz gute Erfolge und fingen sogar eines Tages einen namentlich bekannten Oberspion.

Wie die Nachrichtenübermittlung in diesem riesigen Land vor sich ging, blieb mir unerklärlich. Jedenfalls dauerte es nur ein paar Wochen, bis es sich bis jenseits des Asowschen Meeres herumgesprochen hatte: Den Kosaken entkommt so leicht keiner. Die Boote von drüben blieben aus, und nur noch selten wurden Leute ohne Ausweis angetroffen.

Ich handhabte meine Aufgabe dann auch recht leger und hatte Anweisung gegeben, die durch die Not genug leidenden Leute nicht unnötig zu schikanieren. Nie wurde Gewalt angewendet oder gar auf Flüchtende geschossen, die gegenüber einem Kosaken zu Pferde ohnehin keine Chance hatten. Wir waren ja nur eine Art Ordnungspolizei, die in erster Linie die Präsenz von Militär in diesem sonst kaum besetzten Küstenlandstrich demonstrieren sollte.

Nach diesen Wochen voller Aktivitäten kündigte sich mit Schnee- und Eisschmelze das Frühjahr an, und bald stand das Osterfest vor der Tür. Dieser größte russische Feiertag ist mit allen Einzelheiten in meinem Gedächtnis haften geblieben, wohl weil ich ihn mitten unter der einheimischen Bevölkerung erlebte. Trotz Krieg, Not und Besatzung feierte unser Dorf, so schien es mir wenigstens, fast wie im Frieden. Tagelang vorher wurde die Dorfstraße präpariert, das heißt, die steinharten Lehmschollen, die tiefen Wagenspuren wurden mit allen möglichen Stampfgeräten eingeebnet.

Alle Männer, Frauen und Kinder beteiligten sich an dieser Arbeit, die sie oft auf den Knien rutschend verrichteten. Der Dolmetscher, von mir befragt, was die Leute denn da tun, antwortete dem Sinn nach: „Sie bereiten den Weg des Herrn." Von all den Vorbereitungen für das Fest hat mich diese so symbolträchtige Handlung am meisten beeindruckt.

Die Häuser wurden mit selbst gefertigten Papierblumen und Girlanden geschmückt; die Hauptvorbereitung galt aber dem Ostermahl. Dafür wurden zu diesem ersten Kriegsostern wohl die letzten Reserven aus Kellern, Vorratskammern und Verstecken mobilisiert.

Am Ostermorgen begann der Pope mit zwei Gehilfen seinen Rundgang durch das Dorf, segnete jedes Haus und dessen Bewohner, die ihn am Eingang ihrer Kate festlich gekleidet erwarteten. Auch die Häuser, in denen nur Kosaken untergebracht waren, erhielten seinen Segen. In der Uniform *des Feindes* standen sie mit gezogenen Fellmützen in den Türen und waren in diesem Augenblick einfach Russen, die das Haupt beugten, wie es der jahrhundertealte christliche Ritus vorschreibt. Während der Chef-Pope, der übrigens bis auf seinen imponierenden Vollbart einen ziemlich ärmlichen Eindruck machte, seinem geistlichen Amt nachging, sammelten seine Begleiter eifrig Geld und Lebensmittel, hielten dabei unmißverständlich denen, die den Segen empfangen hatten, ihre Körbe unter die Nase.

Als der Ostergang des Popen vorbei war, begann in allen Häusern das Ostermahl. Ich war, und das betrachte ich heute noch als große Ehre, beim Bürgermeister und seiner Familie eingeladen. Im größten Raum des Hauses stand ein großer runder, niedriger Tisch, der unter der Unzahl der Speisen zu brechen drohte. Es war für mich ein Rätsel, wie die Häusler bei dem allseits herrschenden Mangel all diese Köstlichkeiten aufgetrieben hatten: Hühnchen gebraten, Stör auf vielerlei Art zubereitet, Gebäck, Käse, Brot, eine ganze Menge grauslich schmeckender Fladen und dazu natürlich Mengen selbstgebrannter Schnäpse, zum Teil für einen Westeuropäer ungenießbar!

Ich hatte also mit Dolmetscher Alex an der Seite Platz genommen und aß zunächst nur, was ich kannte, wie die Hühnchenbrust und Störfilets, danach Ziegenkäse. All dies schmeckte mir vorzüglich. Aber weit gefehlt, wenn ich glaubte, damit dem Anstand Genüge getan zu haben. Als Ehrengast sollte ich natürlich von allem probieren, von jedem Schnaps wenigstens ein Gläschen trinken. Zu den wenigen deutschen Worten, die meine Gastgeber kannten, gehörte das Wort „gut". Damit priesen sie nun alles an und nicht enden wollendes „gutt", „gutt" prasselte auf mich nieder. Ich wollte natürlich diesen so rührenden Zuspruch nicht enttäuschen und würgte von allem einen Anstandsbissen herunter.

Noch schlimmer erging es mir mit den Schnäpsen. Auch da kam ich nicht mit ein paar Tropfen davon. Denn wie die Russen die Bedeutung des Wortes gut kannten, wußte jeder Deutsche längst, daß das russische „nastrovje" auf deutsch „prost"! heißt. Also kam zu jedem „gutt, gutt" auch noch ein „nastrovje" hinzu, wobei die Russen peinlich darauf achteten, daß ich mein Gott sei Dank kleines Gläschen auch austrank. Bald zeigten diese harten Getränke bei allen Anwesenden Wirkung. Ich wundere mich noch heute, daß mir damals nicht schlecht geworden ist. Ich habe noch eine Weile den in breughelscher Manier fressenden und saufenden Russen zugeschaut und mich dann unter einem dienstlichen Vorwand empfohlen.

Da ich ja mit meinen militärischen Aufgaben voll beschäftigt war, habe ich eigentlich kaum viele Gedanken an die Tatsache verschwendet, welch unwahrscheinliches Glück ich hatte, den so gefürchteten russischen Winter ohne Entbehrungen zu erleben. Nur die meist noch schön gefärbten Wehrmachtsberichte ließen mich ahnen, wie es an der *richtigen* Front zuging: Immer wieder war da von Abwehrkämpfen bei eisiger Kälte die Rede. Was das bedeutete, konnte ich mir leicht ausmalen: Nämlich Tausende von Toten und Verwundeten. Viele von denen, die verzweifelt in Gräben und ein paar ärmlichen Hütten die Stellung hielten, hatten Frostbeulen, erfrorene Hände und Füße. Aber das war im Norden und im Mittelabschnitt der 2.000 km langen Front!

Fast regelmäßig kam jetzt Post von Ilse, immer noch von Ingo und natürlich von zu Hause. Da keine Zeitungen dabei waren, erfuhr ich kaum etwas davon, was sonst in der Welt los war.

Bei meinen Ritten nach Taganrog lernte ich durch einen anderen Offizier eine russische Professorenfamilie kennen. Das ältere Ehepaar hatte eine reizende Tochter. Sie waren Armenier und sehr gebildete Menschen, die alle fließend deutsch sprachen. Das Mädchen war von einem ungewöhnlichen Liebreiz: Tiefdunkle, ernste, wache Augen blickten mich an, und die schwarzen Augenbrauen bildeten einen starken Kontrast zu ihrer fast weißen Haut, die so glatt und makellos war, als sei sie gepudert. Sonja strahlte eine Unnahbarkeit aus, so daß ich nicht einmal versuchte, einen Flirt zu beginnen. Sie gehörte zu den Menschen, deren Anblick allein man schon als Geschenk empfindet. Sie war – ohne kitschig sein zu wollen – wie eine Blume im Schnee.

Fast jedes Mal, wenn ich dienstlich nach Taganrog mußte, suchte ich die Familie auf, brachte ihr Lebensmittel. Stets stand dann ein Samowar mit heißem Tee bereit. Wir unterhielten uns nicht nur über Alltägliches, sondern mit zunehmender Vertrautheit auch über ernstere Themen, wie zum Beispiel den Unterschied zwischen Russen und Deutschen, den beiden Völkern, denen wir angehörten.

Sonja studierte Literatur in Leningrad und beschämte mich immer wieder mit ihrem umfangreichen Wissen. Oft war es mir recht peinlich, wenn ich Fachfragen nicht beantworten konnte. Natürlich war sie es, die mich immer wieder, vielleicht gerade wegen ihrer Unnahbarkeit, in dieses Haus zog. So wurde ich dort bald wie ein Freund aufgenommen. Die Sinnlosigkeit dieses Krieges wurde mir wie kaum zuvor bewußt.

Mein Verhältnis zu den Kosaken wurde nach drei Monaten Zusammenlebens immer enger. Sie erkannten ganz selbstverständlich ohne jeden Zwang meine Autorität an, und ich hatte sogar das Gefühl, sie bemühten sich, alles, was man von ihnen verlangte, besonders gut zu machen. Die Verständigungsschwierigkeiten spielten kaum mehr eine Rolle. Sie waren einfache Menschen, die, weit von ihrer Heimat entfernt, froh waren, sich gemeinsam mit Landsleuten geborgen fühlen zu können. Bestimmt spürten sie auch, daß ich sie nicht unnötigen Gefahren aussetzen würde. Was mich besonders wunderte: Nie drang etwas zu mir, das auf Streitereien der Kosaken untereinander schließen ließ, obwohl doch zwischen ihnen große Altersunterschiede bestanden.

Es war ein großer Tag für die ganze Schwadron, als wir das erste Mal geschlossen durch Taganrog ritten. Das Besondere daran war, daß die Kosaken mich baten, auch zu Pferde ihre Lieder singen zu dürfen. Ich war selbst viel zu neugierig, was dabei herauskommen würde, um ihnen diesen Wunsch abzuschlagen. Ich ritt allein mit dem Vorsänger vor der Schwadron. Als wir die Innenstadt erreichten, ließ er mit einem Mal seine alles übertönende Kehlkopfstimme erschallen. Verstummte er, fiel die ganze Schwadron wie ein Mann mit dem Refrain ein, als hätte ein Dirigent das Zeichen zum Einsatz gegeben. Wie ein Lauffeuer hatte sich in Taganrog die Nachricht verbreitet: „Die Kosaken kommen!" Niemand hatte es wohl für möglich gehalten, je Russen in deutschen Uniformen unter deutschem Kommando zu sehen. Wir ritten durch ein dichtes Spalier von Menschen, von denen ich nicht wußte, waren sie uns freundlich oder feindlich gesonnen. Aber die Zurufe, die sich oft zu kurzen Dialogen zwischen Kosaken und Bevölkerung entwickelten, hatten im Tonfall nichts Feindliches.

MIT DEN KOSAKEN IM SCHÜTZENGRABEN

Im Mai 1942 wurde die an der Mius-Front ostwärts Taganrog in Stellung liegende Infanteriedivision herausgezogen. Natürlich war Oberst Coretti nach den ruhigen Wintermonaten voller Tatendrang. Er erreichte beim Korps, daß das Sicherungsregiment 4 die Stellungen übernahm und ich glaubte, nicht richtig zu hören: Auch meinen Kosaken wurde ein Abschnitt in vorderster Linie zugewiesen. Das bedeutete im Klartext: Russen lagen Russen gegenüber!

Zunächst war mir diese Absurdität gar nicht richtig bewußt, auch als wir schon im Schützengraben waren, kam ich keinen Augenblick auf die Idee, daß einer meiner Leute sich mit dem Gedanken tragen könnte, zum Feind überzulaufen, der für sie ja nicht Feind, sondern Landsmann war. Aber aus den Fragen meiner Vorgesetzten hörte ich heraus, daß man höheren Orts in dieser Beziehung sich seine Gedanken machte. Erst später, als von den uns gegenüber liegenden Russen per Lautsprecher Aufforderungen an die Kosaken zum Überlaufen kamen, erkannte ich, wie prekär die Situation war.

Wir besetzten in der Nacht unseren Abschnitt und wurden zunächst von unseren Vorgängern in die bestens ausgebauten Stellungen eingewiesen. Soweit im Winter überhaupt möglich, waren die Unterstände sogar mit einem gewissen Komfort ausgestattet. Die Infanteristen hatten in den langen Winternächten Spanholzplatten herangeschafft und unter der Erde daraus eine Art Miniwohnung mit Bett, Schränkchen und Tisch hergestellt. Die Verbindungsgänge zwischen den einzelnen Unterständen waren schmal und so tief, daß auch der Größte, ohne sich bücken zu müssen, ungesehen vom Feind von Unterstand zu Unterstand, von MG-Nest zu MG-Nest spazieren konnte.

Nach wenigen Tagen fühlten wir uns in unserer neuen Umgebung schon ganz heimisch. Tagsüber waren nur einige Beobachtungsposten besetzt, nachts war stets erhöhte Alarmbereitschaft, weil die Russen immer wieder mit Stoßtrupps versuchten, in unsere Gräben einzudringen, um Gefangene zu machen. Sie wollten so Einzelheiten über die ihnen gegenüberliegende Truppe herausbekommen. Ich konnte mir denken, daß sie besonders scharf darauf waren, einen meiner Kosaken zu schnappen.

Etwa ein Kilometer hinter unserer Front lagen ein kleines Dorf und einige Kolchosgehöfte, in denen unsere Pferde standen. Das war sozusagen schon Etappe. Um mal einige Stunden in einem richtigen Bett schlafen zu können, hielt ich mich dort an besonders ruhigen Tagen hin und wieder auf. Da die Russen außer einigen Granatwerferschüssen, die anscheinend planlos in die Gegend gejagt wurden, uns sonst in Ruhe ließen, war es mir zur Gewohnheit geworden, völlig aufrecht gehend den Weg zwischen den Stellungen und diesem Dorf zurückzulegen. Das hatte man drüben anscheinend bemerkt und sich eine Überraschung ausgedacht. Als ich nämlich eines Tages wie gewohnt nichts Böses ahnend nach hinten ging, summte ein mir unbekanntes Etwas, das sich wie die zornige Stimme einer Hornisse anhörte, an meinem Kopf vorbei. Kein Zweifel, das war eine feindliche Infanteriekugel! Ein russischer Scharfschütze hatte mich im Visier. Unangenehm war in diesem Augenblick, zu wissen: „Der meint dich, nur dich". Gott sei Dank ging ich gerade durch ein Kleefeld, das im Liegen leidlich Deckung bot. Doch mein Widersacher hatte sich offensichtlich genau die Stelle gemerkt, an der ich mich hingeworfen hatte; denn kaum hob ich auch nur ein wenig den Kopf, summte auch schon die nächste *Hornisse* an mir vorbei. Obwohl ich in dieser unangenehmen Situation bald zu schwitzen begann, überlegte ich ganz ruhig: Der Kerl ist ja mindestens 300 – 400 m entfernt, und als Jäger wußte ich, wie klein ein Mensch selbst durch das beste Fernrohr auf diese Entfernung ist. Aber ich wollte nach Möglichkeit nichts dem Zufall überlassen. So rollte ich mich zunächst einmal etwa 20 Schritt nach links und sprang auf; dann 20 Schritt vorwärts gerast und wieder hingehauen. Verschnaufen. 10 Schritt nach rechts rollen, aufgesprungen, hinhauen usw. So schnell, wie ich die Stellung wechselte, konnte auch der beste Schütze sein Ziel nicht erfassen. Zwei bis dreimal brummte es noch, aber schon viel weiter entfernt. Ich hatte gewonnen! Als ich hinten völlig verdreckt und schweißgebadet ankam, gabs natürlich ein schallendes Gelächter. Wer den Schaden hat ...

Als unser Spieß – der Rührende brachte mir ab und zu mein Leibgericht Quark mit Zwiebelröhrchen nach vorn – gleichfalls Bekanntschaft mit der *Hornisse* machte, verbot ich bei Tageslicht jeden Verkehr zwischen Schützengraben und Etappe. Unser Scharfschütze schob von da an, wie Landser zu sagen pflegen, sicher eine ruhige Kugel.

Das Grabenleben wurde allmählich stinklangweilig, nie passierte etwas Erwähnenswertes. Das Gelände zwischen den deutschen und russischen Linien, das sogenannte Niemandsland, lag am Tag ruhig und verlassen vor uns. Nachts jagten wir in unregelmäßigen Abständen Leuchtkugeln in die Luft und suchten in deren fahlem Schein dieses Terrain ab; Stoßtruppunternehmen der Russen waren natürlich nur nachts zu erwarten. In diesen Nachtstunden stand ich stets unter einer Spannung, die erst wich, wenn ich mit Erleichterung den ersten Lichtschimmer im Osten begrüßen konnte.

Um die Langeweile mit etwas Nützlichem zu überbrücken, nahm ich bei meinem Schwadronstruppführer Hans Gaul Stenographieunterricht. Er brachte mir immerhin so viel bei, daß es mir heute nach über 40 Jahren noch möglich ist, ein leidliches Stenogramm zu schreiben.

Im Juni änderten die Russen plötzlich ihr Verhalten: Öfter als bisher belegten sie mal diesen, mal jenen Grabenabschnitt mit Störfeuer aus Granatwerfern und, was neu war, aus leichten Artilleriegeschützen. Auch beobachteten wir im Hinterland Kolonnen, die zur Front marschierten, aber auch solche in entgegengesetzter Richtung! Offenbar lösten neue Verbände unser vergleichsweise friedliches Gegenüber ab.

Mit einem Mal tönte auch immer häufiger die Lautsprecherstimme herüber. Wiederum wandte sie sich an die Kosaken. Dolmetscher Alex übersetzte: „Kosaken! Wir wissen, daß ihr von den Deutschen zum Dienst gezwungen werdet, weil sie selbst nicht mehr genug Soldaten haben. Verlaßt in der Nacht Eure Stellungen und kommt zu uns, zu Euren Landsleuten, die Euch mit offenen Armen empfangen werden. Kommt, bevor es zu spät ist!" Ich hatte den Eindruck, daß das unartikulierte Geplärre nicht den geringsten Eindruck auf meine Kosaken machte. Jedenfalls antworteten sie mit lautem Gelächter. An ein Überlaufen dachte schon deshalb keiner, weil jeder wohl ahnte, was diese *offenen Arme* mit ihnen vorhatten.

In einer der nächsten Nächte – Wachtmeister Gaul und ich wechselten uns im Bereitschaftsdienst ab – erwachte ich plötzlich von einem ohrenbetäubenden Lärm. Die Russen machten einen

Feuerüberfall mit allen ihnen zur Verfügung stehenden Rohren von Artillerie und Granatwerfern. Da wir noch nie ein so massiertes Feuer erlebt hatten, war die Verwirrung unter den Leuten zunächst groß. Keiner von uns verfügte über Erfahrung im Grabenkrieg. Was hatte dieser Feuerüberfall zu bedeuten? Das Getöse war so groß, daß ich meinen Unterführern meine Befehle in die Ohren schreien mußte. In Minuten waren die Stellungen voll besetzt, und die Maschinengewehre legten ein Sperrfeuer über die im Falle eines russischen Angriffs vorher festgelegten Räume. Ich selbst klebte auch hinter einem MG und streute seine Garben vor unseren Abschnitt, obwohl in dem von Leuchtkugeln fast taghell erleuchteten Gelände kein Mensch zu sehen war. Aber Schießen beruhigt in solchen Augenblicken ungemein die Nerven! Nach wenigen Minuten erstarb das russische Feuer genauso schlagartig, wie es eingesetzt hatte, um nach wieder ein paar Minuten noch einmal mit gleicher Heftigkeit einzusetzen. Nun war es klar: Die Russen hatten im Schutz des ersten Feuerschlags einen Stoßtrupp auf unsere Stellungen angesetzt. Um die eigenen Leute beim Einbruch in unsere Linien nicht zu gefährden, die Feuerpause. Wenig später, um den Rückzug des Stoßtrupps zu decken, erneutes Sperrfeuer. Respekt vor russischer Präzision! Alles muß auf die Sekunde genau abgestimmt gewesen sein, denn wie ich am nächsten Morgen erfuhr, waren einige Russen nach dem ersten Feuerschlag wie aus heiterem Himmel in den Graben der Nachbarkompanie gesprungen, hatten den ersten besten deutschen Soldaten ergriffen und mit diesem, wild um sich schießend, das Weite gesucht. Das Unternehmen konnte nur so reibungslos gelingen, weil die Leute von Si4 offenbar völlig den Kopf verloren und nicht einmal an Gegenwehr gedacht hatten. Gottlob war in meinem Abschnitt alles ok und niemand gefallen oder verwundet.

Ich mußte an den armen Kerl denken, der jetzt wohl völlig verängstigt den russischen Befragern gegenüber saß, die ihm bestimmt nicht abnahmen, daß er außer der Nummer seines Truppenteils nichts, aber auch gar nichts wußte; stand doch den Russen in diesem Abschnitt außer dieser lächerlich dünnen Besetzung mit alten, unerfahrenen Reservisten wirklich nichts gegenüber.

Natürlich schäumte Oberst Coretti. Am Abend darauf befahl er alle Chefs zu sich. In seinem abgehackten Hitlerdeutsch hielt er uns eine Standpauke, die darin gipfelte: „Was die Russen können, können wir auch!" Näheres würden wir in den nächsten Tagen erfahren. Mir schwante nichts Gutes. Aber meine Befürchtungen wurden bei weitem übertroffen: Ausgerechnet ein anderer Oberleutnant und ich sollten jeder einen Stoßtrupp in die russischen Linien führen, nicht etwa um einen Auftrag auszuführen, der einen militärischen Sinn hatte, nein, um die Schlappe auszuwetzen und nun unsererseits einen russischen Soldaten zu fangen!

Wir alle waren empört, brachten unsere Bedenken unmißverständlich zum Ausdruck und erklärten, daß ein solches Unternehmen von vornherein scheitern müsse, weil sowohl die Ausbildung der Leute als auch die Stärke der eigenen Artillerie die Voraussetzungen für ein Gelingen in keiner Weise erfüllten. Umsonst. Coretti versprach Artillerie, beschaffte Luftaufnahmen der feindlichen Stellungen und gab uns 14 Tage Zeit, das Stoßtruppunternehmen vorzubereiten.

Man kann sich denken, daß ich in diesen Tagen mit dem Leben abschloß. Ich konnte mir einfach nicht vorstellen, daß das Unternehmen gelingen könnte. Wir wußten ja, daß uns gegenüber frische Truppen lagen, das Gelände vor den feindlichen Gräben bestimmt vermint war und die Russen nachts sicher nicht schliefen. Die Luftaufnahmen waren so unscharf, daß sie mir keinerlei Aufschluß über Details der russischen Stellungen gaben. Unter diesen Umständen hielt ich ein Gelingen des Unternehmens für ausgeschlossen und stellte mir vor, wie wir, erst einmal von den Russen entdeckt, im konzentrierten Abwehrfeuer draufgehen würden. Am meisten fürchtete ich die Minen. Ein falscher Tritt konnte das Ende bedeuten.

Natürlich suchte ich meine besten Leute aus, auch zwei meiner intelligentesten Kosaken wollte ich mitnehmen, die sich als scheinbare Überläufer den feindlichen Linien nähern sollten.

Tatsächlich hatte Coretti für den fraglichen Abend eine Artillerieabteilung aufgetrieben, die uns Feuerschutz geben sollte. So schien wenigstens in dieser Beziehung alles gut vorbereitet.

Zu meinem Erstaunen war mein Leidensgefährte, der Oberleutnant O., gar nicht meiner Meinung. Er hatte sich in den letzten Tagen zum Helden gemausert und machte sich in großsprecherischen Tiraden selbst Mut. Ich war sprachlos über so viel Einfalt. Mir jedenfalls war speiübel. Ich wollte einfach kein Held sein.

Der Abend, an dem es losgehen sollte, kam. Die Angriffszeit war auf 2 Uhr morgens festgesetzt. Ein sternenklarer Himmel lag über der Front. Die Stoßtrupps machten sich fertig. Habe ich gebetet? – Wohl nicht. Aber was dann plötzlich geschah, glich einem Wunder: Gegen Mitternacht verfinsterte sich urplötzlich der Himmel, und wenig später öffnete er seine Schleusen mit einer Gewalt, als wollte er alles fortschwemmen. Es goß und goß wohl eine Stunde lang. Bald stand in den Schützengräben das Wasser knöcheltief, und das Land zwischen den Stellungen verwandelte sich in eine Schlammwüste. Die Angst – ja, ich hatte Angst – wich aus meinen Gliedern. Und was ich aus tiefstem Herzen erhofft hatte, als die ersten Tropfen fielen, trat um Mitternacht ein: Das Stoßtruppunternehmen wurde abgeblasen. Aus – vorbei. Ich fühlte mich wie neu geboren.

Am nächsten Tag sah ich in dem Etappendorf nur für Sekunden die mich anblitzenden Augen einer schönen russischen Frau. Ihr Blick war wie eine Aufforderung mit einem Fragezeichen. Drei Tage später wurde unser Regiment nachts aus der Stellung herausgezogen. Oben hatte man wohl erkannt, daß Si4 für einen Abwehrkampf völlig ungeeignet war. Als meine Leute in der Mitte des Ortes sammelten, sah ich die Russin wieder. Ich sprang vom Pferd, ging einfach auf die Frau zu. Ohne ein Wort zog sie mich auch schon in ihr Haus. Wie von einer unsichtbaren Macht erfaßt stürzten wir uns auf ihr Lager und liebten uns in wilder Leidenschaft. Draußen schallten die Kommandos, klapperten die Hufe der Pferde. Wir sprachen auch danach kein Wort. Noch ein Kuß, noch einmal nahm ich sie in die Arme, strich über ihr Haar, blickte in ihre Augen und verschwand für immer.

VERSETZUNG ZUM KORPSSTAB LVII. PANZERKORPS

Für mich völlig unerwartet sollte der Tag nach dem Abschied vom Schützengraben mein Schicksal für die nächsten 2 ½ Jahre bestimmen. Ohne Ankündigung erschien ein mir unbekannter Oberstleutnant, dessen Gesicht mit langer Nase auffallende Ähnlichkeit mit einem Kasper hatte, begleitet von unserem Regimentsadjutanten in meinem Quartier. Ich bemerkte, daß der Adjutant mit dem Kopf eine Bewegung zu mir hin machte, als wollte er sagen: „Das ist er". Der Oberstleutnant stellte sich sehr höflich vor: „Garke, Adjutant Generalkommando LVII. Panzerkorps!" Ich darauf salutierend: „Falkenhausen, Chef Kosakenschwadron". Dabei dachte ich, was will denn der von dir? Dieser Oberstleutnant Garke, „Gurke mit a", wie er sich zwecks besserem Verständnisses seines Namens vorzustellen pflegte, war ein ausgesprochen lustiger Mann. Zunächst wollte er einiges über meinen soldatischen Werdegang bzw. meine Ausbildung wissen. Dann sprach er völlig unvermittelt den für mich so entscheidenden Satz: „Sie werden erster Ordonnanzoffizier beim Generalkommando LVII. Panzerkorps. Sie melden sich in drei Tagen im Stabsquartier in – es folgte der Name irgendeines russischen Kaffs – bei mir". Ich konnte gerade noch mein: „Jawohl, Herr Oberstleutnant" stammeln, und weg war er.

Ich stand wie vom Donner gerührt, hatte ich ja nicht die geringste Ahnung, was ein Generalkommando ist und was ich Unglücklicher dort als 1. Ordonnanzoffizier sollte! Als ich mich ein wenig gefaßt hatte, blitzte der Gedanke in meinem Gehirn auf: Korpsstab? Der muß doch sehr weit *hinten* liegen! Und dann im gleichen Atemzug: Nach menschlichem Ermessen kann dir in nächster Zeit nicht viel passieren! Im übrigen würde „Gurke mit a" mich schon über meine Aufgaben informieren.

Dennoch zermarterte ich mein Gehirn, um einen Anhaltspunkt dafür zu finden, wie es zu meiner jeder Normalität widersprechenden Berufung kommen konnte. Ich kannte niemanden, der mich protegieren könnte. Ich war, was mein militärisches Vorleben betraf, für den Posten eines O1, der normalerweise angehenden Generalstabsoffizieren vorbehalten war, so ungeeignet wie nur möglich. Und da fischt der Korpsstab eines Panzerkorps ausgerechnet den gerade zum Oberleutnant beförderten, wie ein Halbwilder aussehenden Führer einer Kosakenschwadron Falkenhausen aus dem drittklassigen Sicherungsregiment 4 heraus?! Ich habe nie auch nur einen Fingerzeig bekommen, wer die Herren vom Panzerkorps auf mich aufmerksam gemacht hat oder wie sie mich sozusagen am äußersten Südzipfel der Ostfront gefunden haben.

Alle meine weiteren Gedanken wurden von der Tatsache beherrscht: Von heute auf morgen mußt du deine Kosaken verlassen! Eine große Wehmut überkam mich. Daß ich sie verließ, kam mir wie ein Verrat an diesen guten Kerlen vor, die mir mit Haut und Haar vertrauten und die ohne mich, das wußte ich einfach, wie Kinder ohne Vater wären.

Beruhigend war, daß mein Nachfolger ein sehr sympathischer älterer Kavallerieoberleutnant war, der sogar etwas Russisch sprach. In den mir verbleibenden zwei Tagen konnte ich ihm unter anderem klarmachen, daß bei diesen Leuten nichts mit preußischem Drill zu erreichen war. Er verstand mich sofort.

So konnte ich mit einigermaßen ruhigem Gewissen beim Abschiedsappell vor die Front treten. Es waren Augenblicke, die man nicht vergißt. Jedem gab ich die Hand, jeder sagte: „Doswidanja gospodin Leutnant" „Auf Wiedersehen Herr Leutnant". Viele, besonders die Älteren, konnten die Tränen nicht zurückhalten. Eine Episode war zu Ende, aber es war mehr als das, ich hatte erlebt, wie russische Menschen sind.

Damit sich der Leser über die Aufgabe, die mich beim Stab des LVII. Panzerkorps erwartete, ein Bild machen kann, will ich jene Frage, die ich mir damals selbst stellte, wiederholen: Zunächst: Was ist ein Generalkommando? Die Antwort ist leichter zu begreifen, als ich gefürchtet hatte: Also: Eine Division ist derjenige größere Heeresverband, der auch selbständig unter dem Befehl eines Divisionskommandeurs mit seinem Stab operieren kann. In der Regel werden jedoch zur Ausführung eines Operationsplanes mehrere Divisionen verschiedener Waffengattungen wie Infanterie- und Panzerdivisionen zu einem Kampfverband zusammengefaßt. Um die Operationen mehrerer Divisionen zu koordinieren, bedürfen sie eines *Kopfes,* werden also einem Korpskommando unterstellt, an dessen Spitze ein kommandierender General mit den Abteilungen seines Korpsstabs steht. Die eigentlichen Kampftruppen, wie die Infanterie- und Panzerregimenter, die Aufklärungs- und Panzerabwehrabteilungen unterstehen zwar den Divisionskommandeuren nach wie vor direkt. Das Korpskommando gibt jedoch für die Operationen die Befehle und verfügt selbst über einige sogenannte Korpstruppen, wie zum Beispiel Korpsnachrichten-Abteilung, Korps-Pioniere, besondere Artillerieabteilungen und dergleichen, die es den Divisionen je nach Lage zuteilt. Ein Korps untersteht direkt der Armee.

Ich habe versucht, mit dürren Worten jenen Teil der Heereshierarchie (Korps-Divisionen) darzustellen, in dessen Rahmen mein zukünftiges Aufgabengebiet lag. Die vielen, vielen *Vorgänge* allein mit Dutzenden von Fachausdrücken, Abkürzungen usw., mit denen ich mich vertraut machen mußte, stürzten förmlich auf mich ein, als ich meinen Posten als 1. Ordonnanzoffizier, kurz O1 genannt, übernahm.

Wie ich bereits in der ersten Stunde in einem büroartigen Raum neben Hauptmann Mai, meinem Vorgänger, sitzend feststellte, bestand offenbar meine zukünftige Tätigkeit fast ausschließlich darin, zu telefonieren. Dabei jonglierte Mai mit militärischen Ausdrücken und Kürzeln, wie KOPIFÜ, FLA, 3 IR16 usw., die für mich absolutes *Stabschinesisch* waren. Im ersten Augenblick dachte ich: „Das schaffste nie!"

Ich wurde jedoch jäh aus diesen trüben Gedanken gerissen, als eine Ordonnanz anklopfte, die Tür aufriß und in strammer Haltung schnarrte: „Herr Oberleutnant, zur Meldung zum Korpsadjutanten!" Dieser Augenblick war für mich mein Wiedersehen mit preußischem Kasernenhofton mitten in Rußland. Nach diesem ersten Schreck war die Begrüßung durch den Adjutanten wie ein warmer Frühlingsregen. Ein Grandseigneur, Kavallerierittmeister, empfing mich, stellte sich vor: „Dungern" (Freiherr von D.). Er freute sich offensichtlich, etwas adelige Verstärkung zu bekommen. Außerdem waren wir im Korpsstab die einzigen Kavalleristen. Ganz kameradschaftlich machte er mich auf den antiquierten Ton aufmerksam, der im Stab herrschte und mokierte sich selbst darüber.

Er erläuterte: Der Chef des Stabes sei ein Oberst i.G. mit dem schönen Namen Fangohr. Dieser hagere Hüne, der wahrscheinlich noch nie eine Kugel pfeifen gehört hatte, wache über preußische Tradition und pflege sich, so Dungern, gerade auf jüngere Offiziere einzuschießen, wenn er merke, daß diese wider den Stachel löckten.

Der Korpskommandeur, General Kirchner, bei den Soldaten „Bulle Kirchner" genannt, war der einzige Sachse in dem sonst fast reinrassig mit Bayern besetzten Korpsstab. Das gab dem Ganzen trotz aller Zackigkeit ein Flair süddeutscher Gemütlichkeit. Ich war also von Dungern vorgewarnt, was ich besonders durch den Chef zu erwarten hatte. Nachdem er mich nochmals gemustert hatte, endete die Unterhaltung mit dem klassischen Satz: „Falkenhausen, wenn Ihnen Ihr Leben lieb ist, lassen Sie sich erst einmal die Haare schneiden!" So fiel der Kosakenlook, mit ihm der Schnurrbart, die Koteletten und die bis an den Uniformkragen reichende wellige Haarpracht.

An Fangohr habe ich zunächst nur die Erinnerung: Jede Unterhaltung erlosch, wenn er einen Raum betrat; jeder ging ihm möglichst aus dem Weg; sogar den General nahm er anscheinend nicht ganz für voll und behandelte ihn von oben herab.

Noch ein Wort zu General Kirchner, unserem Kommandierenden! Er war sozusagen oberster Repräsentant des Korpsstabs, der alle Befehle unterschrieb und so letztendlich für alles verantwortlich war. Die Arbeit aber, die Generalstabsarbeit, machten die Generalstabsoffiziere, Chef und 1A. Diesen beiden mußte der O1 *zuarbeiten*. Aber so weit wars Gott sei Dank noch nicht, denn eine Woche hatte ich Zeit, mich bei Hauptmann Mai einzuarbeiten. Er war ein humorloser, nur auf seine Karriere bedachter Mensch und aus dem Holz geschnitzt, aus dem Preußen von jeher seine Generalstabsoffiziere formte. Wenn ich versuchte, etwas Lockerkeit in unsere Gespräche zu bringen oder einmal gar sagte, als ich am Telefon etwas nicht verstand: „Wenn es wichtig ist, wird der sich schon wieder melden!", machte er ein Gesicht, als hätte er einen Irren vor sich. Aber sein: „Falkenhausen, Sie werden sich noch wundern!" machte keinen Eindruck auf mich.

Allmählich kam ich dahinter, worum es bei meinem neuen Posten eigentlich ging. Einer der Bereiche eines Korpsstabes ist die Abteilung A, die Operationsabteilung, zu der auch ich gehörte. Sie hält ständig Kontakt zwischen den Divisionen und der Armeeführung und ist somit das Bindeglied, das für die Befehle an die Truppe und für die Weiterleitung der Meldungen von der Front an die Armee zuständig ist.

Die Abteilung B ist für den gesamten Nachschub verantwortlich, die Abteilung C für Feindbild und Feindaufklärung. Sie wertet alle in diesen Bereich fallenden Quellen wie Luftaufklärung, Ergebnisse von Gefangenen- oder Überläuferbefragungen sowie Spionageergebnisse aus. Ziel der Abteilung C ist es, der Führung ein möglichst genaues Bild über Stärke und Zusammensetzung der dem Korps gegenüberliegenden Feindkräfte zu liefern.

Ich gehörte also zur Operationsabteilung. Mein direkter Vorgesetzter war der erste Generalstabsoffizier, kurz 1A genannt, ein Major Stünzner, ein kleines, drahtiges Männchen, sehr ehrgeizig, äußerst genau, launisch. Seine jeweilige Gemütslage war schwer einzuschätzen. Ich nahm mich von vornherein vor ihm in acht.

Zunächst bestand also meine Aufgabe als O1 darin, buchstäblich Tag und Nacht telefonischen bzw. Funkkontakt zu meinen Kollegen, den O1 der Divisionen zu halten. Als ich meinen Posten antrat, lagen nämlich Freund und Feind gottlob noch in ihren Winterstellungen. Für mich also ruhige Zeiten, denn es gab kaum Erwähnenswertes zu melden, und die Divisionen beschränkten sich morgens, mittags und abends pünktlich um 6, um 12 und um 18 Uhr auf ein lapidares „keine besonderen Vorkommnisse". Passierte aber vorn mal Unerwartetes, unterrichtete mich der Divisions-O1 sofort, und ich mußte dann entscheiden, ob die Meldung so gravierend war, daß der 1A oder gar der Chef aus seinem Mittagsschläfchen geweckt werden mußte.

Vor mir auf einer Art Schreibtisch lag die Lagekarte des Korpsbereichs, in die alle uns unterstehenden Verbände mit den entsprechenden taktischen Zeichen in schwarz, die der Russen in rot, eingetragen waren. Standortveränderungen der eigenen Truppe oder neue Erkenntnisse über den Gegner verlangten sofortige Korrektur. Diese Karte war sozusagen das wichtigste Führungsinstrument der Operationsabteilung und mußte immer ‚up to date' sein. Wenn viel los war, ergaben ständige Kartenkorrekturen eine ziemliche Schmiererei. In der Nacht mußte dann mein Zeichner Fischer fein säuberlich alles auf den neuesten Stand bringen.

Nach Eingang der letzten Abendmeldung wurden alle erwähnenswerten Tagesereignisse in der für den Armeestab bestimmten Tagesmeldung zusammengefaßt. Ich konzipierte zunächst den Text, legte ihn dann dem 1A vor, der wiederum die endgültige Fassung absegnete. Mit großem Ehrgeiz versuchte ich zu erreichen, daß an meinem Entwurf möglichst wenig verändert wurde. Als letzter gab der Chef sein ok.

Zu meinen weiteren Aufgaben gehörte die Führung des Kriegstagebuches. Das machte in ruhigen Zeiten keine große Mühe; so genügte zum Beispiel am Tag meines Dienstantritts der lapidare Satz: „An der gesamten Front des Korps keine besonderen Vorkommnisse. Oberleutnant von Falkenhausen übernimmt die Geschäfte des O1." Daß ich inzwischen Oberleutnant geworden, war insofern wichtig, weil ich als Leutnant niemals O1 eines Korps hätte werden können. Doch so kam die Beförderung genau zur rechten Zeit.

Die angenehmste Abwechslung in meinem Dienst waren die Tage, an denen ich den General bei der Fahrt zu den Divisionen begleiten durfte. Der nette von Dungern hatte mich als seinen Vertreter vorgeschlagen, da er öfter kränkelte oder ihm diese Fahrten zu langweilig waren. Da ich noch nie so hautnah mit einem General zusammengekommen war, blieb ich erst bewußt zackig und distanziert, sprach nur, wenn ich angesprochen wurde. Aber bald merkte ich, daß Bulle Kirchner ein gemütlicher Haudegen war, auch Kavallerist wie ich und, wie der Zufall so spielt, jahrelang Regimentskommandeur des Reiterregiments 11 in Schlesisch-Neustadt. So war das Eis gleich gebrochen, denn er kannte aus dieser Zeit viele schlesische Adelsfamilien. Diese Bekanntschaften verdankte er dem Brauch, daß die Offiziere mit der Hundemeute des Regiments jeden Herbst von einem Großgrundbesitz zum anderen zogen und dort Fuchsjagden ritten, an denen natürlich auch die Besitzer mit ihrem Anhang teilnahmen. Besonders die Comtessen Praschma, es waren, glaube ich, 5 an der Zahl, die wie die Teufel ritten, hatten ihm damals besonders imponiert. So ergab es sich, daß wir aus Friedenszeiten viele gemeinsame Bekannte hatten und ich bald bei Kirchner persona grata war.

Da ich meinen langjährigen Burschen Slabon, der mir jeden Wunsch von den Augen abgelesen hatte, nicht zum Korpsstab mitnehmen konnte, kam ich mir ohne jedes vertraute Gesicht in meiner Nähe recht verwaist vor. Mein neuer Bursche hieß Toni, ein besonders netter Bayer, Familienvater und vom ersten Tag an rührend besorgt um mein Wohlergehen. Seine bescheidene, ich kann sagen leise Art machte ihn bald zu meinem einzigen Vertrauten, denn im Stab selbst wurde ich zunächst mit niemandem richtig warm. Toni hatte natürlich Kontakt zu seinen Burschenkollegen, deren Urteil über ihre Herren er mir kolportierte. Sein überlegtes Urteil war mir stets wichtig, weil in seiner Ursprünglichkeit meist zutreffend.

Über Fangohr und Stünzner sprach ich bereits; fast alle anderen Offiziere, mit Ausnahme von Dungerns und Garkes, wirkten aufgrund des extrem preußischen Klimas im Stab verkrampft, und es war eigentlich immer eine etwas gedrückte Stimmung. Das fiel mir besonders beim gemeinsamen Mittagessen im Kasino auf, wie jede Bauernkate, in der die Offiziere ihre Mahlzeiten einnahmen, paradoxerweise genannt wurde. Sobald Fangohr diesen Raum betreten hatte, verstummte jedes laute Gespräch, niemand wagte zu lachen; kurz und gut, es war ein beklemmendes ‚Betriebsklima'. Das änderte sich plötzlich, als sozusagen über Nacht, ich war erst gut eine Woche beim Stab, unser Chef, sicherlich seiner Tüchtigkeit wegen, zum *Chef des Stabes* der 4. Panzerarmee befördert wurde. Ein Aufatmen ging durch unsere Reihen. Ich zweifle, ob ich mich unter Fangohrs Ägide längere Zeit als O1 hätte halten können, zu verschieden waren unsere Charaktere. Er sah in seinen Untergebenen nicht den Menschen sondern eine Art Werkzeug.

Nach kurzem Gastspiel eines Oberstleutnants bekamen wir den Oberst Walter Wenk, genannt Papi Wenk als Chef. Schon sein Spitzname *Papi* spricht Bände. Er war für mich das Idealbild eines guten Generalstabsoffiziers, der bei allem, was er befahl, ja oft befehlen mußte, auch an die Soldaten vorn an der Front dachte. Nie kehrte er den Vorgesetzten heraus. Seine Autorität lag in seiner Persönlichkeit begründet. Nie habe ich ein lautes Wort von ihm gehört. Auch in den brenzligsten Situationen verlor er nicht die Nerven.

Oberst Wenk war ein sehr ernster Mensch, der im Innern schwer an seiner Verantwortung trug. Ich hatte oft den Eindruck, er haßte diesen Krieg und vor allem *den Führer*. Doch zuweilen konnte er auch vollkommen abschalten. Dann war er nicht der Chef sondern nur ein Kamerad unter vielen. Er spielte *Siebzehnundvier* mit uns, war für jeden Witz zu haben, verschmähte auch kein gutes Diner.

Nach Fangohr, dem Kommißkopf, also *Papi* Wenk – welcher Kontrast. Alle lebten auf. Es war, als atmeten wir seit langer Zeit das erste Mal wieder frische Luft. Bei ihm war ich vom ersten Tage an nicht mehr der Oberleutnant von Falkenhausen sondern nur noch der Falke. So hatte Wenk als 1A der 2. Panzerdivision auch meinen Bruder Ernst-Herbert genannt, der sich in Frankreich als Krad-Meldezugführer Tag und Nacht in seiner engsten Umgebung befand. Also der Falke konnte jetzt wieder richtig fliegen, und unter Wenk bekam der Stab in ganz kurzer Zeit ein neues Gesicht, das heißt die Kontakte der Offiziere zueinander wurden enger. Nur Major von Stünzner paßte diese ganze Richtung nicht. Vor allem mein bei aller Distanz vertrautes Verhältnis zu Wenk – es war eine Art Vater-Sohn-Verhältnis – war ihm ein Dorn im Auge. Stünzner war nämlich der einzige unter uns, der die Ansichten über militärische Führung mit Fangohr teilte. Nun stand er plötzlich zwischen zwei Offizieren, nämlich Wenk über, ich unter ihm, für die ganz andere Aspekte vorrangig waren als die in der militärischen Hierarchie von allzu vielen geübte Praxis: Nach oben buckeln, nach unten treten.

Ich arbeitete mich sehr schnell ein, kannte bald die O1-Kollegen unserer Divisionen durch die Rundfahrten mit dem Kommandierenden persönlich. Das kam mir bei den Telefonaten zugute, denn ich wußte bald, wie ich jeden zu nehmen hatte.

An der Front war es weiter ruhig. Aber das blieb nicht mehr lange so. Natürlich plante das OKH auch an der Südfront im Frühjahr 1942 die Fortsetzung der mit Beginn des Winters steckengebliebenen Offensive. Die ersten Anzeichen dafür sah ich darin, daß eines Tages General und Chef zum Armeekommando befohlen wurden. Von dort brachten sie einen detaillierten Aufmarsch- und Angriffsplan mit. Schlagartig war es mit meinem ruhigen Leben zu Ende. Unserem Korps wurden nämlich neue Angriffsverbände zugeführt und nach Abschluß des Aufmarsches hatte das Korps insgesamt sieben Divisionen unter seinem Kommando.

Bald war meine Lagekarte nicht mehr wiederzuerkennen. Sie war übersät von einem Sammelsurium taktischer Zeichen. Ich war ja schließlich noch in der Lernphase und setzte alles daran, mir gegenüber den Divisions-O1 keine Blöße zu geben, wenn diese Auskünfte einholten. So arbeitete ich oft fast die ganze Nacht, um diese verdammte Karte auf den neuesten Stand zu bringen. Denn wehe, wenn da etwas nicht stimmte!

Fast täglich fanden Kommandeursbesprechungen auf meinem Divisions-Gefechtsstand statt. Näher an der Front konnte nämlich das Gelände besser beurteilt werden und die Schwierigkeiten, die die Angriffstruppen erwarteten. Ich nahm nur ganz selten an diesen Besprechungen teil, weil ich, als ständig bereite Auskunftsstelle, das Telefon hüten mußte.

Tag für Tag trafen neue Verbände im Abschnitt unseres Korps ein, haufenweise Artillerie, drei frische Panzerdivisionen und viel motorisierte Infanterie.

Papi Wenk schwitzte Tage und Nächte über dem Korpsbefehl, in dem der geplante Ablauf und die Ziele des Angriffs minutiös festgelegt wurden. In dieser Zeit durfte ich auch nicht für Minuten meinen Platz verlassen, denn der ganze Kleinkram eines solchen Aufmarsches lief über mein Telefon. Der eine wollte wissen, wann die schwere Artillerieabteilung eintrifft, ein anderer, welches Pionierbataillon für die Minenräumung zugeteilt würde; dann war wieder Stünzner am Apparat: „Falkenhausen, rufen Sie mal schnell bei Wicking an und fragen Sie, ob der Kommandeur schon abgefahren ist." usw. usw.

Ich war einfach Mädchen für alles. Nie durfte ich sagen, „das weiß ich doch nicht"; sondern wenn ich die Antwort nicht parat hatte, stereotyp „jawohl verstanden", „ich rufe zurück". Bald merkte ich, daß gute Nachrichtenverbindungen das A und O für das Funktionieren der Kommunikation zwischen den Verbänden sind, und die waren bei uns hervorragend. Mein gutes Verhältnis zu unseren Leuten in der Vermittlung bewährte sich. So stieß meine Bitte: „Mensch, zieh doch mein Gespräch vor" nie auf taube Ohren.

Bei ruhiger Frontlage war das Funktionieren durch das Vorhandensein fester Telefonleitungen eine Selbstverständlichkeit. Beim Bewegungskrieg jedoch mußte die Nachrichtenübermittlung zwischen allen wichtigen Kommandostellen mit Hilfe von motorisierten Funkstellen genausogut klappen. Oberst Ketteler, der Führer der Korpsnachrichtenabteilung, war nicht nur eine Koryphäe bei Skat und Doppelkopf sondern hatte auch seinen Laden phantastisch in Schuß. Es grenzte fast ans Wunderbare, mit welch affenartiger Geschwindigkeit seine Leute in weniger als einer Stunde die Telefonverbindungen zwischen Korps und Division nach einem Angriffstag hergestellt hatten.

Ich kann nur andeuten, welchem Streß Offiziere und Mannschaften eines Korpsstabs in Tagen vor einem Großangriff ausgesetzt waren. Ich war halt nur ein winziges Rädchen in diesem großen Führungsapparat.

Der Schwerpunkt unseres Angriffs sollte im Raum westlich Rostow liegen. In der ersten Angriffsphase war es Aufgabe der Infanterie, nach trommelfeuerartiger Artillerievorbereitung die feindlichen Stellungen zu stürmen. Nach Räumen der Minenfelder war dann der Weg frei für den Angriff der Panzerverbände *in die Tiefe des Raumes,* wie es in Militärdeutsch hieß. Das operative Ziel war die Einnahme von Rostow, einer großen Stadt an der Mündung des Don. Dieser Strom war das einzige größere natürliche Hindernis, das überwunden werden mußte, bevor die deutschen Truppen den Vormarsch Richtung Kaukasus und Kalmückensteppe beginnen konnten. Nach Einnahme des westlichen Teils von Rostow sollte die Brücke über den Don möglichst unversehrt in unsere Hand fallen. Gelang dies nicht, würden die Russen Zeit genug haben, eine neue Widerstandslinie jenseits des Flusses aufzubauen.

Als über dieses Brückenproblem debattiert wurde, erfuhr ich das erste Mal von der Existenz des berühmten oder berüchtigten Regiments Brandenburg. Diese Spezialeinheit war komplett mit russischen LKWs ausgestattet; Fahrer und Beifahrer im Führerhaus der Fahrzeuge steckten in russischen Uniformen und sprachen fließend russisch. Diese Pseudorussen hatten die Aufgabe, gegen eventuell den Weg versperrende russische Fahrzeuge und Kolonnen unter Vortäuschen eines wichtigen Auftrags mit Schimpfkanonaden sich den Weg freizubrüllen. Das Erfolgsrezept der *Brandenburger* lag darin, sich mit ihren Russenfahrzeugen unter zurückflutende Truppen zu mischen und als eine Art trojanisches Pferd die Brücke über den Don unbeschädigt in Besitz zu nehmen. Unter den Planen der LKWs verbargen sich bis an die Zähne bewaffnete deutsche Kampftruppen, außerdem MGs, Granatwerfer und kleine Panzerabwehrkanonen. Diese ganze Gruppe ausgesuchter tollkühner Kerle führte ein Oberstleutnant Grabert, dem schon einige Husarenstreiche dieser Art gelungen waren.

Es gibt Männer, die dieses lebensgefährliche Indianerspiel bis zur letzten Konsequenz durchhalten, und Grabert gehörte zu ihnen. Als er uns seinen Plan erläuterte, tat er dies mit einem Enthusiasmus, daß mir klar war: Dieser Mann denkt nicht an den Tod sondern nur daran, den Feind zu überlisten. Sollte die Übertölpelung der Russen gelingen und Grabert tatsächlich mit seinem Himmelfahrtskommando bis zur 2 km langen Brücke durchstoßen und diese besetzen, war es entscheidend, daß die Panzer möglichst schnell an den Fluß gelangten, um die Brandenburger zu entsetzen.

Wieso dachte ich in diesen Tagen keinen Augenblick daran, daß das Management des Krieges, an dem ich nun teilhatte, eigentlich etwas Furchtbares ist? War es doch die Vorbereitung zum Massenmord. Entstand an unseren Schreibtischen nicht ein Plan, der einzig und allein dem Zweck diente, unter möglichst wenig eigenen Verlusten möglichst viele Russen zu töten oder gefangenzunehmen? Wir waren alle, ohne es zu reflektieren, in einem Teufelsnetz gefangen!

Als Angriffsdatum setzte die Armee den 21. Juni fest. An diesem Tag würde die gesamte Südfront zur Offensive nach Osten antreten. Bis in die späte Nacht wurde gepackt, denn am nächsten Morgen würden wir unsere Zelte abbrechen. Der Bewegungskrieg begann.

Am Gelingen unseres Angriffs und beträchtlichen Geländegewinnen zweifelte niemand. Die wenigen Stunden Schlaf waren wie die Ruhe vor dem Sturm. Das Korps trat diesmal nicht im Morgengrauen an, sondern die Artillerie eröffnete erst um 10.00 Uhr das Feuer. Diese Variante war eine Art Kriegslist: Es war klar, daß den Russen die Angriffsvorbereitungen mit ihren vielen Truppenbewegungen nicht verborgen geblieben waren. So rechneten sie an einem der nächsten Tage mit unserem Angriff in der Morgendämmerung. Es war also anzunehmen, daß sie am Vormittag nach durchwachter Nacht zum großen Teil schlafend in ihren Unterständen lagen.

Die geplante Überraschung gelang anscheinend vollkommen, denn schon kurze Zeit nach Angriffsbeginn meldeten die Infanteriedivisionen Erfolge. Als die ersten Einbrüche in die feindliche Linie genügend erweitert waren, lief die geplante Operation wie ein Uhrwerk ab: Die Panzer brachen durch und erreichten fast ohne Gegenwehr und eigene Verluste den Stadtrand von Rostow. Viele Russen waren gefangen oder gefallen oder versuchten fluchtartig, das schützende Ostufer des Don zu erreichen. Nach den ersten Erfolgsmeldungen setzte sich auch der Korpsstab mit der sogenannten Kampfstaffel in Marsch. Dazu gehörten der Kommandierende, der Chef des Stabes bzw. der 1A, und ich. Es folgten eine Kradmeldestaffel und ein Pulk von motorisierten Funkstellen. Chef und 1A durften nie in der selben Gruppe fahren, damit bei einem eventuellen Ausfall von einem der beiden der zweite Generalstabsoffizier noch zur Verfügung stand. Ich fuhr stets bei der vordersten Staffel mit. Daß man sie Kampfstaffel nannte, ist absolut irreführend; sie hatte Kilometer hinter den Angriffsspitzen fahrend mit dem eigentlichen Kampf nicht das geringste zu tun. Allenfalls drohte uns Gefahr bei einem Fliegerangriff.

Dies war mein erster Einsatz mit dem Korpsstab, bei dem ich für die ein- und ausgehenden Funksprüche verantwortlich war.

Zunächst war ich baß erstaunt, als plötzlich während der Fahrt neben meinem Kübelwagen ein Kradmelder auftauchte, einen zusammengefalteten Funkspruch zwischen den Zähnen. Ich nahm das Papier entgegen, quittierte Empfang unter Angabe der Uhrzeit, las den Inhalt und reichte ihn dann an den General weiter, der mit dem Chef im Fond des Wagens saß. Enthielt der Funkspruch, wie fast alle an diesem Tag, Angaben über neue Positionen der Angriffsspitzen, trug ich deren neuen Standort mit schwarzen Pfeilen auf meiner Lagekarte ein. Feindliche Gegenstöße, die an diesem Tag ausblieben, waren an roten Pfeilen zu erkennen. Nur selten griff das Korpskommando mit Befehlen in die laufenden Kämpfe ein, und zwar meist nur dann, wenn Reserven oder Fliegerverbände, die dem Korps direkt unterstanden, zum Einsatz kommen sollten. Der Verbindungsoffizier zur Luftwaffe, der *Flivo* (Fliegerverbindungsoffizier), war immer mit einer eigenen Funkstelle in unserer Nähe. Wir sollten ihn an diesem Tag noch brauchen.

Meine Adjustierung, wie Großpapa sagen würde, hatte sich auch verändert. Ich trug im Einsatz einen fast bodenlangen Kradmantel, darüber Koppel mit Pistole. Weiter gehörten Fernglas und Staubbrille, die ich aus Angabe à la Rommel über dem Mützenschirm trug, zu meiner Ausrüstung. Das große zusammenklappbare Kartenbrett und Schreibutensilien waren meine ständigen Begleiter.

Nachdem Rostow erreicht war, kam nun alles auf die *Brandenburger* unter Oberst Grabert an. Nach bangem Warten kam von der Spitze der 13. Panzerdivision, die Funkverbindung zu Grabert hielt, der erlösende Funkspruch: „Überrumpelung der Brückenbesatzung gelungen, kleiner Brückenkopf am Ostufer gebildet".

Nun folgten bange Stunden, denn der Vorstoß der Panzer durch die Stadt zur Brücke erfuhr eine unvorhergesehene Verzögerung. Die Russen in der Stadt leisteten zähen Widerstand; Panzer können nämlich ohne Infanterieschutz keinen Straßenkampf führen. Aufgrund ihres begrenzten Gesichtsfeldes sind sie Panzerabwehrwaffen wie Pak, Panzerbüchsen, Hafthohlladungen fast wehrlos ausgeliefert.

Natürlich hatte die Grabert-Gruppe, kaum hatten die Russen den Betrug gemerkt, wütende Angriffe gegen ihren nur mit ca. 150 Mann besetzten Brückenkopf am Ostufer abzuwehren. Bald wurde ihre Situation so kritisch, daß der General den riskanten Entschluß faßte, die auf einem Feldflugplatz in der Nähe bereitstehenden Stukas anzufordern. Das war trotz der eventuellen Gefährdung der eigenen Leute in dieser Situation die ultima ratio. Aber Stukas können im Sturzflug Punktziele mit unglaublicher Genauigkeit treffen. Wie mögen Graberts Leute aufgeatmet haben, als sie das Dröhnen der heranbrausenden Flugzeuge hörten, die dann in Wellen die ihnen genau bezeichneten Ziele angriffen und dem Trupp, der den Brückkopf verteidigte, endlich Entlastung brachten.

Bald waren dann auch die Panzer quer durch die Stadt bis an die Don-Brücke vorgedrungen, die dann fast unversehrt in deutsche Hand fiel, und schon gegen Abend marschierte Kolonne nach Kolonne deutscher Truppen ans Ostufer des Don, um von dort nach Norden und Süden einschwenkend die feindlichen Stellungen am Ostufer aufzurollen.

Nach dem spektakulären Don-Übergang teilte sich unsere Korpsgruppe. Einige Divisionen übernahm die nördlich von uns vorgehende Panzerarmee, deren Angriffsrichtung die Wolga und die Schicksalsstadt Stalingrad war. Das Ziel unseres Korps war der Kaukasus.

Als nach Stunden auch unsere Fahrzeuge die Brücke passiert hatten, sah ich rechts und links der Straße viele frische Gräber mit einem Kreuz und dem Stahlhelm des Gefallenen. Wie viele Menschenleben mochte der Kampf um die Brücke gekostet haben? Einen Russen hatte die tödliche Kugel mitten auf der Straße ereilt. Sein Körper lag immer noch an der selben Stelle, wo er fiel, und die Kolonnen rollten über ihn hinweg, über das, was einmal ein

Mensch gewesen war, und an den jetzt nur noch eine papierdünne Silhouette erinnerte. Daß ich mir diese Begebenheit gemerkt habe, ist ein Zeichen dafür, daß ich damals noch nicht abgestumpft war und das Grausige des Augenblicks voll empfand.

Die Divisionen unseres Korps schwenkten nun nach Südosten ein. Das neue Angriffsziel war der Raum Maykop und der westliche Kaukasus. Wie wir von höherer Stelle erfuhren, hatte man im Führerhauptquartier den wahnwitzigen Plan, bis Baku vorzustoßen, um die Russen von den dortigen Ölquellen abzuschneiden. Derartige Gerüchte, die auf eine maßlose Überschätzung der eigenen Kräfte schließen ließen, quittierten Wenk und Offiziere, die einen Überblick über die Gesamtlage hatten, nur mit einem ironischen Lächeln, das wohl heißen mochte: Die da oben sind wohl irre. Bei den mittleren Kommandostellen wie den Korps war man sich schon beim Übergang über den Don darüber klar geworden, daß die eigenen Kräfte zwar noch stark genug waren, die feindliche Front zu durchbrechen, keinesfalls aber dazu ausreichten, wie am Anfang des Feldzuges die zurückflutenden Russen in entscheidenden Kesselschlachten zu vernichten. Bei der derzeitigen Strategie hatte der Feind zwar schwere Verluste, wich aber mit dem Gros seiner Truppen in die Endlosigkeit des Hinterlandes wie z. B. in die vor uns liegende Kalmückensteppe aus.

Schon die Ukraine hatte für mich das verkörpert, was man mit dem Begriff *unendliche Weiten* am besten charakterisiert. Während die große Fruchtbarkeit dieses Gebiets etwas Versöhnliches hatte, erwarteten uns ostwärts des Don steppenartige Gebiete, in ihren Ausmaßen und ihrer Eintönigkeit eine für den Mitteleuropäer unvorstellbar abweisende Landschaft. Das Wort Landschaft ist hier absolut mißverständlich, weil es ja in einer Steppe nichts gibt, an dem das Auge Halt findet, wie weit der Blick auch schweift. Da war nur eine braungelbe Ebene, glatt wie ein Tisch, der Boden bedeckt mit struppigem, unfruchtbarem Gras. Die wenigen Menschen, einer mongolischen schlitzäugigen Rasse angehörend, verloren sich in kleinen Siedlungen in dieser Weite. Wovon sie lebten, blieb mir rätselhaft.

Unsere Truppen stießen dort auf keinen Widerstand, mußten bei der Verfolgung eines unsichtbaren Feindes aber immer wieder Verschnaufpausen einlegen. Zunächst war also nicht der Gegner das

Problem, sondern das Funktionieren des Nachschubs. Die Panzer mußten auf den Sprit warten und auf die Begleitinfanterie, diese wiederum auf die Verpflegung. Von Tag zu Tag wurden ja die Nachschubwege länger!

Bei der Neugruppierung der Verbände, die auch ein paar Tage in Anspruch nahm, hatte unser Korps Glück, daß seine Stoßrichtung geändert wurde und nunmehr nach Süden über Maykop auf den Kaukasusübergang Richtung Tuapse zeigte. Das bedeutete Kalmükkensteppe ade!

In diesen Tagen war ich fast ständig auf Achse, entweder mit dem General, jetzt auch öfter schon alleine, um mit den Divisionen Verbindung zu halten. Für unsere Quartiere sorgte ein sogenanntes Vorauskommando unter dem Befehl eines Major Koop, einem stets gut aufgelegten Norddeutschen mit roten Backen und strahlend blauen Augen. Sein waschechtes Hamburgisch mit *spitzem Stein* paßte so gar nicht zum gemütlichen Bayerisch der übrigen.

Wenn der Vormarsch zügig vorwärts ging, schliefen General, Chef und IA im sogenannten Kommandowagen. Das waren umgebaute Omnibusse mit Bett, Waschgelegenheit, Arbeitsplatz und allem Drum und Dran. In diesen Gefährten fanden auch die Lagebesprechungen statt. Die Ordonnanzoffiziere mußten dann improvisieren. Toni bekam schnell Routine, für die ohnedies kurzen Nächte in einer Kate eine Schlafstatt für mich zu finden.

Es vergingen Wochen, bis wir unsere Ausgangsstellung am Fuß des Kaukasus erreichten. Dort begann die Paßstraße nach Tuapse am Schwarzen Meer. Auf dem Vormarsch dorthin wurde Bataysk, am Fluß Manych gelegen, nach schweren Kämpfen genommen.

Das Kaukasus-Vorland kann man fast idyllisch nennen. Die Landschaft war gezeichnet von vielen Grüntönen. Zwischen Eichenwäldern lagen kleine Dörfer, umgeben von den Feldern der Einwohner. Bei klarem Wetter sah man in der Ferne wie eine Kulisse die mächtige Gebirgskette des Kaukasus.

In der Gegend von Armavir, der Heimat der Donkosaken, überschritten wir den Kuban. Nun wurde das Land hügeliger, und die Russen begannen, begünstigt durch die vielen Deckungsmöglichkeiten, zähen Widerstand zu leisten. Bald war der Traum vom Spaziergang ans Schwarze Meer ausgeträumt. Zwar erreichte das rechts neben uns operierende Korps unter schweren Verlusten noch die Küste des Schwarzen Meeres bei Krasnodar und erstürmte das ostwärts von uns angreifende Elitekorps der Gebirgsjäger den höchsten Kaukasusgipfel, den Elbrus. Doch hatte dieser Erfolg kaum strategische Bedeutung, wurde aber von den Nazis propagandistisch ausgeschlachtet und als großer Sieg gefeiert.

Wenks Miene wurde von Tag zu Tag ernster, denn ihm war wohl damals schon klar, daß unser Korps sein Angriffsziel Tuapse niemals erreichen würde. Ich gehörte längst zu seinen engeren Vertrauten, vor denen er kein Blatt vor den Mund zu nehmen brauchte. Nach seiner Ansicht hatte die oberste deutsche Führung genau den Fehler gemacht, vor dem der bekannte Panzergeneral Guderian immer gewarnt hatte, nämlich sich zu verzetteln. Sein Leitspruch war: „Nicht kleckern, sondern klotzen!" Die Ostoffensive 1942 bestand an der 2.000 km langen Front aus vielen Einzelaktionen. Es wurden zwar viele hundert Kilometer Raum nach Osten gewonnen, aber die Kämpfe forderten ihren Blutzoll bei der Truppe, und die Abnutzungserscheinungen besonders bei Panzern nahmen dem Angriff allmählich den Schwung und die Stoßkraft. Da nutzten auch keine martialischen Befehle Hitlers, der in Ostpreußen in seiner „Wolfsschanze" saß und glaubte, Einfluß auf den Gang der Kämpfe nehmen zu können. Die deutschen Kräfte waren einfach zu schwach, eine endgültige Entscheidung herbeizuführen, und die Offensive glich bald einem Luftballon, aus dem langsam die Luft entweicht. Hinzu kam, daß die nun meist in gut ausgebauten Stellungen sitzenden Russen sich bis aufs Messer wehrten und laufend Verstärkung erhielten. Ihr imaginärer aber entscheidender Vorteil war wohl: Sie wußten, wofür sie kämpften und waren motiviert, weil sie ihre Heimat gegen einen Aggressor verteidigten. Hatte die deutsche Führung auch nur einen Gedanken an dieses Faktum verschwendet?

Sie weiter zurückzuwerfen oder gar entscheidend zu schlagen, daran glaubten einsichtige Offiziere schon damals nicht mehr. Als unvorhersehbare Schwächung brachte zudem epidemische Gelbsucht bei der Fronttruppe große Ausfälle. Trotzdem wurde der Versuch gemacht, doch noch vor Einbruch des Winters den Durchbruch nach Tuapse ans Meer zu schaffen.

Wie gut, daß in unserem Abschnitt Offiziere wie Kirchner und Wenk das Kommando führten, die beide nicht zu jenen Scharfmachern gehörten, die mit sinnlosen Angriffsbefehlen unnötige Opfer von der kämpfenden Truppe verlangten. Ich habe zahlreiche Telefongespräche von Wenk mit den Divisionskommandeuren mitgehört und wußte daher, mit welcher Sorgfalt er die Lage prüfte, bevor er einen solchen Angriffsbefehl gab. Es gehörte nämlich zu meinen Aufgaben, diese oft wichtigen Gespräche für das Kriegstagebuch in Stichworten festzuhalten. So passierte es öfter, daß Wenk plötzlich sein Telefonat unterbrach und fragte: „Falke, hörst'e mit?" Das bedeutete für mich erhöhte Aufmerksamkeit, weil der Extrakt des Gesagten oft zur Formulierung von Befehlen gebraucht wurde.

Da die bäuerliche Bevölkerung in dieser Gegend nicht geflohen war und bisher kaum etwas vom Krieg zu spüren bekam, gingen die Leute ihrer gewohnten Arbeit nach. Da fielen natürlich auch mal ein paar Eier oder ein Hähnchen für uns ab.

Unser Gefechtsstand lag auf einer Anhöhe, von der man einen wunderschönen Blick über das Gebirgsvorland und den dahinter aufragenden Hochkaukasus hatte. Im ganzen gesehen schoben wir in diesen Wochen eine recht ruhige Kugel, denn die Kämpfe flauten immer mehr ab und spielten sich ausschließlich rechts und links der Paßstraße nach Tuapse ab, an der die Angriffsspitzen hoffnungslos festlagen. Da ab und zu einzelne russische Flieger auftauchten, hatten die Mannschaften in der Nähe unserer Fahrzeuge Splittergräben zum Schutz gegen evtl. Bomben ausgehoben; man konnte ja nie wissen! Aber weil russische Fliegerangriffe seit langem nicht mehr stattgefunden hatten, betrachteten wir diese Aktion eher als Routine. An einem der nächsten Tage zur Mittagszeit hörten wir plötzlich in der Ferne ein tiefes Brummen und erkannten bald eine Gruppe von zirka sechs Bombenflugzeugen, die in großer Höhe flogen. Ich dachte noch, wenn die die Richtung beibehalten, dann haben sie ja Kurs auf unseren Gefechtsstand! Sekunden später war es klar, *die meinen uns!* Der General hielt gerade sein Mittagsschläfchen. Ich brüllte so laut ich konnte: „Feindlicher Fliegerangriff, alles in die Splittergräben!" Jetzt klang das Dröhnen der Motoren bereits bedrohlich. Inzwischen waren die meisten Leute in Deckung. Ich stand noch zwischen den Fahrzeugen und blickte genau auf die erste Maschine, weil ich immer noch hoffte, die Flugzeuge würden vielleicht doch über uns hinwegfliegen. Aber da hörte ich schon das

Rauschen der ersten Bomben. Mit einem Satz sprang ich in den nächsten Schutzgraben bzw. einem schon darin Kauernden aufs Kreuz, der groteskerweise glaubte, er sei getroffen und laut aufschrie. Dann detonierte um uns herum ein ganzer Bombenteppich. Es war ein infernalisches Krachen und Splittern. Ich hatte keinen Augenblick das Gefühl, daß mir etwas passieren könnte und war der erste, der wieder hochkam. Da gellten auch schon die Schreie von Verwundeten. Bei einer Gruppe von Offiziersanwärtern, die von uns zu den einzelnen Divisionen weitergeleitet werden sollten und die unter ein paar hohen Eichen lagerten, sah es bös aus. Einer war sofort tot, einem anderen hatte es eine Hand fast abgerissen, sie hing nur noch als blutiger Fetzen am Arm. Ich höre den Jungen noch jammern: „Ich will noch nicht sterben, ich will noch nicht sterben!" Ich redete ihm, so gut es ging, zu: Von Sterben sei keine Rede, es wäre ja gottlob die linke Hand und er käme jetzt in die Heimat.

Natürlich war nach dem Angriff zunächst ein ziemlich großes Durcheinander, zumal einige Fahrzeuge lichterloh brannten, unter anderem auch der Generalskommandowagen. Aus diesen Fahrzeugen konnte nichts gerettet werden, und der arme Kirchner hatte wirklich nur noch das, was er am Leibe trug. Das Erschütterndste war für uns alle: Der Bursche von Wenk war auch gefallen. Die beiden waren seit Frankreich zusammen. Wer weiß, was drei Jahre gemeinsam erlebter Krieg bedeuteten, kann den Schmerz unseres so beliebten Chefs ermessen. Er war wie versteinert. Am gleichen Nachmittag wurden die Toten begraben. Wenk trat allein vor das Grab seines Freundes und Kameraden. Da wurde mir erstmals bewußt, daß er auch in seiner Erscheinung so ganz anders war als andere aktive Offiziere. Nichts war zackig an ihm, keine eng anliegende Uniform, der Gang eher ein wenig unsicher. In dem gut geschnittenen Gesicht waren in diesem Augenblick die Züge zwar gefaßt doch von unendlicher Trauer gezeichnet. Wohl alle am Grab teilten seinen Schmerz.

Am Abend stellten wir fest, daß eine unserer russischen Hiwis (Abkürzung für Hilfswillige), das waren Mädchen, die in der Küche halfen, fehlte. Allmählich bekamen wir von den Kolleginnen der Abgängigen heraus, daß sie unseren Standort an russische Partisanen verraten haben mußte. Für diese war es dann eine Kleinigkeit, als Zivilisten getarnt durch die Front zu *sickern* und den Platz, an dem wir unsere Zelte aufgeschlagen hatten, bei irgendeiner russischen Fliegereinheit zu beschreiben.

Schon damals reichten die deutschen Truppen offenbar nicht mehr aus, die Frontlinie durchgehend zu besetzen. Deshalb hatte die Armee einige rumänische Einheiten zur *Stabilisierung* der Front in unseren Abschnitt entsandt. Diese völlig kriegsunerfahrene Truppe sollte eine Art Sicherungslinie in den Frontlücken bilden. Deshalb bekam ich den Auftrag, mit dem rumänischen Divisionsstab Verbindung aufzunehmen, um diesen über die Lage der Einsatzräume zu informieren. Auf dieser Fahrt wäre es meinem Fahrer und mir, die allein in einem Geländewagen saßen, beinahe an den Kragen gegangen! Der Weg führte nämlich kilometerlang durch einen Eichenwald mit dichtem Unterholz. Da kommt uns plötzlich ein Trupp völlig verstörter rumänischer Kavalleristen entgegen, zwei davon schwer verwundet, nur noch in den Sätteln hängend. Unter großen Verständigungsschwierigkeiten bekam ich aus ihnen heraus, daß sie gerade in einen Hinterhalt von Partisanen geraten waren. Ich hatte wieder einmal das Quentchen Glück, das über alles entscheiden kann. Ohne den rumänischen Spähtrupp ... wer weiß?! Jetzt gabs nur eins, Gas geben und durch! Wir stoppten erst erleichtert, als der Wald sich vor uns öffnete und wir rettendes freies Gelände vor uns hatten. Es war ja auch ein grenzenloser Leichtsinn, zu zweit so gut wie unbewaffnet viele Kilometer durch von Partisanen verseuchtes Gelände zu fahren. Nachdem ich meinen Auftrag erledigt hatte, zog ich es dann auch vor, einen weiten Umweg um das Gelände mit seinen unfreundlichen *Bewohnern* zu machen.

Da die Korpskommandeure durch die Armee sporadisch über die Gesamtlage unterrichtet wurden, wußten wir, daß der deutsche Vormarsch an der gesamten Ostfront zum Stehen gekommen war. Auch aus dem Vokabular der Wehrmachtsberichte konnte man entnehmen, daß die Zeit der großen Siege endgültig vorbei war. Keine Rede mehr von Kesselschlachten, Durchbrüchen oder enormen Gefangenen- und Beutezahlen. Immer häufiger kehrten Passagen wieder, wie: „Gegen zähen Widerstand" oder sogar „Gegenangriffe wurden abgeschlagen". Und immer diese Berichte über die Schlacht um Stalingrad, in denen von heldenhaftem Kampf um jedes Haus die Rede war. Aber die erlösende Nachricht vom endgültigen Fall der Stadt wollte nicht kommen.

Unausgesprochen wurde allmählich die Frage immer akuter, die sich wohl jeder stellte: Wie soll es nun weitergehen? Denn eines wurde in diesen Vorwinter-Wochen deutlich: Die Russen waren nicht am Ende ihrer Kräfte, ja ganz im Gegenteil; die Luftaufklärung meldete immer wieder: Der Feind führt frische Truppen an die Front! In unserem Abschnitt allerdings nichts dergleichen. Die Kämpfe waren fast ganz zum Stillstand gekommen, die Front an der Paßstraße erstarrt.

Eines Tages große Aufregung: Ein Stoßtrupp hatte den ersten amerikanischen Jeep erbeutet! Kirchner wollte das Auto sehen. Es war ein toller Wagen, der in bezug auf seine Geländegängigkeit alle deutschen Autos in den Schatten stellte. Natürlich war dieses Beutestück auch in anderer Beziehung ernüchternd, denn ein amerikanischer Jeep im Kaukasus bedeutete: Amerikanisches Kriegsmaterial ist im Anmarsch! „Schöne Aussichten!" war das einzige, was Wenk dazu sagte.

Den Umständen an unserem Frontabschnitt entsprechend gab es für mich vergleichsweise wenig zu tun, und beim Stab hatte sich sogar an den Abenden so eine Art Kasinoleben en miniature entwickelt. Dazu zog man sich leger an, ein russischer Koch war aufgetrieben worden, der ausgezeichnet kochte, natürlich auch die berühmte Borschtsch-Suppe in vielerlei Variationen. Nach dem Essen wurde dann ausgiebig gejeut. Dabei war ich der Haupturheber und sorgte dafür, daß Siebzehnundvier zu den Lieblingsglücksspielen avancierte. Sogar Wenk machte eifrig mit und freute sich wie ein Junge, wenn er gewann. – Später, als er schon Armeechef war, hat er mich abends manchmal angerufen und fragte dann prompt: „Falke, was macht die schwarze Sau?" (Pik Dame)

Endlich kam dann auch der Tag, an dem die ersten *echten* Urlauber in die Heimat fahren konnten und nicht nur Gelbfieberreconvaleszenten. Auch ich war an der Reihe und hatte das große Glück, daß ich den Auftrag bekam, das Kriegstagebuch des Korps in Berlin im Heeresarchiv abzuliefern. Das brachte mir ein paar zusätzliche Tage Urlaub ein. Außerdem war ich nicht einer unter vielen, sondern reiste mit den entsprechenden Papieren ausgestattet als Kurier.

URLAUB 1942

Heute erscheint es mir fast unvorstellbar: Aber im Dezember 1942 waren sage und schreibe seit Mai 1941 fast volle 20 Monate vergangen, in denen ich nicht zu Hause war! Endlich bekam ich das erste Mal Heimaturlaub aus Rußland. Das bedeutete, eine zirka 2.000 km lange teilweise recht abenteuerliche Reise vom Kaukasus nach Schlesien. Bis Rostow fuhr ich per Anhalter mit irgendwelchen Verpflegungsfahrzeugen. Erst ab dort konnte ich einen Zug benutzen. Die Bahnfahrt erschien mir endlos. Die Abteile waren überfüllt. So kam ich mit vielen mitreisenden Landsern ins Gespräch, und dabei erfuhr ich aus erster Hand, wie bedrohlich die Lage an vielen Stellen der Südfront war. Entsprechend mies die Stimmung aller jener Offiziere und Mannschaften, die seit Monaten ganz vorn im Dreck gelegen hatten. Besonders bei den Berichten der Soldaten, die aus Stalingrad kamen, lief es mir kalt über den Rücken. Dagegen war die Situation unserer Truppen im Kaukasus der reinste Erholungsurlaub. Verständlicherweise waren meine Mitreisenden recht ungehalten darüber, daß nun nicht einmal die Heimreise glatt ging. In der Ukraine und in Polen waren die Partisanen bereits sehr aktiv. Zweimal waren die Gleise gesprengt, und dann stand der Zug wieder stundenlang. Bei solchem Halt mußten wir ständig auf einen Überfall aus dem dichten Wald rechts und links der Strecke gefaßt sein. Alle dachten da wohl dasselbe: Jetzt auf der Fahrt in den Heimaturlaub eine verpaßt zu bekommen – das fehlte gerade noch! Zu allem Überfluß machte irgendein wildgewordener Zugkommandant noch Alarmübungen für den Fall eines Partisanenüberfalls; aber nach drei Tagen war auch diese Reise zu Ende.

Ich entsinne mich nicht im geringsten an das Wiedersehen mit meinen Eltern, wohl deshalb, weil alles in Friedenthal so war, wie ich es erwartet, und sich eigentlich nichts geändert hatte.

Gleich in den ersten Urlaubstagen fuhr ich nach Berlin, um die Kriegstagebücher abzuliefern. Dort sah ich Ingo wieder, die für uns ein Liebesnest in einer Pension am Kurfürstendamm vorbereitet hatte. Sie war noch genau so liebestoll wie damals im Herbst 1940 in Breslau. Da auch ich nach so langer Zeit der Abstinenz entsprechend liebeshungrig war, kann sich jeder vorstellen, wie diese drei Tage verliefen!

Nach Friedenthal zurückgekehrt, nahm ich dann natürlich sofort Verbindung mit Ilse auf. Ich wußte ja aus ihren Briefen, wie sehr sie seit Monaten auf mich wartete. Obwohl wir uns bisher nur zweimal kurz gesehen hatten, war unsere Begegnung wie das Wiedersehen zweier alter Freunde. Für mich war das Besondere daran die Erkenntnis: Man kann einem verzweifelten Menschen auch dann helfen, wenn das *sich kennen* bisher über ein flüchtiges Zusammentreffen nicht hinausgegangen ist. Wohl gerade weil meine Briefe für Ilse so unerwartet kamen, weil sie sofort fühlte, ihr Inhalt ist außerhalb jeder Kondulenz-Konvention gemeint, war ihre Wirkung so stark.

Zunächst hat sich Ilse in stundenlangen Gesprächen alles von der Seele geredet, was sich in der langen Zeit seit dem Tode ihres Mannes Hubert, der ja mein Freund war, aufgestaut hatte. Es war, als durchlebe sie aufs neue jenen Tag, an dem sie die Todesnachricht erhielt, und die Wochen danach in tiefem inneren Dunkel. Da sei mein erster Brief gekommen, für sie die einzigen Worte, die wirkliches Verstehen und Wissen um ihr Schicksal ausdrückten. Dann hätte unsere Korrespondenz begonnen, von der sie lebte, durch die sie, wie sie glaubte, überlebte. Denn immer wieder sei sie in dieses Dunkel der Verzweiflung zurückgefallen, wollte Schluß machen.

Ich erinnere mich, daß mich ihre Briefe, in diesen trostlosen Augenblicken geschrieben, oft zur Verzweiflung brachten und ich mich manchmal mit der mir selbst aufgeladenen Verantwortung überfordert fühlte. Aber jetzt, als ich ihr gegenüber saß, wußte ich, daß das Schicksal mir diese Rolle zugedacht hatte. Meine Zuneigung zu ihr, die ich ja im ersten Augenblick empfunden hatte, ließ mich das Richtige tun.

Es ist wohl sicher, daß Menschen in verzweifelten Situationen sich wie von einer fixen Idee gefangen an etwas klammern, das wie ein Phantom in ihr Leben tritt. So war ich wohl für sie nichts Greifbares, sondern der Schreiber von Briefen, die ihr Halt gaben. Die Nähe eines Menschen hätte sie nicht ertragen, aber das Wissen um einen unsichtbaren Freund, der sie ganz meinte, der sich um sie mühte, gab dann den Ausschlag. So wuchs unausgesprochen zwischen uns über Zeit und Raum hinweg eine Liebes-Freundschaft, deren Ursprung der Tod ihres Mannes war, den wir nie verleugneten. Keine Rede deshalb vom lodernden Begehren jung Verliebter. Wenn wir nebeneinander lagen, wenn wir uns liebten, bestand unser Glück darin, daß sie ihr Leben wiedergefunden hatte und daß ich nun kein Phantom mehr war. Die Schatten des Krieges lagen weiter über unserem Zusammensein, aber sie hatten in vielen Stunden ihre furchtbare Drohung verloren.

Die meiste Zeit des Urlaubs verbrachte ich danach zu Hause und ließ mich verwöhnen; Frau Bonk kochte nur meine Lieblingsgerichte. Nicht unabsichtlich hatte ich meinen Urlaub in die Hauptjagdsaison gelegt und wurde auch dort eingeladen, wo vor dem Krieg nur die ältere Generation vertreten war. In diesem Zusammenhang entsinne ich mich noch, wie die Hasenjagd in Bielau, bei der ich das erste Mal einen Stand bekam, mit einem Fiasko begann. Ich hatte offenbar das Schießen verlernt. Beim Beginn der Streife schoß ich sofort eine Doublette und dachte: „Gott sei Dank, es geht ja noch". Aber was dann passierte, bleibt einem passionierten Jäger wohl unvergeßlich. Die Hasen rannten mich förmlich um, und ich fehlte und fehlte. Ich hielt mehr vor, ich hielt mehr drüber, nichts! Wohl 25 Stück habe ich hintereinander glatt vorbeigeschossen. Ein Angsttraum, der dann doch auf einmal zu Ende ging, denn endlich roulierte ein Hase, und da war der Bann gebrochen! Die Strecke war wieder enorm, ich glaube es waren an die 800 Stück. Aber diese Jagden hatten zu der Zeit nicht mehr die Leichtigkeit früherer Jahre, in denen sie zu den schönen Erlebnissen meiner Jugend zählten.

Kaum war die Jagd vorbei, gingen alle ins Haus, um Nachrichten und natürlich an erster Stelle den Wehrmachtsbericht zu hören. Damals lag schon über ganz Deutschland der Schatten von Stalingrad. Ich konnte als Angehöriger eines Korpsstabes bei diesen Wehrmachtsberichten zwischen den Zeilen lesen und wußte, was es bedeutete, wenn von: „Heldenhaften Abwehrkämpfen" und „Kleinen Einbrüchen" die Rede war. Es war ja in diesem Krieg das erste Mal, daß offiziell zugegeben wurde, daß wir nicht mehr diejenigen waren, die angriffen, die siegten, immer nur siegten. Mit Erstaunen vernahm man in der Heimat: Die Russen waren offenbar noch keineswegs ausgeblutet, waren bei Stalingrad sogar zu einer Offensive fähig!

An wie wenige Einzelheiten erinnere ich mich doch aus diesem Urlaub. Nicht an Weihnachten, nicht ob Großpapa da war, wer von den Brüdern. Lag es daran, daß es nur eine kurze Unterbrechung meines Soldatendaseins war, daß mein eigentliches Sein in Rußland geblieben war und entsprechend die Erinnerung beherrschte?

WIEDER AN DER SÜDFRONT

Eine Militärmaschine nahm mich – ich weiß nicht mehr von welchem Ort – bis Dnjepopetrowsk mit. Vom Augenblick der Landung an setzt meine Erinnerung wieder glasklar ein. Ich sehe noch das Rollfeld vor mir, von diesiger Luft überlagert, nichts Greifbares bot sich dem Auge, ab und zu die Silhouette eines Menschen, eines Flugzeugs. Russischer Winter empfing mich mit Wind, Kälte und Trostlosigkeit.

Bei der Frontleitstelle erfuhr ich, daß unser Korpsstab gar nicht mehr an der Kaukasusfront lag, sondern mit einigen Divisionen der 4. Panzerarmee unter General Hoth unterstellt war, die den Entlastungsangriff gegen Stalingrad führen sollte. Was niemand in der Heimat ahnte, das erfuhr ich jetzt sozusagen aus erster Hand: Stalingrad war eingeschlossen! Der Einschließungsring um die Stadt war bereits so fest, daß es äußerst zweifelhaft war, ob wir ihn mit unseren schwachen Kräften – 3 Panzer- und 2 Infanteriedivisionen – aufbrechen konnten. Der Stoßkeil, der beiderseits der Straße von Petrovskaja nach Nordosten vordrang, war in den Flanken lediglich von ein paar rumänischen berittenen Truppenteilen abgeschirmt. Diese Leute waren nur notdürftig bewaffnet und völlig unzureichend mit Winterbekleidung ausgerüstet. Sie als Bundesgenossen unter solchen Umständen einzusetzen, war ein Verbrechen.

Das Wiedersehen mit Rußland konnte also nicht deprimierender sein. Mit einem LKW fuhr ich über Rostow, dann noch 200 km nach Nordosten, bis ich auf den Korpsstab traf. Dort wurde ich von allen wie ein Freund begrüßt. Allenthalben herrschte große Niedergeschlagenheit, denn zirka 60 km vor dem Einschließungsring war der Gegenangriff des Korps infolge zu starken russischen Widerstands bereits zum Stehen gekommen, und damit die Hoffnung, der Besatzung von Stalingrad eine Ausbruchsmöglichkeit zu schaffen, auf ein Minimum gesunken. Als ich die Lagekarte sah, wurde mir klar, daß wir dieses Ziel nie erreichen konnten; denn unsere Kampftruppe ragte wie ein Finger, der auf Stalingrad zeigte, ins Land hinein. Dieser Stoßkeil wurde bereits seit einigen Tagen besonders aus nördlicher Richtung von starken russischen Kräften in der Flanke bedrängt. Das Korps mußte vom Angriff zur Verteidigung übergehen. Wenn auch zunächst für unsere Divisionen noch keine akute Gefahr bestand, so wurden wir Tag für Tag indirekt Zeuge des Verzweiflungskampfes der 6. Armee in Stalingrad. Fast alle Funksprüche von dort liefen über unsere Funkstelle und ließen erkennen, daß die Eingeschlossenen immer noch auf Entsatz durch unsere 4. Panzerarmee hofften. Heute wissen wir, daß Hitler persönlich aus reinem Prestigedenken wider jede militärische Vernunft einen damals noch erfolgsversprechenden Ausbruchsversuch verboten hatte. Immer wieder versprach er: Wir hauen Euch raus. Wir in den Kommandostellen der Entsatzarmee wußten, daß das eine Lüge war. Damit wurde klar: Hitler war bereit, die 300.000 Mann der 6. Armee zu opfern. Der Oberbefehlshaber der 6. Armee, General Paulus, hatte nicht den Mut, auf eigene Faust den Ausbruchsbefehl zu geben. Da auch Göring den Mund zu voll genommen hatte, reichte die Versorgung der eingeschlossenen Truppen durch die Luftwaffe bei weitem nicht aus. So war der Ausgang des Dramas abzusehen.

Als die Russen dann auch weiter nördlich bei Woronesch angriffen und mit starken Kräften die deutsche Front durchbrachen, mußten wir die 4., unsere beste Panzerdivision, an diesen vor dem Zusammenbruch stehenden Frontabschnitt abgeben. Ich weiß noch genau, wie wir alle wie versteinert waren, als dieser Befehl eintraf, wie Wenk verzweifelt aber vergebens versuchte, der Armee klarzumachen, daß damit der Stoß auf Stalingrad endgültig gescheitert und das Schicksal der 6. Armee besiegelt war. Von diesem Tage an wurde auch die Lage unseres Korps prekär.

Einmal begleitete ich den General zur 17. Infanteriedivision, die die Spitze des Stoßkeils gebildet hatte und nun die Hauptlast des Abwehrkampfes tragen mußte. Der Stab lag in ein paar Lehmkaten, die von weitem wie verlorene Spielzeughäuser inmitten eines unendlich großen weißen Leintuchs wirkten. Nur wenige hundert Meter weiter östlich war die vorderste Front. Es war mir völlig unklar, wie in diesem Gelände ein Angreifer ohne Panzer überhaupt eine Chance haben sollte, denn er mußte ja über Kilometer eine fast deckungslose Fläche überwinden. Wie mir Kameraden beim Stab berichteten, seien die Russen tatsächlich wie Amokläufer zu Hunderten in immer neuen Wellen gegen die deutschen Linien angerannt. Ich sah mit bloßen Augen vor unseren Gräben unzählige kleine schwarze Punkte. Jeder Punkt war ein gefallener Russe.

Beim Lagebericht erzählte der Divisionskommandeur, daß man beobachtet hatte, wie russische Infanteristen von ihren Offizieren und Kommissaren regelrecht vor die deutschen Gewehre getrieben wurden.

Eigenartigerweise war die Führung der Infanteriedivision aufgrund der bisherigen Abwehrerfolge ganz zuversichtlich. Man dachte wohl: So kommen die hier nicht durch. Auch General Kirchner gab dieser Besuch wieder etwas Auftrieb.

Doch die Ereignisse der nächsten Tage machten jede Zuversicht endgültig zunichte. Als erstes wurde nämlich ein russischer Angriff gegen die Stellung der Rumänen gemeldet, die unsere nördliche Flanke sichern sollten. Ich fuhr mit dem General nach vorn, um die Lage zu sondieren, denn wir wußten ja, daß die Kampfmoral gerade dieser Truppe mehr als zweifelhaft war. Wie recht wir mit dieser Annahme hatten, sollten wir nach ein paar Kilometern Fahrt erfahren. Es tauchten nämlich plötzlich nördlich der Rollbahn Hunderte von rumänischen Reitern in gestrecktem Galopp auf der Flucht nach Westen auf. Ich werde dieses Bild, das sich mir darbot, nie vergessen. Es war wie die Szene aus einem Wildwestfilm, wenn Indianerhorden in halsbrecherischem Tempo durch die Steppe preschen. Ohne Ziel, ohne Ordnung, die Angst vor den Russen im Nacken, flohen diese Verbündeten, und niemand war da, sie aufzuhalten.

Nun war unsere linke Flanke auch dieses sowieso mehr symbolischen Schutzes beraubt. Um nicht von der einzigen Rückzugsstraße abgeschnitten zu werden, mußten die letzten Reserven zum Schutze unserer Nordflanke eingesetzt werden. Oft mußte eine einzige Zwillingsflak ganz auf sich alleingestellt hunderte Meter Frontlinie decken.

Da ständig die Gefahr bestand, von den Russen überflügelt zu werden, begann in der zweiten Januarhälfte auch der Rückzug für die gesamte 4. Panzerarmee. Unser einziger Vorteil bestand darin, daß ihre Divisionen rechts und links der Bahnlinie Rostow-Stalingrad kämpften. Dieser Schienenstrang war unsere Lebensader, auf der zunächst noch der Nachschub für unsere Truppen ungehindert rollte und vor allem die Verwundeten sicher nach hinten gebracht werden konnten.

In diesen Tagen sprach niemand mehr von Stalingrad; zu sehr waren wir jetzt damit beschäftigt, die eigene Haut zu retten. Trotzdem keiner konnte sich auch nur eine Stunde von den Gedanken an die Männer befreien, die im Kessel an der Wolga auf sich allein gestellt weiterkämpften und starben.

Zwar befanden wir uns auf dem Rückzug, aber in unseren Verbänden hatte alles noch seine Ordnung. Die Verluste waren mäßig, man fand sogar für jede Nacht ein Quartier, Verpflegungs- und Munitionsnachschub klappten.

Allmählich aber wurde die Lage an der gesamten Südfront immer bedrohlicher. Ein- und Durchbrüche mehrten sich, so daß bald von einer zusammenhängenden Front nicht mehr gesprochen werden konnte. Oft unbemerkt marschierten kleine russische Einheiten durch Frontlücken nach Westen. Dadurch wurde die Situation für die Führungsstellen, also auch für unseren Korpsstab, immer unübersichtlicher. Für mich gab es keine ruhige Minute. Ein- und ausgehende Funksprüche, Telefonate mit Stäben, zu denen es noch eine Telefonverbindung gab. Ständig mußte koordiniert und umdisponiert werden.

Gott sei Dank war die Moral der Truppe ungebrochen. Immer wieder fuhren die Panzerregimenter Gegenangriffe, um Luft für die zurückweichende Infanterie zu schaffen. Nur einmal gab es einen Fall, daß ein Offizier sich vor einem solchen Gegenangriff betrank. Angst? Aber wer will da den ersten Stein werfen!?

Ich entsinne mich einer Episode, die bezeichnend für die damalige Situation war: Beim Korps gab es jetzt einen aus drei gepanzerten Fahrzeugen bestehenden Spähtrupp, der die immer öfter abgerissene Verbindung zu den Divisionen wieder herstellen mußte. Ab und zu wurde diese Mini-Feuerwehr in von eigenen Truppen entblößte Abschnitte geschickt, um festzustellen, ob durch diese Frontlücken bereits feindliche Kräfte nach Westen vordrangen. Da ich im Korps der einzige Offizier mit etwas Fronterfahrung, zudem *gelernter Aufklärer* war, wurde ich meist mit diesen Spähtruppaufgaben betraut.

An sich war das eine recht ungefährliche Sache, denn die Steppe bot ja für den Feind keinerlei Deckungsmöglichkeiten, so daß das Risiko, in einen Hinterhalt zu geraten, denkbar gering war. So beschränkten sich diese Einsätze im wesentlichen darauf, mit dem Fernglas die Gegend abzusuchen. Natürlich inspizierten wir gründlich die meist verlassenen Kolchosen, nicht etwa um dort nach

Russen zu suchen sondern in der Hoffnung, zurückgelassenes Federvieh oder sogar ein Schaf oder Schwein zur Bereicherung der Kochtöpfe aufzustöbern. Tatsächlich hatten wir einmal das Glück, auf eine herrenlose mittelgroße Sau zu stoßen. Es war gar nicht einfach, dieses Großwild zur Strecke zu bringen, denn das Tier, wohl nichts Gutes ahnend, verschwand immer wieder blitzschnell um Hausecken in finstere Stallungen. Aber dann erlag sie doch der Übermacht. Wir wurden mit großem Hallo empfangen, als wir mit der an der Außenwand des Schützenpanzers baumelnden Beute zurückkehrten.

Auch nachts war ich nicht vor Anrufen sicher. Stets standen mehrere Telefone griffbereit neben meinem primitiven Lager. Als es in einer jener Nächte wieder einmal klingelte, meldete sich auf der anderen Seite eine ganz leise und ängstlich klingende Stimme. Da ich die Worte nicht verstand, brüllte ich in den Hörer: „Mensch, sprechen Sie doch lauter!" Doch dann war ich auf einmal hellwach, denn der Anrufer war ein mir bekannter Unteroffizier unserer Nachrichtenabteilung, der ein paar Kilometer entfernt irgendein Telefonkabel flicken sollte. Bei dieser Tätigkeit gewahrte er plötzlich nur einen Steinwurf von ihm entfernt eine westwärts vorbeimarschierende Kolonne, die er zu seinem größten Schrecken als Russen identifizierte. Er hatte sich dann ganz klein gemacht, seinen Kontrollapparat an die Telefonleitung angeklemmt und mich angerufen. Ich sagte ihm, er solle ruhig liegenbleiben, möglichst genau Waffenart und Anzahl der Russen feststellen und wieder Verbindung zu mir aufnehmen. Das geschah dann auch bald. Ich meldete sofort dem 1A, daß Russen in Bataillonsstärke ganz gemütlich einige Kilometer hinter unserer vermeintlichen Front nach Westen spazierten! Es handelte sich anscheinend um eine recht ungefährliche Infanterieeinheit, die weder über Geschütze noch gepanzerte Fahrzeuge verfügte. Die Erklärung für das eigentlich Unerklärliche war die Tatsache, daß nebliges Wetter herrschte, die Russen ohne jede böse Absicht durch eine der besagten Frontlücken hinter unsere Linien geraten waren. Bei der herschenden sibirischen Kälte hatten sie dick vermummt unseren braven, ganz harmlosen Nachrichtenmann einfach übersehen.

Das war ihr Pech, denn am nächsten Morgen stellte ich mit meinem Spähtrupp fest, wo diese ungebetenen Gäste geblieben waren.

Wir gingen hinter dem Bahndamm gut gedeckt in Stellung und konnten bald in einem zirka 3 km entfernten Dorf die Russen entdecken, die sich dort ganz arglos einquartiert hatten. Sie ahnten wohl noch nicht einmal, daß sie beobachtet wurden und vor allem, daß sie sich allein auf weiter Flur hinter den feindlichen Linien befanden. Eine schnell herbeigerufene Aufklärungsabteilung – es war übrigens die einzige und letzte Eingreifreserve des Korps – machte dem Spuk schnell ein Ende. Sicherlich sind in dem Ortskampf die meisten Russen umgekommen. Aber niemand dachte auch nur einen Augenblick daran, welch großes Leid dieser Tag für viele russische Familien gebracht hatte.

Stalingrad kapitulierte am 23. Feburar. Seit Tagen ging aus Funksprüchen hervor, daß das Ende der 6. Armee bevorstand. Wir wußten, was das bedeutete – aber niemand sprach darüber. Jeder versuchte den Gedanken zu verdrängen, daß wir Zeuge der wohl größten Katastrophe wurden, die je einem deutschen Heer widerfahren ist. Die Vernichtung der 6. Armee war Hitlers Cannae, war der Anfang vom Ende des 2. Weltkrieges.

Damals begann ich zu ahnen, und erstmals wurde es auch von Männern wie Wenk im vertrauten Kreise ausgesprochen: Wir wurden nicht vom größten Feldherrn aller Zeiten geführt, wie Hitler von seinen Speichelleckern und Propagandisten genannt wurde, sondern von einem größenwahnsinnigen, halsstarrigen, hasardierenden Dilettanten.

Als Stalingrad fiel, reifte wohl in vielen Offizieren der Entschluß zum Widerstand, vor allem deshalb, weil das Opfer dieser 300.000 deutschen Soldaten vermeidbar, weil es letztlich sinnlos war. Die Tragik dieses Endes war vollkommen.

Der letzte Funkspruch, unterzeichnet von Generalfeldmarschall Paulus, hatte sinngemäß folgenden Wortlaut: 6. Armee hat bis zur letzten Patrone gekämpft. Heil unserem Führer! Dieses *Heil unserem Führer!* empfanden wir wohl alle als Hohn. – Erst viel später erfuhr ich, daß mein Bruder Ernst-Herbert, in Stalingrad verwundet, mit einer der letzten Maschinen aus dem Kessel ausgeflogen worden war.

DER RÜCKZUG BEGINNT

Allmählich wurde der Druck der Russen an der gesamten Südfront immer stärker. Die nach der Kapitulation von Stalingrad frei werdenden Divisionen erschienen bald vor der Front der ohnedies schon stark dezimierten Heeresgruppe Süd. Das war also die russische Armee, die im Oktober 1941 nach Ansicht Hitlers vor dem Zusammenbruch stand. Welche Fehlkalkulation! Wie hatte man diesen Gegner unterschätzt!! Die Folge: Im ganzen Jahr 1942 war den Deutschen kein einziger entscheidender Erfolg gelungen.

Nun ergriffen die Russen selbst die Initiative. Beflügelt von dem Sieg bei Stalingrad traten sie teilweise mit neuen Divisionen selbst zum Gegenangriff an. „Schlagt die verhaßten faschistischen Okkupanten!" war ihre Losung. Sie kämpften mit ungeahnter Zähigkeit, und immer wieder mußten wir von nun an erleben, wie erbittert die russische Infanterie eine einmal eroberte Stellung erfolgreich verteidigte. Die ließen sich eher im wahrsten Sinne des Wortes totschlagen, als sich zu ergeben oder zurückzuweichen.

Im März 1943 übernahm Generalfeldmarschall von Manstein das Kommando über die Heeresgruppe Süd. Die Rückführung der teilweise in Auflösung befindlichen Verbände hinter den Don und die sich dann anschließende Stabilisierung der Front in der Linie Taganrog – Charkow wird von militärischen Fachleuten heute noch als eine unvergleichliche Leistung militärischer Führungskunst bezeichnet.

Von einer zusammenhängenden deutschen Front im Südabschnitt, in dem sich auch die Divisionen unseres Korps zurückkämpften, konnte man zu diesem Zeitpunkt nicht mehr sprechen. Große Lücken zwischen den einzelnen Verbänden wurden nur notdürftig durch Spähtrupps und kleine motorisierte Kampfgruppen überwacht, denn es mußte unter allen Umständen verhindert werden, daß russische Einheiten in unseren Rücken gelangten und damit die Gefahr drohte, eingekesselt und vom Nachschub abgeschnitten zu werden. Vor allem durfte keinesfalls unser Lebensnerv, die Bahnlinie nach Rostow, unterbrochen werden.

So prekär auch die Lage an manchen Tagen war, nie kam es in unserem Korpsabschnitt zu Auflösungserscheinungen oder Panik.

Die Nachrichtenleute leisteten fast Übermenschliches und ich kann mich nicht erinnern, daß wir auch nur für kurze Zeit die Verbindung zur Truppe verloren. Immer wieder fuhren die letzten Panzer der 23. Panzerdivision Angriffe gegen den nachdrängenden Feind, um der Infanterie auf ihrem Rückmarsch Luft zu verschaffen. Über meine Telefone liefen fast alle für die Abteilung 1A des Korps bestimmten Meldungen, und ich kam Tag und Nacht nicht zur Ruhe. Es klingt fast makaber: Aber irgendwie empfand ich eine Art Genugtuung, im Zentrum dieses ständig dramatischen Geschehens zu sitzen, das an ein Spiel mit vielen Figuren erinnerte, die hin und hergeschoben wurden.

Fast täglich machte der Korpsstab Stellungswechsel rückwärts. Unser Ziel war wieder die schicksalsträchtige Don-Brücke bei Rostow. Dort sollte unser Korps am Ostufer einen möglichst großen Brückenkopf bilden und den Flußübergang so lange offenhalten, bis die nördlich und südlich *hinter uns* stehenden Verbände in diesen Brückenkopf wie in eine Art Trichter hineinmarschiert und nach Passieren des Nadelöhrs Don-Brücke in Sicherheit waren.

Natürlich wußten wir, was da auf uns zu kam. Es war zu erwarten, daß die Russen mit allen Kräften versuchen würden, den Brückenkopf einzudrücken, die Brücke in die Hand zu bekommen und die dann noch ostwärts des Don stehenden deutschen Verbände zu vernichten.

Welche Wichtigkeit auch das OKW unserer Aufgabe beimaß, geht aus der Tatsache hervor, daß uns die erste überhaupt zum Einsatz kommende *Tiger*-Abteilung aus der Heimat zugeführt wurde. Dieser Tiger-Panzer, ein Ungetüm von 52 Tonnen Gewicht, mit der tausendfach bewährten, jede Panzerung durchschlagenden 8,8 cm Kanone bestückt, war so gut wie unverwundbar.

Leider sollte es sich in der Praxis herausstellen, daß *der Tiger* eine Fehlkonstruktion war. Das zeigte sich schon beim Entladen dieser Kolosse, die auf Spezialwagen der Reichsbahn anrollten.

Zunächst war keine Rampe stark genug, um ein Gewicht von 52 Tonnen zu tragen. So mußten die Pioniere Stunden improvisieren, bis endlich der erste Tiger von der Ladefläche herunterrollte. Das selbe Problem stellte sich beim Passieren von Brücken. So war diese Abteilung zunächst mehr eine Last als eine Entlastung. Im Führerhauptquartier erwartete man nämlich von ihrem Einsatz Wunderdinge und konnte die erste Feindberührung kaum erwarten. Das äußerte sich in vielen fernschriftlichen Anfragen, wie: „Sofort Standort Tigerabteilung melden", oder: „Wann und wo soll Tigerabteilung eingesetzt werden?" – als ob diese Tiger fliegen könnten! Das Gegenteil war der Fall, denn sie krochen mit maximal 10 (?) Stundenkilometern feindwärts.

Die Russen ahnten natürlich nichts von der Anwesenheit unserer neuen Raubkatze. So wurde der erste Zusammenstoß mit dem bis dahin so gefürchteten und überlegenen T34 dann auch zu einem großen Erfolg. Der Tiger war so klar überlegen, einmal weil seine 8,8-Kanone die Panzerung des T34 wie Pappe durchschlug und zum anderen die eigene dicke Panzerung ihn unverwundbar machte. Letzteres wurde dokumentiert, als man an einem Tiger 24 Treffer zählte, ohne daß er ausgefallen wäre!

Trotz dieses ersten Erfolges blieb die Tigerabteilung eher ein Hemmschuh als eine Verstärkung, denn bald mieden die Russen diese Wunderwaffe wie die Pest! Der Panzerverband war außerdem viel zu unbeweglich, um, im Gegensatz zu den russischen Kampfwagen, kurzfristig an Brennpunkte des Abwehrkampfes *geworfen* zu werden.

Natürlich durfte keines dieses so lange geheimgehaltenen Waffensystems den Russen in die Hände fallen; das war strikter Befehl von ganz oben. Aber wie sollte man das vermeiden, mußten doch die Absetzbewegungen meist zügig und bei Nacht durchgeführt werden. Da konnte auf einen einzelnen Panzer, der irgendwo im Dreck steckte, keine Rücksicht genommen werden. So war das Gastspiel der Tigerabteilung nur von kurzer Dauer, denn man hatte wohl auch *oben* eingesehen, daß diese für Rückzugskämpfe nicht geeignet war. Wir beim Korpsstab machten jedenfalls *drei Kreuze,* als die Tiger, die zwar beißen aber nicht laufen konnten, auf ihren Spezialwagen Richtung Rostow davondampften.

Die Trostlosigkeit der Landschaft östlich des Don habe ich ja schon beschrieben. Im Winter glich diese unabsehbare weiße Fläche verteufelt einem Leichentuch und belastete das Gemüt. In den *Balkas* (Schluchten) duckten sich vereinzelt Ansammlungen von ein paar Lehmhütten, meist von den Bewohnern verlassen. In solchen *Löchern* brachten wir die Nächte zu. Sie wimmelten von Wanzen. Um überhaupt an schlafen denken zu können, mußten zunächst diese lieben Tierchen, die ihre Wohnstatt in den Ritzen zwischen den Balken hatten, erst einmal mit Lötlampen bekämpft werden. Meist lag ich (Betten gab es nicht) nachts auf dem Boden. Die Einwohner, soweit noch anwesend, schliefen eng aneinandergedrückt auf dem Ofen in der Küche. Einmal schien uns in einer solchen Hütte das Glück hold zu sein, als wir am Morgen zwei fette Gänse entdeckten, bei deren Anblick uns das Wasser im Munde zusammenlief. Aber wir hatten die Rechnung in diesem Falle ohne die Wirtin gemacht, die sich völlig unerwartet in Gestalt eines alten, verhutzelten Weibleins mit wildem Gekreisch uns entgegen warf. Die Alte hätte sich wohl eher erschlagen lassen, als daß sie von der Tür zum Gänsestall gewichen wäre. Gewalt wollten wir nicht anwenden, und zu Verhandlungen hatten wir in der Eile des Aufbruchs keine Zeit. So sagte ich kurz: „Kommt, laßt sie in Ruhe", und wir fuhren von dannen. Sicher erzählte das Mütterchen nach dem Kriege stolz, wie sie allein ihre Gänse gegen drei deutsche Soldaten verteidigt hatte.

Am gleichen Tag erlebte ich dann auf der Weiterfahrt so etwas wie ein kleines Wunder: Man stelle sich die sogenannte Rollbahn vor, diese schnurgerade in die weiße Landschaft gezogene Rückzugsstraße, die ständig von hunderten von Fahrzeugen benutzt wurde. An diesem Tag aber – ich fuhr allein mit Fahrer Wildmoser – weit und breit weder ein anderes Fahrzeug noch irgendein Gegenstand, an dem das Auge Halt hätte finden können. Da plötzlich sehe ich noch weit vor uns auf der Fahrbahn einen winzigen schwarzen Punkt, dem wir allmählich immer näher kamen und der immer größer wurde. Auf einmal schreie ich: „Stopp", Wildmoser bremst, der Wagen steht, und zwischen den Vorderrädern des Geländewagens liegt völlig unversehrt eine Flasche „Remy Martin!" Und sie ist voll! Sie war nicht vom Himmel gefallen sondern stammte sicher aus letzten französischen Beutebeständen eines Zahlmeisters, der sie bei seinem überstürzten Rückzug verloren hatte.

Je mehr wir uns Rostow näherten, desto stärker wurde der Druck der Russen, die uns stets auf den Fersen blieben. Es war unverkennbar: Sie wollten den Wettlauf zur Don-Brücke gewinnen. Das haben wir jedoch verhindert, und bald hatte die Front des Korps die Form eines Luftballons, dessen Öffnung sozusagen die Brückenauffahrt war und dem unter dem Druck der Angreifer langsam die Luft entwich. Aber dieser Luftverlust geschah nach einem genauestens ausgearbeiteten Zeitplan. Es gelang, sowohl die aus der Kalmückensteppe als auch aus dem Raum Maykop heranmarschierenden deutschen Truppen im Brückenkopf aufzunehmen und dann, nach Passieren der Brücke, in Auffangstellungen am Westufer des Don zu führen. Nachdem dieser Plan so vorbildlich geglückt war, hieß es für die noch das Ostufer haltenden Einheiten des Korps: „Den letzten beißen die Hunde!" Nun wurde aus dem Luftballon aber mit Absicht endgültig die Luft abgelassen. Während die Russen unter immensen Verlusten wütend die immer kürzer und dünner werdende Front des Brückenkopfes berannten, wurde Einheit nach Einheit in den Nächten über die Brücke zurückgeführt. Deutsche Artillerie am Westufer deckte mit Sperrfeuer den Übergang der letzten. Dann flog die Brücke in die Luft! – Meine Erzählung hört sich sicher recht einfach an. Sie läßt nicht ahnen, wie viele dramatische Situationen zu bestehen waren, bis der letzte deutsche Soldat die Schicksals-Brücke über den Don nach Westen überschritten hatte. Mit dem Gelingen dieser Operation war die sich anbahnende Katastrophe abgewendet worden, denn nach Zuführung von Reserven konnte sich die deutsche Front im Schutze des Don zwischen Taganrog und Charkow noch einmal stabilisieren.

1943 – DAS JAHR DER GROSSEN ABWEHRSCHLACHTEN IN SÜDRUSSLAND

Der März verging, bis man im Südabschnitt wieder von einer zusammenhängenden Frontlinie sprechen konnte. Mit beginnendem Frühjahr setzte die alljährliche Schlammperiode ein und machte auf beiden Seiten größere Operationen unmöglich. Man kann sich denken, wie gedrückt unsere Stimmung nach den Wochen des Rückzugs war. Der Fall von Stalingrad hatte der Südfront sozusagen das Rückgrat gebrochen, denn der Ausfall der 300.000 Mann der 6. Armee stellte einen Aderlaß dar, der nicht mehr auszugleichen war. Zudem deuteten alle Erkenntnisse der Abteilung 1C (Feindaufklärung) darauf hin, daß die Russen immer neue Verbände gegenüber dem Frontabschnitt unseres Korps versammelten. Wir wußten also, daß es nur eine Frage der Zeit war, wann der nächste Großangriff erfolgen würde.

Die Auffrischung unserer Truppen verlief nur schleppend. Kein Wunder, die Deutschem kämpften ja nicht nur in Rußland auf einer Frontlänge von einigen tausend Kilometern, sondern auch in Nordafrika, in Norwegen, am Atlantik. Überall standen sie in Ländern, in denen die Nachschublinien gegen eine natürlich feindlich eingestellte Bevölkerung gesichert werden mußten.

Auch in Südrußland und Polen wurde die immer stärker werdende Agressivität der Partisanenverbände zu einem Problem.

Erfreulicherweise war für unseren Korpsstab zunächst der dauernde Stellungswechsel beendet. Wir hatten westlich des Donez in einem für russische Verhältnisse recht idyllischen Ort Quartier bezogen. Er lag an einem Bach, dessen Fischreichtum unserer Speisekarte zugute kommen sollte. Die üblichen Lehmhäuser, die die Dorfstraße säumten, hatten nicht unter Kriegseinwirkungen gelitten. So fand jeder Offizier einen Raum für sich allein, und ich schlief seit Monaten wieder erstmalig in einem zwar stark verrosteten, quietschenden aber immerhin mit einer Matratze bestückten Bett. Im Nachbarraum lebte die russische Familie, der das Haus gehörte, bestehend aus den schon recht betagten Eltern, den zwei Töchtern Katja und Nina und deren Tochter Sina. Die Verständigungsmöglichkeiten waren zunächst gleich Null; aber bald lernte ich ein paar Brocken Russisch, die Mädchen ein paar Worte

Deutsch. Die spärliche Unterhaltung betraf zunächst hauptsächlich den Ernährungssektor. Da die armen Teufel oft buchstäblich nichts zu beißen hatten, wanderte manches Kommißbrot, von unseren Kasinobeständen abgezweigt, zu Katja und Nina, was meine Beziehung zu den beiden allmählich festigte.

Nach dem Kräfte zehrenden Rückzug begann für mich nun wieder das oft eher eintönige Leben eines Korps-O1. Das Kriegstagebuch, das ich ja täglich führen mußte, berichtet aus dieser Zeit von ständigen Versuchen der Russen, am Westufer des Donez neue Brückenköpfe zu bilden. Die Eingreifreserven waren dauernd im Einsatz, um den Feind wieder über den Fluß zurückzuwerfen. Es war zwar nicht viel los, aber ständig eine gespannte Stimmung. Keiner konnte eine Antwort auf die latente Frage geben: Wann und wo werden die Russen das nächste Mal losschlagen?

Wer glaubte, Hitler, der inzwischen persönlich den Oberbefehl über die gesamte Wehrmacht übernommen hatte, würde die Russen gegen die jetzt gehaltene Verteidigungslinie anrennen lassen, hatte sich getäuscht. Alle Meldungen wiesen darauf hin, daß Vorbereitungen für eine der größten Panzerschlachten des Rußlandfeldzuges im Gange waren. Der zwischen Orel und Charkow nach Westen vorspringende *Kursker Bogen* sollte wie von den zwei Greifern einer Zange abgeschnitten werden. Als wir von dem Ausmaß der Truppenmassierungen an den neuralgischen Punkten hörten, war uns klar: Jetzt will Hitler an der Südfront die Entscheidung erzwingen.

Ich stumpfte in diesen Wochen, in denen fast jeder Tag in gleichem Trott verlief, ziemlich ab. Aber immer wieder sagte ich mir: „Vergiß nicht, was Du für ein Schwein hast, weit hinten zu sein." Für mich gab es nach wie vor nur die eine Maxime: „Kein Held sein, den Krieg überleben!"

Leider verließ uns Anfang März General Wenk. Er wurde Chef der 4. Panzerarmee. Besonders für mich war das ein großer Verlust. Er war der einzige hochrangige Offizier in meiner langjährigen Soldatenzeit, zu dem ich eine wirkliche menschliche Beziehung hatte. Es war unverkennbar: Er dachte an die Menschen, wenn er seine Befehle gab. Darum hatte auch ich mich stets bemüht. Ich merkte immer wieder, wie schwer er an seiner Verantwortung trug. Bei ihm war ich stets sicher: Es ging ihm nie um seine Karriere und er hatte immer wieder die Courage, Meinungen zu vertreten, die *oben* nicht populär waren. Besonders wenn von Hitler sinnlose Durchhalteparolen kamen, habe ich sogar erlebt, daß er, um Menschenleben zu retten, Verteidigungsstellungen früher räumen ließ, als es ausdrücklich befohlen war.

Sein Nachfolger war Oberst Lägeler, ein waschechter Württemberger, ein Mann, so fand ich, ohne jede Genialität. Er war ein genauer, oft unangenehm kleinlicher Generalstabsoffizier, der im Gegensatz zu Wenk fast immer meine Meldungsentwürfe korrigierte. Obwohl Blutordensträger – das waren die Männer, die am 9. November 1923 mit Hitler den Marsch zur Feldherrnhalle mitgemacht hatten – habe ich von Lägeler nie Äußerungen gehört, die in ihm einen Nazi hätten erkennen lassen.

Fast gleichzeitig wurde auch die Stelle des IA, meines unmittelbaren Vorgesetzten, neu besetzt. Es kam Oberstleutnant Willemer, der, ohne Überheblichkeit sei es gesagt, seiner Aufgabe nicht gewachsen war. Es war sein erster Einsatz im Osten. Er war so nervös, daß er im Eifer des Gefechts zu stottern anfing. Ich mochte ihn; schon deshalb, weil er ein prima Kamerad war und nie den Vorgesetzten herauskehrte. Neben dem General war ich nun derjenige Offizier, der am längsten dem Korpsstab angehörte und damit der einzige, der Unteroffiziere und Mannschaften mit ihren Stärken und Schwächen genau kannte. Alle unterstützten mich bei dem Versuch, in dem kameradschaftlichen Geist weiterzuarbeiten, den wir von General Wenk gewöhnt waren. Natürlich war es vorbei mit dem burschikosen Ton der Wenk'schen Zeiten, von dem sich allmählich alle hatten anstecken lassen. So beschränkte sich mein Zusammensein mit Lägeler und Willemer auf das unbedingt Nötige, das heißt, ich sah die beiden nur beim Vorlegen der Meldungen und im Kasino.

Dieses Kasino, eine Lehmhütte in unmittelbarer Nachbarschaft zu meinem Haus wurde von meinem schlesischen Landsmann, dem Unteroffizier Schroller, geleitet. Er sorgte dafür, daß der Speisezettel des Kasinopersonals ab und zu durch eine Besonderheit bereichert wurde. Auf seinen Fahrten in die Verpflegungslager trieb er immer wieder einige Leckerbissen auf, die er köstlich zubereitete und die wir uns nach der offiziellen Mittagstafel zu Gemüte führten. Ich sage *uns*, denn als Schrollers Landsmann war ich der einzige Offizier, den er für würdig befand, an seinen kleinen Festessen hinter dem Rücken der anderen Offiziere teilzunehmen. Wenn er mir also mittags zuraunte: „Herr Oberleutnant, heute abend um 6 Uhr", dann wußte ich: Heute gibt es eine Delikatesse.

Doch einmal kam es bei so einer Gelegenheit zu einer sehr unangenehmen Panne. Schroller hatte irgendwo 4 Schleien besorgt, ohne zu wissen, daß gleichzeitig auch der General einen solchen Leckerbissen von einem Besucher geschenkt bekommen hatte. Alle 5 Fische landeten wenig später in der Kasinoküche, und fatalerweise im gleichen Eimer. Alles nahm dann recht folgerichtig seinen verhängnisvollen Lauf: Ein Russenmädchen putzte die Schuppenträger, gab alle 5 an Schroller weiter, der ein köstliches Mahl bereitete. Da der einzige Mann, der um die Existenz des Generalskarpfens wußte, nämlich sein Bursche, nicht zum Kasinopersonal gehörte, verspeiste man unter meiner Assistenz gemütlich alle 5 Fische.

Als nun am nächsten Mittag der General, der schon Lustfäden zog, seinen Kopf durch die Luke steckte, die Speiseraum und Küche verband, und süffisant fragte: „Schroller, was macht denn mein Schleichen?!" fiel dieser, nichts Gutes ahnend, fast in Ohnmacht und stotterte, um Zeit zu gewinnen, erstmal etwas von „mal nachsehen, Herr General". Ich saß mit dem General an einem Tisch und schwitzte Blut und Wasser, weil mir die Zusammenhänge sofort klar wurden. Als Schroller dann kam und meldete: „Herr General, die Schleie ist verschwunden!" gabs ein irrsinniges Donnerwetter, das sich in erster Linie über dem Generalsburschen entlud, der sich zu unserem Glück nicht mehr erinnern konnte, wem er den Fisch übergeben hatte.

In diesen Wochen war ich viel mit General Kirchner unterwegs, schon deswegen, weil ich den Frontabschnitt nördlich Taganrog noch aus dem Winter 41/42 gut kannte. Nach wie vor unterhielten wir uns oft ungezwungen über eine ganze Menge gemeinsamer Bekannter aus der Zeit, in der er Regimentskommandeur des schlesischen Kavallerieregimentes Nr. 4 gewesen war. Schon in einem früheren Abschnitt habe ich in diesem Zusammenhang die Comtessen Praschma erwähnt. Nun erfuhren wir eines Tages, daß zwei dieser Praschma-Töchter, Pia und Toto, ein Soldatenheim in Charkow leiteten. So war es selbstverständlich, daß ich den General, der wohl mit den Beiden Erinnerungen auffrischen wollte, nach

Charkow begleitete. Diese Soldatenheime, zirka 20 km hinter der Front gelegen, sollten wenigsten einigen Leuten, wenn es an der Front ruhig war, ein paar Tage Erholung ermöglichen. Dort war schon die sogenannte Etappe, und es gab für die aus den vordersten Schützengräben kommenden Landser Quartiere mit richtigen Betten und sogar Badegelegenheit. In dem großen Saal des Heimes traf sich alles. Es gab reichlich kräftiges Essen, täglich Kino und auch mal ein Kabarett.

Das Soldatenheim Charkow leiteten die beiden Schwestern Praschma mit einem geradezu aufopfernden Eifer. Als wir bei ihnen in einem kleinen improvisierten Salon saßen, erzählten sie uns mit Enthusiasmus, was sie schon alles organisiert hatten, um den Landsern die paar Tage in der Etappe zu verschönen.

Gerade bei diesen beiden dem Mädchenalter entwachsenen aber noch unverheirateten Comtessen war mir schon bei Tennisturnieren in Schlesien aufgefallen, daß sie bei aller Weiblichkeit doch als einzige etwas Jungenhaftes an sich hatten. Das kam ihnen jetzt zugute. Man spürte direkt, wie froh sie waren, nicht in ihrem Schloß sitzen zu müssen und stattdessen für die erschöpften Soldaten, die von der Front kamen, in ihrer energisch-charmanten Art etwas tun zu können. Dabei stellte sich noch hinter verschlossenen Türen heraus, daß sie beileibe keine Nazis waren. Ganz offen schimpften sie über die miserable Kriegsführung, die schlechte Versorgungslage und sogar über Hitler mit erstaunlicher Unbekümmertheit. Der General hörte taktvoll weg. Wir bekamen ein gutes Essen, einen guten Tropfen und mußten dann bald wieder aufbrechen, weil uns die Schwestern ganz unverblümt erklärten, daß sie für uns jetzt keine Zeit mehr hätten.

In den nächsten Wochen hörte ich sporadisch immer wieder von ihnen; vor allem als Charkow aufgegeben wurde, mußte ich immer wieder denken: „Was mag aus den Praschma-Mädeln, wie sie allgemein hießen, geworden sein?" Erst viel, viel später erfuhr ich, daß sie darauf bestanden hatten, erst mit den letzten Truppen die Stadt zu verlassen. Diese Furchtlosigkeit ist ihnen später zum Verhängnis geworden. Als 1944 die Front in Rumänien zusammenbrach, sind sie den Russen in die Hände gefallen. Trotz einer über Jahre sich erstreckenden Suchaktion hat man nie mehr eine Spur von ihnen gefunden.

In den Frühsommer-Monaten versuchten die Russen weiterhin, neue Brückenköpfe über den Donez als Ausgangspunkte für eine neue Offensive zu bilden. Es gelang jedoch unseren Truppen, ihre Stellung im wesentlichen zu halten und sogar in einer begrenzten größeren Angriffsoperation südlich Charkow die Front wieder nach Osten vorzuschieben, so daß sie jetzt fast in gerader Linie von Charkow bis ans Schwarze Meer verlief.

Aber seit der Katastrophe von Stalingrad und dem darauf folgenden fast fluchtartigen Rückzug, der erst hinter dem Donez endgültig zum Stehen kam, hatte sich eine vorher nie gekannte Unsicherheit wie ein Bazillus in unseren Köpfen eingenistet. Wir spürten wohl damals alle schon, daß der Rückzug über den Don nur ein Anfang war. Natürlich wurde niemals laut über Zukunftsaussichten diskutiert, aber in kleinem vertrauten Kreis wurden die Zweifel an einem deutschen Sieg immer größer. Besonders wenn die Aufklärung wieder und wieder das Eintreffen neuer russischer Verbände vor unserer Front meldete, kam man zwangsläufig zu dem Schluß: Die Russen verfügen anscheinend über unerschöpfliche Reserven.

Nun lag unser Stab schon wochenlang im gleichen Ort, und da ich immer noch mit der fünfköpfigen russischen Familie unter einem Dach lebte, entwickelte sich neben meinen Dienstobliegenheiten allmählich so etwas wie ein Privatleben. Jede Fraternität mit der russischen Bevölkerung war natürlich streng verboten. Wenn ein Offizier mit einer Russin gesehen wurde, konnten die Folgen recht unangenehm sein. Außerdem waren gerade in dieser Zeit den Stäben sogenannte NS-Führungsoffiziere zugeteilt worden. Das waren 150%ige Nazis, deren Aufgabe einzig und allein darin bestand, den Aufpasser zu spielen, das heißt, defätistische oder antinazistische Äußerungen zu registrieren und entsprechende Gruppenbildungen schon in der Entstehung zu erkennen. Auch unser Korpsstab hatte einen solchen Schnüffler, der wie ein Fremdkörper wirkte und auch wie ein solcher behandelt, das heißt demonstrativ geschnitten wurde.

Bei mir ergab es sich geradezu zwangsläufig, daß ich näheren Kontakt zu einer der beiden Töchter meines Hauses fand. Sie hieß Nina, war eher klein und hatte ein feines, zartes Gesicht, das zu ihrem bescheidenen, zurückhaltendem Wesen paßte. Das ganze Gegenteil war ihre Schwester Katja, ein östlicher Typ mit vorstehenden

Backenknochen, sehr resolut mit blitzenden Augen und breitem Lachen. Die stets grantigen Eltern paßten wie die Schießhunde auf, daß sich zwischen den Germanski und ihren Töchtern nicht etwa etwas anbahnte.

Erste Berührungsmöglichkeiten mit Nina geschahen über ihre reizende blondgelockte 3jährige Tochter Sina. Immer häufiger vereinbarte ich mit den beiden Fototermine! Wie einst in Polen spielte wieder einmal ein Untergebener, in diesem Fall mein Landsmann Kasino-Unteroffizier Schroller, den Vermittler. Auch er hatte sich im Laufe der Zeit ein russisches Vokabular zugelegt, mit dem er immerhin den Sektor Ernährung und Liebe ziemlich vollständig abdecken konnte. Ohne mein Wissen hatte Schroller schon einige nächtliche Besuche bei Katja hinter sich. Seine Rendez-vous fanden in einem Verschlag außerhalb des Hauses statt. Dabei hatte er erfahren, daß Nina, die mir ja täglich viele Male begegnete, mich sehr mochte. Warum soll ich Einzelheiten erzählen: Bald wurde Nina meine Geliebte.

Wenn bei zwei Menschen die Kommunikation durch die Sprache wegfällt, müssen Augen, Gesten und Berührungen die Worte ersetzen. So war es zwischen Nina und mir. Mein Zimmer lag zu ebener Erde, und nachts war das Fenster stets angelehnt. Es hatte schon etwas ungemein Romantisches, wenn dann Nina leise wie eine Katze, nur mit einem Hemdchen bekleidet durchs Fenster hereinsprang und bei mir unter die Decke schlüpfte. Unserer Beziehung fehlte so ganz das Stürmische oder gar Vulgäre. Alles war leise und voller Zärtlichkeit. Von Mal zu Mal spürte ich, daß Nina mich sehr liebte, sonst wäre sie wohl auch nie das für eine Russin so große Risiko eingegangen, sich einem deutschen Offizier hinzugeben. Bald war zwischen uns auch jede Art Fremdheit gewichen. Wenn wir uns am Tag begegneten, signalisierte ein vielsagendes Lächeln unser stilles Einverständnis, denn nichts durfte auch nur andeuten, daß mehr zwischen uns war.

Ein einziges Mal gab es zwischen uns eine mehrtägige *Ehekrise,* als beim Korpsstab eines Tages aus Deutschland eine wasserstoffblonde und entsetzlich aufgedonnerte Sängerin erschien. Sie aß bei uns im Kasino. Wohl nur weil ich spürte, daß alle scharf auf sie waren, machte ich mich an sie heran und ging mit ihr ein wenig durch die Felder. Sie war aber dermaßen blöd, daß mir keinen

Augenblick der Gedanke kam, etwas mit ihr anzufangen. Außerdem hatte ich ja meine Nina. Aber unglückseligerweise hatte diese von Ferne mich mit der Blondine beobachtet und vermutete einen Seitensprung. Als ich an diesem Tag *nach Hause* kam, fand ich Nina in Tränen aufgelöst. Als sie mich erblickte, entlud sich auf mich ein russisches Donnerwetter, von dem ich natürlich keine Silbe verstand. Nur das immer wiederkehrenden Wort „Germanski Paninka" (deutsches Fräulein) deutete darauf hin, daß Ninas Wortschwall in erster Linie eine Beschimpfung ihrer vermeintlichen deutschen Konkurrentin war. Ihre Enttäuschung über meine von ihr vermutete Untreue beim ersten Erscheinen einer Landsmännin war offensichtlich. Ich war von ihrem solcher Art angemeldeten Besitzanspruch doch recht beeindruckt und schickte noch am gleichen Abend Schroller zu ihr, dem es gelang, das Mißverständnis aufzuklären. Die Blondine entschwand bereits am nächsten Tag, allerdings nicht ohne einem urwüchsigen bayerischen Oberleutnant, dessen Ressort normalerweise die Feindaufklärung war, einen Tripper anzuhängen.

Im Stab gab es wieder einmal ein paar erwähnenswerte Veränderungen, denn der stotternde Oberstleutnant Willemer wurde durch einen Major von Buttler abgelöst. Es stellte sich bald heraus, daß er ein überaus fähiger Generalstabsoffizier war. Wir verstanden uns auf Anhieb. Seine Intelligenz und seine Zivilcourage machten großen Eindruck auf mich. Allerdings war die Zeit, in der ich aufgrund meiner langen Erfahrung als O1 ziemliche Narrenfreiheit genoß, zunächst einmal vorbei. Buttler verlangte viel. Ich mußte stets bis ins Detail über Lage an der Front und Einsatzraum der jeweiligen Truppenteile im Bilde sein. Viel öfter als bisher klingelte das Telefon, weil Buttler irgendeine Auskunft haben wollte, und es war mein Ehrgeiz, ihm diese wie aus der Pistole geschossen zu geben. War das nicht der Fall, schnauzte er nicht etwa herum, sondern verzog seinen Mund auf eine recht unangenehme sarkastische Art, die mir viel mehr an die Nieren ging als ein Anschiß. Nach kurzer Zeit hatte ich mich auf ihn eingestellt, und wir wurden ein gutes Gespann.

In diesen für unser Korps verhältnismäßig ruhigen Wochen begannen Zug um Zug nördlich von uns Vorbereitungen zu jener großen militärischen Operation, die in die Kriegsgeschichte als das Unternehmen Zitadelle eingegangen ist. Zunächst muß ich in groben Umrissen die Ausgangslage erläutern: Die Russen waren bei ihrer Winteroffensive nördlich Charkow bis in den Raum von Kursk vorgedrungen. Da nördlich davon die Front noch bei Orel stand und im Süden östlich Charkow, ähnelte der Frontverlauf einer nach Westen vorgestreckten Faust, später allgemein *die Faust von Kursk* genannt.

Für die deutsche Führung bot es sich geradezu an, diese Faust abzuschneiden, indem zwei Angriffskeile aus den Räumen Orel und Bjelgorod aufeinander zustoßend sich im Rücken der im Raume Kursk stehenden russischen Truppen vereinigten. Es gab nur eine Frage, die alle stellten: Würden die deutschen Kräfte ausreichen?! Denn einmal mußte die russische Front an den beiden neuralgischen Punkten Orel und Bjelgorod durchbrochen und anschließend eine gedachte Linie zwischen diesen beiden Orten hermetisch abgeriegelt werden. Zur Verstärkung der Angriffstruppe wurden alle benachbarten Frontabschnitte ausgedünnt. Von dieser Maßnahme war besonders der Abschnitt unseres Korps betroffen. Bei den in diesem Zusammenhang notwendigen Truppenverschiebungen sollten die Russen durch folgende List getäuscht werden: Alle vom Südabschnitt nach Norden in die Bereitstellungsräume zu verlegenden Truppen durften nur nachts, also für den Feind unsichtbar, marschieren. Am Tag fuhren für den Russen sichtbar lange Kolonnen von Transportfahrzeugen in die südlich gelegenen Frontabschnitte, um dort Truppenmassierungen und Angriffsvorbereitungen vorzutäuschen. Ob der Feind auf diese Finte hereingefallen ist, haben wir nie erfahren. Ich glaube es schon deshalb nicht, weil sich wohl längst zahlreiche russische Spione unter die Zivilbevölkerung gemischt hatten.

Der Aufmarsch für „Zitadelle" zog sich wochenlang hin. In Deutschland aufgefrischte Truppenteile mußten herangeführt werden. Vor allem setzte die Führung große Hoffnungen auf das neue Panzermodell, den Panther. Von ihm versprach man sich Wunderdinge. Denn dieser Kampfwagen war in Bewaffnung, Panzerung und Geschwindigkeit dem gefürchteten russischen T34 deutlich überlegen. Die Nachricht von der Heranführung mit 200 dieser Panther ausgerüsteten Truppen wirkte stimulierend auf alle. Also waren wir Deutschen offensichtlich doch noch nicht am Ende!? Ich erinnere mich, daß mich damals nie das Gefühl eines unterschwelligen Unbehagens verließ. Bei einem Korpsstab laufen ja schließlich nicht nur Nachrichten aus dem eigenen Frontabschnitt ein. Vielmehr passierten auch Offiziere, die von der Heimat zu ihrer Truppe unterwegs waren, unsere Dienststelle. Da war kaum einer dabei, der erfreuliches aus Deutschland berichten konnte. Fast alle erzählten übereinstimmend, daß die Stimmung in der Heimat immer gedrückter wurde, daß die Bespitzelung der Bevölkerung durch die Nazis unerträgliche Formen angenommen hatte und vor allem die immer stärker werdenden Bombardements durch alliierte Flugzeuge jedem vor Augen führten, daß die deutsche Luftwaffe ihre einst so dominierende Rolle eingebüßt hatte. Auch Sondermeldungen über deutsche U-Boot-Erfolge konnten dieses immer mehr um sich greifende Stimmungstief nicht aufhalten. Die Sprache der Wehrmachtsberichte, die seit Wochen an allen Fronten nur erfolgreiche Abwehrkämpfe melden, war zu deutlich. Die Landungen der Alliierten in Nordafrika und später in Süditalien waren allzu dunkle Vorzeichen für den Ausgang des Krieges.

Immer öfter fragte ich mich damals, wieso verdrängte ich die Schatten, die aufgrund der Gesamtlage immer länger wurden? Es war wohl eine Art Selbstschutz, der einfach nötig war, wenn die Fragen überhandzunehmen drohten. Das schaffte ich so lange, bis erstmals mir soetwas wie ein Erwachen aus dieser Verdrängungshaltung geschah. Anlaß war ein Rittmeister von Köckritz, der in unseren Stab versetzt wurde. Da wir in vieler Beziehung aus dem gleichen Stall waren, freundeten wir uns schnell an. Dieser Köckritz war es dann, der mir ganz brutal und schonungslos jede Illusion über das Nazi-Regime und über die Gesamtlage nahm. Ich weiß noch, wie ich mich gegen diese Enthüllungen innerlich wehrte, sie nicht wahrhaben wollte. Seine schnarrende Stimme alter Schule, die einem Simplicissimus-Leutnant alle Ehre gemacht hätte, höre ich noch heute. Irgendwie fühlte ich mich plötzlich wie ein dummer Junge, der diesem beißenden Sarkasmus, mit dem Köckritz mich geradezu überschüttete, nichts entgegensetzen konnte. Er war ein lebenslustiger, respektloser Draufgänger mit einem untrüglichen Gefühl für Anstand und Ehre. Er stammte aus jenen Kreisen adliger Offiziere, aus denen sich allmählich der Widerstand gegen Hitler zusammenfand.

So war typisch für ihn, daß er seine Flinte nach Rußland mitgenommen hatte, mit der er fast jeden Morgen an dem kleinen das Dorf durchziehenden Flüßchen Enten jagte. Zur Frühstückszeit fiel er dann bei mir ein, aß mir ungeniert die Hälfte meiner Ration weg und erklärte mir die Merkmale einer kurz zuvor erlegten seltenen Entenart. Wie er mir versicherte, hatte er es schon auf neun verschiedene Exemplare dieser Wildart gebracht. Als Ausgleich für den Frühstücksanteil lud er mich dann abends zum Entenessen ein. Leider wurde Köckritz schon nach drei Monaten versetzt, und ich verlor ihn aus den Augen; aber von da an sah auch ich vieles kritischer mit wacheren Augen und verdrängte es kaum noch.

URLAUB 1943

Ich deutete bereits an, daß mein Kriegstagebuch im ersten Halbjahr 1943 über einen längeren Zeitraum von *keinen besonderen Ereignissen* berichtete. Trotzdem war alle halben Jahre die Ablieferung beim Heeresarchiv vorgeschrieben. So sprangen wieder ein paar zusätzliche Urlaubstage für mich heraus. Zu der Zeit waren Fahrt bzw. Flug in die Heimat ein kleines Abenteuer. Ich war mit allen Papieren eines Kuriers ausgestattet, was mich berechtigte, jedes nach Westen fliegende Flugzeug zu benutzen. Aber wann und wo dieses Flugzeug abfliegen würde, das mußte ich schon selbst herausfinden. Auch beim Armeestab, wo ich zunächst einmal hinfuhr, hatten die Leute natürlich anderes zu tun, als sich um den reibungslosen Heimflug eines kleinen Oberleutnants zu kümmern. Also auf zum nächsten Feldflugplatz! Meist stand man dort zunächst wie *Piksieben* herum und fragte einen Flugkapitän nach dem anderen nach dem woher und wohin. Diese Flieger waren stets von einer gewissen Arroganz und die meisten auch von meinen fabelhaften Kurierpapieren unbeeindruckt; aber diesmal fand ich bald einen Oberleutnant, der sich meiner erbarmte und mich bis Krakau mitnahm. Ich erinnere mich deutlich an diesen Flug mit herrlichem Blick auf die in der Sonne liegenden Karpaten. Die meiste Zeit habe ich allerdings geschlafen, denn eine Unterhaltung war bei dem ununterbrochenen entnervenden Dröhnen der Motoren ohnehin nicht möglich.

In Krakau goß es in Strömen. Als ich auf das Fluggebäude zuging, kam mir ein Luftwaffengefreiter entgegen, der auf eine Ju52 mit laufenden Motoren zusteuerte. Auf meine Frage: „Wo fliegen Sie denn hin?" kam die Antwort: „Nach Berlin!". Wenige Minuten später schwebte ich schon zwischen Pilot und Copilot sitzend westwärts. Schwein muß man haben! Nun aber kommt das Tollste an dieser Heimreise. Eigentlich wollte ich ja wegen des Kriegstagebuchs nach Berlin; auch wartete Ingo dort auf mich. Also war an sich alles ok. Während des Fluges aber kam ich mit der Besatzung ins Gespräch, erzählte von Giesmannsdorf und war mir dabei gar nicht klar darüber, daß unsere Flugroute ja über Oberschlesien und damit fast genau über Neisse führte. Da sagte auf einmal der Flugkapitän zu seinem Copiloten: „Weißt Du was, wir könnten doch den Oberleutnant nach Hause fliegen und in seinem Schloß zwei

Urlaubstage einlegen!" Die beiden hatten nämlich inzwischen anhand ihrer Karten festgestellt, daß eine Landung in Stephansdorf, einem kleinen Flugplatz nur 5 km von Friedenthal entfernt, keinen größeren Umweg bzw. *Umflug* bedeutete. Ich war sprachlos, wie bald darauf der Feldwebel Funkverbindung mit Stephansdorf aufnahm und ganz trocken dort wegen eines angeblichen Motordefekts seine dadurch notwendig werdende baldige Landung ankündigte. Innerlich war ich ja noch gar nicht auf ein so schnelles Wiedersehen mit Zuhause eingestellt. Ich kam zwar nicht aus dem Schützengraben und hatte nach dem nervenaufreibenden Rückzug von Stalingrad Wochen ohne besonders große Aufregungen hinter mir. Trotzdem bedeutete auch für mich das Wiedersehen mit der Heimat die Erfüllung eines Traumes. Nach Monaten primitivster Lebensumstände hatte man fast vergessen, wie man in einem sauberen Bett schläft, wie gutes Essen schmeckt, wie man sich in einem Zivilanzug fühlt. Im Feld dachte man gar nicht in diesen Kategorien, weil sie allzu fern waren, sondern im Unterbewußtsein verband sich mit dem Begriff Heimat zunächst die Vorstellung von Sicherheit, Wohlbefinden, Ungefährdetsein. So schlug mir das Herz bis zum Halse vor freudiger Erregung, als mein Zuhause unvermittelt und fast ohne Übergang unter mir auftauchte! Für einen Ungeübten wie mich war es wahnsinnig schwer, sich von oben zu orientieren, und ich verdrehte mir fast den Hals, um beim Anflug auf Stephansdorf Giesmannsdorf zu erkennen. Aber von Osten kommend stießen wir praktisch mit der Nase drauf. Plötzlich schrie ich ganz aufgeregt: „Da ist es! Da ist es!"

Nun ließ sich der Pilot nicht lumpen und drehte eine elegante Kurve sehr niedrig über Park und Schloß. Die Maschine lag ganz schief, und unter mir huschten der Hof, die Fabriken und unser Haus wie Schatten vorbei. Die Eltern saßen gerade auf der Terrasse beim Mittagessen und Papi sandte, wie er mir später sagte, diesem verrückten Kerl von Flieger ein paar kräftige Flüche nach. Alles weitere lief dann wie am Schnürchen: Kurzes Telefonat vom Flugplatz, und in weniger als einer halben Stunde erschien Chauffeur Müller mit dem Auto. Die Flugzeugbesatzung hatte seit der Landung keinen Finger mehr gerührt sondern dem Bodenpersonal ein paar verschwommene Anweisungen gegeben, von denen ich nur einige Brocken, wie „Motor spuckt" und „Sauerei, in diesem Nest bleiben zu müssen" aufschnappte. Jedenfalls bekam ich einen Eindruck, wie leicht man sich bei der Luftwaffe ein paar angenehme freie Tage machen konnte. Natürlich war das Hallo in Friedenthal groß, als ich so völlig überraschend mit den beiden Fliegern aufkreuzte.

Erst bei diesem Wiedersehen wurde mir klar, welchen ständigen Ängsten Eltern im Krieg um ihre Söhne ausgesetzt sind. Das Quälende für die zu Hause war die dauernde Ungewißheit über Zeitpunkt und Ausmaß der Gefahr. Untauglich dabei der Versuch, sich anhand der allgemein gehaltenen Wehrmachtsberichte darüber zu informieren, ob im Frontabschnitt ihres Sohnes Kämpfe waren oder ob Ruhe herrschte. Das Gefühl: Gefahr lauert ständig überall, überforderte oft die Kräfte. Und meine Mutter mußte sich um drei Söhne sorgen! Ständig wartete sie auf Post oder Nachrichten, die andere Urlauber überbrachten. So kann man sich ihre Riesenfreude vorstellen, als ich, wahrhaft wie vom Himmel gefallen, völlig unerwartet vor ihr stand.

Frau Bonk mußte schnell ein kleines Diner zaubern. Natürlich störten jetzt die beiden Flieger schrecklich. Einzelheiten ihres Auftritts in Giesmannsdorf sind mir entfallen, nur daran kann ich mich noch genau erinnern, daß sie zu jeder Tages- und Nachtzeit Durst hatten, den sie, sich in den tiefen Fauteuils der Halle rekelnd, zu löschen trachteten. Mein Vater registrierte das Schwinden erheblicher Alkoholbestände mit besorgter Miene. Nach zwei Tagen war der Spuk vorbei.

Da dieses Intermezzo noch unter den auf meinem Urlaubsschein vermerkten Tenor: „Überbringen des Kriegstagebuchs" fiel, hatte mein richtiger Urlaub, der erst nach Quittierung des Kriegstagebuches in Berlin begann, noch gar nicht angefangen. Wie schön war dann auch der Abflug in Stephansdorf in der Gewißheit, daß ich in wenigen Tagen erneut heimkehren würde! Mit viel Gelächter und Schulterklopfen nahm ich in Tempelhof Abschied von meiner Ju-Besatzung. Dann erledigte ich schnell meinen dienstlichen Auftrag, denn in einer Pension am Kurfürstendamm erwartete mich Ingo.

Wir spürten wohl beide, daß wir uns zum letzten Mal sahen. Unser Zusammensein hatte erstmalig etwas Gespanntes, oft Gereiztes. Nach dem monatelangen Warten war ihre erotische Aggressivität noch ausgeprägter als bei früheren Begegnungen. Nach den

Nächten mit der vergleichsweise zahmen, naturnahen, ganz hingebungsvollen Nina erweckte diese mondäne, temperamentvoll-raffinierte Liebesgespielin in mir eine unerwartete Abwehrreaktion. Schon meine Ankündigung, daß ich nur zwei Tage Zeit hätte, löste bei ihr einen kleinen Wutanfall aus, und so war der Abschied kurz und kühl. Eine Episode, zwar eine wichtige in meinem Leben, war zu Ende.

Auf der Fahrt nach Giesmannsdorf im Schnellzug hatte ich dann ein Erlebnis, das sich in mein Innerstes mit einer derartigen Intensität eingebrannt hat wie kaum etwas vorher oder nachher in meinem Leben. Wenn ich nach so vielen Jahren an diese wenigen Minuten zurückdenke, bin ich mir nicht ganz sicher, ob ich nicht doch geträumt habe.

Ich saß allein in meinem Dienstabteil am Fenster und war wohl eingenickt. Da hielt der Zug plötzlich. Durch den Ruck erwachte ich und schaute etwas benommen nach draußen. Wir standen in einem schütteren Kiefernwald. Mit einem Mal gewahrte ich einen Stacheldrahtzaun, dahinter Baracken und zwischen den Baracken Menschen. Mit einem mal war ich hellwach, denn es gab keinen Zweifel! Was ich da sah, war ein KZ, ein Konzentrationslager.

Was ist der Mensch für ein Wesen? Wie oft hatte ich dieses Wort KZ gehört oder selbst ausgesprochen. Immer wieder sagte Mimi: „Und diese Schweinerei mit den KZs!", ohne daß ich damit eine realistische Vorstellung verband. Wie so viele damals hatte auch ich einen Schutzwall des Nichtwissenwollens um mein Inneres gezogen, wenn von Nazigreueln gesprochen wurde. Und nun saß ich da in meinem D-Zug-Abteil „nur für Kuriere" und mußte hinschauen und wollte auch hinschauen! Und diese Minuten, vielleicht war es auch nur eine Minute, genügte, um das Wort KZ für mein ganzes Leben zu einer schrecklichen Realität werden zu lassen. Da sah ich Menschen in gestreiften Anzügen mit gestreiften Kappen auf dem Kopf, die Gegenstände trugen, Schubkarren zogen, Sand schaufelten. Aber das waren keine Menschen, wie ich sie kannte, nein, es waren Wesen, die sich mit letzter Kraft auf den Beinen zu halten schienen. Wie sie trugen, wie sie schaufelten, vor allem wie sie gingen spiegelte für mich die Summe all des Leids, all der Entbehrungen und Qualen wieder, die sie erlitten haben mußten und noch erlitten. Alle, aber auch alle waren in einem so greifbaren

Erschöpfungszustand, daß mein Herz sich zusammenzog. Und diese Gesichter – wenn ich sie auch nur andeutungsweise sah – die vorstehenden Backenknochen, die erloschenen Augen, waren mit nichts zu vergleichen.

Und dann sah ich die anderen, die Wachen. Sie standen an erhöhten Stellen wohlgenährt, rotbackig, das Gewehr über der Schulter. Zwei von ihnen scherzten miteinander. Ich sehe noch den rosigen Nacken des einen Posten vor mir, das Schiffchen leicht schief auf dem Kopf mit preußischem Haarschnitt. Er stand da, etwas breitbeinig, dumm und gefühllos.

Der Zug fuhr weiter. „Es gibt sie also doch, die KZs!" Dieser eine Gedanke beherrschte mich für den Rest der Fahrt, und die Gestalten in den gestreiften Anzügen sind bis heute nicht aus meinem Gedächtnis gewichen.

Ich habe zwar auch später nichts von all dem gesehen, was an Entsetzlichem in den KZs geschehen ist, aber der eine Anblick dieser geschundenen Menschen ließ mich ahnen, was tausende von Menschen in den zahlreichen KZs an Hunger, Folterungen, täglich den Tod in der Gaskammer vor Augen erleiden mußten. So begann für mich dieser Urlaub ganz anders, als ich erwartet hatte, nämlich mit einem Schock, den diese erste wirkliche Konfrontation mit der Unmenschlichkeit des Nazi-Regimes auslöste.

Zu Hause angekommen war ich nicht fähig, über dieses Erlebnis zu sprechen, das schlagartig und endgültig alle meine Illusionen zerstörte, die die Nazis in so raffinierter Weise gerade in den Köpfen junger Menschen wie mir genährt hatten. Ich mußte meiner Mutter vieles abbitten, die ja schon seit Jahren wie man damals sagte *Anti* war und durch ihren Aufenthalt in Berlin auch viel mehr gehört hatte als wir in unserem behüteten Landleben in Giesmannsdorf. Mein Vater wollte schon von seinem Naturell her einfach nichts wissen, hielt die immer wieder hinter vorgehaltener Hand kolportierten Bestialitäten der Nazis an Juden, Kommunisten und Regimegegnern nicht für möglich.

Über solche Dinge durfte ohnedies nur im vertrauten Kreis gesprochen werden. Selbst dem eigenen Personal konnte man nicht mehr trauen. Ein Freund meines Vaters, Hans Graf Sierstorpff, kam ins KZ, weil ein Diener ihn denunzierte, BBC gehört zu haben. Er ist in den letzten Tagen auf dem Marsch der Häftlinge nach Süden in einem Straßengraben vor Erschöpfung elend zugrunde gegangen.

Ein politischer Witz in einem Lokal unbedacht zu laut zum Besten gegeben, konnte in dieser Zeit teuer zu stehen kommen. Völlig unfaßbar, daß Menschen damals wegen einer solchen Lächerlichkeit verhaftet, wegen Defätismus oder Untergrabung der Moral im Kriege, wie das damals hieß, ins KZ kamen oder sogar vom Volksgerichtshof zum Tode verurteilt wurden!

Unter diesen Umständen war der Aufenthalt zu Hause diesmal erstmals nicht mehr von jener vorbehaltlosen Sorglosigkeit, die sonst für das Leben in Giesmannsdorf typisch war.

Im Schloß wohnte jetzt ein Dr. Benecke mit seiner Sekretärin. Er war der Direktor der Nordhefe AG, an die unsere Fabriken verpachtet waren. Papi und Mimi hatten sich schon früher mit ihm angefreundet, und jetzt war er mit seiner ganzen Direktion, nachdem das Verwaltungsgebäude in Hamburg ausgebombt worden war, nach Giesmannsdorf umgezogen.

Pieper, so war sein Spitzname, war eine große Bereicherung für unser Leben und gehörte sozusagen bald ganz zur Familie. Sehr musikalisch, umfassend gebildet, trug er viel dazu bei, daß bei uns auf einmal auch über andere Dinge als über Jagd und dergleichen gesprochen wurde. Es kamen fast allabendlich Gespräche und Diskussionen zustande, an denen sich alle beteiligten. Dabei war Pieper meist der Mittelpunkt, weil er aufgrund seiner weit verzweigten Verbindungen und auch in kulturellen Bereichen über gute Informationen verfügte. So war er es, der fast immer den Anstoß zu dem *Gespräch des Abends* gab. Ich war erstaunt, wie zwischen ihm und meinem Vater, der sich so schwer an andere Menschen anschloß, allmählich eine echte Freundschaft entstand, die für sein Leben nach dem Krieg noch bestimmend werden sollte. Ich hatte das Gefühl, daß in dieser Zeit auch meine Mutter wieder lieber in Friedenthal war, weil mit Pieper das ihr bisher so fehlende geistige Element Einzug gehalten hatte.

Natürlich fuhr ich in meinem Urlaub ein paar Tage zu Ilse. Unsere Freundschaft war ganz ungetrübt, wenn auch die große innere Spannung, die vor unserer ersten Begegnung bestanden hatte, fehlte. Mimis Vorstellungen von unserem Zusammensein gingen wohl von etwas falschen Voraussetzungen aus, denn sie hat mir doch tatsächlich eine Flasche Aktivanat, ein damals gängiges Stärkungsmittel mitgegeben und Ilse angerufen und ihr ans Herz gelegt: Dreimal täglich einen Eßlöffel!! Aber die Beziehung von mir zu Ilse beruhte auf vollkommen anderer Basis wie zum Beispiel bei ihrer Vorgängerin Ingo. Ilse und mich hatte ja der Tod ihres Mannes zusammengeführt, und es ist klar, dieser Schatten lastete nach wie vor fast auf jeder Stunde unseres Zusammenseins. Zwar hatte sich Ilse dem Anschein nach im Laufe der Zeit einigermaßen gefangen, aber gerade wenn ich bei ihr war, brachen Schmerz und Trauer wieder auf. Ich war damals der einzige Mensch in ihrem Leben, gegenüber dem sie keine Maske zu tragen brauchte und in dessen Gegenwart sie ihren Gefühlen freien Lauf lassen konnte. Sie tat alles, um mich zu verwöhnen. Was mich besonders beeindruckte: Sie stellte, was uns beide betraf, nie Fragen nach der Zukunft. So drängte sie mich auch nie, noch zu bleiben, wenn die meist so kurze Zeit unseres Zusammenseins zu Ende ging.

In Giesmannsdorf ging das Leben trotz Krieg weiter seinen gewohnten Gang. Zwar war ein Auto weniger da als in Friedenszeiten, die Vollblüter wurden etwas reduziert, obwohl gerade jetzt, da man Benzin sparen mußte, ihre Dienste wieder mehr in Anspruch genommen wurden. In diesem Urlaub stellte ich eifrig den Rehböcken nach und fuhr zu diesem Zweck auch öfters nach Bielau, von Tante Olga immer besonders herzlich empfangen. Auf den Pirschen in diesem herrlichen Revier fielen für Stunden alle Sorgen von mir ab, und meine alte Passion erwachte noch einmal, als wären's meine Jugendjahre. Noch einmal wurde mein Ehrgeiz als Jäger geweckt, die wachsamen Feldrehe zu überlisten. Ich erinnere mich, daß ich an einem Morgen zwei ganz kapitale Sechser schoß und vergesse nicht das Bild, wie sie vor dem Schloß neben der nach meinem Vater benannten ständig rinnenden Ernst-Carlsquelle liegen. Anni, die Köchin, machte mir dann zum Frühstück Gehirn mit Ei, ein köstlicher Leckerbissen. Diese Anni, jetzt 87, lebt nicht weit von unserem *Neu-Friedenthal* entfernt, und wenn ich sie besuche, kreisen unsere Gedanken oft um die Pirschen in Bielau vom August 1943.

Ich glaube, es war nach einem Gespräch mit Pieper, daß ich anfing, mir Gedanken über die Ehe zu machen. Ich war ja inzwischen ein Mann von 27 Jahren und verband allmählich mit dem Thema

Ehe bestimmte Vorstellungen. Durch die gesammelten Erfahrungen war mir klar geworden, wie schwer sich anscheinend meine Zukunftswünsche im Hinblick auf eine Ehe erfüllen ließen. Wie selten traf ich Ehepartner, die ein richtiges Paar waren und vom gemeinsamen Glück sprachen. Ilse und ihr Mann waren die einzigen, bei denen ich gespürt hatte, daß bei ihnen alles stimmte. Sonst begegnete ich oft sehr vielem Enttäuschtsein, in manchen Fällen Gleichgültigkeit und auch tiefer Resignation. Mit Mädchen, und ein Mädchen kam wohl für eine dauerhafte Bindung für mich nur in Frage, wußte ich zu diesem Zeitpunkt herzlich wenig anzufangen. Noch nie war mir eine begegnet, bei der mir auch nur der Gedanke kam: Das könnte die richtige sein.

Der Urlaub verging im Fluge. Meine Mutter und ich wollten die letzten Tage zusammen in Purgstall verbringen und fuhren gemeinsam ab Breslau. Ilse war extra von Trachenberg gekommen, um mich noch einmal zu sehen. Wir waren schon in unserem Abteil, ich lehnte mich zum Fenster hinaus, wie man das so tut, bevor der Zug abfährt, und sprach mit ihr auf dem Bahnsteig. Meine Mutter schaute beim Nachbarfenster hinaus. Sie erwartete auch noch jemand. Dieser jemand erschien dann auch in Gestalt eines sehr schlanken, blonden Mädchens, das ich aber nicht weiter beachtete, ich glaube nicht einmal begrüßte. Doch ist mir der Anblick der Unbekannten noch gegenwärtig. Ich erinnere mich, daß diese Mädchenhaftigkeit, durch einen langen Trenchcoat besonders unterstrichen, meinem Jägerauge angenehm auffiel. Der Zug fuhr gleich darauf ab. Dann sagte mir meine Mutter, daß es sich bei der Blonden um die Freundin und Kommilitonin meines Bruders Gotthard, Christa Beyerhaus, gehandelt habe. Niemand konnte damals ahnen, daß ich zum ersten Mal meiner zukünftigen Frau begegnet war!

Nach den Tagen in Purgstall flog ich direkt von Wien nach Dnjepropetrovsk. von dort zu meinem Korpsstab, der noch immer am gleichen Ort lag. Es war wie eine Art Heimkehr, schließlich waren einige Offiziere, mit denen ich ja nun schon fast 1 ½ Jahre zusammen war, richtige Kameraden geworden. Natürlich erwartete mich Nina voller Sehnsucht.

RÜCKZÜGE

Wenige Tage nach meiner Rückkehr zur Truppe begann das Unternehmen „Zitadelle", zu dem von der Süd- und der Mittelfront alle verfügbaren Kräfte an den Angriffspunkten zusammengezogen worden waren. Bei Bielgorod, einem der Brennpunkte der Schlacht nördlich Charkow, bildete die Elitedivision Großdeutschland, deren Panzerregiment über 200 nagelneue Panther verfügte, die Angriffsspitze. Um es vorauszuschicken: „Zitadelle" sollte die letzte große Angriffsoperation deutscher Truppen im Osten sein.

Bei den höchsten Kommandostellen, die die Verantwortung für das Unternehmen trugen – das wußte ich von Lagebesprechungen beim Korps und bei der Armee – bestanden von vornherein große Zweifel, ob es überhaupt sinnvoll war, die letzten Reserven für diesen Angriff einzusetzen, dessen Gelingen mehr als zweifelhaft war. Viele Truppenführer hatten deshalb in den letzten Monaten, in denen die Russen eine Verschnaufpause einlegen mußten, dafür plädiert, unter Einsatz aller verfügbaren Pioniere und Heranziehung der Zivilbevölkerung am Dnjepr eine tiefgestaffelte Verteidigungsstellung auszubauen und wenn nötig kämpfend auf diese zurückzuweichen. Das hätte den unzweifelhaften Vorteil gehabt, daß einmal die Front durch die Aufgabe der *Faust von Kursk* verkürzt worden wäre, was gleichzeitig die Bildung neuer Reserven ermöglicht hätte. Zum anderen hätten die deutsche Truppen erstmals in einer vorbereiteten Stellung, zusätzlich geschützt durch das natürliche Geländehindernis, den breiten Dnjepr, den Feind erwarten können. Zweifellos hätten die Russen bei einer derartigen Verteidigungsstrategie horrende Verluste gehabt. Generalfeldmarschall von Manstein konnte sich mit diesem Vorschlag bei Hitler nicht durchsetzen. Wie beim Kampf um Stalingrad gab *der Führer* die Parole aus: „Der deutsche Soldat kämpft um jeden Fußbreit Boden und fällt, ehe er zurückweicht." Ja, als Antwort auf Mansteins Vorschlag wurde von Hitler persönlich verboten – jawohl verboten!! – daß am Dnjepr mit dem Ausbau von Auffangstellungen begonnen wurde. Begründung: Die Standfestigkeit der bei Charkow kämpfenden Truppe könnte durch das Wissen um eine Auffangstellung am Dnjepr leiden!

General Wenk war wohl einer der ersten, der erkannt hatte, daß das deutsche Heer von einem irren, starrköpfigen, kranken Mann befehligt wurde. Er gehörte auch zu denen, die den Mut hatten, den Befehl: Halten um jeden Preis, zu unterlaufen. So habe ich in den kommenden Wochen erlebt, daß Wenk zwar nach oben meldete: „Wir halten die Stellung bis zum letzten Mann", das Gros der Truppe aber längst in rückwärtige Stellungen zurückgenommen wurde und so der Einkesselung entging.

Die Würfel waren also gefallen. Unser Korps hatte mit dem Angriff selbst nichts zu tun, aber selbstverständlich wußten wir über den Verlauf der Schlacht vom ersten Augenblick an genauestens Bescheid, denn unser linker Flügel bildete den Anschlußpunkt zum rechten Flügel der Angriffsarmee.

21. Februar 1991

Heute lese ich in der FAZ: Saddam Hussein habe für die Verteidigung von Kuweit die Praxis der Russen bei der Abwehr des deutschen Angriffs auf die *Faust von Kursk* im Juli 1943 übernommen.

Und heute nach fast 48 Jahren schreibe ich meine Erinnerungen an diese Schlacht nieder! Heute abend soll der amerikanische Angriff auf diese Faust von Kursk II erfolgen. Hoffentlich kein schlechtes Omen.

Die bei uns eingehenden Meldungen vom ersten Angriffstag ergaben dann folgendes Bild: Unsere massierten Panzerverbände brachen zwar mit ihrem Angriffskeil unter schweren Kämpfen in das russische Verteidigungssystem ein, doch dem Tenor dieser Meldungen war zu entnehmen, daß nicht alles planmäßig verlief. Offenbar war der russische Widerstand weit stärker als erwartet. Als erstes führte ein tiefer Minengürtel zum Ausfall vieler Panzer, auf die dann ein tiefgestaffeltes aus Hunderten von Panzerabwehrkanonen, Panzern, Artillerie und verbissen sich verteidigender Infanterie bestehendes Abwehrsystem wartete. Daraus war zu schließen, genau an diesem neuralgischen Punkt hatten die Russen den deutschen Angriff erwartet!

Mit Meldungen, die vom *planmäßigen* Verlauf einer Operation sprachen, hatten wir ja unsere Erfahrungen. *Planmäßig* war oft weit davon entfernt, etwas Positives zu bedeuten. Wirkliche Siegesmeldungen klangen anders. Da war nämlich dann von tiefen Einbrüchen, Feind auf der Flucht, Tausende von Gefangenen, unübersehbare Beute usw. die Rede. Nach dem Beginn von „Zitadelle" aber nichts dergleichen. Es hatte etwas Quälendes für mich, an einem solchen Tag vor der Lagekarte zu sitzen, den Kohlestift griffbereit, stets in der Hoffnung, den bereits eingetragenen Angriffspfeil weiter und weiter verlängern zu können! Schnarrte das Telefon, riß ich den Hörer ans Ohr. Aber nichts von Durchbruch, nachlassendem Widerstand oder dergleichen. Schon jetzt war klar: Unsere Truppen mußten sich Meter um Meter vorwärtskämpfen.

Am zweiten Tag wurde immer deutlicher: Die eigenen Verluste waren riesig, die russische Verteidigungslinie derart tief gestaffelt, mit Tausenden von Abwehrwaffen gespickt, daß die Wirkung der eigenen Panzer dadurch nahezu paralysiert war.

In den darauf folgenden Tagen immer neue Hiobsbotschaften: Nicht nur, daß von Stunde zu Stunde deutlicher wurde: Zitadelle ist gescheitert! Plötzlich häuften sich dann auch noch Meldungen, die zur Gewißheit werden ließen, was viele befürchtet hatten: Die Russen sind an der gesamten Südfront zur Offensive angetreten! Was von uns in den letzten Monaten immer wieder nach oben gemeldet und meist in dem einen Satz zusammengefaßt wurde: „Russe verstärkt laufend seine Truppen in den Brückenköpfen", war von der höchsten Führung einfach ignoriert worden. Denn Hitler hatte nur den einen Gedanken: Zitadelle muß mit einem großen Sieg die Wende im Ostfeld bringen und „die Schmach von Stalingrad" tilgen. So mißachtete er alle Alarmsignale und bekam jetzt die Quittung! Nachdem nämlich der deutsche Angriff gegen die *Faust von Kursk* zum Stehen gekommen war, griffen überlegene russische Kräfte im Raum von Woronesch und in unserem Korpsabschnitt zwischen Charkow und dem Asowschen Meer an und versuchten, die gesamte deutsche Südfront aus den Angeln zu heben.

Über die folgenden Wochen, nämlich für die Zeit vom 13.07. bis 27.09.43, steht der lapidare Satz in meinem Wehrpaß: „Abwehrschlachten in Südrußland und Absetzbewegungen auf den Dnjepr". Es ist unmöglich, auch nur annähernd zusammenhängend die Ereignisse dieser Wochen zu schildern, da sich die Lage fast täglich änderte und sich wie ein Mosaik aus kleinen und größeren Operationen darstellte. Hier ein Einbruch, dort ein Angriff; dann wieder Zurückweichen auf die nächste Auffangstellung. Ab und zu auch kleine Erfolge, wie zum Beispiel Vernichtung einer durchgebrochenen russischen Panzerformation. Alles in allem aber war die vorherrschende Tendenz nicht zu übersehen: Es ging Schritt für Schritt rückwärts, weil die Russen uns nicht an Kampfmoral aber an Zahl haushoch überlegen waren.

Der Rückzug vom Donez begann damit, daß eines Morgens alle russischen Zivilisten in unserem Dorf ihre Habseligkeiten zusammenpackten und auf Wagen verstauten. In panikartigem Hin- und Hergerenne schrien die Frauen, und die Männer fluchten in unverständlichem Russisch. Das alles wogte gleichsam an uns vorüber, als ginge es uns nichts an. Und doch waren wir Deutschen die Urheber des Unglücks, das jetzt über diese Menschen hereinbrach. Aber uns Gedanken über die moralische Seite des Augenblicks zu machen, dazu hatten wir in dieser Situation keine Zeit. Jeder von uns hatte ja seinen bestimmten Platz und seine Aufgabe. Der Befehl, die Dörfer von Zivilisten zu räumen, kam völlig überraschend und beruhte wohl auf der Annahme, hier würde bald gekämpft werden. Nina und ich, wir wußten, daß wir uns nie wiedersehen würden. Es fand sich keine Minute, Abschied zu nehmen.

Von heut auf morgen war die Zeit vorbei, in der ich fast das Leben eines Bürovorstehers führte, mit festen Dienst- und Essenszeiten, einer geregelten Nachtruhe, gemütlichen Kasinoabenden. Der Aufbruch aus dem uns so vertraut gewordenen Dorf kam deshalb so plötzlich, weil die Russen in einem nördlichen Frontabschnitt tiefe Einbrüche erzielt hatten. Die Manitsch-Front, zu der auch unser Korps gehörte, hielt zwar noch, mußte aber zurückgenommen werden, weil unserem linken Flügel die Umklammerung drohte. Jetzt fehlten natürlich die Reserven, die beim Unternehmen Zitadelle verheizt worden waren.

Eine Absetzbewegung darf man sich nicht so vorstellen, daß die Truppen ihre Sachen zusammenpacken, sich in ihre Fahrzeuge setzen, um dann weiter westlich wieder Stellung zu beziehen. Das trifft allenfalls auf höhere Stäbe und Versorgungseinheiten zu. Die kämpfende Truppe dagegen steht bei solchen Operationen meist unter ständigem Druck des Feindes, und es besteht oft die Gefahr für sie, abgeschnitten, eingekesselt oder einfach überrollt zu werden.

Natürlich gibt es auch bei Rückzügen Pläne, die die vorgesehenen Etappen bis zur nächsten Verteidigungslinie festlegen. Die Korpsstäbe tragen dabei die Verantwortung, daß unter allen Umständen der Zusammenhang der Front gewährleistet ist. Der Feind versucht natürlich in solchen Fällen, mit schnellen Panzerverbänden den zurückgehenden Gegner zu überholen. Deshalb ist es lebenswichtig, daß das Korps immer noch einige bewegliche Eingreifgruppen in Reserve hält, die dann an den kritischsten Punkten zum Gegenstoß eingesetzt werden.

Solche Situationen habe ich immer wieder erlebt; da waren die Nerven bis zum Letzten angespannt, denn alles kam darauf an, daß die Befehle schnell und unmißverständlich die Truppenkommandeure erreichten. Funk war ja das einzige Kommunikationsmittel, und ich war Tag und Nacht für die korrekte Übermittlung der Texte allein verantwortlich. Ein falsches Wort konnte schwerwiegende Folgen haben.

Das Zurückweichen auf den Dnjepr war nicht mit dem fast fluchtartigen Rückzug nach Rostow zu vergleichen. Diesmal blieben wir trotz der erdrückenden zahlenmäßigen Überlegenheit der Russen an der Südfront Herr der Situation. Allerdings war im Sommer 1943 nicht zu verkennen: Die russischen Soldaten kämpften im Gegensatz zu den ersten Kriegsjahren mit einer nicht für möglich gehaltenen Verbissenheit. Einmal eroberte Stellungen verteidigten sie bis zum letzten Mann. Der Sieg von Stalingrad war, was die Moral der sowjetischen Truppen betraf, eben auch die Wende des Krieges, nicht nur strategisch. Die Kampfparolen der russischen Propaganda: „Schlagt die Faschisten, vertreibt die verhaßten Okkupanten!" waren auf fruchtbaren Boden gefallen. Aber wo war jetzt die Motivation für die deutschen Soldaten? Wohl allen dämmerte, daß das ursprüngliche Motiv vom Lebensraum im Osten keine Gültigkeit mehr hatte. Jetzt stellte sich Ernüchterung ein, und das Mißtrauen in die oberste Führung wuchs von Tag zu Tag. Die anscheinend nicht mehr enden wollenden Rückzüge machten jedem klar: Jetzt gehts ums Überleben! Und jeder fragte: Wo bleiben die frischen Divisionen, die neuen Waffen, die man uns immer wieder versprochen hatte?

Trotzdem war die Moral der Truppe noch intakt. Eine Bedrohung der Heimat durch die Russen fürchtete noch niemand. Das Wort Sieg nahm schon damals kaum mehr einer in den Mund. Die meist verbreitete Meinung war wohl: „Jetzt sind wir in diesem verdammten Rußland drin, nun müssen wir sehen, wie wir möglichst heil wieder herauskommen."

Ich selbst kam kaum dazu, solchen Gedanken nachzuhängen, denn ich war physisch fast überfordert. Zwar war auch mein Mißtrauen wach, ob *ganz oben* noch alles stimmte. Aber – das ist wohl meine Veranlagung – Depressionen gewannen nie die Oberhand.

Langsam kämpften sich die Verbände der Südfront auf die Dnjepr-Linie zurück; hinter sich ließen die deutschen Soldaten das zurück, was Militärs *verbrannte Erde* nennen. Erstmals gingen bei diesem Rückzug jedes Dorf, jedes Haus, jedes Gehöft, jeder Stall in Flammen auf, bevor die deutschen Truppen abrückten. Man hoffte, den Winter über die Dnjepr-Stellung zu halten und wollte den Russen mit dem Niederbrennen aller Behausungen jede Unterkunftsmöglichkeit nehmen. Wie mußten uns die Menschen hassen, denen wir mit teuflischer Absicht Haus und Hof und damit ihre Heimat zerstörten! Auch mir hatte unser Chef kurz vor einem Stellungswechsel befohlen, das Gehöft, in dem der Rest des Stabes lag, anzuzünden. Während der Oberst noch im Hauptgebäude über seine Karten gebeugt mit einem Verbindungsoffizier eine Einsatzbesprechung hatte, stand ich draußen mit dem Fahrer abfahrtbereit. Zaghaft hielt ich erst einmal so zur Probe mein Feuerzeug an das niedere Strohdach des kleinen Stallgebäudes. Da kommt ein Windstoß und in Sekundenschnelle läuft die zunächst winzige Flamme im wahrsten Sinne des Wortes über das Dach, springt auf das Hauptgebäude über, und schon steht das ganze Anwesen in Flammen! „Verdammt noch mal!" denke ich, „der Oberst ist ja noch drin und kommt und kommt nicht heraus!" Aber dann muß es ihm wohl plötzlich zu warm geworden sein, und auf einmal steht er mit puterrotem Kopf in der Haustür und schreit wutschnaubend: „Wer war das!?" Obwohl ich mir beim Anblick des wie geröstet aussehenden dicken Mannes kaum das Lachen verbeißen konnte, meldete ich mich sofort als der Übeltäter.

Schweigend stiegen wir in sein Auto, mein Platz war neben ihm, und ich mußte noch viele Kilometer auf das vermeintliche Donnerwetter warten. Es war ja nicht alltäglich, und das mußte er wohl erst verdauen, daß ein Ordonnanzoffizier seinem Chef einfach das Dach über dem Kopf anzündet! Aber dann wurde er sich wohl mit einem Male der Komik der Situation bewußt und brach in ein dröhnendes Gelächter aus. Unter Prusten brachte er nur Worte heraus, die eher wie ein Kompliment für den Falken als wie ein

Anschiß klangen. Er war halt Württemberger, und dieser Volksstamm ist ja im Grund urgemütlich.

Reibungslos verlief dann die Absetzbewegung auf die Dnjepr-Linie. Natürlich hatten die Truppen erwartet, dort eine einigermaßen ausgebaute Auffangstellung vorzufinden; aber sie wurden bitter enttäuscht. Ich habe die Truppenkommandeure noch nie derart aufgebracht erlebt, und bei den ersten Besprechungen herrschte die Stimmung wie vor einer Meuterei. Viele nahmen kein Blatt vor den Mund, und mancher hätte wohl am liebsten gesagt: Macht euern Dreck alleine!

Ich hatte es ja schon erwähnt: Für diese sträfliche Unterlassung war Hitler höchstpersönlich verantwortlich. „Keinen Schritt zurück" blieb sein Wahlspruch.

Unser Korpsstab lag zunächst im Stadtgebiet von Dnjepropetrovsk. Der mehrere hundert Meter breite Dnjepr-Strom war natürlich erst einmal für die Russen ein unüberwindliches Hindernis und verschaffte den deutschen Truppen eine Verschnaufpause.

Eines Tages erfuhr ich durch Zufall, daß mein Bruder Gotthard, inzwischen zum Feldunterarzt avanciert, bei einem Feldlazarett nicht weit von Dnjepropetrovsk Dienst tat. Natürlich benutzte ich die erste Gelegenheit, ihn zu besuchen. Die Freude war groß, sich gesund wiederzusehen. Es wurde ein vergnügter Nachmittag, der wie im Flug verging. Wir hatten uns ja ewig nicht gesehen, und Gotthard erzählte in seiner unnachahmlich witzigen Art, wie er zwar durch sein unsoldatisches Gebaren immer wieder unangenehm aufgefallen war, sich aber mit Charme und Geschicklichkeit aus den schwierigsten Situationen herauslaviert hatte. Auf jeden Fall hatte er im Gegensatz zu mir, zumindest im Winter 41/42, wie der Landser zu sagen pflegt, mitten in der größten Scheiße gesteckt. An seinem Beispiel wurde mir erneut klar, welch unwahrscheinliches Glück ich mit meiner Kommandierung zum Korps gehabt hatte, wo ich nie der permanenten Todesgefahr, in der die Frontsoldaten ständig schwebten, ausgesetzt war.

Dieser Besuch hatte für meinen Bruder leider noch ein unangenehmes Nachspiel. Mein Fahrer Wildmoser, ein Ur-Münchener, war nämlich während unseres gemütlichen Beisammenseins nicht untätig geblieben. Landser haben es ja so an sich, daß sie sich in Stunden erzwungener Ruhe stets als erstes die Frage stellen: „Wo gibt es hier etwas zu organisieren?" Sei es, daß Wildmoser diesem Prinzip folgend systematisch die Umgebung inspiziert hatte oder ihn ein verräterisches „Qua, Qua" instinktsicher auf die Anwesenheit von eßbarem Federvieh schließen ließ, jedenfalls hörte ich nach etlichen Kilometern Heimfahrt verdächtige Geräusche im Kofferraum meines VW, die sich alsbald als das Flügelschlagen zweier gekidnappter Enten entpuppten. Ich fragte nicht weiter nach dem woher und von wem. So gab es schon am nächsten Abend in Schrollers Kasino für einen exklusiven Kreis gebratene Ente!

Erst nach Monaten hörte ich von Gotthard in Giesmannsdorf, daß die zwei Vögel ausgerechnet von seinem Stabsarzt seit langem sorgfältig gemästet worden waren! Trotz erwiesener Unschuld mußte Gotthard die fällige Standpauke wortlos schlucken.

In dieser Zeit erfuhr ich auf einer Inspektionsfahrt im Hinterland, daß meine ehemalige Kosakenschwadron in der Nähe im Quartier lag. Obwohl über ein Jahr seit der gemeinsamen Zeit vergangen war, wurde dieses Wiedersehen für mich in seiner wahrhaft überwältigenden Herzlichkeit zu einem unvergeßlichen Erlebnis.

Ich fuhr mit meinem offenen Kübelwagen durch besagtes Dorf, als mich einer der Kosaken erkannte. Darauf ging der Ruf „Oberleutnant ist da! Oberleutnant ist da!" wie ein Lauffeuer von Haus zu Haus. Ich sehe sie noch mit freudestrahlenden Augen, so wie sie gerade waren, meist ohne Mütze, teilweise in Pantoffeln, manche nur mit Unterhemd und Hose bekleidet aus ihren Unterkünften stürzen. Sie umringten meinen Wagen, und in ihren Augen las ich so etwas ähnlich der Freude von Kindern bei der Rückkehr des Vaters. Ich war so bewegt, daß ich einen um den anderen in die Arme nahm und an mich drückte. Gut, daß keiner von uns damals ahnte, welchem Schicksal viele von ihnen entgegen gingen.

Wenn ich nach dem Krieg von dem Kosakenmassaker hörte, das die Russen nach der Übergabe der Wlassov-Armee durch die Amerikaner an diesen sogenannten Volksverrätern verübten, davon, daß viele Tausend vor der Auslieferung an die Sowjets Selbstmord verübten, krampfte sich mein Herz zusammen, weil ich dann stets die strahlenden Gesichter meiner Kosaken an jenem Tage vor Augen hatte!

Aber auch am Dnjepr ließen uns die Russen kaum zur Ruhe kommen. In ihrer Improvisationsgabe fanden sie immer wieder neue Mittel, auch ohne Brücken, ohne Hilfe von Pionieren, mit Stoßtrupps über den Fluß zu gelangen. Unsere Truppen waren viel zu schwach, um das westliche Flußufer lückenlos zu besetzen. Um die Frontlinie möglichst zu verkürzen, verliefen die Stellungen öfters nicht direkt am Fluß mit seinen unzähligen Windungen, sondern – dazu reichten die Kräfte noch aus – man war bemüht, von beherrschenden Geländepunkten, die als Verteidigungsnester ausgebaut waren, wenigstens das Ufer einigermaßen zu kontrollieren. Trotzdem gelang es den Russen immer häufiger, unbemerkt im Schutz der Nacht mit Hilfe von Flößen, die sie meist aus alten Fässern zusammengebastelt hatten, oder mit Kähnen der dort ansässigen Fischer das oft mit dichtem Gesträuch bestandene Westufer zu erreichen und kleine Brückenköpfe zu bilden.

In den meisten Fällen gelang es Eingreifreserven, diese schwachen Kräfte zu vernichten. Oft war aber aus Mangel an Leuten erst nach ein paar Tagen ein solcher Gegenangriff möglich. Da hatten sich die Russen meistens schon wie die Maulwürfe rings um den Brückenkopf eingegraben und in den Nächten bereits einige der gefürchteten 7,5 mm Panzerabwehrkanonen über den Fluß gebracht. Auch am Ostufer war inzwischen russische Artillerie in Stellung gegangen, und schon mußte von deutscher Seite eine richtige Angriffsoperation gestartet werden, wollte man überhaupt eine Chance haben, diesen zähen Gegner über den Fluß zurückzuwerfen. Angesichts dieser neuerlichen Bedrohung war die Stimmung bei Führung und Truppe miserabel, denn sie hatten sich nach Erreichen der Dnjepr-Stellung eine weit längere Atempause erhofft. Allen war klar, daß die schwachen deutschen Verbände einem erneuten starken russischen Angriff nur kurze Zeit standhalten konnten. Bei den Stäben fragte man sich: Wie kann bei einem neuerlichen Rückzug auch dieses mal eine Katastrophe vermieden werden? Bald stand der Winter vor der Tür! Die einzige Möglichkeit, bewegliche Reservekampfgruppen zu bilden, sah die Armeeführung darin, die Fronttruppe noch weiter auszudünnen. Die dadurch entstandenen Eingreifreserven wurden hinter der Front zum Einsatz gegen durchgebrochene Feindkräfte bereitgehalten. Da die Panzerregimenter teilweise bereits über den Panther verfügten, konnten wir uns bei dieser Taktik eine kleine Chance ausrechnen, die Front zu halten.

Öfters fanden jetzt Besprechungen aller Korpskommandeure beim Stab der Heeresgruppe statt. Einmal mußte ich den General begleiten. Obwohl ich inzwischen Rittmeister geworden war, kam ich mir unter den vielen *hohen Tieren* mit ihren breiten roten Streifen an den Hosen deplaciert vor und bekam etwas Herzklopfen, als ich beim Mittagessen dann links neben dem Oberbefehlshaber der Heeresgruppe, Generalfeldmarschall von Manstein, placiert wurde. Kaum hatten alle Platz genommen, erläuterte er mir ganz freundlich, daß beim Essen stets derjenige Offizier, den er noch nicht kannte, neben ihm säße. Manstein war überhaupt kein Kommißkopf sondern ein Herr, der aufgrund seiner Persönlichkeit die ganze Tafel beherrschte. Beinahe bescheiden aber voll Bestimmtheit trug er seine Ansichten vor. Wie ich es bei General Wenk erlebt hatte, strahlte von ihm jene Menschlichkeit aus, die Vertrauen schafft.

Durch meine Verwandtschaft mit Onkel Lex, der zu dieser Zeit Generalgouverneur von Belgien und Nordfrankreich war, über den ich auf sein Fragen zu meiner Schande herzlich wenig wußte, hatten wir gleich ein Gesprächsthema. Meine Bemerkung, daß er in unserer Familie aufgrund seiner langjährigen Beratertätigkeit bei Tschiangkaischek *der Chinese* genannt wurde, entlockte dem hohen Herrn ein Lächeln.

Ich bin dem Leser noch einen Nachtrag schuldig. Am 01.09.1943 wurde ich zum Rittmeister befördert. Kavalleristen pflegten in ihrer arroganten Art zu sagen: „Es gibt nur zwei anständige Dienstgrade: den Rittmeister und den General der Kavallerie"; oder, wenn ein in militärischen Dingen Unerfahrener fragte: „Ist Rittmeister soviel wie Hauptmann?" mit etwas verächtlichem Ton antworteten: „Hauptmann kann man auch bei der Feuerwehr werden!"

Am Abend dieses 1. September hatte ich anläßlich meiner Beförderung ein paar Offiziere und meine Schreiber zu einer kleinen Feier eingeladen. Irgend jemand hatte noch ein paar Flaschen Cointreau aufgetrieben, und dieser süße Likör bewirkte wohl, daß meine Stimmung plötzlich in eine mir völlig unbekannte Melancholie umschlug. Ich sah wie durch einen Schleier Vergangenheit, Gegenwart und Zukunft dieses Krieges, all das entsetzliche millionenfache Leid, das er gebracht hatte und noch bringen würde. Es war in diesem Augenblick eine Art Zwang, als müßte ich eine mit einem mal zu schwere Last loswerden, und ich hielt eine Rede. Es war fast wie ein Selbstgespräch, als ich versuchte, aus all dem Negativen, das mich gleichsam überfallen hatte, etwas Positives in die Gegenwart dieses Tages herüberzuretten. Dabei halfen mir die Begriffe Kameradschaft und Vertrauen. Und während ich sprach, erkannte ich plötzlich diese Werte als das wohl einzig Positive, das man nirgends als im Krieg so hautnah erleben kann.

Mitte Oktober begann die Abwehrschlacht am Dnjepr und um Dnjepropetrovsk. Es schien mir, als verlaufe der Feldzug jetzt mit umgekehrten Vorzeichen. 1941-42 stürmten die deutschen Truppen unaufhaltsam von Westen bis nach Stalingrad und nun der Rückzug in fast gleichen Etappen von der Wolga bis zum Don, vom Don zum Donez, vom Donez an den Dnjepr. Selbst diese Front wankte jetzt – wo würde die nächste Auffangstellung sein? Als die Russen den Dnjepr überschritten, wußten wir es jedenfalls noch nicht!

Diese Aufzeichnungen sollen ja nur meine persönlichen Erlebnisse wiedergeben und kein Kriegstagebuch sein, in dem über alle Details einer militärischen Operation berichtet wird. Meine Tätigkeit änderte sich kaum, und die Beanspruchung wechselte so wie die Lage an der Front. Auffallend war in diesen Wochen die veränderte Stimmung, die allmählich auch mich ergriff. Es gab eben schon damals kaum noch Meldungen von der Front, die auch nur einen Funken Hoffnung weckten, daß sich die Gesamtlage noch einmal zum Positiven ändern könnte. Das blieb auch in den nächsten Wochen so. Deshalb beschränke ich mich auf die Schilderung des Kriegsgeschehens in großen Zügen. Nur über eigenes Erleben will ich genau berichten.

In der Folgezeit wichen unsere Fronttruppen unter dem immer stärker werdenden Druck der russischen Offensive Schritt für Schritt zurück. Doch den befürchteten Durchbruch schafften die Russen nicht. An äußerst kritischen Situationen war kein Mangel. In neuen Stellungen gab es meist nur kurze Aufenthalte.

Auf halbem Weg von Dnjepropetrovsk nach Krivoy Rog lag unser Korpsstab in der Schule eines Dorfes, das rings von langgestreckten Höhenzügen umgeben war und sich wie auf dem Grund eines Trichters ausbreitete. Die Divisionsstäbe befanden sich nur wenige Kilometer von uns und nicht weit davon entfernt bereits die vorderste Linie, so daß wir wohl erstmalig in diesem Krieg in Reichweite der russischen Artillerie waren.

Für den nächsten Tag erwarteten wir bei der 17. Panzerdivision, deren Stellungen genau ostwärts von uns lagen, den feindlichen Angriff. Sicherheitshalber hatten sich General Kirchner und Chef Lägeler schon nach Westen zum nächsten Gefechtsstand abgesetzt. Die Gesamtlage war nämlich so mulmig, daß auch höhere Kommandostellen gefährdet waren. Sie mußten aber unter allen Umständen intakt bleiben.

Major von Buttler und ich bildeten das sogenannte Nachkommando. Im Morgengrauen setzte deutlich hörbar Trommelfeuer der russischen Artillerie ein. Während unsere Fahrzeuge abfahrbereit auf dem Schulhof standen, war ich in ständigem Kontakt mit dem 1A der 17. Panzerdivision. Wieder klingelte das Telefon. Am anderen Ende der Strippe war Oberleutnant W. und sagte mit dem ihm eigenen Sarkasmus in der Stimme: „Falke, gerade fährt der erste russische Panzer an meinem Fenster vorbei!" Da war auch schon die Verbindung unterbrochen. Die Russen waren also *durch!* Etwas ratlos standen Buttler und ich am Fenster und beobachteten die dem Dorf vorgelagerten Höhen. Bald tauchten am östlichen Horizont Soldaten auf, die sich langsam auf unser Dorf zubewegten. Wie wir durchs Glas erkennen konnten, schauten sie immer wieder in die Richtung, aus der sie kamen, als erwarteten sie von dort eine Gefahr. Bald erschienen dann auch einige Panzer, die wir zunächst für deutsche hielten, die den Rückzug der Infanterie deckten. Plötzlich begannen diese Kampfwagen aus allen Rohren zu schießen und – verdammt noch mal! – die schossen ja nicht nach Osten, sondern nach Westen! Das bedeutete: russische Panzer unmittelbar vor dem Dorf! Diese Nachricht verbreitete sich wie ein Lauffeuer von Straße zu Straße, von Haus zu Haus. Was dann folgte, kann man nur mit Panik bezeichnen. In dem Dorf lagen ja nicht nur die paar Fahrzeuge unseres Stabes, sondern es war vollgestopft mit Nachschubeinheiten, Werkstattkompanien, Munitionskolonnen und was sonst noch alles zum Troß mehrerer Divisionen gehört. Also alles Leute, die noch nie gekämpft hatten und auch gar nicht kämpfen konnten. Sie hatten nur den einen Gedanken: Nichts wie weg und raus aus dem Trichter!

Ich selbst war ganz ruhig aber bis zum Letzten angespannt. Wie kommt es, daß ich mich nicht nur an die Bedrohung erinnere, die ich in dem Augenblick empfand, als die russischen Panzer auftauchten, sondern auch an eine lächerliche Kleinigkeit in Gestalt eines saftigen Hühnerbeins, das mangels Zeit zum Frühstück unberührt auf meinem Schreibtisch lag und das ich nun schweren Herzens zurücklassen mußte?

Ich gab den Fahrern unserer Funkstellen das nächste Marschziel bekannt und machte mich selbst per pedes auf den Weg. Da fühlte ich mich sicherer, denn der einzige Weg aus dem Ort nach Westen würde mit Sicherheit total verstopft sein. Zunächst lag diese Straße im toten Winkel der Panzerkanonen, so daß die aus dem Ort herausdrängenden Kolonnen noch nicht gefährdet waren. Aus demselben Grund war alles, was unter ihrem Schwenkbereich lag, vor ihnen sicher.

In dieser Erkenntnis legte ich am Ortsausgang erst einmal eine Pause bei meinem Solo-Rückzug ein. Ein wildes Durcheinander von Fahrzeugen aller Art flutete an mir vorbei. Da sehe ich plötzlich, und kann es zunächst gar nicht fassen, einen nagelneuen „Panther", der sich genauso wie all die armen Etappenhengste aus dem Staube machen wollte! Na warte Bursche, dachte ich, renne an dem mich um Mannshöhe überragenden Panzer vorbei und stelle mich mit hoch erhobener Hand mitten auf die Fahrbahn. Aber der fuhr weiter, gerade auf mich zu. Bange Sekunden blieb ich mit einem komischen Gefühl im Magen einfach stehen – und einen Meter vor mir hielt der Koloß. Der Kommandant im Turm, von mir zur Rede gestellt, schwafelte etwas von Werkstatt und Panne. Ich war wohl weiß vor Empörung, brüllte ihn an und drohte mit Kriegsgericht. So gelang es mir tatsächlich, ihn zum Ausscheren aus der Kolonne zu bewegen und am Ende des Hohlweges in Stellung zu gehen. Von dort sah ich auf den Höhenzügen jenseits des Ortes die russischen Panzer – es waren inzwischen etwa 20 – herumfahren und Jagd auf einzelne deutsche Infanteristen machen.

Zu meiner Überraschung entdeckte ich dann noch einen Panther, der hinter einer Kate stand. Die Besatzung saß neben ihrem Fahrzeug und frühstückte! Ich war fassungslos, mußte jedoch erfahren, daß es sich bei diesen Leuten nicht um Drückeberger sondern um alte, erfahrene *Panzerhasen* handelte. Sie klärten mich auf, daß es sich beim Feind um russische T34 handelte, die maximal 1.500 m weit schießen könnten. Diese waren aber noch zirka 2 Kilometer entfernt, also keine Gefahr. Außerdem, belehrte man mich, würden russische Panzer nie ohne Infanterieschutz in eine Ortschaft hineinfahren, aus Furcht, dort fast schutzlos mit Hafthohlladungen oder Panzerfäusten bewaffneten Infanteristen ausgesetzt zu sein. Denn nach den Seiten ist eine Panzerbesatzung sozusagen blind, weil die Sehschlitze ihres Fahrzeugs ausschließlich nach vorne zeigen.

Inzwischen hatten meine Informanten ihr Frühstück beendet. In aller Ruhe nahm jeder dann seinen Platz im Panzer ein, und der Kommandant sagte zu mir: „Herr Rittmeister, wollense mal gukken?" Ich zwängte mich also durch den Turm ins Innere des Panther und schaute durch die Optik. Als Jäger begriff ich sofort: Wenn diese Kanone tatsächlich dorthin schießt, wo der Zielstachel hinzeigt, dann arme Russen! Ich sah nämlich vielfach vergrößert durch dieses Zielfernrohr messerscharf einen russischen Panzer. Der Zielstachel, den man mit der Richtvorrichtung kinderleicht um Millimeter korrigieren konnte, zeigte in sein Leben. Dann schossen die beiden Panther und ihre Panzergranaten fanden mit einer beängstigenden Treffgenauigkeit ihr Ziel. In kurzer Zeit standen drüben einige Panzer in Flammen. In wilden Zickzackfahrten versuchten die übrigen zu entkommen. Einige nebelten sich ein, und bald war der letzte T34 am Horizont verschwunden.

Kurz darauf fand ich auch meine Fahrzeuge wieder und traf im nächsten Ort Major von Buttler, der mich freudig begrüßte. Auch unser Kradmelder Gumpinger war zur Stelle, einer jener Typen, die auch in brenzligen Situationen keine Angst kennen, vielmehr ihren Humor behalten und beileibe nicht wie wir sogenannten Intelligenten an den Tod denken. So dachte er auch in diesem Fall an das Nächstliegende, nämlich, daß wir Hunger hatten. Weiß Gott woher hatte er eine Henne gegriffen, ihr den Hals umgedreht und sie dann in Windeseile gerupft, und bald verhieß ein angenehmer Duft, daß sie in einem Topf kochte.

Inzwischen waren weitere Fahrzeuge des Stabs eingetroffen, die wir bis auf eine Funkstelle sowie Buttlers und meinen Geländewagen nach hinten schickten. Spärlich kamen die Funksprüche der Divisionen, die lediglich bestätigten, was wir ohnedies durch eigenen Augenschein wußten: Die Russen hatten die deutschen Linien durchbrochen und sorgten mit ihren Panzerspitzen oft weit hinter der Front für Verwirrung und vereinzelt für Panik. Auch in dem Ort, den wir nun erreicht hatten, konnte von geordnetem

Abmarsch keine Rede sein. Kein Mensch dachte daran, Widerstand zu leisten. Alle hatten nur den einen Gedanken, so schnell wie möglich sich nach Westen abzusetzen, besser gesagt auszureißen. Da die Regenzeit eingesetzt hatte, verwandelten sich die Straßen mehr und mehr in knietiefen Morast, so daß überhaupt nur noch geländegängige Wagen und Kettenfahrzeuge durchkamen. Alle anderen Fahrzeuge wurden einfach stehengelassen, die dazugehörigen Mannschaften flüchteten zu Fuß weiter. Es war das erste mal in diesem Krieg, daß ich bei den sonst so disziplinierten deutschen Soldaten Anzeichen von Auflösungserscheinungen und damit verbundene chaotische Zustände sah. Dabei drängten jetzt aus den links und rechts der Straße liegenden Gehöften Fahrzeuge aller Kategorien auf die Hauptstraße. Es galt nur noch das Gesetz des Stärkeren. Das hatte natürlich Zusammenstöße und damit schier unentwirrbare Blechknäuls zur Folge.

Auch der sonst so ruhige Major von Buttler wurde zunehmend nervös, zumal Abschüsse von Panzerkanonen immer näher kamen. Daß wir uns noch nicht wie alle anderen nach Westen in Marsch gesetzt hatten, verdankten wir einzig und allein jener Henne, die zwar unentwegt kochte, aber ums Verrecken nicht weich werden wollte! Sicherheitshalber ging ich ab und zu hinaus, um die von Osten ins Dorf führende Zufahrtsstraße zu beobachten. Die immer näher kommende Schießerei war auch mir alles andere als geheuer. Wer beschreibt daher meinen Schrecken, als ich plötzlich einen T 34 auf eben jene Zufahrtsstraße einbiegen und genau auf die Kreuzung zurollen sehe, an der unser Haus stand. In Sekundenschnelle saßen wir in unseren Fahrzeugen. Während die Funkstelle und Buttler gut wegkamen, stürzte mein VW an der nächsten Kreuzung mit dem Vorderrad in ein tiefes Loch. Wir saßen rettungslos fest. Im nächsten Augenblick schob sich auch schon ganz langsam die Kanone des russischen Panzers hinter jenem Haus hervor, das wir gerade verlassen hatten. Zwei Meter fehlten noch, dann waren wir im Schußfeld seiner 7,5 cm-Kanone!

Aber, oh Wunder, nur das Rohr der Kanone blieb weiterhin sichtbar. Die entscheidenden 2 m tat der T34 nicht sondern hielt weiter in Deckung hinter dem Haus. Er wagte sich offenbar nicht auf die quer zu seiner Fahrtrichtung verlaufende Straße aus Furcht vor einer deutschen Panzerabwehrkanone.

Mit einem Auge schielte ich ständig nach dem so bedrohlich nahen Panzer, gleichzeitig riß ich das vordere Abschleppseil meines Wagens aus der Halterung. In diesem Augenblick näherte sich wie vom Himmel gesandt von hinten eine riesige Zugmaschine. Natürlich dachte deren Fahrer nicht daran, auf der unmittelbar gefährdeten Kreuzung auch nur Sekunden anzuhalten. Mir blieb also nichts anderes übrig, als den am Ende des Seils befindlichen Haken einfach in irgendeine Strebe des an mir vorbei brausenden Ungetüms einzuhängen. Mit einem Riesenruck – ich dachte es reißt den VW in Stücke – waren wir aus dem Loch heraus und gleichzeitig in Deckung der nächstliegenden Häuser. Die Zugmaschine hielt, ich koppelte den Wagen ab, die kritische Situation war überstanden!

Am Ende des Ortes erwartete mich von Buttler. Er war ganz blaß und eröffnete mir: „Falke, ich hab meine Generalstabskarte in dem Bauernhaus liegengelassen! Geh zurück und hol sie!" Mir war sofort klar: Da gabs keinen Widerspruch, denn diese Karte enthielt alle wichtigen Details über die Truppenverbände im Bereich unseres und dem der Nachbarkorps. Unausdenkbar die Folgen, fiele diese Karte dem Feind in die Hände!

Ich muß sagen, ich hatte keinen Augenblick Angst. Das lag wohl daran, weil ich nur für mich allein verantwortlich war. Ich verließ mich wieder einmal ganz auf mein gutes Auge und auf meinen Jagdinstinkt. Als ich mich entlang der Dorfstraße feindwärts in Marsch setzte, sah ich an den Gesichtern der an mir vorbeifahrenden Soldaten, daß sie mich wohl nicht für ganz normal hielten. Aber die Aktion verlief dann eigentlich ganz undramatisch. Als ich an die schicksalsträchtige Kreuzung kam, galt mein erster Blick unserem Bauernhaus, und siehe da, es war für mich schon fast wie ein vertrauter Anblick – noch immer lugte die Panzerkanone hinter der Hausecke hervor. Ich dachte: „Der ist noch immer allein und wartet auf die Infanterie". Also faßte ich mir ein Herz: Die MP im Anschlag stürzte ich in das Haus, und da lag die Karte auf dem Tisch! Es war doch ein eigenartiges Gefühl, nur durch eine Hauswand von den Russen und ihrem Panzer getrennt zu sein. Wenig später konnte ich Buttler seine Karte übergeben. Wir waren beide erleichtert.

In den nächsten Tagen setzte sich das Korps weiter in Richtung Krivoy Rog ab. Wie verworren die Lage war, sieht man daran, daß wir auf diesem Marsch durch einen Ort kamen, in dem also in unserem Rücken eine Panzerschlacht stattgefunden haben mußte, bei der deutsche Panzer eine Gruppe von T34 aufgerieben hatten. Rechts und links der Straße standen die teilweise noch rauchenden Wracks, oft darum herum liegend die dazugehörigen Besatzungen verbrannt, verkohlt, die schwarzen Klumpen kaum noch als Menschen erkenntlich. So etwas nimmt man nur wahr, ohne die furchtbare Realität ins Innere einzulassen. Ist man nicht selbst betroffen, wird Realität irreal.

Wochenlang tobte anschließend die Abwehrschlacht um Krivoy Rog. Wie so oft in diesem Jahr 1943 war die deutsche Front eine Linie mit vielen Löchern, durch die die Russen nach Westen vorstießen und die deutsche Führung immer wieder zwangen, die Front weiter und weiter zurückzunehmen. Dann machte endlich die einsetzende Schlammperiode jede größere Truppenbewegung unmöglich. Die Front erstarrte. Im November fiel der erste Schnee. Der dritte Winter in Rußland begann.

Während des Marschs in unser Winterquartier gab es auf einmal für mich Gelegenheit, mich als Jäger zu betätigen. Dazu kam es ganz zufällig. Irgend jemand hatte mir erzählt, daß ein General von Hünersdorf kürzlich 12 Hasen geschossen hätte. Ich dachte: „Was der kann, kannst Du auch", und bald hatten sich Wildmoser und ich anläßlich eines Stellungswechsels von der Kolonne abgesondert, um abseits der Rollbahn nach Hasen Ausschau zu halten. Jedoch weit und breit war kein Langohr zu sehen. Immerhin fanden wir an den Rändern stehengebliebener Maisfelder in der geschlossenen Schneedecke unzählige Hasenfährten. Daraus schloß ich messerscharf, wo Hasenfährten sind, müssen auch Hasen sein! Planlos fuhren wir also weiter ins Land hinein. Als Jagdwaffe wollte ich Wildmosers Karabiner benutzen.

Die Felder sind in der Ukraine meist so flach wie eine Tischplatte; und es gab keine Gräben oder sonstige Hindernisse, die unsere Fahrt querfeldein behindert hätten. Wir waren wohl schon eine Stunde umhergekurvt, ohne auch nur einen einzigen Hasen gesichtet zu haben. Als wir dann eine langgestreckte Bodenwelle überquerten und eine große, langgestreckte Mulde von etwa 1.500 m im Durchmesser vor uns lag, glaubte ich meinen Augen nicht zu trauen: In dieser Mulde bewegten sich nämlich unzählige braune

Punkte. Es ist kein Jägerlatein: Beim näheren Hinschauen entpuppten sich alle diese Punkte als Hunderte von Hasen! Und noch etwas ganz Kurioses kam hinzu, im Zentrum dieses Hasenkessels saßen drei Füchse!

Als wir in dieses paradiesische Bild mit unserem VW hineinfuhren, stoben die Hasen auseinander. Ich ballerte wie wild hinterher – natürlich ohne jeden Erfolg. Weit außer Schußentfernung machten die Hasen dann einen Kegel und lachten uns aus! Die Szene erinnerte an die Seite aus einem Kinderbuch. Mir war jedoch nicht entgangen, daß so ein Hase, wurde er im langsamen Tempo verfolgt, irgendwann einmal ein Männchen baut und daß sich dieser kurze Halt stets durch drei immer kürzer werdende Fluchten ankündigte. Auf dieser Erkenntnis fußend entwarf ich meinen Angriffsplan. Wir nahmen also ein bestimmtes sich im Galopp entfernendes Langohr aufs Korn und fuhren ganz langsam hinter ihm her. Beobachtete ich dann, daß sein normaler Lauf in das oben geschilderte kurze hopp, hopp, hopp überging, sagte ich „stopp!". Der Wagen hielt. Das Gewehr hatte ich schon auf der für diese Art Jagd vortrefflich konstruierten herunterklappbaren Windschutzscheibe in Anschlag gebracht. Machte der Hase das erhoffte Männchen, krachte der Schuß. Bald stellten sich die ersten Erfolge ein, und ich brachte an diesem Nachmittag auf diese Weise noch 13 Hasen zur Strecke! Auch ein Fuchs mußte daran glauben, denn auch dieses an sich so schlaue Tier verhielt sich ganz ähnlich wie die Hasen. Die Füchse lagen meist in Deckung des Steppengrases. Durch unseren Wagen aufgescheucht, flüchteten sie zunächst 80 bis 100 m, um dann, wohl aus Neugier, zu verhoffen und zu dem unbekannten Ungetüm zurückzuäugen. Diese Neugier hat meinem ersten Rußlandfuchs und in der Folgezeit noch einer ganzen Reihe seiner Artgenossen das Leben gekostet. Leider konnte man die Fuchsbälge nicht verwerten, denn aus unerklärlichen Gründen waren die Tiere ausnahmslos von der Räude befallen.

Mit großem Hallo wurde ich beim Stab empfangen. In erster Linie begrüßten alle die Abwechslung im eintönigen Speisezettel. Zum Glück blieben wir den ganzen Dezember und bis in den Januar hinein in dieser hasenreichen Gegend. So nutzte ich jede freie Stunde, um meinem Waidwerk nachzugehen, eine willkommene Abwechslung, die besonders in den Weihnachtsfeiertagen die

Wehmut darüber etwas verdrängte, daß ich in diesem Jahr Weihnachten nicht zu Hause sein konnte. Meine erfolgreichsten motorisierten Pirschen lagen unmittelbar vor und nach dem Fest. Die Beute war inzwischen so zahlreich, daß wir jedem Urlauber einen Hasen mitgeben konnten. Ich muß noch erwähnen, daß diese ukrainischen Hasen etwa ein Drittel schwerer waren als die schlesischen, also nie unter 10, oft sogar 12 Pfund, wogen. Unter anderem schickte ich auch 3 Hasen für General Wenk zum Armeestab. Er hatte vollstes Verständnis für den Scherz, als wir ans Ende einer Tagesmeldung folgenden Passus setzten: „Am heutigen Tage erlegte Rittmeister von Falkenhausen seinen 300. Sowjethasen!"

Am Silvestertag verhielten sich die Russen besonders ruhig. Sie feierten wohl das Ende des für sie so erfolgreichen Jahres. So nutzte ich die Gelegenheit zu einer ausgedehnten Fahrt ins *Revier*. An diesem Tag war starker Nebel, und diese Wetterlage verhalf mir zu einem Erlebnis besonderer Art, denn plötzlich strichen 7 Schwäne recht niedrig über uns hinweg. Heute käme ich gar nicht auf die Idee, auf diese herrlichen Vögel zu schießen. Damals aber riß ich den Karabiner hoch und schoß. Zu meinem größten Erstaunen fiel tatsächlich einer der Riesenvögel zu Boden. Zum Glück stellte sich heraus, daß wir im Stab einen Ornithologen hatten, der den Vogel fachgerecht abbalgte, konservierte und ihn dann in seine Heimatstadt Linz für das dortige Museum mitnahm.

Mitte Januar war mit dieser kurzweiligen Unterhaltung Schluß. Die Russen nahmen ihre Angriffstätigkeit allmählich wieder auf, und ich war unabkömmlich. Unsere Truppen wurden gleich weiter in die Defensive gedrängt, zu spärlich war der Ersatz an Menschen und Material, der uns in den Wintermonaten zugeführt wurde, als daß die schweren Verluste aus den Abwehrschlachten des Herbstes hätten ausgeglichen werden können. Dagegen stellte unsere Aufklärung fest, daß die Russen mit neuen Verbänden gegenüber unserem Korpsabschnitt ihre Front verstärkt hatten. „Verfügen sie denn über unerschöpfliche Reserven?" fragte man sich deprimiert. Trotzdem: Die Kampfmoral der deutschen Soldaten war weiter gut, sie zeigten sich den angreifenden Russen durchaus gewachsen. Nur bei zahlenmäßiger erdrückender Überlegenheit des Gegners konnten immer wieder Einbrüche in die eigene Front nicht verhindert werden, die dann nur mit den letzten Reserven abgeriegelt wurden. Bald zeigte also meine Lagekarte wieder zahlreiche Einbuchtungen im Frontverlauf, die wie Geschwüre in einer gesunden Haut aussahen. Fast untätig mußten wir zusehen, wie der Feind anschließend seine Angriffsverbände in einer solchen Eiterbeule bereitstellte. Dann konnte nur durch Zurücknahme eines breiten Frontabschnitts ein Durchbruch verhindert werden.

In der zweiten Februarhälfte wurden unserem Frontabschnitt ganz unerwartet die 6. und die 24. Panzerdivision zugeteilt, zwei aus Frankreich kommende ausgeruhte und mit neuen Waffen ausgerüstete Verbände. Sie wurden am Nordflügel unseres Armeeabschnittes mit Stoßrichtung nach Süden eingesetzt. Jetzt erlebte ich das letzte Mal in diesem Krieg eine erfolgreiche deutsche Offensive. Sie kam anscheinend für die Russen völlig überraschend, denn der Angriff der Panzerregimenter traf den teilweise schon weit nach Westen vorgedrungenen Feind in der Flanke. Innerhalb einer Woche waren so gut wie alle Einbruchstellen im Frontabschnitt der 4. Panzerarmee bereinigt.

So herrschte am 5. März, meinem Geburtstag, seit langer Zeit wieder einmal gute Stimmung. Für mich war es ein besonderer Grund zur Freude, plötzlich stand ich nämlich meinem alten Freund Gerd Becker gegenüber, der im Stab der 24. Panzerdivision Dienst tat. Seit Rathenow hatten wir uns nicht mehr gesehen. Da die 24. Panzerdivision aus der 4. Kavalleriedivision hervorgegangen war, traf ich in diesen Tagen noch weitere Kameraden, die ich aus meiner Rathenower Zeit kannte.

Die Freude über den unerwarteten Erfolg währte nicht lange. Kurz darauf wurden nämlich die beiden Divisionen schon wieder abgezogen. Weiter nördlich war es den Russen gelungen, große Teile der im Kessel von Tscherkassi eingeschlossenen Verbände aufzureiben. Danach marschierten sie ohne auf wesentlichen deutschen Widerstand zu stoßen weiter nach Westen. Damit bestand für unseren Frontabschnitt die Gefahr, von dem nördlich von uns vorgehenden Feind überflügelt zu werden.

Erst in den Vorbergen des östlichen Rumänien kam die Front wieder zum Stehen, denn nun war das für die russischen Panzer so günstige flache Land der Ukraine zu Ende, und unsere Truppen hatten endlich die Möglichkeit, sich wieder festzusetzen.

EIN URLAUB MIT FOLGEN

In der zweiten Märzhälfte 1944 blieb es zunächst an der Front ruhig, und ich konnte deshalb wieder einmal auf Urlaub fahren. In Bakau, einem Ort im südöstlichen Rumänien, wartete ich auf eine Fluggelegenheit, an diesem Nachmittag jedoch vergeblich. So ging ich am Abend allein in ein Tanzlokal, wo Soldaten und Zivilisten sich amüsierten. Dieses Vergnügen endete für mich mit einer kleinen Katastrophe. Mir wurde nämlich meine Brieftasche gestohlen, die ich leichtsinnigerweise für einen Augenblick neben mich auf den Tisch gelegt hatte. So stand ich plötzlich da ohne ein Ausweispapier und ohne die für mich so wichtige Bescheinigung, die mich als Kurier des Korps auswies und die mir stets Tür und Tor geöffnet hatte. Die Polizei erschien bald, und dann fand sich ein rumänischer Soldat, der den Dieb offenbar gesehen und erkannt hatte. Nach einem längeren Palaver bedeutete mir der Polizist, der kein Wort Deutsch verstand, ihm zu folgen. Ich war wegen der Verständigungsschwierigkeiten bei der anschließenden Aktion von vornherein zu einer Statistenrolle verurteilt. An der Seite des Polizisten führte mich der Weg bald in die Außenbezirke der Stadt. Die Häuser entlang der Straße wurden immer primitiver und kleiner. Daß wir auf dem richtigen Weg waren, stellte sich bald auf geradezu groteske Weise heraus. Denn plötzlich bückte sich der Polizist und hielt meine Brieftasche in der Hand! Natürlich war sie leer; immerhin eine Ermutigung für mich, weiterzugehen. Zielsicher ging mein Führer voran, und bald erreichten wir eine Baracke, traten ein und standen plötzlich in einem Raum, in dem eine 6köpfige Familie anscheinend gerade zur Nachtruhe übergegangen war. Da ich wie gesagt kein einziges Wort Rumänisch verstand, mußte ich in der nun folgenden Auseinandersetzung eine völlig passive Rolle spielen. Ich war recht erstaunt, daß dabei nicht der Polizist dominierte sondern der aufgebrachte Familienvater, ein Riese von einem Kerl, der aber wie alle Familienmitglieder in langen Unterhosen recht lächerlich wirkte. Nachdem sich beide, Polizist und das Familienoberhaupt, eine Zeitlang angebrüllt hatten, wurde die Situation immer prekärer, zudem auch noch die beiden Söhne eine drohende Haltung einnahmen.

Zum Glück stand ich mit dem Rücken zur Wand, so daß mir von hinten keine Gefahr drohte. Jedenfalls dachte ich in diesem

Augenblick keinen Moment an den Inhalt meiner Brieftasche sondern hatte nur den einen Gedanken, heil aus diesem Raum herauszukommen. Bei der kläglichen Rolle, die *mein* Polizist spielte, war das absolut nicht sicher. Der dramatische Höhepunkt der Auseinandersetzung ließ auch nicht lange auf sich warten. Der aggressive Familienvater gab nämlich dem Polizisten eine schallende Ohrfeige und riß ihm gleichzeitig seine Dienstpistole aus dem Halfter. Ob ich wollte oder nicht, jetzt mußte ich handeln. Innerlich zitternd zog ich meine Pistole 08 – es war übrigens das einzige mal in meinem Soldatendasein, daß ich beinahe von diesem Ding Gebrauch gemacht hätte – und richtete sie auf mein seinerseits mit der Pistole des Polizisten wild gestikulierendes Gegenüber. Niemals hätte ich es fertiggebracht, auf den Mann zu schießen; ich glaube selbst dann nicht, wenn er seinerseits die Waffe auf mich gerichtet hätte. Dazu kam es aber gottlob nicht. Denn als der Schreihals in die Mündung meiner Waffe blickte, schlug er plötzlich ganz versöhnliche Töne an. So bewahrheitete sich auch in dieser Situation das Sprichwort von den bellenden Hunden, die meist nicht beißen. Er gab die Pistole dem Polizisten zurück, und dann schlichen wir mehr als daß wir gingen aus der Baracke.

Der Verlust der Brieftasche kostete mich einen Urlaubstag, denn so lange dauerte die Beschaffung neuer Ausweispapiere.

Gleich am Anfang dieses Urlaubs am 4.4.44 war der Geburtstag meiner Mutter. Er sollte trotz der so ernsten Zeit mit einem festlichen Diner gefeiert werden; in erster Linie wohl deshalb, weil wir drei Söhne Ernst-Herbert, Gotthard und ich uns seit langer Zeit das erste mal wieder in Friedenthal trafen. Wir waren wohl alle gleichermaßen dankbar, daß nach über 4 ½ Jahren Krieg die ganze Familie unversehrt zusammensein konnte. Es gab ja in unserer Verwandtschaft und bei vielen Freunden schon so viele Gefallene: So bei Papis Vetter Gustav Wittenburg zwei Söhne und ein Schwiegersohn; bei Schickfuß unsere beiden Vettern Wolf und Manfred; dann Heino, der älteste Schröter-Sohn, und alle drei Söhne des Landrats Ellerts, mit denen wir in der Schulzeit viel zusammen waren. Auch von den Dorfbewohnern fehlten schon viele, die wir natürlich alle gut kannten.

Wie sich später herausstellte, sollte dieser 4.4.44 – ein solch markantes Datum mit vier gleichen Zahlen kehrt ja nur alle 11 Jahre wieder – für mich zu einem Schicksalstag werden. Ich kann mich noch minutiös an diese entscheidenden Stunden erinnern.

Nach dem Mittagessen eröffnete mir Mimi, daß sie ein Fräulein Christa Beyerhaus, wie sie sagte „zur Überraschung für meine Brüder" eingeladen habe. Ich sollte dieses Fräulein an der Bahn abholen und unbemerkt ins Schloß bringen. Ich wußte gesprächsweise von diesem Mädchen nur so viel, daß sie eine Kommilitonin meines Bruders Gotthard war, die wie er in Breslau Medizin studierte und aufgrund dieser Freundschaft schon in Friedenthal gewesen war. Ich war der einzige der Familie, den sie noch nicht kannte.

Von meinem Auftrag war ich nicht sonderlich begeistert, machte mich aber zur gegebenen Zeit zu Fuß Richtung Bahnhof, der zirka 1 ½ Kilometer außerhalb des Ortes lag, auf den Weg. Ich sehe heute noch die schöne Allee aus alten Kastanienbäumen vor mir, die in voller Blüte standen. Von weitem sah ich dann ein blondes, schlankes Mädchen mit ausnehmend hübschen Beinen mir entgegenkommen. Leider wurde dieses anmutige Bild von einem unverhältnismäßig großen Koffer entstellt, der darauf wartete, von mir getragen zu werden. Ich weiß, daß es nicht das Gewicht war, das mich irritierte, sondern daß ich in meiner Blasiertheit glaubte, es passe nicht zu meinem Image als Baron und fescher Rittmeister, als Kofferträger für jedermann sichtbar durch den Ort zu marschieren! Nach kurzer Begrüßung war unsere Unterhaltung wohl dann auch entsprechend einsilbig, und ich kann mich nicht erinnern, auf diesem Fußmarsch an Fräulein Beyerhaus etwas besonders Anziehendes gefunden zu haben. Ich lieferte sie also unbemerkt von den Brüdern durch den Hintereingang bei meiner Mutter ab. – Bis zum Abend blieb Christa B. unsichtbar und erschien dann entzückend anzuschauen in blauen weiten Hosen, weißer langärmliger Seidenbluse, darüber ein zur Hose passender ärmelloser Bolero. Natürlich bei den Brüdern großes Hallo, die Überraschung war vollkommen gelungen. Die kleine Abendgesellschaft bestand außer der 5köpfigen Familie aus Lulu, jener Christa B., Pieper mit seiner inzwischen für alle sichtbar zu seiner Geliebten avancierten Sekretärin Inge und einem Freund meines Bruders Ernst-Herbert. In der Zeit, in der schon so viele Menschen in Deutschland hungerten und besonders in den Städten die ersten Versorgungsschwierigkeiten auftraten, fehlte es in Friedenthal immer noch an nichts. Einmal hing im großen Eiskeller Wild in Hülle und Fülle, und mit der großen Landwirtschaft im Rücken war der Schloßhaushalt wie eh und je autark. So gab es ein köstliches Diner mit allem Drum und Dran.

Danach saßen wir um den großen Kamin in der Halle in ausgelassener Stimmung. Wir Brüder hatten natürlich eine Menge Kriegserlebnisse zu erzählen, und Pieper, der stets geistreiche Gesprächspartner, steuerte seinen Teil zur Unterhaltung bei. Die Damen beschränkten sich meist aufs interessierte Zuhören.

So verging der Abend wie im Fluge. Später wurde noch ein wenig getanzt. Nach einem solchen Tanz fand ich mich plötzlich mit Christa, von Gotthard und bereits auch von allen anderen Nat genannt, allein in einer Ecke der Halle. Heute habe ich noch genau den Platz und die große alte Truhe vor Augen, auf der wir beide saßen. Niemand störte uns. Erst viel später wurde mir klar, daß ich bis zu diesem Tag außer dem Intermezzo mit Gerda stets nur mit verheirateten Frauen, noch nie aber mit einem Mädchen befreundet war. Ich fühlte mich ihnen gegenüber ja so erwachsen, immer so überlegen! Doch mit dieser Nat kam es auf Anhieb zu einem wirklichen Gespräch. Da war überhaupt nichts von Liebe auf den ersten Blick, sondern völlig unerwartet erwachte in mir eine intuitive, zunächst unbewußte Zuneigung, die sich darin äußerte, daß ich zu ihr von Dingen sprechen konnte, die mir bis dahin als Worte irgendwie entweiht erschienen waren. Daß es in Gegenwart von Nat anders war, lag wohl in erster Linie daran, daß sie mir einfach zuhörte, mich nur ab und zu mit kurzen Zwischenfragen unterbrach, die mich ermutigten, weiterzusprechen.

In der damaligen Zeit war der Gedanke an den Tod im Unterbewußtsein wohl eines jeden Soldaten zum ständigen Begleiter geworden. Je ungewisser und hoffnungsloser die militärische Lage und der Gedanke an die Zukunft wurden, je häufiger der Tod rechts und links von mir einschlug, desto mehr beschäftigte mich der Gedanke an ein mögliches jähes Ende. Zu niemanden hatte ich bisher darüber sprechen können, obwohl eine unterschwellige Furcht stets auf mir lastete. In dieser Nacht konnte ich nun plötzlich über den Tod sprechen. Die Gegenwart von Nat bewirkte offenbar, daß sich mein Inneres wie ein unter Druck stehendes Ventil öffnete und vieles von dem freigab, mit dem ich mich in dieser Zeit mehr und mehr herumquälte. Der Höhepunkt des Gespräches war für mich die

Erstes Bild von Nat, Sommer 1944

plötzliche Erkenntnis, daß ich einem mir fast fremden Menschen mehr Vertrauen geschenkt hatte, als anderen, die mir nahe standen.

Nach diesem tête à tête wie in Friedenthal üblich: Keine Nacht ohne Kartenspiel. Die älteren hatten sich schon zurückgezogen, da fingen die vier Männer an zu pokern. Auch Nat war in ihrem Zimmer verschwunden. Ich bin dann später noch einen Augenblick zu ihr hineingegangen, um ihr einen Kuß zu geben – ganz ohne Leidenschaft, aber er sollte für sie ein Zeichen dafür sein, daß uns seit diesem Abend etwas Kostbares verband.

Am nächsten Morgen begegneten wir uns so, als sei nichts geschehen. Nat hat mir später erzählt, sie wäre doch sehr enttäuscht gewesen, daß nach dem vorhergegangenen Abend bei mir keinerlei Resonanz mehr zu spüren gewesen sei. Meine Haltung war aber nur zu verständlich, wußte ich doch, daß Gotthard und Nat anscheinend ein richtiges Paar waren. Zudem konnte ich damals mit der Gedankenwelt der beiden, die sich meist um künstlerische Dinge wie Malerei, Musik und Literatur drehte, nicht viel anfangen. Daran konnte ja auch unser so wichtiges Gespräch vom Vorabend nichts ändern.

Daß Nat anders war, als ich Mädchen sonst einschätzte, wurde mir klar, als ein paar Tage nach unserem Zusammensein ein Brief von ihr kam, geschrieben an einem Ort nahe der Kirche Wang im Riesengebirge zu nächtlicher Stunde. Schon allein die Tatsache, daß ein Mädchen von sich aus an mich schrieb, war für mich eine ganz neue und mich beglückende Erfahrung. Irgendwie empfand ich dieses Zuerst-Schreiben als eine Tat, als einen Beweis, daß sie nicht konventionell war. (Die Etikette schreibt vor: Der Mann muß zuerst schreiben!) Der Inhalt des Briefes bewies, daß sie mir an unserem ersten Abend nicht nur zugehört, sondern mich auch verstanden hatte. Ich bin fast sicher, daß wir uns ohne diesen Brief nie gefunden hätten. Nun, da sie auf mich zugekommen war, stellte Gotthard auf einmal kein Problem mehr dar, und ich begann meinen ersten Brief ganz intuitiv mit „meine Nat".

Danach ging der Urlaub ohne besondere Ereignisse zu Ende. Meine Mutter war nach Wien vorausgefahren, und ich folgte ein paar Tage später. Im Zug hatte ich einen Flirt mit der Tochter von Hanno Welschek, die ich auf dem Gang angesprochen und dann in mein Dienstabteil mitgenommen hatte. Gegenüber den Kontrolleuren gab ich sie als meine Frau aus! Wir hatten in Wien das gleiche Ziel, das Hotel Sacher, und sie wollte mich sogleich auf einen Ball mitnehmen, was daran scheiterte, daß Mimi am selben Tag nach Purgstall weiterfuhr. Ich erlebte Schloß und Garten, mit dem sich so viele Kindheitserinnerungen verbanden, das erste mal ohne Großpapa, der am 15. November 1943 gestorben war. Wie erinnerte alles an ihn, denn im Haus gab es ja kaum einen Gegenstand, der nicht in irgendeiner Weise seine Handschrift trug. Die Intarsien, die unzähligen Trophäen, viele Bilder und vor allem das herrliche Alpinum, jetzt gerade in voller Frühlingsblüte. „Ist es nicht prachtvoll!" hätte er gesagt. Damals ahnte man schon im Unterbewußtsein, daß die Zeit der Schlösser zu Ende ging; aber Purgstall blieb für mich immer der Ort einmaliger, unverwechselbarer Jugenderlebnisse. Das Schloß behielt weiterhin das Geheimnisvolle, war stets ein Kontrast zu Friedenthal. Dort war eben alles „so österreichisch", wie meine Mutter oft sagte. So lange Großpapa lebte, hatte sich durch den Verkauf des Besitzes eigentlich nicht viel geändert, denn er hatte ja lebenslanges Wohnrecht im Schloß; zudem behielt er das Areal, auf dem sich das Alpinum befand. Mit seinem Tod verlor all das seine Seele, und mir wurde bewußt: Auf einmal war das Kapitel Purgstall in meinem Leben zu Ende. Mimi weinte damals so viel. Der Reichtum und das sorglose Leben in Friedenthal halfen ihr nicht über den Verlust ihrer Heimat hinweg.

Nur wenn man sich in meine damalige Situation versetzt, kann man das Nachstehende verstehen: Großpapas Haushälterin Resi war noch da und verwaltete sein Eigentum. Sie war das, was man in Österreich eine fesche Person nennt. Einzelheiten sind mir entfallen. Ich erinnere mich nur noch, daß ich gleich in der ersten Nacht in ihrem Bett landete und sich zum ersten Mal eine Frau von mir ein Kind wünschte. Sie war ein sehr mütterlicher Typ und erzählte mir unter Tränen, daß sie von ihrem Mann keine Kinder bekommen konnte. Ich weiß noch, daß ich diesen Augenblick als einen Fingerzeig des Schicksals empfand und ganz bewußt dachte: Vielleicht soll das gerade jetzt so sein, wo es ganz ungewiß ist, ob du das Ende des Krieges erlebst. Entsprechend entschied ich mich, als wollte ich das Schicksal zwingen, etwas Lebendiges von mir übrig zu lassen. Ich habe Resi danach nicht wiedergesehen.

Nach vier Tagen Purgstall mußte ich von Wien wieder zu meinem Einsatzort nach Rumänien. Als ich auf dem Flughafen Schwächat nach einer passenden Maschine Ausschau hielt, sah ich von weitem einen Mann in Luftwaffenuniform stehen, der deshalb meine Aufmerksamkeit erregte, weil an ihm außer der Uniform auch rein gar nichts an einen Soldaten erinnerte. Er trug weder Waffe noch Koppel, statt dessen ganz salopp als einziges Ausrüstungsstück eine Patronentasche, wie ich sie von den schlesischen Jagden nur zu gut kannte. Er wandte mir zunächst den Rücken zu, und als er sich umdrehte, war es, ich hatte mich also nicht geirrt, Toni Siertorpff von dem Gießmannsdorf benachbarten Besitz Franzdorf. Er hatte sich lange erfolgreich vor dem Fronteinsatz gedrückt, und durch seine Beziehungen war es ihm jetzt gelungen, Fotograf bei einer Propagandakompanie der Luftwaffe zu werden. Seine Fotoausrüstung verstaute er in eben jener Patronentasche. Das Schicksal fügte es, daß er dasselbe Ziel hatte wie ich: Bakau in Rumänien.

Natürlich nahm er mich in seiner Maschine mit. Vor dem Flug informierte er mich en passant: „Wir machen noch eine Zwischenlandung in Kronstadt und bleiben dort über Nacht. Da gibt es hervorragend zu essen und zu trinken." Ich war froh, so schnell eine angenehme Fluggelegenheit gefunden zu haben, und bestieg mit Toni am späten Nachmittag ein Flugzeug vom Typ Gigant. Dieses Ungetüm hatte wohl eine Flügelspanne von 25-30 m und war damals der Welt größte Transportmaschine. Seine 6 Motoren machten einen so ohrenbetäubenden Lärm, daß nach dem Start an eine Unterhaltung nicht zu denken war. Die Besatzungsmitglieder waren alte Hasen, der Kommodore ein sehr sympathischer Leutnant mit Ritterkreuz. So ein Flug gehörte für diese Leute zum Alltagsgeschäft. Toni hatte mir noch gesagt: In zirka einer Stunde sind wir in Kronstadt, wo wie gesagt das angekündigte Souper stattfinden sollte. Während die anderen im Cockpit saßen, hockte ich als einziger Passagier in dem riesigen Laderaum ziemlich stumpfsinnig auf einer der unzähligen Kisten von Panzermunition und döste vor mich hin. Da bald die Dunkelheit hereinbrach, sah ich durch die winzigen Fenster nur ab und zu ein paar Lichter, sonst nur die Umrisse der sich unabsehbar über große Teile des Balkans erstreckenden Waldberge.

Eine Stunde war längst verstrichen, und nichts deutete darauf hin, daß wir uns unserem Ziel näherten. Plötzlich überkam mich ein komisches Gefühl, und als ich bemerkte, daß der Pilot die Maschine nicht auf Kurs hielt sondern einmal nach links, einmal nach rechts drehte, war mir klar, daß irgend etwas nicht stimmte. Ich kroch also nach vorn und schrie Toni ins Ohr: „Was ist los!?" Er schrie zurück: „Wir haben uns verflogen!" Wie ich später erfuhr, war zu diesem Zeitpunkt unsere Lage schon äußerst prekär: Unser Ritterkreuzträger hatte sich bei der Suche nach dem Flugplatz von Kronstadt so verfranzt, daß das Benzin weder für den Rückflug nach Wien noch für einen Nonstopflug nach Bakau reichte. Die besorgten Mienen der Besatzungsmitglieder, der Leute also, die bis dahin vor Übermut nur so gestrotzt hatten, waren für mich Zeichen genug, wie mulmig unsere Lage war. Und nun geschah etwas Unglaubliches. Der Pilot drehte plötzlich eine ganz enge Schleife und setzte offensichtlich zur Landung an, obwohl wir uns nach meinem Dafürhalten immer noch über einem geschlossenen Waldgebiet befanden. Aber da sah ich plötzlich direkt unter uns eine winzige Waldlichtung, auf der ein paar wie Spielzeug wirkende Propellerflugzeuge standen. Im gleichen Augenblick wurden auf diesem Miniflugplatz einige orangefarbene Leuchtfeuer abgebrannt, die wohl die Landebahn markieren sollten. Eine Minute später hatte unser Leutnant den Riesenvogel sicher aufgesetzt. Ich war überhaupt nicht dazu gekommen, mir klar darüber zu werden, daß wir in akuter Lebensgefahr geschwebt hatten, denn ohne die fliegerische Meisterleistung wäre es zur Katastrophe gekommen, und wohl niemand hätte je erfahren, wo ich meinen Geist aufgegeben hatte.

Im Nu war das Flugzeug von Rumänen umringt, die uns aus welchem Grund auch immer wie Helden begrüßten. Ich erinnere mich noch, daß die Baracken so waren, wie ich mir einen Puff vorstellte: Es roch nämlich penetrant nach irgend einem schlechten Parfum und die Steppdecken der uns zugewiesenen Betten waren mit rotem Satin bezogen. Im Vergleich zu dieser Art Luxus war das Essen eher karg. Trotzdem schmeckte uns der Schafskäse mit Schwarzbrot und Rotwein vorzüglich.

Zum Glück verstand ich nichts von Flugtechnik und wußte daher nicht, daß ein so großes, schweres Flugzeug eine entsprechend lange Startbahn benötigt, uns stand aber nur eine holperige Art Wiese zur Verfügung. So ging unserem Start am nächsten Morgen ein langes Palaver mit dem Bodenpersonal voraus. Dann steuerte der Pilot den Gigant an den äußersten Rand des Platzes. Wohl der Tatsache, daß die Piste sich stark bergab neigte, verdankten wir es, daß der Start gelang. Man kann sich meine Gefühle vorstellen, als wir auf den vor uns liegenden Waldrand zurasten, und daß es mir wie eine Ewigkeit vorkam, bis endlich das Rumpeln der Flugzeugräder verstummte, das beglückende Zeichen dafür: Wir fliegen! Toni bestätigte später, was ich die ganze Zeit gespürt hatte: Wir waren mit knapper Not einer Bruchlandung und ihren unabsehbaren Folgen entronnen.

Bei meiner Rückkehr zum Korpsstab mußte ich feststellen, daß sich personell Entscheidendes geändert hatte. Meine direkten Vorgesetzten, Chef und 1A, hatten gewechselt. So mußte ich erst einmal vorfühlen, ob diese Herren wie bisher meine leichte Art akzeptieren oder, was leicht möglich war, als Überheblichkeit deuten würden. Beim Chef, Oberst von Natzmer, einem gebürtigen Berliner, gab es da überhaupt keine Probleme; wir hatten die gleiche Wellenlänge. Er kam von der Elite-Division Groß-Deutschland und hatte wirklich etwas auf dem Kasten, hielt sich nie lange mit Nebensächlichkeiten auf, verlangte allerdings auch von seinen Gesprächspartnern schnelle Auffassungsgabe und Flexibilität. Ein geflügeltes Wort von ihm: „Ich kann schneller sprechen, als Sie denken können!" Hingegen war der neue 1A, Major von Schultzendorf, das genaue Gegenteil. Langsam und penibel erarbeitete er buchstäblich jeden Satz beim Entwerfen von Befehlen und Meldungen. Das alles dauerte natürlich Natzmer viel zu lange, was er den armen Schultzendorf oft fühlen ließ. Außerdem war dieser von der in Rußland verbreiteten Krätze befallen und kratzte sich ständig, was auch nicht gerade zu engeren Kontakten zwischen den beiden beitrug!

So blieb es nicht aus, daß ich bald Natzmers Intimus wurde. Wir lachten viel, und es machte mir richtig Spaß, mit diesem so unpreußisch lockeren Preußen zusammenzuarbeiten. Er nahm mich öfter auf seine Inspektionsfahrten mit. Dabei lernte ich bald den gesamten Führungsstab bei seiner alten Division *Groß-Deutschland* kennen, wurde sogar zum Bridge mit General von Manteuffel eingeladen. Dieser war Ziethenhusar wie ich und kannte Onkel Rudi aus der Regimentsgeschichte.

Eines Tages fragte mich Natzmer, ob ich nicht Lust hätte, zu G. D. zu kommen. Auch dieses Mal, wie so oft in meinem militärischen Leben, wurden wie von unsichtbarer Hand Weichen gestellt, die einen völlig unerwarteten Wechsel herbeiführten. Gerade zum damaligen Zeitpunkt kam nämlich vom Heerespersonalamt die Order, daß meine Zeit als O1 beim Stab des Panzerkorps abgelaufen und ich zu einem Fronttruppenteil zu versetzen sei. In beängstigender Schnelligkeit entschied sich Gerneral von Manteuffel, die Idee Natzmers zu realisieren und mich zum Kommandeur der Aufklärungsabteilung der Division *Groß-Deutschland* zu machen und, welches Glück!, diese Abteilung lag gerade zur Auffrischung in Krampnitz bei Berlin. Das bedeutete für mich erst einmal ein paar Monate Aufenthalt in der Heimat! Was diese Versetzung aber aus militärischer Sicht beinhaltete, war mir zunächst gar nicht klar geworden.

Irgendwie hatte ich sofort das Gefühl, daß ich eigentlich als Chef dieses voll motorisierten und mit den modernsten Waffen ausgerüsteten Verbandes nicht geeignet sein konnte. Mein bisheriger Kampfeinsatz in Rußland hatte ja als Zugführer einer Fahrradschwadron begonnen und dann im Schützengraben mit den Kosaken geendet. Diese Bedenken verschwieg ich natürlich und sprang sozusagen kopfüber ins kalte Wasser!

Der Abschied vom Stab des 57. Panzerkorps fiel mir nicht schwer, da die meisten vertrauten Gesichter nicht mehr da waren. Was mich aber wirklich traf, war der Abschied von meinem treuen Burschen Toni. Ich hätte ihn mitnehmen können. Aber er lag im Hinterland im Lazarett, weil er sich irgendwo einen Tripper geholt hatte. Als ich ihn besuchte und er mir sein Pech beichtete, erging er sich in urbayerischen Flüchen, wie „diese elendige Sau", womit er offensichtlich seine rumänische Partnerin meinte. Beim Abschied hatte er Tränen in den Augen, als ahnte er, daß wir uns nie wiedersehen würden. Ich habe später alles versucht, Toni in meine neue Einheit versetzen zu lassen, aber in den Wirren des letzten Kriegsjahres ist mir dies nicht gelungen. Eines Tages kam die Nachricht: In Ostpreußen gefallen.

WECHSEL ZUR DIVISION GROSS-DEUTSCHLAND MIT GLEICHZEITIGEM HEIMATAUFENTHALT

Genau nach drei Jahren Rußland-Feldzug landete ich also im Juni 1944 in der Kavallerie-Schule Krampnitz bei Potsdam, wo das Personal, zirka 300 Mann mit dem dazu gehörenden Führungspersonal an Offizieren und Unteroffizieren der Aufklärungsabteilung Groß-Deutschland, untergebracht war. Waffen, Fahrzeuge und alles, was sonst zur Ausrüstung einer solchen Abteilung gehört, sollten in den nächsten Wochen und Monaten in Krampnitz eintreffen. Wie von mir vorhin schon richtig vermutet, war es eigentlich ein Witz, daß man ausgerechnet mir diesen Elite-Haufen anvertraut hatte. Erklärlicherweise hatte ich weder von den einfachsten praktischen Dingen, die dort zum täglichen Brot gehörten, geschweige denn von den unzähligen technischen, in meiner Position unverzichtbaren Erfordernissen, die geringste Ahnung! Nur mühsam gelang es mir, diese Tatsache zu überspielen, zumal die Ausrüstung, die meine Unkenntnis sofort offenbart hätte, noch nicht greifbar war. Gott sei Dank hatte ich zwei erfahrene Truppenoffiziere, die die Schwadronen führten: Oberleutnant von Keudel und Leutnant Freiherr von Freiberg. Natürlich waren auch die Unteroffiziere und Mannschaften hervorragend ausgebildet und meist alte Fronthasen. Ich ließ also alles erst einmal auf mich zukommen und nahm bei meinen Offizieren fleißig Nachhilfeunterricht.

Wie ich bald feststellte, hatten sich die Zusammensetzung und die Einsatzaufgaben einer Aufklärungsabteilung seit meiner aktiven Zeit beim Reiterregiment 3 kaum geändert, nur daß an die Stelle von Pferden gepanzerte Aufklärungsfahrzeuge getreten waren. So sagte ich mir damals wohl etwa folgendes: „Laß die technischen Dinge die anderen machen und verlaß dich wie eh und je auf deinen gesunden Menschenverstand".

Was in Krampnitz den Dienst betraf, war ich Herr im eigenen Hause. Die Abteilung unterstand direkt der Ersatzdivision in Cottbus, und die war weit. Zunächst bestand der Dienst hauptsächlich aus Planspielen, die ich entwarf und dann mit den Unterführern durchspielte. Dazu hatten wir einen Sandkasten zur Verfügung, in dem eine Landschaft en miniature aufgebaut war. An zahlreichen Steckdosen am Außenrand des Kastens waren Kopfhörer angeschlossen, mit deren Hilfe der Funksprechverkehr zwischen den einzelnen Spähtrupps oder Spähwagen simuliert wurde. Während diese Sandkastenspiele einen einigermaßen wirklichkeitsnahen Zweck erfüllten, wurden die übrigen Positionen des Dienstplanes, vor allem Exerzieren und jegliche Art von Unterricht, nicht eben ernst genommen.

Fast alle Angehörigen der Abteilung hatten ja wie ich ein paar Jahre Ostkrieg auf dem Buckel. So war verständlicherweise kein besonderer Diensteifer vorherrschend, sondern man badete in dem angenehmen Gefühl, erst einmal weit vom Schuß zu sein, zumal glücklicherweise bis auf weiteres an einen Fronteinsatz mangels Ausrüstung zunächst überhaupt nicht zu denken war. So schickte ich so viel Leute als möglich in Urlaub und machte mir selbst natürlich auch ein angenehmes Leben.

Um *standesgemäß* auftreten zu können, bestellte ich zunächst bei Holters in Berlin, eine Panzerspäh-Uniform. Wenig später lieferte er ein Phantasiegebilde, nämlich ein Zwischending von Smoking- und der Uniform eines Operettenoffiziers, ab. Auf jeden Fall hatte das Meisterstück wegen seiner auffallenden Details wenig mit einer Uniform nach Dienstvorschrift zu tun. Da ich mir ja doch einige Orden anheften konnte, die immerhin bezeugten, daß ich kein Etappenhengst war, und das Ärmelband mit der Aufschrift *Groß-Deutschland* mich als Angehöriger Deutschlands renomiertester Panzerdivision auswies, hatte ich aber nichts zu befürchten. Vielmehr stellte ich fest, daß zum Beispiel auf der Rennbahn in Hoppegarten die Augen mancher Dame wohlgefällig auf mir ruhten.

So ausstaffiert lernte ich unter anderem auch die Gattin eines Regimentskommandeurs von Groß-Deutschland. kennen. Sie war eine auffallende Erscheinung, super chic mit über die Schulter fallendem langen schwarzen Haar. Wie gesagt, auch für sie war ich eine Neuerscheinung, und bald lud sie mich mit meinen Leutnants zum Tee ein. Sie hatte eine jüngere Schwester, die mir ausnehmend gut gefiel und der ich die nächste Zeit meine Aufmerksamkeit widmete. Konnte ich denn ahnen, daß die Hausfrau, für mich als Frau Oberst natürlich tabu, ein Auge auf mich geworfen hatte? Wie sie mir später gestand, verging sie vor Eifersucht, wenn ich mit der Schwester nach einem der gemütlichen Abende in ihrem Haus von dannen zog? Das ging wohl entschieden gegen ihre Frauenehre, und ich wunderte mich in meiner Einfalt, daß sie fortan zu verhindern wußte, daß besagte Schwester und ich auch nur für Augenblicke allein waren. Zudem las sie mir jeden Wunsch hinsichtlich Speis und Trank bei den kleinen Abenddiners von den Augen ab. Auch dabei dachte ich mir immer noch nichts, weil ja die beiden Leutnants als Chaprons stets zugegen waren. Immer öfter holte sie aus einem Versteck ihres Mannes als krönenden Abschluß eine *Importe,* für mich zu dieser Zeit eine ausgesprochene Rarität. Jedoch irgendwie war die Atmosphäre zwischen uns beiden immer gespannt, zumal ich sie weiter mit gnädige Frau anredete, während die Leutnants zwar das gleiche taten, aber sonst für meinen Geschmack recht despektierlich von ihr sprachen.

An einem der nächsten Abende nun war ich zu meinem Erstaunen ihr einziger Gast. Erst da wurde mir auf einmal klar: „Die will ja dich!" Einzelheiten dieses Abends sind in meinem Gedächtnis wohl verwahrt.

An meine militärische Tätigkeit jener Wochen erinnere ich mich nur wenig. Das liegt wohl daran, daß die Ausbildung meiner Leute etwas Irreales an sich hatte, waren doch alle Übungsvorhaben nur von rein theoretischem Wert. Die Abteilung hatte ja noch immer keinerlei Ausrüstung, und deshalb wurden die bereits beschriebenen Übungen am Sandkasten recht langweilig. Auch für Spähtrupps zu Fuß im Gelände war niemand zu begeistern. Als dann endlich der erste Panzerspähwagen kam, war die Freude nur kurz, denn mein Oberleutnant Keudel raste mit diesem Prototyp auf einer Probefahrt gegen eine dicke Linde und landete mit einer schweren Gehirnerschütterung in einem Lazerett in Potsdam.

Das Leben, das wir Mitte 1944 führten, glich irgendwie dem Tanz auf einem Vulkan. Zwar entrückte uns das Heimatkommando in Krampnitz zunächst weitgehend unmittelbarer Gefahr, doch die Hiobsnachrichten von allen Fronten waren natürlich nicht aus unserem Bewußtsein zu verdrängen; so war es nicht verwunderlich, daß die Erkenntnis auch bei uns Optimisten und immer noch leichtlebig eingestellten Kavalleristen die Oberhand gewann: Der Krieg ist verloren! Denn zu diesem Zeitpunkt wurde Afrika aufgegeben, die Alliierten waren in Italien auf dem Vormarsch, und was uns am meisten deprimierte: Die Russen näherten sich unaufhaltsam der ostpreußischen Grenze! Und dann diese für mich ganz neue Erfahrung: Fast jede Nacht Bombenangriffe auf Berlin.

Was nutzten da die Durchhalteparolen von Hitler, Göring und vor allem Goebbels, man hörte kaum mehr hin. Die Tatsachen sprachen einfach für sich. Man empfand es als Hohn, daß dies Großmaul Goebbels den totalen Krieg ausrief. Was sollte denn noch totaler werden, nachdem bereits viele Städte in Trümmern lagen und an den Fronten viele hunderttausend Soldaten gefallen waren? Trotzdem: Man klammerte sich an jeden Funken Hoffnung wie zum Beispiel, als die ersten Nachrichten über den Einsatz der als Wunderwaffe angekündigten V1-Rakete durchs Radio kamen.

So befand ich mich eigentlich permanent in einer Art Weltuntergangs-Stimmung, machte mir aber eigenartigerweise überhaupt keine Gedanken darüber, wie das Ende eines verlorenen Krieges denn nun eigentlich aussehen könnte. Damals lebte ich buchstäblich in den Tag hinein und versuchte, meinem Leben möglichst oft noch eine angenehme Seite abzugewinnen. Dazu gehörte, daß ich an Wochenenden zu Viktoria Dierig nach Hoppegarten fuhr und das – welche Angabe! – chauffiert von meinem Fahrer im Kommandeurswagen. In meinem grenzenlosen Leichtsinn ignorierte ich einfach, daß die Benutzung von Wehrmachtsfahrzeugen zu Privatfahrten strengstens verboten war. Ich erinnere mich, daß ich sehr erstaunt war, daß zwei Generäle, die auch bei Viktoria eingeladen waren, brav mit der S-Bahn eintrafen und meinen Auftritt mit größtem Unwillen registrierten. Nur der Umstand, daß wir die gleiche Gastgeberin hatten, rettete mich dieses mal noch vor großen Unannehmlichkeiten.

An einem dieser Sonntage meldete das Radio schwere Luftangriffe auf Potsdam. Ich dachte sofort an meinen Leutnant Keudel, der ja dort im Lazarett lag und mit dem mich inzwischen eine Freundschaft verband, die wohl in erster Linie auf unserer gleich gearteten take-it-easy-Einstellung basierte. Ich fuhr sofort hin. An der Stelle, an der das Lazarett gestanden hatte, fand ich nur noch einen großen Trümmerhaufen. Mir stockte das Herz. Hatte es überhaupt einen Sinn, zu fragen? Ein vorbeikommender Sanitäter berichtete mir, daß man vor dem Angriff doch eine Anzahl von Patienten in einen bombensicheren Keller gebracht hatte. So keimte wieder Hoffnung. Bald hatte ich mich durchgefragt, und als ich den langgestreckten Keller betrat, rief sofort aus dem Halbdunkel eine ganz muntere Stimme: „Hier Herr Rittmeister!" Keudel hatte also überlebt, fand das auch ganz selbstverständlich und machte schon wieder faule Witze. Es gibt Menschen, die kommen gar nicht auf den Gedanken, daß ihnen etwas passieren könnte. Zu dieser Sorte gehörte auch Keudel.

In diesen Tagen bekam ich die Nachricht, daß einer der besten Freunde meiner Mutter, Cuno Langmann, heiratete und er mich zum Trauzeugen ausersehen hatte. Die Hochzeit fand auf dem Besitz der Eltern der Braut, Hannis Koenigs, in Lebehn, einem Gut in der Nähe von Stettin, statt. Das war zwar von Krampnitz aus keine Weltreise aber immerhin doch eine Unternehmung privater Art, die im Dienstfahrzeug bei Bekanntwerden Kopf und Kragen kosten konnte. Meine Wochenendausflüge pflegte ich gewöhnlich mit der Eintragung ins Wachbuch „Geländeerkundung für Übungsvorhaben am Montag" zu tarnen. Außerdem baute ich stets auf die Ausstrahlungskraft der beiden Buchstaben GD auf dem Nummernschild, was sich bisher auch als richtig erwiesen hatte. Unsere Division stellte ja auch das Wachbataillon der Regierung und war praktisch für alle kontrollierenden Heeresstreifen tabu.

So fuhr ich denn leichten Herzens gen Stettin und feierte drei Tage lang eine der schönsten von mir erlebten Hochzeiten. Dabei lernte ich eine Anzahl von Menschen kennen, die einmal meine Freunde werden sollten. Auch nach dem Krieg riß der Kontakt zu ihnen nicht ab.

Vom ersten Tag des Festes eine kleine Episode: Im Zeitraum von zirka 1 Stunde, nämlich zwischen standesamtlicher und kirchlicher Trauung, nahm ich dem Ehemann Pahlen ein paar hundert Punkte im Piquet ab, was bei ihm jahrzehntelang ein Trauma auslöste; er nannte mich seitdem nur „Falkenhausen, der Alligator".

Wie gesagt, es war ein rauschendes Hochzeitsfest mit höchst geistreichen Theateraufführungen, Bootsfahrten auf dem Schloßteich, natürlich exzellentem Essen und hervorragenden Getränken. Das Brautpaar paßte eigentlich gar nicht in diesen konventionellen Rahmen. Cuno hatte ich ja schon hinlänglich als Outsider kennengelernt. Es war irgendwie paradox, daß ausgerechnet er ein Mädchen aus der *Kiste* heiratete. Aber auch Hannis, die ich ja das erste mal sah, hatte eine außergewöhnliche Ausstrahlung, voller Frische,

Energie und einem Charme, der hauptsächlich in ihrer eigentlich jungenhaften Unternehmungslust bestand. Die beiden hatten sich – er war Arzt, sie Krankenschwester – in einem Lazarettzug in Rußland kennengelernt. Seine Schwiegermutter in spe war eine äußerst gestrenge Dame, genau der Typ, wie man sich eine preußische Gutsherrin vorstellt: Kerzengerade Haltung, stets etwas sauer-süße Miene, nie lachend, allenfalls mit schmalen Lippen einmal lächelnd. Was Wunder, daß ich ihr Mißfallen erregte, als ich mich in einer Pause zwischen zwei Darbietungen bemüßigt fühlte, ein paar Antek- und Franzek-Witze zum besten zu geben. Im Grunde sind diese ja alle recht harmlos, aber der nachstehend rezitierte erregte doch nachhaltiges Mißfallen bei der gestrengen Hausfrau:

Antek: „Weißt Du Franzek, bin ich schon 7 Jahre verheiratet und kriege keine Kinder, was soll ich machen?" Darauf Franzek: „Du nimmst Deine Frau, steckst sie in Badewanne, wäschst sie mit guter Seife, legst sie in ein frisches Bett, reibst ihren Körper mit gutes Parfum ein ...". Antek: „Und dann...?" Franzek: „Und dann hol mich!"

Ich hatte brausendes Gelächter erwartet. Einige Zuhörer prusteten zwar vor Vergnügen, aber offenbar schickte sich ein solcher Witz zumal an einem Hochzeitstage nicht, man konnte ja nicht wissen! So beeilte man sich, mich von der Bühne herunterzukomplimentieren, wer weiß, was ich noch auf Lager hatte.

Das Fest dauerte bis Sonntagnacht.

Montag in aller Herrgottsfrühe trat ich die Rückfahrt nach Krampnitz an. Diese Rückfahrt sollte der Anlaß sein, daß sich mein militärisches Leben in wenigen Tagen entscheidend änderte. Ich sollte am eigenen Leibe die Richtigkeit des Sprichworts: „Der Krug geht so lange zu Brunnen, bis er bricht" erfahren. Ich nahm nämlich in meinem Dienstwagen zwei zarte Geschöpfe bis Berlin mit, was in damaliger Zeit wie so vieles ein Kapitalverbrechen darstellte. Als sie am Alex ausstiegen, nahm das Verhängnis seinen Anfang: Zunächst für mich unsichtbar in Gestalt einer Heeresstreife, die den zärtlichen Abschied beobachtete, die Nummer meines Wagens notierte und dessen Standort ermittelte.

Was dann folgte, war nur noch Routine. Eine entsprechende Meldung flatterte bereits am Vormittag desselben Tages dem Kommandeur der Kavallerieschule auf den Tisch. Diesem verknöcherten

Infanteristen war ich, wie er mir später freimütig erklärte, schon immer ein Dorn im Auge. Einmal wegen meines in seinen Augen unsoldatischen Auftretens und, ich zitiere ihn, „begrüßen Sie am Morgen Ihre Abteilung nicht wie es sich gehört mit ‚Heil Hitler!' sondern mit ‚guten Morgen Leute'".

Dieser Oberst handelte schnell. Er ließ sich das Wachbuch kommen, mit dessen Hilfe er unschwer feststellen konnte, daß ich drei Tage mit einem Dienstwagen unterwegs gewesen war.

Noch ahne ich nichts von dem Ungewitter, das sich in den Vormittagsstunden jenes Montags hinter meinem Rücken zusammenbraute, sondern lag gegen 10.00 Uhr noch ganz friedlich in meinem Bett und schlief erst einmal meine diversen Hochzeitsräusche aus. Gegen Mittag weckte mich gegen meinen ausdrücklichen Befehl mein Bursche Ertl, und noch im Halbschlaf vernahm ich die Worte, die mich augenblicks hellwach werden ließen: „Herr Rittmeister sollen sich sofort beim Kommandeur der Schule melden!". Dort war die Unterredung kurz und gelinde gesagt einseitig. Das Fazit:

1. Ich war mit sofortiger Wirkung meines Kommandeur-Postens enthoben.
2. Meine Versetzung zur Führer-Reserve nach Küstrin war vom Ersatztruppenteil Groß-Deutschland in Cottbus bereits genehmigt.
3. Würde ein Kriegsgericht über meine diversen Vergehen das Urteil sprechen.

Küstrin – Kriegsgericht?! Wen wundert es, daß ich als guter Schüler in Geschichte sofort an Friedrich den Großen dachte, der in dieser Festung nicht gerade die fröhlichsten Tage seines Lebens verbracht hatte?! Aber noch gab ich nicht auf, denn ich konnte mir nicht vorstellen, daß man wegen solch einer Lappalie einer kurz vor dem Einsatz stehenden Abteilung den Kommandeur nahm.

Ich sollte mich gründlich täuschen. Zunächst fuhr ich zum Ersatz-Truppenteil Groß-Deutschland nach Cottbus und meldete mich beim Kommandeur, in der Hoffnung, mit Hinweis auf meine Freundschaft mit Oberst von Natzmer, vor ihm Gnade zu finden.

Im Vorzimmer warteten noch eine Anzahl Offiziere, unter ihnen ein Major, offensichtlich ein Witzbold. Er hörte sich meine Geschichte an und entwickelte folgende für mich nicht gerade ermutigende Theorie: „Regen Sie sich nicht auf, Falkenhausen, jetzt werden Sie erst einmal zum Schützen degradiert und sitzen ein paar

Monate Festungshaft ab. Dann fangen Sie wieder von vorne an. Der Krieg dauert noch lange, und bis der zu Ende ist, sind Sie wieder Rittmeister!"

Oberst Schulte-Holthaus, ein Mann mit nur einem Arm, dekoriert mit Ritterkreuz, goldenem Verwundeten-Abzeichen und anderen Orden, die auf besondere Tapferkeit und Härte ihres Trägers hinwiesen, empfing mit eisig. Er war ein Typ, auf den wohl am besten die Bezeichnung Haudegen paßt. Zwischen uns gab es von vornherein auch nicht den Hauch einer Verständigungsmöglichkeit. Ich hatte nicht einmal Gelegenheit für eine Erklärung. Zwischen zwei so verschiedenen Menschen war jedes Wort zu viel. Da stand auf der einen Seite des Schreibtisches der Vorgesetzte, der nichts als engstirnige Pflichtauffassung kannte, auf der anderen der Untergebene, der in Anbetracht der Sachlage allenfalls nur „jawohl, Herr Oberst" sagen konnte. Für mich war diese Szene die erniedrigendste in meinem Soldatendasein.

Keinen Augenblick dachte ich daran, daß der Verlust dieser Kommandeursstellung zumindest einen Aufschub eines Fronteinsatzes bedeutete, also als Glücksfall zu bezeichnen war. Ich empfand genau das Gegenteil und hatte nur den einen Gedanken: „Du mußt diese Blamage doch noch abwenden". Ich war wohl in den letzten Jahren vom Schicksal zu sehr verwöhnt worden. Alles war mir stets gelungen, überall hatte ich Erfolg, hatte nie Schwierigkeiten mit Vorgesetzten und Untergebenen. Und vor allem: Ich war immer jemand, der etwas zu sagen hatte: Der Führer der Vorausabteilung, der Schwadronschef, der erste Ordonnanzoffizier, der Abteilungskommandeur. Und jetzt wie ein Blitz aus heiterem Himmel war ich ein Niemand, für den es nirgends Aussicht auf Verständnis oder gar Unterstützung gab.

Da war meine letzte Hoffnung der Oberst von Natzmer, mein Protektor. Er war der einzige, der mich aus diesem Schlamassel herausholen konnte. So setzte ich mich kurz entschlossen in den nächsten Schnellzug nach Ostpreußen und erreichte nach 12 Stunden das Führerhauptquartier Wolfsschanze. Nur von dort war es möglich, eine telefonische Verbindung mit dem Stab Division Groß-Deutschland in Rumänien herzustellen. Tatsächlich hatte ich Natzmer auch bald an der Strippe: „Mensch, Falke, was hast Du da für eine Scheiße gebaut!" waren seine ersten Worte. Er nahm die ganze Sache nicht tragisch, aber – und das bedeutete das endgültige Aus für mich bei der Division – die Befehlsgewalt zwischen Frontdivision und Ersatztruppenteil war streng getrennt. Das hieß ohne wenn und aber: Natzmer konnte nichts für mich tun.

Total niedergeschlagen fuhr ich nach Berlin zurück. Dort erwartete mich bereits mein Nachfolger, ein Rittmeister von Gienand. Er war ein besonders sympathischer Mann, hatte vollstes Verständnis für meine Situation und versicherte mir immer wieder, wie peinlich ihm die ganze Sache sei. Wir saßen zusammen in einem Café am Kurfürstendamm. Dort erfuhr ich, daß er gerade geheiratet hatte. Seine junge, hübsche Frau setzte sich bald zu uns. In Gesellschaft dieser beiden Menschen, die eine so positive Ausstrahlung hatten, verflog ein wenig meine Niedergeschlagenheit. Als ich sah, daß die junge Frau andauernd mit den Tränen kämpfte, wurde mir zum ersten mal bewußt, was es eigentlich hieß: Kommandeur der Panzeraufklärungsabteilung Groß-Deutschland zu sein. Frau von Gienand hatte nämlich sofort erkannt, daß dieses Kommando ihren Mann wohl in kürze in höchste Lebensgefahr bringen konnte. Ich machte von dem Paar noch ein paar Fotos, die sie beide glückstrahlend vereint zeigten. Vier Wochen später fiel Gienand bei Wilkowischken in Ostpreußen, nach ihm zwei weitere Kommandeure. Es kann als sicher gelten, daß es mich auch erwischt hätte.

Es war das erste mal, daß ich mich mit einer Art ehrgeizigem Unverstand gegen etwas mir Bestimmtes auflehnte. Damit war ich meinem Grundsatz untreu geworden, nichts gegen und nichts für einen unvorhersehbaren *Eingriff* zu tun. Trotzdem riß mein Glücksfaden nicht. Es sollte sich herausstellen, daß Cunos Hochzeit, die wieder einmal meine Neigung zur Insubordination provozierte, mir das Leben rettete.

DAS GLÜCK VERLÄSST MICH NICHT

So kam ich nach Küstrin zur sogenannten Führerreserve. Dort wartete das Kriegsgericht des Wehrbereichskommandos 3 auf mich. Dem Gerichtsherrn, einem Oberst K., ging der Ruf voraus, kompromißlos gegen sogenannte Wehrkraftzersetzer vorzugehen. Noch hatte ich ja nicht die geringste Ahnung, was mir blühte, wenn ich es mit diesem unerbittlichen Rechtsfanatiker zu tun bekam. Da war, wie ich von anderen hörte, alles möglich: Degradierung, Festungshaft, Strafkompanie mit Fronteinsatz an besonders exponierten Abschnitten als einfacher Soldat.

Aber wieder war es, als hätte Fortuna eigens ein Netz für mich gewoben, das meinen Fall ins Bodenlose verhinderte. Ja bald sollte ich erkennen, daß meine vermeintliche Pechsträhne geradezu nötig war, um mich vor höchster Lebensgefahr zu bewahren.

Nach ein paar Tagen zermürbenden Wartens wurde ich vor den gefürchteten Gerichtsherrn zitiert. Mit Herzklopfen betrat ich sein Dienstzimmer. Aber wer beschreibt mein Erstaunen, als ich statt des erwarteten Soldatenfressers einem großgewachsenen, sehr gut aussehenden Oberstleutnant in schwarzer Uniform mit gelben Spiegeln gegenüber stand. Das bedeutete, er war wie ich Panzeraufklärer, wir also das, was man Waffenbrüder nennt. Drei Tage zuvor war er aus Gesundheitsgründen von der italienischen Front zur Führerreserve versetzt worden und hatte die Stelle des Oberst K. übernommen!!! Unausdenkbar, wie sich mein Schicksal gestaltet hätte, wäre dieser Oberstleutnant auch nur zwei Tage später gekommen.

So aber hörte sich mein Gegenüber ab und zu lächelnd meinen Tatbericht an. Dann wandte er sich an den auf eine Entscheidung wartenden Kriegsgerichtsrat mit den Worten: „Die Sache erledigen wir disziplinar!" Ich war gerettet! Denn dieser Satz bedeutete schlicht: Kein Kriegsgericht, keine Bestrafung, lediglich 14 Tage Stubenarrest. Eine Bagatelle also gegenüber den Möglichkeiten, die Kriegsgerichte für Leute wie mich in jenen Zeiten, in denen Menschen wegen eines Naziwitzes zum Tode verurteilt werden konnten, bereithielten.

Noch in Krampnitz hatte ich einen zweiten Brief von Nat bekommen.

Während meines Stubenarrests – die *Zelle* war ein ganz normales Offizierszimmer – hatte ich für dessen Beantwortung reichlich Zeit. Auch dieser zweite Brief bestätigte, was ich schon bei Erhalt des ersten empfunden hatte: Diese Nat schien wirklich anders zu sein, als die Mädchen, mit denen ich bisher zu tun gehabt hatte. Ich bemühte mich also, in meinem Brief nach Heidelberg Gedanken zu formulieren, die ihr zeigen sollten, daß ich nicht nur der veni, vidi, vici Rittmeister war. Gesprochen wirken solche Gedanken, die aus dem Inneren kommen, meist banal; geschrieben sind sie wie ein verbindliches Dokument und können beim Empfänger etwas bewirken. Meine Briefe an Nat unterschieden sich deutlich von dem, was man oft so dahinschreibt. Im Unterbewußtsein begann ich wohl schon, um sie zu werben. Ich fühlte einfach: Bei der lohnt es sich.

Wenn ich heute an die zwei Wochen in Küstrin zurückdenke, kommt es mir vor, als hätte ich fast die ganze Zeit nur Briefe an Nat geschrieben. Das liegt wohl daran, weil meine Gedanken sich so sehr mit ihr beschäftigten. Und dann stellte sich plötzlich sogar Sehnsucht ein, wenn ich auf Antwort wartete.

Neben meinem Zimmer lag die Telefonvermittlung. An einem Tage der zweiten Arrestwoche hörte ich, daß der sonst eher monoton klingende Sprechverkehr plötzlich in ein Durcheinander aufgeregter Stimmen umgeschlagen war, aus denen ich immer wieder das Wort *Walküre*, heraushörte. Aber diese ominöse Walküre sagte mir absolut nichts. Irgend etwas außergewöhnliches mußte jedoch passiert sein, denn die Unruhe in der Kaserne war unüberhörbar und steigerte sich von Stunde zu Stunde. Da ich mein Zimmer nicht verlassen durfte, erfuhr ich erst durch meinen Burschen, daß alle Truppen im Kasernenkomplex in Alarmbereitschaft versetzt worden waren. Die Begründung lautete: Ein feindlicher Fallschirmjägerangriff sei zu erwarten. Es war der 20. Juli 1944. Erst am nächsten Tag las ich in der Zeitung von dem Attentat auf Hitler und gleichzeitig von der Niederschlagung des Putschversuches „einer Clique weniger ehrloser Offiziere". Auch, daß das Wachbataillon Groß-Deutschland dabei eine entscheidende Rolle gespielt hatte. Ohne Kontakte konnte ich nur ahnen, was das Mißlingen dieses Attentats bedeutete und was es für Folgen hatte. Mit Sicherheit wußte ich, daß zu dieser „ehrlosen Clique" bestimmt die besten und mutigsten Offiziere der Wehrmacht gehört hatten.

Heute frage ich mich immer noch, wie war es möglich, daß ich 5 Minuten vor 12 von dem, was in den Jahren der Naziherrschaft geschehen war und immer noch geschah, so gut wie nichts wußte. Erst in diesen Wochen erfuhr ich Definitives über die von den Nazis begangenen Verbrechen: Von den Foltermethoden der Gestapo, von der *Endlösung,* d. h. der systematischen Ausrottung der Juden, von den Todeslagern mit ihren Gaskammern, von Euthanasie.

Und der 20. Juli öffnete mir endgültig die Augen: Es gab einen Widerstand, der in allen Schichten der Gesellschaft unter größter Gefahr seine Fäden zog und in der Beseitigung Hitlers die einzige Rettung sah. Auch in mir dämmerte endlich, daß die militärische Lage nach der Landung der Alliierten in der Normandie noch aussichtsloser geworden war, als befürchtet. Aber daß Hitler ein Verbrecher war, das konnte ich selbst nach dem 20. Juli noch nicht glauben. Es ging über mein Vorstellungsvermögen.

Aus Küstrin entlassen, kamen mir auf dem Weg zum Bahnhof ein paar Soldaten entgegen, die mich, was sonst nur Angehörige der Waffen-SS taten, mit dem *deutschen Gruß* grüßten. Von mir zur Rede gestellt, sahen sie mich an, als ob ich vom Mond käme. „Das ist doch seit dem 20. Juli laut Führerbefehl Vorschrift, Herr Rittmeister!" belehrten sie mich. Irgendwie drehte sich mir bei diesen Worten der Magen um, denn diese Äußerlichkeit bedeutete symbolhaft das Ende der preußischen Armee und machte auch Heer, Marine und Luftwaffe sozusagen zu Komplizen des Naziregimes. Schon Großpapa hatte, wenn er despektierlich von den Nazis sprach, gesagt: „Allweil die Pratzen in der Luft!" Das galt nun auch für uns Soldaten der Wehrmacht.

Ich fuhr zunächst mit der Bahn zu Viktoria Dierig nach Hoppegarten. In einem Vorort von Berlin hielt der Zug, und als ich zum Fenster hinausschaue, sehe ich plötzlich auf dem Nebengleis einen Güterzug, auf dessen offenen Waggons eine Anzahl abgeschossener Panzerspähwagen standen, die wohl von der Front zur Reparatur in die Heimat transportiert wurden. Beim näheren Hinsehen erkenne ich – und mir stockt der Atem – die taktischen Zeichen der Panzeraufklärungsabteilung der Division Groß-Deutschland. In diesem Augenblick wußte ich, daß ich nur um Haaresbreite noch einmal davongekommen war.

In Hoppegarten erfuhr ich dann erste Einzelheiten über die Ereignisse des 20. Juli. Die Berliner hatten ja ganz anders als wir Soldaten, die von der Ostfront kamen, das Ohr am Puls der Zeit. Auch Viktoria hatte Verbindung zu Antinazis und hörte regelmäßig den englischen Sender BBC, was auch Kopf und Kragen kosten konnte. Sie war völlig niedergeschlagen über die nicht enden wollenden Nachrichten von Verhaftungen von Freunden oder Bekannten ihrer Freunde. Endlich begriff auch ich, warum so viele, nämlich die anständigen Menschen, gegen dieses Regime waren, dagegen sein mußten. Zum ersten mal hörte ich aus absolut glaubwürdiger Quelle Details der Verbrechen, die täglich im Namen der braunen und schwarzen Schergen geschahen, und das alles immer noch verbrämt in Phrasen vom Endsieg. Nun ergriff auch mich eine Bedrücktheit, wie ich sie vorher nie gekannt hatte, und der Gedanke an das Ende des Krieges ließ mich nicht mehr los. Auf einmal wußte ich: Er mußte das Ende dieses *Groß-Deutschland* bringen.

Zwischen Viktoria und mir schwang das gemeinsam Erlebte aus dem Frühjahr 1936 natürlich immer noch mit, wenn wir uns begegneten; aber nie verloren wir ein Wort darüber. Wenn wir allein waren, sprachen wir oft über jene Dinge, über die man nur mit Freunden sprechen kann. Scheinbar rein zufällig kamen wir an so einem Abend à deux auf das Thema heiraten und Viktoria fand, daß ich jetzt doch mit fast 29 in dem Alter wäre, einmal über dieses Thema nachzudenken. Wahrheitsgemäß erwiderte ich, daß ich noch keinerlei Überlegungen in dieser Richtung angestellt hätte. Da sagte Viktoria wie aus heiterem Himmel zu mir: „Wie wär's denn mit der kleinen Tabakblonden?", so nannte sie nämlich Nat, die sie von einem gemeinsamen Aufenthalt in Giesmannsdorf kannte. Dieser Satz schlug wie ein Blitz bei mir ein, denn gerade um diese Nat kreisen ja in diesen Wochen sehr intensiv meine Gedanken. Durch die Frage von Viktoria bekamen sie unerwartet die Richtung auf einen Punkt, der noch nie eine ernsthafte Rolle bei mir gespielt hatte. So war ich zutiefst betroffen, weil ich in diesem Augenblick bewußt zum ersten mal in meinem Leben das Wort *heiraten* auf mich bezogen dachte!

Zu dieser Zeit fühlte ich mich etwas heimatlos. Seit September 1939 war ich erstmals ohne den Rückhalt, den die Zugehörigkeit zu einer Truppe bedeutet. Vor allem in den verflossenen 5 Jahren hatte ich stets Verantwortung für viele Menschen getragen, hatte in Frankreich, Polen und Rußland Freud und Leid mit Männern geteilt. Das hatte dazu geführt, daß ich mich bei der Truppe mehr zu Hause fühlte als in diesem vom Krieg geschüttelten Deutschland, wo man fast täglich von neuem mit der sich immer mehr ausbreitenden Hoffnungslosigkeit konfrontiert wurde.

Nach dem Intermezzo in Küstrin gehörte ich zur sogenannten Führerreserve und bewohnte in einer öden Kaserne von Fürstenwalde eines der trostlosen Offizierszimmer. Ich kannte dort keinen Menschen und die Tatsache, daß auf meinem Marschbefehl in der Rubrik Verwendungszweck: „auf Abruf zum Fronteinsatz" stand, trug auch nicht gerade zur Besserung meiner Stimmung bei. Ich schaffte es aber doch irgendwie, ein paar Tage Heimaturlaub zu bekommen. Auf der Fahrt nach Friedenthal machte ich Station in Breslau bei Gotthard. Dort traf ich Nat ganz zufällig zum zweiten mal. Das Zimmer meines Bruders lag im ersten Stock eines Miethauses. Von dort konnte man die Straße überschauen. So sah ich Nat schon von weitem kommen. Gotthard ahnte ja nicht, wie sehr ich diesem Wiedersehen sozusagen entgegenfieberte. Wohl um mein Gefühl restlos zu kaschieren oder auch nicht andeutungsweise Interesse für sie zu bekunden, sagte ich leichthin: „Da kommt ja die Schleiereule!" Mit diesem idiotischen ganz unsinnigen in erster Linie wohl meiner inneren Unsicherheit entsprungenen Satz hätte mein loses Maul mir beinahe alles verdorben. Aber Nat erfuhr Gott sei Dank von diesem Ausspruch erst viel später. Da konnten wir schon darüber lachen.

Das Schicksal fügte es, daß Gotthard an diesem Abend keine Zeit hatte. So gehörte uns dieser Abend ganz. Stunden gingen wir im Südpark spazieren und fingen an, von einander mehr zu erfahren. Für mich war es ganz unproblematisch, Nat näherzukommen. Ich war ja frei und ungebunden, während sie durch ihre enge Bindung an Gotthard mit ihren Gefühlen plötzlich in einen tiefen Zwiespalt geriet. Jeder von uns bemühte sich an diesem Abend wohl, die Frage zu beantworten: „Wer oder wie bist Du?". Da stellte Nat wohl fest, daß ich vom Typ, vom Wesen her ganz anders als mein Bruder war: Nichts Geniales, nichts Musisches oder etwas von jenen Interessen, die sie mit Gotthard verbanden, war zu entdecken. Ich muß auf sie doch so wie ein Landsknecht gewirkt haben, der einfach daherkam und sich ganz ungeniert so benahm, als rechne er überhaupt nicht mit ihrem Widerstand. Offen gestanden habe ich meinen *kleinen Bruder* damals – und das war ein eklatanter Irrtum! – nie als Rivalen betrachtet. In meiner Überheblichkeit verschwendete ich keinen Gedanken darauf, daß ein weibliches Wesen ihm vor mir den Vorzug geben könnte. Nat hat an diesem Abend mit keinem Wort die Problematik erwähnt, der sie sich gegenüber sah. Wir trennten uns nach Mitternacht und waren froh, daß unser nächstes Wiedersehen schon in wenigen Tagen in Friedenthal stattfinden sollte.

Ein junger Mensch ist nicht in der Lage, eindeutig zwischen Liebe und Verliebtsein zu unterscheiden. Der Satz: „Ich liebe Dich" geht ihm wohl allzu leicht über die Lippen. Ich war ja fast 29 und hatte erfahren, daß die Zeit der jungen Liebe nicht ewig dauert und wurde mit Liebesbekenntnissen vorsichtiger. Ich fand, daß meine Begegnung mit Nat sich durch vieles von meinen bisherigen Lieben, Liebeleien und Abenteuern unterschied. Wie schon erwähnt, war sie das erste Mädchen, das mich über das Besitzenwollen hinaus interessierte. Bei ihr fand ich bei fast allen Gesprächen eine neue Dimension, nämlich Dingen auf den Grund zu gehen, eben die Oberflächlichkeit des alltäglichen Blabla abzustreifen. Als sie mich einmal fragte, weshalb ich sie denn mag, antwortete ich: „Weil Du keine Gans bist!". Ich fand bei ihr erstmals etwas, was ich bei den jungen Mädchen stets vermißt hatte: Jenen Ernst, der den Raum zwischen zwei Menschen füllen muß, der aber meist leer bleibt, wenn das erste Verliebtsein vorbei ist und die Liebe beginnen soll.

Am folgenden Wochenende hatte ich noch Urlaub und Nat und Gotthard kamen nach Giesmannsdorf. Zwischen ihr und mir herrschte durch die Anwesenheit meines Bruders verstärkt die knisternde Atmosphäre zwischen zwei Menschen, die ihre Gefühle verschleiern müssen. Nat, die diese problematische Situation, zwischen zwei Männern zu stehen, schon vorausgesehen hatte, war vor allem meiner Zuneigung gegenüber ziemlich ratlos. Ich ahnte ja noch immer nicht, daß ihre Bindung an Gotthard so stark war, daß sie eine Lösung von ihm zunächst überhaupt nicht in Erwägung zog. Sie hielt es nicht für möglich, daß trotz meiner Briefe wirklich Ernstes hinter meinen Annäherungsversuchen stecken könnte. Damit hatte sie ja nicht ganz unrecht, denn ich war mir damals tatsächlich auch noch nicht im klaren, was ich eigentlich letztlich wollte. Eines wußte ich: Ich war verliebt, und gerade der Widerstand, den ich verspürte, weckte meinen Jagdinstinkt, der mich auch auf dem Liebespfad mein ganzes Leben begleitet hat. Unausgesprochen waren Gotthard und ich mit einem mal zu Rivalen geworden. Ich erinnere mich, wie sich Nat an diesem Abend im Park versteckte und Gotthard und ich sie suchen sollten. Dieses Spiel hatte etwas Symbolhaftes, stand gleichsam unter der Devise: Wer sie findet, dem gehört sie! Nat hat mir später erzählt, wie sie in ihrem Versteck vor Angst gezittert habe, ich könnte sie finden, als ich einmal bis auf einen Meter an ihr Versteck herangekommen war. Sie löste das Problem auf ihre Weise, und während wir wie Jagdhunde das Wild in jedem Winkel des Parks suchten, zog sie sich, von uns unbemerkt, ins Haus zurück.

Am Montag darauf mußte ich wieder in Fürstenwalde sein. Natürlich riß die Verbindung zwischen Nat und mir danach nicht mehr ab, um so mehr, als sie bald darauf ihr medizinisches Praktikum in einem Krankenhaus in Neiße absolvierte und so ein baldiges Wiedersehen vorprogrammiert war, auf das ich sozusagen hinlebte. Wie nie zuvor legte ich mein ganzes Herz in meine Briefe. Dann stellte sich plötzlich ein mir bisher unbekanntes Gefühl ein: Die Eifersucht! Denn Nat traf sich mit Gotthard wie bisher – immer wieder mußte ich dieses eigentlich ganz Selbstverständliche erfahren.

Der Gedanke, vor einem Wiedersehen mit Nat an die Front abkommandiert zu werden – und damit mußte ich ja täglich rechnen – erfüllte mich fast mit Panik. Aber im deutschen Heer gab es eine Order, die fast menschliche Züge hatte und besagte, daß jeder Soldat vor einem Frontkommando einen sogenannten 3tägigen Abstellungsurlaub erhielt. Schon Anfang September erhielt ich meinen Marschbefehl zum Korpsstab des Kavalleriekorps nach Ostpreußen. Von dort sollte ich an eine Frontdivision weitergeleitet werden. Zugleich bekam ich besagten Abstellungsurlaub.

Voller Erwartung fuhr ich nach Hause, denn ich wußte: Nat erwartete mich, und bei diesem Wiedersehen würde Gotthard nicht dabei sein. Schon auf der Fahrt stellte ich mir vor, wie ich sie in ihrem Zimmer in Neiße überraschen und in meine Arme schließen würde. Ich verstehe gar nicht, wie meine Phantasie damals so mit mir durchgehen konnte, denn so weit waren wir ja noch gar nicht. Daraus wurde dann auch nichts, denn Nat holte mich am Bahnhof ab.

Schon auf der Fahrt mit den Pferden nach Hause stellte sich zwischen uns so etwas wie ein glückliches Einverständnis ein. In den nächsten drei Tagen entschied sich – ohne daß es uns bewußt wurde – unser Schicksal. Wir hatten das erste mal Zeit füreinander, brauchten auf niemanden Rücksicht zu nehmen, konnten sprechen und uns liebhaben. Nat, die ja bisher so gut wie nichts von meinem Leben kannte, begleitete mich überall, auch auf Rebhühnerjagd und Morgenpirsch. Aber am schönsten und unvergeßlichsten ist mir der Abend des 7. September, an dem wir in Mimis Rosengarten saßen. Der Tabak duftete, es war Vollmond und über uns zogen die Lämmerwölkchen über den Himmel. An diese Stunde erinnern wir uns beide genau. Wohl schon damals begann unser gemeinsames Leben. In diesen Tagen machte ich von Nat die ersten Fotos, die mich dann nach Ostpreußen begleiteten. Wenn man glücklich ist, empfindet man keinen Abschiedsschmerz, und mir kam auch nicht der Gedanke, ich könnte nicht wieder zurückkommen.

Das Korps lag an der Narevfront, wo die russische Offensive von den zwei Kavalleriedivisionen 3 und 4 gestoppt worden war. Der Korpsstab war erst kürzlich zusammengestellt worden, und fast alle Leute waren ohne jede Fronterfahrung. Als ich mich beim 2B, der über meine Verwendung zu entscheiden hatte, meldete, stellte ich in vielerlei Hinsicht fest, daß mein Schutzengel, der sich stets in den für mich wichtigsten Augenblicken meldete, nicht schlief:
1. War der Oberst, mit dem ich es zu tun bekam, Graf Pilati, ein Österreicher und Freund von Großpapa und
2. suchte der Korpsstab dringend einen O1!

Pilati ignorierte in seiner nonchalanten Art einfach den Befehl des Personalamtes, wonach ich sofort ein Kommando bei einer der Frontdivisionen hätte übernehmen sollen. Er setzte mich als 1. Ordonnanzoffizier ein. Für diesen Posten brachte ich ja reichlich Erfahrung vom 57. Panzerkorps mit. Ich war schnell eingearbeitet, alles lief bald wie am Schnürchen, zumal mir mein Vorgesetzter, ein blutjunger Major, der direkt von der Kriegsakademie kam, weitgehend freie Hand ließ. Der Stab lag in einem Kiefernwald, alle Fahrzeuge gut getarnt. Die meisten Abteilungen machten ihren Dienst in sogenannten Kommandowagen, einer Art Omnibusse, die in ein Büro umfunktioniert waren. Zunächst war es an der Front außerordentlich ruhig. Die Russen füllten nach ihrer erfolgreichen Großoffensive gegen Ostpreußen ihre Verbände wieder auf. So hatte ich außer den üblichen, dem Leser aus meiner Zeit beim 57. Panzerkorps bekannten, Routinearbeiten ein ziemlich ruhiges Leben. Abends saß ich mit Pilati zusammen, der aufgrund eines Magenleidens einen ungeheueren Cognac-Konsum hatte. Ganz im Gegensatz zu mir war er ein großer Pessimist, malte die Zukunft in den schwärzesten Farben und hatte, wie er mir gestand, oft solche Depressionen, daß er sie eben in Alkohol ersäufen mußte. Gut, daß ich nicht realisierte, wie recht er hatte, denn ändern konnte ich ja doch nichts.

Mein Inneres beschäftigten natürlich ganz andere Dinge. Jeden Abend schrieb ich an Nat, und ich versuchte, ihr in diesen Briefen zu sagen, was ich für sie empfand. Ihre Antworten brachten mich manchmal in den Zustand großer Verwirrung. Sie schrieb mir nämlich, daß ihr nach unserem Zusammensein tiefste Zweifel gekommen seien und daß sie einfach nicht von Gotthard loskäme. Alles hatte ich erwartet, nur das nicht. Meine Gefühle schwankten nun zwischen Eifersucht, Ohnmacht und Unverständnis. Ich fragte mich: Wie konnte es für Nat überhaupt einen Zweifel geben, wer der Richtige für sie sei. Ich nahm Gotthard, das tun wohl alle älteren Geschwister, nicht wirklich ernst. Was Nat allerdings nicht wissen konnte: Sie war die erste Frau, bei der ich erwog, sie zu heiraten. Als meine Gedanken das erste mal in diese Richtung gingen, bin ich erschrocken! Dann wurden sie mir allmählich immer vertrauter – und mit einem Mal war ich mir ganz sicher: Das ist die richtige Frau für dich. Das hatte zur Folge, daß ich mit meinen Briefen um Nat zu kämpfen begann. Ich hatte jedoch eine unerklärliche Scheu davor, einfach zu schreiben: „Ich möchte, daß Du meine Frau wirst". So versuchte ich zunächst quasi zwischen den Zeilen meinen Entschluß, meinen Wunsch ganz vorsichtig anzudeuten. Nat aber merkte nichts! Wie sie mir später sagte, kam sie gar nicht auf die Idee, daß nach nur viermaligem kurzen Zusammensein meine Gedanken schon so Endgültiges vorwegnahmen.

Ausgerechnet in diese Situation platzte ein Fernschreiben des Personalamtes mit dem Wortlaut: „Frontverwendung von Falkenhausen melden!" Ich hatte ganz verdrängt, daß ich beim Personalamt nach der Küstrin-Affäre auf der schwarzen Liste stand. Dieses Fernschreiben bedeutete kurz und bündig: Dieser Kerl muß unbedingt an die Front, damit er die Chance erhält, möglichst bald totgeschossen zu werden. Das mußte gerade in dem Augenblick passieren, als ich keinen anderen Gedanken hatte, als so bald wie möglich Nat wiederzusehen. Noch einmal konnte Schutzengel Pilati seine Hand über mich halten und einen kurzen Aufschub erreichen. Trotzdem wußte ich: Eigentlich kann dich nichts mehr vor dem Fronteinsatz bewahren. Da passierte etwas, das mir in der Rückschau heute mehr noch als damals wie ein glücklicher Zufall vorkommt. Als ich nämlich eines Tages zur Mittagszeit – der General hielt sein Mittagsschläfchen – auf dessen Schreibtisch rumschnüffelte, entdeckte ich dort ein Fernschreiben mit etwa folgendem Inhalt: Aufklärungsschwadronen der Kavalleriedivisionen werden in die Heimat verlegt, um dort usw., usw. aufgefrischt zu werden. Beim Lesen des Fernscheibens durchfuhr mich der Gedanke wie ein Blitz: „Das ist deine Chance". Hatte ich nicht für die Division Groß-Deutschland erst kürzlich einen derartigen Auffrischungsauftrag durchgeführt? Hatte ich nicht beste Beziehungen zu jenen Dienststellen, ohne die man auch nicht eine einzige Patrone bekam?! Das stimmte zwar nur bedingt, aber nun stellte ich mein Licht nicht unter den Scheffel und bot meine ganze Redegewandtheit auf, um die einschlägigen Instanzen beim Korps davon zu überzeugen, daß ich für diese Aufgabe der richtige Mann sei. Vor allem ein Major von Moltke, eine Schlüsselfigur bei der Entscheidung, war mir sehr gewogen und hatte vollstes Verständnis für meine ihm freimütig offenbarte Herzenssituation. Ihn bekniete ich fast täglich und dachte mir immer wieder neue Argumente aus, die für meine Abkommandierung sprachen. Was nun eigentlich den Ausschlag gab, wie das Personalamt beruhigt wurde? Ich weiß es nicht. Jedenfalls plötzlich Mitte November stand es fest: Falkenhausen wird nach Stahnsdorf bei Berlin versetzt und übernimmt die Auffrischung der Aufklärungsabteilung 4. Kavalleriedivision! Wieder war ein kleines Wunder geschehen und hatte mich in fast aussichtsloser Lage vor dem Fronteinsatz bewahrt!

MEINE VERLOBUNG MIT NAT

Ich würde also bald wieder nach Hause kommen und Nat wiedersehen. Mein Entschluß stand nun fest: Ich wollte mich mit ihr verloben. Vergeblich versuchte ich, ihr mein Kommen telefonisch zu avisieren. Aber nur einmal kam die Verbindung mit Breslau zustande, und da war ihr Vater am Telefon, von dem die Fama ging, daß er über seine Tochter wie ein Zerberus wachte. Als sich also der Herr Professor Beyerhaus am Telefon meldete, legte ich kurzerhand erschrocken auf. Schon bald kam der Tag meiner Abreise. Ich wollte zunächst von Ostpreußen über Breslau nach Giesmannsdorf fahren; denn natürlich gabs jetzt wieder 4 Tage Urlaub! – Ich kam ja von der Front!

Die letzte Möglichkeit, Nat über mein Kommen zu informieren, ergab sich in Allenstein. Aber auch von dort kam eine Telefonverbindung nicht zustande. Da beschwor ich den Stationsvorsteher, so lange unter Nats Telefonnummer anzurufen, bis er ihr folgende Nachricht übermittelt habe: Rittmeister von Falkenhausen fährt morgen früh 6 Uhr mit dem Zug von Allenstein kommend durch Breslau und erwartet Sie auf dem Bahnsteig, um Sie nach Giesmannsdorf mitzunehmen. Mit einem fetten Trinkgeld gab ich meinem Auftrag den nötigen Nachdruck. Der preußische Bahnbeamte hat mich nicht enttäuscht. Als der Zug am nächsten Morgen um 6 Uhr in der Bahnhofshalle hielt und ich das Fenster herunterschob, stand Nat genau vor mir! Die Situation war wie in einem kitschigen Kriegsfilm: Ein Bahnhof im November, nur wenige trübe Lampen brennen, und auf dem Bahnsteig steht ganz allein ein junges, blondes Mädchen, das auf ihren Soldaten wartet.

Nat stieg zu mir ins Abteil, und bald merkte ich an ihren Äußerungen, daß mein plötzliches Erscheinen sie völlig überrumpelt hatte und sie noch immer nicht im entferntesten ahnte, daß ich ernste Absichten hatte. Von unserer Fahrt von Breslau über Kamenz nach Neisse sind noch ein paar Fotos erhalten.

In Giesmannsdorf wurde es dann ernst. Niemand, buchstäblich niemand ahnte ja etwas davon, daß ich mich für Nat entschieden hatte, denn weder mit meiner Mutter noch meinem Vater hatte ich ein Wort über meine Absichten gesprochen. Keinen Augenblick kam mir der Gedanke, daß Nat nein sagen könnte. Am 26. November auf einem gemeinsamen Spaziergang war es so weit: Wir gingen erst über die Felder und kamen zur sogenannten Grabenremise – ich wollte wohl nachschauen, ob es viele Fasanen gibt! Und an diesem verschwiegenen Ort sagte ich Nat ganz ohne Einleitung, daß ich sie heiraten will. Wenn ich ehrlich bin, weiß ich nicht mehr, was sie geantwortet hat, und ob ich überhaupt meinen Wunsch mit der Frage um ihr Einverständnis verband. Ich weiß nur noch, daß es Punkt 12 Uhr war, denn im gleichen Augenblick fingen die Mittagsglocken der evangelischen Kirche an zu läuten. Wir wähnten uns allein, umarmten und küßten uns.

Viele Jahre später – wir waren längst in Bocholt – besuchte uns eine Giesmannsdorfer Arbeiterfamilie. Als Nat dazu kam, fragte ich ganz beiläufig: „Kennen Sie eigentlich meine Frau?" und mit einem verschmitzten Lächeln kam die Antwort: „Damals, als ihr eim Pusche (im Busch) wart, habe ich sie gesehen!" Eim Pusche war ich mit Nat aber nur einmal, und zwar an jenem Mittag, als wir uns verlobten.

Meine Eltern reagierten auf die überraschende Nachricht ganz unterschiedlich. Mimi freute sich offensichtlich. Sie mochte Nat schon als Gotthards Freundin sehr gern, warum sollte sie nun ihre Meinung ändern? Papi kam alles so unerwartet, zumal ich ihm die Schwiegertochter in spe unmittelbar nach seinem Erwachen neben seinem Bett stehend servierte. „Ach du Kuckuck", war das einzige, was er herausbrachte.

Mir war völlig egal, was andere Menschen über meine Entscheidung dachten. Sicher hatten die meisten meiner Bekannten vermutet oder gewünscht, ich würde eine der Komtessen oder Baronessen von einem der schlesischen Güter heiraten. Aber nicht einen Augenblick habe ich bei meiner Wahl an materielle oder konventionelle Dinge gedacht und mich ganz auf mein Gefühl verlassen. Ich war fest davon überzeugt, mit Nat den Menschen gefunden zu haben, der viele jener Eigenschaften besaß, die mir für ein Zusammenleben wichtig erschienen. Vor allem wußte ich bei ihr: Das war keine, die mich einfangen, die eine Partie machen wollte und deren Liebe zu mir genau so ursprünglich war, wie die meine zu ihr.

Gleich am nächsten Tag fuhren wir nach Breslau zu Nats Eltern. Zu einem offiziellen *um die Hand anhalten* kam es gar nicht, da Nat mit dem Satz: „Hier bringe ich Euch meinen Rudi" allen Formalitäten die Spitze nahm. Ich wurde mit großer Herzlichkeit empfangen. Der gute Professor war wahnsinnig aufgeregt und verwickelte mich gleich in lange Gespräche, während man bei Nats Mutter an ihrem zufriedenen Schmunzeln merkte, daß sie mit der Wahl ihrer Tochter 100%ig einverstanden war. Die offizielle Verlobungsfeier wurde für den darauf folgenden Samstag, den 29. November verabredet. Dann fuhren wir auch schon wieder nach Giesmannsdorf zurück. Am nächsten Tag war nämlich in Bielau die große Hasenjagd, die ich mir natürlich nicht entgehen lassen wollte. Damals ahnte ich ja noch nicht, daß alles, was ich in diesen letzten Wochen des Jahres zu Hause erlebte, *das letzte Mal* war. Immerhin wurde die Weltuntergangsstimmung, die im Unterbewußtsein stets gegenwärtig war, vom Glück des Augenblicks überdeckt. Ich verwendete keinen Gedanken daran, daß die nächste Trennung ein Abschied für immer sein, daß der Krieg unser Glück von einem Tag auf den anderen zunichte machen könnte.

In Bielau war natürlich großes Hallo, als man von unserer Verlobung erfuhr. Besonders herzlich wurde Nat von Tante Olga und meinem Ex-Flirt Myrre Wittenburg aufgenommen. Und so kam es nicht dazu, daß sie sich im Kreise dieser teilweise doch sehr blasierten Clique fremd fühlte.

Dann kam der Tag des Verlobungsfestes. Nats Eltern wurden von Jupp vom Bahnhof abgeholt und ihres Vaters größter Genuß war es, wie er mir sagte, einmal wieder mit ein paar richtigen Vollblütern zu fahren. Von Anfang an bestand zwischen ihm und mir eine gegenseitige Sympathie.

Das Verlobungsdiner war natürlich im großen Speisezimmer und zu meiner Freude kam außer Gotthard auch Ernst-Herbert, der es geschafft hatte, auf einer Lok mitfahrend von Ostpreußen rechtzeitig in Giesmannsdorf einzutreffen. Auf einmal stand er zwei Stunden vor Beginn des Diners schwarz wie ein Schornsteinfeger in der Halle. Daß ich der letzte der Familie war, der Nat kennenlernte, sei hier nur am Rande erwähnt. Ich bin heute noch froh, daß sie Giesmannsdorf in seiner ganzen Schönheit und mit seinem unauffälligen Luxus noch kennengelernt hat. Unsere Verlobung sollte für immer das letzte Fest in Friedenthal sein. Mimi hatte Nat ein wunderschönes langes bordeauxrotes Samtkleid geschenkt, ich hatte meine schickste Uniform angezogen, schwarze Hose, weiße Jacke.

Neben der vollzähligen Falkenfamilie waren noch Tante Olga und Onkel Heini gekommen.

Beide Väter hielten herzliche aber doch sehr verschiedene Reden. Bei meinem Vater klang zwar ehrliche Freude an, aber man merkte in jedem Satz, wie ihn der Ernst der Lage geradezu niederdrückte. Seine Hauptsorge war wohl, daß unser Glück im Hinblick auf meinen möglichen Fronteinsatz nur von kurzer Dauer sein könnte.

Nats Vater dagegen sah wohl nur unser Glück, und ein Satz aus seiner Rede ist mir in Erinnerung geblieben. An mich gewandt sagte er auf das Temperament seiner Tochter verweisend: „Es möge Dir gelingen, lieber Rudi, die oft so stürmischen Tempi zu zügeln!"

Wie verschieden waren doch die beiden Familien, die da zusammenkamen. Ein Außenstehender hätte bestimmt gesagt: „Die passen doch gar nicht zusammen". Aber vielleicht ist das gerade das Erfolgsgeheimnis unserer Verbindung, daß Nat und ich durch unsere jeweilige Verschiedenheit aneinander immer wieder Neues entdecken konnten.

Nats Vater fand an diesem Verlobungsabend gleich Kontakt zu meiner Mutter. Sie verstanden sich vom ersten Moment, und zwischen ihnen ist eine lebenslange Freundschaft geblieben. Papi und Nats Mutter waren die konventionellen Teile der beiden Elternpaare, die die alten Formen bewahren wollten. Alle, die unsere Verlobung miterlebten, werden wohl daran wie an den Abschied von einer nie wiederkehrenden schönen Zeit zurückdenken.

Schon am nächsten Tag war mein Urlaub zu Ende. Es war Schnee gefallen. Im offenen Schlitten fuhr uns Jupp nach Neisse zum Bahnhof. In dicke Pelze gehüllt saßen wir dicht aneinandergeschmiegt. Wir sprachen wenig und waren wohl nur dankbar, daß ich noch nicht an die Front mußte. Nat begleitete mich bis Breslau, und dann fuhr ich weiter nach Berlin. Dort wohnte ich wieder bei Viktoria Dierig und fuhr jeden Morgen zum Dienst von Hoppegarten quer durch Berlin nach Stahnsdorf. Schon von der Bahn aus sah man das erschreckende Ausmaß der Zerstörung durch das tägliche Bombardement. Aber wie total Vernichtung und Verwüstung waren, erkannte ich erst, als ich in die Innenstadt kam. Ganze Straßenzüge existierten buchstäblich nicht mehr. Dort waren alle Gebäude im Feuersturm ausgebrannt und dann eingestürzt wie Kartenhäuser. Wo früher Straßen waren, lagen riesige Schuttberge. Man sah nur wenige Menschen, die sich auf schmalen Pfaden scheinbar ziellos vorwärtsbewegten. Die Haltung der Bevölkerung war fabelhaft. Die Berliner machten ganz ungeniert noch ihre Witze über die Nazis und hatten weder ihre Schlagfertigkeit noch ihren Humor verloren.

Fast jede Nacht kamen die alliierten Bomber. Aber ich habe nie einen Angriff unmittelbar miterlebt, denn Randgebiete wie Stahnsdorf und Hoppegarten blieben verschont.

Meine militärische Aufgabe jener Wochen hatte zunächst wiederum recht platonischen Charakter. Zwar lagen ca. 200 Soldaten in den Stahnsdorfer Kasernen, aber Waffen und Gerät für diese Leute standen zunächst fast ausschließlich auf dem Papier. So erschöpfte sich die Ausbildung zunächst in reiner Theorie, und alles geschah mehr oder weniger halbherzig. Offiziere und Mannschaften, alle dachten wohl zu diesem Zeitpunkt nur noch das Eine – ans Überleben!

Ich machte zwar immer wieder meine Pflichtbesuche bei den Waffenbeschaffungsämtern und war froh, dabei festzustellen, daß anscheinend niemand im Ernst noch daran dachte, uns Waffen zuzuteilen. Alles, was noch produziert wurde, ging direkt an die Front. Meine Situation war der vom Sommer 1944 in Krampnitz zum Verwechseln ähnlich.

Bald nahte Weihnachten. Während der Feiertage blieben nur ein paar Mann in der Kaserne. Alles andere fuhr *zu Muttern* und ich natürlich nach Giesmannsdorf. Als ich zu Hause ankam, erfuhr ich zu meinem großen Schrecken als erstes, daß Nat, die im Neisser Krankenhaus tätig war, um ein Haar einem unerklärlichen Unfall zum Opfer gefallen wäre. Bei einer Röntgenaufnahme mußte sie bei einem Patienten ein Lineal zum Ruhigstellen an den Kopf halten. Als der Apparat eingeschaltet wurde, fuhr die Stromladung von vielen tausend Volt durch ihren Körper. Wie vom Blitz getroffen, stürzte sie zu Boden, das Herz stand still! Nur der Tatsache, daß sofort alles Notwendige zur Wiederbelebung getan werden konnte, ist es zu danken, daß sie am Leben blieb.

Es war das letzte Weihnachten zu Hause. Niemand sprach aus, welche Vorahnungen alle bedrückten. Es ging eben über unsere Vorstellungskraft, was uns und ganz Schlesien erwartete. Aus der Fülle ins Nichts – alle sträubten sich gegen diese Wahrheit und schwiegen. So feierten wir Weihnachten viel stiller als sonst. Nur Nat und ich waren zu Hause bei den Eltern. Aber die Tatsache, daß nach 5 Jahren Krieg alle drei Söhne unversehrt waren, grenzte ans Wunderbare und war Grund genug zu Freude und Dankbarkeit.

Äußerlich verlief das Leben in Friedenthal fast immer noch ganz normal. An nichts war Mangel. Kleine Einschränkungen, zum Beispiel durch Benzinmangel bedingt, führten lediglich dazu, daß die Pferde wieder mehr zu ihrem Recht kamen. Vor den unverbesserlichen Nazis, wie unserem Diener Bonk und dessen Frau, mußte man sich mit kritischen Bemerkungen besonders in Acht nehmen. Die Braunen, die ihr tausendjähriges Reich in die Brüche gehen sahen, verfolgten oder denunzierten gnadenlos jeden, der irgendwelche Zweifel am Endsieg äußerte. Obwohl streng verboten, hörten viele BBC (England), um zu erfahren, wie die Lage wirklich war. Deutsche Wehrmachtsberichte brachten schon seit langem nur tendenziöse Nachrichten. Besonders meine Mutter, der es nie bewußt war, in welche Gefahr sie sich begab, hörte ständig den Feindsender. Sein Erkennungszeichen *Bum-Bum-Bum* klingt mir heute noch in den Ohren. Die drei dumpfen Töne waren wie das Menetekel der damals kurz bevorstehenden Katastrophe.

Kurz nach Weihnachten fuhren Nat und ich zusammen für eine Woche nach Hain bei Schreiberhau im Riesengebirge. Der ursprüngliche Anlaß zu unserer ersten gemeinsamen kleinen Reise war die Einladung zur Hochzeit eines Freundes von Nat nach Hirschberg. Nach diesem Fest verlebten wir zusammen ein paar herrliche Tage. Auf langen Spaziergängen durch verschneite Wälder genossen wir erstmalig, längere Zeit allein zu sein. Daß Nat einmal mitten im Wald für die Rehe ein paar Plätzchen als Futter auslegen wollte und damit ihre Ahnungslosigkeit auf jagdlichem Gebiet auf so nette Weise demonstrierte, machte sie für mich nur noch liebenswerter. Ich entsinne mich, daß ich ihr anschließend ein wenig aus dem Vokabular eines Jägers beizubringen versuchte. Zunächst die Namen der Familienmitglieder der einzelnen Wildarten, und sie wiederholte x-mal: Keiler, Bache, Frischling – Hirsch, Tier, Schmaltier, Kalb – Bock, Ricke, Kitz. Solche Kleinigkeiten, die zwar eine Diskrepanz unserer Interessen offenbarten, konnten unsere Harmonie nicht im mindesten stören. Unsere Gemeinsamkeiten lagen von

Anfang an in dem, was man wohl die tieferen Regionen unseres Wesens nennen kann.

Auch die Silvesternacht erlebten wir noch ohne unsere Familien im Riesengebirge. Zur Jahresschlußandacht gingen wir in die Kirche Wang. Dort zeigte Nat mir die Stelle, an der sie mir ihren ersten Brief geschrieben hatte, der sozusagen der Auslöser für unser Zueinanderfinden gewesen war. Viermal hatten wir uns seitdem gesehen und nun waren wir verlobt!

Neujahr kehrten wir aus unserem Liebesnest nach Giesmannsdorf zurück. Am 3. Januar machten wir noch eine große Hasenjagd bei Wittenburgs in Schlogwitz mit. Wie konnte ich ahnen, daß dieser Jagdtag meine letzter in Schlesien sein sollte und gleichzeitig mein letzter Tag in der Heimat! Denn am 4. Januar war mein Urlaub zu Ende. Wieder brachte uns Jupp mit dem Pferdeschlitten nach Neisse. Diese Abschiedsstunde war voller Romantik. Unter einem funkelnden Sternenhimmel glitt der Schlitten lautlos durch die Nacht. Nur das Schellengeläut unterbrach die Stille. Plötzlich drückte mir Nat ein Medaillon, das sie seit ihrer Konfirmation trug, in die Hand. Es hatte einen Brillanten in der Mitte, umrahmt von der Inschrift „dieu vouz garde". Dieser Augenblick war für mich bewegender als alle bisher gemeinsam erlebten Stunden. Wenn man glücklich ist, tritt alles andere hinter der Ursache dieses Glücks zurück. Nur so ist zu erklären, daß mir bei der Abfahrt in Neisse keinen Augenblick der Gedanke kam: „Du warst das letzte mal in Friedenthal". Gemeinsam fuhren wir dann bis Breslau. Nat war dort in einem Lazarett dienstverpflichtet.

Ich reiste weiter zu meiner Truppe nach Berlin-Stahnsdorf. Die Zerstörung der Innenstadt war inzwischen so total, daß es im Zentrum kaum noch Häuser gab, die nicht von Bomben getroffen oder durch Feuer zerstört waren. Es war rätselhaft, wie die Berliner es fertigbrachten, nach jedem Angriff die S-Bahn in kürzester Zeit wieder funktionsfähig zu machen. So konnte ich meinen Pendelverkehr zwischen Hoppegarten und Stahnsdorf aufrechterhalten.

Ich war erst ein paar Tage wieder im Dienst, da bekam ich plötzlich eine doppelseitige Mittelohrentzündung, die sich von Tag zu Tag verschlimmerte. Ich hatte starke Schmerzen, hohes Fieber, und da kein Facharzt in der Nähe war, wurde ich von Viktorias Hausarzt, Dr. Hellenbrand, betreut. Er bekam die Sache aber offensichtlich nicht in den Griff.

Natürlich hatte ich Nat davon unterrichtet. Sie bekam Urlaub und stand zu meiner größten Freude ganz plötzlich an meinem Bett.

Mein Zustand war aber inzwischen so bedrohlich geworden – ich hatte sogenannte Meningismen, die Zeichen einer Gehirnhautreizung – daß sich Dr. Hellenbrand zu dem Eingriff entschloß, beide Trommelfelle zu durchstechen. Ich hatte den Eindruck, daß er das noch nie gemacht und auch nicht die richtigen Instrumente zur Hand hatte. Er mußte nämlich mehrmals zustoßen, bis endlich Unmengen von Eiter aus beiden Ohren geflossen kamen. Darauf trat dann auch eine Besserung meines Zustandes ein. Leider blieb Nat nur einen Tag. Diesmal trennten wir uns besonders schwer. Inzwischen hatte nämlich die russische Großoffensive in Richtung auf die Oder begonnen, und es war jetzt zu befürchten, daß wir durch die Kriegsereignisse länger getrennt werden könnten. Als sie mich verlassen hatte, war ich recht melancholisch. In dieser Stimmung schrieb ich mein erstes Gedicht für Nat:

> Der Abschied war so schwer –
> doch welch ein Wunder, es blieb mehr
> in diesem Raum, den Du und ich geteilt.
> Nichts Körperliches ist es, was nun hier verweilt,
> seitdem Dein letzter Blick mein Lager angerührt.
> Doch spür ichs, daß der Abschied nichts entführt:
> Dein Aug, Dein Mund, Dein Atemzug, Dein Haar
> blieb bei mir wie im Traum, und war doch hell und klar.
> Und ich bin glücklich, daß mir all dies blieb,
> und weiß wie nie zuvor, daß ich Dich lieb!

Nun bestand also laufend die Gefahr, daß wir in naher Zukunft auseinandergerissen wurden. Solange sie in Breslau, ich in Berlin war, gab es ja noch Kontaktmöglichkeiten; aber es war ganz unwahrscheinlich, daß es so blieb. Ich sah die Gefahr auf uns zukommen, daß wir durch meinen plötzlichen Einsatz für einander unerreichbar wurden.

Da kam plötzlich von Nat die Freudennachricht: Ich erwarte ein Kind!! Wie verschieden reagieren doch die Menschen auf eine

solche Nachricht. Für mich war sie das schönste, was mir widerfahren konnte; auch Viktoria fand es herrlich. Keinen Augenblick kam mir jener konventionelle Gedanke, daß eine Empfängnis vor der Hochzeit etwas anstößiges sein könnte. Im Gegenteil, dieses Kind war ein richtiges Kind der Liebe; es war geradezu ausersehen, uns sozusagen zu einer sofortigen Heirat zu zwingen. Wenn sich nämlich die Schwangerschaft bestätigte, kam Nat vom Dienst frei.
– Nats Eltern hingegen waren entsetzt. Man kann ihnen keinen Vorwurf machen, zu sehr waren sie im herkömmlichen Sittenkodex befangen. Ihr Vater glaubte allen Ernstes, daß die Ehre seiner Tochter verletzt sei! Warum hatte Nat es ihm überhaupt gesagt?

Doch nun überstürzten sich die Ereignisse: Keinen Tag zu früh bekam Nat von Frau Dr. Friedrich, einer befreundeten Frauenärztin, das benötigte Attest und gleichzeitig die Freistellung von ihrer Dienstverpflichtung. Begründung: Hochzeit. Denn die Russen marschierten auf Breslau, das Hals über Kopf evakuiert werden mußte, zuerst natürlich auch das Lazarett, in dem Nat gearbeitet hatte.

Wohl aufgrund der militärischen Ereignisse war die Verbindung zu Nat seit Tagen abgerissen. Da öffnet sich eines Morgens die Tür zu meinem Zimmer, und ich sehe fünf schwarze Finger einer Hand sich durch den Türspalt schieben. Dann steht Nat plötzlich vor mir in ihrem grünen Rotkreuzmantel, ganz erschöpft aber glücklich.

Sie berichtet von der Abfahrt aus Breslau, die unter chaotischen Umständen verlief. Erst nach endlosem Warten erwischte sie dann doch, durchs Fenster einsteigend, einen Platz in einem der total überfüllten Evakuierungszüge. Sie konnte nur einen Koffer mit dem Notwendigsten mitnehmen. Dieses Detail – eigentlich eine Nebensächlichkeit – aber diese vom Schmutz der Eisenbahn geschwärzten Finger, wie sie sich um die Türkante legen, ich sehe sie noch heute vor mir.

HOCHZEIT

Natürlich zeigte mir Nat stolz als erstes das Attest der Ärztin, und nun sah ich es schwarz auf weiß: Wir bekommen ein Kind! Wie schön war es doch, daß wir in diesem Augenblick allein waren, und niemand unsere Freude, unser Glück stören konnte. Sofort stand unser Entschluß fest, so schnell als möglich zu heiraten. Niemand konnte ja wissen, wann ich an die Front mußte. Die Formalitäten bei den Ämtern und sonstige Vorbereitungen nahmen natürlich ein paar Tage in Anspruch.

In dieser Zeit bereiteten Viktoria, ihre Freundin Cäsar und eine Frau von Radowitz rührend alles für die Trauung und das Hochzeitsdiner vor. Mein Zustand hatte sich inzwischen zwar gebessert, aber ich war doch noch so schlapp und wackelig auf den Beinen, daß ich alle Vorbereitungen für die Hochzeit den Freunden überlassen mußte.

Ein großes Problem stellte die Anfertigung des Brautkleides dar. Nat hatte ein paar Meter weißer Futterseide aus der Weberei ihres Onkels aus Bocholt im Fluchtgepäck. Aus diesem nicht sehr edlen Material wurde mit vereinten Kräften ein recht respektables Gewand gezaubert. Dazu steuerte eine Freundin von Viktoria, Margarete Westphalen, den Brautschleier ihrer Familie, einen kostbaren Brüsseler Spitzenschleier, zur Verschönerung der Braut bei.

Bei der Zusammenstellung des Hochzeitsdiners mußte natürlich auch improvisiert werden. Den Hauptgang in Gestalt eines Frischlings spendierte Dr. Hellenbrand, der schon deshalb zur Hochzeitsgesellschaft gehörte, weil er dafür verantwortlich zeichnete, daß ich überhaupt vor den Altar treten konnte.

Zu unserer Freude erfüllte der Pfarrer unseren Wunsch, die Trauung als Haustrauung in Viktorias großem Salon zu feiern. Die musikalische Untermalung wollte die Hausfrau am Flügel übernehmen. Stundenlang übte sie vor dem Hochzeitstag für unseren Gang zum Altar den Choral „Befiehl Du Deine Wege". Als Trauspruch hatten wir 2. Korinther 4 Vers 17 und 18 ausgesucht, den natürlich meine bibelfeste Nat gefunden hatte:

„Denn unsere Trübsal, die zeitlich und leicht ist, schafft eine ewige und über alle Maßen wichtige Herrlichkeit uns, die wir nicht sehen auf das Sichtbare, sondern auf das Unsichtbare. Denn was sichtbar ist, das ist zeitlich; was aber unsichtbar ist, das ist ewig."

Ich glaube, wir hätten für uns beide keinen schöneren Text finden können, der alles umfaßte, was uns in diesen Tagen bewegte: Die Trübsal über den sich anbahnenden Zusammenbruch und den Verlust unserer äußeren Existenz. Aber wie wenig wog das gegenüber dem Unsichtbaren, also jenen Kräften, die Nat und mich auf so wunderbare Weise zusammengeführt hatten.

Am 27. Januar war die standesamtliche Trauung im Gemeindeamt von Hoppegarten. Dr. Hellenbrand fuhr uns in seinem DKW Meisterklasse hin. Ich trug immer noch einen dicken Kopfverband, was natürlich von allen Beobachtern für eine schwere Kriegsverwundung gehalten wurde. Die Zeremonie auf dem Standesamt war kurz; zum Schluß überreichte uns der Standesbeamte sinnigerweise Hitlers „Mein Kampf".

Am nächsten Tag war dann die Haustrauung. Bevor die Feier begann, taten die Damen sehr geheimnisvoll, denn es gehört wohl zum Zeremoniell, daß der Bräutigam die Braut erst kurz vor der Trauung im Brautschmuck zu sehen bekommt. Ich selbst konnte nur mit meiner schäbigsten Panzeruniform erscheinen. Alle für festliche Anlässe bestimmten Sachen lagen ja in Giesmannsdorf.

Endlich kam Nat die Treppe herunter. Ich hätte sie fast nicht wiedererkannt! Ich fand jedenfalls, ohne es mir anmerken zu lassen, daß man sie richtig verschandelt hatte. Zwar war das Kleid recht gut gelungen und der Schleier ein erlesenes Stück, aber die Hoppegartener Friseuse hatte ihr eine ganz unmögliche Frisur verpaßt, die nichts mehr von ihren langen, schönen blonden Haaren ahnen ließ. Sie wirkte jedenfalls so fremd auf mich, daß ich Mühe hatte, unter dieser Maskerade meine Nat wiederzuerkennen.

Die Trauung war dann sehr schön und feierlich. Am meisten beeindruckte uns, daß wir fast körperlich spürten, wie die wenigen Menschen, die zugegen waren, uns wahrhaft von Herzen Glück wünschten, denn alle wußten natürlich, daß dieses junge jetzt so glückliche Paar in Kürze wieder getrennt werden würde – vielleicht für immer. So faßten die meisten ihre Glückwünsche nicht in die bei solchen Gelegenheiten üblichen konventionellen Floskeln, sondern sie drückten mir stumm die Hand und nahmen Nat einfach in die Arme. Obwohl kein einziger Angehöriger unserer beiden

401

Familien anwesend war, fühlten wir uns im Kreis dieser Freunde ganz geborgen, obwohl wir einige von ihnen erst seit ein paar Tagen kannten. Es war eine bunt zusammengewürfelte Gesellschaft, und alle waren, wenn es das gibt, von einer ernsten Freude auch deshalb erfüllt, weil unsere Hochzeit so etwas wie ein Signal dafür war: Das Leben geht weiter. Für uns war an diesem Tag trotz des Ernstes der Lage *die Trübsal* wirklich *zeitlich und leicht*.

Ich will nun doch die Namen derjenigen, die bei unserer Hochzeit anwesend waren, festhalten: Viktoria Dierig mit ihrer englischen Freundin Mrs. Ballentine, genannt Cäsar, Till und Alexander Radowitz, Margarete Westphalen, Dr. Hellenbrand und zur größten Freude aller kam Viktorias Sohn Viktor unverhofft auf Urlaub. Mein ältester Freund Gerd Becker, der sich zufällig in der Nähe befand, hielt dann beim Diner die Hochzeitsansprache, die viel von meinem Vorleben enthielt, da er mich schon seit unserer gemeinsamen Dienstzeit in Rathenow kannte.

Nat war an diesem Tag der absolute Mittelpunkt. Sie kam bei allen so gut an, daß ich manchmal sogar ein wenig eifersüchtig war. Natürlich verging der Tag wie im Fluge. Alle hatten ihre besten Getränke aus dem Keller geholt, und ich entsinne mich noch, daß Margarete Westphalen sogar einen echten Cognac Napoleon mitbrachte. Dies geschah wohl auch mit dem Hintergedanken „ehe es die Russen saufen!"

Unser Brautgemach war in einem Kellerraum, das Brautbett auf einem ganz gewöhnlichen Eisengestell hergerichtet. Mein Bursche Schröder hatte sinnigerweise ein kleines Glöckchen an dessen Sprungfederrahmen befestigt! Aber das Bimmeln dieses Glöckchens ist nicht die einzige Erinnerung an meine Hochzeitsnacht. Mir wurde schlagartig bewußt, was Heiraten, was der Schritt eigentlich bedeutete, den ich an diesem Tag getan hatte, Nämlich: Bindung an diesen Menschen, der da neben mir lag, „bis daß der Tod Euch scheidet!" und das wiederum: Ich war nicht mehr frei, war für immer gebunden, aus wars, eine Frau oder ein Mädchen, das mir gefiel, zu erobern. Ich bekam für Minuten einen richtigen Katzenjammer!, den ich bis heute nicht vergessen habe.

Da ich offiziell ja noch krank war und nicht zum Dienst mußte, hatten Nat und ich die nächsten Tage ganz für uns. Die Sorge um Nats Eltern war Gott sei Dank unbegründet. Welche Freude, als plötzlich zwei Tage nach unserer Hochzeit Mutter Beyerhaus bei uns eintraf. Nats Vater hingegen war noch in Breslau geblieben, wollte zum Volkssturm, weil er einfach nicht darüber hinweg kam, daß seine Tochter ein Kind erwartete. Meine Schwiegermutter war auf dem Weg zu ihrem Bruder Werner nach Bocholt und blieb nur einen Tag.

Am Morgen ihrer Abreise hatte ich wieder meinen Dienst in Stahnsdorf angetreten, und ausgerechnet an diesem Tag flogen die Amerikaner einen ihrer schwersten Luftangriffe auf Berlin. Die Einflugschneise ihrer Geschwader lag genau über unserem Kasernengelände, und ich zählte und zählte die einfach nicht enden wollende Zahl von Bombern. Es waren an die 1.500! Unbehelligt von deutschen Jägern erreichten sie den Stadtkern von Berlin, wo sie zwar von wütendem Flakfeuer empfangen wurden. Ab und zu fiel auch so ein Riesenvogel vom Himmel. Das hinderte sie aber nicht, Tausende von Bomben wahllos auf das Stadtgebiet abzuwerfen. – Für mich brachen nun Stunden größter Sorge um Nat an. Ich wußte nämlich, daß sie ihre Mutter zum Bahnhof Friedrichstraße mitten in der Stadt bringen wollte, hatte aber keine Ahnung, wann dieser Zug abging und ob sie noch rechtzeitig vor dem Luftangriff die Innenstadt wieder verlassen hatte.

Sofort nach der Entwarnung fuhr ich mit der S-Bahn von Stahnsdorf los in der Hoffnung, irgendwie nach Hoppegarten durchzukommen. Diese abenteuerliche Fahrt durch das brennende Berlin dauerte bis in den frühen Morgen. Natürlich waren viele S-Bahn-Strecke unterbrochen, und so verkehrten Züge nur auf kurzen Teilstrecken. Kilometer habe ich in dieser Nacht entlang der Bahnstrecke zu Fuß zurückgelegt. Nach Stunden erreichte ich endlich einen Bahnhof, von dem ein Zug nach Hoppegarten abging. Man kann sich vorstellen, wie mich die Ungewißheit vorwärts trieb. Total erschöpft kam ich endlich bei Viktoria an. Dort erwartete mich Nat wohlauf. Sie berichtete, daß ihre Mutter mit dem letzten Zug – die Bomber waren schon im Anflug – Berlin verlassen hatte. Sie selbst hatte den Angriff im Keller eines Hauses des östlichen Vororts Mahlsdorf erlebt. Aber dort waren nur vereinzelt Bomben gefallen. Als wir am nächsten Tag in der Zeitung lasen, daß dieser Bombenangriff zu den schwersten gehörte, die Berlin bisher erlebt hatte, wurde uns klar, welches Glück Nat und ihre Mutter gehabt hatten.

DRESDEN

Zwei Nachrichten veränderten in den ersten Februartagen meine bis dahin hinsichtlich meiner Gefährdung als Soldat immer noch recht angenehme Situation: Einmal erfuhr ich, daß die beiden Kavalleriedivisionen von Ostpreußen an die österreichisch-ungarische Grenze verlegt worden waren, zum anderen, daß meine Abteilung in den nächsten Tagen auf den Truppenübungsplatz Milowitz bei Prag verlegt werden sollte. Fahrzeuge und Waffen waren völlig überraschend eingetroffen, und vor dem Einsatz sollten in Milowitz noch einige Gefechtsübungen mit Scharfschießen abgehalten werden. Ich selbst war von meiner Krankheit noch viel zu geschwächt, um selbst die Transportvorbereitungen leiten zu können. So überließ ich die Organisation des Abmarsches meinen Offizieren. Auch wollte ich nicht den langwierigen Truppentransportzug benutzen sondern mit einem fahrplanmäßigen Zug nachkommen. Nat sollte mich bis Milowitz begleiten. Von dort wollte ich sie nach Purgstall bringen, wo sie zumindest vor Bombenangriffen sicher war. Vielleicht konnte ich sogar von meinem neuen Einsatzort, der ja irgendwo an der steirisch-ungarischen Grenze liegen mußte, nach Purgstall zu Nat Verbindung halten.

Nach dem recht schmerzlichen Abschied von unseren Hoppegartener Freunden bestiegen Nat, mein Bursche Schröder und ich am Abend des 12. Februar den Schnellzug von Berlin nach Dresden. Nats Koffer enthielt ihre wenige aus Breslau gerettete Habe. Ich selbst hatte so gut wie nichts Persönliches bei mir, da ich aufgrund meiner Krankheit seit dem 3. Januar nicht mehr nach Friedenthal gekommen war. Mein Kopf war noch immer dick mit Binden umwickelt. So hielt man mich für einen Verwundeten, und wir bekamen trotz totaler Überfüllung des D-Zuges bald einen Sitzplatz. In Dresden wollten wir einige Tage Station machen. Wir hatten nämlich erfahren, daß Gotthard dort in einem Lazarett eine leichte Verwundung auskurierte. Außerdem war Dresden zum damaligen Zeitpunkt die einzige deutsche Großstadt, auf die noch keine Bombe gefallen war. Dieser Aufenthalt sollte also für Nat und mich eine Art Mini-Hochzeitsreise sein. Obwohl Dresden in diesen Tagen von Flüchtlingen aus den Ostprovinzen förmlich überschwemmt war, bekamen wir im *Europäischen Hof* gegenüber dem Bahnhof ein schönes Zimmer. Bald stieß auch Gotthard zu uns, der nur einen kleinen Kratzer an der Hand abbekommen hatte, bereits aus dem Lazarett entlassen war und bei den Eltern einer Freundin Quartier bezogen hatte.

Dresden präsentierte sich uns wie eine Stadt im tiefsten Frieden. Was lag da näher, als mich noch für ein paar Tage krankschreiben zu lassen. Der untersuchende Militärarzt konnte außer einer leichten Rötung des Trommelfells beim besten Willen keinen Befund mehr feststellen. Aber er war kein Kommißkopf; es genügte, ihm die Geschichte meiner Hochzeitsreise zu erzählen, und die Urlaubsverlängerung war perfekt. Mit dieser guten Nachricht kehrte ich ins Hotel zurück.

An den anschließenden Kinobesuch, man zeigte „Die Frau meiner Träume", erinnere ich mich wohl deshalb so genau, weil zwischen Wochenschau und Hauptfilm ein sogenannter Goldfasan (Nazigröße in brauner Uniform mit vielem Gold) die Bühne betrat und dem erstaunten Publikum – natürlich meist Landser – folgende Story auftischte: Er verglich die damalige Lage Deutschlands mit der eines Frosches, der in einen Behälter voll Milch gefallen ist und sich anscheinend in hoffnungsloser Lage befindet. Dann nahm aber diese Froschgeschichte eine geradezu umwerfende Wendung: Die ständigen Tretbewegungen des Tieres führten nämlich dazu, daß die Milch sich in Butter verwandelte und der Frosch gerettet wurde. Zum Schluß rief der Nazi mit Stentorstimme in den Zuschauerraum: „Also treten, treten, treten!". Alle lachten, aber es war unverkennbar ein höhnisches Lachen.

Anschließend bummelten wir die Dresdener Prachtavenue, die Prager Straße, zur Elbe hinunter und schauten uns den Zwinger, die Oper und die Hofkirche an. Nach dem zerstörten Berlin kam es einem ganz unwirklich vor, in einer Stadt zu sein, in der es keine einzige Ruine gab, wo noch alles funktionierte, Geschäfte und Restaurants wie im tiefsten Frieden auf ihre Kunden warteten.

Zum Souper gingen wir zu dritt in das Schlemmerlokal *Englischer Garten* und stellten ein möglichst exquisites Menu zusammen. Offiziell mußten für die einzelnen Gänge Lebensmittelkarten abgegeben werden; aber gegen einen entsprechenden Aufpreis gings auch ohne Marken. Bei Frontsoldaten drückten die Kellner sowieso ein Auge zu. Wir waren gerade bei der zweiten Flasche Mosel, als aus dem Radiolautsprecher des Lokals die Meldung ertönte „Starke feindliche Kampfverbände im Anflug aus nordwestlicher Richtung". Die Worte des Sprechers gingen zunächst mehr oder weniger in der Unterhaltung des bis auf den letzten Platz gefüllten Restaurants unter. Niemand glaubte im Ernst an einen bevorstehenden Fliegerangriff. Denn warum sollte gerade heute ... ? Diese Stadt war doch bisher offensichtlich aus irgendeinem Grund geschont worden. Man munkelte von „späterem Hauptquartier der Alliierten" oder dergleichen. Bei der ersten Luftwarnung waren die Bomber ohnedies noch so weit entfernt, daß sie noch leicht auf ein anderes Ziel abdrehen konnten.

Bei der zweiten Meldung gab es jedoch keinen Zweifel mehr: Sie kommen!! Denn die Meldung lautete unmißverständlich: „Feindliche Bomberverbände aus mehreren Richtungen im Anflug auf die Stadt!" Da half nun alles nichts. Widerwillig unterbrachen wir unser Diner und gingen in den Keller, nahmen jedoch offensichtlich immer noch guter Dinge Moselwein und Gläser mit nach unten. Wir wollten uns einfach unsere gute Stimmung nicht verderben lassen und glaubten naiverweise, daß wir in Kürze weitertafeln könnten. Aber daraus wurde nichts. Zwar war unser Keller so solide gebaut, daß er von in der Nähe liegenden Einschlägen kaum erschüttert wurde, aber die Tatsache, daß nach der Entwarnung aus einem Nachbarkeller Menschen kamen, deren Kellertreppe verschüttet war, belehrte uns, daß der Angriff doch ernster gewesen sein mußte, als wir vermutet hatten. Diese Befürchtung bestätigte sich in erschreckender Weise, als wir wieder nach oben stiegen. Das Restauraunt existierte praktisch nicht mehr! Das heißt, es war *durchgeblasen,* wie damals ironisch der Fachausdruck hieß. Wir fanden alle Fenster und Türen vom Luftdruck zerstört, das Mobiliar teilweise umgestürzt, den Fußboden übersät mit den Dingen, die vorher fein säuberlich auf den Tischen gestanden hatten. Natürlich brannte kein Licht. Rauchschwaden zogen durch die Räume und nahmen einem den Atem. Wir griffen uns ein paar Servietten, tränkten sie mit Wasser, hielten sie vor Augen, Nase und Mund. Nach Atem ringend fanden wir dann den Weg ins Freie.

Offensichtlich hatten die Flugzeuge keine sogenannten Bombenteppiche geworfen sondern hauptsächlich Brandbomben im Streuwurf über das ganze Stadtgebiet verteilt. So waren überall Brandherde entstanden, die sich langsam ausbreiteten. Natürlich gab es nicht genug Feuerwehren, die diese ungezählten Brände bekämpfen konnten; aber noch herrschte keinerlei Panik. Um sich in Sicherheit zu bringen, strömten aus den am schwersten getroffenen Stadtteilen viele Bewohner auf die Elbwiesen. Auch wir gingen zunächst in diese Richtung und trafen dort rein zufällig einen ungarischen Offizier, den wir aus dem Europäischen Hof vom Ansehen kannten. Ihm übergaben wir sozusagen zu treuen Händen Nat. Wir wollten so schnell wie möglich ins Hotel zurück, um dort unsere letzte Habe, die zwei Koffer zu holen. Der Ungar versprach hoch und heilig, mit Nat auf uns zu warten.

Vorbei an der Hofkirche beobachteten wir, wie eine einzige Brandbombe auf dem Sims des Turms flackerte. Niemand war da, dieses an sich kleine Feuerchen zu löschen, was vielleicht die Vernichtung dieses herrlichen Bauwerks verhindert hätte. Die Prager Straße, die wir wieder passieren mußten, war schwer getroffen. Hier brannten schon ganze Häuserblocks lichterloh. Auch unser Kino stand in hellen Flammen. „Die Frau meiner Träume" entfloh mit grünlichen Stichflammen aus den Fensteröffnungen des ersten Stockwerks.

Beim Europäischen Hof angekommen sahen wir, daß das Dachgeschoß des Hotels bereits brannte. Anscheinend löschte niemand. In der Eingangshalle herrschte zwar reges Treiben, aber nichts deutete auf Panik hin. Dort fanden wir auch meinen Burschen mit unseren Koffern. Als ob nichts geschehen wäre, meldete er: „Koffer gepackt, Herr Rittmeister". An der Rezeption stand ein Mann, der an seine Frau eine Postkarte schrieb. Er verständigte sie wohl, daß er den Angriff gut überstanden habe. Andere Leute wieder bedrängten den Portier, ihnen ihre Rechnung zu geben. Derartige Ambitionen hatte ich nicht; vielmehr setzten wir uns sofort in Marsch, um möglichst schnell wieder an die Elbe zu Nat zu kommen, die natürlich voller Sorge auf uns wartete. Gott sei Dank fanden wir sie dort, wo wir sie verlassen hatten. Nun mußten wir eine Bleibe für die Nacht finden und beschlossen, zur Villa von Paula Falkenhausen, der Frau von Onkel Lex, die am Großen Garten wohnte, zu gehen, um eventuell dort unterzukommen.

Glücklicherweise war mein Bursche Schröder ein kräftiger Kerl. Er trug beide Koffer an einem Riemen, den er wie ein berufsmäßiger Gepäckträger über die Schulter gelegt hatte. Die Stadtteile, die wir nun durchquerten, waren weniger schwer getroffen, die vereinzelten Brände bereits gelöscht. Ordentliche Hausbewohner waren sogar schon dabei, die Scherben geborstener Fenster zusammenzufegen.

Es mochten nun etwa 3 Stunden seit dem ersten Angriff vergangen sein, da hörten wir plötzlich irgendwo erneut das Heulen einer Luftschutzsirene. Wir schenkten diesem einzelnen Warnton kaum Beachtung, gewöhnt, daß bei akutem Fliegeralarm ein ganzes Sirenenorchester seine Heultöne ausstößt. Gleich darauf jedoch stand einer jener berüchtigten *Christbäume* am Himmel. Diese Christbäume bestanden aus langsam herabfallenden Leuchtbomben, von den Bombergeschwadern vorausfliegenden Aufklärern abgeworfen. Sie dienten den nachfolgenden Flugzeugen als Zielmarkierungen, und da hörten wir auch schon das dunkle Brummen der anfliegenden Maschinen. Es erschien meinen Ohren wie das Nahen eines wütenden Hornissenschwarms.

Die nächsten Augenblicke standen wir wie gebannt. Zeit zum Überlegen blieb uns nicht, denn Sekunden später hörten wir über uns das Rauschen eines niedergehenden Bombenteppichs. Mit einem Riesensatz sprang ich Nat mit mir reißend durch die Öffnung eines Schaufensters, dessen Scheibe wohl beim ersten Angriff zu Bruch gegangen war, und warf mich hinter einen Ladentisch. Auch Gotthard und Schröder hatten irgendwo Deckung gefunden. Um uns prasselten die Bomben. Wir blieben unverletzt. Kaum waren die Detonationen verhallt, stürzten wir in den nächstliegenden Hauseingang und die Kellertreppe hinunter. Wir landeten in einem Kellergewölbe inmitten von etwa 50 wildfremden Leuten. Die meisten hatte es so wie uns zufällig in diesen Schutzraum verschlagen. Sie hockten in einzelnen Gruppen dicht beieinander, als ob sie einander schützen wollten. Da das elektrische Licht ausgefallen war, hatten Einige Kerzen angezündet, die bei jeder Bombenexplosion verlöschten oder flackernd bizarre Schatten an die Wände warfen.

Auch wir vier hockten mit eingezogenen Köpfen dicht beieinander. Ich hatte Nat fest an mich gepreßt. Sie hielt sich fabelhaft. Keinmal verlor sie die Fassung und kein Laut kam über ihre Lippen. Dabei tobte über uns ein Inferno, als ob die Hölle ihre Tore geöffnet hätte. In Abständen von nur wenigen Minuten ging Bombenteppich auf Bombenteppich nieder. Jedesmal, wenn wir das teuflische Zischen und Rauschen vernahmen, dachte jeder von uns: Jetzt ist es aus! Denn bei nahen Einschlägen wankte und ächzte das Kellergewölbe, Putz und Kalk rieselten auf uns nieder, und es schien nur eine Frage der Zeit, wann das Mauerwerk auf uns niederstürzen und uns lebendig begraben würde. Niemand sprach ein Wort. Wir alle dachten dasselbe: Wann ist es endlich vorbei?! Diese Dreiviertelstunde kam mir vor wie eine Ewigkeit. Noch nie in meinem Leben hatte ich so darunter gelitten, vollkommen ohnmächtig einer lebensbedrohenden Situation ausgeliefert zu sein. Eines war mir klar: Selbst wenn der Keller hielt, bestand die Gefahr, daß wir hier, wurden wir von oben abgeschnitten, elend ersticken mußten. So holte ich meine 08-Pistole aus dem Koffer – für alle Fälle. Elend mit Nat zugrunde gehen – das wollte ich nicht. Endlich ließ das Bombardement etwas nach.

Da fragte eine Frau in die plötzliche Stille hinein: „Hilft mir jemand meinen Koffer im Nachbarhaus holen? Es ist das einzige, das ich bei dem ersten Angriff gerettet habe." Ich war froh, irgend etwas tun zu können – nur nicht länger dies untätige Hocken in dem finsteren Loch. So ging ich mit nach oben. Gottlob, die Kellertreppe war noch frei! Aber noch bevor ich die Tür am Ende der Kellertreppe erreichte, sah ich bereits durch ein Fenster zum Hinterhof einen blutroten Schein. Mit dem ersten Schritt ins Freie verschlug es mir den Atem. Die ganze Straße, die ich ein paar hundert Meter rechts und links überblicken konnte, war im wahrsten Sinne des Wortes ein einziges Flammenmeer! In diesen Sekunden prägte sich mir gleichsam im Unterbewußtsein ein: Hundert Meter links von dir ist in der Häuserfront so etwas wie ein schwarzes Loch. Dort brennt es also noch nicht!

Vergessen war der Koffer der Frau, unbeachtet blieben noch fallende Bomben, denn jetzt blieben uns wohl nur noch Minuten bis zum Einsturz des Hauses! Ich stürzte die Kellertreppe wieder hinunter und schrie: „Alles raus!!"

Ich weiß nicht, ob die Menschen, die mit uns da unten waren, in ihrer Angst die Situation begriffen. Ich jedenfalls packte Nat, und wir vier keuchten die Treppe hinauf. Oben angekommen wandten wir uns nach links. Das schwarze Loch war inzwischen verschwunden und Flammen auch dort; aber ich war sicher: Dort mußten wir hin, wollten wir überhaupt eine Chance haben, dem Feuer zu entkommen.

Kaum auf der Straße, wurden wir schlagartig vom Feuersturm erfaßt, gegen den wir uns wie gegen eine Wand stemmten, um überhaupt vorwärts zu kommen. Dieser Sturm trieb Tausende faustgroßer Funken durch die Straßen, die gegen unsere Mäntel klatschten. Wir mußten sie wie lästige Insekten herunterschlagen. Ständig bestand die Gefahr, daß die Mäntel Feuer fingen. Nat in ihrem Stoffmantel war besonders gefährdet. Ich warf ihr meinen Lammfellmantel mit seiner glatten Außenseite über, um sie so besser gegen den Funkenflug zu schützen. Wir fürchteten am meisten die brennenden Balken, die um uns herum auf die Straße krachten. Weit und breit waren wir vier die einzigen auf dieser Straße. Viele, viele hockten wohl gelähmt vor Angst rechts und links von uns in den Kellern der Häuser, wo sie später elend verbrannten oder erstickten.

Wir behielten in dem Inferno klaren Kopf, denn wir wußten: Irgendwo links von uns fließt die Elbe – dort mußten wir hin. Vor allem erst einmal weg von den brennenden Häusern, die jeden Augenblick einstürzend uns begraben konnten. Auf einmal öffnete sich die Straße, und vor uns lagen die Elbwiesen! Wir hatten es geschafft, waren fürs erste gerettet!

Was sich aber nun unseren Augen darbot, ist wahrhaft nur apokalyptisch zu nennen. Hier am Elbufer hatten Spreng- und Brandbomben schrecklich gewütet. Jene Menschen, die nach dem ersten Angriff hierher geflüchtet waren, fanden ja auf den kahlen Wiesen keinerlei Schutz. So lagen um jeden Bombentrichter Tote und Verwundete, vielen von ihnen hatten Bombensplitter Gliedmaßen abgerissen, und auch solche, die von Brandbomben durchbohrt oder erschlagen worden waren. Die ringsum lodernden Brände tauchten die ganze Szene in ein flackerndes, gespenstisches Licht.

Wir befanden uns an den weltberühmten Brühl'schen Terrassen und ließen uns auf einer ihrer steinernen Balustraden nieder, völlig erschöpft an Leib und Seele. In diesen Augenblicken war ich gar nicht in der Lage, das Grauen zu erfassen, dessen Zeugen wir jetzt waren: Rings um uns Schreie und Stöhnen. Gespenstische Gestalten, die hin- und herliefen. Menschen, die nach ihren Angehörigen suchten. Das Ausmaß der Vernichtung spielte jedoch eigenartigerweise in meinem Bewußtsein nur eine untergeordnete Rolle, denn mein Gefühl wurde vollständig von unserer fast wie ein Wunder zu nennenden Errettung beherrscht. Es zählten nicht die Tragödien, die sich so zahlreich um uns herum abspielten, sondern nur die Tatsache: Wir leben!

Nun war unser einziger Gedankes: So schnell als möglich weit fort von diesem Ort des Grauens. Wir vier waren ja gottlob unversehrt, lediglich die Augen waren von den beißenden Rauchschwaden stark angegriffen und tränten unaufhörlich.

Nach kurzer Überlegung faßten wir den Plan, uns zum *weißen Hirsch,* einem Vorort von Dresden, durchzuschlagen. Dort wohnten eine Freundin von Gotthard und auch eine Frau Möller, die eine geborene Falkenhausen war. Wir kamen aber nur langsam vorwärts, weil wir immer wieder die noch lichterloh brennenden Stadtteile umgehen mußten. Einmal rasteten wir längere Zeit in einer herrenlos herumstehenden Straßenbahn. Wir montierten die Vorhänge ab und benutzten sie als Schals, denn es war empfindlich kühl geworden. Der Feuerschein der brennenden Stadt erhellte alles. So entging es uns, daß es inzwischen Morgen geworden war. Als wir uns wieder einer noch brennenden und vom Einsturz der Häuser bedrohten Straße näherten, gab es keine Ausweichmöglichkeit. Wir legten uns erschöpft einfach aufs Pflaster, deckten uns mit unseren Mänteln zu und versuchten, ein wenig zu schlafen. Da fühlte ich, wie jemand meine Hand ergriff und küßte. Aber diese Liebkosung kam nicht etwa von Nat, sondern von Gotthard, der offenbar einem Irrtum erlegen war! Diese Episode war aber auch das Einzige an diesem Morgen, worüber man lächeln konnte. Es war wie eine Erlösung, als es plötzlich ganz sanft zu regnen begann. Dieser Regen hatte etwas ungemein Beruhigendes. Man denkt ganz instinktiv: Wo Wasser ist, kann kein Feuer sein.

Mühsam fragten wir uns zur nächsten Elbbrücke durch, die zum Glück nur wenig zerstört war. Erst als wir diese passiert hatten, fühlten wir uns geborgen. Zwar gabs noch einmal Fliegeralarm, aber wir waren viel zu apathisch, um überhaupt darauf zu reagieren. Wie sich nach dem Krieg herausstellte, hatten Briten und Amerikaner ein paar Aufklärer geschickt, wohl um den Grad ihres Zerstörungswerkes festzustellen. Hinter der Brücke hatte das Rote Kreuz eine Art Auffangstelle eingerichtet, bei der wir unsere Augen behandeln lassen konnten. Nach ein paar Stunden Schlaf im Haus von Gotthards Freunden gingen wir weiter zu Möllers, wo wir herzlich aufgenommen wurden. Ihr Haus war auch von Brandbomben getroffen, aber nur der Hundezwinger war ausgebrannt.

Natürlich waren wir nicht die Einzigen, die die Gastfreundschaft der Möllers in Anspruch nahmen, und fanden die Villa mit Bombenflüchtlingen überfüllt. Trotzdem bekamen Nat, Gotthard und ich ein Zimmer. Aber bald gab es Verpflegungsprobleme. Da plünderte die hilfsbereite Frau Möller unter anderem ihre Marmeladenvorräte. Irgendwo wurde Brot besorgt, und so kamen wir über die Runden.

Nach einem Ruhetag ging ich in die Stadt in der Illusion, doch noch irgendeinen Zug in Richtung Prag ausfindig machen zu können. Der Anblick, der sich mir auf diesem Weg zum Bahnhof bot, gehört zu dem Erschütterndsten, was ich in meinem Leben gesehen habe: Dresden wurde in der Nacht vom 13./14. Februar buchstäblich ausgelöscht. Ich ging durch eine tote Stadt! Kilometerweit nichts als rauchende Trümmer. Überall säumten ausgebrannte oder eingestürzte Häuser meinen Weg. Ich fragte mich: Wo sind die Menschen? Wie viele mochten tot unter den Trümmern liegen, wie viele warteten wohl noch in den Kellern auf Rettung? Denn daß es dort noch Überlebende gab, sah ich an den wenigen Leuten, die vor Maueröffnungen kauerten und mit Schläuchen Flüssigkeit zu den Verschütteten leiteten. Überall sah ich Tote in den Straßen liegen, die im Feuersturm umgekommen waren. Zusammengekrümmt, die Haare verbrannt, von der Hitze auf die Hälfte ihrer natürlichen Größe geschrumpft, waren die verkohlten Körper kaum noch als die von Menschen zu erkennen. Sie lagen einzeln oder in langen Reihen da, an manchen Plätzen schon zu Haufen übereinander geschichtet. All das war so unwirklich, daß es mich kaum berührte, und ich war nicht in der Lage zu realisieren, daß hinter jedem dieser schwarzen Klumpen sich ein tragisches Einzelschicksal verbarg. Alles war wie ein böser Traum, der ja einmal zu Ende gehen mußte. Oft wandte ich mich entsetzt ab, um dann von einer unerklärlichen Neugier getrieben, immer wieder hinzuschauen, wohl um mich zu vergewissern, daß ich eben nicht träumte. Über allem hing dieser ekelerregende Brand- und Leichengeruch, der jeden Zweifel an der Wirklichkeit des Gesehenen verscheuchte.

Endlich kam ich zum Hauptbahnhof, aber ich fand keine Menschenseele, die Auskunft geben konnte. Hier war die Zerstörung total. Tausende, die in den Unterführungen des Bahnhofs Schutz gesucht hatten, mußten dort umgekommen sein. Ein riesiger Berg von Leichen auf dem Bahnhofsvorplatz zeugte von dem Drama, das sich hier abgespielt haben mußte. Nie ist die Zahl der Bombenopfer dieser *Schreckensnacht von Dresden* genau ermittelt worden, weil sich Tausende von Flüchtlingen aus dem Osten in diesen Tagen in der Stadt aufhielten. Die Schätzungen sprechen von 80 – 150.000 Toten. Jene Frau, der ich helfen wollte, ihren Koffer zu bergen, ist zu unserer Retterin geworden. Niemand hätte sonst je erfahren, wo wir erstickt oder verbrannt waren.

LETZTE KRIEGSWOCHEN

Kurz bevor ich unverrichteter Dinge die Villa der Möllers wieder erreichte, sah ich in einem Garten einen sogenannten Bollerwagen stehen. Dieses Gefährt *organisierte* ich in der nächsten Nacht, und am folgenden Morgen, es war der 16. Februar, machten Nat, Schröder und ich uns zu Fuß auf den Weg in Richtung Pirna. Von dort sollten wieder Züge in die Tschechoslowakei verkehren. Gotthard blieb in Dresden zurück. Unsere beiden Koffer hatten wir auf das Wägelchen gepackt und Nat obendrauf gesetzt. Ich zog an der Deichsel und Schröder schob hinten. Erleichtert, als seien wir auf der Flucht, verließen wir Dresden. Ständig standen mir noch die Bilder der umgekommenen Menschen, der Leichenberge vor Augen, und ich war froh, daß Nat dieser schlimmste Anblick erspart geblieben war. Unser Sohn Franzi, den sie ja in jener Nacht schon unter dem Herzen trug, hat am Arm ein großes Feuermal.

Auf unserem Marsch kamen wir an einem Verpflegungsdepot vorbei, wo ein fetter Zahlmeister auf unsere Bitten nicht einmal ein Brot herausrücken wollte. Da hätten Schröder und ich fast die Beherrschung verloren. Daraufhin lenkte er schnell ein.

Nach stundenlangem Fußmarsch kamen wir zu einer Bahnstation. Von dort verkehrten wieder Züge. Noch am gleichen Tag erreichten wir eine Stadt in der Tschechei, deren Name mir entfallen ist. In einem Hotel, wir waren die einzigen deutschen Gäste, bekamen wir mit Müh und Not ein Zimmer. Aber das Verhalten des Hotelpersonals war derart abweisend, die Art, wie man uns behandelte, so frech und herablassend, daß mir richtig mulmig zumute war. Die Tschechen machten keinen Hehl mehr daraus, daß sie die Wut gegen die verhaßte Besatzungsmacht nur noch mühsam unterdrückten. Es war ja ganz natürlich, daß die Bevölkerung den Tag der Befreiung herbeisehnte, der nun in so greifbare Nähe gerückt war. Wir waren jedenfalls froh, als wir am nächsten Morgen unbehelligt Richtung Prag weiterfahren konnten. Von der Stadt bekamen wir nichts zu sehen, denn ohne Aufenthalt fuhren wir zu dem nur etwa 30 km entfernten Truppenübungsplatz Milowitz weiter. Dort wurden *die Jungvermählten* von meinen Leuten schon erwartet. Sie hatten entsprechende Vorbereitungen getroffen, die in erster

Linie darin bestanden, daß man das Kommandeurszimmer durch Zusammenrücken von zwei Kommißbetten in eine Art eheliches Schlafzimmer verwandelt hatte! Mit nicht geringem Stolz führte uns mein Ordonannanzoffizier, Leutnant Buchwald, der wohl für dieses innenarchitektonische Werk verantwortlich war, in unser Gemach.

Es war nur eine kurze Ruhepause. Natürlich konnte Nat nicht bei mir bleiben, weil das Reglement das Wohnen von Damen bei der Truppe ohnedies nicht vorsah. Außerdem mußte ich damit rechnen, daß unsere Einheit plötzlich an die Front verlegt wurde. So brachte ich Nat schon zwei Tage später per Bahn nach Purgstall. Meine Mutter hatte nach ihrer Flucht aus Giesmannsdorf zunächst in Sachsen bei den Helldorfs Station gemacht und traf Wochen später auch dort ein.

Zunächst war Nat in dem ihr ganz fremden Riesenschloß fast ganz allein, denn nur das Verwalterehepaar Egger kümmerte sich um sie. Bald nahm sie zu dem einzigen Arzt am Ort, Dr. Streif, Kontakt auf, der sie gern bei sich als Helferin beschäftigte. Aufgrund ihrer voraufgegangenen Lazarettätigkeit hatte sie so eine Beschäftigung gefunden, die ihr sehr lag und ihr das Gefühl vermittelte, gebraucht zu werden.

Auf der Rückfahrt nach Milowitz geriet ich noch im Donautal in einen ganz üblen Angriff englischer Jagdbomber, die es aber offenbar mehr auf die Lokomotive des Zuges als auf die Menschen abgesehen hatten. Als der Zug plötzlich hielt und irgend jemand „Fliegeralarm" schrie, hatten alle Zuginsassen fluchtartig die Abteile verlassen und sich irgendwo in Deckung geworfen. Auch ich lag in einem kleinen Graben neben dem Bahndamm. Komischerweise hatte ich keinen Augenblick das Gefühl, in Gefahr zu sein; es wurde auch niemand getroffen.

Der Dienstbetrieb in Milowitz bestand hauptsächlich aus Geländeübungen mit Scharfschießen mit der 2 cm-Kanone. Alle Truppenübungsplätze der Welt gleichen sich wohl in ihrer Häßlichkeit. Milowitz unterschied sich nur von den mir bekannten, daß er von einer Menge Hasen bevölkert wurde. So kam es immer wieder vor, daß plötzlich ein Langohr die Schießbahn querte, auf der wir gerade einen imaginären Feind bekämpften. Natürlich galt dann diesem Häschen unsere ganze Feuerkraft. Zwar staubte es stets um ihn herum bedrohlich, ich entsinne mich jedoch nicht, daß je einer dieser Milowitzer Truppenübungsplatzhasen zur Strecke kam.

Eine Episode anderer Art betrifft gleichfalls Hasen, in unserem Falle sogenannte Stallhasen, alias Hauskaninchen. Die Landser hatten nämlich herausgefunden, daß die Tschechen hinter ihren Häusern in leicht zugänglichen Ställen eine Menge Tiere dieser Art hielten. Ohne mein Wissen hatten sie eine Anzahl dieser Spezies schlichtweg geklaut, dann in Kartons in ihrer Mannschaftsstube versteckt, um sie zu gegebener Zeit zur Aufbesserung der langweiligen Normalkost zu verspeisen. Anscheinend nahmen diese Karnikkel-Diebstähle bald so überhand, daß eine Abordnung der Bevölkerung sich beim Lagerkommandanten beschwerte. Der ordnete daraufhin eine Durchsuchung der Mannschaftsunterkünfte an. Auch die Baracken meiner Schwadron fielen unter diese Inspizierung. Aber nichts wurde gefunden. Natürlich war mein Chefzimmer für die Kontrolleure tabu. Als ich mein Zimmer nach der Inspektion betrat, hörte ich unter dem Bett ein befremdliches Kratzen! Dort im *Allerheiligsten* hatten die Landser, als sie von der Inspektion Wind bekommen hatten – vertrauend auf meine Solidarität – in höchster Not ihre Zusatzration versteckt. Für mich war das ein erfreuliches Zeichen ihres Vertrauens.

Obwohl wir in unserem Barackendasein fast ganz von der Welt abgeschnitten waren, sickerten doch genügend Nachrichten über die Kriegslage zu uns durch. So gab es bald keinen Zweifel mehr: Die Lage an allen Fronten war hoffnungslos, der totale Zusammenbruch im Osten und Westen und damit das Ende des Krieges standen kurz bevor. Dabei war uns keineswegs klar, was es für uns bedeutet hätte, das Kriegsende inmitten der haßerfüllten tschechischen Bevölkerung zu erleben. Aber das Schicksal Tausender Deutscher, die am Ende des Krieges einer Art Lynchjustiz der Tschechen zum Opfer gefallen waren, blieb uns Gott sei Dank erspart. Sozusagen 5 Minuten vor 12 wurde meine Abteilung Mitte April zur 4. Kavalleriedivision nach Kärnten verlegt.

Bis dahin hatte ich in Milowitz eine recht ruhige Zeit. Prag war ja nicht weit, und ich nutzte die Gelegenheit, mir diese herrliche Stadt anzuschauen, in der ja nichts zerstört war. Bei meinen langen Spaziergängen durch die Straßen der Altstadt vergaß ich beim Anblick der zahlreichen Bauwerke einmaliger Schönheit für Augenblicke sogar die Angst vor der ungewissen Zukunft. Ich erinnere mich, daß ich für Nat ein Bild kaufte, das irgendeinen venezianischen Granden darstellte. Es war sicher nicht viel wert, aber es gefiel mir so gut, und ich wollte bei unserem Wiedersehen nicht mit leeren Händen kommen.

In diesen März-Wochen zogen schon die ersten schlesischen Trecks durch die Tschechei, und da passierte es, daß mich eines Tages ein Offizier meiner Abteilung von einer Fahrt in den Norden des Landes ganz aufgeregt anrief und behauptete: „Falke, heute habe ich Deinen Vater getroffen!" Diese Nachricht war für mich ein großer Schock, zumal ich keinerlei Möglichkeit hatte, ihre Richtigkeit nachzuprüfen. Doch in diesen Stunden wurde mir das erste Mal klar: Die Schlesier und wohl auch mein Vater mit seinen Leuten sind auf der Flucht. Das bedeutete: Die Russen sind in Giesmannsdorf – alles ist verloren! Vielleicht war Papi sogar irgendwo ganz in der Nähe. Von da an war es aus mit meiner inneren Ruhe. Mit einem Mal machte ich mir auch große Sorgen um Nat und meine Mutter, denn wer sagte denn, daß die Russen nicht auch nach Purgstall kämen. Als dann erste Anzeichen auf unsere baldige Verlegung nach Kärnten hindeuteten, fuhr ich kurz entschlossen noch einmal nach Purgstall.

Da ich über kein Auto verfügte, wurde die Fahrt zu einem unvergeßlichen Abenteuer: Von Prag bis Wien verlief alles bis auf stundenlange Verspätungen verhältnismäßig normal. Von dort weiter nach Westen war ein Weiterkommen fast aussichtslos, denn Zigtausende von Balkanflüchtlingen verstopften sämtliche Verkehrswege. Irgendwie bin ich dann doch an den Stadtrand von Wien gelangt und fand dort in der endlosen Kolonne, die sich auf der Uferstraße der Donau in Richtung Dürnstein quälte, einen LKW, der mich mitnahm. Die Leute wollten genau wie ich durch die Wachau nach Krems und weiter in Richtung Salzburg. Man kam buchstäblich nur im Schneckentempo vorwärts, denn die Wagen der Balkan-Flüchtlinge wurden ja fast ausschließlich von Pferden gezogen. Viele dieser Fahrzeuge waren mit der einzigen Habe ganzer Familien vollgepackt und meist überladen. Die zu den einzelnen Wagen gehörenden Menschen gingen meist zu Fuß nebenher.

Für die wenigen Lastwagen und PKW war an ein Überholen dieser Pferdetrecks kaum zu denken, denn ständig mußte auf dieser nur zweispurigen Straße mit entgegenkommenden Militärfahrzeugen gerechnet werden.

Da kam mir ein lächerlicher Zufall zu Hilfe: Bei einem neuerlichen Halt sah ich am Straßenrand einen kleinen Jungen stehen, der eine sogenannte Winkerkelle in Spielzeuggröße in der Hand hielt. Jeder kennt dieses rot-weiße runde Ding, wie es zum Beispiel auch Bahnhofsvorsteher zum Zeichen der Abfahrt eines Zuges hochheben. Der Bub hatte das Ding wohl vom Christkind als Zubehör zu einer Spielzeugeisenbahn bekommen. Da durchzuckte mich der Gedanke: Mit Hilfe dieser Kelle kannst du dich mit einem Schlag in einen den Verkehr regelnden Militärpolizisten verwandeln. Mit sanfter Gewalt entwand ich darauf dem Kleinen sein Spielzeug. 10 österreichische Schillinge konnten sein Geschrei ein wenig dämpfen.

In meinem fast bis auf die Erde reichenden grauen Kradmantel hatte ich nun das unverwechselbare Aussehen eines Ordnungshüters. Zwar fehlte mir das Schild der richtigen Feldgendarmerie, aber ich hatte ja die rot-weiße Kelle, und diese in der Hand eines Rittmeisters ließ, wie sich herausstellen sollte, bei Betroffenen jeden Zweifel an der Rechtmäßigkeit meines Handelns schwinden. Nun hatte mein LKW überall Vorfahrt! Wenn ich mit dem kleinen Wunderspielzeug winkte, fuhr alles rechts ran. Wenn irgendwo ein Stau war, ging ich zu Fuß voraus, leitete dann mit gebieterischer Geste ganze Kolonnenteile auf Nebenwege. So gings durch diese kleine Köpenickiade auf einmal recht zügig voran. Das letzte Stück auf der Nebenstraße über Wieselburg nach Purgstall war dann kein Problem mehr. Meine Mutter und Nat waren selig, daß ich so unverhofft erschien und daß nun ein Mann ihren Abtransport in den sicheren Westen organisieren würde.

Dabei kam mir der Umstand zu Hilfe, daß in Purgstall eine Werkstattkompanie lag, die sich bei Annäherung der Russen nach Fürstenzell in Niederbayern absetzen würde. So war mein Entschluß schnell gefaßt, Mimi und Nat dem *Spieß* dieser Einheit anzuvertrauen. Nur 20 km von diesem Fürstenzell entfernt lag nämlich Schloß Schönburg, der Besitz des Freundes meiner Eltern Luici Arco. Dort würden sie bestimmt aufgenommen, und damit wußte auch ich, wo ich sie nach Kriegsende wiederfinden würde.

In diesen zwei Tagen mit Nat waren meine Gefühle ein ständiges Gemisch zwischen Freude über unser unverhofftes Wiedersehen und einer Art mir bisher fremder Weltuntergangsstimmung. Ich wußte ja, daß unser Abschied diesmal von einer völlig ungewissen Zukunft überschattet sein würde. Ich versuchte zwar, meine wahren Gefühle durch eine forcierte Betriebsamkeit zu überdecken, in Wahrheit aber bewegten mich nur zwei Fragen: Wann und wo würde ich Nat wiedersehen, und was würde das Schicksal der Offiziere nach Kriegsende sein, und kam ich vor diesem Ende noch zum Einsatz? Auch war es doch durchaus möglich, daß ich in russische Gefangenschaft geriet. Das alles stand noch in den Sternen. Vor allem, so schien es wenigstens, war für die nähere Zukunft jede Verbindung zwischen Nat und mir abgeschnitten.

Bei dem Besuch in Purgstall mußte ich mir noch von dem Verwalter Egger 1.000 Mark pumpen, weil ich in Milowitz in eine Pokerrunde geraten war und meine gesamte Barschaft verloren hatte! Diese 1.000 Reichsmark sollten der Grundstock für eine sagenhafte Glückssträhne werden.

Die Rückfahrt zum Truppenübungsplatz trat ich wieder mit meiner Kelle bewaffnet auf einem LKW sitzend an. Aber dieses Mal brauchte ich das Wunderspielzeug nicht einzusetzen, denn ich erwischte in Pöchlarn einen Zug nach Wien und war von dort ohne Zwischenfall bald wieder in Milowitz. Dort ging mir unsere ungewisse Situation allmählich auf die Nerven: Die Russen vor Berlin, die Amerikaner im Rheinland, und wir saßen mitten unter den haßerfüllten Tschechen untätig herum, machten am Tag unsere Kriegsspielchen, erhitzten uns am Abend bei einer Pokerpartie oder flanierten durch die Straßen Prags, führten also noch immer das normale Leben einer Besatzungstruppe.

Um die Verbindung zu Nat nicht zu verlieren, kam ich auf den Gedanken, eine Art Kurierdienst nach Purgstall einzurichten. Unter Mißachtung der damaligen strengen Dienstvorschriften – kein Mann durfte der kämpfenden Truppe entzogen werden – schickte ich zunächst einen meiner pfiffigsten Leute, den Österreicher Vogel, nach Purgstall, um festzustellen, ob und wann die Werkstattkompanie nach Fürstenzell abgerückt war. Vogel wurde seinem Namen gerecht und führte meinen Erkundungsauftrag vorbildlich aus. Seine Reise war eine echte Odyssee, die darin gipfelte, daß er zweimal von Häschern des berühmt-berüchtigten *Heldenklau* genannten General Schörner für Alarmeinheiten eingefangen und in einem Fall sogar schon in einen Waggon zur Fahrt an die Front verfrachtet war. Aber er ist dann einfach aus dem abfahrenden Zug gesprungen und kam mit der Nachricht zurück, daß meine Mutter und Nat sozusagen planmäßig von Purgstall nach Fürstenzell abgefahren waren.

Diese Nachricht erreichte mich gerade noch rechtzeitig, nämlich kurz bevor endlich für uns der Abmarschbefehl kam. Wir wurden nach Südkärnten zur 4. Kavalleriedivision in den Raum südwestlich Graz verlegt. Gott sei Dank war nun dieses Inseldasein zu Ende. Dazu kam noch der unwahrscheinliche Zufall, daß unsere Division offenbar in einem Frontabschnitt lag, der sozusagen vom Krieg vergessen worden und in keinerlei Kämpfe verwickelt war. Der Angriffsstoß der russischen Armeen zielte nämlich offensichtlich nordöstlich an uns vorbei auf den Raum Wien. Außerdem war man sich bei den Führungsstäben der beiden Kavalleriedivisionen einig: Kein Mann würde mehr sinnlos geopfert werden, denn der Krieg konnte ja nur noch Tage dauern. Man kann sich denken, wie erleichtert ich war, als ich bei unserer Ankunft sofort erfuhr, daß der Divisionskommandeur General von Grolmann und sein Stab es als ihre höchste Aufgabe ansahen, zu verhindern, daß noch Soldaten ihrer Truppe unnütz starben. Ganz so einfach war diese Absicht jedoch nicht zu realisieren, denn vom Korpsstab – übrigens der gleiche, bei dem ich in Ostpreußen O1 gewesen war – kamen immer noch ganz irrsinnige Befehle, die die Zurückeroberung irgendwelcher in dieser Lage völlig unwichtiger Frontabschnitte verlangten. In solchen Fällen betrieb dann der Divisionskommandeur eine Art Verzögerungstaktik und meldete zunächst zum Schein, daß die Vorbereitung eines befohlenen Angriffs im Gange sei. Rückfragen wurden so lange hinhaltend beantwortet, bis die ständig sich verschlechternde Lage dann das Unternehmen überflüssig machte.

Besonders unangenehm war, daß in unserem Nachbarabschnitt eine SS-Division lag, mit der normalerweise alle Aktionen abgestimmt werden mußten. Während Grolmann die Korpsführung, die ja weit vom Schuß war, verhältnismäßig leicht hinters Licht führen konnte, merkten die SS-Führer sehr bald, daß bei uns, was einen Gegenangriff betraf, nichts mehr lief. So mußten wir befürchten, daß jene SS-Fanatiker, die auch in den letzten Kriegstagen nicht aufgeben wollten, gegen den Divisionsstab vorgehen und diesen wegen Befehlsverweigerung ausheben und festsetzen könnten. Um dem vorzubeugen, wurden aus meiner Aufklärungsabteilung die besten und zuverlässigsten Offiziere und Mannschaften herausgezogen und eine sogenannte Divisionsbegleitschwadron gebildet, deren Aufgabe ausschließlich der Schutz des Divisionsstabes war. Auf Befehl des Generals übernahm ich das Kommando dieser Einheit.

Die Offiziere des Divisionsstabes waren fast ausschließlich Adelige und überzeugte Anti-Nazis. Es ist ja bekannt, daß es der Kommandeur der 3. Kavalleriebrigade Freiherr von Böselager war, der im Herbst 1944, kurz bevor er fiel, den Plan gefaßt hatte, mit seinen Leuten das Führerhauptquartier Wolfsschanze auszuheben. In seinem Geist handhabe die Führung der Kavalleriedivision in den letzten Kriegsmonaten ihre Aufgabe. Man kann sich vorstellen, wie konsterniert ich zunächst war, erstmalig zu erleben, wie auch in unserem Stab ganz bewußt Befehle von oben mißachtet und in einzelnen Fällen sogar ganz offen deren Verweigerung praktiziert wurde. Der Befehl an mich lautete auch ganz unmißverständlich, den General, der ja als Verantwortlicher besonders gefährdet war, verhaftet zu werden, ständig mit einigen Schützenpanzerwagen zu begleiten. Der 1A der Division, Major von Schwerdtfeger, sagte vor einer solchen Fahrt zum Korpsstab zu mir: „Falkenhausen, Sie sind verantwortlich, daß dem General nichts passiert!"

In diesem Zusammenhang entsinne ich mich einer besonders kritischen Situation: Wieder einmal hatte General von Grolmann einen Befehl des Korps gelinde gesagt umgangen. Darauf wurde er vom kommandierenden General zum Rapport bestellt. Da ich bei diesem Stab aufgrund meiner dortigen früheren Tätigkeit praktisch jeden Mann kannte, konnte ich eventuellen Zwischenfällen vorbeugen. Dabei kam mir der Umstand zu Hilfe, daß ich mit dem Chef der Stabskompanie so gut wie befreundet war. Sicherheitshalber informierte ich diesen Ex-Kumpel, einen gemütlichen Bayern, vor der entscheidenden Besprechung über die Hintergründe unseres Besuchs mit den Worten: „Sepp, macht keine Scheiße, sonst knallt's!" Zum Glück kam es nicht so weit. Als Grolmann zum Kommandierenden ging, begleiteten Leutnant Buchwald und ich ihn mit umgehängter Maschinenpistole. Dieser Aufzug war unmißverständlich. Wir verließen auch nicht den Raum, als wir dazu aufgefordert wurden. Die Unterredung war kurz. Auf die Frage des Kommandeurs, ob er, Grolmann, den strittigen Befehl ausführen werde, antwortete dieser mit einem klaren: „Nein" mit der Begründung, es wäre ein Verbrechen, jetzt noch Menschenleben zu opfern. Die Stimmung war zum Zerreißen – mir rann ein Schauer über den Rücken – aber es passierte nichts. Da machten wir auf dem Absatz kehrt, verließen den Raum und blieben unbehelligt.

Erstaunlicherweise hatte der Zusammenstoß der beiden Generäle keine Folgen. Anscheinend war nun auch beim Korps der Groschen gefallen, und man hatte eingesehen, daß es jetzt nur noch darauf ankam, zu erreichen, daß möglichst wenig deutsche Soldaten in russische Gefangenschaft gerieten. Die Divisionsstäbe der beiden Kavalleriedivisionen arbeiteten jedenfalls detaillierte Pläne aus, die einen Rückweg über die nördlich von uns liegenden Pässe vorsahen, um dann auf die aus Richtung Triest vorstoßenden englischen Truppen zu treffen und vor diesen zu kapitulieren.

Eine Episode aus jener Zeit soll nicht unerwähnt bleiben: In den letzten Tagen vor unserem Abmarsch zeigten sich bei anderen Truppenteilen die ersten Auflösungserscheinungen. Einzeln und in kleinen Trupps setzten sich die Landser in die Wälder und Berge ab. Im Gegensatz dazu waren Moral und Disziplin in den Kavallerie-Divisionen noch tadellos. Um ein Übergreifen dieser Desertationen auf die eigene Truppe zu verhindern, fuhr ich mit meinem Schützenpanzerwagen Streifen, um die herumstreunenden Drückeberger aufzugreifen. Auf einer solchen Fahrt sah ich einen solchen Delinquenten schlafend unter einem Busch liegen. Er sah recht heruntergekommen aus und hatte außer seinem Brotbeutel nur eine Flasche Schnaps bei sich, die neben ihm im Gras lag. Ich hob sie auf und traue meinen Augen kaum, als ich das Etikett mit der vertrauten Aufschrift sehe „Giesmannsdorfer Fabriken!!" Der Mann, der natürlich damit rechnete, hoppgenommen zu werden, konnte es nicht fassen, daß ich ihn mit einem Klaps auf die Schulter laufen ließ.

Täglich wurden die englischen Radionachrichten abgehört, um festzustellen, welche Positionen der englische Vormarsch erreicht hatte. Zum Glück verhielten sich die Russen vor unserer Front ruhig, so daß eine ganz dünne Besetzung der vordersten Front genügte. Dahinter liefen die Vorbereitungen zum Rückmarsch in Richtung Salzburg auf vollen Touren. Es war eine ganz prekäre Situation, in der zwei Dinge über unser Schicksal entschieden: Würden die Russen weiter stillhalten und würden die Engländer schnell genug vorwärts kommen?

Am 30. April erreichte uns die Meldung, daß Hitler – wie es offiziell hieß – „an der Spitze seiner Soldaten im Kampf um die Reichshauptstadt gefallen sei". Meine Abteilung war gerade im Kinosaal des Dorfgasthauses versammelt. Ich habe die Meldung verlesen, dann sangen wir das Deutschlandlied. Jeder spürte wohl das historische Gewicht dieser Stunde, in der es zur Gewißheit wurde, nun ist der Krieg zu Ende. Anschließend gab es noch eine Rangelei mit SS-Offizieren, die mich tätlich angreifen wollten, weil wir das Horst-Wessel-Lied nicht gesungen hatten. Aber sofort zogen ein paar meiner Unteroffiziere ihre Pistolen und beendeten durch ihr unmißverständliches Auftreten den Zwischenfall.

ZWISCHEN KRIEGSENDE UND ENTLASSUNG

Am 6. Mai war es dann so weit. Um nicht von den Russen vereinnahmt zu werden, wollten sich die Kavalleriedivisionen nach Norden absetzen. Ich führte die Spitze der Kolonne, die nach den neuesten Meldungen als erste auf die aus südwestlicher Richtung anziehenden Engländer stoßen würde. *Spitze,* das war ja in meinem Fall am weitesten hinten! Und die endgültige Rettung vor russischer Kriegsgefangenschaft, denn zwischen mir und dem Iwan lag ja nun die Kolonne der Divisionseinheiten. Die Marschroute war eine enge, in vielen Windungen nördlich von Wolfsberg über das sogenannte Gaberl führende Paßstraße. Man gelangte von dort über Judenburg – Tamsweg in den von Gebirgszügen eingerahmten Lungau. Kurz vor dem Abmarsch war mein zweiter Kurier zurückgekehrt, den ich von Kärnten aus mit dem Auftrag losgeschickt hatte, den endgültigen Aufenthaltsort *meiner Damen* zu erkunden. Wie groß war meine Freude, daß auch diese Unternehmung glückte, und ich nun wußte, daß die beiden bei einem Bauern in der Nähe von Fürstenzell in Niederbayern untergekommen waren.

Der Abmarschbefehl kam dann so plötzlich, daß ich nicht mehr dazu kam, den wenigen Schmuck, den mir meine Mutter noch in Purgstall *für alle Fälle* mitgegeben und den ich in der Schreibstubenkiste wohl verwahrt hatte, an mich zu nehmen. Ich habe diese Pretiosen, zwei Frackperlen und einen mit Brillanten besetzten Saphirring, nie wiedergesehen; denn ausgerechnet der Schreibstuben-LKW schaffte die Paßhöhe nicht und mußte stehengelassen werden.

Um vor den Russen unseren Abmarsch möglichst zu verschleiern, rückten wir aus St. Peter in der Abenddämmerung ab. An alle Divisionsangehörigen waren Abzeichen verteilt worden, die am linken Oberarm des Uniformrockes aufgenäht wurden. Das Emblem der 4. Kavalleriedivision stellte ein Wappen mit zwei Pferdeköpfen dar, das der 3. ein über ein Hindernis springendes Pferd. So war sichergestellt, daß sich auf dem Rückzug keine Leute fremder Einheiten in unsere Kolonnen einschieben konnten. Vor allem war diese Maßnahme gegen SS-Leute gerichtet, die sich Heeresuniformen besorgt hatten. Wir fürchteten nämlich, daß diese bei der Kapitulation von den Engländern entdeckt und dann unsere Einheiten diskreditiert würden.

Der Nachtmarsch über das Gaberl wird mir für immer in Erinnerung bleiben. Diese Straße war nämlich so steil, daß viele Fahrzeuge, die bereits vor uns den gleichen Weg genommen hatten, den Aufstieg nicht geschafft hatten und einfach stehengelassen wurden. Diese und alles, was unseren zügigen Rückmarsch behinderte, wurden rücksichtslos beiseite geräumt. Links und rechts lagen in Straßengräben und Schluchten in wirrem Durcheinander überladene oder defekte Wagen und erinnerten mich an Darstellungen von Napoleons Flucht aus Rußland. Bei einem Halt entdeckte ein Landser unter anderem einen Troßwagen, mit Hunderten von Flaschen Eierlikör beladen. Natürlich bedienten wir uns reichlich.

Ich selbst fuhr in einem voll geländegängigen VW, hinter mir einige Spähwagen, die gleichfalls keinerlei Geländeschwierigkeiten hatten, und wir erreichten am Morgen des 8. Mai völlig übermüdet aber wohlbehalten Judenburg. Dort erwarteten wir den Divisionsstab, der über Funk in Erfahrung brachte, daß die deutsche Wehrmacht bedingungslos kapituliert hatte. Als darauf der General die umstehenden Offiziere und Mannschaften um sich versammelte und eine kurze, mich sehr ergreifende Ansprache hielt, hatten wohl alle das gleiche erlösende Gefühl: Wir sind noch einmal davongekommen! Im gleichen Atemzug wurde der *Deutsche Gruß* abgeschafft.

Danach fuhr ich weiter in Richtung Tamsweg, und bald darauf sah ich auch schon von weitem den ersten englischen Spähwagen genau auf uns zukommen. Sofort hielt ich das für diesen Zweck schon vorbereitete, an eine Stange gebundene weiße Tuch hoch über meinen VW, und kurz darauf hielt ich neben dem Spähwagen des Engländers. Ein Offizier sprang heraus, auch ich ging auf ihn zu. Wir begrüßten uns nicht gerade mit „How do you do", salutierten aber beide korrekt. Dann raffte ich mein bestes Englisch zusammen, um dem englischen Leutnant zu erklären, daß hinter mir zwei geschlossene deutsche Kavalleriedivisionen anrückten, die vor den Engländern kapitulieren wollten. Bald kamen weitere englische Fahrzeuge und mit ihnen auch ein Major, der von da an mein Gesprächspartner war. Natürlich hatte ich sofort über Funk dem Divisionsstab gemeldet, daß der Kontakt mit den Tommies perfekt war. Ich hatte den Eindruck, daß sie froh darüber waren, eine disziplinierte Truppe vor sich zu haben und nicht, wie in anderen

Frontabschnitten, vor den Russen zurückströmende ungeordnete Haufen. Es dauerte ein paar Stunden, bis die Übergabeformalitäten ausgehandelt waren. Dabei kam uns nun zugute, daß die Angehörigen der beiden Kavalleriedivisionen durch ihre Abzeichen, die sie zweifelsfrei von anderen Einheiten unterschieden, kenntlich waren. Die Engländer waren nämlich bestens über die Glierung der deutschen Truppen informiert und interessierten sich nachdrücklich für die SS-Division, die doch auch in dieser Gegend liegen müsse. Was die Kavalleriedivisionen anbetraf gingen alle Übergabevorbereitungen ohne Differenzen über die Bühne.

Zunächst wurden den Führern der jeweiligen Einheiten Unterkunftsräume für ihre Truppen zugewiesen. Dabei war es für mich interessant, zu beobachten, wie sich dabei die einzelnen Offiziere benahmen, als sie *dem Feind* gegenübertraten. Bei einigen habe ich mich richtig geschämt, mit welch beflissener Unterwürfigkeit sie Befehle mit strammem „Jawoll" entgegennahmen, wo gerade in diesem Augenblick eine gelassene Würde am Platz gewesen wäre.

Erst als englische Pioniere ein größeres Quadrat mit Stacheldraht umzäunt hatten, um dort alle jene zu sammeln, die nicht zu unserer Division gehörten, konnte der Marsch in die Gefangenschaft beginnen. Ich stand neben dem englischen Major auf dessen Spähwagen und hatte die nicht gerade angenehme Aufgabe, aus der vorbeiziehenden Kolonne alle auszusondern, die nicht das Abzeichen der Kavalleriedivisionen trugen. Dabei erinnere ich mich genau an einen Fall. Da kommt doch tatsächlich in einem offenen Sportwagen eben jener großmaulige SS-Offizier vorbei, mit dem ich mich wenige Tage zuvor wegen des Horst-Wessel-Liedes angelegt hatte. Neben ihm eine attraktive Blondine und – das fand ich wahrhaft beschämend – er hatte seinen SS-Rock gegen eine Mannschaftsjacke des Heeres vertauscht. Sekunden standen wir uns Auge in Auge gegenüber, dann erkannte auch er mich und wurde blaß. Ein Wink genügte, um ihn und sein Liebchen hinter den Stacheldraht zu befördern. Bis auf solch kleine Unterbrechungen verlief das Surrender reibungslos. Alle Waffen mußten abgegeben werden. Nur die Offiziere durften ihre Pistolen behalten und jede Schwadron eine Anzahl Karabiner für den Wachdienst. Den Divisionsstäben wurde Mauterndorf als Unterkunftsort zugewiesen. Dort bezogen wir ein reizendes, ganz aus Holz erbautes Forsthaus, das romantisch an einem reißenden Gebirgsbach lag. Die Inneneinrichtung bestand ausschließlich aus wunderschön gemasertem Zirbenholz. Jahre später, als ich das erste Mal nach Rauris kam und mich bald mit dem dortigen Oberförster Spielberger anfreundete, stellten wir fest, daß seine Frau Mizzi aus Mauterndorf und aus eben jenem Forsthaus stammte, in dem ihr Vater Jahrzehnte als Jäger gelebt hatte.

Nun ist der Krieg vorbei und du lebst! Das war an jedem Morgen der folgenden Tage mein erster Gedanke, der zunächst etwas Unwirkliches hatte und für mich ein fast unfaßbares Glück bedeutete. Wenn ich dann an die zurückliegenden fünf Jahre dachte, wurde mir stets von neuem klar, wie ungewöhnlich gnädig es das Schicksal mit mir im Vergleich zu vielen meiner Altersgenossen gemeint hatte. Niemals war ich so richtig, wie der Landser sagt, „in der Scheiße" gewesen. Zwar ging manches Erlebnis um Haaresbreite am Tod vorbei, aber was war das im Vergleich zu den Soldaten, die Wochen, Monate und Jahre in vorderster Linie gekämpft hatten, die ungezählte Kameraden fallen sahen, bis es sie dann oft selbst erwischte. Es waren ja Millionen, die tot oder zum Krüppel geschossen waren. Nun war das Morden endlich zu Ende. – Jahre später, als ein Mitschüler von mir ein Klassentreffen veranstalten wollte, stellte sich heraus, daß von den 22 Schülern meines Abi-Jahrgangs 1936 nur fünf überlebt hatten.

Dann zog ich vergleichsweise Bilanz, was meine engere Familie betraf: Meine Mutter und Nat waren in Sicherheit, auch meine beiden Brüder waren anscheinend durchgekommen, denn Ernst-Herbert befand sich seit 4 Wochen ganz in meiner Nähe. Er hatte zwar die Nachhut seiner Division gebildet, die auch noch nach dem Waffenstillstand stark von den nachrückenden Russen bedrängt wurde. Aber er entging der Gefangenschaft und hatte sich mit seinen Leuten zu Fuß über die Berge abgesetzt und war genau wie wir auf die Engländer gestoßen. Außer seinem Dackel Robi hatte er nur das gerettet, was er auf dem Leibe trug. In Mauterndorf sahen wir uns dann wieder als wäre das das Selbstverständlichste von der Welt. Ohne viel Aufhebens tauschten wir die Erlebnisse der letzten Tage aus. Auch Gotthard mußte eigentlich durchgekommen sein, denn er hatte mich noch in der letzten Woche in Milowitz besucht, war danach kurz in Purgstall aufgetaucht und hatte auf jeden Fall kein Frontkommando. Am meisten Sorge machte ich mir natürlich um meinen Vater, zu dem ich ja seit Monaten keine Verbindung hatte. Aber Giesmannsdorf und alles, was damit zusammenhing, war so weit weg, und der Gedanke, daß alles verloren war, konnte in meinem Bewußtsein zunächst gar keine Realität gewinnen.

In diesen Tagen streckte man innerlich erst mal alle Viere von sich. Ich hatte ja, was die Gefangenschaft betraf, wahrhaftig auch jetzt wieder das große Los gezogen. Die Engländer entpuppten sich nämlich als die wohl mit Abstand fairsten von unseren Feinden. Sie kümmerten sich zunächst nur insofern um uns, als sie einige Fahrzeugkolonnen mit deutschen Fahrern zusammenstellten und mit diesen nach Triest fuhren, um für uns Verpflegung zu holen! Eigentlich lebten wir in dem idyllisch von Bergen umgebenen Mauterndorf wie in der Sommerfrische, durften uns, soweit Sprit vorhanden war, sogar in dem der Division zugewiesenen Raum frei bewegen. Wie hart war dagegen das Schicksal der Gefangenen bei den Amerikanern, ganz zu schweigen bei Franzosen und Russen. Meist mußten sie dort unter freiem Himmel auf blanker Erde wochenlang bei Wind und Wetter kampieren. Glücklich dem Krieg entronnen, krepierten Tausende in diesen berüchtigten Lagern im wahrsten Sinne des Wortes an Entkräftung oder wurden von Seuchen dahingerafft.

Gleich in den ersten Tagen von Mauterndorf bekam ich den Auftrag, die Frau eines Generals, die sich mit ihren – ich glaube es waren sechs – Kindern in die Berge geflüchtet hatte, von einer völlig abgelegenen Almhütte zu holen. Es war eine halsbrecherische Fahrt über Pfade, die sonst allenfalls Haflinger benutzten. Aber mein Allrad-VW schaffte diesen Weg vorbei an Felsabhängen, über Gebirgsbäche, Felsblöcke, durch Schluchten. Auf der Alm wurde ich wie ein Retter in höchster Not empfangen. Diese Frau von Saucken hatte nämlich im Radio, das für sie seit Wochen die einzige Verbindung zur Außenwelt darstellte, vom Waffenstillstand erfahren und glaubte nun, daß sie in diesem unwegsamen Gelände von niemandem mehr, auch von den Engländern nicht, gefunden werden würde. Auf der Rückfahrt war mein Wagen total überladen, und kurz vor Gemünd am Fuße des Katschbergs gab er seinen Geist auf. Spurstange und Radaufhängung waren zum Teufel. Madame und ihre Brut legten den letzten Kilometer zum Ort zu Fuß zurück. Ich sah sie nicht wieder. Das heißt, bis mir nach Jahren im D-Zug

nach München ganz unvermittelt eine ältere Dame buchstäblich um den Hals fiel. Sie entpuppte sich als jene Generalin, die mir erst jetzt ihren Dank abstatten konnte. Stets wenn ich an Gemünd vorbeifahre, denke ich an dieses Erlebnis.
Damals war Bergfrühling, Obstbäume und Enzian blühten. Das ist ja die schönste Jahreszeit im Hochgebirge. Doch war die Stimmung ziemlich gedrückt. Wir litten zwar keinen Hunger, weil ein Pferd nach dem anderen in den Kochtopf wanderte. Die Offiziere trafen sich sogar mittags und abends im sogenannten Kasino und veranstalteten ab und zu wie in einer Friedensgarnison ein Reitturnier. Aber die Ungewißheit, was die Engländer mit uns vorhatten, wie lange es dauern würde, bis wir nach Hause konnten, lastete auf uns allen. Gerüchte sickerten durch, daß wir an die Amerikaner übergeben werden sollten, was auch nicht gerade zur Hebung der Stimmung beitrug. Eines Tages hatten die Amis ein größeres Zeltlager am Rande des Ortes aufgeschlagen. Die Boys mit ihrem eher rüden Auftreten waren zu unserem größten Erstaunen von ihren Bundesgenossen nicht gern gesehen. Das ging sogar so weit, daß sie ihnen, mit denen sie doch allein schon die gleiche Sprache verband, das Betreten von Mauterndorf glattweg verboten.

Meine Neugier und der Wunsch, die Gäste aus Übersee einmal von Angesicht zu Angesicht kennenzulernen, ließ mich eines Tages einen Spaziergang in Richtung besagten Zeltlagers wagen. Zunächst kamen mir einige GIs wie neugierige Kinder entgegen, und bald war ich von einer Gruppe von zirka 20 Weißen und Schwarzen umringt. Nichts war von Feindseligkeit zu spüren; besonders interessierte sie meine Pistole, die von Hand zu Hand ging, fachmäßig geprüft und von einigen als zu groß und unhandlich befunden wurde. Keiner kam auf die Idee, sie mir wegzunehmen, bis – ja bis auf einmal ein sommersprossiger Weißer, dem wohl die ganze Richtung nicht paßte, die verhängnisvolle Frage stellte: „Du SS?" Da wurde mir plötzlich bewußt, daß meine schwarze Panzeruniform mit dem Totenkopf auf den Spiegeln tatsächlich fast aufs Haar einer SS-Uniform glich. Fürwahr eine verteufelte Situation. Aber in der Not reichte mein Englisch aus, den Jungs den Unterschied zwischen meiner schwarzen Heeres- und einer SS-Uniform zu erklären. Die SS trug nämlich den Reichsadler auf dem linken Oberarm und nicht wie wir beim Heer über der linken Brusttasche. Im nachhinein habe ich die Toleranz der Amis bewundert, einmal, daß sie sich überhaupt mein englisches Gestammel anhörten und daß sie sich meinem Rückzug, der natürlich nicht überstürzt aussehen durfte, nicht in den Weg stellten. Dieser Ausflug hätte für mich böse ausgehen können, denn immerhin stand das Engagement der Amerikaner in Europa unter dem Motto „Kreuzzug gegen den Nazismus". So mußte alles, was nach SS *roch,* wie ein rotes Tuch auf sie wirken. Auch war es wohl überhaupt zu viel verlangt, von ihnen zu erwarten, daß sie zwischen guten und bösen Deutschen unterschieden.

In dieser Zeit erzwungener Untätigkeit erwachte bei mir wieder die Spielleidenschaft, und viele Stunden am Tag saß die alte Milowitzer Pokerrunde zusammen. Es waren alles Leute, die in ihrem Zivilleben recht gut situiert waren. Darunter befand sich auch ein Herr von Siemens, der meist vom Pech verfolgt war und seine ganze Barschaft verloren hatte. Er bekam von mir zur Auffüllung seiner Spielkasse noch von Milowitz aus ein paar Tage Urlaub, von dem er mit 10 Tausendern zurückkehrte. Das waren die ersten *Braunen,* die ich in meinem Leben sah. Wie schon erwähnt, hatte ich meine Finanzen durch eine Anleihe beim Purgstaller Verwalter aufgebessert. Wenn immer die gleichen Leute zusammenspielen, begünstigt das Glück beim Poker einmal diesen, einmal jenen, so daß sich am Ende Verlust und Gewinn des einzelnen meist die Waage halten. Auch war das Verhältnis der Spieler untereinander durchaus freundschaftlich, und wenn bei einem das Bargeld zur Neige ging, konnte er Wertgegenstände, die überdimensional hoch bewertet wurden, als Kapital einbringen. Aber diesen *von* Siemens mochten wir irgendwie alle nicht. Seine arrogante Art reizte uns. Hinzu kam, daß ihm auch noch aufgrund seines dicken finanziellen Polsters mancher Bluff gelang. Dann bekam ich auf einmal eine wohl 14 Tage anhaltende unverschämte Glückssträhne, in der dann ein Siemens'scher Tausender nach dem anderen seinen Besitzer wechselte. Ich schäme mich fast, es zu erzählen, aber es war tatsächlich so, daß am Ende dieser zwei Wochen die gesamte Barschaft der Pokerspieler, dazu 4 Armbanduhren, Kartentaschen und was es sonst noch zu versetzen gab, in meinem Besitz waren. Insgesamt betrug mein Gewinn, wenn ich mich recht erinnere, um die 25.000 Reichsmark. Für meine spielwütigen Kinder will ich nur einen Coup erwähnen, bei dem ich Siemens mit einem Strait-flash erwischte, als er vier Asse auf der Hand hatte!

Damals veränderte sich das Verhältnis zwischen Offizieren und Mannschaften allmählich grundlegend, denn nach dem Waffenstillstand vom 8. Mai hatte ja die deutsche Wehrmacht aufgehört, offiziell zu existieren. In den Kavalleriedivisionen herrschte wohl nur deshalb noch die alte hierarchische Ordnung, weil die Leute wußten, daß sie außerhalb der uns zugewiesenen Unterbringungsräume unweigerlich in Gefangenenlagern landen würden. Natürlich mußten wir Offiziere mit viel Fingerspitzengefühl unsere Vorgesetztenfunktion wahrnehmen und den Männern, die nichts anderes im Kopf hatten, als zu ihren Angehörigen nach Hause zu kommen, klarmachen, daß Geduld in ihrer Situation das einzig Vernünftige war. Die Österreicher waren natürlich nicht zu halten, und man ging schweigend darüber hinweg, daß einer nach dem anderen sich verdrückte. Ich hatte schon auf dem Marsch von St. Peter nach Mauterndorf einigen den Laufpaß gegeben, Leuten, die in rührender Weise zu mir kamen und zum Beispiel sagten: „Herr Rittmeister, derf i gehn, auf der andern Seiten vom Berg bin i dahoam!" Aber es gab auch damals noch sogenannte Offiziers-Kameraden, die mein Verhalten „unerhört" fanden.

Eines Tages machte mein Bruder Ernst-Herbert den Versuch, sich nach Rauris, einem südlich der Salzach in einem Hochtal gelegenen Bergdorf durchzuschlagen. Dort hatten mein Großvater Falkenhausen und mein Vater von 1869 bis 1933 mit Freunden eine große Jagd gepachtet. Ausgestattet mit allen möglichen Bescheinigungen und vertrauend auf sein perfektes Englisch machte er sich auf den Weg. Es gelang ihm auch tatsächlich, durch alle Kontrollen und Sperren bis Taxenbach durchzukommen, und er wähnte sich schon fast am Ziel, als er am Eingang zu diesem Rauristal an der Salzach-Brücke von einem amerikanischen Oberleutnant gestoppt wurde. Trotz aller Beteuerungen, ihn doch durchzulassen, weil angeblich seine todkranke Mutter in Rauris lebte, blieb dieser Kreuzzugkämpfer unerbittlich und beendete den Dialog mit der umwerfenden Logik: „I can't see my mother, too!"

Mein VW litt noch immer unter den Beschädigungen, die er bei der Bergung der Generalsfamilie davongetragen hatte. Trotzdem unternahm ich einige Fahrten durch den Lungau und besichtigte unter anderem das wunderschöne Schloß Moosham, das mich sehr an Purgstall erinnerte. Leider erkundigte ich mich nicht nach den Besitzern und erfuhr erst später, daß der Besitz guten Freunden von Großpapa, den Grafen Wiltschek, gehörte.

Auf einer dieser Fahrten stieß ich unverhofft auf eine Kolonne von zirka 50 nagelneuen Schwimmvolkswagen, die am Straßenrand hielten. Welch glücklicher Zufall! Nur an der Spitze dieser Fahrzeugschlange war ein englischer Offizier zu sehen, der den Auftrag hatte, die mit deutschen Fahrern besetzten Beutewagen nach Triest zu bringen. Mir war sofort klar: Eine derart günstige Gelegenheit, zu einem neuen VW zu kommen, bietet sich nie wieder. Noch dazu saßen einige Fahrer nicht in ihren Fahrzeugen und standen, sich unterhaltend, in kleinen Gruppen beieinander. Wie gut, daß ich wie immer meinen Burschen Slabon und meinen Fahrer Malo, beides pfiffige Burschen, bei mir hatte. Unser Plan, einen dieser Wagen zu *erbeuten,* war schnell gefaßt: Von hinten an der Kolonne entlangfahrend, hielten wir plötzlich neben einem der leerstehenden VW, ich sprang hinein, wendete und ab gings in Richtung Mauterndorf. Damit der Fahrer, der von meinen Begleitern am Eingreifen gehindert wurde, keine Unannehmlichkeiten hatte, überließen wir ihm großzügig unseren VW-Invaliden. Dieses den Engländern bei Mauterndorf abgeluchste Auto sollte 3 Jahre später der Grundstein für die Gründung meiner neuen Existenz sein.

Endlich ging Anfang Juni die oft schon todlangweilige Wartezeit in Mauterndorf zu Ende. Was bisher nur Gerücht war, wurde über Nacht zur Gewißheit: In Kürze sollte die Übergabe der beiden Kavalleriedivisionen an die Amerikaner mit anschließender Verladung zum Abtransport nach Württemberg in Radstadt jenseits des Tauernpasses erfolgen. Mit Übernahme des Kommandos durch die Amis änderte sich schlagartig der Umgangston zwischen *Siegern und Besiegten.* Während es keinem Engländer je eingefallen war, sich irgendetwas von einem deutschen Soldaten anzueignen, nahmen sich die US-Boys alles, was ihnen gefiel und was sie gebrauchen konnten. Zwar honorierten die meisten ihre Beutestücke mit Stangen von Zigaretten, aber Widerspruch wurde nicht geduldet. Wer Pech hatte, war plötzlich auch sein Auto los und mußte mit einer Stange Lucky Strike unterm Arm seinen Weg zu Fuß fortsetzen.

Zwei Tage kampierten wir in Radstadt. Ich schaffte es, mir bei der Kommandantur ein affadavit zu einer Fahrt nach Schladming, einem im Ennstal gelegenen Ort zu besorgen. Ich wußte, daß dort mein Leutnant Thoma einen großen Hof besaß. Er gehörte zu jenen Leuten, denen ich zur frühzeitigen Heimkehr verholfen hatte. Man kann sich denken, mit welcher Freude ich bei Familie Thoma empfangen und wie großzügig ich bewirtet wurde.

Auf der Rückfahrt hatte ich noch eine recht brenzlige Situation zu bestehen. Bei einer Kontrolle entdeckte ein schwarzer GI meine Pistole im Handschuhfach. Natürlich sofort große Aufregung mit großem Geschrei! Danach Warten auf einen US-Offizier mit anschließendem recht peinlichem Verhör. Ich hatte jedoch noch die Bescheinigung der Engländer, die mich zum Tragen der Waffe berechtigte. In solchen Augenblicken löst einem wohl die Angst die Zunge, denn der Offizier ließ mir nicht nur die Waffe, sondern verabschiedete mich mit den Worten: „You speak a very good English!"

Noch in der gleichen Nacht begann die Verladung. Als ich erfuhr, daß die Amis bei der Anfahrt zum Bahnhof alle Fahrzeuge beschlagnahmten, stellte ich meinen VW außer Sichtweite im freien Gelände auf der der Verladerampe abgewandten Seite ab. Ich wollte unter allen Umständen versuchen, meinen Beute-VW auf irgendeine Weise in einen der Güterwagen zu schmuggeln.. Zunächst sah es für mein geplantes Unternehmen schlecht aus, denn wie sollte neben 40 Mann auch noch zusätzlich mein Auto untergebracht werden? Aber als die Dunkelheit hereingebrochen war und nur noch wenige Amerikaner auf dem Bahnsteig zu sehen waren, bewährte sich die Kameradschaft, die mich den ganzen Krieg über stets mit meinen Soldaten verbunden hatte, ein letztes Mal. Irgendwie reizte es meine Leute wohl auch, den Amis ein Schnippchen zu schlagen. So packten alle mit an, denn das Auto mußte ja praktisch über die Gleise getragen (!!) und dann ohne jedes Hilfsmittel hochgehoben und in Millimeterarbeit durch die etwa 2,5 Meter breite Tür ins Innere des Güterwagens bugsiert werden. Wie gesagt, alle Leute machten passioniert mit bis auf einen Unteroffizier, der etwas von „auch noch uns das bißchen Platz wegnehmen und Schluß mit Sonderprivilegien für Offiziere" murmelte. Nur gut, daß für mich ein Platz in einem verhältnismäßig komfortablen Personenwagen reserviert war. So konnte ich diese kleine Meuterei sofort im Keim ersticken. Ich setzte den Störenfried einfach auf meinen Platz im Offiziersabteil.

Dann wurde der VW kunstvoll mit Zeltbahnen getarnt, ein Schifferklavierspieler darauf gesetzte, um den dann alle Wageninsassen eine malerische Gesangsgruppe bildeten. Als die Amis ein letztes Mal die Waggons kontrollierten, schmetterten wir ihnen irgendein Soldatenlied entgegen. So kamen sie nicht auf die Idee, daß sich hinter diesem fröhlichen Soldatenhaufen mein nagelneuer Schwimmwagen verbarg. Mit großer Erleichterung vernahmen wir ihr typisches OK, und bald rollten wir gen Westen...

Am nächsten Tag Ankunft im württembergischen Wasseralfingen bei Aalen. Zu meinem Glück erfolgte die Entladung unseres Zuges nicht am Hauptbahnhof. In dem kleinen Vorort-Bahnhof wurden wir aber offensichtlich nicht erwartet, denn weit und breit war kein amerikanischer Soldat zu sehen! Diese unverhofft reine Luft nutzten wir natürlich sofort und luden als erstes in Windeseile unseren kostbaren VW aus und stellten ihn dann, bis zur Unkenntlichkeit mit Gepäckstücken beladen, quasi als herrenloses Fahrzeug neben dem Bahnhofsgebäude ab.

Wie sich herausstellte keine Minute zu früh, denn kaum war diese Aktion beendet, näherten sich einige mit MP besetzte Jeeps in der den Amerikanern eigenen rasanten Fahrt. Mit quietschenden Reifen hielten sie auf dem Bahnhofsvorplatz, sprangen aus ihren Fahrzeugen und fingen sofort an, wild gestikulierend herumzuschreien. Kein Mensch wußte zunächst, was sie eigentlich wollten, bis sich herausstellte, daß der ganze Wirbel nur eine Art Selbstdarstellung war und dazu diente, uns klarzumachen, daß sie jetzt hier das Kommando führten.

Mit der von den Engländern gewöhnten Höflichkeit war es nun auch bei der Behandlung der deutschen Offiziere endgültig vorbei. Auf einmal gab es keine Unterschiede mehr zwischen diesen und den Mannschaften, sogar die Generäle mußten wie alle übrigen auf großen Trucks aufsitzen. Ich drückte mich mit meinen beiden Getreuen zunächst möglichst unauffällig in der Nähe des VW herum, und wir bestiegen ihn in dem Augenblick, als sich die Kolonne bereits in Bewegung setzte; dann schoben wir uns wie selbstverständlich zwischen zwei LKW und erreichten das uns zugewiesene

Quartier, einen kleinen Ort, der sich um ein Schloß gruppierte, dessen Name mir entfallen ist. Es bleibt für mich ein Rätsel, daß ich mit meinem Privat-Auto unbehelligt blieb. Wenn wir geglaubt hatten, daß es nun endgültig mit Preußens Herrlichkeit vorbei sei, hatten wir uns gründlich getäuscht. Vielmehr hatte sich die Amerikaner in den Kopf gesetzt, intakte deutsche Verbände, zu denen auch die beiden Kavalleriedivisionen gehörten, im Raum Aalen zu versammeln und einem deutschen Armeestab unter der Bezeichnung „German Army Aalen", abgekürzt GAA, zu unterstellen. Uns allen war diese Anordnung, deren Sinn uns nie aufgegangen ist, ganz recht. Sie bewahrte uns davor, zusammengepfercht in einem Lager auf unsere Entlassung zu warten, wie es Hunderttausenden deutscher Soldaten zum Beispiel im Rheinland widerfahren war. Bald prangte an der Windschutzscheibe meines VW das vielbegehrte, von der amerikanischen Kommandantur gestempelte und unterschriebene Schild mit den drei fetten Buchstaben GAA, das mir auf allen Straßen des Armeegebiets freie Durchfahrt sicherte!

Inzwischen hatte ich wieder Verbindung zu meinem Bruder Ernst-Herbert aufgenommen, dem es gleichfalls gelungen war, seinen VW aus Österreich herauszuschmuggeln. Natürlich schmiedeten wir gemeinsam Pläne, wie wir unsere Fahrzeuge, die uns bei der Entlassung abgenommen werden würden, ins Zivilleben hinüberretten könnten.

Aber so weit war es noch nicht. Zunächst vergnügte ich mich damit, den Rehböcken in den zu besagtem Schloß gehörenden Revieren nachzustellen. Zu diesem Vergnügen verhalf mir der Umstand, daß ein Major seinen Manlich-Schönauer Stutzen 6,5 x 54 durch alle Kontrollen hindurchgerettet hatte, jedoch leider ohne Munition. Der Schloßförster half mir aus der Verlegenheit und tauschte 5 Schuß gegen einige meiner letzten Zigarren. Ich war fast jeden Abend in *meinem Revier* auf der Pirsch. Bald hatte ich auch Waidmannsheil und erlegte an einem dieser Abende zwei Böcke. Als ich den einen aufbrach, überraschte mich dabei ein Amerikaner, der aber offensichtlich kein Held war. Als er nämlich sah, daß ich bewaffnet war, sprang er in seinen Jeep und brauste davon. Diese beiden Rehböcke wurden köstlich zubereitet und sozusagen der Hauptgang des letzten Festessens mit meinen engsten Vertrauten.

Kurz danach erfuhren wir, daß die Amerikaner mit der Entlassung unserer Divisionen begonnen hatten, und bald war auch meine Abteilung an der Reihe. Vorher war es mir gelungen, man höre und staune, bei der Kreispflege – so heißt in Württemberg das Landsratsamt – in Aalen im Tausch gegen meine nun endgültig letzten Zigarren für meinen VW polizeilich abgestempelte Nummernschilder und die zu dieser Zeit für einen PKW vorgeschriebenen Wagenpapiere, wie Kfz-Brief und Zulassung, zu ergaunern. Offensichtlich waren aber auch noch andere Divisionsangehörige auf die gleiche Idee gekommen, und bald hatten die Amis von diesen Transaktionen Wind bekommen. Sie verlangten kategorisch die sofortige Ablieferung aller Fahrzeuge und die Bestrafung derjenigen, die sich – wie es in dem Armeebefehl hieß – „unrechtmäßig Heeresgut angeeignet hatten". Ein entsprechendes Schreiben mit einer hochoffiziellen Vorladung vor ein Kriegsgericht wurde uns, meinem Bruder und mir, noch am gleichen Tag zugestellt.

Nun galt es, keine Zeit zu verlieren. Gleich am nächsten Morgen ließen wir uns bei der Entlassungsstelle den vielbegehrten Entlassungsschein ausstellen. Die ganze Prozedur ging reibungslos vor sich: Bevor man eine große Reithalle betrat, mußten alle militärischen Rangabzeichen von den Uniformen entfernt werden. An der ersten Kontrollstelle erhielt man eine Nummer. Wenn diese aufgerufen wurde, trat man mit entblößtem Oberkörper und erhobenem linken Arm vor. Der kontrollierende Amerikaner überzeugte sich, daß dort die jeden SS-Angehörigen verratende eintätowierte Nummer fehlte, nahm ihm das Soldbuch ab und händigte ihm dann den Entlassungsschein aus. Ich gab lediglich ein Duplikat meines Soldbuches ab, das Original besitze ich noch heute.

Mein Bruder und ich vollzogen diesen Wandel vom Offizier zum Zivilisten gemeinsam, legten nach der Entlassungsprozedur aber doch noch für ein paar Stunden ein allerletztes Mal unsere Uniformröcke mit Orden und Ehrenzeichen an, denn am gleichen Nachmittag sollte die sogenannte Kriegsgerichtsverhandlung stattfinden. Dieses Affentheater wollten wir uns nicht entgehen lassen. Sicherheitshalber ließen wir die Corpora delicti, unsere Wagen, am Ortseingang von unseren Fahrern bewacht stehen und gingen zu Fuß in die Höhle des Löwen. Ein ältlicher Kriegsgerichtsrat mit zwei Beisitzern leitete die Verhandlung in einer Turnhalle. Auf seine lächerlichen Fragen gaben wir ziemlich impertinente Antworten oder stellten freche Gegenfragen, zum Beispiel wo der Herr Kriegsgerichtsrat sich denn in den letzten 4 Jahren aufgehalten hätte, während wir an der Front waren. Als sich dann das Gericht zur Beratung zurückziehen wollte, stand mein Bruder Ernst-Herbert auf und sagte ganz ruhig: „Machen Sie sich mit uns keine Mühe mehr, seit heute morgen unterstehen wir der zivilen Gerichtsbarkeit – hier sind unsere Entlassungsscheine!" Darauf bekam der gute Mann einen hochroten Kopf, brüllte irgendwas von Unverschämtheit und verließ offensichtlich völlig entnervt den Raum. Wir aber beeilten uns, zu unseren Autos zu kommen.

WIEDERSEHEN IN NIEDERBAYERN

In der kommenden Nacht versteckten wir Ernst-Herberts VW in einem abgelegenen Schafstall. Meinen frisierten wir um, denn er durfte ja wenigstens äußerlich nicht auf Anhieb als Wehrmachtsfahrzeug kenntlich sein. So kauften wir einige Büchsen grüner Farbe und überpinselten so gut es ging die ganze Karosserie. Von dem Tag an hieß das Auto *der Frosch*.

Am nächsten Morgen inszenierten wir noch einen Überfall auf das Benzinlager des Divisionsstabes. Auch dieser Coup glückte. Zwar wurden wir beim Aufbrechen der Lagertür vom Divisions-1A beobachtet, aber bevor der Alarm schlagen konnte, waren wir schon mit fünf großen Kanistern bepackt davongebraust. Da wir auch eine vorzügliche Generalstabskarte von Württemberg und Bayern organisieren konnten, waren wir für die Fahrt zu unseren Lieben nach Bayern hervorragend gerüstet. Nur Ernst-Herbert mit seinem Dackel Robi und ich fuhren im Frosch. Bursche Eckert und Fahrer Malo, die gleichfalls entlassen waren, wollten mit unserem Gepäck per Bahn oder Anhalter versuchen, nach Fürstenzell in Niederbayern durchzukommen. Dort sollten ja meine Mutter und Nat nach dem Bericht meines Verbindungsmannes untergekommen sein.

Wir hatten uns vorgenommen, alle Hauptstraßen zu meiden und kamen am ersten Tag, ohne ein einziges Mal kontrolliert zu werden, bis in die Gegend von Donaueschingen. Nur einmal wurde es brenzlig, als plötzlich ein Jeep unmittelbar hinter uns auftauchte. „Jetzt ist's passiert", dachten wir, als dieser nach längerer Verfolgung an uns vorbeifuhr und dann plötzlich stoppte. Der Fahrer sprang heraus, trat an unseren Wagen heran, aber nicht wie wir fürchteten, um uns zu kontrollieren, sondern man höre und staune, er entschuldigte sich bei uns dafür, daß er ohne zu hupen an uns vorbeigefahren sei! mit den Worten: „Excuse me, I have no horn"!

Die Nacht verbrachten wir in einem abseits vom Weg gelegenen Bauernhof. Dort hatte auch eine ganze Clique ungarischer Flüchtlinge, meist Adelige, Unterschlupf gefunden. Als wir mit ihnen ins Gespräch kamen, stellte sich heraus, daß es sich um die Familie Sescèni handelte, und daß Ernst-Herbert kurz nach ihrer Flucht aus Ungarn in ihrem Schloß sein Quartier gehabt hatte. Natürlich kannten sie auch die Csàkis und viele der guten ungarischen Freunde meines Großvaters und Vaters, und so drehte sich das Gespräch meist um gemeinsame Bekannte.

Nach dem Essen legten wir uns neben unserem Auto ins Heu einer Scheune zur wohlverdienten Ruhe. Aber an schlafen war nicht zu denken, denn plötzlich hielten in unmittelbarer Nähe von unserem Unterschlupf mehrere Fahrzeuge. Es waren Amerikaner, die vermutlich nach SS-Leuten fahndeten, die natürlich versuchten, auch ohne Entlassungsschein nach Hause zu gelangen. Zwar waren wir in dieser Beziehung ja vollkommen *sauber*, jedoch wären wir im Falle des Entdecktwerdens sicher unseren VW losgeworden.

Zum Thema Waffen-SS muß man gerechterweise sagen, daß vor allem Unteroffiziere und Mannschaften der an der Front eingesetzten SS-Divisionen sich nur hinsichtlich der Uniform von den Angehörigen der Heeresverbände unterschieden. Diese Divisionen waren zwar besonders gut ausgerüstet, wurden dafür aber fast stets an den Brennpunkten der Kämpfe eingesetzt. Nur vereinzelt fand man auch dort unter den Offizieren Nazi-Fanatiker. Man darf sie also keinesfalls mit den berüchtigten Einsatzgruppen, Sonderkommandos und KZ-Bewachern gleichsetzen, die die furchtbaren Verbrechen an Juden, Polen, Zigeunern und deutschen Widerstandskämpfern fast ausschließlich begangen haben. Da aber alle SS-Angehörigen die gleiche Uniform trugen und jeder SS-Mann am linken Oberarm eine Nummer eintätowiert hatte, die ihn unwiderruflich verriet, war es erklärlicherweise für die Amerikaner unmöglich, zu unterscheiden, gehörte nun ein aufgegriffener SS-Mann zur Fronttruppe der Waffen-SS oder zu einem der Mordkommandos? Für alle SS-Leute galt zunächst die Devise: Mitgefangen – Mitgehangen.

Wir wagten also in unserer Scheune kaum zu atmen, und ein Stein fiel uns vom Herzen, als wir aus einem Dialog heraushörten, daß es sich bei *unseren* Amis um kein Suchkommando handelte sondern lediglich um einen harmlosen Funktrupp, der irgendwann nach Mitternacht abrückte.

Wir konnten also unsere Fahrt am nächsten Morgen unbehelligt fortsetzen. Wenn es uns am ersten Tag noch möglich gewesen war, jeder Begegnung mit Amerikanern auszuweichen, kamen wir nun in ein Gebiet, wo es buchstäblich von amerikanischen Truppen wimmelte. Es blieb uns gar nichts anderes übrig, als ganz frech ohne links und rechts zu gucken an den amerikanischen Kolonnen vorbei durch die besetzten Ortschaften hindurchzufahren, oder, wenn wir halten mußten, die GIs einfach wie selbstverständlich in ein Gespräch zu verwickeln, was oft mit Schulterklopfen und fröhlichem Gelächter endete. Es war unverkennbar: Fast alle Amis waren lockere, gutmütige Fellows, die offensichtlich genau so froh waren wie wir, daß der Krieg zu Ende war. Lediglich beim Anblick der im Fond des Wagens gestapelten Kanister kam immer wieder die Frage: „Schnaps, Schnaps?", was wir mit gutem Gewissen verneinen konnten.

Das erste ernstere Problem erwartete uns, als wir die Donau passieren mußten. Sämtliche Brücken waren natürlich zerstört, und alle Fähren waren für das amerikanische Militär reserviert. So fuhren wir ziemlich ratlos ein paar Stunden Donau-aufwärts und -abwärts, bis wir in der Nähe von Ingolstadt doch tatsächlich eine Fähre entdeckten, auf der auch Zivilfahrzeuge unkontrolliert übersetzen konnten. Es war eine improvisierte Zufahrt durch tiefen Sand zu überwinden, aber der Allrad-VW schaffte das spielend. Bevor wir die Abfahrt zum Flußufer riskierten, wo auch Kontrollposten standen, halfen wir erst einmal, ein paar steckengebliebene amerikanische Fahrzeuge herauszuschieben, gehörten dann quasi *mit dazu* und fuhren anschließend wie selbstverständlich von zwei Militärfahrzeugen flankiert auf die Ladefläche der Fähre. Da wir beide eine Art Khaki-Uniform trugen, die der der Amis weitgehend glich, fielen wir in dem Getümmel, das an der Fähre herrschte, kaum auf, und schon lag das letzte größere Geländehindernis auf dem Weg nach Niederbayern hinter uns.

Bald darauf kamen wir an einer Gärtnerei vorbei, in der wir uns reichlich an herrlichen Erdbeeren delektierten. Die Leute dort waren besonders nett und hatten nichts dagegen, daß wir uns noch einen vollen Korb mitnahmen. Danach gerieten wir auf unserer Heim-Reise durch *Feindesland* in die letzte peinliche Situation. Nach dem Erdbeer-Picknick folgten wir zunächst einer wunderbar ausgebauten Straße, die aber auf unserer Karte nicht verzeichnet war. Da diese jedoch ostwärts, also in die geplante Richtung führte, brausten wir unserem Orientierungsvermögen vertrauend auf ihr weiter entlang. Plötzlich hinter einer Kurve ein Zaun, ein Tor und aus einer Art Pförtnerhaus springende amerikanische Wachtposten mit vorgehaltenen Gewehren. Wir waren unversehens in einem Camp gelandet und natürlich sofort von zahlreichen GIs umringt. Gleich hob das übliche Palaver nach woher und wohin an. Neugierig wie die Kinder examinierten sie den Inhalt unseres Wagens, waren zum wiederholten Male enttäuscht, daß der Inhalt des Kanisters sich nach einer Riechprobe nicht als Schnaps sondern tatsächlich als Sprit entpuppte. Ernst-Herberts fließendes Englisch und unsere der ihrigen fast gleichende Uniform verwirrten die netten Burschen. Als wir ihnen dann noch Erdbeeren anboten, Entlassungsscheine und die Wagenpapiere der Kreispflege Aalen vorzeigten, war das Eis gebrochen.

Vorsichtig, ohne durch unnötige Überstürzung Verdacht zu erregen, wollten wir uns langsam zurückziehen. Uns war in diesen Augenblicken alles andere als wohl in unserer Haut, denn wir mußten bei der sprichwörtlichen Sprunghaftigkeit der Amerikaner damit rechnen, daß einer der Burschen sich einfach ans Steuer unseres VW setzte und auf nimmer Wiedersehen verschwand. Aber an Abfahrt war nicht zu denken – denn Dackel Robi war verschwunden, und mein Bruder wäre eher zu Fuß nach Bayern gelaufen, als seinen Liebling hier zurückzulassen. Als *der Süße* endlich auftauchte, benahm er sich auch noch typisch Dackel-like. Wir kochten, denn kein Rufen, kein Pfeifen konnte ihn dazu bewegen, die letzten 10 Meter bis zum Auto seines Herrchens zurückzulegen. Vielmehr schnupperte und schnupperte er endlos an einem Stein, an dem sich wohl vor ihm eine Hundedame verewigt hatte!. Als ich von weitem einen Offizier auf uns zukommen sah, zischte ich Ernst-Herbert zu: „Laß das Mistvieh doch hier"! In diesem Moment – als ob Robi meine Worte gehört hätte – setzte er sich plötzlich in Bewegung und sprang ins Auto, wir wendeten und hatten's nun endgültig wieder einmal geschafft.

Am Nachmittag des 24. Juni erreichten wir wohlbehalten Aspertsham bei Fürstenzell in Niederbayern, und ich konnte meine Nat und meine Mutter in die Arme schließen. Erst in diesem Augenblick war der Krieg für mich endgültig zu Ende! Ein neues Leben konnte beginnen.

NACHKRIEGSJAHRE

HEIMATLOS

Von März 1936 bis Juni 1945 war ich mit nur 11 Monaten Unterbrechung Soldat gewesen. Das bedeutete: In mehr als 8 Jahren war ich niemals frei, und Andere, sogenannte Vorgesetzte, entschieden in dieser Zeit weitgehend über mein Schicksal und ließen mir kaum eine Wahl über mein Tun und Lassen. Diese Art Abhängigkeit war mir zur Gewohnheit geworden. Ich war halt auch ein Rad im Räderwerk der militärischen Hierarchie und in den letzten Jahren selbst ebenso ein Vorgesetzter, dessen Pflichten nie endeten, die zudem noch mit der mich oft bedrückenden Verantwortung für viele Menschen verbunden waren.

Und nun sollte dies alles von heut auf morgen ein für allemal vorbei sein?! Keine Uniform mehr – nie mehr?! Schon das war damals für mich ein kaum faßbarer Gedanke, und wenn ich ehrlich bin, auch kein so unbedingt angenehmer; denn als Rittmeister, als dekorierter Offizier war ich doch *jemand,* war seit 7 Jahren ans Befehlen gewöhnt, wurde von den Soldaten nicht nur respektiert, ja, so glaube ich, als Vorgesetzter auch akzeptiert. In den hinter mir liegenden Jahren war eigentlich für jeden nächsten Tag irgend eine Aufgabe vorprogrammiert, und ein Ende dieses Lebenskorsetts war bis vor kurzem nicht abzusehen gewesen. Niemals hatte ich mir die Frage nach dem *danach* gestellt. Doch jetzt war dieses Gebäude, das 8 Jahre für mich eine Art Zuhause gewesen war, über Nacht wie ein Kartenhaus zusammengestürzt. Nichts, aber auch gar nichts war übrig von der vieltausendarmigen Maschinerie, die wie eine Krake lange Zeit ganz Europa in ihrem Griff gehalten hatte.

Und ich selbst?: In einer Uniform ohne Rangabzeichen und Orden – ich gestehe es ehrlich – kam ich mir irgendwie nackt vor. Besonders peinlich empfand ich, daß ich noch viele Wochen – ich hatte ja nichts anderes – meine gefleckte Uniformjacke tragen mußte, die nun keine Zier mehr war sondern wie eine Art Maskerade wirkte.

Alles wäre anders, ich möchte sagen folgerichtiger gewesen, wenn am Ende des Krieges ein wirkliches Heimkehren und nicht diese letzte abenteuerliche Fahrt nach Niederbayern gestanden hätte. So aber war dieser neue Beginn in Aspertsham, das wurde mir natürlich zunächst nicht klar, nur eine Fortsetzung des Vagabundendaseins, das ich als Soldat jahrelang geführt hatte. Erst einmal wurden alle diese eher unbewußten Empfindungen von der herrlichen Gewißheit turmhoch überragt: „Du brauchst nicht mehr weg, die Zeit der ewigen Abschiede und Trennungen und die damit verbundene Lebensgefahr ist vorbei!"

Bei unserer Rückkehr fanden wir Nat und Mimi in einem winzigen Hof, der dem Bauern Alois Kopfinger mit seinen beiden Töchtern Marerl und Anni gehörte. Die Wiedersehensfreude, wie sie uns widerfuhr, kann man nicht mit Worten beschreiben. Ungewißheit und Angst, daß ganz zuletzt noch etwas passieren, daß die Trennung durch Gefangenschaft auf unbestimmte Zeit ausgedehnt werden könnte – dieses Gefühl hatte doch uns alle in den letzten Wochen beherrscht. Es war das vollkommene Glück, als Ernst-Herbert und ich wie vom Himmel gefallen plötzlich leibhaftig vor Nat und Mimi standen. Wir wurden von den sonst gegenüber Fremden sehr reservierten Bayern freundlich aufgenommen. Nat und ich bekamen sogar ein Zimmer mit einem richtigen Ehebett. So viel stürmte in diesen ersten Stunden und Tagen an Eindrücken und Gefühlen auf mich ein, daß es mir schwerfällt, in der Rückschau ein wenig Ordnung in das damalige Erleben zu bringen. So will ich zuerst kurz den Ort beschreiben, an dem wir dann mehr als vier Jahre leben sollten.

Dieses Aspertsham war keine selbständige Gemeinde sondern gehörte zum Markt Fürstenzell und bestand aus einer Ansammlung verschieden großer Bauernhöfe, zwischen denen ein paar von Tagelöhnern bewohnte Häuser lagen. Immerhin gab es einen kleinen Krämerladen und ein Gasthaus, in dem die Bauern am Wochenende Schafkopf spielten und ihre Maß tranken. Die aus dem Rottal kommende und nach Passau führende Bahnlinie umrundete in einem großen Halbkreis die Ansiedlung. Der kleine Bahnhof hatte etwas Tröstliches, denn er dokumentierte, daß man hier doch nicht ganz von der Welt abgeschnitten war. Auf dem Stationsgebäude stand unsere neue Adresse: Fürstenzell-Aspertsham, Niederbayern. Wohl wegen dieser Bahnverbindung hatte sich unmittelbar neben den Bahngleisen eine Gummifabrik etabliert, die dem recht verschlafenen Nest zwar einen fast industriellen Anstrich verlieh, aber in der idylischen niederbayerischen Landschaft mit ihren Fabrikhallen völlig deplaciert wirkte. Ein Bach durchrann den Ort. Er führte stets genügend Wasser, mit dem der Bauer Hirschenauer eine Getreidemühle betrieb. Der Müller Seppei war nicht nur wegen seines vorzüglichen Backmehls, sondern auch als Weiberheld bekannt.

Die hügelige Umgebung von Aspertsham war recht reizvoll: Fruchtbares niederbayerisches Bauernland, in dem Felder, die Wiesen mit dem prächtigen braunbunten Vieh, große und kleine Waldparzellen das Landschaftsbild bestimmten. Die Bauernhöfe meist von großen Obstgärten umgeben wirkten wie wahllos in die Gegend verstreut. Mal standen sie einzeln auf einer Hügelkuppe, mal lagen drei oder vier dicht beieinander in einer Mulde, als ob sie sich gegenseitig schützen wollten. Die Ortsnamen der Umgebung, wie Ober- und Unterreisching, Gurlan, Reschaln, Pfennigbach, Kämmerding usw. wurden uns bald geläufig. Nichts erinnerte in dieser Landschaft daran, daß noch bis vor wenigen Wochen der schrecklichste aller Kriege große Teile Deutschlands verwüstet hatte. Niederbayern aber war wohl als einziges deutsches Land völlig verschont geblieben und ohne Kampf von den Amerikanern besetzt worden.

Von den Besatzungstruppen war auf dem Land so gut wie nichts zu spüren. Lediglich ab und zu sah man einen Jeep in eine Staubwolke gehüllt die Straße entlangflitzen. Die GIs hatten natürlich ihre Quartiere dort aufgeschlagen, wo mehr los war, in Passau zum Beispiel. Da gab es hübsche Mädchen und Gasthäuser und abends Unterhaltungsmöglichkeiten.

Wir lebten zunächst wie in einer Art Sommerfrische, denn auch das Hauptproblem dieser Zeit, die leidige Verpflegungsfrage, war fürs erste gelöst. Als Äquivalent für die täglichen Mahlzeiten hatte meine Mutter der Bauerstochter ein Stück ihres geretteten Schmucks gegeben. Brot, Butter, Geselchtes und Knödel gegen Pretiosen oder andere Werte, das sollte für lange Zeit die neue Währung im Nachkriegsdeutschland werden.

In den ersten Tagen tauschten wir natürlich untereinander unsere Erlebnisse aus. Mimi und Nat waren zunächst wie vorgesehen ohne Schwierigkeiten mit der Purgstaller Truppe bis Fürstenzell gelangt. Dann aber erkrankte Mimi an Brechdurchfall so schwer, daß schon deshalb an eine Weiterfahrt nach dem nur noch wenige Kilometer entfernt liegenden Schönburg zu den Arkos nicht mehr zu denken war. Außerdem standen die Amerikaner bereits kurz vor

Fürstenzell. So mußten die beiden zunächst unter primitivsten Bedingungen in einer ehemaligen Wehrmachtsunterkunft kampieren. Kein Arzt war aufzutreiben, und der Zustand meiner Mutter wurde immer bedrohlicher. Nat gelang es dann endlich nach mühevollem Suchen, die Kopfingers zu erweichen. Sie nahmen Nat und meine Mutter auf, die sonst wohl nicht durchgekommen wäre.

Humorvoll schilderten sie uns die erste Begegnung mit den Amerikanern, die ganz undramatisch verlief. Mimi erzählte mit viel Witz von den Erlebnissen mit einem Leutnant und dessen Burschen, die sich für kurze Zeit gleichfalls bei Kopfingers einquartiert hatten und dort natürlich nach Beute Ausschau hielten. Auf Fotoapparate waren die Amis besonders scharf. Um ihre Retina zu retten, hatte Mimi den Apparat einfach unter der Matratze des Bettes vesteckt, in dem der Offizier schlief! Dann hatte sie Nat geraten, als Ablenkungsmanöver mit dem Leutnant zu flirten nach der Devise: „Seid klug wie die Schlangen." Der Bursche Shorty protzte mit dem Überfluß an Bekleidung und sagte, indem er auf sein Hemd zeigte: „We waste! If it is dirty, I throw it away."

Ein paar Tage später fanden sich meine letzten Getreuen Exbursche Eckardt und Exfahrer Malo ein. Sie brachten meinen einzigen Koffer mit. Er enthielt meine ganze Habe. Ich hatte den Eindruck, daß die beiden froh waren, durch meine Gegenwart den gewohnten Bezugspunkt zu haben, und erst einmal in Ruhe abwarten wollten, wie sich die Zukunft entwickeln würde. Denn der eine, Eckardt, hatte als Schlesier auch sein Zuhause verloren, und Malo, als Berliner, verspürte keine Lust, zu den Russen in die total zerstörte Stadt zurückzukehren. Obwohl zwischen uns nun doch endgültig das Vorgesetztenverhältnis beendet war, fanden sie es selbstverständlich, daß ich weiterhin ihr *Herr* blieb. So entsinne ich mich, daß Eckardt wie eh und je unaufgefordert meine Stiefel putzte und Malo sich stets erkundigte, ob es irgend etwas zu erledigen gäbe!

Und dann überraschte uns eines Tages Gotthard! Wie er unseren Aufenthaltsort erfahren hat? Ich weiß es nicht mehr. So war das Wunder perfekt: Bis auf meinen Vater hatte sich unsere Familie vollzählig 7 Wochen nach Kriegsende unversehrt in einem winzigen niederbayerischen Dorf wiedergefunden. Über das Schicksal von Papi wußten wir gar nichts und waren um ihn in großer Sorge.

Fürstenzell 1945

Nat, die inzwischen schon ein nettes Bäuchel hatte, fühlte sich im Kreise der drei Brüder sichtlich wohl.

Die Situation von Ernst-Herbert und Gotthard war verglichen mit der meinen recht gut, denn sie hatten beide ein fast abgeschlossenes Studium, und so war die Zukunft für sie vorgezeichnet. Ich saß dagegen fast vollkommen auf dem Trockenen; denn die paar landwirtschaftlichen Kenntnisse, die ich mir während des Praktikums bei Tante Rena angeeignet hatte, reichten nicht weit, zumal ich in dieser Zeit in Günthersdorf vorzugsweise Rehböcke gejagt und die Damenwelt beglückt hatte. Aber das zählte jetzt nicht mehr, vielmehr hatte ich im Gegensatz zu den Brüdern eine Frau, die mir in wenigen Monaten ein Kind schenken sollte. Danach würde ich dann plötzlich für das Wohl und Wehe einer 3köpfigen Familie zu sorgen haben. Aber diese Zukunftsaussichten bedrückten mich zunächst keineswegs, sorgten doch meine Pokergewinne aus den letzten Kriegswochen für ein beruhigendes finanzielles Polster. Die Erwartung unseres Kindes drängte äußere Dinge in dieser

Zeit weitgehend in den Hintergrund, denn Nat und ich lebten schon ganz mit und für dieses Kind, dessen Bewegungen ich bereits deutlich spürte, wenn ich meine Hand auf Nats Leib legte.

In der ersten Zeit bei Kopfinger ahnten wir noch nicht, was es bedeutete, Flüchtling zu sein. Flüchtling, das war ein neuer Stand von Menschen, den es vor dem Krieg in Deutschland nicht gegeben hatte. Das waren die Millionen vertriebener und geflüchteter Menschen aus Ostpreußen, dem Baltikum, aus Pommern, Westpreußen und wir, die Schlesier. Und jetzt kamen auch noch viele Sachsen und Thüringer, als auch diese Länder Monate nach Kriegsende von den Russen besetzt wurden. Wie eine Völkerwanderung der Neuzeit ergoß sich dieser Strom von Millionen heimatlos gewordenen Deutschen in das restliche Deutschland zwischen Rhein und Elbe. Viele versuchten, bei Verwandten oder Bekannten unterzukommen. Die meisten aber, die wie wir keine Verbindungen in Westdeutschland hatten, waren zufrieden, erst einmal ein Dach über dem Kopf zu haben. Außer den Flüchtlingen waren da auch noch die Ausgebombten aus den Großstädten, die vor den Bombenangriffen aufs Land in weniger gefährdete Gebiete ausgewichen waren und das Kriegsende irgendwo in Bayern oder Württemberg abgewartet hatten. So zogen in den ersten Wochen nach dem Krieg Abertausende kreuz und quer durch das Land. Sie suchten ihre Familien oder einen provisorischen Unterschlupf und waren weitgehend ganz auf die Hilfsbereitschaft der einheimischen Bevölkerung angewiesen. Was das bedeutete, sollten wir bald erfahren.

So endete nämlich urplötzlich als erstes unsere Doppelbettidylle, und Nat zog wieder in das Zimmer zu meiner Mutter. Ich wurde zum Nachbarbauern Hirschenauer in einen Verschlag, der nicht einmal eine Tür hatte, auf dem Dachboden ausquartiert, der sonst als Unterschlupf für sogenannte Saisonarbeiter diente. Das einzige Möbelstück war eine Art Behelfsbett. Die Wände des Raumes bestanden aus rohen Brettern, die Decke aus unverputzten sogenannten Heraklit-Platten. Noch heute sehe ich diesen Schriftzug „Heraklit" weiß auf grauem Grund über mir, der sich hundertfach wie eine Art Sternenhimmel über meinem und natürlich möglichst oft auch unserem damaligen Lager spannte. Diese spartanische Unterbringung stand in krassem Gegensatz zu der für den niederbayerischen Menschenschlag ganz untypischen Herzlichkeit, mit der mich die Bauernfamilie Hirschenauer aufnahm. Diese ging so weit, daß ich sogar gegen ein geringfügiges Entgelt an der bäuerlichen Tafel mitessen durfte. Besonders Mutter Hirschenauer war eine gütige Frau mit der Weisheit des Alters. Er war eine patriarchalische Erscheinung, bei der gute und schlechte Laune wechselten. Sepp, ihr Sohn aus erster Ehe, führte bereits den Hof. Er sagte in seiner verschlossenen Art zu meiner Anwesenheit nicht ja und nicht nein. Aber, und das war die Hauptsache, er duldete sie. Ein Knecht und eine Magd, außerdem ein aus Hamburg stammendes ausgebombtes Ehepaar, gehörten zur mittäglichen Tischrunde. Da die Höfe Kopfinger und Hirschenauer sich nur durch die Landstraße getrennt fast gegenüber lagen, führte ich nun eine Art Pendlerleben zwischen den beiden Anwesen.

    Meine Brüder hatten zunächst genau wie ich noch keine Beschäftigung. So brach – wie konnte es anders sein – schon in den ersten Tagen, natürlich zum größten Mißfallen der Damen, der Falkenhausensche Spielteufel aus. Da mir meine Glückssträhne weiterhin treu blieb, saßen Ernst-Herbert und Gotthard bald ohne einen Pfennig da, pumpten mich an, verloren wieder usw., usw. Zum Schluß gab es einen Riesenkrach, weil ich ihre Schulden fein säuberlich notiert hatte und auch keine Anstalten machte, ihnen dieselben zu erlassen. Nat, wie bis zum heutigen Tag stets auf Seiten von Verlierern, machte mir große Vorwürfe, und es kam zwischen uns zur ersten Verstimmung und langen Diskussionen über Glücksspiel und dessen wahrlich unschöne Folgen. Natürlich wollte ich nichts einsehen, obwohl ich längst einsah. Ich entsinne mich unseres kleinen Zerwürfnisses, das mit Blick auf Heraklit stattfand aber irgendwann nach Mitternacht in Versöhnung endete. Wir hatten uns vorgenommen, niemals in gegenseitigem Groll einzuschlafen, und haben dieses für eine Ehe äußerst wichtige Prinzip bis heute durchgehalten.

    Auch noch andere dunkle Wolken zogen plötzlich an dem meist heiteren niederbayerischen Himmel auf: Die anfangs bestehende Gastlichkeit der Kopfingers, die bereits durch die geschilderte Trennung von *Tisch und Bett* für Nat und mich ihren ersten Dämpfer erhalten hatte, begann weiter zu verfliegen. Als nächste bekam es erneut Nat zu spüren, wohl weil sie die einzige der vier Frauen des Haushalts war, die einen Mann hatte, mit dem sie augenscheinlich auch noch glücklich war. So wurde sie ohne Begründung von der gemeinsamen Tafel ausgeschlossen und mußte von heut auf morgen sich selbst verpflegen. Das bedeutete für sie schlichtweg eine kleine Katastrophe. Denn während die Bauern wie eh und je Fett, Fleisch, Mehl, Kartoffeln im Überfluß hatten, mußte der Normalverbraucher mit den kargen Rationen der Lebensmittelkarten auskommen. Nat bekam zwar eine etwas größere Zuteilung, weil sie als Schwangere die sogenannte Mütterkarte erhielt. Trotzdem waren diese Rationen zum Sterben zu viel und zum Leben zu wenig. So blieb ihr nichts anderes übrig, als in dieser Zeit regelrecht betteln zu gehen. Dabei kam ihr die nun schon unübersehbare Schwangerschaft gut zustatten, die dann doch das Mitleid mancher Bäuerin erregte. Wenn wir gemeinsam abends spazieren gingen, trennten wir uns manchmal und Nat steuerte dann allein einen Bauernhof an und war ganz stolz, wenn sie mit einem Ei oder einem Stückchen Geselchten zurückkam.

Ich war zunächst noch zu sehr Rittmeister und konnte mich nicht zu solchen Bittgängen entschließen. Die niederbayerischen Bauern sind nämlich ein verschlossener, oft mürrischer, von Natur aus allem Fremden gegenüber abweisender Menschenschlag, und es nimmt nicht wunder, daß sie die Flüchtlinge schlechterdings als Eindringlinge betrachteten. Irgendwie verstand ich auch die Einstellung dieser einfachen Leute, bei denen noch so etwas wie der Urinstinkt der Sippe herrschte, die sich von jeher gegen alles Fremde abkapselt, das ihren wohl seit Jahrhunderten immer gleichen Lebensrhythmus stören könnte. So nahmen die bayerischen Sippen auch eine Abwehrhaltung gegen die vielen wildfremden Menschen aus den Großstädten und den Provinzen des Ostens ein, deren Dialekt sie oft nicht einmal verstanden, wenn diese von Flucht und Bombennächten, von Vergewaltigungen der Frauen durch die Russen, von endlosen Trecks bei eisiger Kälte, von erfrorenen Kindern und vielen anderen Nöten erzählten. Man hatte den Eindruck: Sie wollten das alles gar nicht hören, wollten in Ruhe gelassen werden, und wer mit Mitgefühl rechnete, hatte sich getäuscht.

Für uns ergab sich dann ganz unverhofft eine Möglichkeit, unseren Speisezettel aufzubessern. Zu Hilfe kam uns, daß die einzige Hefefabrik Niederbayerns in Rittsteig durch einen Bombenangriff zerstört worden war. Dadurch saßen die Bauern, die wohl seit der

Erfindung der Hefe gewohnt sind, Abend für Abend ihre Rohrnudeln zu essen, ohne diese kostbare Teigzugabe da, ohne die im wahrsten Sinne des Wortes nichts *geht*. Unter diesen Aspekten war es für uns ein Glücksfall, daß mein Bruder Ernst-Herbert seinen ersten Job bei einer Hefefabrik in Schwabelweis bei Regensburg bekam. Sofort setzte er alles in Bewegung, für uns kleine Mengen dieses so begehrten Produkts zu ergattern. Bald trafen die ersten ½-Pfund-Päckchen ein! Nun machte auch ich mich auf den Weg, denn die Hefe loszuwerden, war kein Kunststück. Wichtig war zunächst nur, herauszubekommen, wie weit man bei den geizigen Bauern den Tauschpreis in die Höhe schrauben konnte, für die es natürlich mehr als unangenehm war, von einem Flüchtling abhängig zu sein! Mit der Zeit spielte sich dann folgende *Hefewährung* ein: ½ Pfund Hefe gegen ½ Pfund Butter oder 10 – 12 Eier. In der Folgezeit haben wir diesen Hefehandel weiter ausgebaut und neue Lieferquellen erschlossen. So schickten Nats Mutter aus Bocholt, ein ehemaliger Direktor der Gicßmannsdorfer Hefefabrik aus Nürnberg und eben Ernst-Herbert aus Regensburg in regelmäßigen Abständen ihre Päckchen. Bald hatten wir einen festen Kundenstamm und feste *Preise*. Oft wurde ich schon erwartet, und meist legte ich meine Besuche bei den Bauern auf die Essenszeit, so daß sie nicht anders konnten, als mich zunächst einmal an ihre Tafel einzuladen. Es ergab sich mit einigen der Einheimischen sogar bald eine Art Vertrauensverhältnis, das mir später noch zugute kommen sollte.

Ganz unerwartet für mich trat plötzlich in dem bisher so guten Verhältnis zwischen Mimi und Nat eine Spannung auf, die sich wie ein Schatten über unser Leben legte. Ich suchte nach einer Erklärung. Es ist ja bekannt, daß Mütter ihre Söhne, Väter ihre Töchter ungern hergeben, und es kommt wohl nicht von ungefähr, daß die böse Schwiegermutter im Volksmund ihren festen Platz hat. Ich will es mir ersparen, Einzelheiten dieser unerfreulichen Episoden jener Zeit zu verewigen. Oft sind es ja Kleinigkeiten, die verletzen, es genügt ein falsches Wort. Die Ursache von Mimis Verhalten war eben wie von mir vermutet Eifersucht, die sie sich selbst nicht eingestand. Es war zuviel für sie, daß Nat einen Mann hatte, der auch noch ihr Sohn war, und sie mit ihm glücklich. Hinzu kam ihre Veranlagung, eine Art angeborene Anti-Frauen-Einstellung, die das

Zusammenzuleben mit ihrer Schwiegertochter erschwerte. Differenzen waren damit vorprogrammiert, zumal diese beiden Frauen in ihrem Wesen so verschieden waren und das unfreiwillige Leben auf engstem Raum allein schon genügend Nährboden für Konflikte bot. Ich habe damals zwischen zwei Polen gestanden und versucht, mit Vernunft und Logik eine Brücke zu bauen. Aber wenn Emotionen im Vordergrund stehen, sind dies meist untaugliche Mittel. Es kostete viel Kraft, immer wieder die oft zum Zerreißen gespannte Atmosphäre zu entgiften. Psychologisch ist die Situation leicht zu erklären: Nat hatte mich, und ich hatte sie. Wir beide wußten, zu welchem Menschen wir gehören. So war für uns die Heimatlosigkeit auch leichter zu ertragen. Meine Mutter, bald 60, stand – und das muß man ihr zugute halten – herausgerissen aus einem Leben voll Sicherheit, Reichtum und Sorglosigkeit praktisch allein vor dem Nichts. Wie sollte sie damit fertig werden?

Trotz Hefe nahm damals immer noch die Lebensmittelbeschaffung die meiste Zeit in Anspruch. So fuhr ich allwöchentlich mit einem geliehenen Rad u. a. 15 km zu einer Gärtnerei, die einer Familie von Moreau gehörte. Die alte Baronin war eine ganz besonders reizende, mitfühlende Dame, und ich wurde auf ihre Anweisung von dem Gärtner stets bevorzugt reichlich bedient. Vor der einzigen Gärtnerei in Fürstenzell standen die Leute Schlange, aus der der Gärtner Robel, ein schmuddeliger, hagerer Typ, zuerst die jungen Frauen und Mädchen nach vorn holte, dann mit ihnen ins Gewächshaus ging, wo er versuchte, sie als Gegengabe für die bevorzugte Bedienung abzuknutschen! Nat stand auch einmal nichts ahnend in dieser Schlange und glaubte, daß Robel sie wegen ihres Bäuchleins zuerst bedienen wollte. Doch dann entpuppte sich der vermeintliche Kavalier als Lüstling. Nat gelang es aber, sich seiner Zudringlichkeit zu erwehren und war noch ganz verstört, als ich ihr zufällig auf dem Nachhauseweg nach Aspertsham begegnete. Kaum hatte sie mir ihre Geschichte erzählt, war ich auch schon zum Tatort unterwegs. Noch immer stand da eine Schlange von Wartenden, und Robel lief mir direkt in die Arme. Obwohl ich wahrlich kein Schlägertyp bin, machte ich wohl in meiner Wut einen verhältnismäßig furchterregenden Eindruck. Ich warf ihm alle Freundlichkeiten an den Kopf, die mir gerade einfielen und die in der Schlußfolgerung gipfelten: „Du bist mir viel zu dreckig, als daß ich mir die

Finger an Dir schmutzig machen würde!" In Wirklichkeit dachte ich natürlich nicht daran, tätlich zu werden, denn ich fürchtete, den kürzeren zu ziehen! So aber stand ich als makelloser Sieger da, der die Ehre seines Weibes verteidigt und den Sünder vor aller Augen gedemütigt hatte!

Wenn ich in den ersten Nachkriegsmonaten unsere Lage bedachte, mußte ich feststellen, daß ich und die Meinen wieder einmal weitgehend mit einem blauen Auge davon kamen. So wie in den Kriegsjahren das Wort Entbehrung unbekannt war, wir von Bomben- und Naziterror in Friedenthal nichts wußten, so erlebten wir auch jetzt die Schrecken der Kriegsfolgen nur am Rande, wußten nur vom Hörensagen, wie damals in Großstädten und Industriezentren der Hunger grassierte. Vor allem warteten in dieser Zeit fast noch in jeder Familie Frauen auf ihre Männer und Söhne. Wie glücklich durften wir sein, daß wir drei Brüder unversehrt zurückgekommen waren.

In den Nachkriegsmonaten sahen die Besatzungsmächte eine ihrer Hauptaufgaben darin, zunächst alle Behörden und öffentlichen Dienste von ehemaligen Nazis zu säubern. So blieb kaum ein Bürgermeister auf seinem Platz, und alle Führungspositionen in öffentlichen Einrichtungen wurden neu besetzt. Von denen *ganz oben* hatten sich ja Hitler, Himmler und Göbbels der irdischen Gerechtigkeit durch Selbstmord entzogen. Von den *Upper-four* saß nur der *Reichsmarschall* Göring hinter Gittern, natürlich auch die meisten anderen Regierungsmitglieder, die hohen SS-Führer, Generale der Wehrmachtsführung und sogar viele leitende Industrielle. Viele Tausende, vornehmlich Angehörige der verbrecherischen Organisationen, wie SS-Einsatzkommandos, KZ-Wachmannschaften usw. aber irrten noch von Versteck zu Versteck, immer gewärtig, entdeckt, oft sogar von Landsleuten denunziert zu werden. Der Ausspruch eines hohen amerikanischen Offiziers ist dafür bezeichnend: „Wir brauchen die Nazis gar nicht zu suchen. Deutsche führen uns zu ihnen hin!"

Die Grenzen zwischen den Besatzungszonen waren streng bewacht, und manch größerer Nazifisch blieb in diesem Netz hängen. Trotzdem gelang es einer Anzahl der SS- und Gestapo-Hauptverbrecher, nach Südamerika zu entkommen. Das damals verkündete „Säuberungsgesetz" sollte die Bestrafung führender ehemaliger

Nazis und deren Entfernung aus höheren Positionen des öffentlichen Lebens garantieren.

Diese sogenannte Entnazifizierung lief bald in allen westlichen Besatzungszonen an. Jeder gemeldete Bürger bekam einen Fragebogen ausgehändigt, in dem alle Fragen, insbesondere über die politische und militärische Vergangenheit genau beantwortet werden mußten. In jeder Stadt waren Entnazifizierungsstellen eingerichtet, die die Fragebögen hinsichtlich der Nazi-Vergangenheit auswerteten und dann eine Klassifizierung des Befragten vornahmen, die von *unbelastet* über *Mitläufer, schuldig* und *hauptschuldig* reichte. Von dieser Aktion hatten wir drei Brüder nichts zu befürchten. Keiner von uns hatte je zu einer politischen Nazi-Organisation gehört, noch hatte er als Soldat einen höheren militärischen Rang bekleidet. So bekamen wir bald unsere Fragebögen mit dem so begehrten Stempel *entlastet* zurück. Auch die kleinen Fische, wie PGs, Blockwarte usw. kamen als Mitläufer mit einem blauen Auge davon. Alle Belasteten mußten je nach ihren Aktivitäten als Nazis mit einem Entnazifizierungsverfahren vor von den Besatzern eigens eingesetzten Spruchkammern rechnen. Oft haben sich diese Verfahren jahrelang hingezogen und die Betroffenen an den Rand der Verzweiflung gebracht. Natürlich fanden wir es in Ordnung, daß die wirklichen Verbrecher zur Rechenschaft gezogen wurden. Viele Betroffene waren jedoch aus reinem Opportunismus bzw. gezwungenermaßen der Partei beigetreten, oft unter Druck, um ihren Arbeitsplatz zu halten. Von dem tatsächlichen Ausmaß der Nazi-Verbrechen machten wir uns auch damals noch keine Vorstellungen. Es gab ja weder Zeitungen noch Radio. Wie sollten wir in unserer Abgeschiedenheit Konkretes erfahren?

Die ersten Wochen in Aspertsham fühlte ich mich trotz mangelhafter Unterbringung und anderer widriger Umstände wie im Urlaub. Die Erkenntnis, bald Geld verdienen und für drei Menschen sorgen zu müssen, beschäftigte mich mehr und mehr. Ich hatte keinerlei konkrete Vorstellungen, wie einmal die Lösung des Problems Arbeitsbeschaffung aussehen könnte. Zunächst redete ich mir ein, daß ich etwas von Landwirtschaft verstünde und klapperte einige Güter der Umgebung ab. Aber die Beschäftigungschancen für einen *Einviertel-Landwirt* standen offenbar miserabel. So war mein Antichambrieren bei einem Herrn von Düsberg, einem

Prinzen Leiningen, auch in Schönburg bei den Arcos eine einzige Pleite. Besonders bei letzteren, Freunde meiner Eltern, hatte ich mir Hoffnungen gemacht. Alle waren sehr nett zu mir, mehr als eine gute Mahlzeit sprang aber nirgends heraus. In Schönburg hatten die Amerikaner das Schloß besetzt. Luigi Arco hatte sich wohl abgesetzt; seine Frau, die mit ihren Töchtern im Gärtnerhaus wohnte und dort auch noch etliche Flüchtlinge, darunter Mechthild Lichnovski, untergebracht hatte, empfing mich recht unwirsch. Auf dem Weg ins Schloß wurde ich von einem amerikanischen Wachtposten angehalten. Dabei erlebte ich den Unterschied zwischen preußischen und amerikanischen Soldaten. Wie wäre es *bei uns* denkbar gewesen, daß ein Posten – in diesem Falle war es der Kompaniefriseur – offensichtlich seinen Dienst mit seinem Beruf koppelte. Mitten in der Toreinfahrt stand nämlich ein Stuhl, auf dem ein GI Platz genommen hatte, der sich die Haare schneiden ließ! Als ich mich näherte, legte der Friseurposten Schere und Kamm beiseite, ergriff sein bis dahin in einer Ecke lehnendes Gewehr und fragte barsch: „Where do you want to go?" Irgendwie haben wir uns geeinigt, er ließ mich passieren, um sofort anschließend den Haarschnitt zu vollenden.

Trotz meiner Berufslosigkeit war ich nie untätig. Eines Tages verriet mir ein Sohn Kopfinger, daß er unter dem Getreide in der Tenne seines Vaters ein Kleinkalibergewehr vor den Amis versteckt hatte. Sogleich erwachte meine Jagdleidenschaft. Ich hatte bereits auf Spaziergängen festgestellt, daß abends in den dem nahen Wald vorgelagerten Kleeschlägen Rehwild äste. Ich mußte bei meinen Jagdplänen besonders vorsichtig zu Werke gehen, denn ich wußte, fanden die Amerikaner bei Zivilisten eine Waffe, verstanden sie absolut keinen Spaß. Wie ein Schwerverbrecher wurde dann der Ertappte unweigerlich mit ein paar Jahren Zuchthaus bestraft. So geschah es zum Beispiel dem Mann einer Bekannten von Nat, bei dem die Amis eine uralte Pistole mit Sammlerwert gefunden hatten. Er saß seitdem in Regensburg im Gefängnis.

Zunächst brachte ich deshalb bei Nacht meine kostbare Waffe in eine Zeltplane verpackt in *mein Revier* und versteckte sie in einem hohlen Baum. Schon vor Morgengrauen war ich am nächsten Tag draußen und setzte mich gut gedeckt am Rande eines Kleefeldes an. Als es hell wurde, leuchtete mir tatsächlich das von schlesischen

Pirschen noch vertraute Rot eines Rehbocks entgegen, der mitten in dem Kleefeld stand. Sofort pirschte ich ihn an. Die Schußentfernung durfte ja höchstens 50 Schritt sein, sonst hatte ich mit der kleinen 6 mm-Kugel keine Chance, ihn tödlich zu treffen. Alles klappte vorzüglich. Ich schoß kniend und hörte den Aufschlag der Kugel. Zwar sprang der Bock noch ab, machte ein paar Fluchten, wurde dann plötzlich langsamer, fing an zu schwanken und fiel verendet in den Klee! Ich machte erst einmal down und sicherte nach allen Seiten. Vor Jagdfieber schlug mein Herz bis zum Halse. Aber weit und breit regte sich nichts; um vier Uhr morgens lagen die Amis mit Sicherheit noch in ihren Betten. Dann trat ich zu meinem 1. Nachkriegsbock. Es war ein zweijähriger Gabler. Ich zog ihn in Deckung, brach ihn auf und hängte ihn gut getarnt in eine Fichte. Dann brachte ich das Gewehr wieder in sein Versteck, und ehe das Leben im Bauernhof erwachte, lag ich schon wieder in den Federn.

Bei Einbruch der Dunkelheit gingen Nat und ich wie richtige Wilddiebe, jeder mit einem Rucksack bewaffnet, zum Tatort. Der Bock war noch da! Er wurde von mir fachmännisch zerwirkt und Keulen, Blätter, der Rücken, Träger und Wandl auf die Rucksäcke verteilt. Dann wanderte er in Kopfingers Speisekammer. Alle Hausbewohner waren ganz begeistert von meinem Waidmannsheil, vor allem die Kopfinger-Mädchen, die noch nie in ihrem Leben Rehbraten gegessen hatten.

Auch Ernst-Herbert, von meinem Jagderfolg angespornt, ging auf die Pirsch und kam tatsächlich auch mit einem Bock nach Hause. Aber danach währte die Freude nicht lange. Offenbar war mein Bruder beim Verstecken der Büchse beobachtet worden, denn am nächsten Morgen war die Waffe verschwunden. Damit war zunächst einmal nicht nur „Jagd vorbei!", sondern wir zitterten noch tagelang bei dem Gedanken, daß Amis uns auf der Spur waren und das Gewehr gefunden haben könnten. Aber nichts geschah – die Sache war noch einmal gut gegangen.

In der Folgezeit setzte ich meine Arbeitssuche fort und beschloß zunächst einmal, in Oberbayern lebende Bekannte meiner Eltern aufzusuchen, die sich dort in guten Zeiten Höfe gekauft hatten. Das war jedoch leichter gesagt als getan; denn wie sollte ich mich in einem Land fortbewegen, in dem noch keine Züge verkehrten und in dem Privatautos, bis auf die der Ärzte, aus Spritmangel in den

Garagen standen. Auch LKW, die einen evtl. mitgenommen hätten, kamen in dieser gottverlassenen Gegend nur alle Jubeljahre vorbei. Die einzige Lösung dieses Verkehrsproblems war verhältnismäßig einfach: Ein Fahrrad mußte her. Bauerntochter Anni hätte mir das ihre für die beabsichtigte Fahrt ins Oberbayerische wohl geliehen, wie sie das für meine Spritztouren nach Fürstenzell immer getan hatte. Aber eines Tages – ich hatte das Rad, während ich Kommissionen machte, in einer Toreinfahrt abgestellt – kam ich mit hängendem Kopf nach Aspertsham zu Fuß zurück. Das Rad war gestohlen worden! Sicherlich war es einem aus der Gefangenschaft heimkehrenden Landser zu anstrengend geworden, den ganzen Heimweg per pedes zurückzulegen. Natürlich fielen danach meine Aktien bei Familie Kopfinger ins Bodenlose. So wurde ich quasi gewungenermaßen das erste und einzige Mal in meinem Leben zum Dieb! Das heißt, ich fuhr mit der Bahn, die einmal am Tag im Schneckentempo das Rottal passierte, mit dem festen Vorsatz nach Passau, ein Fahrrad zu klauen.

Ich suchte mir erst einmal in der Hauptverkehrsstraße einen günstigen Platz, der Einblick in besonders viele Hauseingänge bot; denn in einem Hauseingang wollte ich zur Tat schreiten. Dort wurde man von Passanten kaum beachtet und hatte im Notfall sogar genügend Zeit, eines von diesen lächerlichen Schlössern zurückzubiegen, die nur fingerlang in die Speichen hineinragen und das Hinterrad völlig unzulänglich sichern. Wie lange ich auf ein Opfer warten mußte, weiß ich nicht mehr. Ich zwang mich innerlich zur Ruhe, was mir, abgebrüht von 5 Jahren Krieg, leicht fiel. Dann näherte sich endlich ein Mann mit einem Herrenfahrrad, einer – wie man in Schlesien sagen würde – ziemlich alten Mühle. Er schob es wie bestellt ausgerechnet in den Hausflur auf der anderen Straßenseite genau mir gegenüber und verschwand im Inneren des Hauses. Da im Erdgeschoß Geschäfte waren, schloß ich messerscharf: Der Delinquent ist sicherlich die Treppe hinauf in eines der oberen Stockwerke gegangen. Verhalten und doch innerlich sehr eilig schlenderte ich über die Straße, sicherte wie ein Fuchs, der seine Beute anschleicht, nach links und rechts, betrat den Hausflur und stand vor meiner Beute. Ich wäre fast wieder umgekehrt, weil dieses Rad zwar nicht angeschlossen, dafür mir aber für einen Rittmeister a. D. als Fortbewegungsmittel allzu schäbig dünkte. Aber dann griff ich doch zu; ich wollte es einfach hinter mich bringen! Einmal auf der Straße schwang ich mich in den Sattel und brauste davon. Das Klappern der Schutzbleche auf dem elenden Kopfsteinpflaster klang in meinen Ohren wie das Gellen einer Alarmglocke. Aber niemand schrie wütend hinter mir her, und bald befand ich mich ruhig tretend auf dem Weg nach Aspertsham. Irgendwo besorgte ich mir graue Farbe, und nachdem ich dem Drahtesel einen neuen Anstrich verpaßt hatte, sah er eigentlich noch schäbiger aus als vor dem unfreiwilligen Besitzerwechsel. Eines war jedenfalls sicher: Dieses Fahrzeug würde keinen Nachfolgedieb reizen!

Eine Fahrt durch die Lande war zur damaligen Zeit in jeder Beziehung stets ein kleines – manchmal auch ein großes – Abenteuer. Wo würde man schlafen, was würde man essen, wie würden sich die amerikanischen Posten verhalten, die immer noch an zahlreichen Stellen die Straßen sperrten und von deren Laune es abhing, ob und wann man weiterfahren durfte? Auf der Suche nach SS-Leuten und anderen politischen Desperados kontrollierten sie jeden Passanten, verlangten den Entlassungsschein, fragten in ihrem schwer verständlichen Slang nach dem woher und wohin.

Wenn ich heute an einer bestimmten Kreuzung wenige hundert Meter hinter Inzell auf dem Weg nach Rauris vorbeikomme, denke ich jedesmal an den Tag vor 45 Jahren, an dem mich die Amis fast 2 Stunden festhielten, weil sie meinen Entlassungsschein nicht in Ordnung fanden. Darauf stand nämlich statt Fürstenzell Fürstenfeld. Dieser Schreibfehler hatte mir bei Befragen stets die glaubwürdige Antwort gestattet: Ich sei auf dem Weg nach Fürstenfeldbruck. Bisher hatte das für ein o.k. der Kontrollposten gereicht. Der Ami bei Inzell aber wollte es damals ganz genau wissen. Für ihn waren meine eifrigen Erklärungen nonsens. Die Ungewißheit, was sie mit mir vorhatten, war recht nervenaufreibend. Immer noch gab es Lager, wo Verdächtige eingesperrt wurden. Aber sprunghaft in ihren Entschlüssen, wie sie bei den kleinen Mächtigen oftmals zu finden sind, befand der Postenführer dann plötzlich ganz unvermittelt, daß ich lange genug gelitten hätte, hob höchstpersönlich mein Rad auf einen gestoppten LKW der amerikanischen Armee, und mit einem aufmunternden „go on" entließ er mich in Richtung Reichenhall.

Vor diesem Erlebnis hatte ich zunächst das Rottal aufwärts

radelnd die Gastfreundschaft einiger niederbayerischer Bauern in Anspruch genommen und war nach 2 bis 3 Tagen auf dem Gutshof von Gustav Malinckrodt in Mühlen bei Traunstein gelandet. Die Malinckrodts waren langjährige Freunde meiner Eltern. Lydia, seine besonders anziehende Frau, war Russin und nannte ihren Mann stets zärtlich „Gunjaka". Meine Mutter pflegte oft zu sagen: „Die Russinnen sind fabelhafte Frauen". Dieser Gunjaka ließ sich wie ein Pascha von ihr verwöhnen. Dann waren noch zwei rothaarige, sommersprossige Kinder da, die meinen Kriegserzählungen mit großen Augen und aufgerissenen Mündern lauschten. Die Familie hatte sich von Berlin abgesetzt und hier im Süden weit vom Schuß das Kriegsende abgewartet. Der eigene Hof unter der Regie eines Verwalters bot noch alles, was das Herz und vor allem der Magen begehrt. Nicht in bäuerlicher Einfachheit wohnte man hier, sondern alle Räume waren mit erlesenen Möbeln bestückt, und auch sonst gab es jeden Komfort, wie es sich für eine Bankerfamilie gehört.

Hatte ich nun erwartet, mit offenen Armen als alter Freund empfangen zu werden, so wurde ich gleich beim Eintreffen eines besseren belehrt. Es war zur Mittagszeit, und der Hausherr war gerade damit beschäftigt, ein zartes Täubchen zu zerlegen. Nach der Begrüßung schickte er sich an, mich an dem köstlichen Mahl teilhaben zu lassen. Da aber fuhr Lydia wie eine Viper aus dem Hinterhalt dazwischen und rief: „Gunjaka, die Taube ist nur für Dich!" und unterband mit einem unzweideutigen Griff nach meinem Teller jeden Versuch, mich an dem Taubenmahl partizipieren zu lassen. Nicht diese kleine Begebenheit, die ich einfach als Marotte einer etwas exzentrischen Dame bewertete, hinterließ bei mir einen kleinen Schock, sondern die Art und Weise, wie diese sogenannten Freunde unser Schicksal aufnahmen. Immerhin kannten sie Giesmannsdorf, wußten, was es insbesondere für Mimi bedeuten mußte, jetzt unter primitivsten Verhältnissen bei Bauern zu leben, ohne Hoffnung auf eine baldige Änderung dieses Zustandes. Aber nach einigen Pflichtregungen im üblichen Salon-Blabla gingen diese *Freunde* zur Tagesordnung über. Keine Frage, ob man irgendwie materiell helfen könnte, keine Andeutung, daß sie Mimi einmal einladen würden – nichts! Enttäuscht, blieb ich in dieser Oase nur zwei Tage.

Wenige Kilometer entfernt lag der Hof des Bruders Willi Malkinckrodt, den ich aus meiner Zeit beim 57. Panzerkorps kannte. Dort war die Aufnahme unvergleichlich freundlicher. Man bemühte sich ernsthaft, eine Beschäftigung für mich zu finden und mich irgendwie in den kleinen Gutsbetrieb einzubauen. Jedenfalls hatte ich dort nicht das Gefühl, daß sie mich so schnell wie möglich wieder loswerden wollten. – Wenn ich ehrlich bin, so war ich immer ganz froh, wenn meine Stellungssuche, die ich eher halbherzig betrieb, ohne Erfolg blieb. Ich gab mich zwar als gelernter Landwirt aus; in Wahrheit fürchtete ich mich aber davor, womöglich meine Kenntnisse unter Beweis stellen zu müssen. So war der Aufenthalt bei Willi Malkinckrodt zwar in jeder Beziehung ein angenehmes Intermezzo, das aber dann doch keinerlei neue Perspektiven für die Zukunft brachte.

Mein nächstes Etappenziel war Reichenhall. Dort wollte ich einen Freund von Großpapa, Prof. Dr. von Rauchenbichler, besuchen. Auf dem Weg dorthin spielte sich der Zwischenfall mit dem Ami-Posten ab, der sich dann doch noch als ein Positivum für mich herausstellen sollte. Nun fingen nämlich die für Radfahrer so unangenehmen Berge an, und daß besagter LKW, auf den ich verfrachtet worden war, direkt nach Reichenhall fuhr, ersparte mir die anstrengende Strampelei durch die Voralpen.

Rauchenbichler entpuppte sich als ein grantiger älterer Herr, der mich in seiner Art so sehr an Großpapa erinnerte, daß ich unentwegt innerlich lächeln mußte; denn genau so unwirsch empfing Großpapa Menschen, die wie ich unangesagt in seine Welt einbrachen. Wie sich herausstellte, war aber nicht ich die eigentliche Ursache von Rauchenbichlers konstanter schlechter Laune sondern – wie mir seine Frau erklärte – die Tatsache, daß die Amerikaner ihn, weil nazi-verdächtig, als Chefarzt seines Krankenhauses abgesetzt hatten. Ich habe in dieser Zeit nach dem Krieg immer wieder beobachtet, daß Menschen, die sich auf irgendeine Weise mit dem Regime eingelassen hatten, entweder beleidigt waren, daß sie nun mit Konsequenzen rechnen mußten, oder eine Art Vogel-Strauß-Politik betrieben, also den Kopf in den Sand steckten und so taten, als sei das Thema Nationalsozialismus mit dem Ende des Krieges für sie erledigt. Sie waren jedoch die vergleichsweise Harmlosen, nicht Fanatischen, Mitläufer und kleine Opportunisten, die, ohne

Schuld auf sich zu laden, in den Nazistrudel geraten waren. Zu dieser Kategorie gehörte auch Rauchenbichler, der bestimmt keinen Dreck am Stecken hatte. Er gehörte jedenfalls nicht zu jener unbelehrbaren Gruppe, die bei Diskussionen über die Naziverbrechen mit impertinenter Dummdreistigkeit sogar zum Angriff übergingen. Das waren jene Leute, die das Wort von der KZ-Lüge erfanden, die die Bombenangriffe der Alliierten und die Praktiken in den alliierten Gefangenenlagern als weit größere Kriegsverbrechen bezeichneten als die nun allmählich bekannt werdenden Greuel der Nazis.

Gustav Malkinckrodt hatte mir die Adresse eines Herrn von Saldern gegeben, der einen kleinen Besitz am Wagingsee hatte. An den Besuch dort erinnere ich mich nur deshalb, weil ich später von meinem Vater erfuhr, daß Saldern dieses entzückend gelegene Gut dem Grafen Garnier in einer nächtlichen *Quinzeschlacht* (Glücksspiel ähnlich Siebzehnundvier) im Unionclub in Berlin abgenommen hatte! Und was die Situation im Sommer 1945 besonders pikant machte, war die Tatsache, daß eben dieser Tutus Garnier, Jagdfreund meines Vaters aus Rauriser Tagen, in Oberschlesien einer der größten Großgrundbesitzer war und jetzt als Flüchtling in Unterwössen, nur 30 km von seinem Exbesitz Waging entfernt, mit seiner Frau in zwei winzigen Zimmern lebte!

Bei Saldern hatten sich bereits eine ganze Anzahl adliger Ostflüchtlinge eingefunden, unter anderem ein Graf Seher Toss, für uns Jungen seit jeher nur der Onkel Dodel genannt, der beim Rennen in Hoppegarten immer durch seine wie Lack glänzenden Schuhe auffiel, von denen jedermann wußte, daß er sie selbst putzte. So war ich eigentlich nicht sonderlich überrascht, daß ich ihn am Wagingsee bei seiner Lieblingsbeschäftigung, eben beim Schuheputzen, wiedertraf. Ein Hoch der Tradition! Dann war unter anderem auch ein Ehepaar Mitzlaff da, beide besonders nette, natürliche Menschen, die mir dadurch auffielen, daß sie ohne die von den meisten Adligen praktizierten aristokratischen Allüren waren. In dieser Beziehung hielt ich es mit meinem Onkel Mortimer Falkenhausen, der nach dem Krieg zu sagen pflegte: „Die Zeit der Schlösser ist gewesen!"

Nach Aspertsham zurückgekehrt wurde mir immer deutlicher, daß ich es sehr schwer haben würde, eine Tätigkeit zu finden, und ich erinnere mich, daß ich im Hinblick auf meine berufliche

Zukunft in dieser Zeit oft recht ratlos und deprimiert war. Aber das Zusammensein mit Nat überdeckte weitgehend diese Schatten. Für uns waren ja vornehmlich nach der Rückkehr von einer Reise immer wieder von neuem Flitterwochen. Es war für uns eine Zeit schönster Harmonie. Ich habe noch kein Wort darüber verloren, daß diese Harmonie eigentlich gar keine Selbstverständlichkeit war. Denn daß wir einander *kannten,* als ich Nat in Bayern wiedersah, kann man wohl kaum behaupten, hatten wir uns doch vor der Hochzeit ganze fünfmal gesehen! Unser Verschiedensein war kein Hindernis sondern eine immer neue Fundgrube für den anderen. Am meisten verband uns die gemeinsame Vorfreude auf unser Kind. Ein Mann liebt wohl seine Frau nie so intensiv und bewußt wie in der Zeit vor der Geburt eines Kindes. Nie fühlt er sich so sehr als ihr Beschützer, nie trennt er sich so schwer von ihr, als vor diesem freudigen Ereignis, das wir für Anfang September erwarteten.

Im Juli und August war die Zeit der Ernte, und ich hatte Gelegenheit, meine bei Tante Rena erworbenen Kenntnisse und Fähigkeiten praktisch unter Beweis zu stellen. Ich mähte unter den kritischen Augen des alten Kopfinger Gerste und Roggen. Uns allen machte es Freude, die Garben erst auf den Erntewagen und dann in der Scheune fachmännisch zu stapeln. Tage später kam dann die Dreschmaschine, die von einem Hof zum anderen fuhr. Es war harte Arbeit, den ganzen Tag in Dreck und Staub auf dem Dreschkasten zu stehen. Man bekam kaum Luft, die Augen waren verklebt, und die Grannen unter dem Hemd verursachten auf der Haut einen unangenehmen Juckreiz. Dafür gabs dann aber auch mittags reichlich Geselchtes, Knödel und Sauerkraut, am Abend Rohrnudeln mit Milch.

Auf einem der abendlichen Spaziergänge fanden Nat und ich in einem nahegelegenen Waldstück Unmengen von wilden Himbeeren, die anscheinend noch von niemandem entdeckt vor sich hin reiften. Tag für Tag sind wir anschließend an diesen Platz gegangen und haben eimerweise diese herrlichen Früchte mit dem unverkennbaren Aroma der Waldhimbeere nach Hause getragen. Wenn auch Arme und Beine von Dornen zerkratzt und von Mücken zerstochen waren, Nat und ich waren glücklich über diese gemeinsam eingebrachte Ernte, die dann in Gestalt von Himbeersaft und Marmelade unsere ersten Vorräte bildete.

Allmählich wurde es Zeit, eine Bleibe für uns drei, die wir bald sein würden, zu suchen. Wir wohnten ja immer noch getrennt, und bald waren wir doch eine richtige Familie, die zusammengehörte. Aber es schien fast unmöglich, in Aspertsham – wir wollten natürlich in der Nähe meiner Mutter bleiben – ein entsprechendes Zimmer zu finden. Erst jetzt bekamen wir richtig zu spüren, wie rechtlos die Flüchtlinge waren, denn bei der Wohnungssuche war man der Willkür des Bürgermeisters ausgeliefert. Das Fürstenzeller Gemeindeoberhaupt war extrem *rot* und ließ uns bei jeder passenden Gelegenheit unmißverständlich fühlen: „Hier bestimme ich!" Am liebsten hätte er uns und Mimi in ein gottverlassenes, weit abgelegenes Kaff abgeschoben. Dieses Damoklesschwert schwebte wochenlang über uns und hat unsere Nerven arg strapaziert. Man fühlte sich absolut hilflos, und oft waren Mimi und Nat in Tränen aufgelöst. Im letzten Augenblick konnte dann die Freundin von Gotthard, Elfriede Berg, die als Halbjüdin in der Gemeindeverwaltung einen starken Einfluß hatte, das Schlimmste verhindern. Als wir nämlich herausbekamen, daß Kopfingers uns nur heraushaben wollten, um eine sächsische dreiköpfige Nazi-Familie bei sich unterzubringen, ging Elfriede zum Angriff über und erzwang, daß Mimi vorerst bleiben konnte und Nat und mir ein möblierter Raum in Aussicht gestellt wurde. Bald lernten wir auch unsere Nachfolger bei Kopfinger als Exnazis kennen. Vor allem der Sohn gehörte zu jenen unbelehrbaren SS-Typen, die unter vier Augen nach wie vor das Verbrecher-Regime verteidigten. Ich war damals so aufgebracht, daß ich über diese empörenden Vorgänge unter der Überschrift „Exnazis verdrängen Flüchtlinge" einen Zeitungsartikel mit voller Namensnennung in die Ortspresse lancierte. Die Aufregung in Aspertsham war entsprechend. Die gesamte Familie Kopfinger schäumte vor Wut und wechselte von dem Tag an kein Wort mehr mit uns.

Immer noch spielten Unterbringung und Ernährung die Hauptrolle in unserem damaligen Leben. Die jämmerlichen Rationen, die man auf Lebensmittelmarken bekam, reichten hinten und vor nicht. Ich fraß mich nach wie vor recht und schlecht bei den Hirschenauers durch, obwohl ich die Tag für Tag auf den Tisch kommenden beinharten Knödel, Gewichste genannt, das Sauerkraut, dazu Geselchtes nicht mehr sehen konnte.

Wie aus heiterem Himmel erschien eines Tages das erste Care-Paket. Meiner Mutter war es nämlich gelungen, mit ihrer Cousine Hilda Auersperg, die in Amerika lebte und dort Louis Rothschild geheiratet hatte, Verbindung aufzunehmen. Es war wie Weihnachten, als wir die vielen Köstlichkeiten, die wir seit langem nur noch vom Hörensagen kannten, auspackten, Kaffee, Tee, Konserven mit vielerlei Inhalt. Besonders begrüßt wurde natürlich eine Stange Zigaretten, die nicht in blauem Rauch aufging, weil diese Glimmstengel ein viel zu begehrtes Tauschobjekt waren. Damals hatte sich eine Art Zigarettenwährung etabliert, bei der sich zum Beispiel der Preis für eine Schachtel Camel auf ein halbes Pfund Butter, der für ein Ei auf eine Zigarette eingependelt hatte.

Per Zufall verbesserte sich auch über Nacht unsere Bekleidungssituation. Gotthard gelang es nämlich auf einer Rundfahrt durch Süddeutschland, mit jenen Helldorfs Verbindung aufzunehmen, bei denen meine Mutter auf ihrer Flucht in Sachsen einige Koffer hinterlassen hatte, und die bei der Besetzung Thüringens durch die Russen nach Herzogenaurach in Franken geflüchtet waren. Welch Wunder, sie hatten unsere Koffer mitgenommen!

Als ich nun nach Monaten das erste Mal wieder eine lange Hose, ein anständiges Hemd, eine Krawatte und eine Jacke anzog, kam ich mir zunächst so vor, als ginge ich im Fasching auf ein Kostümfest. Bis zu diesem Zeitpunkt war ja neben meinen abgewetzten Militärklamotten Großpapas Lederhose, die von meinem letzten Aufenthalt in Purgstall stammte, immer noch mein einziges ziviles Kleidungsstück. Die Aspertshamer Bauern hatten offenbar noch nie einen Mann in Flanellhose und Tweedjacke gesehen, und als ich derart gewandet vor Mutter Hirschenauer trat, sagte sie nur mit einem mißbilligenden Unterton in der Stimme: „jetzt kemmend d'Sachen ausser!" Was soviel heißen sollte, wie: Da sieht man's, die haben nur so getan, als ob sie nichts hätten; aber schaut her, was für feine Sachen sie haben!

Nat besaß als Umstandskleid ein einziges Dirndl aus dunkelblauem Stoff mit weißen Punkten, den sie als werdende Mutter auf Bezugsschein bekommen hatte. Schuhe jeder Art waren Mangelware. Aus der ärgsten Klemme half uns, daß ein ungarischer Flüchtling, seines Zeichens Professor, der in einem Eisenbahnwaggon hauste, sich die Zeit damit vertrieb, aus Abfällen der bereits erwähnten Gummifabrik Sandalen anzufertigen. Bald trugen wir alle diese sogenannten Klapperl und waren glücklich, das einzige Paar Lederschuhe, das wir besaßen, für den Winter schonen zu können.

Unaufhaltsam rückte der Geburtstermin näher. Endlich wurde uns ein Zimmer unterm Dach bei dem Kleinstbauern Hausmann in unmittelbarer Nachbarschaft zu Hirschenauer in Aussicht gestellt. Es handelte sich um einen Raum, 2,5 x 3 Meter *groß,* der nur über eine hühnerleiterartige steile, schmale Holztreppe zu erreichen war. Die Einrichtung – es handelte sich um die Aussteuer der zweiten Tochter – bestand aus Bett, Schrank, einem Spiegeltisch und einem Stuhl. Wir nahmen sofort Verbindung zu den Hausbesitzern auf und gewannen den Eindruck, daß wir nicht bei allen Hausbewohnern willkommen waren. Besonders die Tochter im ersten Stock machte aus ihrer Abneigung gegen Flüchtlinge kein Hehl, weil es sich um eine werdende Mutter mit dem zu erwartenden Babygeschrei handelte, sie selbst aber kinderlos war. Da wir gewöhnt waren, wie die Lilien auf dem Felde zu leben, focht uns das nicht an. Vertrauend auf die Zusage des Bürgermeisters und auf die uns offenbar wohlgesonnenen alten Hausmanns schien die Unterkunftsfrage endlich gelöst.

Inzwischen wußten wir, daß Nats Eltern noch vor Kriegsschluß glücklich vereint in Bocholt bei dem Bruder meiner Schwiegermutter untergekommen waren. Als die Stadt in den letzen Kriegstagen durch einen englischen Luftangriff total zerstört wurde, hatten auch sie in Notquartieren bei Bauern der Umgebung Zuflucht gefunden. Wenn ich auch Nat gerade jetzt sehr ungern allein ließ, beschloß ich, trotz der katastrophalen Verkehrssituation noch vor dem Geburtstermin eine Reise nach Bocholt zu wagen. Es wurde uns nämlich mit einem Mal bewußt, daß wir ja für den zu erwartenden Familienzuwachs noch keinerlei Vorsorge getroffen hatten! Und was brauchte man da alles als Grundausstattung, um ein Baby fachgerecht zu kleiden: Zumindest Windeln, Einschlagtücher, Hemdchen, Jäckchen, Mützchen! Zu kaufen bekam man nichts dergleichen, aber nun vertrauten wir auf die Hilfsbereitschaft von Nats Verwandten. Einige waren selbst Textilfabrikanten und hatten bestimmt den richtigen Draht zu den Quellen von Babywäsche.

ERSTE REISE INS RHEINLAND

Also auf nach Bocholt! Meinen Reiseplänen kam die Tatsache zugute, daß inzwischen eine sporadische LKW-Verbindung zwischen der Aspertshamer Gummifabrik und München bestand. Der Chauffeur, ein recht großmauliger Bayer, war sich natürlich seiner Schlüsselrolle bewußt, die er gegenüber potentiellen Mitfahrern einnahm. Obwohl sich sonst alles duzte, wurde er nur mit Herr Mahl angeredet. Letztendlich becircten ihn meine Damen, und er ließ sich herab, mich mit meinem Beuterad bis München mitzunehmen. Dieses Vehikel hauchte aber zu allem Unglück bereits in der Landeshauptstadt seinen Geist aus. Der Sattel, an dem das Rad an der LKW-Wand aufgehängt war, hatte sich gelöst, das Rad stürzte auf das Pflaster und wurde von den Reifen unseres eigenen Anhängers zermalmt. Übrig blieb ein Häufchen aus verbogenem Stahlrohr. In diesem Augenblick kam mir der Spruch „Unrecht Gut gedeiht nicht" in den Sinn.

Von nun an war ich ausschließlich auf die Deutsche Reichsbahn bzw. auf die Gunst der an den sogenannten Checkpoints postierten Amerikaner angewiesen.

Damals fuhren fahrplanmäßige Personenzüge nur über kürzere Strecken. Fernverbindungen gab es noch nicht. Die wenigen Güterzüge waren meist tagelang von Süddeutschland bis ins Rheinland unterwegs. Auf den Bahnhöfen konnte ich keinerlei Auskunft erhalten, wann und wohin dort wartende Güterzüge fuhren. Dazu kam, daß so wie ich Tausende die Münchener Güterbahnhöfe belagerten, nur den einen Gedanken im Kopf: „Wann fährt der nächste Zug nach Norden!" Als man mir auch noch erzählte, daß die Lokomotiven oft streikten und manchmal an reparaturbedürftigen Brücken stundenlange Aufenthalte zu erwarten waren, wählte ich den zweiten möglichen Reiseweg und stellte mich beim Checkpoint München Nord an der Bundesstraße 8 München-Nürnberg in den Haufen der Wartenden.

Die Amis, die selbst daran interessiert waren, daß die Menschen wieder dorthin kamen, wo sie zu Hause waren, hielten jeden nicht voll beladenen Lastwagen an und stopften den noch vorhandenen leeren Laderaum ohne Rücksicht auf jede Bequemlichkeit mit so viel wie möglich wartenden Leute voll. Auch Proteste der deutschen

Fahrer, die Ladung zu schonen, halfen nichts. So landete ich nach verhältnismäßig kurzer Wartezeit ausgerechnet auf einem mit Staubkohle beladenen LKW. Zwischen der Kohle und dem Verdeck war höchstens ein Zwischenraum von einem Meter, und man konnte es sich nur liegend einigermaßen bequem machen. So begann für mich eine gespenstische Fahrt in fast vollständiger Dunkelheit. Soweit ich mich erinnere, sollte die Ladung nach Würzburg gebracht werden. In Nürnberg stiegen alle Passagiere bis auf einen Mann aus, mit dem ich auf der Weiterfahrt allmählich ins Gespräch kam. Man merkte an seiner Redeweise, daß er ein gebildeter Mann war, und als wir uns dann gegenseitig vorstellten, erfuhr ich, daß er der Verleger des Knaur-Verlages war. Ich kannte nur Knaurs kleines Lexikon, im dem Hitler zur Freude aller Anti-Nazis noch als Anstreicher geführt wurde. Es machte Herrn Knaur großen Spaß, daß gerade diese Nichtigkeit sein Lexikon bekannt und für viele wertvoll gemacht hatte. Der Name Falkenhausen war ihm aufgrund der Militärs in unserer Familie ein Begriff.

Dann erzählte er, daß er bei den Grafen Schönborn in Schloß Wiesentheid untergekommen sei und dort auch eine Menge Ostflüchtlinge Zuflucht gefunden hätten. Dabei erwähnte er ganz en passant eine besonders aparte Gräfin Hochberg. – Hochberg? – Hochberg? Erst ganz allmählich fiel bei mir der Groschen: Das konnte doch nur meine Cousine und alte Liebe Myrre Wittenburg sein, die dem Leser von der Erzählung meines Ferientrips nach Berlin noch in Erinnerung sein dürfte. Mein Entschluß war natürlich schnell gefaßt. Mit Herrn Knaur verließ ich in Kitzingen unser unwirtliches Gefährt. Beide hatten wir das Aussehen von Schornsteinfegern im Dienst. Wir bestiegen dann eine Kleinbahn, die uns nach kurzer Fahrt nach Wiesentheid brachte. Die Wiedersehensfreude mit Myrre war groß. Wie viel hatte man einander zu erzählen. Wozu das schwache Geschlecht fähig ist, hat mir die Schilderung ihrer Flucht bewiesen. Sie war nämlich in den letzten Kriegstagen allein mit ihrer 2jährigen Tochter mit einem Zweispänner von Gorrey in Polen quer durch die bereits im Aufruhr befindliche Tschechei und ganz Franken kutschiert und unversehrt in Wiesentheid gelandet. Dem polnischen Mob, der beim Einmarsch der Russen ihren Mann erschlug, war sie gerade noch entronnen. Unglaublich! Ich hatte gehofft, von Myrre irgend etwas über den Verbleib meines Vaters zu erfahren. Leider vergebens.

Nach zwei Tagen erholsamen Aufenthalts in Wiesentheid setzte ich meine Fahrt nach Norden fort. Problemlos erreichte ich das ja nur wenige Kilometer entfernte Würzburg. Diese herrliche Stadt war fast vollständig zerstört. In den Ruinen des Bahnhofs das gleiche Bild wie in München. Tausende lagerten dort, alle in der Hoffnung, daß sie irgendwann ein Güterzug mitnehmen würde. Auch ich verbrachte dort die ganze Nacht in einer recht unheimlichen Atmosphäre. Nirgends eine Beleuchtung, durch die leeren Fensterhöhlen schien der Mond.

Am Morgen ging ich zum Schloß, diesem herrlichen Barockbau, den ich bisher nur vom Hörensagen kannte. Auch dort große Zerstörungen. Aber die prachtvollen Ausmaße und Konturen des Bauwerks und die Idylle der Schloßgärten hatten die Bomben nicht vernichten können. Die Stimmung dieses Morgens werde ich nie vergessen. Ich setzte mich auf die Stufen einer Steintreppe mit Blick auf das Schloß und schrieb einen Brief an Nat. Wie war doch alles auf dieser Reise so anders als in normalen Zeiten, hatte einen Hauch von Abenteuer. An diesem erwachenden Tag im Anblick der imposanten Schloßruinen, umgeben von Gärten wie aus einem Märchenbuch, in denen hunderte von Vögeln ihr Morgenlied sangen, empfand ich noch einmal tiefe Dankbarkeit, leben zu dürfen. Ich fühlte mich mit Gott allein und glücklich.

Als ich zum Bahnhof zurückkehrte, lief dann doch endlich ein Güterzug schnaufend in den Hauptbahnhof ein und hielt mit quietschenden Bremsen. Sofort begann der Kampf um die besten Plätze. Wie ich schnell heraus hatte, war das eine Holzbank in den geschlossenen Bremserhäuschen. Tatsächlich gelang es mir, der Zug war noch nicht ganz ausgerollt, einen jener kostbaren, weil vom Fahrtwind geschützten Sitze zu entern. Ein aufgelesener leerer Benzinkanister als eine Art Armlehne neben mich gestellt, verwandelte diesen Holzkasten, der mich nun für viele Stunden beherbergen sollte, beinahe in einen bequemen Sessel. Bald erfuhr ich, daß der Zug tatsächlich ins Ruhrgebiet fahren sollte. Soweit war also alles o. k. Die einzige Schwierigkeit, die mich noch erwartete, war das Passieren der englischen Zonengrenze.

Westdeutschland war ja nach dem Krieg in drei Besatzungszonen aufgeteilt: Zur amerikanischen gehörten Bayern und Württemberg, zur englischen das Ruhrgebiet und Norddeutschland, und der Südwesten war durch die Franzosen besetzt. Dabei entsprach die Behandlung der Bevölkerung durch die Besatzungstruppen dem Volkscharakter der jeweiligen Besatzer.

Die Amerikaner benahmen sich laut, unberechenbar, doch meist mit einer Art sportlicher Attitüde. Bei ihnen hatte man den Eindruck, daß sie ihre Aufgabe eher als amüsanten Job betrachteten. Ausnahmen bildeten da verständlicherweise die Juden unter ihnen, meist Emigranten, die im Gefolge der amerikanischen Truppen nach Deutschland zurückgekehrt waren. Nun machten sie verständlicherweise aus ihrem Haß gegen alle Deutschen keinen Hehl. Sie fungierten meist als Dolmetscher, stellten unangenehme Fragen, und man war froh, wenn man nicht ihr Mißfallen erregte.

Die Engländer traten stets recht steif und unnahbar auf. Sie behandelten die Deutschen wie Luft. Niemals waren sie zu einem Scherz aufgelegt, wie es oft bei den Boys der Fall war.

Mit den Franzosen bin ich nie in Berührung gekommen. Sie sollen aber die einzigen gewesen sein, die die Deutschen bei jeder Gelegenheit fühlen ließen, daß sie die Sieger waren.

Das Überwechseln von einer Zone in die andere war zu dieser Zeit noch grundsätzlich verboten. Nur diejenigen Personen, die nach Hause fuhren, also Bombenflüchtlinge und Heimkehrer, durften, verfügten sie über die entsprechenden Papiere, die Grenzkontrollen passieren. Da half mir natürlich auch mein Entlassungsschein mit dem ominösen Ort Fürstenfeld nichts. Es galt also zunächst einmal, beim Einlaufen des Zuges in den Bahnhof an der Zonengrenze rechtzeitig abzuspringen und sich an einen Ort zu verdrücken, von dem aus ich die Waggon auf Waggon kontrollierenden Engländer beobachten konnte. Da sich auf allen Bahnhöfen viel Volk herumtrieb, war es für mich ein leichtes, mich zu gegebener Zeit unbemerkt auf einen bereits kontrollierten Wagen zu schwingen und die Reise fortzusetzen.

Am Zielbahnhof mit dem eigenartigen Namen Altenhunden endete meine Fahrt mitten in der Nacht. Zum Glück hatte ich auf der letzten Etappe mit einer nach Altenhunden heimkehrenden Krankenschwester angebandelt. Es war nicht schwer, sie zu überreden, mich für eine Nacht zu beherbergen. Wohl um jedem unsittlichen Annäherungsversuch bei ihrer Tochter vorzubeugen, hatte die Mutter, die offensichtlich bereits vorher schlechte Erfahrungen mit herumstreunenden Soldaten gemacht hatte, mir für die Nachtruhe ein recht unbequemes Canapé auf den Flur gestellt. Trotzdem schlief ich wie ein Toter.

Am nächsten Tag, nach einer Fahrt kreuz und quer durchs Ruhrgebiet, erreichte ich gegen Abend Wesel am Rhein. Entgegen meiner bisherigen Erfahrung, daß es zwischen den Ruinen der Städte stets doch noch die eine oder andere Unterschlupfmöglichkeit gibt, war in Wesel diesbezüglich absolut Fehlanzeige. Das Ausmaß der Zerstörung dieser Stadt überstieg alles bisher Gesehene. Wesel war buchstäblich dem Erdboden gleichgemacht. Hier hatten die wochenlangen Kämpfe um den Rheinübergang stattgefunden, und dabei hatten Artillerie und Fliegerbomben jeden Quadratmeter umgepflügt.

Obwohl nur noch 20 km von Bocholt entfernt, mußte ich mangels Fahrgelegenheit nochmals übernachten. Ein netter Eisenbahner wies mir den Weg zu einem in der Nähe gelegenen Bauernhof. Dort war die Aufnahme alles andere als freundlich. Später erfuhr ich, daß die Gastfreundschaft dieses Bauern in der letzten Zeit von Durchreisenden wie mir arg strapaziert worden war. Etwas Milch mit Brot fiel dann doch noch für mich ab, und im Stroh einer leeren Schweinebox schlief ich vortrefflich. Mit dem ersten Frühzug erreichte ich Bocholt, die Stadt, die fünf Jahre später für meine Familie das neue Zuhause werden sollte.

Auch Bocholt lag in Trümmern. 85% aller Gebäude waren zerstört. Ich erfuhr, daß der Obernazi die Stadt noch wenige Tage vor Kriegsende mit dem Volkssturm hatte verteidigen wollen. Die Engländer, zu diesem Zeitpunkt schon westlich des Rheins, hatten die Einwohner mit Flugblättern vor einem bevorstehenden Bombenangriff gewarnt. Darauf hatte die Bevölkerung bis auf wenige Ausnahmen ihre Häuser fluchtartig verlassen und in der Umgebung bei Bauern Schutz gesucht. So war die Stadt fast menschenleer, als am 22. März englische Flugzeuge die Stadt mit Tausenden von Brandbomben überschütteten. Nur einige Mutige waren in ihrer Wohnung geblieben, um ihr Haus und ihre Habe zu retten. Doch viele von ihnen kamen in den Flammen um.

Wenn ich jetzt zum Grab meines Vaters auf dem Bocholter Friedhof gehe, komme ich an langen Reihen von Kreuzen vorbei, auf denen meist keine Namen stehen. Alle die Menschen, die auf diesem Teil des Friedhofs ruhen, haben eines gemeinsam: Sie starben völlig sinnlos im Bombenhagel des 22.03.1945; nur wenige Tage nach dieser Katastrophe rückten die Engländer ohne einen Schuß in Bocholt ein.

Wie sich doch der Mensch an alles gewöhnt. Total zerstörte Städte waren für mich zum alltäglichen Anblick geworden. So empfand ich auch nichts Besonderes, als ich zum ersten Mal durch Bocholts von Häusergerippen gesäumte Straßen ging und mich mühsam zu Nats Onkel, Werner Schopen, durchfragte. Der hatte mit seiner Frau, Tante Grete, auch etliche Wochen bei einem Bauern gelebt und war nun in ein unversehrtes Haus zu Freunden in die Stadt zurückgekehrt. Als sie mich vor ihrer Tür gewahrten, wußten sie nicht, ob sie diesen jungen Mann in Lederhosen und einem Hut mit Gamsbart hereinlassen sollten. Als ich mich aber dann zu erkennen gab, war der Empfang überaus herzlich, und Tante Grete bewirtete mich mit den wenigen guten Dingen, die sie gerettet hatte. Daß ich den Kaffee – damals eine Rarität – für Tee hielt, wurde mir nicht einmal übelgenommen, denn Tante Grete, die lange in Schlesien gelebt hatte, sah in mir so etwas wie einen willkommenen Landsmann.

Zunächst tauschten wir natürlich die Erlebnisse der letzten Kriegswochen aus. Es war offensichtlich, daß dem Ehepaar Schopen der Schock des Bombenangriffs noch immer tief in den Knochen saß. Ihre Villa war niedergebrannt, und von der Texilfabrik im Stadtinnern war kein Stein auf dem anderen geblieben. Ich konnte mich selbst überzeugen, daß nur noch die ausgeglühten Gerippe der Maschinen in die Luft ragten. „Hier werden wohl nie wieder Menschen arbeiten", dachte ich bei mir.

Natürlich war nach dem Kaffee-Tee-Frühstück mein erster Weg zu Nats Eltern. Sie wohnten noch außerhalb der Stadt bei einem Bauern, zu dem sie vor der Bombardierung geflüchtet waren. Die Freude, mich wiederzusehen, war unbeschreiblich. Ich war der erste Mensch, der ihnen frische Nachrichten von ihrem Kind brachte. Sie wußten nichts von Dresden, von Purgstall, von der Flucht nach Bayern. Sie hatten Monate nach Kriegsende immer noch keine Ahnung, daß Nat und ich bereits seit Juni wieder glücklich beisammen waren. Daß wir schon in den nächsten Tagen unser erstes Kind erwarteten, verwirrte sie etwas. Da mußte natürlich gegenüber der klatschsüchtigen Verwandtschaft eine Sprachregelung hinsichtlich Hochzeitstag und Geburtsdatum gefunden werden! Wir einigten uns kurzerhand dahingehend, daß wir die Bekanntgabe der Geburt um einen Monat verschieben würden.

Nats Eltern waren fast am Ende ihrer Kräfte. Sie hatten aus Breslau nur etwas Geld, ein paar Anziehsachen und den Schmuck retten können. Dieses Letzte wurde ihnen jetzt auch noch geraubt, als freigelassene polnische Kriegsgefangene wochenlang als Marodeure die Gegend unsicher machten und auch ihren Bauernhof überfielen. In einer Nacht drangen sie in das Gebäude ein und trieben alle Hausbewohner zusammen, rissen ihnen als erstes die Ringe von den Fingern, raubten dann mit Brachialgewalt Geld und alle Wertgegenstände, deren sie habhaft werden konnten. Sie schreckten auch vor Tätlichkeiten nicht zurück, die bei meinem herzkranken Schwiegervater einen Schock verursachten. Sogar der Brustbeutel meiner Schwiegermutter, in dem sie ihren Schmuck aufbewahrte, blieb ihnen nicht verborgen. Darin hatte sie auch ihren schönsten Brillantring festgenäht. Am nächsten Morgen wurde dieser Beutel gefunden. Man hatte ihn wohl nur hastig gefilzt und dann achtlos weggeworfen. Welch ein Wunder, der Ring war noch drin!

Mit Api und Omi, meinen Schwiegereltern, war ich gleich ganz vertraut. Nat wurde ohne Worte zum unsichtbaren Bindeglied. Und dann machte uns wohl das gleiche Schicksal von Anfang an zu Verbündeten. Im Gegensatz zu den Bocholtern, die zwar viel verloren aber eine gesicherte Zukunft vor sich hatten, standen wir Schlesier in jeder Beziehung vor dem Nichts.

Natürlich hatte ich den Hauptzweck meiner Reise, die notwendigsten Dinge für unser Baby zu organisieren, nicht vergessen. Als ich am nächsten Tag dann bei Nats Verwandten herumgereicht und als neues Familienmitglied begrüßt wurde, trat wie vom Himmel gesandt Hedwig Schwartz, eine Tante, auf den Plan. Sie hatte selbst vier Kinder, von denen einige früher von Christa, wie sie natürlich in Bocholt hieß, in den Ferien betreut worden waren. Es machte Tante Hedwig richtig Freude, eine komplette Babyausstattung zusammenzustellen. Bald stand ein Riesenpaket für mich abholbereit, das mir die übrigens sehr hübsche Tante mit den beruhigenden Worten überreichte: „Du verstehst doch nichts davon, aber ich versichere Dir, in diesem Paket ist alles drin, was Christa für ihr Kind braucht!" Es sei ihr heute noch gedankt!

So hervorragend babyausgestattet trat ich die Rückreise nach Bayern an. Sie war ebenso abenteuerlich und voller Unwägbarkeiten wie die Hinfahrt, zumal ich ja jetzt ständig auf mein kostbares Paket aufpassen mußte. Denn geklaut wurde in dieser Zeit alles, was nicht niet- und nagelfest war. Aber die Fahrt verlief glatt. Ich erinnere mich eigentlich nur daran, daß mich eine unerklärliche ständig wachsende Unruhe überkam, je mehr sich der Zug Passau, meiner Endstation, näherte. Diese Unruhe steigerte sich zu einem Angstgefühl, und der Gedanke ließ mich auf einmal nicht mehr los, daß während meiner Abwesenheit etwas passiert sein könnte.

Als ich am 31. August abends um 10.00 Uhr in Aspertsham eintraf, fand ich gottlob Nat wohlauf wieder. Es war unser erstes glückliches Wiedersehen nach längerer Abwesenheit seit Ende des Krieges. In den frühen Morgenstunden des 1. September begannen die Wehen!

DIE GEBURT UNSERES ERSTEN KINDES

Ich war keine Stunde zu früh zurückgekommen. Unausdenkbar, wenn Nat allein gewesen wäre. Denn wie sehr ich gebraucht wurde, sollte sich am Morgen des 1. September aufgrund einer völlig unvorhersehbar eintretenden Komplikation zeigen. Nat hatte mit dem Chefarzt des Fürstenzeller Krankenhauses Dr. Schmück für den Tag x alles vorausgeplant. Jetzt, wo es soweit war, erfuhren wir an der Krankenhauspforte, daß die Frau des Arztes an Kindbettfieber erkrankt war!. Das bedeutete höchste Ansteckungsgefahr und Aufnahmesperre für Geburten! Was nutzte uns da die sofortige Überweisung ins Säuglingsheim Passau?! Da mußte man nämlich erst einmal hinkommen! Im September 1945 war das Chartern eines Privatautos mangels Sprit ein schier unlösbares Unterfangen. Der Gemüsehändler Machl hatte zwar ein sogenanntes Taxi, aber seine Kunden konnten von diesem Fahrzeug nur Gebrauch machen, wenn sie das Benzin für die Fahrt mitbrachten. Während Nat in einem kleinen Warteraum des Krankenhauses saß, überlegte ich fieberhaft, wo in dieser brenzligen Situation die benötigten 5 Liter organisiert werden konnten. Da fiel mir als rettender Engel der gehbehinderte Sohn Kopfinger ein, der selbe, der mir das Kleinkalibergewehr geliehen hatte und sozusagen mein Komplize war. Der mußte Sprit haben, stand ihm doch aufgrund eines steifen Beins ein Moped zur Verfügung! In fliegender Eile raste ich per Fahrrad voller Hoffnung zu Kopfingers, schilderte in dramatischen Worten Nats Zustand und schwatzte ihm in wenigen Minuten seinen letzten Benzinvorrat ab. Zu Machl war es nur ein Katzensprung; so war das Taxi fahrbereit, und los ging die Fahrt Richtung Passau, meine Mutter und Nat im Fond, ich neben dem Fahrer.

Nat war noch im gleichen Habit – nämlich dem ziemlich derangierten Umstandskleid, an den bloßen Füßen die primitiven Klapperl des Professor Ibrani – in denen sie seit dem Morgen bereits respektable Fußmärsche hinter sich gebracht hatte. In der Frühe zur Hebamme nach Fürstenzell hin und zurück, mittags bereits mit zunehmenden Wehen gemeinsam mit mir ins Krankenhaus, insgesamt wohl 8 Kilometer!

Die Wehen steigerten sich im Laufe der Fahrt, und wir waren wie erlöst, als wir gegen 17 Uhr im Passauer Säuglingsheim ankamen.

Die Aufnahme dort war alles andere als freundlich, denn es war Samstagnachmittag, und die Schwestern schickten sich gerade an, Feierabend zu machen. Der Wochenendputz war wohl gerade vorbei, denn alles glänzte vor Sauberkeit. Nachdem man uns ja nicht wieder wegschicken konnte, befand eine der Schwestern in ziemlich barschem Ton: „Jetzt müssen wir Ihnen erst einmal die Füße waschen!". In diesem Augenblick war uns jedoch die Stimmungslage des Personals ziemlich egal; einzig wichtig für mich: Nat war jetzt in den Händen von Fachleuten.

Damals war noch nicht daran zu denken, daß ein Vater bei der Geburt seines Kindes zugegen sein durfte. So wurde ich nach kurzem Abschied hinauskomplimentiert, und Nat entschwand meinen Blicken begleitet von Schwester und Hebamme. Ich hörte noch mit halbem Ohr zum ersten Mal in meinem Leben das Wort Kreißsaal, konnte mir überhaupt nichts darunter vorstellen, kombinierte im Unterbewußtsein: Kreiskrankenhaus – Kreißsaal, daß mußte wohl irgendwie zusammenpassen!

Für die nächsten 2 1/2 Stunden, meine Mutter war mit dem Taxi nach Fürstenzell zurückgefahren, war ich mir selbst überlassen, denn, so hatte die Schwester gesagt: „Vor acht Uhr brauchen Sie nicht wiederzukommen". So war ich also mit mir allein und schlenderte, meine Gedanken fast ausschließlich in dem ominösen Kreißsaal, durch die Straßen und Gassen von Passau; alle Augenblicke schaute ich auf die Uhr. Der Zeiger schien stillzustehen. Da fällt mir plötzlich ein: „Mensch, Du hast ja nicht einmal ein paar Blumen!" Blumen kaufen war damals so gut wie unmöglich, und in dem Trubel des Tages hatte ich es auch vergessen. Aber manchmal hat man einfach Glück! Denn während meine Gedanken noch um die Beschaffung eines Straußes kreisten, sehe ich plötzlich hinter einem Zaun eine herrliche Dahlienkultur in voller Blüte und wie bestellt steht auch gleich der Eigentümer dieser Pracht daneben. Sofort spreche ich ihn an und beginne die Konversation mit einer Notlüge: „Wissen Sie," sage ich, „heute ist mein erster Sohn geboren, und ich habe keine einzige Blume für meine Frau! Verkaufen Sie mir doch ein paar dieser schönen Dahlien". Wie konnte der Mann da nein sagen?! Er schnitt einen herrlichen Strauß und schenkte ihn mir.

Nun war der Uhrzeiger doch weitergegangen, und ich konnte

allmählich den Rückweg zum Krankenhaus wagen. Mit etwas weichen Knien betrat ich den Vorraum. Da schoß auch schon aus dem Hintergrund die Schwester auf mich zu. In diesem Augenblick war die Anspannung meiner Sinne so groß, daß nur wie aus weiter Ferne die Worte an mein Ohr drangen: „Alles gut – es ist ein Junge!" Und da umarmte ich sie auch schon und drückte ihr einen Kuß auf die Backe.[1]

Gleich wurde ich in Nats Zimmer geführt. Ich habe es wohl auf Zehenspitzen betreten. Ganz unwichtig waren auf einmal die Blumen, und ich dachte: Wie gut wäre es, wenn man in einem solchen Augenblick gar nichts zu sagen brauchte, denn die Augen, unsere Augen, die sich anschauten, sagten mehr von unserem Glück als Worte es können. Nats Augen und ihr ganz kleines schwaches Lächeln dieser Minute vergesse ich nicht. Aber dann sah ich ihn, die eigentliche Hauptperson, unseren ersten Buben. Nun waren wir also drei – eine kleine Familie.

Niemand störte in dieser Nacht unser Glück. Verständnisvoll hatte man mir eine Matratze neben Nats Bett gelegt.

Mit dem ersten Morgenzug kam meine Mutter, die, typisch für sie, begeistert war, weil es ein Bub war. Ihr „Mein Buberl" hin und „Mein Buberl" her wollte kaum enden. Welch ein Unterschied war doch für sie die Geburt dieses Kindes gegenüber den ersten Lebenstagen ihrer Jungen nach der Niederkunft in Giesmannsdorf. Dort wurde ihr nach der Geburt sofort alles aus der Hand genommen. Sie stillte wohl wegen Gefährdung der guten Figur nicht selbst, obwohl doch diese Tätigkeit Mutter und Kind sozusagen animalisch verbindet, und überließ das einer Spreewälder Amme. Für Wickeln und Trockenlegen war natürlich eine Säuglingsschwester verantwortlich. Wie anders erlebte sie nun unser Baby. Nat stillte natürlich selbst. Die Milch floß in Strömen! Nach dem Krankenhausaufenthalt wartete niemand auf uns, der bei der Pflege helfen konnte. Dann würde das Neugeborene Tag und Nacht einzig und allein auf die Obhut seiner Eltern angewiesen sein.

Wir nannten unseren ersten Jungen Franz-Ferdinand – eine Kombination aus der Vielzahl meiner Vornamen – Ernst und Gisbert nach seinen Großvätern. Es stand von vornherein fest, daß wir ihn ausschließlich Franzi nennen würden. Eine kleine Anzeige in der Passauer Neuen Presse kündete an einem der ersten Septembertage, daß dem Landwirt Rudolf von Falkenhausen und seiner Frau Christa ein Sohn mit Namen Franz-Ferdinand Ernst Gisbert geboren worden war.

12 Tage blieb Nat im Krankenhaus. Dann war sie nach Ansicht des Arztes genügend gekräftigt, um nach Aspertsham zurückzukehren. Die Original-Rechnung der Krankenhauskosten für Geburt, Unterkunft, Verpflegung und Medikamente für Mutter und Kind habe ich gut aufbewahrt. Sie betrug sage und schreibe summa summarum 138,20 Mark. Tempora mutantur!!

Der Einzug in unser neues Heim, das ca. 7 qm große Dachzimmer, sollte sich mehr als dramatisch gestalten. Meine Mutter und ich hatten dort alles für den Einzug von Nat mit unserem Kronprinzen vorbereitet. Das Prunkstück der Einrichtung war eine Wiege, die ich aus einem mit weißem Stoff überzogenen, die Ränder mit einer Spitze garnierten Wäschekörbchen gebastelt hatte. Eine Art Baldachin sollte das Baby vor grellem Licht, Luftzug oder ungebetenen Blicken schützen. Im Schrank lagen fein säuberlich aufgestapelt Dutzende von Windeln und die verschiedensten Arten der benötigten Tücher, Hemdchen, Jäckchen und Mützchen, alle die Gaben der rührenden Tante Hedwig aus Bocholt. Eigentlich konnte nichts mehr schiefgehen.

Nichts Böses ahnend fuhren wir also von Passau kommend mit einem Taxi – diesmal hatte ich rechtzeitig für Sprit gesorgt – bei Hausmanns vor. Der Aufstieg über die einer Hühnerleiter gleichenden Treppe in unsere *Wohnung* gestaltete sich für Nat mit dem Baby im Arm recht schwierig. Oben angekommen öffnen wir die Tür, und zu unserem Entsetzen sitzt mitten im Zimmer auf dem einzigen Stuhl ein uns völlig unbekannter, unrasierter Mann, bekleidet mit einer recht schmuddeligen Eisenbahneruniform. Wohl mit Exrittmeisterstimme frage ich ihn: „Was haben Sie denn hier zu suchen?!" und er antwortet seelenruhig, ohne eine Miene zu verziehen: „Ich habe hier so liebevolle Aufnahme gefunden!" Uns verschlugs den Atem, denn nichts nutzten alle Hinweise und Beteuerungen, daß wir das Zimmer rechtmäßig zugewiesen bekommen hätten. Er blieb auf seinem Stuhl neben der Babywiege sitzen, grinste und rührte sich nicht!

Da keifte plötzlich die Stimme der Hausmann-Tochter, Frau Schned, aus dem ersten Stock zu uns herauf. Der hämische Unterton: „Der Herr Bürgermeister hat das Zimmer Herrn Pätzold zugesprochen!" war nicht zu überhören.

Da standen wir nun wie in der Weihnachtsgeschichte Joseph und Maria, die auch keinen Raum für sich und ihr Neugeborenes hatten. Was sollten wir tun? Es blieb uns nichts anderes übrig, als von dem mühsam erklommenen Dachbodenzimmer wieder herabzusteigen, zum Gemeindeamt nach Fürstenzell zu fahren, um dort beim Bürgermeister zu protestieren. Es war wohl unser Glück, daß der hohe Herr nicht anwesend war, und die Gemeindesekretärin Elfriede Berg, die uns schon einmal aus der Patsche geholfen hatte, sich unser erbarmte. Sofort nahm sie auf ganz unorthodoxe Weise die Sache in die Hand. In der Gemeindekanzlei saß nämlich einer jener lässigen amerikanischen Offiziere, gerade in einen Speech mit Elfriede vertieft. Als wir mit Empörung über das Vorgefallene berichteten, wurde der Ami, der kein Wort Deutsch verstand, durch unseren erregten Ton und den Anblick der recht hilflos wirkenden Mutter mit dem Baby auf dem Arm hellhörig und fragte ganz unvermittelt: „What's the matter?", wohl ahnend, daß sich das Gespräch um diese „mother with baby" drehte. Auf seine Frage sprudelte ihm Elfriede in perfektem Englisch die vorliegenden Tatbestände ins Gesicht. Die Reaktion des Oberleutnants war verblüffend. Mit einem keinen Widerspruch duldenden „Come on!" führte er Nat mit Franzi im Arm zu seinem Jeep, setzte sie in den Fond des Wagens, Elfriede neben sich und brauste Richtung Aspertsham davon. Mich würdigte er keines Blickes. Das Taxi, in dem ich saß, hatte Mühe, ihm zu folgen. Hätte das Hausmannsche Anwesen nicht auf einer leichten Anhöhe gestanden, wäre Oberleutnant Smith – so hieß er tatsächlich – bestimmt durch die Tür bis in die Küche gefahren!

Smith war so sehr von seiner Rolle als Rachegott beseelt, daß ihm zunächst die Idee kam, uns einfach das Hausmannsche Haus zu schenken! Von diesem Vorhaben konnten wir ihn nur mit Mühe abbringen. Wir wären ohne Zweifel nach seinem Abzug einer wenn wahrscheinlich auch nur seelischen Lynchjustiz der bayerischen Ureinwohner zum Opfer gefallen. Trotzdem ging es dann aber Schlag auf Schlag. Nur um die Zeit, die Efriede zur Verdolmetschung der Befehle des Offiziers brauchte, verzögerte sich der Auszug von Herrn Pätzold, der es auf einmal eilig hatte, zum nahegelegenen

Bahnhof zu entschwinden. Darauf zückte Oberleutnant Smith sein Notizbuch, entriß ihm eine Seite und schrieb darauf folgenden Passus: „Mrs. Falkenhausen with baby are allowed to stay in the house Aspertsham No. 31 ⅓." Unterschrift: Oberleutnant Smith 82. Infanteriedivision. Dieses von uns in den nächsten Wochen wie ein Schatz gehütete Dokument ist in meinem Fototagebuch heute noch zu besichtigen.

Im gleichen Tempo, in dem er gekommen war, brauste der Ami in seinem Jeep davon. Wie vom Donner gerührt stand die Familie Hausmann vor ihrem Haus. Nat mit Franzi und ich schlichen vorbei, um nun endlich von unseren 7 qm Besitz zu ergreifen.

Wir befürchteten, nach dem Vorgefallenen Schikanen seitens der Hausbesitzer ausgesetzt zu werden. Aber nichts dergleichen geschah. Zwar war in den ersten Tagen noch eine gewisse Beklommenheit im Umgang miteinander spürbar, aber bald glättete unser süßer Franzi alle Wogen, und Mutter und Vater Hausmann, mit denen wir es ja nur zu tun hatten, gingen mit fliegenden Fahnen in unser Lager über. Da sich unser Leben zum großen Teil in ihrer Küche abspielte, überhäufte Frau Hausmann Nat mit guten Ratschlägen, die in erster Linie Pflege und Versorgung unseres kleinen Lieblings betrafen; denn auf dem Gebiet der Säuglingspflege hatten wir ja keinerlei Erfahrung. Die Hausmann-Mutter aber hatte fünf Kinder großgezogen . Nat hatte stets einen Draht zu Menschen, die ihr Wissen einfach und ursprünglich vermittelten. So faßte sie bald Vertrauen zu ihrer neuen Lehrmeisterin.

Damit man sich unsere damalige Situation und die damit verbundenen Lebensumstände vorstellen kann, muß ich zunächst das Anwesen Hausmann etwas genauer beschreiben:

Die Hausmanns waren Kleinstbauern mit ein paar Tagwerk Grund, gerade genug, um zwei Kühe, ein paar Schweine, ein Dutzend Hühner zu halten, die den Hauptanteil an der Ernährung dieser derzeit vierköpfigen Familie, bestehend aus den beiden Alten und den Söhnen Alfons und Otto, beitrugen. Frau Schned, vom ersten Tag an unsere erklärte Feindin, bewohnte mit ihrem Mann den 1. Stock. Sie tat alles, um die gute Atmosphäre zwischen ihren Eltern und uns zu stören. Es existierten keinerlei sanitäre Anlagen. Natürlich gab es kein fließendes Wasser, und der einzige heizbare Raum war die Küche. Das Plumpsklo befand sich außerhalb des

Hauses, eine windschiefe, graue Bretterbude an abschüssiger Stelle an der Rückseite des Gebäudes, durch ein Loch in der Tür als Sch...-Haus kenntlich. Bei Regenwetter oder Frost, wenn der Boden glitschig oder glatt war, ganz zu schweigen, wenn man bei Dunkelheit noch einmal mußte, wurde der Weg zu dem gewissen Örtchen zu einer halsbrecherischen Unternehmung. Zum Glück stand die Wasserpumpe genau vor der Haustür. Aber auch dieser Komfort wurde zur Gefahrenzone, wenn die drei Stufen, die zu dieser einzigen Wasserquelle führten, im Winter vereist waren.

In meiner Unbekümmertheit begriff ich erst später, was diese primitiven Umstände Nat, der jungen Mutter, zusätzlich an körperlicher Belastung abverlangten.

In den kommenden Wochen war Franzi natürlich der Mittelpunkt unseres Lebens. Der kleine Kerl beschäftigte uns Tag und Nacht. Alle paar Stunden Stillen und x-mal Trockenlegen füllten den Großteil des Tages. Bald startete auch ich meine ersten Trokkenlegungs- und Wickelversuche und erlangte auf diesem Gebiet bald eine große Fertigkeit. Ruhepausen gabs kaum. Ständig mußten Windeln gewaschen, getrocknet und anschließend gefaltet werden. Wenn der Süße schlief, schreckten wir als Erstlingseltern sofort auf, wenn das kleinste Geräusch aus der Wiege an unsere Ohren drang.

Eigentlich ist es langweilig, immer wieder über das Ernährungsproblem in damaliger Zeit reden zu müssen. Aber Schlaf und das tägliche Brot sind nun mal die beiden Dinge, auf die der Mensch nicht verzichten kann. Meine Mittagstafel bei Hirschenauer endete automatisch mit der Familienzusammenführung bei Hausmanns. So waren wir nun fast ausschließlich auf zwei Lebensmittelkarten, eine Säuglingskarte und Nats Mütterkarte angewiesen, wobei letztere unsere Ernährungslage durch Sonderzuteilungen in Butter, Milch usw. nicht unerheblich verbesserte. Ich habe eine solche Karte aufgehoben und neben mir liegen. Sie ist von schmutzig grauer Farbe, 20 x 20 cm groß, eingeteilt in kleine Kästchen, jedes Kästchen bedruckt mit dem Namen der jeweiligen Lebensmittelart. Natürlich hütete man dieses graue Stückchen Papier wie ein Kleinod. Ein Verlust bedeutete für den Rest des Monats kein Fleisch, kein Fett, kein Brot und hieß, ausschließlich auf Almosen der Bauern angewiesen zu sein! Diese Karte hatte ihre Geheimnisse in Gestalt römischer Großbuchstaben. Sporadisch wurde nämlich einer dieser

Abschnitte *aufgerufen*, und man mußte höllisch aufpassen, daß man solche Sonderzuteilungen nicht versäumte.

Ausschlaggebend war jedoch, daß das Hefetauschgeschäft fast reibungslos weiterlief. Lieferanten und Abnehmer hatten sich auf unsere Bedürfnisse eingestellt. In der auf dem Dachboden installierten Speisekammer bildete sich sogar manchmal ein kleiner Vorrat! Franzi hatte sich inzwischen in der Hausmann-Küche zum Hauptunterhalter entwickelt und wanderte von Arm zu Arm. Wenn der alte Hausmann ihm etwas vorpfiff oder ihn mit rauher, gedämpfter Stimme mit Franziskus ansprach und immer neue Namen, wie. Franz von Sales, Franz von Assisi usw. erfand, verzog der Winzling den Mund zu einem ersten Lächeln. Versuche des Alten, ihm die kleinen harten Knödel, die sogenannten Gewichsten, zu essen zu geben, verweigerte er jedoch standhaft.

Die Beschaffung eines Kinderwagens wurde zum ernsten Problem, das durch das zufällige Erscheinen eines Trödlers gelöst wurde, unter dessen Habseligkeiten sich ein solches Utensil primitivster Bauweise befand. Eigentlich war das Wägelchen nur eine Art Plastikwanne auf vier Rädern, natürlich ohne Verdeck, das dann nach längeren Preisverhandlungen gegen zwei Päckchen Tabak aus einer Sonderzuteilung den Besitzer wechselte. Unsere Mobilität war durch diese Neuerwerbung beträchtlich gestiegen, und Franzi konnte erste Ausflüge in die nähere Umgebung unternehmen. Vor allem seine Großmutter, deren Liebe zum ersten Enkel sich in eine für sie typische Ausschließlichkeit steigerte, belegte ihn nun mehr und mehr mit Beschlag. So konnte es nicht ausbleiben, daß es zwischen Nat und meiner Mutter allmählich zu Spannungen kommen mußte. Welche Mutter schaut auch schon untätig zu, wenn ihre Schwiegermutter von ihrem Erstgeborenen regelrecht Besitz ergreift?!

Mit dem Erscheinen von Franzi und dem für mich neuen Leben zu dritt war mein Bestreben, Arbeit zu finden, merklich abgekühlt. Ich war nämlich froh, mich ganz meiner kleinen Familie widmen zu können. Finanzielle Sorgen hatten wir nicht, denn die Pokerkasse war noch immer gut mit Reichsmark gefüllt, die wir nach wie vor mangels Angebot nicht ausgeben konnten.

In unsere Idylle flatterte eines Tages ein Schreiben der Gemeindeverwaltung des Inhalts, man wollte mich zu Straßenbauarbeiten dienstverpflichten! Meine erste Reaktion war wütender Protest!:

„Die sind wohl verrückt geworden; ich denke die Nazizeiten sind vorbei, in denen die Behörden einfach über jeden Bürger verfügen konnten. Dieser Scheißstaat, für den ich jahrelang die Knochen hingehalten hatte, von dem ich keinen Pfennig Unterstützung erhielt, kann mich mal!"

Was wäre ich auch diesmal ohne Elfriede Berg gewesen!? Ich mußte nämlich eine Arbeit nachweisen, wollte ich von der Dienstverpflichtung befreit werden. So verschaffte mir Elfritschi, wie sie mein Bruder inzwischen zärtlich nannte, die Stelle als Chauffeur beim des Autofahrens unkundigen Internisten des Fürstenzeller Krankenhauses.

Damit begann für mich eine abwechslungsreiche Zeit, in der ich Gelegenheit hatte, die Leute der Umgebung näher kennenzulernen. Natürlich hatte ich keine feste Arbeitszeit, sondern wurde von Fall zu Fall von Dr. Winkler angefordert. Dieser war auch schlesischer Flüchtling, hatte schon deshalb vollstes Verständnis für meine Situation. So ließ er mich sogar großzügig bald nach meinem Arbeitsbeginn erneut nach Westdeutschland reisen, damit ich die Suche nach meinem Vater fortsetzen konnte, dessen ungewisses Schicksal nach wie vor auf uns lastete.

DAS WIEDERSEHEN MIT MEINEM VATER

Auf meinem ersten Trip von Süd nach Nord hatte ich die nötige Routine gewonnen, möglichst schnell vorwärts zu kommen und eventuelle Hindernisse zu umgehen. Der Trick mit dem Bremserhäuschen bewährte sich erneut. Die Chance, in einem der wenigen Personenwagen einen Platz zu ergattern, hatte man nur, wenn es einem gelang, im letzten Moment vor dem einfahrenden Zug übers Gleis zu springen, um dann blitzschnell von der verkehrten Seite das Trittbrett zu entern, eine Tür aufzureißen und sich in ein Abteil fallenzulassen. Bilder von Personenzügen aus jenen Tagen zeigen, daß die Menschen zu Hunderten auf Dächern, Trittbrettern, Puffern dichtgedrängt klebten oder wie Trauben hingen. Die Reisenden waren nach wie vor fast ausnahmslos aus der Gefangenschaft heimkehrende Soldaten und Bombenflüchtlinge, die voll banger Erwartung in ihre Heimatstadt fuhren. Heute kümmert sich in einem Bahnabteil kaum einer um den anderen. Damals war sofort eine rege Unterhaltung im Gang, denn jeder hatte eine eigene Geschichte zu erzählen, die er loswerden wollte. Man fühlte direkt das Bedürfnis dieser Menschen, sich den Mitreisenden mitzuteilen, als könnten sie sich durch Sprechen ihrer Sorgen entledigen.

In diesem Zusammenhang entsinne ich mich an das Gesicht eines im selben Abteil wie ich sitzenden Soldaten, das ich nie vergessen werde: Es war ein totes Gesicht, in dem die Augen erloschen, die Züge vollkommen teilnahmslos waren. Kein Wort kam während der gesamten Fahrt über die Lippen dieses Mannes. Kein Mensch wagte ihn anzusprechen. Sein Blick blieb über Stunden starr auf einen unsichtbaren Punkt gerichtet. Was mußte dieser Mensch erfahren haben, daß trotz Überlebens die Welt offenbar für ihn gestorben war. So etwas vergißt man nicht.

Mein erstes Ziel, Bocholt, erreichte ich ohne Zwischenfall per Bahn. Dort konnte ich jetzt ungeniert den Schwiegereltern und Verwandten ausführlich von Franzis Geburt berichten. Die Anstands-Neun-Monate seit der Hochzeit waren ja vorbei. Ich hielt mich nicht lange auf, fand bald jemanden, der mir ein Fahrrad lieh und startete nach Norden. Mein Ziel war Bremen-Horn, wo ich unsere Freundin Viktoria Dierig vermutete, die mir noch in Hoppegarten ihre Fluchtadresse bei einer Familie Menke gegeben hatte.

Erste Station auf den 260 km, die vor mir lagen, machte ich beim Herzog von Croy in der Nähe von Lingen. Dort wußte ich einen meiner Ordonnanzoffiziere aus Zeiten bei der 4. Kavalleriedivision. Ich wurde freundlich aufgenommen. Bei den Croys keine Spur von Blasiertheit, vielmehr eine ganz unerwartet herzliche Gastfreundschaft. Dort gabs auch ein Wiedersehen mit unserem Regimentsadjutanten, einem gleichfalls heimatlosen Grafen, der sich bei den Croys als Milchkutscher nützlich machte. Ich blieb nur eine Nacht. Bei meiner Abfahrt am nächsten Morgen überreichte mir der gräfliche Milchkutscher als Reiseproviant eine Wurst, die er aus irgendwelchen dunklen Quellen beschafft hatte.

Dann startete ich zur längsten Radtour meines Lebens. Ich werde die schier endlosen, schnurgeraden Straßen durch die Kiefernwälder Niedersachsens nie vergessen! Dem Auge bot sich kaum eine Abwechslung, und wer glaubt, Norddeutschland sei eine einzige flache Ebene, dem rate ich, die Strecke Lingen-Bremen mit dem Rad zu durchqueren. Immer wieder spürte ich nämlich einen fürs erste unerklärlichen Widerstand in den Beinen. Der rührte von den dem Auge kaum wahrnehmbaren gefürchteten sogenannten Radfahrer-Bergen her. Oft kilometerlang zehrten sie an meinen Kräften. Nur selten wurde die Eintönigkeit der Kiefernwälder von Ortschaften unterbrochen, deren eigenartige Namen wie Herzelake, Haselünne oder Cloppenburg das einzig Bemerkenswerte an ihnen waren. Wenn ich in späteren Jahren die Strecke von damals mit ihren oft zig Kilometern wie mit dem Lineal gezogenen Straßenabschnitte befuhr, dachte ich jedes Mal mit ein wenig Stolz an den Oktobertag im Jahr 1945, an dem ich alle Kräfte mobilisieren mußte, um mein Etappenziel zu erreichen.

Endlich gegen 9.00 Uhr abends war ich in Bremen-Horn. Schnell fand ich das an der Hauptstraße gelegene Haus der Menkes. Viktoria war tatsächlich da. Nach dem Krieg war ein Wiedersehen stets wie eine Wiedergeburt, und die Freude hatte ein ganz anderes Gewicht. Dann die erlösende Nachricht: Mein Vater lebt!! Viktoria hatte von Freunden erfahren, daß er vor ein paar Tagen auf dem kleinen Gut Stabie bei Eutin, das Pieper Benecke gehörte, mit unserer Lulu wohlbehalten eingetroffen war. Der Ausspruch: „Ein Stein fiel ihm vom Herzen!" drückt wohl meine Gefühle in diesem Augenblick am besten aus. Jetzt erst war für mich endgültig Frieden. Alle Giesmannsdorfer Falkenhausens hatten den Krieg überlebt!

Natürlich blieb ich nur eine Nacht bei Viktoria. Ich wollte keine Stunde versäumen, meinen Vater wiederzusehen. Welch Wunder – am nächsten Morgen verkehrte sogar ein richtiger Personenzug zwischen Bremen und Hamburg, der wie in Friedenszeiten mein Rad im Gepäckwagen mitnahm. Eigenartigerweise erinnere ich mich, daß ich auf dieser Fahrt einen an sich ganz nebensächlichen aber für mich besonders beglückenden Anblick hatte. Es war noch früher Morgen. Von meinem Fensterplatz schaue ich vor mich hinträumend in ein großes Heidegebiet und sehe – das Auge eines Jägers ist ja immer wach – das erste Mal in meinem Leben einen balzenden Birkhahn. Bisher kannte ich dieses Schauspiel nur von Bildern in Jagdzeitschriften.

Frohgestimmt fuhr ich ohne Zwischenfälle bis Lübeck und von dort nun wieder per Rad weiter in Richtung Eutin. Ich fragte mich in der mir völlig fremden Gegend und ohne Karte einfach durch. Viel englisches Militär war auf den Straßen, aber zunächst keine Kontrollen. Doch das sollte sich bald ändern; je weiter ich nach Norden kam, desto öfter standen am Straßenrand Schilder mit der Aufschrift „Sperrgebiet, Betreten nur mit Sonderausweis gestattet". Und plötzlich war jede Abzweigung von der Hauptstraße von englischen Posten bewacht, die niemanden durchließen. Auf einmal wimmelten die Wälder beiderseits der Straße förmlich von Tommies. Wie sollte ich da nach Stabie durchkommen? Um mich von dem ersten Schreck zu erholen, ging ich zunächst einmal in eine Kneipe, um bei Einheimischen Erkundigungen einzuholen. Dabei erfuhr ich, daß in dieser Gegend außer den Engländern noch eine Anzahl kompletter deutscher Verbände lagen, die offensichtlich noch nicht zur Auflösung vorgesehen waren. Damals konnte ich mir diese Maßnahme nicht erklären. Erst viel später erfuhr ich, daß schon im Herbst '45 ernsthafte Differenzen zwischen den westlichen Alliierten und Rußland bestanden und vornehmlich die Engländer sogar eine militärische Konfrontation mit den Sowjets unter eventueller deutscher Beteiligung für möglich hielten. Churchill soll damals gesagt haben: „Ich glaube, wir haben das falsche Schwein geschlachtet".

Im Augenblick hatte ich allerdings ganz andere Sorgen: Beneckes

Hof Stabie lag zwar, das hatte ich inzwischen herausgefunden, nur ein paar hundert Meter nordwestlich der nicht gesperrten Hauptstraße nach Neustadt, aber eben im Sperrgebiet, und ich wollte mich natürlich nicht noch kurz vor dem Ziel hoppnehmen lassen. Nachdem mir ein Bauer die genaue Lage von Stabie beschrieben hatte, nutzte ich einen günstigen Augenblick und verschwand in einer Tannendickung. Schon wähnte ich mich so gut wie am Ziel, da platzte ich auf einer Lichtung in eine Gruppe biwakierender englischer Soldaten! Aber diesmal hatte ich Glück. Ein Major hörte sich meine in radebrechendem Englisch erzählte Geschichte mit Langmut an, glaubte mir offenbar und sprach dann das erlösende „go on!". Nach wenigen Metern war ich am Rand des Waldes und sah in einem Wiesengrund Haus und Stallungen von Stabie vor mir liegen.

Ich werde nie das Bild vergessen, wie ich Papi wiederfand: Hinter den Hofgebäuden stieg das Gelände zu einem Hügel an, auf dem Wintersaat wuchs. Auf diesem Feld sah ich zwei Gestalten, die Unkraut jäteten. Es waren Papi und Lulu. Ich glaube, daß nach dem Krieg mir nichts so ans Herz griff wie dieser Augenblick. Allein die Tatsache, daß Papi, den ich noch nie eine Handarbeit selbst verrichten sah, hier vor mir stand und wie ein einfacher Landarbeiter Unkräuter hackte, hatte für mich etwas Unwirkliches. Nichts machte später noch einmal so deutlich: Mein Vater war ein armer Mann geworden.

Die Begrüßung war herzlich, aber so ganz anders, als man sich gemeinhin ein sich Wiederfinden von Vater und Sohn nach Monaten banger Ungewißheit vorstellt! Eine kurze Umarmung ohne Überschwang – kaum Worte, es war wohl zu viel, was an Gedanken auf uns beide einstürmte. Es war ein Gemisch von Dankbarkeit und doch eine einmalige Art von Verzweiflung, Rat- und Hoffnungslosigkeit. Papi sagte dann nur ganz verlegen mit dem Blick auf die Hacke in seiner Hand: „Man muß doch den Leuten helfen." Dann gingen wir ins Haus, das überfüllt war, und in dem mein Vater mit Lulu ein Zimmer, schmal wie eine U-Boot-Koje, bewohnte.

In den nächsten Stunden und Tagen war es Lulu, die mir alles, alles erzählte, was sie und mein Vater erlebt, man muß besser sagen erlitten hatten; zunächst auf der Flucht vor den Russen, dann nach der Rückkehr nach Friedenthal unter den Polen und zuletzt im

Neisser Gefängnis. Und nach der endgültigen Ausweisung aus Schlesien stand die Fahrt von Neisse bis Holstein am Ende dieser Odyssee.

Natürlich war ich von Lulus Schilderungen tief beeindruckt. Eigenartigerweise konnte alles in mir kein Leben, keine Aktualität gewinnen. Ich hörte zwar den Bericht, aber ähnlich wie man einen Traum erlebt, in dem man darauf wartet und wartet, daß man erwacht und alles wie vorher ist.

Papi saß still und schweigsam dabei, erzählte selbst nie. Nur einmal sagte er: „Das Schlimmste war, als sie mir die Hunde weggenommen haben!"

Am bedrückendsten war für mich, daß er anscheinend seinen früher allgegenwärtigen Humor verloren hatte. In diesen Stunden der Erschütterung richtete sich mein Herz immer wieder nur an dem einen auf: Er lebt!

Obwohl ich selbst nicht dabei gewesen bin, gehören die Giesmannsdorfer Ereignisse in der Zeit zwischen März und Oktober 1945 in diese Aufzeichnungen, weil sie ja mein Leben von Grund auf veränderten. So schreibe ich das mir wesentlich Erscheinende von dem auf, was mir Lulu und später mein Vater von diesen schweren, oft dramatischen Wochen erzählt haben.

Mitte März 1945 durchbrachen die Russen die Oderfront und stießen durch Oberschlesien in Richtung Berlin weiter nach Westen vor. So war bald der Geschützdonner der Front auch im Raume Neisse zu hören. Auf den Gütern waren längst die Vorbereitungen für den Treck getroffen. Alle verfügbaren mit Pferden bespannten, mit Hausrat und Lebensmitteln bepackten Wagen standen abfahrbereit. Wertgegenstände, wie zum Beispiel Teppiche, Silber, Bilder usw. hatte man an sicher erscheinendem Ort eingemauert oder vergraben. Wohl niemand dachte zunächst daran, daß der Aufbruch des Trecks ein Abschied für immer sein könnte. Nur die örtlichen Nazigrößen waren befugt, das Signal zum Aufbruch zu geben. Immer noch verschleierten die Radiomeldungen den sich nun endgültig abzeichnenden Zusammenbruch der Ostfront. Obwohl sich die deutschen Verteidigungslinien in Auflösung befanden, faselten die offiziellen Berichte nach wie vor von „verbissenem Widerstand". Aber niemand konnte es wagen, sich auf eigene Faust abzusetzen. Das Schmähwort, das für ihn das Naziregime bereithielt, hieß

489

Defätist. Viele, ob Soldaten oder Zivilisten, die im Hinterland allein auf der Flucht noch gestellt wurden, mußten damit rechnen, an Ort und Stelle aufgeknüpft zu werden mit einem Schild auf der Brust „ich bin ein Feigling".

Für Gut Friedenthal und alle Giesmannsdorfer kam der Treck-Befehl am 19. März. Der Kriegslärm der heranrückenden Front war bereits bedrohlich nah zu hören. Aber man fuhr nicht wie vermutet nach Westen, dort waren die Hauptstraßen bereits von weit vorgedrungenen russischen Truppen abgeschnitten, sondern nach Süden in Richtung Tschechoslowakei. Nach wenigen Kilometern vereinigte sich der Treck der Bielauer Falkenhausens mit den Giesmannsdorfern.

Die Geschichte dieser Flucht ist die Aneinanderreihung vieler, vieler Erlebnisse, die von großmütiger Gastfreundschaft und Menschlichkeit berichten, aber auch von Egoismus und Versagen zeugen. Mein Vater hat in diesen Tagen und Wochen eine unerschütterliche Ruhe ausgestrahlt; selbst kaum aktiv in die Ereignisse eingreifend genügte allein schon seine Anwesenheit, um Kleinmütige aufzurichten, Streit zu schlichten und mangelnde Solidarität nicht aufkommen zu lassen.

Wann und aus welchem akuten Anlaß die Trecks den Entschluß faßten, die Flucht nach Südwest abzubrechen und in Richtung Heimat umzukehren, weiß ich nicht; wohl, daß vor den Flüchtenden nicht das rettende Westdeutschland lag sondern die Tschechoslowakei. Vermutlich hatten die Trecks Nachrichten erreicht, was die Deutschen bei den nach Rache dürstenden Tschechen erwartete. Wie gut sie daran getan hatten, umzukehren, erfuhren sie erst später. Die Tschechen hatten nämlich nach Kriegsende in einem wahren Blutrausch Zehntausende meist unschuldiger Deutscher gelyncht, erschossen, erschlagen. Die Saat war fürchterlich aufgegangen, die die SS-Mörder wie Heydrich und Genossen in all den Jahren gesät hatten.

So fuhren also die Trecks wieder nach Norden in das inzwischen von Russen und Polen besetzte Gebiet. Nun waren die Heimkehrenden auf Schritt und Tritt der Willkür beutegieriger, plündernder Horden ausgeliefert. Zurückgebliebene berichteten, daß bald nach dem Abmarsch der Trecks die russische Kriegswalze über das Land hinweggegangen war. Dort, wo letzte deutsche Truppen wie zum

Beispiel in Bielau noch Widerstand geleistet hatten, blieb kein Stein auf dem anderen. Das Dorf Friedenthal war weitgehend verschont worden. Aber das Schloß, das den durchziehenden Russen in die Augen stach, wurde geplündert und dann angezündet. Es brannte bis auf die Grundmauern nieder.

Doch bevor der Treck sein Heimatdorf erreichte, waren noch viele Strapazen und abenteuerliche Begegnungen mit den Siegern zu überstehen. Wenn sich der Kolonne Trupps von russischen Soldaten und polnischen Zivilisten näherten, begann jedesmal ein großes Zittern, denn es stellte sich die bange Frage: Was werden sie tun; werden sie uns weiterfahren lassen, werden sie uns ausplündern, werden sie die Frauen in Ruhe lassen?

Die Polen waren ja meist selbst von den Sowjets Vertriebene und kamen aus den Gebieten östlich der sogenannten Curzonlinie und suchten in Schlesien eine neue Bleibe. Einmal hielten sie den Wagen meines Vaters an, spannten einfach die Pferde aus und verschwanden mit diesen auf Nimmerwiedersehen. Erstaunlicherweise gab es sonst nur kleine Zwischenfälle, und der Treck kehrte geschlossen wieder nach Giesmannsdorf zurück.

Ich habe mich oft gefragt, was mein Vater bei dieser Heimkehr empfunden haben mag, als er vor seinem niedergebrannten Schloß stand und erleben mußte, daß wildfremde Menschen über alles verfügten, was bis dahin ihm gehört hatte. War ihm da schon klar, daß die Besitzergreifung durch die Polen gleichbedeutend mit dem Verlust *für immer* von diesem allen war?

Lulu erzählt, daß mein Vater alles klaglos hingenommen hat: Die Unterbringung in einem winzigen Zimmer des Stallgebäudes, die Almosen von Leuten, die noch einen Garten hatten, die Schikanen und Demütigungen durch die Polen. Mit bewundernswertem Gleichmut machte er wie früher, als er noch der Herr war, täglich einen Spaziergang mit seinen Hunden Stampi und Loisl durch Park und Felder.

Nun wußte auch ich, daß Schloß Friedenthal nicht mehr existierte und der gesamte Besitz für immer verloren war. Aber der Verstand eines Menschen realisiert offenbar den Wechsel von heil zu zerstört nur, wenn die eigenen Augen das Veränderte *gesehen* haben. Denn ob im Traum oder in der Erinnerung ist mein Friedenthal stets so unversehrt erhalten, wie ich es verlassen habe.

Ich spürte bei dem Bericht von Lulu, daß sie mit ihren Gedanken immer noch mitten drin war in den leidvollen Erlebnissen. Für sie hatte der 8. Mai ja auch das Kriegsende bedeutet, aber wie anders als mir war den Schlesiern damals zumute. Keine grenzenlose Erleichterung, kein Ende der stets drohenden Gefahren. Vielmehr war dieser Tag für sie der endgültige Sturz in eine Erniedrigung schlimmster Form, ausgeliefert an Menschen, die nur ein Ziel hatten, Rache an den verhaßten Deutschen zu nehmen. Welch glückliche Fügung bedeutete es da, daß in Giesmannsdorf ein Pole das Kommando übernommen hatte, der seinen Landsleuten von den Herrschaften, wie er sie weiter ungeniert nannte, nur Gutes berichtete. Das war vor allem das Verdienst meiner Mutter, die dafür gesorgt hatte, daß die auf dem Gut arbeitenden Polen menschenwürdig untergebracht und nicht wie meist üblich wie Zwangsarbeiter behandelt worden waren. Dieser Pole hatte nicht vergessen, daß die Baronin sich um ihn und seine Landsleute wahrhaft gekümmert und ihnen offen ihre Anteilnahme an ihrem Schicksal gezeigt hatte. Wohl deshalb war mein Vater kaum Schikanen ausgesetzt. Man wußte, daß Papi niemals PG war oder anderweitig mit irgendeiner Organisation der Nazis in Verbindung gebracht werden konnte. Sicherlich erfuhren die Polen auch, daß die Falkenhausens aufgrund ihrer Abstammung fast unter die Ächtungsparagraphen der Nürnberger Gesetze fielen. Die Giesmannsdorfer Obernazis und sogar einfache PGs erwartete bei ihrer Rückkehr gnadenlose Volksjustiz. Man verfuhr mit ihnen ebenso grausam, wie man es von den Tschechen befürchtet hatte. Alle PGs und diejenigen, die irgendeinen Naziposten innegehabt hatten, wurden ausnahmslos auf meist grausame Weise liquidiert, oft an Ort und Stelle bei sogenannten Verhören zu Tode geprügelt oder in die Kohlengruben Oberschlesiens verschleppt, wo sie meist bald an Erschöpfung starben. Dies geschah auch mit unserem ersten Diener Bonk, der zwar PG aber sonst ein biederer, einfacher Mensch war, der meinen Eltern jahrzehntelang treu gedient hatte. Er war wie so viele Millionen den Nazis auf den Leim gegangen. Wohl kaum einer dieser nun auf so schreckliche Weise Bestraften hatte dieses Schicksal verdient. Sie waren keine Täter sondern im wahrsten Sinne des Wortes Mitläufer.

Was ich so oft im Krieg mit meinen Soldaten im Einsatz erlebt hatte, erfuhren Lulu und Papi während der polnischen Besatzungszeit: Als es darauf ankam, bewährten sich Menschen, von denen man es vorher nicht erwartet hatte, die einem nie aufgefallen waren, die aber im entscheidenden Augenblick *da* waren. Andere dagegen, auf die man glaubte, sich in der Not verlassen zu können, wurden zu Opportunisten, einige sogar zu Denunzianten.

Aber am meisten litten die im Osten Verbleibenden unter der Ungewißheit über ihr zukünftiges Schicksal. Die nicht enden wollenden Plünderungen durch Polen, die ständige Furcht der Frauen vor Vergewaltigung durch durchziehende russische Truppen waren auch nach Kriegsende nicht vorbei.

Als eines Tages eine alle Einwohner betreffende Umfrage stattfand: „Wer optiert für Polen?" da war klar, nur diejenigen, die sich entschlossen, polnische Staatsbürger zu werden, konnten im Heimatort bleiben. Alle anderen aber mußten wohl in Kürze mit der Ausweisung rechnen. Wie klein die Zahl der Zurückbleibenden sein würde, ging aus der Tatsache hervor: Das Pole-werden war an das Junktim gekoppelt, daß der Bewerber die polnische Sprache beherrschen mußte. So machten nur wenige von dem Angebot Gebrauch. Von da an wurde das Warten auf den Tag X, an dem sich endgültig das Schicksal der Schlesier entscheiden würde, unerträglich. Quälend war vor allem, daß definitiv niemand wußte, wohin man die Bewohner eigentlich bringen würde, nach Osten oder nach Westen? Endlich wurden eines Morgens alle Giesmannsdorfer auf dem einzigen Platz des Dorfes, dem sogenannten Ring, zusammengerufen.

Als Lulu diese Episode erzählte, sah ich meinen Vater vor mir, wie er mit seinen beiden Hunden an der Leine mit unbewegtem Gesicht und ruhigen Schritten, in der Rechten wie stets den Spazierstock, als wäre es sein täglicher Spaziergang, durchs Fabriktor schritt. Dann kam der Augenblick, den mein Vater als den schlimmsten bezeichnet hatte: Sie nahmen ihm seine Hunde weg! Dieser Moment symbolisiert die endgültige Trennung der Falkenhausens von ihrem Giesmannsdorfer Besitz.

Als anschließend die Bewohner von Friedenthal-Giesmannsdorf an jenem Septembermorgen zu Fuß, nur wenige Habseligkeiten mit sich tragend, eskortiert von polnischen Milizen, die Straße nach Neisse entlanggetrieben wurden, entschwanden für immer Heimat und Besitz hinter dem Horizont. In der Kreisstadt wurden sie zunächst in ein Lager unter freiem Himmel gesperrt. Bald sickerte durch, daß ihr Abtransport per Bahn in den Westen bevorstehe.

Für Papi und Lulu kamen bis dahin noch ein paar bange Tage, die zeitweise zum Alptraum wurden. Man trennte die beiden nämlich von den übrigen Dorfbewohnern und brachte sie in ein Gefängnis der Miliz, dort, wo die gefürchteten Verhöre stattfanden. Natürlich wollten die Polen vor dem endgültigen Abtransport der Reichen herauskriegen, ob und wo diese Wertgegenstände versteckt hatten. Mein Vater wurde wiederholt Ohrenzeuge, wie in den Nachbarzellen sogenannte Geständnisse förmlich aus den unglücklichen Opfern herausgeprügelt wurden. Wenn nachts die Schreie der Gequälten durch das Gebäude hallten, war die Angst vor einem gleichen Schicksal besonders groß. Gott sei Dank blieb ihm jedoch dieses erspart, weil er so klug war, sofort zuzugeben, daß im Schloßkeller in einem geheimen Gang viele Wertgegenstände eingemauert waren.

Während mein Vater in seiner Zelle bleiben mußte, fuhr Lulu mit einem Trupp Polen und dem Gutsmaurer Menzel nach Giesmannsdorf zurück. Dort zeigten sie den Plündernden den Eingang zu dem unterirdischen Gang, von wo diese bald Teppiche, Bilder, Porzellan und viele andere Wertgegenstände zutage förderten. Und sie fanden auch meine Gewehre!! Lulu wußte sofort, jetzt gehts um Leben und Tod! Die Polen hatten immer wieder bei Androhung der Todesstrafe zur Ablieferung aller Waffen aufgefordert und deren Besitzer bei Waffenfunden erbarmungslos erschossen. An dieser Stelle des Berichtes erinnerte ich mich augenblicks daran, daß ich es war, der Lulu eingeschärft hatte: „Nichts brauchst Du von mir retten, nur meine Gewehre!" Geistesgegenwärtig konnte sie die Miliz in letzter Minute davon überzeugen, daß nicht sie sondern der Diener Bonk für die Gewehre verantwortlich war. Zudem waren die Polen wohl auch mit ihrer reichen Beute zufrieden, mit der sie in drei vollbeladenen LKW davonfuhren.

Von dem Zeitpunkt an, als von ihm nichts mehr zu holen war, wurde mein Vater in Ruhe gelassen und ein paar Tage später als die übrigen Einwohner von Giesmannsdorf mit Fräulein Luttkus zum Bahnhof gebracht. Mit einem normalen Personenzug verließen sie Schlesien in Richtung Westen für immer. Sie beschlossen, sich nach Holstein durchzuschlagen, weil sie hofften, zunächst bei

Dr. Benecke Unterschlupf zu finden. Papis einzige Gepäckstücke waren ein Rucksack und seine alte Patronentasche, die jetzt von seinem Enkel Alexander wie ein Schatz gehütet wird. Auch diese Habseligkeiten wurden immer wieder von polnischem Gesindel, das sich auf den Bahnhöfen herumtrieb, durchwühlt. Sogar die Ringe wurden ihm vom Finger gerissen und alles abgenommen, was auch nur den Anschein von Wert hatte. Wie durch ein Wunder blieb eine kleine Zigarrentasche aus grünem Saffianleder mit Silberrand von all diesen Zugriffen verschont. Sie ist das letzte Erinnerungsstück, das die Flucht überstanden hat. Es liegt nun als einziger persönlicher Gegenstand, den ich von meinem Vater besitze, auf meinem Schreibtisch. Keine Beachtung schenkten die Plünderer den Jagdabzeichen an seinem Hut, von denen ich den fliegenden Fasan auf goldenem Grund und die Gamskrucke des Rauriser adligen Jagdvereins nach dem Tod meines Vaters erhalten habe.

Es gibt Dinge im Leben, die man in ihrer Tragweite zunächst nicht erfassen kann. So hat der Begriff *nie wieder* anfangs keine scharfen Umrisse, ist wie ein Phantom, das erst allmählich klare Gestalt annimmt. Und dann muß man dieses *nie wieder* erst unzählige Male wiederholen, damit es endlich als Realität in unser Bewußtsein eingeht. So erging es mir nach dem Wiedersehen mit meinem Vater. Ich begriff erst nach und nach, daß dieses *nie wieder* jetzt Gültigkeit hatte für mein Zuhause Friedenthal.

Es war gut, daß in Stabie in diesen Tagen auch andere Menschen waren, die wie mein Vater dort Zuflucht gefunden hatten und abwechselnd durch die Schilderung ihrer Erlebnisse für Gesprächsstoff sorgten. Die Situation war für diese Flüchtlinge noch zu frisch, als daß sie in der Lage gewesen wären, irgendwelche konkreten Zukunftspläne zu machen. So verlor auch mein Vater kein Wort darüber, wie sein Leben weitergehen sollte. Es war mir klar: Er wußte es nicht.

Länger als ein paar Tage hielt ich es in Stabie nicht aus. Möglichst bald wollte ich meiner Mutter die gute Nachricht überbringen, daß mein Vater unversehrt in Stabie war. Außerdem hatte das Leben dort für mich auf einmal etwas Makabres. Auf der einen Seite waren da die Beneckes, die nichts verloren hatten, kaum etwas entbehrten, die abwarten konnten, bis der Generaldirektor der Nordhefe AG wieder in Amt und Würden eingesetzt wurde. Auf der anderen Seite die Flüchtlinge, Strandgut des Krieges wie mein Vater, meist noch in den Klamotten, die sie auf der Flucht getragen hatten. Diese Diskrepanz wurde aber von der ganzen Gesellschaft geflissentlich überspielt, und nie fiel ein Wort darüber, was die Entwurzelten unter ihnen Tag und Nacht beschäftigen mußte: Wie geht es weiter?! Vielmehr gaben sich die Gastgeber Benecke hilfsbereit und gut gelaunt, sprachen über geistreiche Dinge, und der Herr des Hauses spielte abends wie in guten alten Zeiten Passagen aus dem wohltemperierten Klavier von Bach. Trotz allem: Mein Vater mußte froh sein, bei Freunden ein Dach über dem Kopf gefunden zu haben und nicht in einem Flüchtlingslager zu sitzen.

Auf dem Rückweg fuhr ich wieder durchs Ruhrgebiet, wohl der Teil Deutschlands, in dem die Menschen in den Nachkriegsmonaten besonders litten. Die Menschen hungerten. Und nun stand der Winter vor der Tür. Abertausende von Menschen waren unterwegs auf der Jagd nach Brennmaterial. Rechts und links der Bahndämme standen Menschentrauben und warteten auf einen Kohlezug. Wenn der kam, erkletterten die Wagemutigsten die langsam rollenden Waggons und warfen so viel Kohle als möglich über die Wände, auf die sich dann die Wartenden wie Raubtiere stürzten. Die Bahnpolizei griff zwar regelmäßig aber wohl nur mit halbem Herzen ein, so daß Kohlezüge oft halbleer an ihrem Bestimmungsort ankamen. Der Kölner Kardinal Frings hatte von der Kanzel diese Art Diebstahl sanktioniert, und so sagte man damals im Ruhrgebiet nicht: „Kohle klauen", sondern „fringsen"!

Die Rückfahrt nach Bayern verlief verhältnismäßig problemlos, zumal ich ja stets mein Fahrrad mittransportierte, mit dem ich schnell mal 100 km überbrücken konnte, wenn, was immer wieder vorkam, die Lokomotive ausfiel oder andere Pannen, wie z. B. reparaturbedürftige Brücken, zu oft stundenlangen Aufenthalten zwangen. Von Normalisierung war jedenfalls keine Rede, immer noch waren die Züge unvorstellbar überfüllt, und immer noch bestanden scharfe Kontrollen an den Zonengrenzen.

In Aspertsham natürlich große Wiedersehensfreude. Die gute Nachricht vom Wiedersehen mit meinem Vater nahm nun auch meiner Mutter die letzte ständige Sorge um ihn. Aber die Freude war bei ihr anders, als man sie sich gemeinhim vorstellt, wenn eine Frau ihren Mann wiederhat. Da war keine spontane Reaktion, etwa ein freudiger Aufschrei oder danach der Wunsch, ihn so schnell wie möglich wiederzusehen. Ich fühlte vielmehr, daß sie gerade vor einem Wiedersehen Furcht empfand. Damals wurde mir endgültig klar, daß es zwischen meinen Eltern keine Bindungen mehr gab, die über Konventionelles hinausgingen. Das Kriegsende besiegelte nun die Trennung, die schon seit langem im Innern dieser beiden Menschen bestand, endgültig auch äußerlich.

Ich war glücklich, wieder bei meiner kleinen Familie zu sein und bewunderte, welche Fortschritte Franzi innerhalb der 14 Tage meiner Abwesenheit gemacht hatte. Ich war wohl ein ziemlich närrischer Vater und Franzis Lächeln, wenn der alte Hausmann ihn „du Lausbua" nannte, war für mich wie eine kleine Offenbarung.

Im November wurde es in Bayern oft schon empfindlich kalt, und wir mußten in unserem Zimmer einen winzigen Kanonenofen aufstellen, der aber wegen der Zuteilung von Brennmaterial, die jämmerlich gering war, nur notdürftig seinen Zweck erfüllen konnte. Die Hausmanns zeigten ihr gutes Herz, vor allem weil ihr Liebling Franziskus auf keinen Fall frieren sollte, und so durften wir die meiste Zeit in ihrer warmen Küche zubringen. Unser ohnedies so enges Zimmer diente uns fast ausschließlich zum Schlafen.

In diesen Wochen machte ich nach wie vor am Steuer des alten Opel P4 die sporadischen Krankenbesuche mit Dr. Winkler, verteilte als eine Art Stammlieferant weiter die Hefe bei den Bauern. Wenn einer gelegentlich reklamierte, die letzte Hefe sei nicht frisch gewesen, konnte ich seelenruhig im Bewußtsein meiner Monopolstellung drohen, Unzufriedene würden von meiner Kundenliste gestrichen!

Durch Zufall erschloß sich mir dann noch eine zwar auf wackligen Füßen stehende aber viele Monate lang recht ertragreiche Einnahmequelle. Ich hatte nämlich von einem Hamburger Bombenflüchtling gehört, daß er täglich eine Art Spielhölle in Passau aufsuchte. Ich war wie elektrisiert, als ich weiter erfuhr, daß diese Leute meinem Leib- und Magenspiel Poker huldigten und es um nicht unerhebliche Summen ging. Natürlich war diese Art Glücksspiel streng verboten. Meiner Erfolge während der letzten Kriegsmonate in diesem Spiel eingedenk, bat ich trotzdem Schorsch, meinen Gewährsmann, mich bei seinen Kumpanen einzuführen. Das Milieu, ein separates Hinterzimmer in einem Gasthaus, das wegen zu befürchtender Polizeikontrollen öfters gewechselt wurde, war nicht so zwielichtig, wie ich vorher befürchtet hatte. Die Kontrahenten kannten einander seit langer Zeit, das Geld wanderte einmal zu diesem einmal zu jenem, und wenn einer blank war, half ihm der Gewinner bereitwillig mit einem Darlehen aus. Natürlich witterten diese Herren in mir ein Opfer, das der Runde neues Kapital zuführen würde. Sie waren wohl gewohnt, solche vorwitzige Newcomer nach ein bis zwei Stunden mit leeren Taschen ohne Dank nach Hause zu schicken. Instinktiv machte ich in meinem Falle wohl das einzig Richtige: Am ersten Tag schaute ich zunächst einmal nur zu und entdeckte bald, daß sich die angewandten Tricks bei den einzelnen Spielern in schöner Gleichmäßigkeit wiederholten. So beobachtete ich bei einem Mitspieler einen immer wiederkehrenden Bluff: Er setzte sporadisch mit ganz schwacher Karte seinen ganzen Barbestand ein, worauf die Mitspieler regelmäßig ausstiegen. Sie gingen von der an sich logischen Annahme aus: Wer sein gesamtes letztes Geld einsetzt, muß ein hervorragendes Blatt haben .

Mein Einstieg in diese illustre Runde, die fast ausschließlich aus gut situierten ausgebombten Hamburgern bestand, war außerordentlich erfolgreich. Ich gewann auf Anhieb 750 Reichsmark. Da ich mich nicht an dem Kauf von Schwarzmarktzigaretten beteiligte, die regelmäßig von Schwarzhändlern nach Beendigung der Sitzung zur sogenannten Zigarettenwährung (1 Zigarette 5-8 RM) angeboten wurden, war das eine Menge Geld. Von da ab fand ich mich jeden Samstag am jeweiligen Treffpunkt der Pokerrunde im *braunen Bär*, im *weißen Schwan* oder im *Hasen* ein, wo mich die Kontrahenten meist schon erwarteten, begierig, die Schlappe vom vergangenen Wochenende auszubügeln.

Einige psychologische Hinweise, das Glücksspiel betreffend, seien mir noch gestattet: An jedem Spieltag wechseln beim einzelnen Spieler fast regelmäßig Glücks- und Pechsträhnen. Deshalb sollte er stets die Maxime beherzigen: Spiel hoch in der Glückssträhne – in der Pechsträhne niedrig. Mach zu Deinem obersten Gebot: Hör auf, wenn Du merkst, Deine Glückssträhne ist zu Ende, denn sonst verlierst Du mit Sicherheit wieder alles. Das Aufhören ist natürlich besonders schwierig, weil es von den Mitspielern übelgenommen wird, wenn einer plötzlich mit gewonnenem Geld verschwindet. Ich wurde als Auswärtiger, der nur einmal in der Woche mitspielte, mit Argusaugen beobachtet. Andererseits hatte ich den Vorteil, mich unter dem Vorwand „in einer halben Stunde geht mein Zug" im richtigen Moment unter Mitnahme des Gewinns verdrücken zu können. Ich spielte also nach dem Ende einer solchen Glückssträhne noch eine Zeitlang mit niedrigen Einsätzen mit – der Fachmann nennt dieses Verhalten „ich setzte mich aufs Geld" – um dann eilig mit Hinweis auf den abgehenden Zug zu verschwinden.

In Aspertsham wurde ich von Nat, die als Frau eines Falkenhausen inzwischen über die Launen Fortunas beim Glücksspiel im Bilde war, stets mit der bangen Frage empfangen: „Hast Du gewonnen?!" Monatelang führte ich gewissenhaft Buch über plus und minus, und die Endbilanz war mehr als erfreulich. Ich kann sagen, wir bestritten unseren Lebensunterhalt von den Pokergewinnen und bezahlten kleine Anschaffungen auf dem Schwarzmarkt von diesem Geld. Aber über Nacht riß meine schier endlose Glückssträhne ab; dreimal hintereinander verlor ich. Dann schaffte ich das für eine Jeuratte fast Unmögliche: Ich hörte auf!! Wer Dostojewskis „der Spieler" gelesen hat, weiß, wie schwer das ist.

Weihnachten 1945 stand vor der Tür. Gotthard war ein paar Tage vor dem Fest aus Frankfurt, wo er sein Medizinstudium fortsetzte, herübergekommen, und wir beschlossen, die Festvorbereitungen gemeinsam zu treffen. Bei den ausgedehnten Waldungen war es natürlich kein Kunststück, eine in unser Zimmer passende winzige Tanne zu finden. Als wir per Rad zur Christbaumsuche in Richtung Staatsforst unterwegs waren und in der Nähe eines Bauernhofes eine große Gänseherde sahen, reifte in uns spontan der Entschluß: „Eine Weihnachtsgans muß her!" Bald hatten wir die Scheune ausspioniert, die den Gänsen als Nachtquartier diente. Heute frage ich mich, weshalb uns bei dieser Aktion, die schlichtweg Diebstahl war, jedes Unrechtsbewußtsein abging. Sicherlich waren das noch die Nachwehen des jahrelangen Landsknechtslebens in Rußlands Weiten, in denen Federvieh jeglicher Art stets willkommene Beute war, und man es mit mein und dein nicht so genau nahm.

Natürlich wählten wir zur Durchführung unseres Raubzugs eine finstere Nacht. Unsere Rollen hatten wir vorher genau verteilt: Gotthard sollte das Opfer greifen, ich hinter ihm stehend den geöffneten Sack für den Transport des inzwischen getöteten Tieres bereithalten. Alles lief dann in Sekundenschnelle ab. Gotthard griff die größte Gans, ein eklatanter Fehler! In einer Gänseherde ist nämlich das größte Exemplar stets der alte Gänserich. Mit durchschnittener Kehle wurde dieser Riesenvogel im Sack verstaut und auf den Gepäckträger gebunden. Unbehelligt erreichten wir Hausmanns Anwesen.

Aber bald sollten wir erfahren „Unrecht Gut gedeiht nicht". Denn schon das Rupfen des Gänsevaters war eine Tortur und dauerte Stunden. Was sich dann in der Bratröhre des Hausmannschen Herdes am ersten Feiertag abspielte, werde ich nie vergessen. Es war ja Nats erste Gans, die sie zubereitete, und wir schoben zunächst die Verspätung des Weihnachtsdiners auf die Jungfräulichkeit ihrer Kochkunst. Bald dämmerte bei uns jedoch die Erkenntnis, daß die Panne nicht an Nat, sondern an dem zu bratenden Objekt lag. Dieses Biest wurde und wurde nicht weich. Endlich wagten wir uns dann doch ans Tranchieren und haben dann unseren ersten Nachkriegs-Weihnachtsbraten unter extremer Beanspruchung der Kauwerkzeuge vertilgt. Dies war übrigens mein letzter Rückfall in kriegsübliche Sitten.

Die Bescherung fand in unserer Dachkammer statt. Die winzige Tanne machte den Raum noch enger. Darunter lag für mich eine Pelzmütze, die Nat in der Tauschzentrale ergattert hatte und wohl von einem Rußlandheimkehrer stammte. Als *Nahrung* für mein Innenleben hatte sie für mich Rilkes Duineser Elegien abgeschrieben. Dazu hatte sie mir ein Tagebuch gemacht, in dem jede Woche mit einem Spruch begann, die Sonntagsseite zierte ein selbstgemaltes Aquarell. Das Büchl, dessen Aphorismen nichts von ihrer Aktualität verloren haben, besitze ich heute noch.

Mein Geschenk für Nat bewegte sich hingegen ganz im materiellen Bereich. Ich ließ nämlich meine schwarze Panzeruniform in eine Art Jagdkostüm umwandeln. Dabei bewährte sich erneut der bucklige Kopfinger als Schneider, der sich schon als Jagdwaffenlieferant und als *Tankstelle* nützlich gemacht hatte. Auf Fotos ist dieses Meisterwerk noch zu bewundern, das Nat, nun wieder schlank, gut tragen konnte.

Allmählich wurde es Zeit, unseren Franzi taufen zu lassen. Das war damals leichter gesagt als getan, denn Fürstenzell war wie ganz Niederbayern tiefste Diaspora. Die wenigen Protestanten, die es hier gab, waren ausnahmslos Flüchtlinge. Die ersten Schwierigkeiten machte schon der katholische Pfarrer, der es wohl als eine Entweihung seiner herrlichen Barockkirche empfand, wenn er uns Ketzern darin einen Raum zur Verfügung stellte. Schließlich bekamen wir doch die Genehmigung, die Taufzeremonie an einem kleinen Seitenaltar vorzunehmen. In Passau trieben wir dann auch den zuständigen evangelischen Pfarrer auf, mit dem wir ein Taufgespräch vereinbarten. Dabei äußerten wir den Wunsch nach einem von uns ausgesuchten Taufspruch. Da winkte er jedoch recht unwirsch ab und sagte mit Nachdruck: „Bei Taufen, da nimm' i den Jesajas her". Nach einigem Bitten fand er sich dann doch bereit, den Jesajas zugunsten unseres Taufspruches zu opfern. Wir hatten „Alle Dinge sind möglich, dem, der da glaubt" gewählt.

Silvester kam dann Franzis großer Tag. Er lag mit einer weißen Mütze gegen die Kälte geschützt in einem in eine Art Schiffchen umfunktionierten großen Kopfkissen, das mit einer wunderschönen Brüsseler Spitze, die sich in Mimis Fluchtkoffer gefunden hatte, drapiert war. In diesem nun doch recht festlich wirkenden Aufzug fuhren Nat mit dem Täufling im Arm, Mimi und Mutter Hausmann auf einem von Hirschenauer zur Verfügung gestellten Kastenwagen die 2 km nach Fürstenzell. Die Stelle des Kutschers übernahm mein Exfahrer Mahlo, der nach wie vor die Fleischtöpfe Niederbayerns dem ausgebombten Berlin vorzog.

Den Ablauf der kirchlichen Zeremonie habe ich noch deutlich vor Augen: Zunächst waren wir leicht geschockt, als der Pfarrer nun doch „den Jesajas hernahm". Aber eigentlich paßte der Vers „Es wird nicht dunkel bleiben über denen, die in Angst sind" ja auch ganz gut in diese Zeit. Trotzdem konnten Nat und ich ein Schmunzeln nur mühsam unterdrücken.

Franzi behagte offenbar die ganze Zeremonie nicht, denn er schrie wie am Spieß. Da griff Mutter Hausmann ein, nahm das Baby Nat aus dem Arm und ging ohne Rücksicht auf die heilige Handlung unentwegt murmelnd und das Kind ständig *hutschend* so lange vor der Nase des Pfarrers auf und ab, bis Franzi sich beruhigt hatte. So konnte natürlich keine feierliche Stimmung aufkommen. Immerhin: Es war gelungen, unseren kleinen Bayern im *Dom des Rottales* protestantisch taufen zu lassen.

Das Jahr 1946 begann mit neuerlichen Versuchen des roten Bürgermeisters, uns anderswo weit entfernt von Fürstenzell *einzuwei-*

sen. Dabei hatte das Wohnen in Aspertsham als einzige Annehmlichkeit die Nähe des Marktfleckens, wo Arzt, Apotheke und die diversen Geschäfte schnell zu erreichen waren. Zum Glück traf rechtzeitig aus USA von Hilda Auersperg ein sogenanntes Affadavit ein, das Mimi ihre antinazistische Haltung während der Hitlerjahre bescheinigte. Dieses Papier machte sofort weiteren Repressalien ein Ende. Bald wurde dann auch ein Zimmer für meine Mutter in unserer Nähe gefunden. Aus Amerika kamen weitere Pakete, jetzt auch mit Kleidungsstücken, von denen besonders Nat profitierte, die offensichtlich Hildas Figur hatte und in der bäuerlichen Umgebung in den schicken Sachen wie ein Mannequin ausschaute.

Der Chauffeurdienst bei Dr. Winkler war für mich unanstrengend und recht abwechslungsreich. Unser partnerschaftliches Verhältnis stand von vornherein unter einem guten Stern. Als ich nämlich das erste mal den Opel P4 aus der Garage holte, lag dort auf einem Brett ein leuchtendweißes Hüherei! Diese Morgengabe wartete fast jeden Morgen auf mich, ohne daß ich die Erzeugerin je gesehen hätte. Bei meiner damaligen Beschäftigung, die Patienten waren ja fast ausschließlich Bauern, lernte ich die niederbayerische Volksseele immer besser kennen. Es war nicht ganz einfach, mit diesen Menschen umzugehen. Zunächst war der Arzt natürlich für sie eine Respektsperson, wenn er auch im Falle Dr. Winkler bedauerlicherweise keiner der Ihren war. Aber mich, diesen jungen Begleiter mit einem recht losen Mundwerk, wußten sie nicht so recht einzuordnen. Während der Behandlungsdauer saß ich meist in der Küche und erzählte für die Bauern offenbar nicht einmal uninteressante Geschichten, zum Beispiel vom Krieg, von Giesmannsdorf. Dabei kam mir meine Kontaktfreudigkeit zugute, und ich vervollkommnete bei diesen Küchengesprächen allmählich meinen bayerischen Dialekt. So ergänzten Dr. Winkler, der den einfachen Leuten gegenüber Hemmungen hatte, und ich uns vortrefflich. Während er nämlich im Schlafzimmer des Patienten beschäftigt war, handelte ich derweil in der Küche das Honorar aus, das in dieser Zeit meist in Naturalien bestand. Dabei fiel selbstverständlich auch immer etwas für mich ab, womit ich Nat bei meiner Rückkehr erfreuen konnte.

Eines Tages schüttete mir Dr. Winkler sein Herz aus. Als Schlesier war er im Krankenhaus ständiger Obstruktion durch die bayerischen Ordensschwestern ausgesetzt. Er konnte sich kaum dieser Situation: Alle gegen einen, erwehren. Und nun hegte er auch noch den Verdacht, daß Schwestern Lebensmittel, die für die Patienten bestimmt waren, verschoben. Immer wieder beschwerten sich nämlich Kranke über zu kleine Portionen. Nun war er froh, in mir einen Bundesgenossen gefunden zu haben. Wir heckten also einen Plan aus, um die Übeltäter zu überführen. Im Krankenhaus war ein Speisezettel mit genauer Gewichtsangabe der Rationen ausgehängt. Ich sollte nun, von Dr. Winkler eingewiesen, als Patient die Einhaltung dieser Mengen überwachen.

Eines Tages kam also R.v.F. mit inneren Beschwerden zur Beobachtung ins Krankenhaus. Wenn wir geglaubt hatten, daß auch mir diese beanstandeten kleinen Portionen verabreicht würden, hatten wir uns gründlich getäuscht! Die Schwestern hatten wohl Wind von der Beziehung des Chefs zu diesem Patienten bekommen. Vor allem: So krank, wie dieser laut Diagnose zu sein hatte, war er offensichtlich auch nicht. „Hatte man hier einen Spitzel eingeschleust?", fragte sich das Pflegepersonal folgerichtig. Sicher ist sicher, dachten sie wohl und gaben dem Verdächtigen überreichliche Portionen! Wenn Dr. Winkler mich bei der Visite scheinheilig fragte: „Und wie ist die Verpflegung?" konnte ich nur wahrheitsgetreu antworten: „Vorzüglich, Herr Doktor". Nach drei Tagen wurde ich als geheilt entlassen.

Irgendwann sind die geschäftstüchtigen Schwestern dann doch beim Abtransport einer größeren Lebensmittelsendung, die sie für irgendwelchen Krankenhausbedarf eintauschen wollten, erwischt worden. Es war eben eine Zeit, die sogar fromme Ordensangehörige korrumpierte.

Stichwortartigen Eintragungen in meinem neuen Tagebuch entnehme ich, daß ich mir im Frühjahr 1946 doch ernstere Sorgen um meine Zukunft machte. Es widerstrebte mir natürlich, *irgendwo* eine Arbeit zu suchen, denn bei einem Erfolg hätte das mit Sicherheit erst einmal die Trennung von Nat und Franzi bedeutet. Trotzdem machte ich immer wieder kleinere und größere Fahrten, alle mit dem selben negativen Ergebnis. Bei der Abfahrt riet mir meine Mutter einmal – und das ist typisch für ihre *feinfühlige* Art Nat gegenüber – wenn ich mich vorstellte, unbedingt den Ehering abzulegen. „Mit Ring nimmt Dich eh niemand!" sagte sie.

Nat hatte es natürlich in dieser Zeit viel schwerer als ich. Mein Leben war ja durch diese kleinen Reisen und meinen *Beruf* vergleichsweise abwechslunsreich, während sie durch Franzi an die Hausmannsche Küche gefesselt und dort ganz allein auf sich gestellt war. Tag und Nacht das Baby versorgen, einkaufen und kochen und vor allem immer wieder unser Zimmer über die steile enge Stiege mit Wassereimern zu erklimmen, ging fast über ihre Kräfte. Ein Baby hält einfach die Mutter ständig auf Trab. Und war ich abwesend, war sie mit den immer gleichen Fragen allein: Schläft er? Schreit er? Hat er Hunger? Nat stillte Franzi schon wegen der Mütterkarte so lange wie möglich. Sie hat mir später einmal gesagt, als wir rückblickend von dieser Zeit sprachen: „Nie in meinem Leben vorher und nachher habe ich so viel geweint wie damals!". Dazu trug auch das Verhältnis zu meiner Mutter bei, das nie frei von Eifersüchteleien war. Für mich war es dann oft geradezu ein hartes Stück Arbeit, alles zwischen den beiden Frauen wieder ins Lot zu bringen. Ich erinnere mich an damit verbundene stundenlange Diskussionen, die meine Mutter Seelenwäsche nannte, die leider bis zu ihrem Tode immer wieder nötig waren.

Anfang März veränderte sich unsere Situation abermals entscheidend. Es gab nämlich keinen Zweifel mehr: Nat erwartete ihr zweites Kind!! Unter den gegebenen Umständen hätte wohl jeder diese Nachricht als Katastrophe empfunden. Ich aber in meiner an Naivität grenzenden Unbekümmertheit nahm die Nachricht wie ein Geschenk auf, das zunächst allerdings neue Schwierigkeiten heraufbeschwor. Vor allem waren wir betrübt, weil ein zweites Kind die Trennung von den Hausmanns notwendig machen würde. Die beiden Alten waren uns inzwischen richtig ans Herz gewachsen. Beide waren ja in ihrer Originalität richtige Persönlichkeiten und haben trotz der allgemein herrschenden Anti-Flüchtlingsstimmung und trotz der Ablehnung ihrer Familie stets zu uns gehalten.

Fieberhaft begannen wir nun mit der Suche nach einem Zimmer für Vier. Keinesfalls durften wir damit so lange warten, bis Nats Zustand sichtbar wurde, denn wer hätte schon ein Ehepaar mit zwei Schreihälsen genommen. Bei dieser Suchaktion spielte Franzi eine wichtige Mittlerrolle, denn wir machten dabei die Erfahrung, daß sich in Gegenwart eines reizenden Kindes die Verhandlungspartner zugänglicher verhielten, als wenn wir allein auftraten. So war es auch, als wir eines Tages einem Gerücht über ein angeblich zu vermietendes Zimmer nachgingen, das sich ganz in unserer Nähe im Haus des kinderlosen Ehepaars Winklhofer befand. Die beiden waren offenbar von Franzis Charme so angetan, daß wir schnell handelseinig wurden. Auf die schöne Aussicht von unserem bisherigen Zimmer ins bayerische Land mußten wir allerdings verzichten, denn jetzt blickten wir auf einen Autofriedhof, auf dem dicht an dicht hunderte von alten Schrottautos in langen Reihen standen. Diese Fahrzeuge hatte Winkelhofer nach Kriegsende aus der ganzen Gegend zusammengeschleppt. Jetzt schlachtete er sie aus und verkaufte die noch intakten Teile zu horrenden Preisen.

Frau Winklhofer war, wie sie selbst freimütig bekannte, „aus'm Wagen außer", das bedeutete, sie war in einem Schaustellerwagen geboren. Mei Mama, wie sie ihre Mutter nannte, war Besitzerin eines Karussells und lebte seit Jahrzehnten mit einem Mann zusammen, den sie trotz der engen Bindung nur Herr Endres nannte. Diesem Herrn verdankte wohl Frau Winklhofer ihre Existenz. In der kirmesfreien Jahreszeit stand besagter Wagen unter einem großen Birnbaum vor unserem Fenster.

Unsere neue Bleibe revolutionierte geradezu unser Leben. Auf einmal hatten wir zwei Betten! Es gab ein richtiges Sofa, bezogen mit moosgrünem Plüsch, mit einem Tisch davor. Auch ein großer Schrank war da, und vor allem hatten wir endlich einen eigenen Herd. Ein kleiner Nachteil war allerdings, daß unsre und der Winklhofers Ehebetten nur durch eine dünne Wand getrennt sozusagen Kopf an Kopf standen. So wurden wir gezwungenermaßen Ohrenzeugen aller Zwiste und ab und zu auch der zwischen dem Paar ausgetauschten Liebesbezeugungen! Als wir dann noch aus einer Flüchtlingsspende der Gemeinde einen Schrank mit mehreren Fächern erhielten, der auf dem Flur Platz fand, war auch die Frage der Lebensmittelaufbewahrung gelöst.

Durch Nats erneute Schwangerschaft war der Bezug der Mütterkarte für ein weiteres Jahr gesichert. Als mir der Kartengott beim Poker einmal besonders hold war, kaufte ich vom Tagesgewinn für 700 RM von einem Schwarzhändler einen Elektrokocher. So konnte von nun an in Minutenschnelle das Fläschchen für Franzi gewärmt oder eine kleine Mahlzeit zubereitet werden. Wenn man wie wir sozusagen bei Null anfängt, verändert jeder neue Gebrauchsgegenstand den Lebensrhythmus.

Was die sanitären Anlagen betraf, verbesserte sich unsere Lage auch. Das Wasser mußte zwar nach wie vor von der Pumpe vor der Haustür geschöpft aber jetzt nur noch eine normal breite Treppe hinaufgetragen werden. Der Weg zum Örtchen, nach wie vor ein Plumpsklo, führte jetzt, ohne Regen oder Schnee ausgesetzt zu sein, über einen gedeckten Balkon. Die Maße des neuen Zimmers betrugen immerhin 5 x 5 m, also 25 qm, was einer Vergrößerung unseres Lebensraumes um fast 200 Prozent entsprach.

Im Erdgeschoß wohnte die Familie Steininger. Der Vater dieser fünfköpfigen Familie, von uns auch bald wie von seiner Frau und den Kindern Marerl und Pauli „Vodder" (Vater) gerufen, war, was man heute einen Frührentner nennen würde. Er litt an einer Krankheit, die seinen Körper von einem ständigen Schütteln heimsuchte. Auch war der arme Teufel nicht in der Lage, zusammenhängende verständliche Sätze zu sprechen. Ich sehe ihn noch vor mir, wie er, mit seiner zitternden Hand die stets zu weite Hose festhaltend, unverständliche Laute vor sich hinmurmelnd über den Flur schlurfte. Seine Frau, von der böse Zungen behaupteten, sie habe den Vodder nur wegen seiner Rente geheiratet, war eine kleine, gebeugte Person mit einem verhärmten Spitzmausgesicht, wohl eine jener Frauen, die stets auf der Schattenseite des Lebens stehen: Die Krankheit ihres Mannes hatte offenbar seine Zeugungskraft nicht beeinträchtigt, so daß sie, schon über 50, noch zwei Kinder großziehen mußte. Das war also das Milieu, in dem wir die nächsten vier Jahre leben sollten.

Der äußere Tagesablauf änderte sich zunächst nicht. Bald hatten wir uns in unserem neuen Zimmer ganz gut eingerichtet. Wir genossen es, mehr Platz zu haben für all die Obliegenheiten, die ein Haushalt mit einem kleinen Kind mit sich bringt. Nat stillte nicht mehr. Es machte mir Spaß, sie bei der Prozedur des Fütterns zu entlasten. Dabei stellte ich fest, daß ich automatisch dabei die Mundbewegungen des Babys vollführte: Mund auf, Mund zu und runterschlucken! Die ständige Wickelei hatte ich bald bis zur Perfektion erlernt und werde noch heute von Nat ob meiner Geschicklichkeit auf diesem Sektor gerühmt.

Natürlich ließ sich Nats erneute Schwangerschaft bald nicht

mehr verbergen. Diese Erkenntnis führte beim Ehepaar Winklhofer zu einer Explosion. Er brüllte, sie kreischte: „Wenn wir das gewußt hätten, nie und nimmer hätten wir Euch genommen! Schmählich hintergangen habt Ihr uns; wir wollten doch keinen Kindergarten!"
Von diesem Zeitpunkt an war vor allem zwischen ihm und uns das Kriegsbeil ausgegraben. Madame versuchte meistens zu vermitteln, denn sie wußte, wie ausfallend ihr Mann werden konnte. Auch sie hatte bei diesem Choleriker ja nichts zu lachen. Dabei hatten ihre Aussprüche oft etwas unvergeßlich Komisches. So erklärte sie uns zum Beispiel: „Wissen's, wenn der Mond kimmt, ist es bei ihm am schlimmsten."
Also war der Traum von einer ruhigen, harmonischen Schwangerschaftszeit ausgeträumt. Zunächst gingen wir dem Hausherrn möglichst aus dem Weg. Das Unangenehmste an der Situation war, daß ich befürchten mußte, er könnte tätlich werden. Gegen diesen bulligen Kerl hatte ich ja keine Chance. Eines Tages zeigte sich dann auch, daß meine Vorahnung mich nicht getrogen hatte. Als wieder einmal dicke Luft war, begegneten wir uns unglücklicherweise auf der Treppe. Da packte er mich am Hals! Als ich seine wütend hervorquellenden Augen sah, wurde mir recht mulmig zumute. An Gegenwehr war nicht zu denken. Als er mich dann doch losließ, nahm ich meinen letzten Mut zusammen und sagte ganz ruhig: „Wir sprechen uns noch, Herr Winklhofer!"
Dieses Gespräch fand dann auf meine Anzeige hin auch tatsächlich beim Bürgermeister als Ortspolizeibehörde statt und muß wohl für ihn eindeutig negativ ausgefallen sein, denn danach war für einige Zeit Waffenruhe. Natürlich war es besonders für Nat eine ständige Nervenbelastung, mit diesem unberechenbaren Typen Tür an Tür zu wohnen. So war ich stets in Unruhe, wenn ich Nat immer wieder allein lassen mußte, zumal es damals noch keine Möglichkeit gab, unterwegs mit ihr telefonisch Verbindung aufzunehmen.
Allzu lange wollte ich mich nun doch nicht mit meinem Hilfschauffeurposten begnügen, zumal ich ja bald für Nat und zwei Kinder sorgen mußte. So beschloß ich, mich, unter Berufung auf mein angeblich bei Tante Rena absolviertes Forstpraktikum, um eine Stelle im Staatsforst zu bewerben. Die Reise zur Landesforstverwaltung nach Regensburg hätte ich mir wirklich sparen können. Daß mich der Herr Landesforstmeister Fröhlich, dessen Name zum Wesen

dieses Herrn in krassem Gegensatz stand, überhaupt empfing, verstehe ich heute noch nicht. Ich kam mir etwa so vor, wie weiland beim Militär, wenn ein General geruhte, mit mir als Unteroffizier ein paar Worte zu wechseln. Schon die Aufmachung meines Gegenüber war durchaus militärisch: Schneeweiße Uniformjacke, tadellose Bridges, militärischer Haarschnitt und dazu diese schnarrende, unpersönliche, keinen Widerspruch duldende Stimme. Das Gespräch verlief entsprechend. Nach einer Viertelstunde hatte der so unfröhliche Forstmeister mir detailliert klargemacht, daß sozusagen nur ein armer Irrer – er sprach das Wort nicht aus, dachte es aber offensichtlich! – es wagen konnte, sich beim Staatsforst um eine Stelle zu bewerben. Um überhaupt eine Chance zu haben, mußte man nämlich eine abgeschlossene Ausbildung mit den dazugehörigen Prüfungszeugnissen nachweisen können. Da bei mir diesbezüglich totale Fehlanzeige herrschte, war der Fall schnell erledigt.

Eigenartigerweise entmutigte mich dieser Fehlschlag nicht, denn bald sollte sich herausstellen, daß das Unternehmen Regensburg doch nicht vergeblich gewesen war. Dem Ausflug zum Landesforstamt war nämlich eine Kontaktaufnahme mit dem Forstamt Passau-Süd vorausgegangen, das – wieso eigentlich?! – meine Bewerbung befürwortet hatte. Bei diesem Vorgespräch lernte ich den zuständigen Forstmeister, einen Grafen Wengersky, kennen. Er war wie ich einer der unzähligen oberschlesischen Flüchtlinge und hatte erst vor kurzem die verwaiste Stelle des Ex-Nazis und deshalb geschaßten bisherigen Amtsinhabers übernommen. Er lud mich gleich zum Essen ein, und dabei lernte ich seine Frau, eine Gräfin Strachwitz, kennen. Sie kannte natürlich die Falkenhausens, und so war sofort eine Art freundschaftlicher Kontakt hergestellt. Die Wengerskys hatten monatelang mit fünf kleinen Kindern unter ähnlich primitiven Verhältnissen gehaust wie wir und waren voller Verständnis für meine Lage. Wengersky selbst war ein charmanter ungarischer Grandseigneur und begann umgehend, einen Weg zu suchen, wie er mich in seinem Forstamt unterbringen könnte. Und welch Wunder: Bald war diese Möglichkeit gefunden! Als Forstmeister durfte Wengersky nämlich ohne Genehmigung von oben jedem Revierförster einen Forsteleven beigeben. Eine solche Stelle wurde mir im Revier Pfennigbach, 8 km von Aspertsham entfernt, zugewiesen. Arbeitsbeginn war an Franzis erstem Geburtstag, dem 1. September

Vater und Sohn

1946; Monatsgehalt 175 RM. Dafür konnte man sich zwar damals auf dem schwarzen Markt nicht einmal ein Pfund Butter kaufen. Daran dachte ich aber keinen Augenblick und war glücklich, endlich eine Aufgabe gefunden zu haben, die mir zudem noch wie auf den Leib geschrieben war. Mein Herz lachte, denn nun lag ein Leben in den schönen bayerischen Wäldern vor mir, und ich mußte also nicht, wie befürchtet, irgendwo in einem faden Büro sitzen sondern hatte täglich mit bayerischen Waldarbeitern und Forstleuten zu tun, und das fast ausschließlich in Gottes freier Natur.

Leider war es unmöglich, daß ich trotz der verhältnismäßig kurzen Entfernung Aspertsham zum Revier Pfennigbach jeden Abend nach dem Dienst heimkam. Der Morgenzug von Aspertsham ging nämlich schon in aller Herrgottsfrühe, und nach dem Außendienst war meist noch allerhand in der Försterei zu erledigen. Es fiel mir natürlich schwer, Nat, die schon im 8. Monat war, auch nur eine Nacht allein zu lassen. Man wußte ja nie, was dieser Winklhofer Neues an Teufeleien aushecken würde. So nahm ich mir also in

Pfennigbach ein winziges Zimmer, das ich aber nur dann benutzte, wenn die Arbeit mich zu lange festhielt. Dr. Winkler blieb nach unserer Trennung unser Freund und Hausarzt.

Der 1. September, mein erster Arbeitstag, fiel glücklicherweise auf einen Sonntag. So konnte ich den ersten Geburtstag unseres Franzi, an dem er uns mit seinem ersten Zahn überraschte, en famille feiern. Nat hatte für ihn eine richtige Torte gebacken, auf der ein Licht brannte. Eine selbstgemachte Puppe war das einzige Geschenk. Von diesem Tag existieren noch ein paar Fotos, die zeigen, wie er allein die ersten Schritte vollführt. Er entwickelte sich also weiter prächtig. Das einzige Manko: Sein Kopf war nach wie vor kahl und glatt wie eine Billardkugel! Der einzige Geburtstagsgast neben Mimi war die kleine Rosel, die ihn täglich im Kinderwagen spazieren fuhr und ihn besonders ins Herz geschlossen hatte. Sie gehörte bald praktisch zur Familie. Unvergessen ihr Ausspruch: „Gell Christa, wenn der Franzi stirbt, darf ich das Kreuz tragen!"

IM FORSTAMT PASSAU – SÜD

Ich trat also am 1. September 1946 meine Stelle als Forsteleve in der Revierförsterei Pfennigbach an und fand dort zwei Fachkräfte der grünen Zunft vor, Flüchtlinge aus dem Osten und genau so froh wie ich, eine Stellung gefunden zu haben. Nach Kriegsende waren gerade viele Stellen im bayerischen Staatsdienst frei geworden, weil die Amerikaner alles, was auch nur nach Nazi roch, rausgeschmissen hatten. Revierförster Thron, mein Chef, war waschechter Böhme mit einer noch waschechteren Gattin. Sie böhmakelten so hinreißend wie der brave Soldat Schweijk, und es machte mir eine diebische Freude, ihnen zuzuhören. In viele Sätze wurde das so typische „Jeschusch-Maria" eingestreut. Thron hatte das Aussehen und das Gehabe eines Königs, war 1,90 m groß, hatte dunkles Haar und leuchtende Augen. Hinter seiner stets überlauten gestenreicher Rhetorik versteckte er sein nicht übermäßiges Fachwissen. Man würde ihn mit Recht als einen Schaumschläger charakterisieren.

Die Seele des Geschäfts war sein Hilfsförster Drobik. Schon am ersten Morgen erfuhr ich, daß er von der Herrschaft Turawa in Schlesien stammte und lange beim Jagdfreund meines Vaters aus Rauriser Tagen, Tutus Garnier, Leibjäger gewesen war. Wen wunderts, daß wir bald ein Herz und eine Seele waren?!

Mit diesem Vorgesetztengespann kam ich vom ersten Tage an prima aus, zumal Thron, was die wirkliche Arbeit betraf, mehr oder weniger über den Dingen schwebte. Er selbst ging irgendwelchen dubiosen Geschäften nach, die in dieser Zeit in der Holzbranche gang und gäbe waren, und überließ Drobik und mir die ihm zu subalterne eigentliche Revierarbeit.

Am 2. September wurde es dann ernst, und pünktlich um 8.00 Uhr morgens betrat ich zum ersten Mal die Kanzlei der Försterei Pfennigbach. Das Forsthaus lag nur 5 Minuten von der Bahnstation entfernt, und da der Weg zum Bahnhof Aspertsham auch nur ca. 100 m betrug, war die allmorgentliche Fahrt zum Dienst denkbar bequem. Mit den Lederhosen von Großpapa, seinem Jagdhut mit Hirschbart, dazu meine grüne Militärjacke, war ich immerhin ganz zünftig gekleidet. Stets hatte ich einen Spazierstock bei mir, der mich, so fand ich wenigstens, bei den Arbeitern als eine Art Vorgesetzten auswies! Über Jagdwaffen irgendwelcher Art verfügten die

Forstbeamten nicht. Die Amis mißtrauten immer noch den militaristischen Deutschen. Wozu sie uns einen alten Karabiner mit drei Schuß Munition zur Verfügung stellten, der in irgendeiner Ecke lehnte, blieb mir schleierhaft. Dieses Arsenal mußte einmal wöchentlich bei der amerikanischen Kommandantur vorgezeigt werden, war für uns also nur eine Belastung.

Meine Försterei lag an einer kleinen Straße ganz idyllisch halbkreisförmig vom Waldrand umgeben. Im Erdgeschoß befanden sich das Büro und die Wohnräume des alteingesessenen Försters Merk mit Familie. Diesen hatten die Amis als ehemaligen Ortsgruppenleiter die ersten Monate nach dem Krieg in einem Lager eingesperrt. Man kann sich vorstellen, welche Gefühle dieser Urbayer gegenüber den sich in seinem Haus breitmachenden Preußen hegte. Ständig ging er mit Grabesmiene herum und behandelte uns wie Luft. Nie ein Gruß, nie eine Antwort, wenn man eine Frage an ihn richtete. Zwischen Thron und Merk herrschte offene Feindschaft, die noch dramatische Folgen haben sollte.

Trotz ihrer ablehnenden Haltung verstand ich intuitiv diese Menschen, für die eine Welt zusammengebrochen war. Bisher in der Gemeinde geachtete Respektspersonen, die, wie sie meinten, nur ihre Pflicht getan hatten und die mit einem Mal von den Besatzern wie Verbrecher behandelt wurden. Besonders der alte bis Kriegsende angesehene und wohl auch gefürchtete Herr Förster Merk machte einen total gebrochenen Eindruck, mußte er doch ohnmächtig zuschauen, wie Fremde den Wald, seinen Wald, sozusagen wie Feinde okkupierten. Vielleicht haben die Merks gespürt, daß ich nicht zu ihren Feinden gehörte, denn irgendwann einmal nach ein paar Wochen würdigte mich Frau Merk auf eine Frage plötzlich einer Antwort, der sie – ich glaubte nicht recht zu hören – den Zusatz Herr Baron hinzufügte! Von da ab war das Eis zwischen mir und den Merks gebrochen, die, wie ich erfuhr, über meine Herkunft viel mehr herausgebracht hatten, als ich ahnen konnte.

Das Revier war ca. 5.000 Morgen groß. Oft sind ja Staatsforste mit ihrem Stangerlwald, wie Mimi zu sagen pflegte, in ihrer Monokultur recht eintönig. Solche reizlosen Wälder hatte ich zur Genüge während meiner Kavalleristenzeit in der Umgebung von Rathenow kennengelernt. Wie anders im Vergleich zu den Kiefern Brandenburgs war doch der Mischwald meines neuen Reviers, der mich vom ersten Tag mit seinen vielen Schönheiten, die ich nach und nach entdeckte, faszinierte.

Auf den ersten Seiten meines Forsttagebuchs – genaue tägliche Eintragungen sind Pflicht eines jeden Forsteleven – ist nur von Reviergängen die Rede. Das heißt: In langen Fußmärschen lernte ich zunächst meinen künftigen Wirkungsbereich kennen. Eine Fortbewegung mit dem Fahrrad war wegen der viele Schluchten, langgestreckten Hügel und Täler unmöglich. Der Waldbestand war so mannigfaltig und abwechslungsreich, daß ich lange brauchte, um mich einigermaßen unter den vielen Baumarten zurechtzufinden. Buchen-, Fichten- und Tannenbestände aller Altersklassen wechselten einander ab. Ganz unvermittelt stieß man ab und zu auf eine Waldwiese. Horste anderer Holzarten, wie Birke, Esche oder Zitterpappeln an den Rändern vervollständigten die Abwechslung. Der besondere Charme des Reviers aber lag hauptsächlich darin, daß diese Waldungen anscheinend ausnahmslos durch Selbstbesamung entstanden waren, ihnen also wie oft üblich die Künstlichkeit in Reihen gepflanzter Bestände fehlte. Fast überall wuchs unter 100jährigen Nadel- und Laubbäumen bereits die nächste Waldgeneration heran, und ein anscheinend planloses Durcheinander vom kleinsten Sämling bis zum mannshohen Schößling ließ schon den Zukunftswald ahnen.

Zunächst prägte ich mir die oft recht malerischen Parzellennamen ein, von denen ich nur die originellsten behalten habe. Gleich hinterm Forsthaus lag der Franziskanermais, daran schloß sich die Parzelle Bibersreuth an. Mein Gedächtnis hat außerdem noch die Namen Königsdobel, Heuweg, Obere Rackerin, Schönplatzl, Husarenbaum, Abrahamlinie, Weingrüben, Habichtsbaum festgehalten. Leider konnte ich nicht in Erfahrung bringen, welche Umstände diesen Teilen des Waldes zu ihren malerischen Namen verholfen haben.

In meinem Elevendasein spielte die das ganze Revier durchschneidende Bahnlinie eine für mich besonders wichtige Rolle. Dieser Schienenweg überwand nämlich von Passau kommend eine kilometerlange Steigung, was dazu führte, daß die Dampflokomotiven nur im Schrittempo vorwärts kamen. Oft blieb der Zug stehen, denn die Räder drehten auf den glatten Schienen durch, der Heizer mußte abspringen, kleine Schottersteine vom Bahndamm auf die

Schienen legen, und erst dann konnte die Fahrt weitergehen. Diesen Umstand machte ich mir oft zunutze und richtete meine Reviergänge so ein, daß ich mich zur Zeit des Abendzuges in der Nähe der Bahnlinie befand. Das Aufspringen auf das schnaufende Ungeheuer war eine Kleinigkeit, und dann war ich in weniger als einer halben Stunde in Aspertsham.

Mein gemietetes Nachtlogis benutzte ich so selten wie möglich. Öfter legte ich den Heimweg, der ja querbeet nur zirka 6 km betrug, per pedes zurück. Dabei kehrte ich manchmal kurz bei einem der Bauern ein, den ich noch von Besuchen mit Dr. Winkler oder als Hefelieferant kannte. Meist fielen ein paar Happen des Nachtmahls für mich ab. Im Herbst gabs bald das erste Fallobst. Im Rucksack verstaut, von Nat zu Apfelmus verarbeitet, war das eine köstliche Zugabe auf dem Kinderspeisezettel.

Auch das Problem, wo speise ich zu Mittag, löste sich schnell zu meiner vollsten Zufriedenheit. Im nahegelegenen Gasthaus bekam ich zu einem Pauschalpreis täglich mein Essen. Wie in Bayern üblich war auch hier der Wirtshausbetrieb mit einer Metzgerei gekoppelt. Frau Staudinger, Wirtin und Köchin zugleich, war eine imposante Erscheinung mit einem guten Herzen. Jeden Mittag war mein Platz in der Küche direkt am Tisch neben dem Herd, wo sonst nur die Einheimischen saßen. So konnte ich mich über die Größe der Portionen nie beklagen. Schließlich gehörte ich ja jetzt automatisch zu dem bei Bauern und Wirten privilegierten Dreigestirn Pfarrer, Arzt und Förster, mit dem es sich niemand verderben wollte; den lieben Gott, Gesundheit und alles, was der Wald hergab, brauchte man immer.

Meine Einarbeitungszeit absolvierte ich etwa zu zwei Dritteln der Zeit im Revier, zu einem Drittel im Büro, in Bayern Kanzlei genannt. Da Revierförster Thron sich fast ausschließlich im Forsthaus aufhielt, – man konnte ja nie wissen, ob und wann ein Bauer ein lukratives Tauschgeschäft entrieren wollte! – begleitete ich Drobik fast täglich auf seinen Dienstgängen. Von den praktischen Obliegenheiten eines Forstgehilfen hatte ich am Anfang natürlich keine Ahnung. Eine Tätigkeit, die einem Freude macht, erlernt man schnell, und außerdem war Drobik ein ausgezeichneter Lehrmeister, der einem kurz und präzise klarmachen konnte, worauf es bei jeder Arbeit ankommt. Bald hatten wir uns auf ein einfaches

Lehrsystem geeinigt: Jeden Tag kam ein bestimmtes Thema dran, so z. B. Durchforstung, Pflanzung, Borkenkäferbekämpfung, Brennholzeinschlag, Stammholz vermessen usw.. Diese theoretischen Unterweisungen fanden meist auf den zu den Arbeitsplätzen der Holzarbeiter gelegenen Märschen statt. An Ort und Stelle konnte dann der praktische Teil des Unterrichts erfolgen.

Mit den Holzarbeitern verstand ich mich vom ersten Tag an glänzend. Alle waren gerade, selbstbewußte Männer, meist Eigentümer einer kleinen Hofstelle, die nur wenig abwarf. Deshalb mußten sich diese Kleinstbauern mit der Holzarbeit ein Zubrot verdienen.

Zu einer Holzfäller-Partie gehörten immer drei bis vier Männer, von denen jeder auf seinem Gebiet ein Spezialist war; denn wer gut sägen konnte, konnte noch lange nicht ebenso gut mit der Axt umgehen, und wer perfekt im Spalten des Holzes war, schaffte es noch lange nicht, in kurzer Zeit einen Stamm zu entrinden. Jeder hatte eine Art innere Beziehung zum Holz, wußte wie das Holz gewachsen war.

Ich duzte mich sofort mit allen und entsinne mich noch an die knorrigen, faltigen guten Gesichter von Eichinger und Rebzik, an die Familie Stögbauer aus dem Böhmerwald, die bei der Akkordarbeit selbst die Bayern in den Schatten stellten. Vor allem mit Haumeister Schmitt verband mich bald eine Art Vater-Sohn-Freundschaft. Immer wieder war ich beeindruckt, wie sicher und ruhig er seiner Arbeit nachging und dabei nie ein überflüssiges, vor allem nie ein dummes Wort sprach. Ich sehe ihn noch vor mir mit seinem etwas verschmitzten Lächeln, wenn er mir eine Fangfrage stellte. Der Schnurrbart à la Wilhelm II. gab ihm das Flair eines Herren, wenn nicht sein uralter Hut, der mit einer ebenso bejahrten Raubvogelfeder geschmückt war, diesen Eindruck etwas verwischt hätte. Ich setzte jedenfalls alles daran, mich vor ihm nicht zu blamieren.

Das war also der Rahmen, in dem ich in den nächsten zwei Jahren meinen Beruf ausüben sollte.

Für einen *kleinen* Eleven war ich mit meinen 29 eigentlich viel zu alt. Von meinem inferioren Status in der Stellenskala war nach außen hin niemals die Rede. Ich gehörte einfach zum Forstpersonal des Reviers Pfennigbach. Mein Eleventum wurde schon deshalb nicht ortskundig, weil es nur ein paar Wochen dauerte, bis ich von Thron und Drobik mit den ersten selbständigen Aufgaben betraut wurde. Diese Tatsache verschaffte mir schnell bei den Bauern, die ja meist unsere Kunden waren, einen gewissen Respekt, da sie in jener Zeit alles brauchten, was der Wald hergibt. Morgens stand regelmäßig eine Schlange von Bittstellern vor dem Forsthaus. Jeder, der in der Försterei Dienst tat, wurde logischerweise von den Leuten mit Herr Förster angeredet. So hatte ich bald ganz ohne mein Zutun auch diesen Titel weg, was mir außerordentlich gut tat.

Zu meinem Erstaunen trug fast jeder der Kunden ein undefinierbares Päckchen oder einen Beutel bei sich. Bald lüftete Drobik dieses Geheimnis. Nach dem Motto: „Wer gut schmiert, der gut fährt" sollten wir, die Verwalter der so begehrten Waldprodukte, mit Speck, Eiern und dergleichen, was Menge und Qualität betraf, gnädig gestimmt werden. Thron und Drobik saßen also unmittelbar an einer nie versiegenden Speck-Butter-Eier-Fleischquelle. Bald profitierte auch ich von den Brosamen, die von der beiden Herren Tische fielen.

Mir wurde jedoch klar, daß nur über einen eigenen Kundenstamm aus den Brosamen ganze Brote werden konnten.

Die Aspertshamer Bauern hatten inzwischen davon Wind bekommen, daß ich an der für sie so wichtigen Holzquelle Dienst tat. Bald sprachen mich die ersten an, um zu sondieren, *ob da was zu machen* ist. Diese ersten zunächst noch recht vagen Gespräche vertieften sich bei meinen bereits erwähnten Stipvisiten auf den Höfen und wurden schließlich zu konkreten Abmachungen über eine Art gegenseitiger Hilfeleistung.

Ein wichtiger Termin in unserem Dienstplan war jeder Montagmorgen. Da versammelten sich nämlich *am Johannes* – einem Bildstock, eben diesem Heiligen geweiht – am Stadtrand von Passau diejenigen Bürger, die vom Forstamt einen Holzbezugsschein erhalten hatten. Darunter waren oft auch Leute, die dringend Holz brauchten, aber keinen solchen Schein vorweisen konnten. Da in Bayern es ja keinerlei Steinkohle-Vorkommen gibt und der Güterverkehr vom Ruhrgebiet nach Süden immer noch nicht funktionierte, herrschte in den Städten auch noch im zweiten Nachkriegswinter großer Mangel an Brennmaterial. So blieb für die Bewohner von Passau nur die eine Hoffnung, diesen Notstand mit etwas Holz aus den nahegelegenen Wäldern zu mildern.

Das magische Wort hieß in diesem Zusammenhang Asthaufen.

Die von gefällten Bäumen abgeschlagenen Äste wurden nämlich zu Haufen zusammengetragen, um dann von den Revierbeamten nach deren Gutdünken an Bedürftige verteilt zu werden. Wie oft habe ich in diesen Vorwintermonaten die inständige Bitte angehört: „Herr Förster, haben Sie nicht für mich einen Asthaufen?!" Unter diesen Umständen war es für Drobik und mich nicht leicht, jeden Montag *am Johannes* richtige Entscheidungen zu treffen. Absoluten Vorrang hatten zunächst die Bezugsscheinbesitzer. Die übrigen Bittsteller konnte man in zwei Gruppen einteilen: In jene, die eine Gegenleistung wie etwa als Schuster oder Schneider anboten. Unter diesen befanden sich auch ganz Freche, die ohne Umschweife einen Bestechungsversuch machten nach dem Motto: Gibst Du mir, geb ich Dir! Dann kamen erst die armen Schlucker, die nichts zu bieten hatten und mit dem weichen Herz des Herrn Förster rechneten.

Drobik und ich, wir waren uns jedoch stets bewußt, daß wir eine staatliche Instanz repräsentierten und uns natürlich nicht die Blöße geben konnten, uns coram publico bestechen zu lassen. Aber ab und zu konnte ich einfach nicht widerstehen, ein kleines Geschäft am Rande der Legalität zu tätigen. So hatte ich zum Beispiel das Glück, daß ein Mann, nach seinem Beruf befragt, zur Antwort gab: „Schuster, Herr Förster." Sofort sah ich im Geist Nats armselige Klapperl mit ihren Reifengummisohlen und Lederriemen vor mir. In so einem Fall bekam der Bewerber natürlich seinen Asthaufen gegen sein Versprechen, mir innerhalb der nächsten 14 Tage – das war der Termin für die Geburt unseres zweiten Kindes – ein Paar Schuhe anzufertigen. Aus dieser Art gegenseitiger Hilfe in Notzeiten sind sogar kleine Freundschaften geworden.

REILI WIRD GEBOREN

Für die Ende September erwartete zweite Geburt mußten wir einige Vorsorge treffen, denn Franzi war ja während Nats bevorstehendem Krankenhausaufenthalt zu betreuen. Deshalb fuhr meine Mutter erstmalig zu meinem Vater nach Holstein, Nats Mutter tauschte mit ihr das Zimmer, um in unserer Nähe den Tag X zu erwarten. Danach sollte sie – verständlicherweise etwas widerstrebend – mit mir das Ehebett teilen!

Die Wartezeit war ziemlich nervenaufreibend. Endlich am 13. Oktober, einem Sonntagmorgen, setzten die Wehen ein. Ich hatte mich nach einer anstrengenden Woche darauf gefreut, ausschlafen zu können. Deshalb bin ich keineswegs aufgesprungen, als mir Nat um 5.00 Uhr morgens in meinen Schlaf hinein zuraunte: „Ich glaube, es geht los!" Diese Worte soll ich mit einem ziemlich unwirschen „so schlimm wirds wohl noch nicht sein" quittiert haben! Aber das sich ankündigende Sonntagskind hatte mit seinem Vater nicht das geringste Mitleid und wehte immer weiter. So blieb mir nichts anderes übrig, als meine Schwiegermutter herbeizuholen. Dann machten wir uns gegen 6.00 Uhr zu Fuß Richtung Krankenhaus auf den Weg. Der Marsch von 3 km – immer wieder von Wehen unterbrochen – war für Nat recht beschwerlich, zumal das letzte Stück Weges den Berg hinauf ging. Aber Nat hielt sich tapfer. Im Krankenhaus angelangt, fanden wir zunächst niemanden, der sich unserer annahm. Empfangsraum und Korridore waren wie ausgestorben. Es war ja schließlich Sonntagmorgen. Irgendwo in der Ferne hörten wir zwar aus der Krankenhauskapelle Gebete und Lieder der Schwestern, die die Messe feierten. Der liebe Gott hatte offensichtlich Vorrang vor einer Gebärenden. Irgendjemand tauchte dann doch auf und wies uns ein Zimmer an, das nur mit einem Bett möbliert etwas von einer Gefängniszelle hatte. Noch immer zeigte sich weder ein Arzt, Hebamme noch eine Schwester. So kamen wir uns recht verloren vor.

Endlich erschien dann doch die Hebamme, eine junge, nette Frau, die durch eine andere Geburt aufgehalten worden war. Nach kurzer Untersuchung meinte sie: „Wir haben noch etwas Zeit". Da der Kreißsaal bereits belegt war, durfte ich dieses Mal bei der Geburt dabeisein, die an Ort und Stelle stattfinden sollte.

Zunächst fühlte ich mich recht überflüssig, begriff dann aber allmählich, daß allein schon meine Anwesenheit für Nat wichtig war, konnte doch so das Gefühl der Verlassenheit wie bei der Geburt von Franzi im Kreißsaal von Passau nicht aufkommen. Mit dem Druck meiner Hand, mit mutmachenden Worten dicht an ihrem Ohr wurde ich mit einem Mal ganz mit hineingenommen in das wunderbare Geschehen einer Geburt. Das Leiden einer Frau in den entscheidenden Minuten hat etwas ganz Kreatürliches und zog mich vollständig in seinen Bann. Dabei steigerte sich die Erwartung auf das neue Lebewesen fast ins Unerträgliche. Der Wechsel zwischen den immer stärker werdenden Wehen und kurzen Erholungspausen erschien mir wie eine Ewigkeit. Plötzlich flüsterte mir die Hebamme zu: „Gleich ist es da!" Diesen leisen Dialog deutete Nat sofort als einen kleinen Flirt, den sie durch starkes Pressen so schnell wie möglich beenden wollte. Dann ging alles ganz schnell. Schon bei der nächsten Wehe schob sich der Kopf des Babys ans Licht der Welt! Behutsam umfaßt von den Händen der Hebamme glitt in Sekunden leicht und geschmeidig der ganze Körper nach. In meiner Erregung hörte ich nur undeutlich etwas von „es kommt unter der Glückshaube", und da war unser zweites Kind schon geboren! Es war ein Mädchen!

Voller Dank, daß ich das alles miterleben durfte, wußte ich mit einem Mal: Nie ist ein Paar so im Glück vereint wie bei der Geburt seines Kindes! Und ganz fest drückte ich Nats schweißnassen Kopf an mich.

Dann erklärte uns die Hebamme, was eine Geburt *unter der Glückshaube* bedeutet. Normalerweise platzt vorher die Fruchtblase, und das Fruchtwasser fließt ab. Das ist bei einer Glücksgeburt nicht der Fall; da gleitet der Körper des Babys zugleich mit dem Fruchtwasser leicht und schnell ins Leben. Allerdings hatte es die Nabelschnur um den Hals geschlungen.

Zunächst war ich über das Aussehen unserer Tochter tief erschrocken. Wohl wegen kurzfristigem Sauerstoffmangel hatte sie einen schwarzroten Kopf und ein von unzähligen Falten durchzogenes Gesicht. Sie schrie aus einem mir überdimensional groß erscheinenden Mund wie am Spieß. Aber bald glätteten sich die Züge, die Farbe der Haut wurde normal babyrosa, und wenige Minuten danach lag unsere winzige Sonntags-Reili in Nats Armen.

Bald ging ich nach Aspertsham, um Omi die freudige Nachricht zu überbringen. Franzi habe ich wohl gesagt: „Du hast ein Schwesterchen bekommen". Der Sinn dieser Worte ging noch über sein Begriffsvermögen. Für Nat schrieb ich an diesem Sonntag, dem 13.10.1946 folgendes Gedicht:

> Das größte Wunder seiner Schöpfung,
> kannst Du's fassen
> inmitten all dem Hassen,
> daß es Dir blieb?!
> Daß Er Dich schauen läßt
> ein Stück der Ewigkeit,
> ist groß Barmherzigkeit,
> ist göttlich Lieb'.
> Mit diesem Leben-Schenken-Dürfen
> gab seine Gnade Er mit voller Hand
> und hat Dich auserwählt aus seinem Land,
> der Welt zu bringen einen Teil
> und hat gesegnet Deinen Leib,
> auf daß ein neues Leben er gebäre.
> Acht' drauf, daß dieses Leben währe
> in jenem Dank, der ihm zum Heil!

Dieses Gedicht und meine Asthaufenschuhe mit Keilabsätzen ganz à la mode aus braunroter Friedenslederqualität brachte ich Nat am nächsten Morgen. Ihr ging es Gott sei Dank gut, und wir fühlten uns an diesem Tag wie nach getaner Arbeit nun leicht wie Vögel. Jeden Abend nach dem Dienst gabs ein freudiges Wiedersehen.

Schon vor der Geburt hatten wir beschlossen, ein Mädchen Reili zu nennen. Es war der Name einer früh verstorbenen Freundin meiner Mutter, die ein ganz besonderer Mensch war. Nat hatte so eindrucksvolle Briefe von ihr gelesen, daß sie sich entschloß, unserer Tochter diesen Namen zu geben.

Beim Standesamt gabs natürlich damit einige Schwierigkeiten, da eine Reili-Maria in keinem Namensregister zu finden war. Der biedere nieder-bayerische Standesbeamte leistete aber nur kurzen Widerstand, nachdem ich ihm immer wieder versicherte, daß in unserer Familie der Name durchaus geläufig sei. Er mag wohl gedacht haben: „Sollen diese Flüchtlinge ihre Kinder nennen wie sie wollen, mir kanns Wurst sein!"

Mit dem Erscheinen von Reili änderte sich unser – insbesondere Nats – Tageslauf erheblich. Denn nun waren zwei Schreihälse zu wickeln, doppelt so viele schmutzige Windeln wie bisher, und außer dem Füttern von Franzi kam das sporadische Stillen von Reili. Nur gut, daß wir die kleine Rosel hatten, die mit Franzi tagsüber spazieren fuhr. Allein hätte Nat es wohl kaum geschafft. Außer abends und an Wochenenden fiel ich als Assistent ja total aus.

Im Oktober 1946 begannen in Nürnberg die Kriegsverbrecherprozesse. Niemals vorher in der neueren Geschichte waren Männer in ganzen Gruppen nach Beendigung eines Krieges vor ein internationales Tribunal gestellt worden. Es war das erste Mal, daß Siegermächte (Amerika, England, Frankreich und die Sowjetunion) über die Führer eines besiegten Landes zu Gericht saßen. Die Hauptanklagepunkte waren Entfesselung eines Angriffskrieges und Verbrechen gegen die Menschlichkeit. Die Angeklagten in diesem ersten Kriegsverbrecherprozeß waren: Reichsmarschall Göring, General von Rundstedt, Generalfeldmarschall Keitel, Generaloberst Jodel, Admiral Reeder, Admiral Dönitz, Ley, Saukel, Frank (Kommissar für das besetzte Polen), Fritsch (Rundfunk), von Papen (Reichskanzler), Speer (Rüstungsminister) und Hess, Stellvertreter *des Führers*. Alles Männer, die in Außen- und Innenpolitik sowie bei der Wehrmacht die entscheidenden Führungspositionen innegehabt hatten. Aber die drei Hauptverbrecher fehlten. Hitler, Himmler und Göbbels hatten sich durch Selbstmord in den letzten Kriegstagen den irdischen Richtern entzogen.

Obwohl nur spärlich mit Zeitungen versorgt und lediglich durch ein winziges Radio informiert, begann sich nun für mich Stück für Stück der Vorhang zu heben, der damals immer noch die unvorstellbaren Untaten des Naziregimes verbarg. Jetzt sprachen Zeugen, Überlebende und teilweise die Angeklagten selbst.

In diesen Tagen gaben die Amerikaner einen Dokumentarfilm für deutsche Kinos frei, den sie gedreht hatten, als sie die ersten Konzentrationslager wie Buchenwald und Dachau, Auschwitz, Theresienstadt und Treblinka erreichten. Ich habe dieses Dokument, das sie „Nacht und Nebel" nannten, erst später gesehen. Unsere Sprache hat keine Worte, um das Grauen zu schildern, das ich beim Anschauen des Filmes empfand. Das Unfaßbare dieser Bilder überfiel mich mit einer solchen Gewalt, daß zunächst vollkommene Sprachlosigkeit jeden Gefühlsausdruck, jeden Kommentar erstickte. Ich sah zum ersten Mal diese authentischen unwiderruflichen Dokumente: Wie Tausende von Toten mit Bulldozern in Massengräber geschaufelt wurden. Der stiere Blick der verhungerten zu Skeletten abgemagerten wenigen Überlebenden bezeugte, daß sie ihre wunderbare Errettung aus dieser Hölle gar nicht begriffen. Nun sah ich, daß die Gaskammern und die Verbrennungsöfen Wirklichkeit waren. Die Berge von Brillen, Schuhen, ja sogar die wohlsortierten Goldzähne, die man den Toten aus den Kiefern gebrochen hatte, zeugten davon: Das Inferno hatte System! Folterwerkzeuge wie der Bock, die Schaukel, der Bunker, das konnten nur abartige vom Teufel besessene Kreaturen erdacht haben. Die innere Einrichtung der Baracken, in denen die Gefangenen hausten, bestand lediglich aus Pritschen, die dicht an dicht dreifach übereinander standen und aus rohen Brettern zusammengeschlagen waren. Fast körperlich war der Schmerz bei dem Bewußtsein: Deutschland, wir Deutschen, waren für dieses organisierte einmalige Verbrechen des Jahrtausends verantwortlich. Konnte ich je wieder einem Polen, einem Juden, einem Zigeuner offen ins Auge schauen!?

Nach den ersten Dokumentarberichten sind immer neue Greuel bekannt geworden, bewiesen durch Augenzeugenberichte, verbreitet durch Bilder in Büchern und Zeitschriften.

Aber über allem stand wie ein Menetekel die Zahl ermordeter Juden: 6 Millionen. Mit dem uns Deutschen eigenen Organisationstalent hatten wir ganz Europa mit einem Netz der schwarzen Schergen überzogen, dessen Maschen nur wenige entkamen. Aus allen Ländern waren die Todeszüge mit ihrer in Güterwagen zusammengepferchten menschlichen Fracht gen Osten gerollt, um diese erst auf der Rampe eines KZ wieder freizugeben. Die von Hitler auf der Wannseekonferenz befohlene Endlösung wurde Punkt für Punkt erfüllt. Als nach Jahren der Ausspruch Eleonore Roosevelts, der Frau des amerikanischen Präsidenten: „Einem Volk, das so etwas getan hat, kann man nicht trauen", auf helle Empörung stieß, dachte ich bei mir: Wie recht hat sie doch.

Auch ich war ein Deutscher, und neben der Scham verfolgte mich ein ständiges Schuldgefühl, das ich bis zum heutigen Tag

nicht mehr losgeworden bin. Immer wieder stellte ich mir die Frage: Was hast Du unterlassen, was hättest Du anders machen können? Ich fürchtete mich vor der Frage, die mir meine Kinder mit Sicherheit einmal stellen würden: „Papi, wo warst Du damals, was hast Du gewußt, und warum hast Du nichts unternommen?"
Trotz aller teils auf geschichtlichen Fakten, teils auf psychologischen Motiven beruhenden Erklärungsversionen, ist es im Angesicht dieser von Deutschen verübten Ungeheuerlichkeiten bisher wohl niemandem gelungen, eine schlüssige Antwort auf die Frage „Wie war das möglich?" zu finden. Auch ich bemühte mich, eine Erklärung für meine und die Passivität so vieler Menschen, mit denen ich zusammenkam, zu finden. Wir alle ahnten damals, aber *wußten* nicht, wir alle hatten gehört, aber nicht *gesehen*. Mit einem Wort – und ich glaube, das ist eine ganz entscheidende Erkenntnis – ich war niemals *nahe genug dran;* weder an den Nazis noch an den Orten ihrer Untaten, weder an den Juden, noch an den Widerstandskämpfern.

Auf einmal wollte ich konkret von mir wissen: Was hättest Du geantwortet, wenn Dir Männer wie Stauffenberg oder Treskow, Schlabrendorf oder Beck, York, Hassel oder Canaris begegnet wären, und einer von ihnen hätte gefragt: „Falkenhausen, machen Sie mit?" Noch heute stelle ich mir diese Frage. Sie quält mich wohl für den Rest meines Lebens, auch wenn ich so etwas wie eine Spur, eine Erklärung für mein Versagen gefunden zu haben glaube. Denn war es nicht so, daß ich in all den Kriegsjahren wie in einem Nebel, der nur unscharfe Konturen preisgibt, herumtappte, und ist es nicht so, daß der Mensch unausweichlich erst dann zur unrevidierbaren Entscheidung gezwungen wird, wenn er Personen und Dingen gleichsam Auge in Auge gegenübersteht. Wenn er auf einmal *sieht* und *weiß*, dann kommt der Augenblick der Entscheidung! Und vor eine solche unwiderrufliche Entscheidung wurde ich nie gestellt.

Später, als wie so oft in dieser Zeit meine Gedanken mit Schuldgefühlen um das Thema Judenvernichtung kreisten, hatte ich eine Vision: Franzi und Reili mit blonden Locken in diesem für kleine Kinder besonders reizenden Alter von 2 und 3 Jahren stehen mit Nat und mir dicht aneinandergedrängt auf der Rampe von Auschwitz. SS-Männer kommen und wollen die Kindern von uns losreißen ...

Niemals konnte ich den Gedanken weiterdenken. Aber auf einmal hatte ich einen Zipfel jenes Leids in der Hand, das Deutsche millionenfach über ganze Völker gebracht haben, von denen jeder einzelne ein Mensch mit Herz war.

Der Winter 46/47 sollte einer der kältesten seit Jahren werden. Welches Glück, daß ich hinsichtlich der Beschaffung von Brennmaterial buchstäblich an der Quelle saß. Natürlich hätte die Zuteilung an Deputatholz niemals ausgereicht; aber es gab Mittel und Wege, den Nachschub für Thron, Drobik und mich im Bedarfsfalle sicherzustellen. So wurde ab und zu irgendwo an günstiger Stelle der eine oder andere Holzstoß *vergessen,* den dann ein Bauernfuhrwerk in der Abenddämmerung abholte. In den Wochen vor Einsetzen der Kälte wurde ich zum passionierten Holzhacker und nutzte jede freie Stunde, unsere Holzvorräte zu vergrößern. Ich bekam fast ausschließlich Buchenholz, das besonders leicht gespalten werden kann und gut getrocknet als Wärmespender fast so gut wie Kohle ist. Außerdem war Buchenasche als Waschmittel geeignet, von dem es auch viel zu wenig gab. Weit schwieriger als die Holzhackerei gestaltete sich das Stapeln der Scheite. Winkelhofer hatte mir eine Hauswand für diesen Zweck überlassen. Im Anfang passierte es immer wieder, daß der Holzstoß bei einer bestimmte Höhe durch das große Gewicht eine Art Bauch bekam und in Sekundenschnelle, begleitet von meinen saftigen Flüchen, in sich zusammenstürzte.

Als ich mir dann bei Bauer Hirschenauer genau anschaute, wie's vom Fachmann gemacht wird, bekam auch ich im Holzschichten allmählich die nötige Fertigkeit. Von jeher verschaffte mir erfolgreich geleistete Handarbeit ein Maß an Genugtuung, wie ich sie bei anderen Beschäftigungen kaum empfand. So stand ich damals oft nach Feierabend mit einem gewissen Stolz vor meiner Holzwand und blickte auf die so schön gemaserten zentimetergenau gestapelten Scheite mit einem ähnlichen Gefühl wie ein Maler oder Bildhauer sein Kunstwerk betrachtet.

Auch auf dem ebenso wichtigen Sektor unseres Lebens, dem der Ernährung, vollzog sich allmählich ein deutlicher Wandel. Denn nicht nur Asthaufenaspiranten trugen sporadisch zur Bereicherung der noch immer recht kargen Tafel bei, nein – eines Sonntagvormittags klopfte es an die Tür unserer Behausung, und einer der Großbauern von Aspertsham betrat unser Zimmer. Daß ein niederbayerischer Bauer aus freien Stücken einen Flüchtling aufsuchte und sein Zimmer betrat, bedeutete in meinen Augen eine Revolution! Aber dieser Bauer Franz Wendel – wir duzten uns natürlich sofort, wobei er mich Rudl nannte – hatte offenbar die Zeichen der Zeit erkannt: Hier der speck- und eierhungrige Flüchtling – dort der holzhungrige Bauer. So war eine Geschäftsgrundlage schnell gefunden: Wendel nannte mir einen Platz, an dem ich meinen Rucksack deponieren sollte. „Ich mach' dann schon mei' Sach'" wie er mir unumwunden bedeutete. Daß er bei der geplanten Transaktion das Tageslicht scheute, lag wohl daran, daß seine Angetraute von unserer Abmachung nichts wußte. Wenn Wendel zukünftig ein Schwein schlachtete, war der Rucksack besonders gut gefüllt. Meine Gegenleistung bestand lediglich darin, ihn zunächst auf dem laufenden zu halten, wenn an für die Abfuhr besonders günstigen Orten Streu, Stangen, Stöcke und Asthaufen vergeben wurden. Da ich mittlerweile schon selbst die Zuteilungen vornahm, kam Franz natürlich nie zu kurz.

Zu Weihnachten gelang mir ein ganz besonderer Coup, den ich unserem auf dem Gebiet Tauschgeschäfte nie untätigen Forstmeister Thron verdankte.

Die Amerikaner hatten nämlich führende Nazis, gleichgültig ob Beamte oder Geschäftsleute, sofort nach dem Krieg ihrer Posten im Zivilberuf enthoben und zunächst zu einer Art Zwangsarbeit verdonnert. Zu diesem Personenkreis gehörte auch der Besitzer der größten Eisenhandlung von Passau, Herr H., ein schmächtiges Männchen, der nun auf Geheiß der Besatzer im Walde Schwerstarbeit leisten sollte.

Thron erkannte sofort unsere Chance: H. wurde zu leichter Arbeit bei einer Holzschlägerpartie zugeteilt; dafür lieferte er aus den Lagern seiner Firma, natürlich gegen Bezahlung mit wertloser, dafür auch bei mir um so reichlicher vorhandenen, Reichsmark Gegenstände, die in dieser Zeit für den Normalverbraucher unerreichbar waren. Ich bestellte bei ihm unter Schilderung unseres Flüchtlingsstatus ganz frech einen Küchenherd! Es war wie ein Wunder, als er als Hauptgeschenk für Nat zu Weihnachten ausgeliefert wurde. Ein wärmespendender Kochherd aus Eisen, so etwas gibt es in meinem heutigen Leben nur noch in der Jagdhütte meines Reviers in den Bergen. Damals war es, als hätten wir endlich wieder Anschluß an die Zivilisation gefunden. Nun verdampfte die Feuchtigkeit der Windeln schneller und die Tatsache, daß Nat gleichzeitig mehrere Speisen zubereiten konnte, bereicherte den Speisezettel.

Winkelhofers furnierte Eichenmöbel litten allerdings nach wie vor im ständigen Dunst, zum Glück vom Hausherrn unbemerkt, vor sich hin. Ihre Furniere bekamen verdächtige Beulen, als sei die Pest ausgebrochen. Das bei unserem Einzug so pralle Sofa wurde richtig bequem, als seine Eingeweide, die Gurte, einer nach dem anderen mit lautem Knall ihren Geist aufgaben.

Obwohl sich unser ganzes Leben fast ausschließlich um unsere Kinder drehte, gibt es eigentlich über sie kaum Aufregendes zu berichten. Natürlich fanden wir sie entzückend und vermerkten mit Freude, daß bei Franzi endlich, endlich goldblonde Haare sprießten, die allmählich in tausenden von Locken einen bisher ach so kahlen Kopf bedecken sollten. Natürlich nahm das: „Bist Du a schöner Bua!" „Hat der Bua aber schöne Lockerl!" kein Ende. Reili machte da auf andere Weise auf sich aufmerksam: Sie schrie mehrere Male am Tag mit Ausdauer wie am Spieß. Wen wunderts, daß wir besonders am Abend vor einem Wutausbruch von Winkelhofer zitterten, dessen Schlafgemach von unserem Zimmer nur durch eine zugestellte Verbindungstür getrennt war. Da half kein Wiegen und kein Schaukeln, keine beruhigenden Worte, kein auf den Bauch Legen: Reili schrie und schrie. In meiner Verzweiflung und unterdrückten Wut kniff ich sie dann in die Wange. Das bewirkte, daß sie sich sozusagen überschrie und dann abrupt verstummte. Diese Roßkur hinterließ auf den zarten Backen zwar winzige blaue Flecken, aber sie wirkte. Erst später habe ich das Geheimnis der blauen Flecken gegenüber Nat gelüftet.

Während aus den Ballungsgebieten in Westdeutschland, besonders aber aus dem Ruhrgebiet, die Nachrichten besorgniserregend klangen und die Bevölkerung dort wie nie zuvor fror und hungerte, überstanden wir Dank meiner bereits geschilderten guten Beziehungen sowohl zu den Brennholz- als auch Nahrungsmittelquellen den Winter ohne größere Probleme. Aber wer hatte schon solche Beziehungen? Vor allem die Flüchtlinge waren gezwungen, den letzten Schmuck, vielleicht den einzigen geretteten Teppich auf

Bauernhöfen gegen Lebensmittel einzutauschen. Aus dieser Zeit stammt das Bonmot: Die Bauern legen bereits ihre Ställe mit Teppichen aus. Auch bei uns tauchten ab und zu Eisenbahner aus dem Westen auf und boten Industrieerzeugnisse zum Tausch an. So kamen wir zu unserem ersten Bügeleisen. Der Gegenwert betrug 1 kg Schweinefett.

DAS JAHR 1947

Das Jahr 1947 habe ich als den ersten Zeitabschnitt nach Ende des Krieges in Erinnerung, den man bei den damaligen Zuständen als fast normal bezeichnen kann. Das lag natürlich daran, daß ich in einem festen Arbeitsverhältnis stand, das mir außer in den von meinen Vorgesetzten recht großzügig gehandhabten Urlaubswochen kaum Zeit für Aktivitäten ließ, die Beschäftigungsmöglichkeiten für mich nach dem zweijährigen Dienst im Forst zum Ziel hatten. Ohnedies gab es in dieser Hinsicht noch immer keinerlei Ansatzpunkte.

Das einzig Nennenswerte, was sich en famille in diesem Frühjahr ereignete, war Reilis Taufe. Die Protestanten hatten sich augenscheinlich im verflossenen Jahr organisiert, denn im Gegensatz zu Franzis Einzeltaufe fand diesmal die Feier in einem Saal des Fürstenzeller Klosters als eine Art Massenveranstaltung statt, in der man offenbar die Neugeborenen des Jahrgangs '46 und auch ältere Kinder zusammengefaßt hatte. Der Pfarrer stand erhöht vor dieser bunt zusammengewürfelten Gemeinde, die hauptsächlich aus den Täuflingen und ihren Familien bestand. Man erkannte es schon an der Kleidung: Fast alle waren Flüchtlinge. Die Menge hatte etwas Biblisches an sich. Es war Volk, das sich taufen ließ. Der Bibelspruch „lasset die Kinder zu mir kommen ..." hätte für alle Täuflinge am besten gepaßt. Unser für Reili ausgesuchter Text: „Wir wissen aber, daß denen, die Gott lieben, alle Dinge zum besten dienen" kam gar nicht zum Tragen, weil die Mütter mit ihren Babys einfach nacheinander vortraten und lediglich den Namen ihres Kindes nannten. So war die Aufnahme unserer Tochter in die Gemeinde Christi ganz unkonventionell und entsprach meines Erachtens viel mehr dem ursprünglichen Sinn der Taufe.

Nach wie vor herrschte ein fast totaler Mangel an Gebrauchsgütern. Lediglich ab und zu kamen Posten aus Militärvorräten wie z. B. Decken und Hemden zum Verkauf, die natürlich im Handumdrehen vergriffen waren. In Passau eröffnete eine *Tauschzentrale*, in der alle möglichen Dinge des täglichen Bedarfs mit Preisen versehen in den Schaufenstern lagen. Erwerben konnte man sie aber nur, wenn man selbst einen Gegenstand mitbrachte, dem der Einkäufer die Chance des Wiederverkaufs einräumte. Ich entsinne mich, daß wir auf diese Weise zu einem Kaffeeservice aus schwarzem Bakalit und einer kurzen Lederhose für mich kamen. Als Gegenwert trennten wir uns schweren Herzens von einem Stoffcoupon, der uns von einem gutherzigen Menschen aus Westdeutschland übersandt worden war. Herr Hartl, der Inhaber der Tauschzentrale, sollte bald zu meinem guten Bekannten werden.

Wie eine Spinne im Netz wartete ich darauf, daß sich unter den Kunden des Forstamtes einmal ein Möbeltischler befinden würde, der um Stammholz ansuchte, das dann zu Brettern geschnitten in der Tischlerei Verwendung finden sollte. Ich glaube es war wieder Thron, der mir den entscheidenden Tip gab. Jedenfalls stand ich eines Tages in der Werkstatt des Tischlers Duscher in Neuhaus am Inn, stellte mich als vom Forstamt Passau-Süd kommend vor und bat um die Anfertigung zweier kastenartiger Betten mit Holzrosten, die einmal zwei Matratzen aufnehmen sollten. Duscher war mehr als freundlich und sagte sofort zu. Man konnte ja nie wissen, wozu dieser neue Kunde gut war, der ja immerhin an der Quelle saß, aus der seine Rohstoffe kamen. Um es vorweg zu nehmen, Duscher wurde für die Folgezeit mein *Leibtischler*. Zunächst fertigte er für mich Küchenmöbel aus schön rötlich gemasertem Föhrenholz an. Es folgte als Krone seiner Schöpfung ein niederer runder und ein großer rechteckiger Tisch, die durch Platten aus herrlichem Lärchenfurnier glänzten . Nach über 40 Jahren gehören sie noch zu unserem Mobiliar und erfreuen oft mein Auge mit ihrem immer schöner werdenden honiggoldenen Timbre.

Bei der Beschaffung der Matratzen half wieder ein Zufall. Nie hatte ich in meinem Leben gehört, daß zur Füllung von minderwertigen Polstermöbeln Seegras verwendet wird. Und ausgerechnet in einem Wiesengrund des Revierteils Schönplatzl wuchs dieser Rohstoff. Er wird wie Heu gemäht, getrocknet und dann in Ballen an Sattler verkauft. Selbstverständlich fielen da zwei Matratzen für mich ab. Als erstes wurden dann das Ungetüm von Eichendoppelbett und der Divan aus unserem Zimmer verbannt. Wir stellten die Kastenbetten über Eck entlang der Zimmerwände, und in Kombination mit Duschers Kamintisch entstand eine gemütliche Sitzecke.

Trotz der so mageren Zukunftsperspektiven fühlte ich mich bei meiner Arbeit im Revier, die mir kaum Zwänge auferlegte, sehr wohl, zumal ich bei Thron stets Verständnis fand, wenn ich mal außer der Reihe ein paar Tage nach Westen fahren wollte. Ich genoß diese Freiheit, was mein Leben lang eine Hauptbedingung für mein psychisches Wohlbefinden war. Hier hatte ich sie gefunden.

Eine kleine Episode beweist, daß ich im Raum Passau-Fürstenzell bereits einen gewissen Bekanntheitsgrad erreicht hatte: Der Bahnhof, an dem ich Morgen für Morgen den Zug nach Pfennigbach bestieg, war nur ca. 200 m von unserem Haus entfernt. Als Langschläfer erreichte ich meist die Station nur Sekunden vor Abfahrt des Zuges. Als ich an einem Morgen beim Verlassen des Hauses den Pfiff der Lokomotive – das war das Zeichen „Zug fährt ab" – hörte, sprintete ich 50 m bis zu dem Viadukt, an dem der Zug sozusagen über mir meinen Weg kreuzen würde. Als die Lokomotive in meinem Blickfeld erschien, winkte ich wie wild mit dem Stock und der Lokführer gewahrte mich, der Zug hielt! Eilig erkletterte ich den Bahndamm, sprang auf das nächste Trittbrett. Wieder ertönte der Pfiff und weiter gings. In Pfennigbach lehnte sich mein Wohltäter weit aus dem Führerstand und rief mir zu: „Herr Förster, das kost' 'nen Asthaufen". – Am nächsten Montag erschien er auch prompt *am Johannes*, um seinen Tribut einzufordern.

Nur einmal wurde das tägliche Einerlei des Forstbetriebes radikal unterbrochen. Beim Kanzleidienst erging sich unser Herr Thron schon Tage vorher in mysteriösen Andeutungen, die sich auf Ereignisse bezogen, die bevorstünden, uns aber nur indirekt beträfen. Er schloß seine Ausführungen mit dem Satz: „Habt keine Angst, Euch passiert nichts". Drobik bekam immerhin so viel heraus, daß Thron per Zufall eine Pistole unter der Treppe des Forsthauses gefunden habe.

Die angekündigte Überraschung ließ nicht lange auf sich warten. Eines Tages um 8.00 Uhr früh – Thron, Drobik und ich hatten gerade unsere tägliche Morgenbesprechung – erschienen am Waldrand oberhalb der Försterei mehrerere amerikanische Armeeautos. Ehe wir uns versehen hatten, hielten sie mit kreischenden Bremsen vor dem Gartentor der Försterei. Wenige Sekunden später war das Gebäude von wild gestikulierenden und schreienden GIs umstellt. Alle hielten schußbereite MPs in der Hand. Einige stürzten in das Haus und besetzten alle Räume. In dem Tohuwabohu hörte man immer nur ein einziges deutsches Wort: Raus! Raus! Bald fanden sich alle Hausbewohner mit zur Hauswand gekehrten Gesichtern und erhobenen Händen – der alte Merk war noch im Schlafanzug – im Freien wieder. Drobik und ich blinzelten uns zu, denn durch Throns vorbereitende Worte ahnten wir, daß hier ein abgekartetes Spiel ablief. Natürlich erbrachte die Leibesvisitation nichts; aber alle mußten draußen wie eine Bande von Schwerverbrechern stehenbleiben.

Dann fingen die Amis an, im Inneren des Hauses zu wüten. Ihre Aktivitäten waren von wildem Geschrei begleitet. Wir hörten unablässig ein Krachen und Splittern, Axtschläge und den Schleifton beim Verrücken von Möbeln. Ich dachte bei mir: „Was suchen die nur?" Bald sollte ich es erfahren; denn kurz darauf erschienen die Soldaten mit ihrer Beute. Ich kam aus dem Staunen nicht heraus: Mehrere Feuerwaffen wie Revolver, MPs, Gewehre und kistenweise die dazugehörige Munition. Ich habe nie erfahren, wie dieses Arsenal unter die Fußböden im Obergeschoß der Försterei gekommen ist und wer alles dort versteckt hat.

So schnell wie die Amerikaner gekommen waren, verschwanden sie wieder. Vater und Sohn Merk nahmen sie gleich mit. Der Alte tat mir leid, zumal es nun klar war, daß Thron das ganze Schmierenstück mit einer Denunziation in Gang gebracht hatte. Da ahnte er aber wohl noch nicht, daß sich ein kleines Waffenlager unter den Bodenbrettern auch seines Schlafzimmers befand.

Da sich im Laufe des Jahres der Bahnverkehr weitgehend normalisierte, konnte Nat nun nach Bocholt fahren und endlich auch ihren Vater wiedersehen. Mit dem blondgelockten Franzi auf dem Arm gelang es ihr – sie hatte lediglich eine Fahrkarte Passau-Regensburg gelöst – die übrige Strecke *schwarz* zurückzulegen. Nach Tagen der Wiedersehensfreude mit Api und Omi und zahlreichen Bocholter Verwandten besuchte sie in Köln die Familie von Professor Peter Rassow, Freunde aus Breslauer Tagen. Das Wiedersehen war von Schmerz und Trauer erfüllt. Die Söhne Manfred und Klaus, die zu Nats besten Freunden zählten, waren in Rußland gefallen. Hilde Rassow übergab Nat eine von dem todbringenden Granatsplitter durchbohrte Fotografie, die sich in der Brieftasche von Klaus befunden hatte.

Während ihres Aufenthaltes in Köln lernte sie Karl-Oscar Koenigs kennen, den Bruder jener Hannis, deren Hochzeit mit meinem Freund Cuno Langmann so weitreichende Folgen für mein Leben gehabt hatte. Die beiden verliebten sich Hals über Kopf ineinander. Doch das gehört in ihre Memoiren.

Ich fuhr ein paar Tage später gleichfalls nach Bocholt. Wir trafen uns in Duisburg, um einige Bekannte und Verwandte von Nat abzuklappern in der Hoffnung, sie könnten mir vielleicht zu einem Job verhelfen. Bei unserem Wiedersehen versetzte die Aufmachung meiner Angetrauten mir einen leichten Schock. Tante Grete hatte nämlich versucht, aus ihr eine Dame zu machen! Dabei war es ihr gelungen, Nats von mir besonders geliebten mädchenhaften Charme total zu zerstören. Einzelheiten der Ausstaffierung sind mir entfallen. Nur die Kopfbedeckung in Form eines Vogelnestes mit herausschauender Feder habe ich noch deutlich vor Augen. Ich war so wütend, daß Nat es vorzog, sich auf einem gewissen Örtchen umzuziehen. Danach belachten wir schallend die Komik der Situation.

Zu meinem Erstaunen stellte ich anschließend fest, daß auf dem Sektor Arbeitssuche meine Frau offenbar Einflüsterungen irgendwelcher Verwandter erlegen war. Das Leben lehrte mich damit nicht das erste Mal, daß Nichtbetroffene immer schnell mit guten Ratschlägen zur Hand sind, wobei sie tunlichst etwaige Gefühle der Betroffenen nicht zur Kenntnis nehmen. Unter diesen Vorzeichen entwickelte Nat während der Fahrt Duisburg-Recklinghausen ihrem erstaunten Rudi ganz neue Perspektiven, unter denen fortan die Arbeitssuche vonstatten gehen sollte. Etwa mit folgenden Sentenzen: Neue Zeiten erfordern neue Maßstäbe. Im Laufe des Gesprächs fiel sogar der Satz: Da müßten natürlich auch die schlappen Falkenhausens ihre Einstellung ändern! Unter diesen Aspekten war allerdings der Besuch bei Bergwerksdirektor Lent, Vater einer von Nats Freundinnen, absolut berechtigt. Daß wir nicht mit dem Gruß „Glück auf" empfangen wurden, war mir nach den Gesprächen im Hause Lent einigermaßen rätselhaft. Denn der Herr Direktor scheute keine Mühe, mir die rosigen Berufsaussichten nach einem Jahr unter Tage mit geradezu schwärmerischen Worten zu schildern. Dabei zitierte er wiederholt einen Ex-Korvettenkapitän, der schon lange *unten* und angeblich begeistert war. Innerlich hatte ich das Thema Bergwerk natürlich nach den ersten Sätzen abgehakt. Für mich stand fest: Lieber ein ganzes Leben in Niederbayerns Wäldern arbeiten, als einen Tag vor Ort.

Als nächste Station liefen wir die in Oerlinghausen gelegene Prunkvilla von Nats Patentante Lella an. Sie war die erste Frau des bereits erwähnten Onkel Werner und hatte in zweiter Ehe einen Herrn Müller geheiratet. Damit der Name nicht so profan klingt, hängen Männer mit Namen wie Müller, Schulze oder Krause hinter einem Bindestrich einen Zweitnamen an. So nannte sich unser Gastgeber Müller-Örlinghausen.

Bei Müllers ging es ausgesprochen fein zu. Tee mit erlesenem Gebäck wurde gereicht. Zunächst ging das Gespräch um Alltäglichkeiten. Um mit den Schilderungen unserer Notsituation einigermaßen mithalten zu können – sie lebten offensichtlich wie im Frieden – betonte das Paar, was es alles durchgemacht hätte. Um das eigentliche Thema unseres Besuches – wir hofften ja, daß Müller mich in seinem Betrieb unterbringen könnte – ging man wie die Katze um den heißen Brei. Aber mit einem Mal empfahl sich Herr Müller mit gewichtiger Miene und dem hoffnungsvollen Satz: „Mal sehen, ob sich da was machen läßt". Aber bald sollte ich erfahren, daß sich auch hier nichts machen ließ, denn Müller – ich hatte das Gefühl er schämte sich selbst, es auszusprechen – schloß seine Ausführungen mit dem Satz: „Vielleicht könnte ich Sie als Lagerarbeiter unterbringen." Darauf allseits betretenes Schweigen. Ich stammelte etwas von „das wäre wohl für mich nicht das richtige" und Herr Müller entschwand. Wohl um die Peinlichkeit der Situation zu überbrücken, ließ sich dann Tante Lella mit fröhlicher Stimme vernehmen: „Kinder, wir machen in der Firma so schöne Frotteestoffe. Da gebe ich Euch ein paar Meter für Eure Süßen mit!" Und tatsächlich, auf Geheiß der Chefin brachte man uns 5 m dieses Stoffes in hellblau. Wir bedankten uns überschwenglich und nahmen dann mit Küßchen rechts und Küßchen links Abschied. – Nach 14 Tagen kam ohne Kommentar eine Rechnung der Firma Müller-Örlinghausen über – ich entsinne mich des Betrages genau – 54,50 RM!!!

Immerhin hatte die gemeinsame Reise nach dem Westen die immer von neuem gemachte Erfahrung zementiert: Von anderen Menschen war kaum etwas zu erwarten. Entweder sie konnten nicht oder sie wollten nicht.

Anders verhielt es sich mit Karl-Oscar Koenigs. Wir wollten nichts von ihm und er wollte nichts von uns. Eine gute Basis für eine Freundschaft. Ich lernte ihn als einen überaus umtriebigen

Menschen mit vielen Plänen kennen, die zu dieser Zeit noch meist größere Tauschgeschäfte betrafen. So erinnere ich mich, daß er mir eine riesige Kiste mit Tausenden von Kerzen mit den Worten zeigte: „Die verkaufe ich an die Jungfrauen von Köln!"

Bei unserem ersten Zusammentreffen beschlossen wir, mein Buttergeschäft auf eine größere Basis zu stellen. Den Geschäftsweg stellten wir uns wie folgt vor: Karl-Oscar kaufte über einen Freund, der Beziehungen zu Gladbacher Tuchfabriken hatte, billige Reste und leitete sie an mich weiter. Diese Anzugstoffe würden natürlich bei meinen Kunden, den bayerischen Bauern, reißenden Absatz finden. Ihr Zahlungsmittel: Butter! die auf den Schwarzmärkten des Westens immer noch nur zu astronomischen Preisen zu haben war. Die konspirativen Treffs mit unseren Abnehmern fanden meist an Tankstellen statt. Der Transport der Ware war oft recht kompliziert, und so kam es mit einem als Bronzebüste (!!) deklarierten, in Wirklichkeit aber mit Butter gefüllten Kanister fast zum Eklat. An dem Morgen, an dem ich sehnsüchtig das Eintreffen der Ware erwartete, zog der Briefträger nämlich mit spitzen Fingern eine von Fett durch und durch getränkte Paketkarte aus seiner Diensttasche, die den Vermerk trug: „Sendung ist auf dem Postamt abzuholen". Nichts Gutes befürchtend betrat ich bald darauf nach links und rechts sichernd den Raum mit dem Paketschalter. Wartete etwa schon die Kripo auf den Schwarzhändler!? Vielsagend musterte mich der Schalterbeamte, als ich ihm die fettige Paketkarte zögernd zuschob. Ohne ein Wort zu verlieren, verschwand er in einem der hinteren Räume und kehrte bald darauf mit der von ihm offensichtlich auf ein Kuchenblech gestellten Bronzebüste zurück! Kein Gramm der kostbaren Fracht war verloren gegangen.

In Aspertsham lief alles seinen gewohnten Gang. An die Enge hatten wir uns schlecht und recht gewöhnt und, was in Flüchtlingsunterkünften eine Seltenheit war, wir hungerten und froren nicht. Sogar eine unsere Ernährung betreffende brenzlige Situation überstanden wir Dank unserer für alle Fälle angelegten kleinen Vorräte. Ein Windstoß hatte nämlich unsere leichtfertig auf dem Fensterbrett abgelegten Lebensmittelkarten davongeweht. Auch ließen mich meine Bauern nach drastischer Schilderung der unvorhergesehenen Notlage nicht im Stich.

Was ist Heimweh? – Ich hatte mich in den Kriegsjahren daran

gewöhnt, viele Monate nicht zu Hause sein zu können. Aber ich wußte sicher: Einmal würde es sein, und die Seele hatte sich an die mit so schöner Regelmäßigkeit immer wieder erlebte Heimkehr nach Giesmannsdorf gewöhnt.

Ich erinnere mich genau an einen Abend im Sommer 1947, als ich mich auf dem Heimweg vom Revier an einen Waldrand setzte. Von dort hatte ich einen weiten Blick über das idyllische hügelige niederbayerische Land. Da geschah es zum ersten Mal, daß mein Inneres ein Gefühl wie ein Stich durchfuhr: Du wirst Giesmannsdorf nie mehr wiedersehen! Zum ersten Mal wurde mir bewußt, die Regelmäßigkeit des immer wieder Heimkehrens hatte ihre Gültigkeit verloren. Zunächst hing ich mit einer Art Ungläubigkeit diesem Gedanken nach; und dann traf mich diese Unabänderlichkeit, diese Gewißheit wie ein Schlag. Das erste Mal in meinem Leben hatte ich Heimweh. Aus dem Stehgreif schrieb ich dann nachstehende Zeilen nieder:

> Des Tages Sommerschwüle hatte sich verloren
> in einen Abend voller Sonnengold.
> Die Ernte ruht geborgen hinter sichren Toren –
> des Tages Arbeit reicher Sold.
> Ich sitz am Rand des Waldes, seh des Landes Segen,
> doch keine Freud will füllen mir das Herz;
> denn jeder Schlag ruft mahnend mir entgegen:
> Auch heut vergiß ihn nicht den großen Schmerz!
> Vergiß nicht, wie es war in andern Jahren,
> als Deine Hand noch eigen Feld und Flur bebaut;
> wenn vollbelad'ne Wagen heimwärts sind gefahren
> und Sensen klangen bis die Dämm'rung graut.
> Das Herz es schlägt, als will's die Heimat rufen.
> Oft möcht ich bitten: „Mach's mir nicht so schwer,
> zu finden eines neuen Anfangs Stufen!"
> Umsonst, es hört mich nimmermehr.
> Denn unserer Herzen lautes Schlagen
> ist wie ein ewig festes Band.
> Und sollt nach dem Warum mich einer fragen,
> der weiß nichts um das Heimatland.
> Mein Blick er wandert über Täler, über Hügel,

wo Berge schimmern durch den Dust,
und weiter eilet er, als hät er Flügel.
Ein Drängen ist in meiner Brust:
Die Heimat möcht ich sehn und rasten –
Für eine Weile ausruhn über all dem Schmerz.
Wie lange werd ich noch voll Unruh hasten.
Wirds Heimweh ewig dauern, Herz?

Im Herbst 1947 fuhr ich noch einmal nach Köln und traf mich wieder mit Karl-Oscar Königs. Spontan hatte sich zwischen uns eine Freundschaft entwickelt. Seine beiden Brüder waren gefallen, der ältere wenige Tage vor Kriegsende. Er selbst verlor durch Fliegerbeschuß sein rechtes Bein und wurde im letzten Moment von einem amerikanischen Geistlichen in fast hoffnungslosem Zustand gefunden und gerettet. Wir beide waren voller Tatendrang. Was sein und mein Leben jedoch grundlegend unterschied, war, daß er noch keine eigene Familie hatte und anscheinend über erhebliche Geldmittel verfügte. Die Koenigs hatten zwar auch ihr Gut Lebehn in Pommern verloren, besaßen aber im Rheinland noch wertvollen Grundbesitz. Davon gehörte K.-O. ein 400 Morgen großer Hof in der Kölner Börde. An diesem Objekt entzündete sich eines Tages unsere Phantasie: Wir beschlossen, in Rommerskirchen eine Verkaufsgärtnerei zu gründen. Ich sollte die ganze Organisation des Aufbaus mit allen Investitionen an Personal, Material und den notwendigen Baulichkeiten wie Gewächshäuser, Frühbeete usw. übernehmen. K.-O. würde die gesamte Finanzierung sicherstellen.

Obgleich ich keinerlei Ahnung hatte, wie ich die in jener Zeit schier unlösbaren Aufgaben lösen sollte, sah ich mich schon im Geiste die Kölner Märkte und großen Hotels mit feinsten Gemüsen und Tausenden von Topfpflanzen, wie ich sie aus den Giesmannsdorfer Kalt- und Warmhäusern in Erinnerung hatte, beliefern. Als erstes war mir klar, daß es nur Sinn hatte, das Projekt in Angriff zu nehmen, wenn es mir gelänge, einen erstklassigen Fachmann, das heißt einen Gärtnermeister zu finden.

Wie ich es schaffte, die Adresse des Bielauer Obergärtners Brettschneider herauszukriegen, wie viele Suchdienste, Flüchtlingsmeldestellen und andere Organisationen ich befragte, ist mir entfallen. Jedenfalls: Eines Tages hielt ich die ersehnte Anschrift in den

Händen. In meinem ersten Brief an Brettschneider verwischten sich Dichtung und Wahrheit sicherlich bedenklich. Aber in mir dominierte einfach der Wille: „Den Mann mußt Du haben" so sehr, daß ich alle Überredungskünste in meine Worte hineinlegte. Dabei war das, was ich vorhatte, noch nicht einmal auf dem Papier sondern nur in meinem Kopf in den wichtigsten Punkten konzipiert. Also Brief hin, Brief her, Brettschneider sagte zu! Natürlich war die Zusage an einige Bedingungen, zum Beispiel Bereitstellung einer Wohnung für die Familie geknüpft. Beruhigend für mich war, daß auf dem extra für das Unternehmen Gärtnerei bei der bayerischen Hypothekenbank in Passau eingerichteten Konto bald 20.000 RM gutgeschrieben wurden.

Inzwischen war das Jahr 1948 angebrochen. Es sollte ein bewegtes Jahr werden, in dem neue Weichen für unsere Zukunft gestellt wurden.

Hauptberuflich war ich ja nach wie vor im Forst tätig, nutzte aber jede freie Minute, das Gärtnereiprojekt in Angriff zu nehmen, was eine umfangreiche Korrespondenz bedeutete. Nach wochenlangem Bemühen gelang es, einen Produzenten für Frühbeetfenster zu finden, die Messerschmidt-Werke in Regensburg. Es handelte sich um die gleiche Firma, die im Krieg das berühmte Jagdflugzeug ME 109 gebaut hatte! Sic tempora mutantur. Einen Haken hatte die Sache allerdings: Ich mußte für die Fenstersprossen Eschenholz zur Verfügung stellen, und Eschen waren rar im Forstamt Passau-Süd!

K.-O. versuchte unterdessen, irgendwo eine Fräse aufzutreiben, die zur Rationalisierung der Gartenarbeit unbedingt nötig war. So mußte ich wieder ins Rheinland, um mein placet bei den Kauf- bzw. Tauschverhandlungen zu geben. Leider zerschlugen sich dieses Geschäft bereits in den ersten Ansätzen, da das von K.-O. als Zahlungsmittel gebotene Mastschwein nicht schwer genug war. Die Fahrt zu diesem Lieferanten gestaltete sich recht abenteuerlich, da ich keinen erforderlichen Ausweis besaß und deshalb die französische Zonengrenze im Kofferraum von K.-O.s alten Volvo passieren mußte. Es waren bange Minuten.

Bei diesem Aufenthalt im Westen hatte ich das erste Mal Gelegenheit, meine Kenntnis als Forstmann unter Beweis zu stellen. K.-O. besaß in der Nähe von Düren einen wertvollen Bestand alter Eichen, die er zu Geld machen wollte. Das Fällen und Verkaufsfertigmachen der Bäume sollte ich leiten. Ich nahm für ein paar Tage in einem Bauernhof Quartier und besorgte einige junge Burschen als Holzfäller. Es meldete sich sogar der Besitzer einer Motorsäge, zur damaligen Zeit ein fast noch unbekanntes Werkzeug. So ging die ganze Aktion schnell über die Bühne. Ein unangenehmes Nachspiel gab es allerdings noch bei einer oberen Forstbehörde, als sich herausstellte, daß die geschlagenen Eichen unter Naturschutz standen.

Versüßt wurden diese Tage für mich durch die Tatsache: Es war Karneval am Rhein! Bald war ich in die fast allabendlichen Ausflüge integriert, die die Bauernfamilie in die Nachbarorte mit einem von Pferden gezogenen Planwagen unternahm. Als Neuerscheinung auf den diversen Tanzereien hatte ich großen Anlauf und mußte schon ganz intensiv an meine daheim gebliebene Nat denken, um nicht den doch recht mannigfachen Versuchungen zu unterliegen. Der Abschluß dieser Festivitäten fand auf höherer Ebene bei den Heinzelmännchen auf dem Unterdeck eines Rheinschiffes statt. Mein Kostüm, ein geliehener Schlafanzug, erregte Verwunderung und machte meine Antwort auf diesbezügliche Fragen, ich sei der Sohn des Kapitäns, fast glaubwürdig. Im Laufe des Abends fand ich bald etwas Passendes. Diese Rheinnixe entpuppte sich aber als recht aggressiv und biß mich derart in die Unterlippe, daß ich schwer gezeichnet in die Arme von Nat zurückkehrte!

Das Leben in Aspertsham plätscherte seit einem Jahr in gewohnter Weise vor sich hin. Wir litten keine Not, oft wechselnde Hilfen erleichterten etwas Nats Leben, und ich hatte weiterhin randvoll Arbeit. Meine Mutter war stets präsent, stellte aber eigentlich keine Entlastung dar. Trotzdem waren die beiden Frauen wichtig für einander, einmal in ihrer Liebe zu den Kindern und weil sie in Gesprächen mangels anderer Menschen gleichen Niveaus aufeinander angewiesen waren. – Wir legten ein Büchl an, in dem die von uns als besonders originell empfundenen Aussprüche der Kinder festgehalten wurden. Fotos aus jener Zeit, mit der alten Retina aufgenommen, obwohl Filme doch Mangelware darstellten, sind in erstaunlich großer Zahl erhalten.

Im Sommer hatten wir einen Schreckschuß zu überstehen, der uns wochenlang in Atem hielt und in tiefe Unruhe stürzte. Der dreijährige Sohn der benachbarten Kolonialwarenhändlerin, Spielkamerad von Franzi, bekam Kinderlähmung!! Damals gab es ja weder eine Vorbeugeimpfung noch Heilung verheißende Behandlungsmethoden. So lebten wir lange in der ständigen Ungewißheit: Hat er sich angesteckt oder nicht?

Am 21. Juni 1948 änderte sich das materielle Leben aller Deutschen grundlegend von einem Tag auf den anderen. Dieser Montag war der Stichtag für die Währungsreform. Ganz bewußt hatte man den Wochenanfang für diese Aktion, den sogenannten Währungsschnitt, gewählt. So waren Manipulationen jeglicher Art ausgeschlossen. An jenem mir unvergeßlichen Junimorgen waren mit einem Schlag alle Deutschen, was ihren Bargeldbestand betraf, gleich. Denn unterschiedslos bekam jeder das Kopfgeld von DM 40,– ausgezahlt. Ein paar Tage später folgten nochmals DM 20,–. Damit war die Reichsmark tot, die Deutsche Mark das einzige Zahlungsmittel. Guthaben in Reichsmark auf Banken und Sparkassen wurden im Verhältnis 1:10 abgewertet. 50% davon wurden auf einem Festgeldkonto eingefroren, 50% frei verfügbar. Von 1.000,– RM hatte z. B. der Eigentümer also ein Zehntel : 2 = 50,– DM verfügbar. Vorbei wars über Nacht mit Zigarettenwährungen, Butterschiebereien und den unzähligen Möglichkeiten, sich aus Schwarzgeschäften die durch die Inflation fast wertlose Reichsmark zu beschaffen.

Für mich bedeutete die neue Lage finanziell eine kleine Katastrophe. Denn zunächst waren meine bis dahin völlig ausreichenden RM-Bestände auf ein Häufchen harte DM geschrumpft, und außerdem war das Einkommen aus meiner Arbeit im Forst so gering, daß es hinten und vorn nicht reichte, vier hungrige Mäuler zu stopfen. Noch schlechter waren Alleinstehende wie meine Mutter dran, die weder über Erspartes verfügten noch auf irgendwelche Unterstützung hoffen konnten, ja nicht einmal eine Rente bekamen.

Nun füllten sich allmählich wieder die Geschäfte mit jenen Waren, die seit Ende des Krieges legal nicht erhältlich waren. Natürlich machten die Fabriken, die vor der Währungsreform auf Pump produziert hatten, das große Geschäft. Auch ihre Schulden wurden 1:10 abgewertet und mit dem DM-Erlös gehorteter Waren jetzt mit Leichtigkeit getilgt.

Es war augenfällig, daß nun viele Nazis wieder in ihre alten Stellungen einrückten. Nun war ja ihr Gehalt wieder etwas wert, und es lohnte sich, zu arbeiten. So wurde auch mein Gönner Graf Imre

Wengerski von seinem Vorgänger aus der Nazizeit, Forstmeister Fischer, ersetzt; für mich eine Art Todesurteil, denn dieser in Gestalt und Diktion einem Giftzwerg gleichende urbayerischer Beamte strich die von Wengerski extra für mich geschaffene Elevenstelle sofort. „Wenn Sie wollen, übernehme ich Sie als Waldarbeiter", sagte er mit hämischem Ton und stellte sein Angebot als großes Entgegenkommen dar. Da mein Vertrag ohnedies am 1. Oktober abgelaufen war, nahm ich wohl oder übel an.

Das bedeutete für mich die Degradierung vom Herrn Förster zum Waldarbeiter. Thron erging es ähnlich wie mir, aber Drobik blieb. Er teilte mich der leistungsfähigsten Partie zu, die aus drei Böhmerwäldlern, nämlich Vater, Sohn und Schwager der Familie Stögbauer bestand. Sie hatten wohl ihr ganzes Leben nichts anderes getan, als im Wald Akkordarbeit zu leisten. Das Geheimnis ihrer Erfolge lag darin, daß sich jeder der drei auf einen bestimmten Arbeitsgang spezialisiert hatte. So sägten die beiden Alten die Bäume, Sohn Anton übernahm das Ausästen, wobei er auch die dicksten Äste mit einem Streich seiner haarscharfen Axt vom Stamm trennte. Dann wurden die für Brennholz bestimmten Bäume wieder von den Senioren in meterlange Stücke zerschnitten. In dieser Zeit schöpste (entrindete) der Sohn das Stammholz. Die dicksten Meterstücke wurden in Scheite gespalten und in Raummetern aufgeschichtet. Am letzten Arbeitsgang, dem Zusammenziehen der Äste, beteiligten sich alle, und es entstanden die heißbegehrten Asthaufen.

Die Stögbauers nahmen mich in ihre Gemeinschaft rührend auf und murrten kein einziges Mal, daß ich Greenhorn etwa mit einer mangelhaften Leistung ihren Akkordlohn drücken könnte. Vielmehr richteten sie mein Werkzeug fachmännisch her und wiesen mir Arbeiten zu, bei denen auch ich leidlich mithalten konnte. Immerhin war ich ja mit 32 ein Mann in den besten Jahren und habe mich glaube ich gar nicht so dumm angestellt. Beim Ausästen, Schöpsen und Holzstapeln brachte ich es sogar zu einer recht guten Fertigkeit.

Ein Glücksfall war es, daß der Thron-Nachfolger, Revierförster Schneider, mich nach wie vor die jeden Freitag fällige Lohnabrechnung machen ließ. Er kam aus einem Privatforst und war zu bequem, das im Staatsforst oft recht knifflige Lohnsystem zu erlernen.

So machte ich selbstverständlich bei der Partie Stögbauer so oft wie möglich davon Gebrauch, ihnen Gefahren- oder Schlechtwetterzulagen zuzuschanzen, so daß evtl. durch mich verursachte Lohneinbußen weitgehend ausgeglichen wurden.

Ich denke oft an diese Zeit zurück, war es doch das erste Mal seit dem Krieg, daß ich wieder Kameradschaft oder wie man heute sagt Teamgeist erlebte. Die Gerüche von Wald, gefälltem Holz, die des Feuers, um das wir Vier mittags saßen und unsere Brotzeit verzehrten, vergesse ich wohl nie. Nach Feierabend erweckte das Gefühl, etwas geleistet zu haben, trotz aller Ermüdung eine Art von Befriedigung, die ich stets nur nach körperlicher Arbeit empfunden habe. Wenn ich in späteren Jahren durch einen Wald fuhr und von einem Schlag das Weiß frisch geschälter Bäume und die Schnittstellen aufgeschichteter Scheite herüberleuchteten, bekam ich so etwas wie Sehnsucht nach den Wochen im Sommer 1948, in denen ich mich aufgehoben fühlte unter den Kronen uralter Bäume im Kreis dieser einfachen, zuverlässigen Männer.

Auch der Akkordlohn – es waren monatlich immerhin um die 300,— DM – war der einzige in meinem Leben, den ich mir *mit meiner Hände Arbeit* verdient habe!

Aber bald sollte sich herausstellen, wie berechtigt das Sprichwort ist: Akkord ist Mord. Die täglich 10 – 12 Stunden Waldarbeit gingen auf die Dauer doch über meine Kräfte. Daran änderte auch die Tatsache nichts, daß ich in den deutschen Gewerkschaftsbund eintrat und die Arbeiter des Reviers Pfennigbach mich zu ihrem Obmann wählten. Zur Wut von Forstmeister Fischer war ich nun unkündbar, und ab und zu hatte ich einen Nachmittag frei – „mit vollem Lohnausgleich", wie es in den Satzungen heißt – wenn Lohnverhandlungen oder dergleichen im Forstamt stattfanden. Bis dahin hatte ich überhaupt keine Ahnung über die Rolle des DGB im Arbeitsleben, und ich erinnere mich noch, daß mich die Sekretärin im Gewerkschaftsbüro ganz entgeistert fragte, als sie meinen Namen hörte: „Sie wollen wirklich in den Gewerkschaftsbund eintreten?!" Als Vertreter der Arbeitnehmer fand ich dann aber bald die Existenz und Arbeit des DGB durchaus notwendig. Mein Mitgliedsbuch, in dem die Beitragsmarken – 50 Pfennig pro Monat – in Reih und Glied eingeklebt sind, habe ich sorgfältig aufbewahrt. Seit 40 Jahren verwahre ich dieses einzigartige Dokument neben meinem Soldbuch und dem Wehrpaß des Rittmeisters von Falkenhausen in einer grünen Ledertasche zur Besichtigung für die Nachkommen.

In den Sommer 1948 fällt auch ein Ereignis, das das bisherige Gleichmaß unseres Familienlebens gehörig durcheinander wirbelte: Nat mußte operiert werden. Ich möchte mich einer differenzierten Diagnoseschilderung enthalten. Es war *eine Frauensache,* wohl unzweifelhaft die Folge von körperlicher Überanstrengung. Vor allem war es die ewige Wasserschlepperei treppauf, treppab, die zu einer Dehnung der Gebärmutterbänder geführt hatte. Als sich Schwächeanfälle und Ohnmachten häuften und Nats Leistungsfähigkeit besorgniserregend nachliess, erfuhren wir gerade rechtzeitig, daß Nats vertraute Gynäkologin aus Breslau, Frau Dr. Friedrich, eine Praxis in Passau aufgemacht hatte. Eine Ärztin, der wir voll vertrauen konnten, die aber in Passau keine Operationserlaubnis erhielt. So waren wir auf den Chirurgen Dr. Niedermayer, einen Urbayern, angewiesen. Aber bevor es soweit war, mußte ja Nat erst ihr *Haus bestellen.* Ich weiß nicht mehr, wie es uns glückte, das böhmische Original *die Anna* zu finden. Sie war wahrlich keine Schönheit und nach vielen herben Enttäuschungen mit einem Mann, der sie betrog, und zwei Söhnen, die sie verlassen hatten, so verbittert, daß sie froh war, in eine Familie zu kommen, die, Flüchtlinge wie sie, Verständnis für ihre Lage aufbrachten. Wunderbarerweise fand sich im Erdgeschoß des Winkelhoferschen Hauses ein kleiner Raum mit einem Bett, Tisch und zwei Stühlen und sogar einem Herd. Das war fortan Annas Reich.

Soweit ich mich erinnere, blieb Nat 14 Tage in der Klinik. Natürlich besuchte ich sie so oft wie möglich. Ein Glücksfall war, daß Frau Dr. Friedrich sich regelmäßig um sie kümmerte. Sie war nicht nur eine vorzügliche Ärztin, sondern auch ein einfühlsamer, gütiger Mensch. Bald verband uns mit ihr eine Freundschaft, die viele Jahre Bestand haben sollte. 1950 kam sie zu uns nach Bocholt, um Nat bei der schweren Geburt von Alexander beizustehen.

NEUBEGINN NACH DER WÄHRUNGSREFORM

Mit Abwertung der Reichsmark war auch das Projekt Gärtnerei über Nacht geplatzt. Da alle Pläne und Vorbereitungen nur auf dem Papier standen, gab es kaum finanzielle Verluste. Aber der bis zum 18. Juni so üppige Habensaldo war über Nacht auf ein paar 100 DM zusammengeschmolzen.

Weshalb meine Mutter, Nat und ich eines Tages einer Einladung einer jüdischen Familie Salzberg nach Passau folgten, woher wir diese Menschen überhaupt kannten, weiß ich nicht mehr. Deutlich erinnere ich mich jedoch, daß man einen jüdischen Festtag feierte und es deshalb das ungesäuerte Brot Matze gab, das meine Mutter besonders gern aß. In Gegenwart von Juden fühlte ich mich damals so unfrei wie noch nie zuvor in meinem Leben. Konnte man diesen Menschen überhaupt in die Augen sehen? Wie sollte man mit ihnen ein normales Gespräch führen? Mußte bei einer Begegnung von Juden mit einem jungen deutschen Mann nicht zwangsläufig die Frage im Raum stehen: „Warst Du auch einer von jenen?" Aber bei diesem Zusammensein wurde meines Wissens der wunde Punkt nur insoweit berührt, daß meine Mutter ihren glühenden Antinazismus zum Ausdruck brachte. Gesprächsweise wurde dann wohl über die jeweilige materielle Situation gesprochen, wobei offenbar auch Nats Eltern erwähnt wurden und der Bruder meiner Schwiegermutter, der Textilfabrikant Werner Schopen. Das Wort Textil hatte auf den Hausherrn Eliasar Salzberg eine Art elektrisierender Wirkung: Sofort hakte er ein, und mit dem sechsten Sinn eines Juden für ein Geschäft ließ er nicht locker, bis er möglichst viele Details über die in Bocholt hergestellten Produkte aus mir förmlich herausgequetscht hatte. Dann bekniete Salzberg mich inständig, ihm Stoffe zu beschaffen, und bot mir 25 *Perzent* vom Preis jedes gelieferten Meters!

Dieses Gespräch war die Geburtsstunde meiner *Textilkarriere!* Denn nun begann mein jüdischer Vorfahr, der alte Friedenthal, in mir zu arbeiten. Der flüsterte mir zu: Wenn S. Dir 25% zahlen will, verdient er mindestens 100%! Ich fragte mich: „Warum versuchst Du dieses Geschäft nicht selbst?"

Ich wollte so schnell wie möglich eine Probe aufs Exempel machen. Nat schrieb also einen Bettelbrief an ihren Onkel Werner, schilderte unsere finanzielle Lage in den düstersten Farben und bat um Übersendung einiger Stoff-Coupons. Kommentarlos trafen einige Tage später 70 Meter grau-lila gestreifter Pyjamaflanell und die gleiche Menge eines undefinierbaren Gardinenstoffes ein. In Coupons von je 5 m gestückelt war der Flanell bald bei unseren näheren Bekannten wie Bäcker, Fleischer, den Bauern im Handumdrehen mit 100% Profit verkauft. Nun war mir klar, weshalb Salzberg wie elektrisiert war, als das Wort Textil fiel.

Natürlich stimulierte mich dieser Anfangserfolg. Die Gunst der Stunde mußte genutzt werden und Nat fuhr zu ihrem Textilonkel, um Mustermaterial für weitere Verkäufe zu beschaffen. Bald kehrte sie mit einem Bündel bedruckter Baumwollstoffe zurück, deren Muster ich zwar scheußlich fand, die, wie sich herausstellte, aber den Geschmack des Volkes trafen.

Zunächst widmete ich meine Verkaufsaktivitäten jenen Bäuerinnen, zu denen bereits aufgrund der Hefelieferungen Geschäftsbeziehungen bestanden. Als sie mein Warenangebot sahen, wurde ich geradezu von durch überschwengliche Begeisterung begleiteten Kaufwünschen überrumpelt. Offenbar hatten die Landleute in den Kriegs- und Nachkriegsjahren nie die Möglichkeit gehabt, Stoffe zu kaufen, die sie für die Aussteuer ihrer Töchter oder zur Ergänzung ihrer Bettwäsche dringend brauchten. Mein Angebot traf genau in diese Bedarfslücke, zumal der Blumendruck in zartrosa und bleu allerseits große Zustimmung hervorrief. Fragen nach der Lieferzeit wurden von mir hinhaltend beantwortet. Meine Preise wurden widerspruchslos akzeptiert. Als auch noch weitere Artikel aus der Fabrik von O. W. auf unerwartet viele Kaufinteressenten stießen, keimte in mir der Plan, dieses recht einträgliche Hobby weiter auszubauen.

Eigenartigerweise hatte ich in diesem Lebensabschnitt nie den Drang nach Höherem, etwa ein Studium zu beginnen oder dergleichen. Unterschwellig saß mir wohl immer die Existenzangst im Nacken, die mich zwang, rein materiell zu denken. So war ich bereit, nach jedem Strohhalm zu greifen, wenn sich mit ihm die Hoffnung auf ein besseres Einkommen als das eines Holzfällers verband.

Bei meinen Stoffangeboten war diese Hoffnung durchaus realistisch, denn es zeigte sich, daß die Bauern offenbar auf einen Hosenstoff gewartet hatten, den ich ihnen anbieten konnte. Die

Verkaufsgespräche fanden meist am Sonntag in Mutter Staudingers Küche statt. Dort erwartete ich nach der Kirche meine Kunden, die, ohne daß große Überredungskunst notwendig gewesen wäre, Coupons für eine, manchmal auch für zwei Hosen, bestellten.

Zu allen Zeiten hat es fahrende Handelsreisende wie mich gegeben, die der Landbevölkerung irgendwelche Waren aufschwätzten. Daß mit meiner für Sonntagshosen bestimmten Ware etwas schief lief, war nur auf meine totale Unkenntnis über die Zusammensetzung und Ausrüstung textiler Gewebe zurückzuführen. Der Stoff verlor nämlich allzu schnell sein prächtiges Aussehen, hielt keine Bügelfalte, und die Hose sah nach mehrmaligem Tragen wie eine Ziehharmonika aus.

Aber diese kleine Panne hat meinen Tatendrang in Sachen Textil nicht gebremst. Vielmehr suchte ich den Textilkaufmann und Stadtrat von Passau Alois Hartl auf, von ihm zu erfahren, wie er die Zukunftsaussichten der Textilbranche beurteilte. Ich kannte Hartl schon aus jener Zeit im Forst, in der er seine Privilegien als Stadtrat weidlich ausnutzte. Hartl war gleich Feuer und Flamme, als er von meinen Beziehungen zur Textilbranche hörte, und riet mir, unbedingt den begonnenen Weg weiter zu verfolgen und sagte: „Jetzt ist es keine Kunst, Textilien zu verkaufen – man muß sie nur haben!"

Als ich dann eines Tages erfuhr, daß in der amerikanischen Zone seit der Währungsreform Gewerbefreiheit herrschte – das bedeutete, jeder Bürger konnte, ohne irgendwelche Branchenkenntnisse nachzuweisen, eine Firma gründen – faßte ich über Nacht den Entschluß, ein eigenes Unternehmen zu eröffnen. Obwohl ich noch über keinen Meter Stoff verfügte, meldete ich es ganz frech unter dem Namen „R. v. F. Textilien en gros, en detail" an.

Nach Erledigung der Eintragungsformalitäten bei der Industrie- und Handelskammer Passau war mir klar, daß ich für den Einkauf – dabei dachte ich als Lieferanten an die zahlreichen Textilfirmen in Bocholt – Kapital benötigte. Jetzt kam mir das einzige Wertstück, das ich besaß, mein VW zugute. Es war eine wahre Odyssee, die mein wohlbehütetes Kleinod seit Kriegsende bis Herbst 1948 durchgemacht hatte: Um den Wagen endgültig der stets drohenden Beschlagnahme durch die Amerikaner zu entziehen, vermietete ich ihn an den Bruder eines Forsteleven, der Arzt war; denn Ärzte gehörten damals zu den wenigen Berufsgruppen, die die Zulassung für ein Privatfahrzeug erhielten. Durch diesen Schachzug war der VW sozusagen wieder zum Leben erweckt. Schritt zwei auf dem Weg, das Auto letztendlich in DM zu verwandeln, war nur dadurch zu realisieren, daß mein Arzt einen Freund hatte, der Kohlenhändler war. Erst durch ihn wurde ein Ringtausch möglich, an dessen Ende statt des VW 5.000 Ziegelsteine standen, die mir gehörten. Das Spiel lief wie folgt ab: Ich kannte einen Herrn Homann, Direktor einer Ziegelei. Um seinen Betrieb in Gang zu halten, durfte dieser offiziell Kohle gegen Ziegel tauschen. Wie einfach ist nun des Rätsels Lösung. Der Kohlehändler kaufte für 5.000 DM den VW, zahlte an Homann in Kohle, dieser in Ziegeln an mich, die er, ohne daß ich diese Steine je gesehen habe, in meinem Auftrag an seinen Kunden xy verscherbelte. Bald verfügte ich so über ein Startkapital von DM 5.000 – damals ein kleines Vermögen auf meinem fast leeren Konto bei der Bayerischen Hypotheken- und Wechselbank in Passau.

Erst im Rückblick wird mir klar, welches Vabanquespiel ich damals trieb. Ich hatte ja keinerlei Branchenkenntnisse, keinen einzigen Kunden – nur das Versprechen von Herrn Hartl, mich so weit wie möglich zu unterstützen. Ich sollte auch bald erfahren, daß beim Verkauf von Textilien vor allem Kenntnisse über die Eigenschaften des Gewebes unabdingbar sind. Was wollten doch die Kunden von mir Ahnungslosen alles wissen: Jeder Stoff hatte eine Art Steckbrief, der Daten über die Einstellung, die Bindung und die Ausrüstung enthielt. Fachausdrücke, die ich zum ersten Mal in meinem Leben hörte.

Natürlich mußte ich nach der offiziellen Anmeldung meines Ladens wenigstens das Notwendigste über Buchführung wissen. Als erstes belegte ich deshalb einen entsprechenden abendlichen Schnellkurs, zu dem ich zweimal wöchentlich nach Passau fahren mußte. So wußte ich bald, wie man ein Journal führt, das zur Vorlage beim Finanzamt vorgeschrieben war, und in dem in unzähligen Spalten jede Geldbewegung unter den Oberbegriffen Einnahmen und Ausgaben vermerkt werden mußte.

Als ich meinen Fachberater Herrn Hartl von meinem nun unabänderlichen Schritt zum Textilunternehmer informierte, war er sofort zu weiterer Hilfestellung bereit, stellte fachgerecht eine Kollektion zusammen, wobei mir eine Spezialmaschine zum Musterschneiden zugute kam. Er verschaffte mir Auftragsblocks, und als alles beisammen war, verkündete er mit Optimismus: „Ich sehe Sie schon im mahagonigetäfelten Verkaufszimmer Ihres Onkels die Kunden empfangen!" Worauf er diese Prognosen gründete, blieb mir ein Rätsel.

Da ich bereits bei den geschilderten Kleinverkäufen recht gut verdient hatte und aufgrund des VW-Verkaufes einen finanziellen Rückhalt hatte, hängte ich bald meine Axt an den Nagel und nahm Abschied vom Revier Pfennigbach. Es war wohl auch der richtige Augenblick für diesen Schritt, weil sich mit diesem Forstmeister Fischer als Chef die gesamte Führung des Forstamts grundlegend verändert hatte. Unter der Leitung des Grandseigneurs Graf Wengersky hatte die Arbeit Spaß gemacht. Sein Nachfolger war einer jener berüchtigten unflexiblen Beamten, die nur nach Vorschriften handelten, völlig unpersönlich mit ihren Untergebenen umgingen und diese stets fühlen ließen, wer das Sagen hat. So fiel mir die Trennung nicht allzu schwer. Trotzdem ahnte ich, daß die Zeit einer gewissen Geborgenheit, die dieses Leben im Wald mit der Natur verhafteten Menschen für mich bedeutet hatte, für immer vorbei war.

Bald startete ich als *freier Mann* meine erste Einkaufsreise nach Bocholt. Dort gestaltete sich jedoch alles viel komplizierter, als ich erwartet hatte. Zwar war das Stadtbild weitgehend von einer Weberei neben der anderen geprägt. Doch bewahrheitete sich bei meinem ersten Einkaufs-Streifzug Herrn Hartls Prognose: „Textilien verkaufen ist kein Kunststück, erst einmal haben muß man sie" und ich gewann den Eindruck: „Die wollen Dir ja gar nichts verkaufen". Wahrscheinlich erschienen in den Textilfabriken täglich so viele Leute, die eine schnelle Mark machen wollten, daß eine Bedienung schon aus organisatorischen Gründen gar nicht möglich war. Da sich die Inhaber der Bocholter Familienunternehmen untereinander gut kannten, ja sogar in vielen Fällen miteinander verwandt waren, wirkten einige Telefonate von Onkel Werner Wunder. Fortan war ich nicht mehr ein Anonymus ohne jede Chance, der bisher von einem Bürostift abgewimmelt wurde, sondern jetzt, als der Neffe von Herrn Schopen, wurde ich zumindest von einem kompetenten Herrn der Verkaufsabteilung empfangen. Obwohl meine Gesprächspartner sicherlich bald merkten, daß ich gelinde gesagt neu in der Branche und entsprechend unsicher war, bei welchen Artikeln ich einsteigen sollte, denn ich hatte ja keine Ahnung, was geht. Trotzdem war man meistens sehr zuvorkommend, zumal bei meiner Empfehlung meine Liquidität über jeden Zweifel erhaben war. Jedenfalls nahm ich von allen Artikeln Muster mit und placierte die ersten Probeaufträge.

Mein Hauptlieferant wurde natürlich die Firma A. und L. Ketteler des Onkels. Zu meinem Glück produzierte diese Weberei viele Artikel, die dem Genre der bayerischen Landbevölkerung entsprachen, und hatte auch etliche Ladenhüter anzubieten, die man mir billig überließ. Ich stellte also mit Bedacht die erste Lieferung zusammen, die aus Futterstoffen, Baumwoll- und Kunstseidendrucken sowie einem ominösen neuentwickelten Kleiderstoff ‚Stichelhaar' bestand. Zusammen mit den Bestellungen bei den anderen Firmen verfügte ich fürs erste über eine recht respektable Auswahl. Onkel Werner war hocherfreut, als ich ihm eröffnete, daß ich bar bezahlen würde. Er hatte nämlich nach dem ersten Weltkrieg mit zwei Vettern in dieser Beziehung üble Erfahrungen gemacht. Die beiden hatten bei ihm auf Kredit gekauft und waren bald pleite gegangen!

Nach und nach trafen die ersten Sendungen in Fürstenzell ein. Unser Lager befand sich auf dem Dachboden. Immerhin war sichergestellt, daß ich kleine Probelieferungen schnell ausführen und der erste eigentliche Verkauf beginnen konnte. Mangels eines Fahrzeuges war ich gezwungen, meine Aktivitäten zunächst auf Passau zu beschränken. Hartl kaufte sofort von jedem etwas, weil er in seinem Laden eigentlich alles führte, was als Kleiderstoff verwendet werden konnte.

Verkaufen ist eine Kunst, die eine Portion Frechheit und Überzeugungskraft verlangt. Wenn ich also ein Geschäft betrat, hatte ich am Anfang auf der Schwelle stets ein wenig Herzklopfen. Ich trat ja schließlich in der nächsten Minute einem wildfremden Menschen gegenüber mit einer von mir als Anmaßung empfundenen Absicht, ihm etwas zu verkaufen. Ich war schon froh, wenn mir ein weibliches Wesen gegenübertrat, das mich meist pflichtgemäß mit einem „Grüß Gott" empfing, wohl in der Annahme, daß es sich bei dem eintretenden, etwas eigenartig gekleideten jungen Mann um einen Kunden handele. Dann kam die entscheidende Sekunde, in der ich möglichst viel Charme zu versprühen trachtete und gleichzeitig die etwas verdutzte Dame davon in Kenntnis setzte, daß ich ganz in der Nähe von Passau eine Textilgroßhandlung eröffnet habe und sie bat, ihr meine Kollektion vorlegen zu dürfen. Wenn im gleichen Atemzuge das erwünschte „Zeigen's a'mal, was's haben" ertönte, breitete ich meine dank Hartls Spezialmaschine an den Rändern fachmännisch gezackten Muster aus. Im darauffolgenden Verkaufsgespräch versuchte ich, möglichst locker zu bleiben und auch bei verzwickten Fragen keine Unsicherheit zu zeigen. Natürlich streifte das Gespräch bald auch Privates, wobei ich meine guten Beziehungen zu Bocholter Textilfirmen ins Feld führte, was sich natürlich auf verkürzte Lieferzeiten auswirken würde. Ich stellte fest, daß dieser Hinweis die Kaufwilligkeit beträchtlich beeinflußte.

Auch in Geschäften mit Herrenkonfektion fand mein Angebot Anklang, denn kunstseidene Futterstoffe waren damals absolut Mangelware. Ich kann mich nicht erinnern, daß ich auch nur einmal mit einem „bedauere, wir brauchen nichts" abgespeist wurde, denn in den Monaten nach der Währungsreform brauchte jeder etwas. Man sah kaum auf Preis und Qualität; wichtig war, daß meine Artikel einigermaßen zu dem Genre des Geschäftes paßten.

Von diesen Verkaufserfolgen ermutigt, klapperte ich nach und nach fast alle potentiellen Abnehmer in den Straßen Passaus ab. Dabei machte ich auch meine psychologischen Studien: Bei den Männern gabs die Zauderer, die Alles-Besserwisser und diejenigen, die mich fühlen ließen, daß ich von ihnen abhängig war. Bei den Frauen traf ich auf die Unnahbaren, natürlich auch solche, die einem Flirt nicht abgeneigt waren. Fast alle hatten das eine gemeinsam: Sie waren einem kleinen Tratsch nicht abgeneigt. Da hatte ich natürlich einiges zu bieten, wobei ich mich hüten mußte, meine völlig untextile Vergangenheit zu verraten.

Während der Mittagspause aß ich meist eine Kleinigkeit in einem jener Gasthäuser, in denen ich in den Zeiten der Reichsmark viele Pokerschlachten geschlagen hatte.

Nat verfolgte interessiert die Entwicklung unserer Neugründung und freute sich mit mir über jeden verkauften Meter. Als freier Unternehmer war ich ja nicht mehr an feste Arbeitszeiten gebunden, und da auch die körperliche Belastung durch die Waldarbeit ein Ende hatte, fand ich Zeit, mich mehr um die Familie zu kümmern.

Anna war ein fester Bestandteil der Familie geworden. Dazu kam noch die 12jährige Sigrid, die glücklich war, in der Betreuung unserer Kinder eine Aufgabe gefunden zu haben. Die verwitwete Mutter war mit 8 Kindern aus Schlesien geflüchtet, wohnte in einem Zimmer und war froh, einen Esser weniger zu haben. Sigrid verwuchs ganz mit unserer Familie und blieb Jahre in unserem Haus.

Allmählich kehrten einige Errungenschaften der Zivilisation in unser Leben zurück: Bald gab es bei Winkelhofer ein Telefon, das natürlich aufgrund meiner immer zahlreicher werdenden Geschäftsgespräche zu neuen Streitereien Anlaß gab. Diese ließen sich jedoch jetzt leichter glätten, da ich Frau Winkelhofer bevorzugt aus meinem Stofflager bediente. Leider enthielt ein rosa Flanell, aus dem sie sich Nachthemden geschneidert hatte, so viele Holzbestandteile, daß ich mir Klagen über den Juckreiz anhören mußte, der angeblich ihre Nachtruhe empfindlich störte!

Meine Stoffe waren also das Bindeglied zur Frau des Hauses. Franzi entwickelte sich mit zunehmenden Alter zum Liebling des Hausherrn. Er, dem die Natur offenbar Nachkommenschaft versagte, hatte an unserem Lockenkopf einen Narren gefressen, der darin gipfelte, daß er ihn uns für 20.000,- DM abkaufen wollte!!

Da die Züge wieder nach Plan verkehrten, wagte meine Mutter erste Fahrten zu Gemälde-Ausstellungen nach München. Zurückgekehrt erzählte sie so begeistert von einer großen Austellung moderner französischer Malerei, daß wir uns entschlossen, auch nach München zu fahren. Wir waren ausgehungert nach geistiger Anregung und das erste Mal nach dem Krieg kamen wir wieder mit jener Kultur in Berührung, die bei den Nazis auf dem Index gestanden hatte. Es war eine Begegnung mit jenen Malern, die für ihre sogenannte entartete Kunst in Deutschland nur Hohn und Spott geerntet hatten. Nun standen wir vor den Werken von Cézanne, Gauguin, van Gogh, Manet und Monet, Toulouse-Lautrec, Picasso, Chagall, Klee und Matisse und konnten uns nicht satt sehen. Für Nat und mich war es die erste unmittelbare Berührung mit dem Schönsten, was die moderne Kunst zu bieten hat. Aber es war nicht nur die Schönheit der Malerei, sondern auch die von den Werken ausstrahlende schöpferische Kraft, die auf uns gleichermaßen einen tiefen und unvergeßlichen Eindruck machte.

Durch Zufall hatte ich ein Radio ergattert, einen alten Volksempfänger, der eine weitere Verbindung zur Welt herstellte. Zudem konnten wir die ersten Zeitungen abonnieren: „die Gegenwart", von Hans Zehrer und „die neue Zeitung" und waren glücklich, endlich weitere geistige Nahrung zu haben.

Auch wenn ich mich nicht auf Verkaufsfahrt befand, war an Beschäftigung kein Mangel, war doch eine Menge Schriftkram mit Kunden und Lieferanten zu erledigen. Ich hatte es inzwischen auch zu einer Schreibmaschine gebracht, die ich mir aber erst leistete, als die Firma Ketteler sich einmal um 300,- DM zu meinen Gunsten verrechnete! Allabendlich führte ich mein Journal, wobei die Endzahlen meist nicht stimmten und ich oft stundenlang nach ein paar Pfennigen suchte, die in dem Gewirr von Soll und Haben verloren gegangen waren.

Ab und zu machten Nat und ich kleine Ausflüge nach Passau. Wir hatten über die Hartls einen Fotografen kennengelernt und ließen von diesem unsere *entzückenden* Kinder auf dem Rand eines Barockbrunnens ablichten. Es gibt aus dieser Zeit auch Portraitfotos von Nat und mir. All diese Zeitdokumente sind erhalten.

Um den Kindern eine Freude zu machen, folgten wir der Einladung von *mei Mama* (Frau Winkelhofers Mutter), um die Passauer Dult (bayerischer Name für Kirmes) und dabei auch ihr Riesenrad zu besuchen. Die Gondeln waren sehr klein und deshalb nur für die Benutzung durch Kinder geeignet. Nichtsahnend verfrachteten wir Franzi in das Gefährt, und schon entschwand er himmelwärts unseren Blicken. Nach der ersten Umdrehung passierte uns Franzi nicht, wie von uns erwartet, fröhlich winkend, sondern wie am Spieß brüllend mit hochrotem Kopf! Bei der Affenliebe zu unserem Ältesten wirkte dieses Bild auf uns wie ein Schock. Auch inständige Bitten konnten *mei Mama* nicht bewegen, das Rad vorzeitig anzuhalten, über dessen Technik ihr Lebensgefährte Herr Endres gebot. So mußten wir hilflos zuschauen, wie unser Liebling Runde um Runde an das Höllengefährt gefesselt immer mit dem gleichen Geschrei an uns vorüberrauschte. Die wenigen Minuten bis zum Ende der Tortur kamen uns wie eine Ewigkeit vor. Noch heute hat Nat einen traumatischen Schuldkomplex, wenn sie an jenen Nachmittag auf der Passauer Dult zurückdenkt.

Als ich alle für mein Angebot in Frage kommenden Passauer Geschäfte mit recht gutem Erfolg abgegrast hatte, trat im Geschäftsgang ein gewisser Leerlauf ein. Ich konnte ja bei den Kunden nur in bestimmten Zeitabständen nachfassen, ohne ihnen auf den Wecker zu fallen. Mein größtes Handikap war natürlich, daß ich mangels eines fahrbaren Untersatzes meine Aktivitäten auf Fürstenzell und Passau beschränken mußte. Aus Konkurrenzgründen war darauf zu achten, modische Kleiderstoffe am gleichen Ort nur in einem Geschäft anzubieten.

Ein glücklicher Zufall machte meiner Unbeweglichkeit ein Ende. Als ich eines Tages zum Fenster hinausschaue, sehe ich, wie ein junger Mann auf einer schweren BMW auf den Hof fährt. Sicherlich wollte er Winkelhofer sprechen. Einer Eingebung folgend sprang ich die Treppe herunter und verwickelte den Motorradfahrer in ein Gespräch. Nach wenigen Sätzen wußte ich: Der will seine alte Mühle verkaufen. Eigenartigerweise hatte er alle für einen Verkauf erforderlichen Papiere, wie Zulassung und Kraftfahrzeugbrief bei sich. So stand aus juristischer Sicht der Abfassung eines Kaufvertrages nichts im Wege. Nach kurzen Verhandlungen einigten wir uns auf einen Kaufpreis von 300,– DM. Dank meiner Schreibmaschine war schnell ein respektabel aussehendes Papier angefertigt und von uns beiden unterschrieben. Nach einer halben Stunde waren alle Formalitäten erledigt. Ich gab dem Mann drei Blaue und übernahm die Maschine, ein vorsintflutliches Modell aus Vorkriegszeiten, das mit seinen 18 PS einen Höllenlärm machte. Wie oft sandten mir Passanten Flüche nach, wenn ich durch die kleinen niederbayerischen Ortschaften donnerte!

Zwei Jahre später – wir waren längst in Bocholt – erhielt ich von der Staatsanwaltschaft Passau die Mitteilung, daß es sich bei der BMW 750 ccm usw. um ein geklautes Fahrzeug handelte! Da ich aber im Besitz der erforderlichen Papiere war, hatte das keine Folgen für mich.

In einem durch meine Motorisierung erheblich erweiterten Absatzgebiet zog ich nun meine Kreise. In den Marktflecken des Rottales wie Ruschdorf, Griesbach, Pocking gab es nur wenige größere Geschäfte, oft sogar nur einen Abnehmer, der für meine Artikel in Frage kam. Als noch der richtige Textilhunger herrschte, war dort natürlich die Konkurrenz schon gewesen. Auf einmal mußte ich mich Qualitäts- und Preisvergleichen stellen. So war die Ausbeute nicht so groß wie erhofft.

Eines Tages meldete sich bei mir ein dicklicher, bebrillter Herr, der sich mit „Seidelmann, Fürstenzell" vorstellte. Er hatte von meiner Firma gehört und wollte deren Vertretung übernehmen. Die Besichtigung meines Lagers konnte ich mit Ausreden verhindern. Bald wurden wir einig, daß er gegen 5% Provision und einen niedrigen Spesensatz den Vertrieb meiner Waren übernehmen sollte. Dann machte er sich auf die Socken. Mit einem Spazierstock bewaffnet, die Kollektion in einer Tasche, wanderte Seidelmann von Dorf zu Dorf, von Haus zu Haus und schwatzte Bürgern und Bauern meine Ware auf. Er nahm seine Aufgabe tierisch ernst und konnte in Rage geraten, wenn ich, was oft geschah, mit Lieferungen säumig war. Immerhin trug er zur Umsatzsteigerung bei, ohne daß mir Mehrarbeit entstand.

Herbst und Winter 48/49 war ich viel unterwegs, kam auf meinen Fahrten bis in den Bayerischen Wald, versuchte mein Glück in den Städten am Unterlauf des Inn und hatte bald einen weitgestreuten Kundenkreis. Eines Tages fuhr ein PKW auf unseren Hof, dem ein recht zwielichtig ausschauendes Paar entstieg. Die zwei waren fliegende Händler, die auf Wochenmärkten – jeden Tag an einem anderen Ort – ihre Waren anboten. Ich war hocherfreut, als sie ohne Umschweife Kaufabsichten äußerten und nach kurzen Verhandlungen einen größeren Posten kauften. Sie bezahlten sofort bar und gewannen so mein Vertrauen. Wie konnte ich Greenhorn ahnen, daß es auch Betrüger gibt?! In Abständen von einer Woche erschienen weitere zwei Kunden dieser Art, die die gleiche Schau abzogen: Sie hätten über Freunde von der Existenz meiner Firma gehört, wollten kaufen, Ware sofort mitnehmen, bar bezahlen – basta! – Nach drei Wochen kam das erste Pärchen wieder. Alles lief wie gehabt mit dem Unterschied: Man wünschte Kredit und würde dann Stammkunde werden. Prompt fiel ich auf diese verlockenden offerierten Zukunftsaussichten herein. Die zwei anderen Gangsterpaare ließen gleichfalls nicht lange auf sich warten. Auch da sah ich kein großes Risiko, einen Kredit einzuräumen. Schließlich hatten auch sie beim ersten Besuch bar bezahlt, und ihre Adressen hatte ich auch. Als sich nach Verstreichen des Zahlungszieles nichts rührte, schickte ich die ersten in höflichstem Geschäftsdeutsch abgefaßten Mahnungen heraus: „Es dürfte Ihrer Aufmerksamkeit entgangen sein ..." Erfolg auch nach zweiter und dritter Mahnung gleich null. Zwei der Betrüger hatten falsche Adressen angegeben und waren unauffindbar. Bei Nummer 3 war bereits Pfändung durch den Gerichtsvollzieher angeordnet. Doch bevor diese Aktion stattfinden konnte, erhielt ich von meiner Kontrahentin ein Schreiben, das in dem Satz gipfelte: Bei mir gibt es nichts zu pfänden außer vier kleinen Kindern! Da gab ich auf. Meine Unerfahrenheit und Leichtgläubigkeit hatten mich ca. 2.000,– DM gekostet.

Eine Hürde anderer Art nahm ich durch unfreiwillige Nachtarbeit. Eines Tages brachte der Postbote einen Brief jener Art, die auch heute noch beim Empfänger durch ihr unverwechselbares Äußeres eine Art Unwohlsein hervorruft. Der Absender dieses durch seine armselige Papierqualität auffallenden unfrankierten Kuverts ist seit je her entweder das Finanzamt oder eine Polizeidienststelle. Bei mir handelte es sich um das Finanzamt Passau. Man fragte amtlich ganz unverfänglich an: „Wir bitten um Mitteilung, ob und in welcher Höhe Sie Umsätze mit der Firma XY gemacht haben?" Natürlich machte auch ich das eine oder andere Geschäft ohne Rechnung. Manche Kunden wünschten es sogar. Zu dieser Sorte gehörte auch eine ältere Dame, deren „ohne bitte" ich nachgekommen war. Bei einer plötzlichen Durchsuchung durch das Finanzamt hatte man als Hauptindiz in ihrem Nachttisch ein Notizbuch gefunden, in dem die Chefin die Summen ihrer Schwarzgeschäfte eingetragen hatte. Dabei stieß man auch auf meinen Namen. Glücklicherweise hatte ich genau wie diese Frau alle Lieferungen mit Tag und Summe in einem Sonderheft vermerkt.

Nach Kenntnisnahme jener unheimlichen Anfrage sah ich schon im Geiste einen Finanzbeamten mit eisiger Mine auf der Schwelle stehen, der höflich aber bestimmt meine Buchführung zu sehen wünschte. Um ruhig schlafen zu können, blieb uns nichts anderes übrig, als in der darauf folgenden Nacht in Wechselschicht das ganze Journal umzuschreiben. Am nächsten Tag konnte ich mit gutem Gewissen die erwünschte Meldung abgeben.

Zahlen sind mir entfallen, aber mit Sicherheit habe ich im ersten Halbjahr gut verdient. Ich hatte ja außer den Motorradfahrten kaum Unkosten, und die Kalkulation war noch immer recht üppig. Wir gingen mit dem Gewinn sparsam um. Als Extra leisteten wir uns lediglich einen neuen Ring für Nat, da das Original ihres Traurings auf mysteriöse Weise verlorengegangen war. Nat hatte das gute Stück beim Fischeputzen auf die Balustrade des Balkons gelegt und dort liegengelassen. Eine diebische Elster blieb ihrem Ruf treu und verschleppte das blitzende Kleinod in ihr Nest. Da ein goldener Ring unerschwinglich war, kratzte Nat ihre letzten paar Schmuckstücke zusammen, ein Goldschmied schmolz sie ein und fertigte nicht nur einen schmalen Trauring, sondern das Gold reichte für einen zweiten Ring mit einen Saphir in der Mitte.

Mit der Familie Hartl verband uns inzwischen eine Freundschaft. Durch sie bekamen wir allmählich Kontakt zu deren Bekanntenkreis. Darauf ist es wohl zurückzuführen, daß uns in der Faschingszeit eine Einladung zu *dem* Kostümfest der Hautevolée von Passau auf den Tisch flatterte. Nat ließ sich von Tante Grete einen japanischen Kimono schicken, in dem sie, natürlich auf japanisch frisiert, so echt aussah, daß ihr Konterfei am nächsten Tag in der „Passauer freien Presse" prangte. Wenn ein Mann nicht weiß, als was er auf ein Faschingsfest gehen soll, verkleidet er sich als Mittelding zwischen Seeräuber und Vagabund. So tat auch ich. Ein weißes Hemd, als Kontrast dazu ein schmutzigrotes Halstuch und eine blaue Hose waren eigentlich schon alles. Unter einer Baskenmütze quollen meine damals noch recht üppigen Locken stilgerecht hervor. Ich verzichtete auf die eigentlich obligate schwarze Augenklappe, dafür zierte meine Oberlippe ein aufgeklebtes Menjoubärtchen, Wahrzeichen eines echten Verführers. Das Fest war für uns beide ein voller Erfolg. In einer Gesellschaft, in der jeder jeden kennt, sorgte schon die Neugier dafür, daß wir großen Anlauf hatten. Ich erregte mit einem Balanceakt Aufsehen, indem ich auf der Brüstung des die Tanzfläche überspannenden Balkons etwa 5 m über den Köpfen der Tanzenden mit ausgebreiteten Armen den Saal überquerte. Unter mir gab es großen Tumult, spitze Schreie tönten zu mir herauf. Dabei war das Ganze halb so gefährlich, brauchte ich doch bei einer evtl. Unsicherheit nur einen halben Schritt nach links zu machen, um sicheren Boden zu erreichen. Von unten muß es jedoch recht halsbrecherisch ausgeschaut haben.

So ein Fest ist nur als gelungen zu bezeichnen, wenn man einen rasanten Flirt hat. Ich hatte ihn mit einem Mädchen, das sich mir als Mischung von Zigeunerin und Spanierin präsentierte. Sie war genau mein Typ. Als der Morgen graute, Abschied mit Küssen und Umarmungen und – was man nie tun soll – eine Verabredung à demain, Treffpunkt: Innpromenade. Als mir am nächsten Tag dort pünktlich ein weibliches Wesen entgegenkam, fragte ich mich: Ist das Deine Eva von gestern abend?! Die hatte doch schwarze Locken und dunkle Augenbrauen, und die sich da Nähernde war blond. Doch dann erkannte ich sie an der spitzen Nase wieder. Mir war zumute, als sei ich in kaltes Wasser gefallen. So war das Intermezzo rasch zu Ende.

Nach dem Fest waren Nat und ich mit dem Frühzug nach Aspertsham zurückgefahren. Es war Sonntagmorgen und wir die einzigen Fahrgäste. Der Schaffner döste in seinem Dienstabteil. Rechts und links glitten die Stämme meines Waldes vorbei. Im ersten Morgenlicht hatte alles etwas Unwirkliches, denn ein Nebelhauch verwischte die Konturen der Stämme. Das erste Mal nach dem Krieg fühlten wir, daß das Leben in bessere Bahnen zurückkehrte, daß es wieder frohe, ausgelassene Menschen gab, die begannen zu vergessen. So wurde diese Fahrt für uns beide eine Art unbeschwerter Sternstunde, in der wir unsere Jugend und Liebe spürten.

Nachdem ich im Frühjahr meine Kunden mit Ware versorgt hatte, brachen wir zu einer ersten kleinen gemeinsamen Reise nach Oberbayern auf. Die Kinder überließen wir der Obhut von Anna und Sigrid. Meine Mutter führte die Oberaufsicht und war glücklich, Spatzl, wie sie Franzi, und mein Weiberl, wie sie Reili zärtlich nannte, einmal für sich allein zu haben.

Es war für uns beide ein ganz fremdes, aber beglückendes Gefühl, endlich einmal auch ohne Anhang, ohne Pflichten und auch ohne bestimmtes Ziel diese Fahrt ins Blaue zu unternehmen. Mit der Bahn fuhren wir zunächst über München nach Murnau. Ganz in der Nähe, in Ohlstadt, lag der schloßähnliche Besitz der Kühlmanns. Von dort stammte die Freundin meiner Mutter, nach der wir unsere Tochter Reili genannt hatten. Ich glaube, daß wir auch nur wegen dieser Beziehung dorthin gefahren waren. Der Besuch bei Onkel Dick – so hatten wir den Hausherrn als Kind bei seinem Besuch in Giesmannsdorf genannt – war ein ziemlicher Reinfall. Zwar ging es in Ohlstadt hochherrschaftlich mit servierendem Diener und Stubenmädchen mit Spitzenhäubchen zu, aber das Essen war schlecht und die Portionen winzig. Außerdem war Onkel Dick so senil, daß meine Versuche, über gemeinsame Jagderlebnisse aus schlesischen Tagen Konversation zu machen, fehlschlugen. Erst bei Nennung der Namen Giesmannsdorf, Bobby und Maria erwachte in ihm ein Schimmer von Erkenntnis, wer ich überhaupt war, und er fragte mit einem indignierten Unterton in der Stimme: „Habt ihr auch so viele Flüchtlinge in Euerm Haus?!" Die Nacht in Herrschafts-Daunenbetten ist die positive Erinnerung an diesen Besuch.

Am nächsten Morgen brachen wir zu Fuß, jeder mit einem Rucksack, in die oberbayerischen Vorgebirge auf. Anhand der Karte könnte ich die Namen der Orte, die wir durchwanderten, heraussuchen; mein Gedächtnis ist jedoch überfordert, wollte ich Erlebtes und Gesehenes in richtiger Reihenfolge wiedergeben. Sicher erinnere ich mich nur an die zweite Nacht, die hinsichtlich der Unterlage im krassen Gegensatz zur vorhergehenden stand. Am Abend erreichten wir nämlich nach einem Tag anstrengender Auf- und Abstiege das Ufer des Walchensees, fanden aber keine Übernachtungsmöglichkeit. Das kristallklare Wasser des Sees hatte etwas Faszinierendes und gewährte einen Blick bis auf den Grund des Gewässers. Wir dachten unwillkürlich: „Hier ist die Welt noch in Ordnung".

Auf der Suche nach einer Bleibe folgten wir dem Ufer, bis uns die Dunkelheit überfiel. Da stießen wir auf eine Art Unterstand, der nur mit Rindenstücken überdacht war. Sicher hatten Holzfäller dieses Refugium zum Schutz vor Unwetter gebaut. Aus Fichtenästen richtete ich eine halbwegs weiche Unterlage, und nach einem kargen Nachtmahl schlüpften wir wie Tiere in unseren Bau. Diese Nacht zu zweit in Gottes freier Natur unter sternbedecktem Firmament bleibt unvergessen.

Am nächsten Tag wanderten wir durch Bayrischzell, jenem an der Grenze zu Tirol gelegenen Ort, der meine Phantasie aufgrund der um diesen Ort kreisenden Wilderergeschichten beflügelte. Von dort erstiegen wir keuchend und schwitzend von Süden den Wendelstein. Es war sehr ärgerlich, am Gipfel festzustellen, daß von Norden eine Zahnradbahn den Ausflüglern die von uns mutig auf uns genommenen Strapazen ersparte. Jedenfalls ließ das Geschrei und Gejohle der aus den Gondeln steigenden Touristen darauf schließen, daß sie bedeutend frischer waren als wir.

Über den sogenannten Tatzelwurm gings dann weiter nach Kiefersfelden. Dort wollte ich einen Kriegskameraden besuchen, den ich als patenten Mann mit dem Charme des Urbayern in Erinnerung hatte. Welche Enttäuschung war jedoch das Wiedersehen! Von dem schmucken Oberleutnant von einst war wahrlich nichts übriggeblieben. Vielmehr saß da ein trauriger als Bayer verkleideter Mann in seiner spießig eingerichteten Wohnung und machte ein blasiertes Gesicht. Ich hatte lustige Gespräche erwartet, in denen wir wechselseitig unser jeweiliges Nachkriegsschicksal austauschen würden. Aber er war so einsilbig und grantig, daß ich glaubte, einen anderen Menschen vor mir zu haben und nicht jenen Oberleutnant Stumpf, mit dem ich so viele gemeinsame Erlebnisse in Ostpreußen und Österreich hatte. Erst allmählich erkannte ich den Grund seiner Wandlung. Stumpf war Nazi und offenbar kein kleiner. Wahrscheinlich war er ein Dorf-Mussolini, der seinen tiefen Fall nicht verwinden konnte. Nun saß er da wie einer, der vom Thron gestoßen wurde und einer Vergangenheit nachtrauerte, in der er Einfluß und Ansehen genoß. Ich hatte schon früher bemerkt, daß es Menschen gab, die nicht einsehen konnten oder wollten, ja die beleidigt waren, daß sie nun die Konsequenzen tragen mußten, weil sie an das tausendjährige Reich mit seinem *Führer* geglaubt hatten. Wir beendeten möglichst schnell dieses unangenehme Wiedersehen. Ein anschließender Spaziergang am Ufer des Inn und der Besuch des wunderschönen Bergfriedhofs von Kiefersfelden ließ uns das Erlebte schnell vergessen.

Mit der Bahn erreichten wir in wenigen Stunden die vertrauten Gefilde von Aspertsham. Alles war ok, die Kinder wohlauf und Mimi voller Geschichten, die sie mit ihnen erlebt hatte.

Nun hieß es, sich wieder dem Geschäft mit seinen profanen Tätigkeiten zu widmen, verlangte doch die Abwicklung jedes Auftrags eine Fülle ineinandergreifender Tätigkeiten wie Teilen, Verpacken, Adressieren und Expedieren der Ware. Jeden Abend gehörte Rechnungen Schreiben und Buchführung zu meinen Pflichten. Trotz meines exzellenten Gedächtnisses könnte ich aus dieser Zeit Fragen, wie zum Beispiel: „Erhielt ich die Ware per Post oder Bahn? Auf welchem Weg beförderte ich meine Liefermengen zu den Kunden?" nicht beantworten.

Mein detailliertes Erinnerungsvermögen setzt erst wieder ein, als Nat und ich zu einer zweiten Fahrt, diesmal nach Berchtsgarden, aufbrachen. Dort wollten wir meine Schwiegereltern in der Schönau treffen und das Ehepaar Schopen, die in der gleichen Gegend Urlaub machten. Um unabhängig zu sein, fuhren wir mit dem Motorrad. Nat vertraute sich ohne Widerspruch diesem Feuerstuhl an! Wir empfanden wohl, hervorgerufen durch die Schnelligkeit der Fortbewegung, eine nicht gekannte Freiheit, und als wir auf der Alpenstraße bei Reit im Winkel in eine Gewitterfront kamen, hielten wir nicht etwa an, sondern brausten durch den wolkenbruchartigen Regen einfach weiter. Naß wie gebadete Katzen kamen wir in der Schönau an. Ich habe die Gesellschaft, die uns erwartete, als Menschen in Erinnerung, die sozusagen die dezente Seite des Lebens gewählt hatten. Ich würde sie als geistigen zurückhaltenden Typ bezeichnen, intellektuellen Dingen zugewandt und völlig unvorbereitet auf eine Art Überfall, wie sie unser plötzliches Erscheinen darstellte. Da wir keinen trockenen Faden am Leibe hatten, stand unser Aussehen in argem Kontrast zu den tadellos gekleideten Damen und Herren, die uns umstanden und bestaunten. Mit einem Blick auf unser kärgliches Gepäck wurde ihnen klar, daß sie mit trockener Garderobe zu Hilfe kommen mußten. Die Damen nahmen sich Nats an, und ich geriet in die Fänge eines Pfarrers, der mir mit einer original-nazibraunen Velvetonkurzen aushalf, die verteufelt an den Hitlerjungen Quex erinnerte! Ich genierte mich entsetzlich, so kostümiert unter die im Gesellschaftsraum versammelte soignierte Gesellschaft zu treten. Ich habe den Abend zwar als sehr harmonisch in Erinnerung, aber es herrschte doch eher jene Stimmung, wo eine lockere Fröhlichkeit nicht aufkommt. Die Versammelten waren halt durchweg kluge, ältere Menschen, und ich machte gar nicht den Versuch, diese meiner inneren fröhlichen Verfassung so konträre Stimmung zu durchbrechen, die durch das im Laufe des Abends Gebotene untermauert wurde. Jemand las Passagen aus Thomas Manns „Dr. Faustus" vor, und als dann einer der Gäste die Sonate III von Beethoven spielte, waren alle sehr bewegt. Auch ein so unmusikalischer Zeitgenosse wie ich konnte sich der Wirkung dieses Werkes nicht entziehen. „Dim – da – da; Dim – da – da" wiederholen Nat und ich immer wieder, wenn wir an diesen Abend denken.

Am nächsten Tag trafen wir Onkel Werner und Tante Grete am Königssee, die offensichtlich den Schock der Kriegsschäden gut überstanden hatten. Ihre Weberei arbeitete längst wieder auf vollen

Touren, die Währungsreform hatte für die gehortete Ware gute Gewinne beschert. Ihre zerbombte Villa war wieder aufgebaut. Sie waren natürlich erstaunt, uns echt bayerisch gekleidet zu sehen. Nat hatte ein Dirndl von Mimi geschenkt bekommen, eine Zuwendung vom Renommierladen Lanz in Salzburg an die nun verarmte Baronin. Ich trug die schon seit 1946 bei Hartl eingetauschte kurze Lederhose und dazu den Hut mit Gamsbart, ein Relikt von Großpapa. Den Nachmittag verbrachten wir in ausgelassener Stimmung in einem Gartenlokal, wo wir zu den Klängen einer Trachtenkapelle tanzten. Obwohl am Königssee, wurde immer wieder „die Rose vom Wörthersee" intoniert. Ich glaube, Nat und ich waren ein hübsches Paar und der Onkel und die Tante mit ihrer Nichte und dem Neu-Neffen sehr zufrieden. Als die Damen dann in eine First-class-Boutique entschwanden und Nat bald darauf in einem entzückenden Seidenkleid zurückkehrte, dachte ich: „Wie reizend sieht doch deine Frau mit ihren hübschen Beinen in so einer Robe aus!"

Ich entsinne mich nicht, daß O. W. als mein Lieferant und ich als sein Kunde geschäftliche Gespräche führten, die über einige Routinesätze hinausgingen. So schieden wir in lockerer Stimmung. Es war für Nat und mich ein ganz neues Gefühl, einmal mit Menschen zusammenzusein, die ein normales Leben in finanzieller Sicherheit führten. Welcher Gegensatz zu unserer trotz des Textilhandels immer noch mehr als unsicheren Existenz.

Denn – und das hatte ich Nat natürlich verschwiegen – der Boom der ersten Monate flachte fühlbar ab, die Konkurrenz wurde härter, die Zeit, in der ich zuteilte und fast die Preise diktierte, war vorbei.

Durch die Normalisierung der Verkehrsverhältnisse wurde die Eintönigkeit unseres Daseins öfters durch Besuche unterbrochen. So kam mein Vater aus Holstein, Nats Eltern aus Bocholt und dann und wann ihre Freundinnen aus Schul- und Studienzeit, wie Hase Schmettow und Ulla Koenigs, Paten der Kinder. Franzi und Reili nun schon 3 und 4 Jahre waren wohl ein besonderer Anziehungspunkt dieser Reisen und dann auch die Hauptakteure, die Abwechslung in diese Besuchstage brachten. Unsere Gäste wohnten in einem schäbigen Gasthaus, das nur den einen Vorteil hatte, daß es in unmittelbarer Nähe unseres Hauses lag.

Nat mit Franzi und Reili

Aus dieser Zeit sind schon recht viele Fotos erhalten, die mehr als Worte über die damalige äußere Erscheinung der Familienmitglieder aussagen. Das Aussehen meines Vaters hatte sich bis auf das durch die Ereignisse gezeichnete Gesicht kaum verändert. Wie auf einem Spaziergang in Giesmannsdorf trug er Knickerbocker, die seine *berühmten* krummen Beine freigaben, den braunen mit grünen Aufschlägen und Kragen besetzten Lodenrock, den im Laufe der Jahre stark zerknitterten Jagdhut. Es waren noch immer die gleichen Kleidungsstücke, die er auf der Flucht getragen hatte. Nats Eltern wirkten dagegen in der ländlichen Umgebung wie Städter, die es in ein Dorf verschlagen hat. Ihre Schwester Lotti lernte ich nun auch endlich kennen. Sie lebte mit ihrem Mann und drei Kindern in primitiven Verhältnissen im Sauerland. Wie wir mußten sie ihr gesamtes Hab und Gut in Niederschlesien zurücklassen.

Unvergeßlich ist das Wiedersehen mit Tante Olga. Ich kenne keinen Menschen, über den der Krieg so viel Leid brachte. Nach Onkel Rudis tragischem Tod lebte sie mit ihren Kindern weiter in Bielau. Wie mein Vater war sie im März 1945 getreckt und auch nach Bielau zurückgekehrt. Dieser Ort lag in den letzten Kriegstagen in der Hauptkampflinie. So war kaum ein Stein auf dem anderen geblieben. Vom Schloß zeugte nur noch die Toreinfahrt von vergangener Schönheit.

Wie alle Schlesier wurden auch die Bielauer im Oktober 1945 ausgewiesen. Nur Tante Olga durfte als Italienerin mit ihren drei Kindern – Friedrich, der Älteste war im Westen – bleiben. Sie erwartete von einem russischen Offizier ein Kind. Ich habe nie erfahren, ob sie vergewaltigt wurde. Jedenfalls hat sich dieser Russe ihrer angenommen und sie vor dem Hungertod bewahrt. Dann brach eine Typhusepedemie aus, die auch ihre von der Unterernährung geschwächten Kinder Graziella und Ernstl dahinraffte. Zwei Jahre hat sie dann noch unter menschenunwürdigen Verhältnissen mit Norwin und der kleinen Olga unter den Polen gelebt. Endlich ließ man sie ausreisen. Ihre Freunde Oppenheim in Schlenderhan bei Köln nahmen sie auf. Als ich sie wiedersah, war sie gebrochen und verbittert.

Ich fragte mich damals oft, wie eine Seele so viel Leid ertragen kann? Hat die kleine Russentochter, die ihr ja ganz allein gehörte, ihr die Kraft zum Weiterleben gegeben? Nachdem auch Norwin auf tragische Weise ums Leben gekommen war, blieben Oljuscha und der älteste Sohn Friedrich die einzigen, die von den einst so glücklichen Bielauer Falkenhausens überlebten.

Das Stimmungshoch, in dem wir uns seit der Gründung der Textilhandelsfirma befanden, hielt verhältnismäßig lange an. Als sich aber die Konjunkturkurve, wie es im Fachjargon heißt, abflachte, verblaßte mein anfänglicher Optimismus, und ich sah mit einem Mal ganz klar: R. v. F. Textil en gros en detail hatte à la longue keine Zukunft und konnte nur eine Übergangslösung sein. Wir hausten ja immer noch zu viert in einem Zimmer, die Kinder wuchsen heran und beanspruchten immer mehr Platz. Eine Änderung dieses Zustandes war nicht in Sicht. Da half mir auch mein im Krieg so oft erfolgreich geübtes *Glauben an eine Bestimmung* und einfach Stillhalten nichts. Damals war ich für mich allein, jetzt für vier Menschen verantwortlich. Die bittere Realität sah doch im Sommer 1949 so aus, daß ich keinen festen Plan hatte, der unsere Situation hätte verändern können. Es gab keinen Anhaltspunkt, der in eine bessere Zukunft wies.

ÜBERRASCHENDER RUF AUS BOCHOLT

Dann kam der Tag, an dem das Gestern von einer Sekunde auf die andere keine Gültigkeit mehr hatte, da sich mir ein Morgen, ein neues Ziel zeigte.

Ich sehe ihn noch vor mir, diesen unscheinbaren Brief auf minderwertigem Papier, Adresse und Text mit Bleistift geschrieben. Er kam von Werner Schopen, der sich nicht als der *liebe* Onkel von Nat, sondern als der Inhaber der Weberei A. u. L. Ketteler an mich wandte. Die kleinen, etwas verschwommenen schräg fast auf dem Bauch liegenden Schriftzüge vergesse ich nie, denn sie waren ja der Anfang eines Dialogs, der über meine Zukunft entschied. Der Text, wenige Sätze nur, hatte etwa folgenden Wortlaut:

„Lieber Rudi! Wilhelm Steiner (der Mitinhaber) und ich kommen allmählich in das Alter, in dem wir uns nach einem Nachfolger umsehen müssen. Dabei haben wir an Dich gedacht! Wir haben beide keine Kinder. Mit Aufmerksamkeit haben wir verfolgt, wie Du Dir in Bayern eine Firma aufgebaut hast. Es wird Dir sicher nicht leicht fallen, diese aufzugeben. Schreib uns, was Du über die Sache denkst, da natürlich noch Einzelheiten zu besprechen sind, usw.!!!"

Immer wieder und wieder lasen Nat und ich den Brief! Waren wir sprachlos? Jubelten wir? Lagen wir uns in den Armen? Uns beiden war ja sofort klar: Wir hatten das große Los gezogen. Unzählige Male wiederholte mein Verstand den Kernsatz „Dabei haben wir an Dich gedacht!" – und offensichtlich an keinen anderen.

An mich, der kaum Baumwolle von Seide unterscheiden konnte, der noch nie einen Webstuhl von der Nähe gesehen hatte, der nichts davon wußte, wie man eine Kalkulation aufbaut. Konnte es einen Menschen geben, der ungeeigneter war, Chef einer Weberei zu werden? Denn darauf lief es ja hinaus. Sie suchten doch einen Nachfolger, sie, die beiden Chefs.

In dem Brief stand noch etwas von Probezeit. Aber ich zweifelte keine Sekunde: Der alte Friedenthal würde sich durchsetzen. Es war einer jener Augenblicke in meinem Leben, in denen ich mich fragte: „Träumst Du?!" Dieses Gefühl hat man ja nur, wenn einen etwas völlig unerwartet wie der Blitz aus heiterem Himmel trifft und man in einer Sekunde weiß: Dein Leben ändert sich entscheidend. Haargenau so erging es mir mit Onkel Werners Brief. Es ging gar nicht mehr darum, eine Entscheidung zu fällen, die wurde mir ja direkt aufgezwungen bzw. hatte das jene Macht schon getan, die wir Schicksal nennen.

Den Antwortbrief mußte ich natürlich möglichst diplomatisch abfassen. Dezent ließ ich zunächst meine Freude über das unerwartete Angebot anklingen. Aber kein überschwengliches Wort, das auch nur ahnen ließ, welchen Jubel es bei uns ausgelöst hatte. Natürlich bestätigte ich, wie schwer mir die Trennung von meiner so mühsam aufgebauten Firma fiel. Dann verglich ich auch das von uns liebgewonnene Bayern mit dem mir doch recht fremden Nordrhein-Westfalen. Zum Abschluß tat ich unmißverständlich meine Bereitschaft kund, die mir gebotene Chance zu nutzen, kurzfristig nach Bocholt zu kommen, um alle Formalitäten zu besprechen und, wie vorgeschlagen, den Beginn der Probezeit festzusetzen.

Wie waren nun bei Nat und mir differenziert betrachtet die Gefühle, die uns beherrschten, nachdem wir den Schicksalsbrief gelesen hatten? Gab es einen Zweikampf zwischen Pro und Contra? Wenn ich ehrlich bin: Wenn es überhaupt zu einen Entscheidungsnotstand kam, so war es nur eine Art Scheingefecht, in dem natürlich die Vernunft die Oberhand gewann. Persönliche Freiheit oder gar die Lieblichkeit Bayerns als Gegenargument zur Bocholter Alternative mit finanzieller Sicherheit und den vielversprechenden Zukunftsaussichten ins Feld zu führen, hätte eine Gefühlsduselei bedeutet, die schon in Hinblick auf die Zukunft der Kinder nicht zu verantworten war. Und doch stand eine Abschiedstraurigkeit auf den Blättern dieses letzten Zeitabschnitts, hervorgerufen von der Aussicht, vom Charme des Südens in den mir so eintönig und abweisend erscheinenden Nordwesten zu wechseln. Es klingt paradox: Aber ich war froh und traurig zugleich. Froh, weil der ständige Existenzkampf sich seinem Ende zuneigte; traurig, den Platz verlassen zu müssen, mit dem uns eben jener jahrelange Kampf ums Dasein, den wir aus eigener Kraft bestanden hatten, verband.

Wenig später reiste ich nach Bocholt zu der alles entscheidenden Besprechung. Wenn ich denke, was heute ein Stellenbewerber an Wissen, an Unterlagen über Ausbildung und an Zeugnissen von bereits zurückliegenden Arbeitsverhältnissen vorlegen muß, wie so ein armer Teufel unter Zuhilfenahme moderner Testmethoden in die Mangel genommen wird, um überhaupt eine Chance zu haben, so kann ich im Rückblick auf meine Gespräche mit Werner Schopen und Wilhelm Steiner nur sagen: Dieses Einstellungsgespräch glich einem gemütlichen Kaffeekränzchen. Keine vorbereiteten Fragen brachten mich in Verlegenheit; man war sogar hocherfreut, daß ich einigermaßen über die Textilqualitäten des Hauses Ketteler Bescheid wußte. Auch die Hürde Anfangsgehalt wurde mit nachstehendem Dialog salopp genommen: O.W.: „Nun zum Gehalt. Was hast Du Dir gedacht?" Ich: „Was habt Ihr Euch denn gedacht?" Darauf hoben beide Herren ihre Handflächen, die dann eine Art Schutzzaun zwischen ihrem Mund und meinem Gesicht bildeten und flüsterten sich zu: „Nicht festlegen!" Doch auch diese mir seltsam erscheinenden Praktiken konnten mir keine Forderung entlokken. Ich wollte mit dieser Zurückhaltung verhindern, daß ich weniger verlangte, als sie zu zahlen bereit waren. Wir einigten uns dann auf 400,– DM monatlich, ein halbes Jahr Probezeit, Arbeitsbeginn 01.10.1949.

Die Würfel waren also gefallen, und durch die Entscheidung änderte sich unser Leben in Aspertsham schlagartig. Es stand sozusagen unter der Devise: Nichts pressiert mehr! Mochte das Geschäft recht und schlecht weiterlaufen. So beschränkte ich mich darauf, meine Stammkunden vornehmlich mit Qualitäten der Firma A. u. L. Ketteler, also meiner Firma, zu beliefern. Das viele Herumfahren und das nervenaufreibende Kundenwerben und bei der Stange Halten hatten jäh ein Ende.

Es bedrückte uns auch nicht, daß noch völlig in den Sternen stand, wo und wie wir in Bocholt wohnen würden. Was das anbelangte, hatten sich meine neuen Arbeitgeber nämlich in völliges Schweigen gehüllt. Ich war wie so oft in meinem Leben auch in diesem Fall der Ansicht, zerbrich dir nicht unnötig den Kopf über Dinge, die noch gar nicht spruchreif sind. Ich hatte ja schließlich zunächst die Probezeit vor mir, um dieses Problem zu lösen. Der Gedanke, daß ich nach diesem Halbjahr durchfallen und bei den gemütlichen Chefs von A. und L. Ketteler keine Gnade finden könnte, kam mir überhaupt nicht.

Die letzten Wochen bis zu meiner Übersiedelung nach Bocholt zogen sich endlos hin, denn in dieser Zeit hatte ich keine Aufgabe, die mich forderte. Die bevorstehende Trennung von Nat bedrükkte mich kaum, war ja jetzt eine Bahnfahrt nach Bocholt kein Problem mehr. Die Kinder waren gut versorgt, zumal Anna viel umgänglicher geworden war. Der Grund: Sie hatte sich in Ferdl, den jetzt erst aus Rußland heimgekehrten Sohn der Steinleitners verliebt.

Wenn ein Mensch plötzlich seine gewohnte Umgebung aufgeben muß, wird stets das Beispiel von dem Baum bemüht, den man nicht verpflanzen soll. Wie recht das Sprichwort hat, sollte ich jetzt am eigenen Leib erfahren. Zwar war ich noch kein alter Baum, dafür war Bocholt aber ein Ort, der in so vielerlei Weise meinen Wurzeln mißfiel. Wenn ich darüber sprach, provozierte ich den Einwand: „Dem Kerl kann man auch nichts recht machen." Jetzt sah ich Bocholt, das ich ja schon leidlich kannte, auf einmal mit ganz anderen Augen, war ich doch mit dem unwiderruflichen Entschluß konfrontiert: Hier wirst Du wahrscheinlich für immer bleiben! Die Stadt hatte – dafür konnte sie ja nichts – trotz fieberhaften Wiederaufbaus immer noch wenig Anziehendes. Damals war der Grund meiner Ablehnung nicht allein in dem desolaten Stadtbild zu suchen, sondern schon die Tatsache, längere Zeit in einer Stadt zu leben, widersprach meinem ganzen Wesen. Die Industriestadt mit ihren zahlreichen schmutzigen Fabrikanlagen, die Straßen, gesäumt von unansehnlichen Arbeiterhäusern aus rotem Backstein, vor denen in winzigen Vorgärten ab und zu eine kümmerliche Blume sprießte, die mir so artfremde Aura, all dies wirkte auf mich fast physisch niederziehend.

Die Umgebung erschien mir gleichfalls nicht eben ermunternd. Der Kontrast zu der abwechslungsreichen niederbayerischen Landschaft mit ihren Hügeln, den überall eingesprengten dichten Wäldern, dem braunen prächtigen Vieh auf saftigen Wiesen war zu groß, als daß ich ihn einfach ignorieren konnte. Auf meiner ersten Erkundungstour suchte ich vergeblich, beinah verzweifelt nach einer Anhöhe, von der ich einen Blick ins Land hätte werfen können. Überall traf mein Auge auf langweilige Pappelreihen, in denen ein Baum dem anderen gleicht; und was von weitem wie Wald aussah, entpuppte sich aus der Nähe als Kiefernbestände, die wohl wegen des mageren Sandbodens von armseligem Wuchs waren. Zu meiner Schande muß ich also gestehen, daß mir auch später nie der

Charme der vielgepriesenen niederrheinischen Landschaft aufgegangen ist.

Zur Bevölkerung hatte ich zunächst nur wenig Kontakt. Was mich aber vom ersten Tag an besonders erstaunte: Oft verstand ich die Sprache dieser Menschen nicht, vor allem, wenn sie sich miteinander unterhielten. Sie sprachen *Bokelt Platt*. Sogar die gehobenen Angestellten der Firma verständigten sich mit den Arbeitern in diesem Dialekt. Es kam mir im Anfang so vor, als ob nur Onkel Werner und der Buchhalter hochdeutsch sprachen. Natürlich erriet ich, daß Water Wasser bedeutete und bäter besser. Aber bei Worten, wie blären oder Blagen wurde es schon schwieriger. Die Menschen selbst schienen durchweg ruhige, zurückhaltende Typen zu sein, aber ich wußte vom ersten Tag an: Eine Fraternisation, wie sie mir in Bayern so schnell und so gut gelang, würde wohl mit den Leuten in Bocholt kaum möglich sein. Das Resümee der Erstbesichtigung von Land und Leuten lautete „der verpflanzte Baum würde es nicht leicht haben". Stadtfremd – landfremd – menschenfremd – die Familie 800 km entfernt. Zunächst hing ich in der Luft.

Schopens hatten mir für die ersten Nächte ihr Upkämmerken (läßt sich nicht übersetzen!) angeboten. Gleich am Morgen nach meiner Ankunft ging ich zwecks Zimmerbeschaffung ins Rathaus zu Herrn Adam, dem Flüchtlingsobmann. Daß er in dem Augenblick, als ich sein Büro betrat, gerade *mal mußte*, hatte weitreichende Folgen. Im gleichen Raum saß nämlich ein vergleichsweise geschwätziger Angestellter, der mich nach dem woher und wohin fragte. Nachdem er sich meinen Steckbrief angehört hatte, sprach er die schwerwiegenden Worte: „Für Sie wüßte ich was". Obwohl im gleichen Augenblick das Erscheinen von Herrn Adam die Fortsetzung der Konversation verhinderte, blieben die Worte des Herrn Legeland in meinem Gedächtnis haften. Schnell bekam ich meinen Flüchtlingsausweis A und ein Zimmer bei der Witwe Frenk, Burloerweg 8a, in einem jener winzigen Arbeiterhäuschen zugewiesen. Das Zimmer war klein, aber ich war ja nach Hausmanns Dachkammer nicht verwöhnt. Nach der Begrüßung in Urplatt mußte ich erst eine Schicksalsschilderung der Witwe über mich ergehen lassen, die mit der Erklärung schloß, daß in meinem Zimmer ursprünglich die Tochter Änne wohnte, die aber jetzt im Doppelbett den Platz des verstorbenen Gatten eingenommen hatte. Als Frau

Frenk das *von* vor meinem Namen im Ausweis bemerkte, bemühte sie sich um ihr bestes Hochdeutsch.

Die ersten Tage in der Firma habe ich in bester Erinnerung. Es war nicht schwierig, sich mit den Funktionen der Angestellten vertraut zu machen. Außer den *Stiften* erledigten drei Damen und zwei Herren die gesamten Büroarbeiten. Unangemeldeten Zutritt hatte dort auch Obermeister Hüls, der bereits fast 50 Jahre in der Firma arbeitete und eine Art Narrenfreiheit genoß.

Die zwei Chefs Werner Schopen und Wilhelm Steiner saßen sich an zwei Schreibtischen gegenüber. Das Erscheinungsbild und Temperament der beiden hätte von keiner größeren Diskrepanz sein können. Onkel Werner, stets salopp und schick gekleidet, hatte das Auftreten eines Lebemannes, was der dezente Duft, den sein After shave verströmte, unterstrich. Er war ein unruhiger Geist, konnte nicht lange stillsitzen, und seine Emotionen waren unberechenbar.

Sein Kompagnon war das genaue Gegenteil. Dieser W. Steiner hatte das Aussehen eines preußischen Wachtmeisters in Zivil aus der Kaiserzeit. Er trug stets Anzug mit Weste, auf der eine dicke Uhrkette baumelte. Haar und Barttracht, nämlich Bürstenschnitt und nach oben gezwirbelter Schnurrbart, entsprachen genau Vorbildern um die Jahrhundertwende. Er strahlte eine unerschütterliche Ruhe aus, und wenn morgens die sich täglich wiederholende Prozedur vorbei war, nämlich daß er ein Brett mit halbrundem Ausschnitt zwischen den Schreibtisch und seinen Bauch klemmte, rührte er sich den ganzen Vormittag nicht mehr von der Stelle. Seine Weisungen erteilte er mit sonorer, emotionsloser Stimme, so daß für den Adressaten nicht zu erkennen war, welcher Stimmungslage sie entsprangen.

Leitende waren der Junggeselle Herr Büss, genannt Onkel Heinrich, zuständig für die Finanzen und Herr Harmeling, verantwortlich für Verkauf und Versand. Die Finanzen stimmten nur so hervorragend, weil Onkel Heinrich seine Nichte Else zur Seite stand, die durch ihre Tatkraft größere Pannen an Tagen verhinderte, an denen unverkennbar war, daß ihr Onkel zu tief ins Glas geschaut hatte.

Frau Breuer, für Personalwesen und die Lohnbuchhaltung verantwortlich, war eine aufgeweckte, überaus fleißige aber auch selbstbewußte Person. Mit ihr war nicht gut Kirschen essen. Zwischen uns bestand am Anfang stets eine Art bewaffnete Neutralität, die sich erst allmählich glättete, als ich die Eierschalen der Einarbeitungsmonate abgestreift hatte. Ihr gegenüber mußte man einfach objektiv recht haben, um Autorität zu erreichen.

Die dritte Dame, Fräulein Wendring, war die Sekretärin. Sie war die einzige Person im Büro, die stets einen unzufriedenen Eindruck machte, der durch ihren unwirschen Gesichtsausdruck verstärkt wurde. Von jeher bin ich gegenüber dem weiblichen Geschlecht zu einem Scherz aufgelegt, doch damit stieß ich bei ihr auf absolutes Unverständnis.

Die Stifte Erich und Josef pendelten am Vormittag im ersten Lehrjahr hauptsächlich zwischen der Post und den Banken. Am Nachmittag nahm sie Herr Harmling unter seine Fittiche.

Summa summarum kann ich sagen: Jeder dieses gut eingearbeiteten Teams hat mir Greenhorn in seiner Weise den Anfang bei A. u. L. Ketteler leicht gemacht. Keiner ließ mich fühlen, was einige bestimmt dachten: „Der hat ja keine Ahnung!" Es war jedoch nicht schwierig, sich in den kaufmännischen Abteilungen zurechtzufinden. Dank der guten Organisation kam man mit dem wenigen Personal aus. Mein Schreibtisch wurde im Chefbüro so plaziert, daß ich die Bosse in Profilansicht vor mir hatte und so mitbekam, wie sie regierten. Dabei war ich ein aufmerksamer Beobachter und fragte mich oft: „Hättest Du das auch so gemacht?"

Natürlich liegt wie in jeder Produktionsfirma der Schwerpunkt beim Verkauf. Um ihn dreht sich alles, und Verkaufen war später bei meiner vielseitigen Tätigkeit diejenige Aufgabe, die mir wirklich Spaß machte.

Die andere Hälfte der Firma, das heißt die Produktionsstätte, war die Weberei, deren zahlreiche Abteilungen der bereits erwähnte Obermeister Hüls mit bewundernswerter, allumfassender Sachkenntnis leitete. Nach den ersten Tagen im Büro nahm er mich unter seine Fittiche. Er verpaßte mir einen weißen Arbeitskittel, wohl damit ich den Arbeitern als der Neue auffallen sollte. Ich hatte aber bestimmt eher das Aussehen eines Arztes oder eines Chemikers, der sich verirrt hatte, und kam mir in diesem Arbeitskleid recht lächerlich vor und hängte es bald an den Nagel.

Als ich das erste Mal den Websaal betrat, glaubte ich, das Tor zu einer Art Vorhölle habe sich geöffnet. Lärm ist für das Geräusch, das mir entgegenschlug, ein schmeichelhafter Ausdruck. Es war eine Art Inferno, das 270 Webstühle mit 100en von Anschlägen in der Minute mir entgegenschleuderten. Hüls schrie mir etwas ins Ohr, das ich nicht verstand. Ich zog mich zunächst wieder hinter die schützende Tür zurück und machte den Vorschlag, die Erstbegehung dieses Lärmtempels auf Samstag zu verschieben. Die ganze Woche über gab es keine lärmlose Minute, weil in drei Schichten rund um die Uhr gearbeitet wurde. Mein Lehrmeister akzeptierte, und wir begaben uns zunächst in die Räume, in denen die Vorbereitung, bestehend aus Schererei, Schlichterei und Passiererei untergebracht war. Hüls bombardierte mich mit derartig vielen Fachausdrücken, daß mir bald der Kopf schwirrte. Da war von Kapillarfäden, Rieten, Schlichte, Konen usw. die Rede, ein Vokabular also, das bisher in meinem Wortschatz nicht enthalten gewesen war.

Immerhin war mir nach diesem Tag, an dem ich das erste Mal in meinem Leben mit der Technik in Berührung kam, klar, daß der Techniker in dem unerbittlichen Reich der Zahl, des Maßes, der unabdingbaren Genauigkeit arbeitet. Da gibt es kein links, kein rechts – nur die Mitte. Die Maschine verzeiht keinen Fehler und vertausendfacht ihn, wenn sie falsch getimed ist.

Am Samstag betrat ich also zum zweiten Mal noch etwas verschüchtert den Websaal. Aber es herrschte eine himmlische Ruhe. Die Webstühle standen da wie schlafende Tiere, die Atem holten und nur auf den Befehl warteten, wieder loszubrüllen. Lediglich in der hintersten Ecke klapperte einer, als wollte mir einer der Gesellen zurufen: „Warte nur, Montag zeigen wir es Dir wieder!"

Hüls setzte unverdrossen seine Instruktionen fort. Jetzt gings um Bindungen, Schäfte, Riete, Ober- und Untertritt, Schaftmaschinen, Hanische, Fadenbrüche usw., usw. Es schien mir, als wollte er unter Beweis stellen, daß er die Materie beherrschte. Nachdem ich so in das technische Reich der Firma hineingerochen hatte, mußte ich in einer anschließenden Selbstanalyse feststellen: Ich war kein Techniker. Mir fehlte die Kombinationsgabe, um das Ineinandergreifen der unzähligen Räder, Rädchen, Federn, Züge und Hebel im Kopf nachzuvollziehen beziehungsweise die Auswirkungen dieser Einzelteile auf den Webvorgang zu erkennen. Natürlich war mir die Funktion eines Einzelteils klar. Aber der so wichtige 6. Sinn für den Ablauf eines technischen Vorgangs fehlte mir vollkommen. Trotz dieser Selbsterkenntnis war ich guten Mutes. Mochten sich andere mit einem technischen Verstand Gesegnete den Kopf zerbrechen. Durch die Anwesenheit meiner Schwiegereltern in Bocholt war das Problem, wie und wo verbringe ich meine Freizeit, weitgehend gelöst. Ich war bald mehr Sohn als Schwiegersohn in ihrem Hause, wurde von Omi verwöhnt und von Api in Gespräche verwickelt. Meine Art von Humor brachte einen bis dahin unbekannten lockeren Ton in den von strengen Riten beherrschten Professorenhaushalt.

Nach den ersten Wochen war mir klar: Ich würde in Bocholt bleiben. Von einer gezielten Ausbildung war nichts zu merken. Man ließ mir weitgehend freie Hand und setzte voraus, daß ich selbst wisse, was ich noch lernen mußte. Herr Steiner kränkelte oft, und ich mußte ab und zu für ihn einspringen.

So wurde die Frage: Wo würde meine Familie bleiben, wenn die Probezeit abgelaufen war, immer akuter. Da fiel mir eines Tages der Satz dieses Herrn Legeland wieder ein: „Für Sie wüßte ich was." Was er wußte, sollte ich mit ihm am nächsten Sonntag bei einer gemeinsamen Radtour vor die Tore der Stadt in dem Vorort Biemenhorst erfahren. Nach zirka 20 minütiger Fahrt durch die Feldmark zeigte L. mir ein rings von einer zirka 1 m hohen Weißdornhecke umgebenes Grundstück. Entlang dieser Begrenzung standen in 2er-Reihen ca. 100 Obstbäume wohlsortiert nach Birnen, Äpfeln, Pfirsichen, Kirschen und Pflaumen der verschiedensten Sorten. Das Anwesen hatte die Form eines Tortenstücks. Das Haus, ein Behelfsheim, nur zirka 10 m von der Schmalseite entfernt, entpuppte sich als eine Bruchbude, die als Wohnung erst nach einem Umbau in Frage kam. Vom Ausgang bis zur Nordgrenze erstreckte sich ein mir riesig erscheinender Garten. Bei weiterer Besichtigung des Grundstückes faszinierten mich die Größe und die Unzahl von Birnen und Äpfeln, die zuhauf wie in einem Garten Eden am Boden verstreut lagen.

Die Ursache für diese mir unerklärliche Verschwendung sollte ich bald erfahren. Herr Legeland hielt sich nämlich nicht mit langen Vorreden auf sondern erklärte kurz und bündig, er sei beauftragt, im Namen einer Frau Vorfeld dieses Grundstück, Größe 2.500 qm einschließlich aller „aufstehenden Gebäude und Bäume" für 5.500,- DM zu verkaufen. – In diesem Augenblick sprang meine

Phantasie an wie ein Auto, bei dem man auf den Anlasser gedrückt hat. Ich sah vor meinen Augen ein schmuckes Häuschen, umgeben von einem Garten voller Blumen, Obstbäume in Frühjahrsblüte, rotbackige Äpfel, goldgelbe Birnen im Herbst, dachte an meine Kinder, die über grünen Rasen tollten und glücklich waren. Mit diesem Bild vor Augen fiel es mir nicht schwer, ohne langes Überlegen mit einem „ich kaufe es" den Handel perfekt zu machen. Sicherlich ein bodenloser Leichtsinn.

In dem Augenblick konnte ich nicht ahnen, daß dieser Kauf sich bis zur endgültigen Eintragung meines Namens ins Grundbuch zu einem Krimi entwickeln sollte. Es ist nicht einfach, die Komplikationen, die sich aus diesem Kaufvertrag mit Handschlag ergaben, in ihrer Dramatik, gleichzeitig Komik und auch ihrer Tragik zu schildern.

Mein Traum, ohne Verzögerung beim Anwalt einen notariellen Kaufvertrag abzuschließen, bekam einen gewaltigen Stoß, als ich dort erfuhr, daß die gleiche Kanzlei mit Frau Vorfeld, in deren Namen mir das Grundstück angeboten worden war, prozessierte. Das Gesetz bezeichnet meinen so entstandenen neuen Wissensstand als *nicht mehr gutgläubig*. Anwalt Hebberling erklärte mir die verschlungenen Pfade, auf denen Frau Vorfeld in den Besitz des Corpus delicti gekommen war:

Das Objekt gehörte ursprünglich der dreiköpfigen Familie Wilke, die in den Nachkriegsjahren Viehdiebstahl professionell betrieb. Sie wurde erwischt, als ihr der Lapsus unterlief, zwei Schweinehälften mit je einem Ringelschwänzchen bei sich aufzuhängen. Einem *hellen* Polizisten fiel dieses Naturwunder auf, und die Ws wurden hoppgenommen, nachdem man außerdem Berge von Rinderknochen im Garten ausgegraben hatte. Anschließend wurden den Ws über 100 Viehdiebstähle nachgewiesen. Die Polizei nahm auch Frau Vorfeld mit. Bevor jedoch der Untersuchungsrichter diese Dame wieder laufen lassen mußte, ließen die Ws deren Untersuchungshaft nicht ungenutzt verstreichen, bestellten einen Anwalt, schlossen einen Scheinvertrag ab, der Frau Vorfeld zur rechtmäßigen Eigentümerin des Grundstücks Biemenhorst, Schulstraße 31 machte! Diese kam aber bald selbst in finanzielle Bedrängnis, als ihr Geliebter, ein Profi-Schmuggler an der deutsch-holländischen Grenze erschossen wurde.

Als sie erfuhr, daß die Ws zu langjährigen Freiheitsstrafen verurteilt wurden, faßte sie den Entschluß, das ihr auf Treu und Glauben übereignete Grundstück zu verkaufen. Natürlich gelangte die Nachricht von diesem Vorhaben auch in die Zellen der Ws im Coesfelder Gefängnis. Um die Nichtigkeit des Scheinvertrages zu erreichen, verklagten die Ws Frau Vorfeld.

Als ich die Fäden dieses Netzes aus Verbrechen, Betrug und Vertrauensmißbrauch leidlich in meinem Kopf geordnet hatte, fragte ich den alten Herrn Hebberling: „Was soll ich tun?" „Kaufen" war die lakonische Antwort. Also wurde trotz der verworrenen Rechtslage der Kaufvertrag ausgefertigt. Er wurde jedoch mit einer Sperrklausel versehen, die Kaufsumme bis zur Entscheidung des Prozesses W gegen V auf einem Sperrkonto einzufrieren.

Bald darauf wurde ich mit Briefen von Frau W. bombardiert. Daß hinter den Kulissen noch andere Kräfte am Werk waren, merkte ich erst, als mir sogar ein anonymer Drohbrief auf den Tisch flatterte. Da beschloß ich, den Stier bei den Hörnern zu packen und fuhr nach Coesfeld. Das erste Mal in meinem Leben betrat ich ein Gefängnis. Das Interieur war sauber, aber die vielen Gittertüren machten doch einen recht abweisenden freiheitsberaubenden Eindruck. Frau W. war offenbar die Verhandlungsführerin ihrer Familie. Sie war eine kleine, vierschrötige Person, die keineswegs einen gebrochenen Eindruck machte, obwohl sie immerhin 3 Jahre abzusitzen hatte. Von Reue keine Spur, stattdessen voller Pläne. So war ich erstaunt, zu erfahren, daß sie gar nicht in ihr Domizil nach Biemenhorst zurück wollte. Ganz ungeniert präzisierte sie ihre Zukunftswünsche. Wenn ich ihr ein Grundstück „gleicher Größe und Beschaffenheit" – diese Formel war ihr wohl von einem Rechtskundigen eingeflüstert worden, denn sie kehrte in Korrespondenz und Gespräch immer wieder – besorgte, könnte ich mein Traumgrundstück haben. Welche Frechheit: Sie saß im Kittchen, noch war Frau Vorfeld Besitzerin des Streitobjekts, und sie stellte Forderungen mit schier unerfüllbaren Bedingungen.

Natürlich verunsicherte mich die ganze Situation. Bevor ich mit dem Umbau des Behelfsheimes anfing, wollte ich durch eine gerichtliche Entscheidung den Rücken frei haben. Da las ich eines Tages eine Kleinanzeige im Ortsblättchen, in der ein Behelfsheim angeboten wurde. Der Augenschein ergab: Da stand es tatsächlich, das Objekt „gleicher Größe und Beschaffenheit"! Ich fotografierte Haus und Garten von allen Seiten und fuhr schnurstracks mit diesem Beweismaterial wieder ins Gefängnis. Diesmal war ich in der Vorhand. Ich übergab Frau W. die Fotos mit einem ultimativen Schreiben. Eine Kopie und die Bilder hinterlegte ich bei Rechtsanwalt Hebberling, der mir nochmals versicherte: Nun kann nichts mehr passieren. Es war wie ein Traum. Noch vor wenigen Wochen eingepfercht mit Nat und den zwei Kindern auf 25 qm Wohnraum – und nun Besitzer eines 100 x 80 m großen Grundstücks, auf dem ein Haus entstehen würde!

Natürlich unterrichtete ich O. W. von meiner Errungenschaft. Per Rad erfolgte die gemeinsame Besichtigung. Er hätte ja sagen können: „Wart erst einmal den Ablauf der Probezeit ab". Nichts dergleichen geschah. Er war offensichtlich froh, daß sich das Problem Unterbringung der Familie so unerwartet schnell gelöst hatte, ohne daß er einen Finger gerührt hatte.

Das Einvernehmen zwischen O. W. und mir war nicht mehr so ungetrübt wie am Anfang, als ich kaum wagte, den Mund aufzumachen. Das lag wohl daran, daß wir völlig entgegengesetzte Charaktere waren. Sicherlich war für ihn auch meine *Dienstauffassung* oft schwer zu ertragen. So behandelte ich kleine Pannen im Betrieb als Bagatellen, der Onkel hingegen explodierte schon, wenn zum Beispiel ein Brief falsch frankiert war, und meine Kleidung erregte schon gleich am Morgen sein Mißfallen. Ich muß zugeben: Lederhosen waren ja auch ein komischer Anblick bei einem Mann, der einmal in die Fußstapfen der Chefs treten sollte. So kam es vor, daß ich von Vertretern oder Kunden sogar am Anfang wie ein neuer Stift behandelt wurde. Unausgesprochen blieb, daß seine Einstellung zu den Arbeitern grundverschieden zu der meinen war. Ob in Giesmannsdorf oder beim Militär, sogar bei den bayerischen Holzfällern, suchte und fand ich stets Kontakt auch zu einfachen Menschen. Von jeher war ich der Ansicht: Nur miteinander, nicht gegeneinander können Menschen, die einem Ziel verpflichtet sind, das Optimale erreichen.

Natürlich hatte ich früher schon das Wort Klassenkampf im Vokabular der Kommunisten gehört. Nach kurzer Zeit in der Firma erfuhr ich am eigenen Leibe, daß es diesen Klassenkampf tatsächlich gibt. Und es war erschreckend für mich, festzustellen, daß das

Verhalten der Arbeiter von einer ständigen Contraeinstellung gegenüber den Inhabern und Angestellten geprägt war. Umgekehrt machten die *oben* keinerlei Anstalten, diese Aversionen abzubauen. Banal ausgedrückt: Die einen wollten stets haben, die anderen wollten nichts geben. Wie konnte es in dieser Atmosphäre einen Konsens geben?

Zunächst scheiterten meine Versuche, mit den Arbeitern im Websaal Kontakt aufzunehmen, an dem Lärm, der jedes Gespräch unmöglich machte, und ich mußte es am Morgen mit einem Kopfnicken bewenden lassen. Bei Verhandlungen mit dem Betriebsrat – anfangs war ich ja nur stummer Zeuge – war es geradezu greifbar: Hier standen sich Gegner gegenüber, die keinen Wunsch zur Einigung sondern nichts als ihre Interessen im Kopf hatten.

Von dem Zeitpunkt, an dem ich Chef der Firma wurde, habe ich mehr als ein Jahrzehnt gebraucht, um meine Vorstellung von einem Betriebsklima zu verwirklichen, das auf gegenseitigem Vertrauen basiert. Daß es mir gelang, gehört zum Schönsten in meinem Berufsleben.

Nach Erwerb des Grundstücks in Biemenhorst spielten sich meine Aktivitäten in drei Ebenen ab. Vorrang hatte natürlich die 8stündige Arbeit in der Firma. Jede freie Minute wurde jedoch von mir genutzt, Planung und Vorbereitung zum Umbau des Behelfsheims, von dem außer den zwei Mittelräumen alles abgerissen werden mußte, voranzutreiben. Erfreulicherweise war der Architekt, Herr Valck, ein Mann bar jeder Phantasie, und so konnte ich seinen Entwurf, der ohne jede Extravaganz war, ohne Widerspruch akzeptieren. Vor allem hatte er berücksichtigt, daß ich mir ein Häuschen mit möglichst niedrigem und vorstehendem Dach im bayerischen Stil wünschte. Natürlich stach diese Gebäudeform von dem landesüblichen Zipfelmützenstil erheblich ab. Das sollte mir noch manchen Ärger bereiten.

Selbstverständlich war ich stets mit Nat in Verbindung, die nun allein die Verantwortung für die Familie und das Textilgeschäft trug. Ich habe ihr zunächst den Grundstückskauf verschwiegen und erst zu Weihnachten die Katze aus dem Sack gelassen. Ich hatte für sie zum Fest ein Heft angefertigt, das den auf Millimeterpapier gezeichneten maßstabgerechten Grundriß enthielt sowie Fotos von der Ost-, West- und Nordansicht des Behelfsheims. Um den

Schreck beim Anblick der bei trübem Herbstwetter aufgenommenen besonders erbärmlich wirkenden Aufnahmen zu mildern, hatte ich recht dilettantisch Skizzen angefertigt, die die gleichen Ansichten zeigten, wie ich mir unser zukünftiges Heim nach dem Umbau vorstellte. Ich wurde auch dann nicht schwankend, als mir mein Schwiegervater, als er die Fotos von diesem Arme-Leute-Haus sah, mit tiefbekümmertem Ton sagte: „Du tust mir ja so leid".
Im November besuchte mich Nat. Schopens hatten uns im Upkämmerken ein Liebesnest gerichtet. Wir genossen den Komfort, endlich einmal baden zu können. Nach über 4 Jahren Leben unter primitivsten Verhältnissen hatten alle Errungenschaften der Zivilisation ein besonderes Gewicht. Den Bocholter Fabrikanten, die meist untereinander verwandt und am Ort eine Klasse für sich waren, ging längst nichts mehr ab. Es war für uns etwas völlig Neues, bei ihnen eingeladen und verwöhnt zu werden. Wir kamen gut an, und ich glaube, einige waren froh, daß mit uns neues Blut in den Kreislauf der etwas eintönigen Bocholter Gesellschaft kam. Nat war in direkter Linie mit der Familie Schwarz, einer der Textildynastien der Stadt, verwandt, hatte als junges Mädchen oft in Bocholt ihre Ferien verbracht, und nun war man neugierig, wie sie sich entwickelt und was für einen Mann sie sich geangelt hatte.
Schnell waren die Tage der unbeschwerten Zweisamkeit vorbei. Diesmal war die Trennung jedoch kurz, weil mein Weihnachtsurlaub vor der Tür stand. Das Wiedersehen mit Aspertsham nach 3 Monaten in der Fremde war wie eine Heimkehr. Wie gemütlich war doch unser Zimmer, wie viel Spaß machten die Weihnachtsvorbereitungen. Dieses Mal war der Christbaum, den ich natürlich in meinem Wald selbst geschlagen hatte, eine wunderschöne Tanne, auf einem der beiden Betten installiert. In dieser Enge war es besonders schwer, bei den Kindern den Glauben an das Christkind aufrechtzuerhalten. Nat hatte zum Fest eine Überraschung besonderer Art für mich parat: Die Nächte im Upkämmerken waren nicht ohne Folgen geblieben. Sie erwartete ihr drittes Kind! Wir nahmen dieses Ereignis unbekümmert und freudig *wie die Lilien auf dem Felde* hin, wozu uns ja schließlich der Ausblick auf ein eigenes Haus berechtigte.
Natürlich war das Hauptthema dieser Urlaubstage, Baupläne für den Umbau des Behelfsheims zu schmieden. Zwar gab es bei den

für das Haus vorgegebenen Maßen keine großen Variationsmöglichkeiten. Aber wenn man mit zwei Kindern jahrelang auf ein Zimmer mit 25 qm angewiesen war, weder über fließendes Wasser noch über ein WC verfügte, hat es etwas Phantastisches, Überlegungen über die Raumaufteilung eines eigenen Hauses anzustellen, das uns einen Salon mit Kamin, ein Kinder- und ein Eßzimmer, Bad mit WC und eine Küche bescheren sollte. Dabei stellten wir fest, daß darüber hinaus noch ein Raum verfügbar war, den wir allzu gern als Schlafzimmer eingeplant hätten. Leider mangelte es an dem passenden Mobiliar. Im Dachgeschoß sollte zunächst nur ein Raum für Anna eingerichtet werden.

Um diese Zeit nahmen auch die Zukunftspläne meiner Mutter Gestalt an. Mit uns nach Bocholt zu ziehen, kam für sie nicht in Frage. „Dort möchte ich nicht begraben sein" erklärte sie kategorisch. Schon in Giesmannsdorf waren ihr ja Land und Leute immer fremd geblieben. Nun, da sie an keinerlei Besitz gebunden war, wollte sie wenigstens im ihr vertrauten und anheimelnden Süden bleiben. So streckte sie ihre Fühler nach Reit im Winkel, einem oberbayerischen Gebirgsort, aus. Dort wohnten die Malerin Elisabeth Schirba und Herbert Winzer, gleichfalls Maler, die sie auf Ausstellungen kennengelernt hatte und mit denen sie danach in Verbindung geblieben war.

Die sich um die Jahreswende 49-50 anbahnende Entwicklung habe ich recht trocken geschildert aber die Emotionen, die jeden einzelnen von uns auf andere Weise erfüllten, nicht vergessen. Schließlich wurde eine Gemeinschaft, die sich mühsam zusammengefügt hatte, auseinandergerissen; jeder für sich wurde in eine fremde Umgebung verpflanzt und wiederum der Ungewißheit ausgeliefert. So war uns trotz der positiven Zukunftsaussichten weh ums Herz. Es war wie so oft im Leben, daß innere Gefühle und äußere Notwendigkeiten schwer auf einen Nenner zu bringen sind.

Eine hocherfreuliche Nachricht erreichte mich noch während dieses Urlaubs aus Bocholt: Der Staat gewährte Flüchtlingen, die wie ich einen Bau finanzieren mußten, einen zinsfreien 7c-Kredit, tilgbar in 20 Jahren mit 375,- DM per anno. Ich bekam also unerwartete 7.500,- DM, und war hinsichtlich der Finanzierung des Hausbaus aller Sorgen enthoben.

ENDGÜLTIGER EINTRITT IN DIE FIRMA
A. U. L. KETTELER UND UMZUG NACH BOCHOLT

Nach Bocholt zurückgekehrt erwartete mich dort eine Nachricht, die entscheidend für meine Position bei Ketteler werden sollte. Nach kurzem Krankenlager war der Mitinhaber Wilhelm Steiner gestorben. Das bedeutete für die Firma, daß der zweite Geschäftsführerposten nicht mehr besetzt werden konnte, wie es die Satzungen vorschrieben. Der Stamm Steiner bestand nämlich lediglich aus dem Verstorbenen Wilhelm und dessen vier Schwestern im Alter zwischen 80 und 90 Jahren. Davon waren Helene, Adele und Lina unverheiratet und daher ohne Nachkommen. Lediglich Ida hatte einen Sohn, der aber bereits Alleinerbe – der Vater war verstorben – der Firma Essing war und deshalb als Geschäftsführer bei Ketteler nicht zur Verfügung stand. Zwangsläufig verschwand mein Schreibtisch schon nach 3 Monaten aus dem Chefzimmer, und Onkel Werner verfügte, daß ich ihm gegenüber auf dem voluminösen Sessel des Verstorbenen Platz nähme. Es ist logisch, daß diese Versetzung mich schon rein psychologisch aufwertete, saß ich doch auf einmal auf dem Stuhl des verstorbenen zweiten Chefs! Die nächsten 34 Jahre sollte sich daran nichts ändern.

Natürlich habe ich Nats Onkel Werner Schopen meine Karriere und den daraus resultierenden Wohlstand zu verdanken. Aber die bereits erwähnten Disharmonien in den Anfangswochen wurden von dem Augenblick an, da wir uns täglich gegenübersaßen, immer größer. Dabei konnte von gegenseitiger Antipathie keine Rede sein. Es lag wohl daran, daß meine Dünnhäutigkeit seine Neigung zu meist unbegründeten Explosionen schwer verkraften konnte. Daß er nichts nachtrug und sich auch deshalb nach dem größten Krach am nächsten Tag nicht das geringste anmerken ließ, darauf kam ich erst später. Ebenso entdeckte ich, daß dieser Mensch offenbar zwei Seelen in seiner Brust verbarg. In seiner Villa war er nämlich stets der charmante Gastgeber. War er noch am Vormittag als Firmenchef mit hochrotem Kopf schreiend und gestikulierend wie Rumpelstilzchen herumgesprungen, so kannte ich ihn am Nachmittag des gleichen Tages, war ich mal zum Tee eingeladen, nicht wieder. Keine Spur einer Reserviertheit demjenigen (mir) gegenüber, den er wenige Stunden vorher noch zur Schnecke gemacht hatte. Inwieweit ihn meine legere Art reizte, sei dahingestellt. Sicher ist, wir paßten einfach nicht zueinander. Diese Gewißheit fand ich bald recht nervenaufreibend. Natürlich war ich als der Jüngere und meiner zunächst noch unvollkommenen Sachkenntnisse wegen stets in der Hinterhand. Immerhin übertrug mir Onkel Werner jetzt schon den Materialeinkauf, der bis vor kurzem die Domäne von Wilhelm Steiner gewesen war; ein Zeichen, daß er mir vertraute.

Im Januar, als offenes Wetter kam, begann der Umbau meines Behelfsheims. Nur wer selbst einmal gebaut und deshalb mit Baubehörden verhandeln mußte, weiß von der Macht der Bürokratie. So ist es nicht verwunderlich, daß der Entwurf meines Architekten nicht genehmigt wurde. Hauptsächlich stieß man sich an dem nach bayrischer Art viel zu weit überhängenden und zu flachen Dach. Wir änderten die Zeichnung entsprechend und paßten die Giebelform dem dort üblichen von mir dafür erfundenen Wort Zipfelmützenstil an. Die Ausführung wurde jedoch, wie ursprünglich geplant, verwirklicht. Das sollte noch sehr unangenehme Folgen haben. Ich war auch der irrigen Ansicht, daß man auf seinem eigenen Grund den Standort des Bauwerks selbst bestimmen kann, hält sich der Bauherr nur an den vorgeschriebenen Abstand zur nachbarlichen Grundstücksgrenze. Weit gefehlt! Man klärte mich auf, daß es so etwas wie eine Baufluchtlinie gibt, die sicherstellt, daß die Häuser nicht wie Kraut und Rüben durcheinander stehen, sondern im Endeffekt mit ihrer Front eine gerade Linie bilden. Da wurde auch nicht die geringste Abweichung geduldet.

Das Verhältnis zur einzigen Bewohnerin des Hauses war natürlich mehr als gespannt, weil ihre mit dem Hausverkauf verbundenen Pläne, zu Geld zu kommen, geplatzt waren. Der Kaufpreis lag nämlich auf Anordnung des Gerichts so lange auf einem Sperrkonto fest, bis es zu einer endgültigen Entscheidung zwischen ihr und den noch immer im Gefängnis sitzenden Ws gekommen war. Als weder gutes Zureden noch massive Drohungen sie zum Ausziehen bewegen konnten – ich hatte ihr inzwischen eine Ersatzwohnung besorgt – ließ ich an einem Vormittag, während sie an ihrem Arbeitsplatz war, einfach das Dach des Behelfsheims abreißen. Mein soziales Gewissen rebellierte zwar bei dieser Tat; aber ich hatte keine Wahl. Jedenfalls: Frau Vorfeld zog noch am gleichen Tag aus. Die letzte ernstliche Hürde vor Beginn des Umbaus war genommen.

Ich hatte die Bauausführung auf Anraten meines inzwischen engsten Vertrauten Obermeister Hüls an eine Firma Radstag übertragen, die für damalige Zeiten erstaunlich gute Verbindungen zu den Materiallieferanten hatte. Der aus dem Jahr 1950 stammende Aktenordner mit der Aufschrift Bauunterlagen enthält den Bauschein, ausgestellt auf den 27. März 1950. Ohne dieses Wunderpapier bleibt jeder Versuch, einen Bau beginnen zu wollen, Schall und Rauch.

Heute ist mir noch unklar, wie wir es geschafft haben, den Neubau bis Mitte Mai 1950 schlüsselfertig hinzustellen. Natürlich war mein größter Bonus: Ich hatte eine Firma im Rücken. Hüls hatte wohl mit Andeutungen wie: „Neffe von Herrn Schopen" oder „wahrscheinlich unser späterer Chef" nicht gespart. So rechnete man bei schneller, guter Arbeit mit späteren Neuaufträgen.

Der in der Stadt gelegene auch der Firma gehörende total zerstörte zweite Webereikomplex wurde für meinen Bau zu einer Art Fundgrube, aus der wir zum Beispiel den noch intakten Heizkessel unter den Trümmern hervorholten, einen richtigen Schatz, der mir erhebliche Kosten ersparte. Die zur Zentralheizung benötigten Heizkörper brachte man mir gratis vors Haus. Als eines Tages ein LKW meiner Installationsfirma, beladen mit alten aber noch intakten Radiatoren vor meinem Grundstück vorfuhr, ließ ich diese einfach abladen. Ich hatte nämlich vom Fahrer herausbekommen, daß diese für mich so kostbaren Teile vom Neffen des Herrn Steiner stammten, der sein Haus umbauen ließ. Mit einem Hunderter war die Transaktion erledigt.

Es ist nicht interessant, die einzelnen Bauphasen zu beschreiben. Alles stand unter der Devise: Ich mußte an allen Ecken und Enden sparen. Zwei Räume des alten Behelfsheims blieben erhalten, wie ich sie vorfand. Sogar der sogenannte Steinholz-Fußboden, obwohl er aus einem vorsintflutlichen Material bestand, wie ich es später nie wieder gesehen habe. Der Architekt klärte mich darüber auf, daß die Decke aus zweierlei Material, nämlich halb aus Hohlsteinen halb aus Beton, bestände und er für die Statik keine Garantie übernehmen könne. Trotzdem bauten wir weiter. Bei Ausschachtungsarbeiten wurden überraschenderweise bereits bestehende Kellerwände entdeckt, die sogar kein Wasser durchließen. Vergeblich versuchten die Maurer, den eingeschlemmte Kellerboden wasserdicht zu machen. Deshalb mußten immer wieder neue Schichten aufgebracht werden, so daß man sich schließlich nur noch mit gekrümmten Rücken im Keller bewegen konnte!

In wenigen Wochen stand der Rohbau, der, so will es die Vorschrift, vom Kreisbauamt abgenommen werden muß. Erst nach diesem Verwaltungsakt darf weitergebaut werden.

Es kam, wie es kommen mußte: Das Dach, dieses verdammte Dach im bayrischen Stil mißfiel den Herren. Ja, nicht nur das. Sie ergingen sich in Äußerungen wie: „Scheußlich; paßt nicht in die Gegend" und legten kurzerhand den Bau still!

Der Schock war damals für mich so groß, daß heute noch mein sonst so gutes Gedächtnis aussetzt. War es der Architekt, der ein Hintertürchen fand? War ich es, der mit Engelszungen redete und mit der Obdachlosigkeit meiner Familie drohte? Ich weiß es nicht mehr. Jedenfalls 14 Tage später war der Spuk vorbei, und die erlösende Freigabe wurde erteilt.

Trotz 8 Stunden Büroarbeit und den mit dem Bau verbundenen vielfältigen Aufgaben fand ich noch Zeit, mich mit fieberhaftem Eifer der Entstehung des zukünftigen Gartens zu widmen. Ich legte die erste Rabatte meines Lebens an, säte Rasen ein und pflanzte ein Rosenborder vors Haus.

Der Besitzer eines der beiden Nachbargrundstücke, Wilhelm Weikamp, heute 82 Jahre alt, war ein fanatischer Pomologe. Er konnte einfach nicht mit ansehen, wie die unzähligen Obstbäume in meinem Garten ungeschnitten in unkontrolliertem Wildwuchs ihre Schößlinge gen Himmel streckten. Eines Tages erschien er mit Leiter, Säge und einer haarscharfen Baumschere bewaffnet und stürzte sich förmlich ins Geäst der Birn- und Apfelbäume. Mich behandelte er wie einen Lehrling und beorderte mich zunächst an den Fuß seiner Leiter. Von hochoben dozierte er dann: Erstens, der Baum muß stets die Form der Frucht haben, die er trägt. Mit offenen Augen schaute ich zu, wie Weikamp zunächst dieser Forderung mit einer unbarmherzigen Sägeaktion nachkam. Bald häuften sich große Äste unter dem ersten Delinquenten, dem W. seine Form gab. Obwohl mit den landesüblichen so unförmig wirkenden aus Lindenholz gefertigten Holzpantinen beschuht, kletterte er flink und gewandt wie ein Eichhörnchen – er hatte die Leiter längst verlassen – von Astgabel zu Astgabel; schnitt hier, sägte dort, unentwegt Sprüche von Fruchtholz, Wassertrieb, Krebsstelle murmelnd, die wohl mir, dem Neuling, als Information für spätere eigene Taten dienen sollten. – Wenn Weikamp dann nach zirka einer halben Stunde vom Boden aus sein Opfer mit einem wohlwollenden „jetzt sieht er schon anders aus" bedachte, konnte ich ihm nur beipflichten. Allerdings hatte dann Birn- oder Apfelbaum verdammte Ähnlichkeit mit jenen von langem Granatfeuer ramponierten Gehölzen, wie sie Bilder aus dem 1. Weltkrieg darstellen.

Aus Weikamps Kursus entlassen, bin ich erheblich zarter mit meinen Boskops, Ontarios, Cox Orange und den diversen Renetten umgegangen und habe dafür immer wieder Mißfallensäußerungen meines Nachbarn einstecken müssen. Aber ich verdanke ihm, daß ich die Grundzüge des jeden Frühling fälligen Bäumeschneidens erlernte.

Alle Tätigkeiten waren für mich in dieser Zeit Anfänge. Der Hausbau, das Anlegen eines eigenen Gartens, ja sogar die Landschaft und ihre Menschen in der mir so fremden Gegend und auch noch immer die Arbeit in der Fabrik. Das viele Neue hatte noch keine festen Umrisse. Das einzige, das ich mit Sicherheit wußte und voller Vertrauen fühlte: Wenn Nat und die Kinder kommen, wird alles wieder seinen festen Platz haben und seinen Sinn bekommen.

Mitte Mai war es dann so weit. Schmuck stand das neue Häuschen, das ich Neu-Friedenthal nannte, in seinem blendend weißen Rauhputzkleid da. Ein ebenso weißes Holztor wartete darauf, für unseren Einzug geöffnet zu werden.

Der Abschied von Aspertsham war eine Zäsur, wie man sie sich nicht krasser vorstellen kann. Wir traten heraus aus der Primitivität einer Höhle, die uns 4 Jahre Schutz gewährt hatte, in das Licht der zivilisierten Welt. Ja einer Welt, in der von einem Tag auf den anderen für uns alles anders sein würde. Alles! Außen und innen: Von einem Zimmer kamen wir in ein Haus, kein Plumpsklo mehr, sondern ein WC. Mit einem Mal würde mein Tagesablauf streng gegliedert sein mit Arbeitsanfang und Feierabend, Sonn- und Feiertagen. Auch die Kinder, die als Auslauf bisher nur die Straße kannten, mußten nicht mehr stets bewacht werden; nun wartete der große Garten als ihr neues Reich auf sie. Nat und ich würden nun aus einem 5 Jahre währenden, wohl nie wiederkehrenden, in der Stille eines bayerischen Dorfes ruhenden Du und Ich entlassen. Es wartete auf uns eine Welt mit Freund- und Feindschaften, sicherlich auch Intrigen, neuen Ansprüchen, schönen Entdeckungen, aber auch Enttäuschungen würden nicht fehlen. Wir würden lernen müssen, mit dieser neuen Welt umzugehen. Eines fühlte ich damals schon, und dieses Gefühl wurde im Laufe meines Lebens immer mehr zur Gewißheit: Die 5 Nachkriegsjahre mit ihren Prüfungen, Entbehrungen, ihren so oft zerrinnenden Hoffnungen waren die Probezeit für die Tauglichkeit unserer Ehe. Damals haben wir gelernt, wo die Gewichte liegen müssen zwischen zwei Menschen, die zusammenbleiben wollen. Der Wille, den anderen zu verstehen, ist die eine Voraussetzung; die andere: Niemals darf eine Beziehung in innerer und äußerer Bewegungslosigkeit erstarren.

Nur wenige Menschen wissen, wie wichtig es für ein Leben ist, daß ihm ab und zu Zeiten der Entbehrungen vom Schicksal *geschenkt* werden. Beide sind gleich wichtig, die äußeren wie die inneren. Nur in ihrer Überwindung findet man Sicherheit für den richtigen Weg. Ich habe es oft erfahren: Nur wer Täler durchschritten hat, kennt das beglückende Gefühl, auf dem Gipfel zu stehen.

Für meine Mutter bedeutete unser Umzug nach Bocholt einen erneuten schmerzlichen Einschnitt in ihr nach dem Verlust von Friedenthal nur durch die Existenz unserer Familie einigermaßen erträgliches Leben. Nat und ich waren ein Schutz, auf den sie sich jederzeit verlassen konnte, die Kinder ein Sonnenschein in ihrem durch materielle Not und räumliche Enge gekennzeichneten Dasein. Nun verlor sie beides und blieb allein zurück an einem Ort, der kaum menschliche Kontakte bot, auf die sie so angewiesen war. Nur gut, daß für sie berechtigte Hoffnung auf ihr Unterkommen in Reit im Winkel bestand. Dort würde sie ein paar Menschen finden, mit denen sie gemeinsame Interessen verbanden. Obwohl damals schon 61, körperlich schwach und hilfsbedürftig, traute sie sich zu, allein einen neuen Anfang zu versuchen in einer Umgebung, die ihrem Wesen entgegenkam. Sie hat uns durch ihre Entschlossenheit die Trennung nicht unnötig schwer gemacht. Sie wußte, daß wir sie mit unserem Herzen nie verlassen würden.

Noch zwei Abschiede gingen uns nah: Die von den Hausmanns und den Hirschenauers. Wir fühlten wohl, daß wir nie wieder so nah mit einfachen Menschen zusammensein würden, deren gerader, ehrlicher Charakter ihre Persönlichkeit ausmachte. Die Wehmut, die mich damals befiel, ist wohl der eines Auswanderers vergleichbar, der die Geborgenheit verläßt, um in der Fremde mit ihren Ungewißheiten sein Glück zu machen.

An Vorbereitungen war nicht viel zu erledigen. Ein riesiger Güterwagen nahm unsere wenigen Habseligkeiten auf, die Winkelhofer in einem letzten Anflug von Großzügigkeit auf einem Anhänger gratis zum Bahnhof gebracht hatte. Wie armselig wirkten unsere wenigen Möbel, die sich, in einer hinteren Ecke des Waggons gestapelt, verloren. Unser Brennholz, von dem wir uns natürlich nicht trennen konnten, füllte immerhin fast ¼ des Wagens.

Am Morgen des 21. Mai 1950 fuhren wir mit dem Pferdegespann eines Jugoslawen von Aspertsham nach Passau. Es war der gleiche Weg, den ich viele, viele Male in den letzten Jahren zu Fuß oder mit dem Rad in meinem Wald zurückgelegt hatte. Meine Augen schweiften über das Land. Die Obstbäume standen in voller Blüte, die saftigen Wiesen warteten auf das braunweiße Vieh. Dann nahm uns der herrliche Wald auf, der mir so sehr geholfen hat, die Zeiten von Bedrückung und Hilflosigkeit zu überwinden. Am Johannes vorbei rollte der Wagen hinab zum Passauer Bahnhof.

An die Fahrt nach Westfalen habe ich keine Erinnerung. In Bocholt wurden wir von Onkel Werner und Nats Eltern am Bahnhof freudig begrüßt.

Als ich wenig später die Schwelle unseres Neu-Friedenthal überschreite, bin ich nicht zu Hause. Aber Nat und die Kinder sind bei mir und ein Wall gegen die Fremdheit. Würden wir Wurzeln schlagen?

Ich war voller Hoffnung, denn Nat trug ja unser drittes Kind unter dem Herzen, das in diesem neuen Haus geboren werden würde und damit das schönste sichtbare Zeichen dafür setzen sollte: Das Leben geht weiter!

NACHWORT

Handeln, Gedanken und Gefühle, also einmal das nach außen Sichtbare, zum anderen das das Innen des Menschen Erfüllende sind die drei Bausteine, die sich zum Ganzen eines Menschenlebens zusammenfügen. Sie haben auch mein Leben mit wechselnder Intensität bestimmt. Ich habe in dem, was ich niederschrieb, versucht, jede dieser Lebenssäulen gleichberechtigt zu Wort kommen zu lassen. Sie haben sich auch in der Realität nie weit voneinander entfernt und mir so entscheidenden Halt gegeben.

R. v. F

INHALT

MEINE KINDHEIT

Das Haus	7
Die nähere Umgebung des Schlosses	12
Der Besitz	16
Die Dienerschaft	21
Meine Eltern	22
Erste Erinnerungen	26
Die Erzieherinnen	28
Streiflichter aus Kindheit und Jugendjahren	33
Feste	43
Purgstall	54
Gymnasialzeit	71
Die große Fasanenjagd	85
Die Hasenjagd im Dezember	92
Die Machtergreifung	95
Erste Liebe	98

ALS JUNGER MANN

Letzte Schuljahre – Abitur	105
Die Familie	117
Arbeitsdienst	123
Rekrutenzeit in Rathenow	129
2. Militärjahr in Göttingen	146
Landwirtschaftslehre in Günthersdorf	161

IM KRIEG

In Polen	183
Der Frankreich-Feldzug	196
Feuertaufe	200
Verwundet	209
Das Jahr zwischen Frankreich- und Rußlandfeldzug	220
Der Tod von Onkel Rudi	223

Beginn des Rußland-Feldzuges
   Vormarsch durch die Ukraine 236
Partisanenkämpfe am Dnjepr 254
Erster Winter in Rußland 265
Als Führer einer Kosakenschwadron am Asowschen Meer ... 270
Mit den Kosaken im Schützengraben 281
Versetzung zum Korpsstab LVII. Panzerkorps 287
Urlaub 1942 307
Wieder an der Südfront 311
Der Rückzug beginnt 317
1943 – Das Jahr der großen Abwehrschlachten
   in Südrußland 322
Urlaub 1943 333
Rückzüge 341
Ein Urlaub mit Folgen 361
Wechsel zur Division Groß-Deutschland
   mit gleichzeitigem Heimataufenthalt 372
Das Glück verläßt mich nicht 381
Meine Verlobung mit Nat 391
Hochzeit 400
Dresden 404
Letzte Kriegswochen 414
Zwischen Kriegsende und Entlassung 424
Wiedersehen in Niederbayern 438

NACHKRIEGSJAHRE

Heimatlos 445
Erste Reise ins Rheinland 468
Die Geburt unseres ersten Kindes 476
Das Wiedersehen mit meinem Vater 485
Im Forstamt Passau-Süd 511
Reili wird geboren 518
Das Jahr 1947 528
Neubeginn nach der Währungsreform 543
Überraschender Ruf aus Bocholt 563
Endgültiger Eintritt in die Firma A. u. L. Ketteler
   und Umzug nach Bocholt 578